ドイツ土産は気軽にドイツ三越で。

意外と大変なお土産さがしも、ドイツ三越ならドイツの代表的なお土産をはじめ、ヨーロッパの有名ブランドもお気軽にお求めいただけます。日本人スタッフによる、三越ならではのサービスでおもてなしいたします。

a.テディベア

熊好きのテオドア・ルーズベルトの名からとられ、熊のぬいぐるみの総称として親しまれています。

b.フランケンワイン

辛口の味わいと丸いボトルが特徴のワイン。毎年上位に格付けされる醸造所のワインを取り揃えています。

c.くるみ割り人形

ドイツならではの木の温かみのある愛らしい表情の人形です。パイプ人形もおすすめです。

d.ビアマグ

いかにもドイツらしいその土地土地の図柄がモチーフとなっており、旅行の記念として人気です。

e.バームクーヘン

日本でもおなじみのドイツのお菓子。1784年創業のイエディッケ社はクオリティーが自慢です。

f.ゾーリンゲンの刃物

刃物の街として世界的に有名なゾーリンゲン。包丁から爪切りまで各種アイテムをご用意しています。

※イラストはイメージです。

- 免税還付(150ユーロ以上/食品を除く)
- 周辺のレストランマップ進呈
- 飲料水コーナー
- 三越カードでご優待(一部除外品がございます)

デュッセルドルフ三越
Immermannstr.45,40210 Düsseldorf
tel.0211-166760
e-mail.dussel@mitsukoshi.co.jp
営業時間　月-土 10:00-18:30
定休日　日曜・祝祭日

フランクフルト三越
Bethmannstr.56,60311 Frankfurt
Tel:069-9218870 Fax:069-281089
e-mail:frank@mitsukoshi.co.jp
営業時間　月-土 10:00-18:30
定休日　日曜・祝祭日

ミュンヘン三越
Platzl.2,80331 München
tel.089-2919520
e-mail.munchen@mitsukoshi.co.jp
営業時間　1- 4月 月-土 10:30-19:00
　　　　　5-12月 月-土 10:30-19:30
定休日　日曜・祝祭日

skyliner
AIRPORT EXPRESS
日暮里
51min
成田空港
池袋 64min
新宿 72min
渋谷 78min
上野
56min
京成上野・日暮里⇔空港第2ビル・成田空港
1920円
携帯電話・Lモード・京成電鉄のホームページで予約できます
iモード『空港アクセスナビ@京成』／
「iメニュー」→「メニューリスト」→「関東甲信越」→「タウン情報／行政」→「乗換案内」
EZweb『空港アクセス@京成』／
「EZメニュー」→「トップメニュー」→「カテゴリで探す」→「地域別情報」→「関東・甲信越」→「鉄道・交通」
ボーダフォンライブ!『空港アクセスナビ@京成』／
「ボーダフォンライブ!」→「メニューリスト」→「関東メニュー」→「交通・旅行」
AIR-EDGE『空港アクセスナビ@京成』／「CLUB AIR-EDGE」→「地図・交通」
Lモード『空港アクセス@京成』／「Lメニュー」→「交通／旅／レジャー」→「鉄道／バス／船」→「関東・甲信越」
京成電鉄のホームページ／http://www.keisei.co.jp/
※「i-mode」はNTTドコモの登録商標です。「EZweb」はKDDI株式会社の登録商標です。「Vodafone」および「Vodafone live!」はVodafone Group Plcの登録商標、商標です。「CLUB AIR-EDGE」はWILLCOMの登録商標です。
いろんな笑顔を結びたい
京成電鉄
TEL:03-3831-0131
http://www.keisei.co.jp
スカイライナーチケットは、大手旅行代理店、コンビニ「am/pm・セーブオン（CNぷれいBOX設置店舗）」で、1か月前より販売。電話予約03-3831-0989
※日暮里駅から空港第2ビル駅までの最速の所要時間です。※池袋・新宿・渋谷からの所要時間は、日暮里乗り換えの待ち時間を含みません。※スカイライナー1号・3号を除くすべてのスカイライナーが京成成田駅に停車します。
※優先席付近では携帯電話の電源をお切りください。それ以外の場所ではマナーモードに切り替え、通話はご遠慮ください。

身軽な旅のお手伝い

QLライナー 成田空港宅配サービス

ご予約・お問い合せ 成田TEL 0476-35-2855 東京TEL 03-5994-3332
受付時間／平日 AM8:30-PM6:00 日祝祭日 AM8:45-PM5:00

インターネットからもお申込みができます http://www.ql-liner.co.jp

ご出発

お申し込みはお早めに!

出発 割引サービス

往復宅配ご利用
いただきますと
1個につき200円引き!

(ご出発時、QLライナー カウンターへお申し出ください。)

QLライナー 成田出発カウンターのご案内

第1ターミナルビル4F

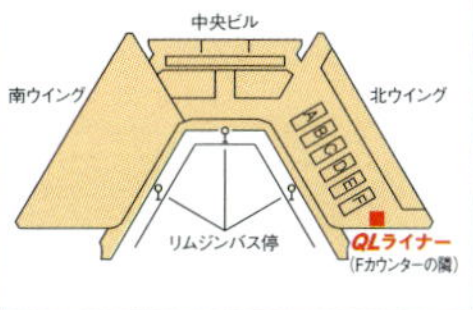

第2ターミナルビル3F

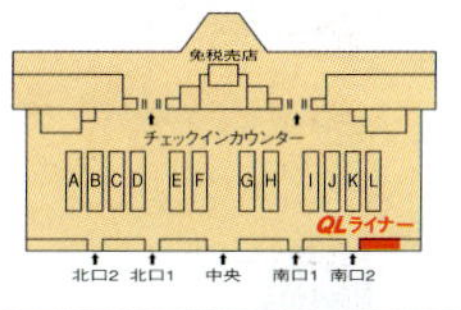

ご到着

手荷物はQLで身軽に帰宅!

到着 割引サービス

同一伝票で同住所に
2個以上宅配の場合は
2個目から1個につき
100円の割引があります!

QLライナー 成田到着カウンターのご案内

第1ターミナルビル1F

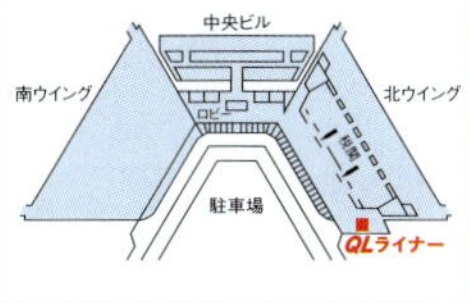

第2ターミナルビル1F

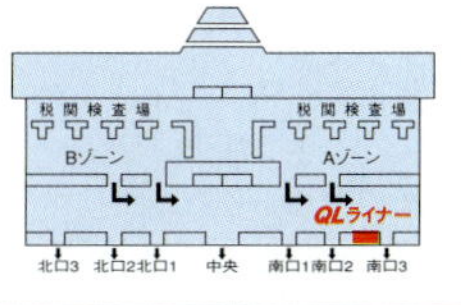

宅配料金

成田国際空港の料金表 (消費税込)

自動車便					航空便		
	出発		到着			到着	
地区	金額	最終集荷日	金額	配達日	地区	金額	配達日
東京・千葉・埼玉・神奈川	¥2,000	前日	¥1,700	翌日	中部・北陸	¥3,060	翌日
関東・信越	¥2,000	前々日	¥1,700	翌日	東北	¥3,160	翌日
南東北・北陸・中部	¥2,000	前々日	¥1,700	翌々日以降	関西	¥3,270	翌日
関西・北東北	¥2,100	前々日	¥1,800	翌々日以降	中国	¥3,790	翌日
中国	¥2,220	3日前	¥1,910	翌々日以降	四国	¥3,690	翌日
四国	¥2,310	3日前	¥2,010	翌々日以降	北海道・九州	¥3,900	翌日
北海道・九州	¥2,420	3日前	¥2,120	翌々日以降	沖縄	¥4,950	翌日

レンタルスーツケース申し込み・お問い合わせ専用フリーダイヤル
0120-41-8531 月曜～土曜 8：30～18：00
(日・祝日・12/31～1/3を除く)

KTC 鎌滝運輸株式会社 東京都板橋区志村1-30-22 TEL.03-5994-3332

空港宅配へご利用の際は切り取ってご持参下さい。

キリトリ線
QL宅配200円割引券
(キリトリ持参)
No.889015

Frankfurt am main Fulda Garmisch-Partenkirchen Goslar Hamburg Hameln Hannover Heidelberg Jena Karlsruhe Kassel Koblenz Leipzig Lindau im Bodensee Mainz Potsdam Regensburg Rostock Schwerin Spreewald Stade Stralsund Stuttgart Trier Ulm Weimar Wernigerode Wiesbaden Wittenberg Aachen Augsburg Baden-Baden Bayreuth Berlin Bonn Bremen Celle Darmstadt Dresden Peenemünde Schwarzwald Eisenach Erfurt Essen Volkach Die Loreley Die Romantische Strasse Stephan Lochner Rothenburg ob der Tauber Rothenburg an der Fulda Lochenstein Rottweil Rott am Inn Rottenbuch Schloss Rosenau Rostock Lorsch Burgruine Reussenstein Rendsburg Rhens Lembeck Lemgo Remagen Lehnin Kloster Runkel Ruhrgebiet Wuppertal Ruhrpolding Rudolfstadt Ludwigslust Ludwigsburg Martin Luther Rudolf vom Ems

ブルーガイド

わがまま歩き……14

ドイツ

街道をめぐる
祭の夜、
古城に暮らす夢をみる

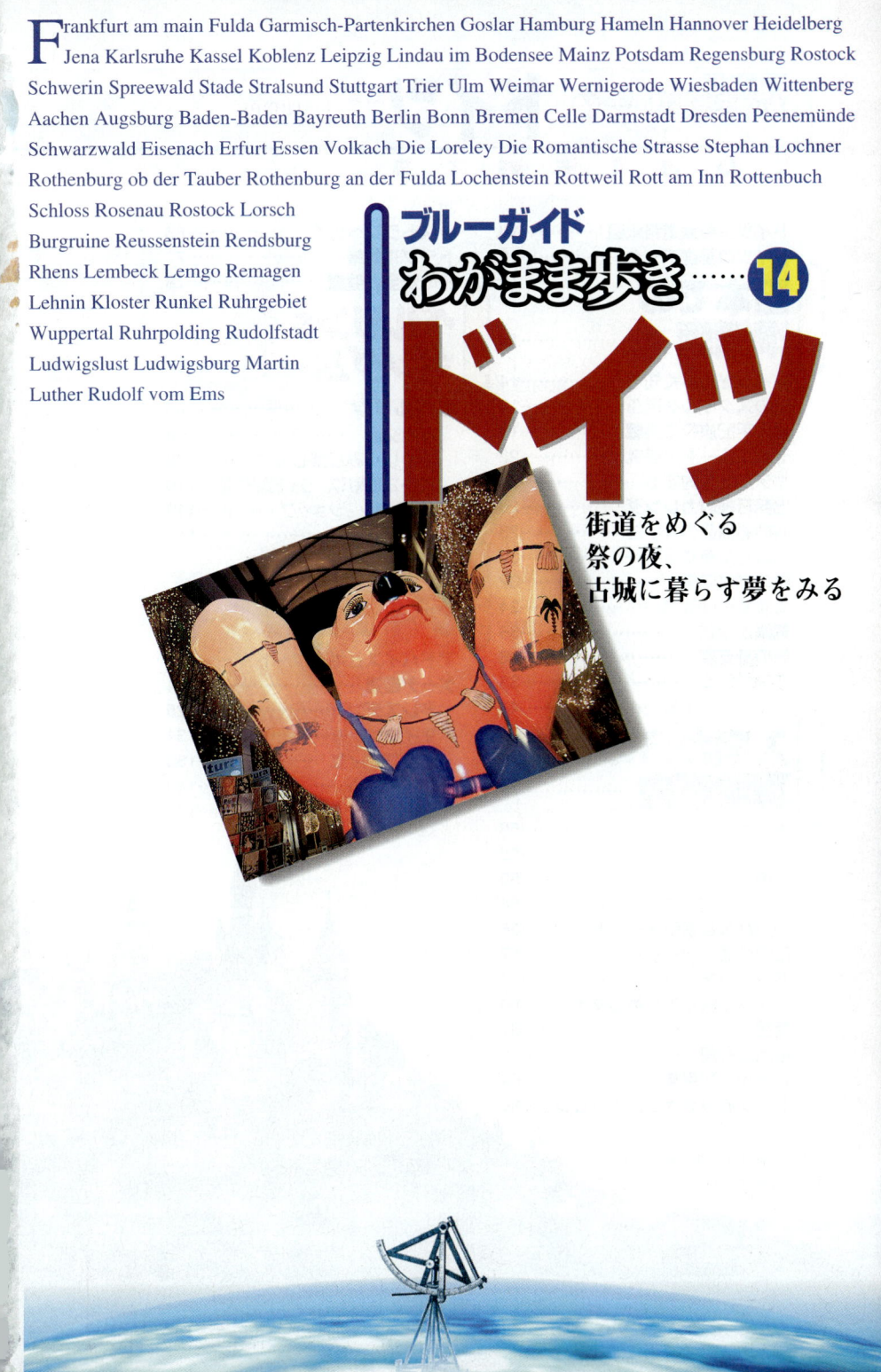

ブルーガイド

わがまま歩き……14

ドイツ

Germany

CONTENTS

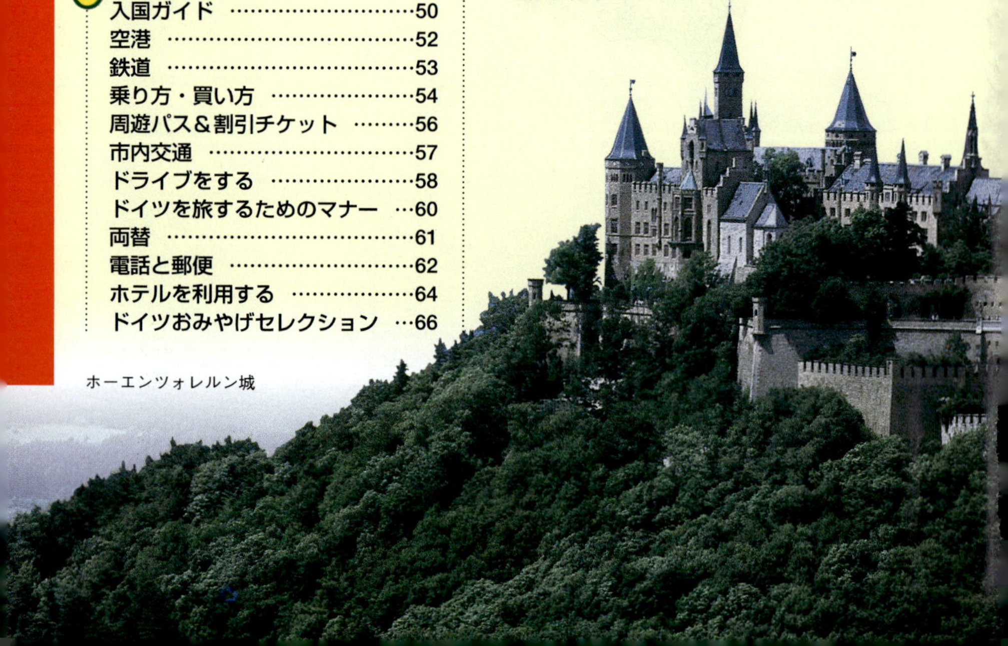

ホーエンツォレルン城

街歩き携帯版
切りとり超ワイドマップ
ミュンヘン（表）
ベルリン（裏）

おすすめコラム

この本の使い方

地図記号と巻頭切りとり地図の見かた

切りとり地図は、赤枠（表）がミュンヘン、青枠（裏面）がベルリンの拡大地図になっています。地図内のH はホテル、R はレストラン、☕はカフェ、S はショップ、YHはユースホステル、i は観光案内所です。

●街の魅力マーク

街の特徴を15のマークで表し、その重要度を3段階（★～★★★）で示しました。

- 町並がとくに美しい
- 温泉がある
- 美術館・博物館が有名
- 神話・寓話の舞台
- 有名な古城や宮殿がある
- 自然が美しい
- とある人物で有名
- 大学都市である
- 有名な教会がある
- 有名な祭りやイベントがある
- オペラや音楽で有名
- ショッピングが充実
- 名物料理がある
- ビールで有名
- ワインで有名

●見どころ

例

ブランデンブルク門 ★★★
Brandenburger Tor

←（★＝時間があれば見たい、★★＝ぜひ見たい、★★★＝必見）

●カタログ

［ホテル］ホテルのグレードを示します。
★エコノミー
★★カジュアル
★★★スタンダード
★★★★ラグジュアリー
（必ずしも宿泊料金の高さとは関係ない）

［レストラン］ディナーにかかる料金（1ドリンク含む）のおよその目安。
●～€15
●●€15～25
●●●€25～50
●●●●€50～

［ショップ］

［カフェ］

［ナイトライフ］

◆ホテルカタログでは、シングル（S-）とダブル（W-）の一部屋の宿泊料金を併記。基本的に税込み、朝食が含まれる。なお、季節やメッセ（見本市）の有無によって料金が変動することもあるので注意。
◆使用可能なクレジットカードはビザ＝VISA、マスターカード＝MC、アメリカンエクスプレス＝AMEX、ダイナースクラブ＝DC、JCB＝JCBでそれぞれを表記。
◆ACCESSの項目での鉄道料金は2等車の基本料金を表記。
◆この本の各種データは2006年1月現在のものを基本としています。取材後に変更されることも考えられますのでご了承下さい。閉店法の改正により、店の営業時間などは変わりやすいのでご注意下さい。

ダンディー
Dundee
グラスゴー
Glasgow
エディンバラ
Edinburgh
ベルファスト
Belfast
Carlisle
South Shields
ニューカッスル
Newcastle
北　海
North Sea
Lancaster
リーズ
Leeds
ヨーク
York
Preston
リバプール
Liverpool
マンチェスター
Manchester
Nottingham
オランダ
NEDER LAND
バーミンガム
Birmingham
Norwich
イギリス
U.K.OF GREAT BRITAIN
Northampton
ケンブリッジ
Cambridge
アムステルダム
Amsterdam
Swansea
Ipswich
Den Haag
Utrecht
オックスフォード
Oxford
Cardiff
Newport
Rotterdam
ブリストル
Bristol
Reading
ロンドン
London
6
Margate
オーステンデ
Oostende
ブルージュ
Brugge
アントワープ
Antwerpen
デュッセルドルフ
Düsseldorf
ドーヴァー
Dover
ユーロ
トンネル
Southampton
Exeter
Poole
フォークストン
Folkestone
Gent
マーストリヒト
Maastricht
ケルン
Köln
Plymouth
Torbay
ポーツマス
Portsmouth
ブライトン
Brighton
カレー
Calais
ブリュッセル
Brussel
Aachen
リール
Lille
リエージュ
Liège
ボン
Bonn
イギリス海峡
English Channel
ドーヴァー海峡
Str. of Dover
Lens
Namur
ベルギー
BELGIQUE
Albert
ルクセンブルク
LUXENBOURG
ディエップ
Dieppe
アミアン
Amiens
シェルブール
Cherbourg
Charleville
Mezieres
トリアー
Trier
Noyon
ルアーブル
Le Havre
ルーアン
Rouen
ルクセンブルク
Luxembourg
カン
Caen
Creil
ランス
Reims
メッツ
Metz
シャンティイ
Chantilly
Meaux
Granville
Flers
パリ
Paris
ヴェルサイユ
Versailles
Chalons-
sur-Marne
ザールブリュッケン
Saarbrücken
ブレスト
Brest
St-Brieuc
ディズニーランド・パリ
Disneyland Paris
St-Dizier
アランソン
Alençon
シャルトル
Chartres
バルビゾン
Barbizon
ナンシー
Nancy
カンペール
Quimper
レンヌ
Rennes
ラバル
Laval
フォンテーヌブロー
Fontainebleau
トロワ
Troyes
Lorient
ル・マン
Le Mans
オルレアン
Orléans
ミュルーズ
Mulhouse
Auxerre
Gien
St-Nazaire
アンジェ
Angers
ツール
Tours
ロワール
Loire
フランス
FRANCE
ディジョン
Dejon
ナント
Nantes
ブルージュ
Bourges
ブザンソン
Besançon
シャトルー
Châteauroux
ヌベール
Nevers
Beaune
Parthenay
ローザンヌ
Lausanne
Les Sables d'Olonne
Poitiers
Moulins
Montluçon
ジュネーヴ
Genève
Mâcon
Montreux
ラ・ロシェル
La Rochelle
Gueret
Vichy
Roanne
ロシュフォール
Rochefort
Cognac
リモージュ
Limoges
Annecy
4807
クレルモン・フェラン
Clermont Ferrand
Albertville
Royan
アングレーム
Angoulême
リヨン
Lyon
Chambéry
中央高地
Massif Central
サンテチェンヌ
St-Étienne
モンブラン
Mont Blanc
Périgueux
Tulle

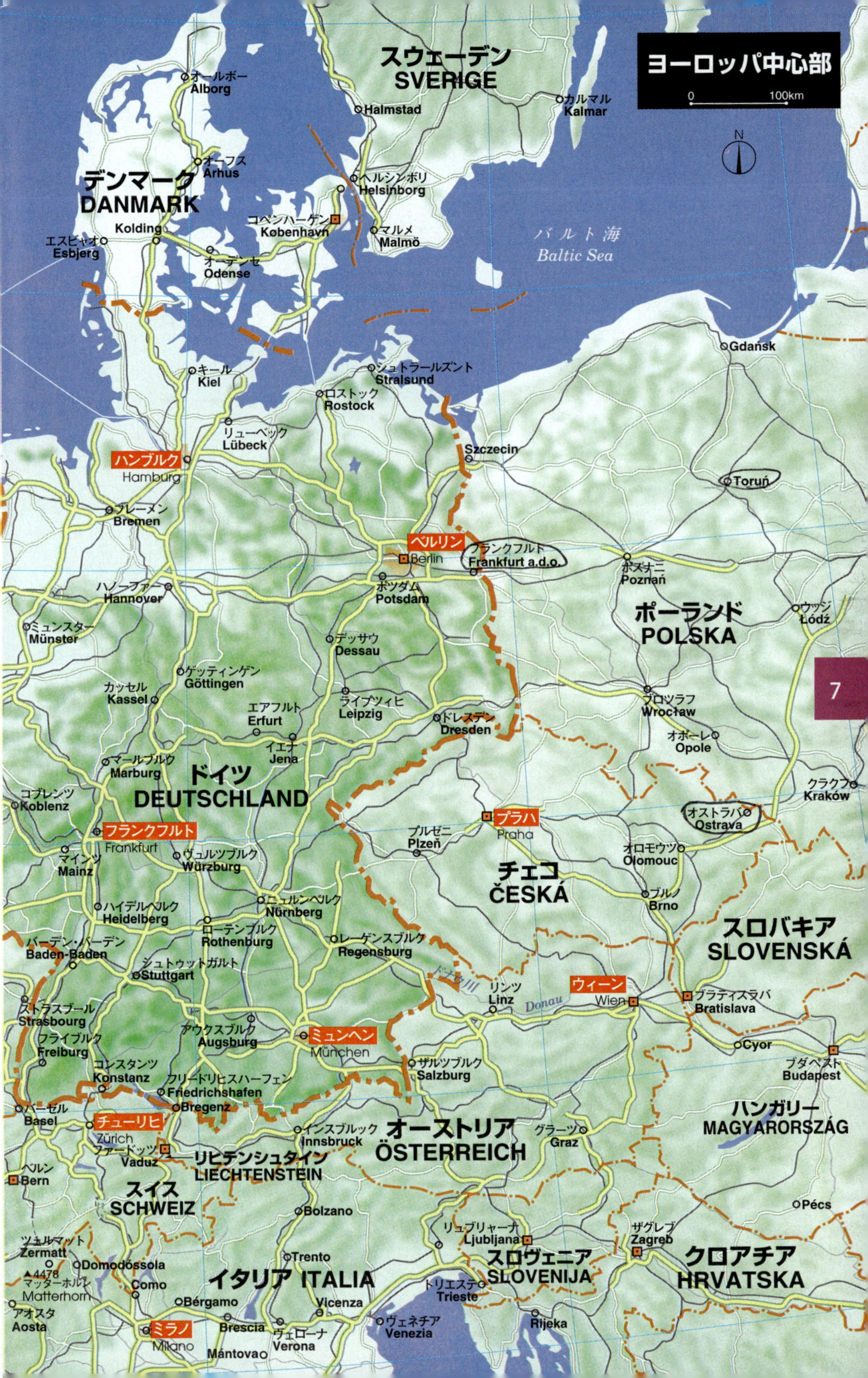

ヨーロッパ中心部
0
100km
N
スウェーデン
SVERIGE
カルマル
Kalmar
Halmstad
ヘルシンボリ
Helsinborg
マルメ
Malmö
バルト海
Baltic Sea
オールボー
Alborg
オーフス
Arhus
デンマーク
DANMARK
コペンハーゲン
København
Kolding
エスビャオ
Esbjerg
オーデンセ
Odense
Gdańsk
キール
Kiel
シュトラールズント
Stralsund
ロストック
Rostock
リューベック
Lübeck
ハンブルク
Hamburg
Szczecin
Toruń
ブレーメン
Bremen
ベルリン
Berlin
フランクフルト
Frankfurt a.d.o.
ポズナニ
Poznań
ハノーファー
Hannover
ポツダム
Potsdam
ポーランド
POLSKA
ウッジ
Łódź
ミュンスター
Münster
デッサウ
Dessau
ゲッティンゲン
Göttingen
カッセル
Kassel
ライプツィヒ
Leipzig
エアフルト
Erfurt
ドレスデン
Dresden
ブロツラフ
Wrocław
オポーレ
Opole
イエナ
Jena
マールブルク
Marburg
ドイツ
DEUTSCHLAND
コブレンツ
Koblenz
クラクフ
Kraków
オストラバ
Ostrava
プラハ
Praha
フランクフルト
Frankfurt
プルゼニ
Plzeň
オロモウツ
Olomouc
マインツ
Mainz
ヴュルツブルク
Würzburg
チェコ
ČESKÁ
ブルノ
Brno
ハイデルベルク
Heidelberg
ニュルンベルク
Nürnberg
ローテンブルク
Rothenburg
スロバキア
SLOVENSKÁ
バーデン・バーデン
Baden-Baden
レーゲンスブルク
Regensburg
シュトゥットガルト
Stuttgart
ドナウ川
リンツ
Linz
Donau
ウィーン
Wien
ブラティスラバ
Bratislava
ストラスブール
Strasbourg
アウクスブルク
Augsburg
フライブルク
Freiburg
ミュンヘン
München
Cyor
ブダペスト
Budapest
コンスタンツ
Konstanz
ザルツブルク
Salzburg
フリードリヒスハーフェン
Friedrichshafen
Bregenz
バーゼル
Basel
チューリヒ
Zürich
インスブルック
Innsbruck
オーストリア
ÖSTERREICH
グラーツ
Graz
ハンガリー
MAGYARORSZÁG
ファードゥツ
Vaduz
リヒテンシュタイン
LIECHTENSTEIN
ベルン
Bern
スイス
SCHWEIZ
Bolzano
Pécs
リュブリャーナ
Ljubljana
ザグレブ
Zagreb
ツェルマット
Zermatt
Domodóssola
Trento
スロヴェニア
SLOVENIJA
クロアチア
HRVATSKA
▲4478
マッターホルン
Matterhorn
Como
イタリア ITALIA
トリエステ
Trieste
アオスタ
Aosta
Bérgamo
Vicenza
ヴェネチア
Venezia
Rijeka
ミラノ
Milano
Brescia
ヴェローナ
Verona
Mántova

ドイツ連邦共和国
Bundesrepublik Deutschland
0
100km
N
8
デンマーク
DANMARK
オランダ
NEDERLAND
ポーランド
POLSKA
北海
Nordsee
バルト海
Ostsee
キール湾
Kieler Bucht
A
B
C
D
E
F
SCHLESWIG HOLSTEIN
シュレスヴィヒ・ホルシュタイン
MECKLENBURG-VORPOMMERN
メクレンブルク・フォルポメールン
NIEDERSACHSEN
ニーダーザクセン
NORDRHEIN-WESTFALEN
ノルトライン・ヴェストファーレン
SACHSEN-ANHALT
ザクセン・アンハルト
BRANDENBURG
ブランデンブルク
リーベ Ribe
テナー Tønder
セナボー Sønderborg
フレンスブルク Flensburg
フーズム Husum
テニング Tönning
ハイデ Heide
レンツブルク Rendsburg
キール Kiel
ノイミュンスター Neumünster
ノルト・オストゼー運河
クックスハーフェン Cuxhaven
シュターデ p.396 Stade
ブレーマーハーフェン Bremerhaven
ヴィルヘルムスハーフェン Wilhelmshaven
エムデン Emden
ロラン島 Lolland
レズビュハウン Rødbyhavn
ニュケビング Nykøbing F.
ゲッサー Gedser
プットガルデン Puttgarden
フェーマルン島 Fehmarn
オルデンブルク Oldenburg
プレーン Plön
ヴァルネミュンデ Warnemünde
トラヴェミュンデ Travemünde
リューベック p.380 Lübeck
ヴィスマール Wismar
ラッツェブルク Ratzeburg
メルン p.396 Mölln
シュヴェリーン p.392 Schwerin
ハンブルク p.364 Hamburg
リューネブルク p.384 Lüneburg
ウェルツェン Uelzen
エリカ街道
ツェレ p.386 Celle
ハノーファー p.388 Hannover
ザースニッツ Sassnitz
リューゲン島 Rügen
シュトラールズント p.395 Stralsund
グライフスヴァルト Greifswald
ロストック p.393 Rostock
ノイブランデンブルク Neubrandenburg
シチェチン Szczecin
スヴィノウィシチェ Swinoujscie
Gryfice
Koszalin
ボーンホルム島 Bornholm
スタルガルト・シュチェチンスキ Stargard Szczecinski
ゴズヴィエルコポルスキ Gorzów Wielkopolski
ヴィッテンベルゲ Wittenberge
ノイルピーン Neuruppin
エバースヴァルデ Eberswarde
オーデル川 Oder
エルベ川 Elbe
シュテンダール Stendal
ベルリン p.88 Berlin
ポツダム p.118 Potsdam
フランクフルト Frankfurt an der Oder
ジェローナ・グーラ Zielona Góra
ブランデンブルク Brandenburg
ヴォルフスブルク Wolfsburg
ブラウンシュヴァイク Braunschweig
マクデブルク Magdeburg
シュプレーヴァルト地方 Spreewald
コットブス Cottbus
ヴェルニゲローデ p.356 Wernigerode
クヴェートリンブルク p.358 Quedlinburg
デッサウ Dessau
ヴィッテンベルク p.149 Wittenberg
トルガウ Torgau
ノルトハウゼン Nordhausen
ハレ Halle
ナウムブルク Naumburg
ライプツィヒ p.136 Leipzig
マイセン p.134 Meissen
ゲルリッツ Görlitz
レーワルデン Leeuwarden
フローニンゲン Groningen
オルデンブルク Oldenburg
ブレーメン p.350 Bremen
フェルデン Verden
ヴェーザー川 Weser
ニーンブルク Nienburg
ミンデン Minden
ハーメルン p.348 Hameln
メルヘン街道
ボーデン・ヴェルダー p.360 Boden Werder
ゴスラー p.354 Goslar
ホルツミンデン Holzminden
ウスラー Uslar
ハン・ミュンデン p.360 Hann-Münden
ゲッティンゲン p.347 Göttingen
カッセル p.344 Kassel
フリッツラー Fritzlar
バート・ゾーデン・アレンドルフ B.-Sooden-Allendorf
エメン Emmen
リンゲン Lingen
アムステルダム Amsterdam
ツヴォレ Zwolle
アルメロ Almero
アーペルドールン Apeldroon
エンスヘーデ Enschede
オスナブリュック Osnabrück
ビーレフェルト Bielefeld
ミュンスター p.322 Münster
アルンヘム Arnhem
ナイメーヘン Nijmegen
ボホルト Bocholt
ハム Hamm
パーダーボルン Paderborn
アイントホーフェン Eindhoven
デュイスブルク Duisburg
エッセン p.325 Essen
ドルトムント Dortmund
ゲルゼンキルヒェン Gelsenkirchen
ヴッパータール Wuppertal
デュッセルドルフ p.304 Düsseldorf
メンヒェングラートバッハ Mönchengladbach
ゾーリンゲン Solingen

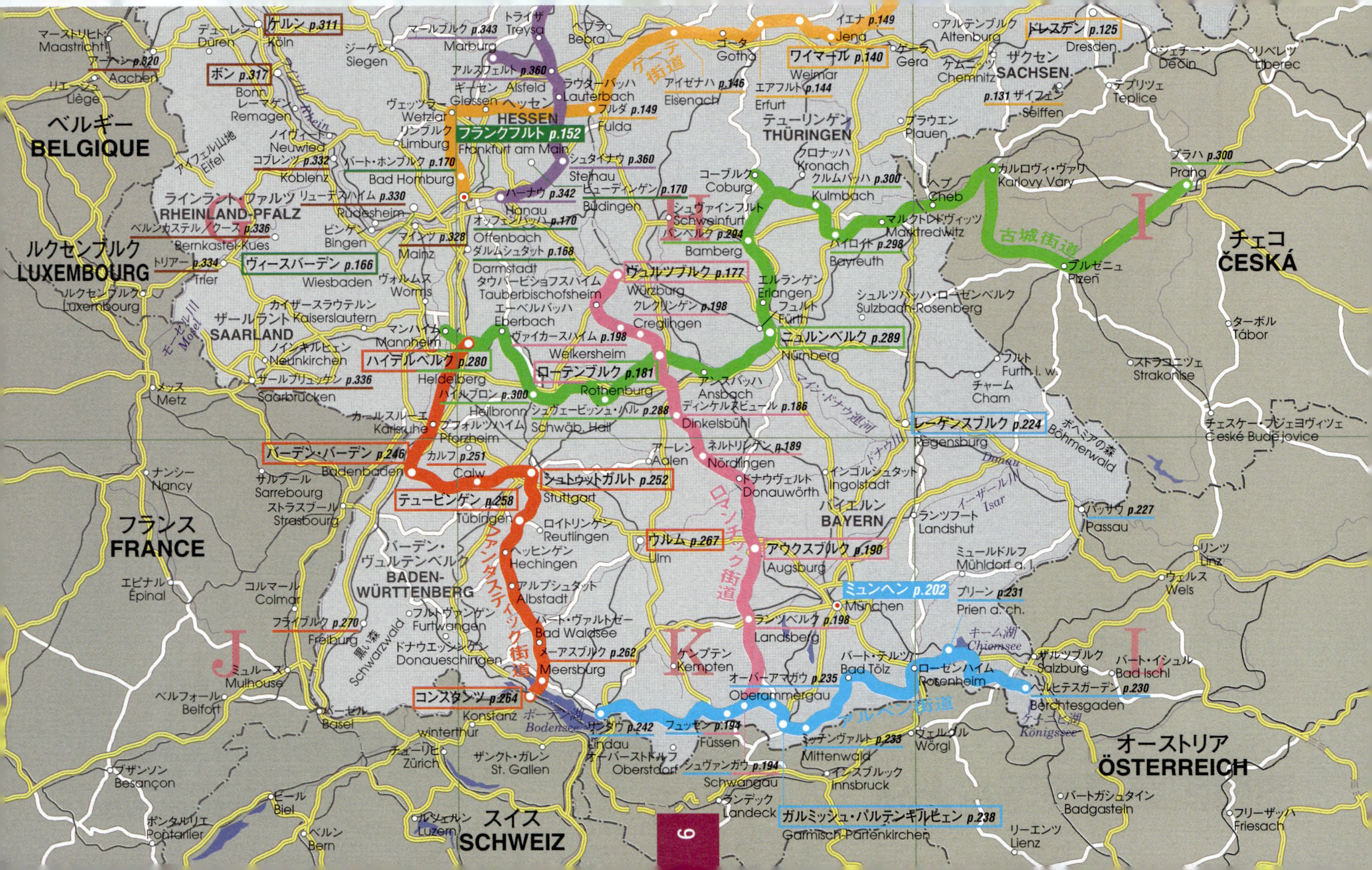

ケルン p.311
Köln
ボン p.317
Bonn
アーヘン p.320
Aachen
マーストリヒト
Maastricht
リエージュ
Liège
ベルギー
BELGIQUE
ルクセンブルク
LUXEMBOURG
ラインラント・ファルツ
RHEINLAND-PFALZ
ザールラント
SAARLAND
ベルンカステル・クース p.336
Bernkastel-Kues
トリアー p.334
Trier
ヴィースバーデン p.166
Wiesbaden
ザールブリュッケン p.336
Saarbrücken
フランス
FRANCE
ナンシー
Nancy
メッス
Metz
エピナル
Épinal
ストラスブール
Strasbourg
コルマール
Colmar
ミュルーズ
Mulhouse
ベルフォール
Belfort
ブザンソン
Besançon
ポンタルリエ
Pontarlier
フランクフルト p.152
Frankfurt am Main
HESSEN
マールブルク p.343
Marburg
アルスフェルト p.360
Alsfeld
フルダ p.149
Fulda
シュタイナウ p.360
Steinau
ハーナウ p.342
Hanau
ビューディンゲン p.170
Büdingen
バート・ホンブルク p.170
Bad Homburg
リューデスハイム p.330
Rüdesheim
マインツ p.328
Mainz
オッフェンバッハ p.170
Offenbach
ダルムシュタット p.168
Darmstadt
ゲーテ街道
アイゼナハ p.146
Eisenach
ワイマール p.140
Weimar
エアフルト p.144
Erfurt
イエナ p.149
Jena
ゴータ
Gotha
テューリンゲン
THÜRINGEN
ドレスデン p.125
Dresden
ザクセン
SACHSEN
p.131 ザイフェン
Seiffen
ハイデルベルク p.280
Heidelberg
マンハイム
Mannheim
ローテンブルク p.181
Rothenburg
ヴュルツブルク p.177
Würzburg
クレクリンゲン p.198
Creglingen
ヴァイカースハイム p.198
Weikersheim
ハイルブロン p.300
Heilbronn
シュヴェービッシュ・ハル p.288
Schwäb. Hall
ディンケルスビュール p.186
Dinkelsbühl
ネルトリンゲン p.189
Nördlingen
アウクスブルク p.190
Augsburg
ロマンチック街道
ランツベルク p.198
Landsberg
コーブルク
Coburg
バンベルク p.294
Bamberg
バイロイト p.298
Bayreuth
ニュルンベルク p.289
Nürnberg
古城街道
プラハ p.300
Praha
チェコ
ČESKÁ
レーゲンスブルク p.224
Regensburg
パッサウ p.227
Passau
バイエルン
BAYERN
ミュンヘン p.202
München
バーデン・バーデン p.246
Baden-Baden
シュトゥットガルト p.252
Stuttgart
テュービンゲン p.258
Tübingen
ウルム p.267
Ulm
バーデン・ヴュルテンベルク
BADEN-WÜRTTEMBERG
ファンタスティック街道
フライブルク p.270
Freiburg
メーアスブルク p.262
Meersburg
コンスタンツ p.264
Konstanz
ボーデン湖
Bodensee
リンダウ p.242
Lindau
フュッセン p.194
Füssen
シュヴァンガウ p.194
Schwangau
オーバーアマガウ p.235
Oberammergau
ミッテンヴァルト p.233
Mittenwald
ガルミッシュ・パルテンキルヒェン p.238
Garmisch-Partenkirchen
アルペン街道
キーム湖
Chiemsee
プリーン p.231
Prien a. ch.
ベルヒテスガーデン p.230
Berchtesgaden
オーストリア
ÖSTERREICH
スイス
SCHWEIZ
チューリヒ
Zürich
インスブルック
Innsbruck
ザルツブルク
Salzburg

主な都市間の所要時間

原則として、各都市間を直通で結ぶ最短時間を示した。
赤字—ICE（ドイツ新幹線）またはMETのみ利用。黒字—IC（インターシティ），EC（ユーロシティ）もしくは一部ICE利用

	ミュンヘン	ニュルンベルク	シュトゥットガルト	ハイデルベルク	フランクフルト	マインツ	ケルン	デュッセルドルフ	ハノーファー	ハンブルク	ライプツィヒ	ドレスデン
ベルリンZoo	5:50	4:22	5:31	(マンハイム) 5:11	4:08	(フランクフルト) 5:14	4:22	4:16	1:39	1:33	1:09	2:11
ドレスデン	(ライプツィヒ) 6:34	4:59	(フランクフルト) 6:25	(フランクフルト) 6:04	4:30	(フランクフルト) 5:07	(フランクフルト) 5:56	(フランクフルト) 6:25	(ライプツィヒ) 4:15	4:16	1:06	
ライプツィヒ	4:33	3:03	(フランクフルト) 5:10	(マンハイム) 4:47	3:16	(フランクフルト) 3:54	(フランクフルト) 4:43	(フランクフルト) 5:14	2:41	3:00		
ハンブルク	6:00	4:15	5:07	(フランクフルト) 4:48	3:37	(フランクフルト) 4:25	4:02	3:38	1:15			
ハノーファー	4:37	2:54	3:50	(フランクフルト) 3:31	2:19	(フランクフルト) 3:09	2:40	2:34				
デュッセルドルフ	5:04	3:43	2:42	(マンハイム) 2:19	1:38	(フランクフルト) 1:49	0:22					
ケルン	(マンハイム) 3:48	3:17	2:13	(マンハイム) 1:50	1:11	1:29						
マインツ	(マンハイム) 3:51	2:45	(マンハイム) 1:33	0:51	0:34							
フランクフルト	3:42	2:06	1:18	0:52								
ハイデルベルク	3:01	(シュトゥットガルト) 3:04	0:39									
シュトゥットガルト	2:16	2:10										
ニュルンベルク	1:23											

※(駅名)は乗り換えが必要か、乗り換えた方がかなり早い場合の乗り換え駅

ドイツ主要鉄道路線図

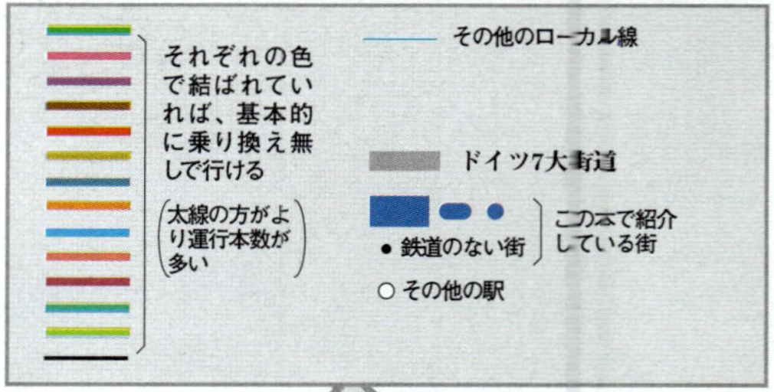

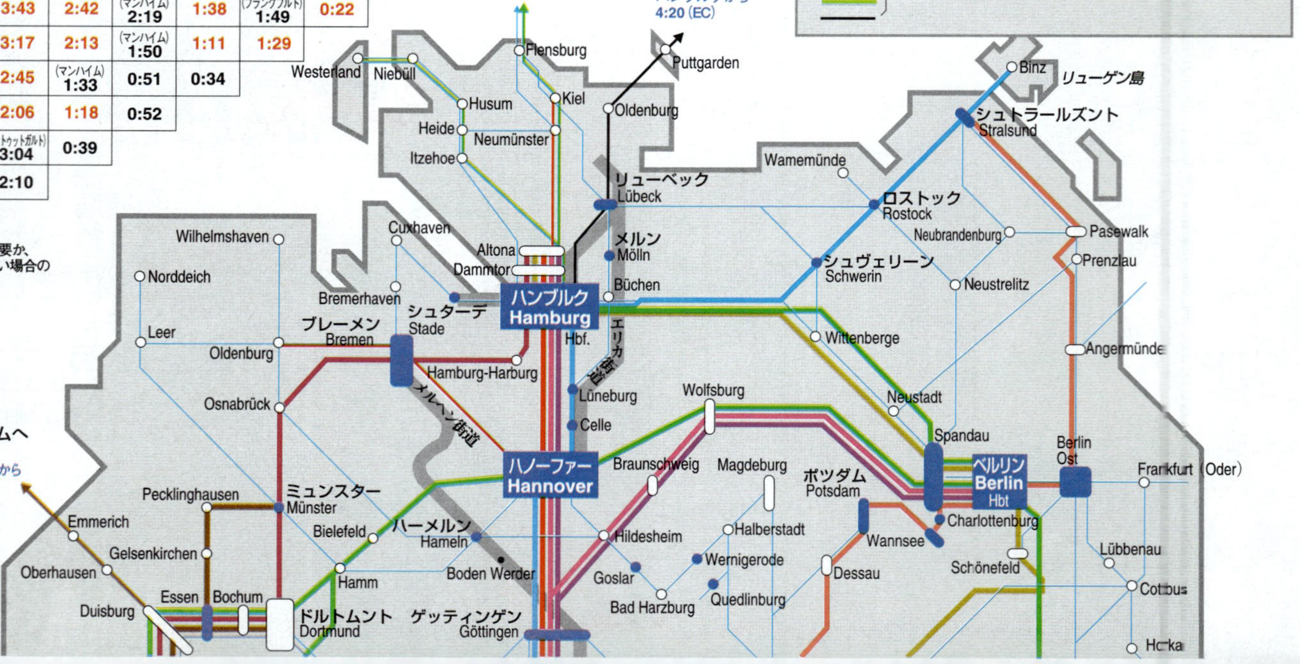

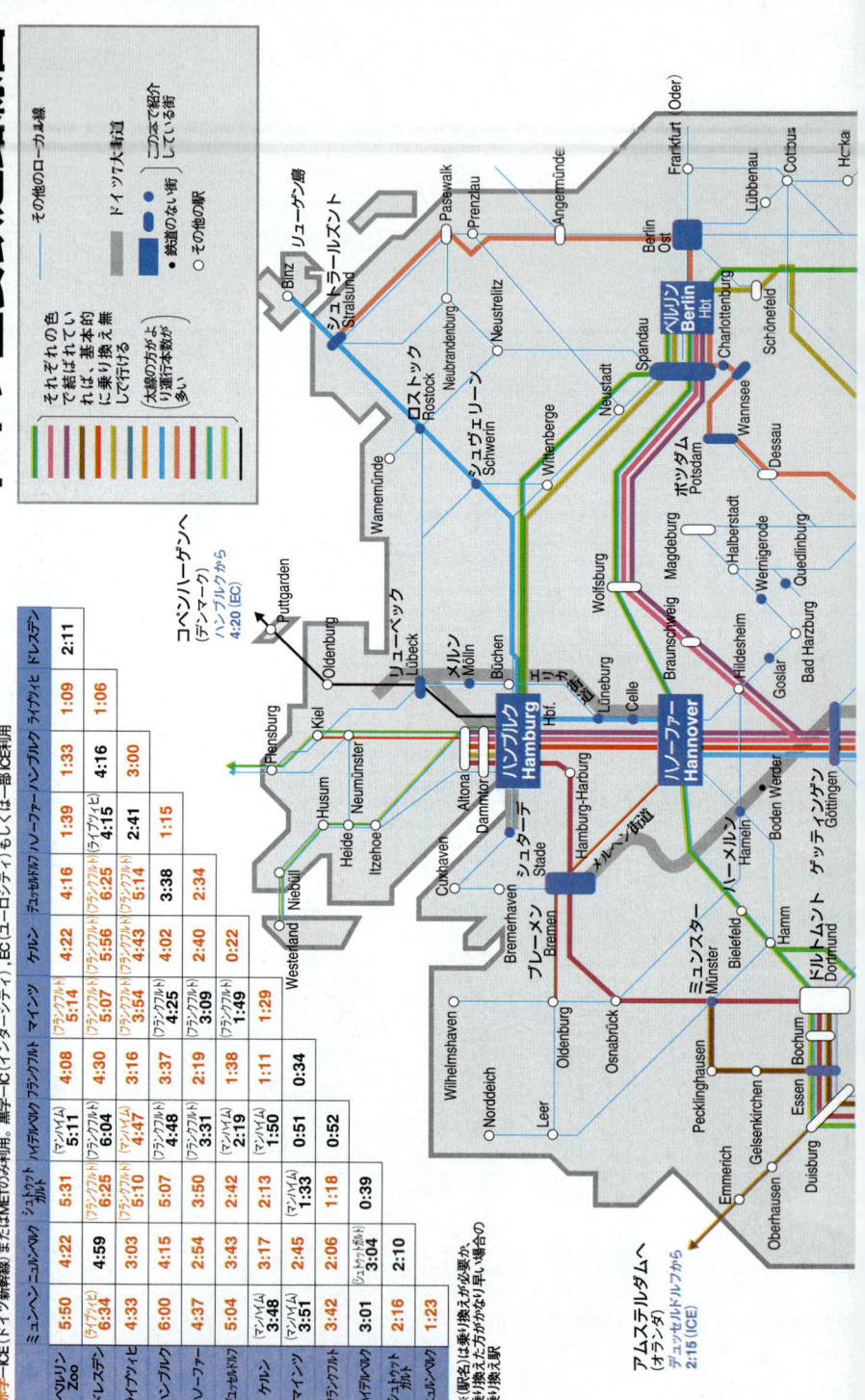

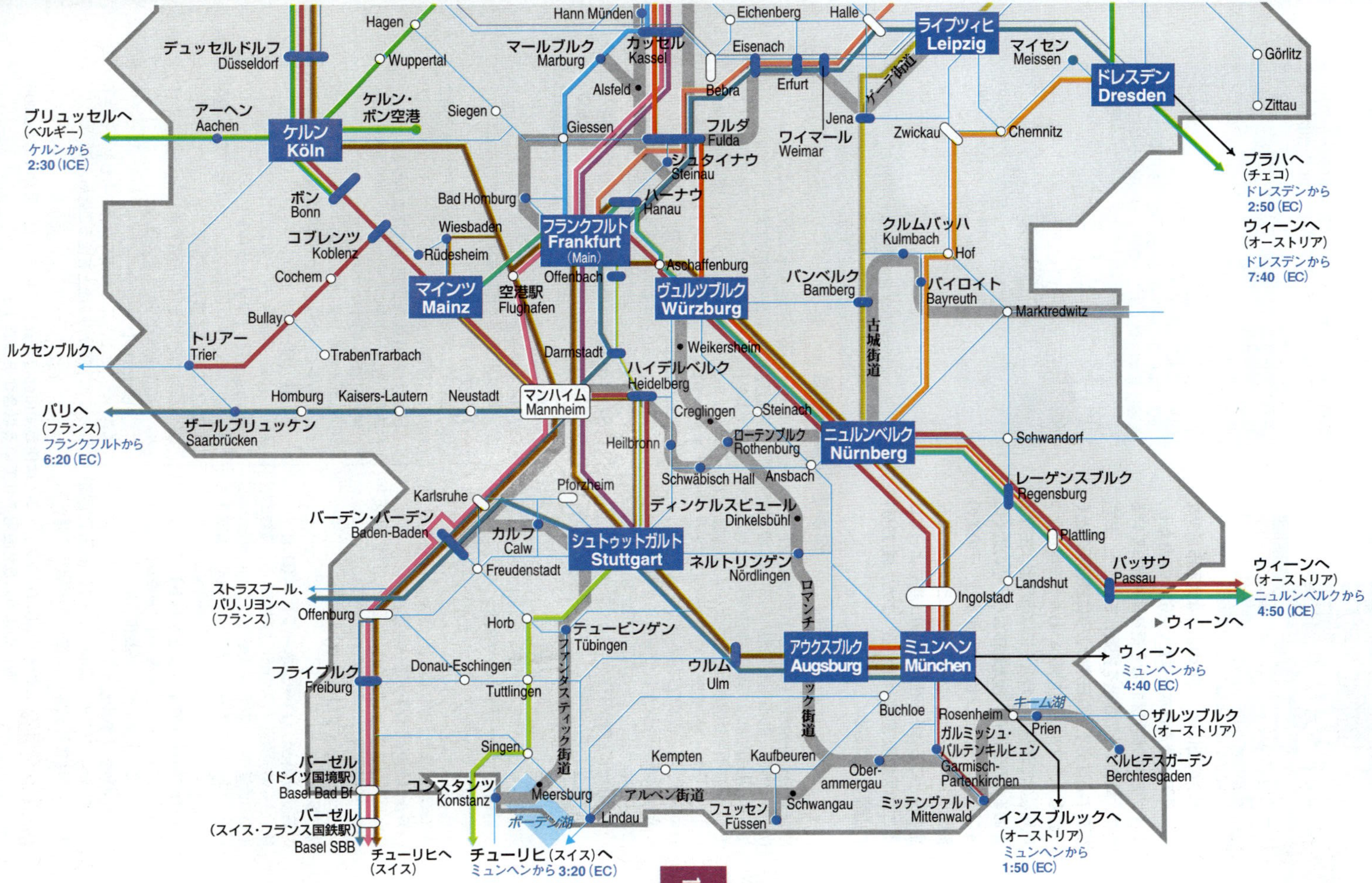

デュッセルドルフ Düsseldorf
Hagen
Wuppertal
ケルン・ボン空港
ブリュッセルへ (ベルギー) ケルンから 2:30 (ICE)
アーヘン Aachen
ケルン Köln
Siegen
ボン Bonn
コブレンツ Koblenz
Cochem
Bullay
トリアー Trier
TrabenTrarbach
ルクセンブルクへ
パリへ (フランス) フランクフルトから 6:20 (EC)
ザールブリュッケン Saarbrücken
Homburg
Kaisers-Lautern
Neustadt
マンハイム Mannheim
マーブルブルク Marburg
カッセル Kassel
Hann Münden
Alsfeld
Giessen
Bad Homburg
Wiesbaden
Rüdesheim
マインツ Mainz
フランクフルト Frankfurt (Main)
空港駅 Flughafen
Offenbach
Darmstadt
ハーナウ Hanau
シュタイナウ Steinau
フルダ Fulda
Bebra
Eisenach
Eichenberg
Halle
Erfurt
ワイマール Weimar
Jena
ライプツィヒ Leipzig
マイセン Meissen
ドレスデン Dresden
Görlitz
Zittau
Zwickau
Chemnitz
プラハへ (チェコ) ドレスデンから 2:50 (EC)
ウィーンへ (オーストリア) ドレスデンから 7:40 (EC)
Aschaffenburg
ヴュルツブルク Würzburg
Weikersheim
ハイデルベルク Heidelberg
Creglingen
Steinach
ローテンブルク Rothenburg
Heilbronn
Schwäbisch Hall
Ansbach
クルムバッハ Kulmbach
Hof
バンベルク Bamberg
バイロイト Bayreuth
Marktredwitz
古城街道
ニュルンベルク Nürnberg
Schwandorf
レーゲンスブルク Regensburg
Plattling
パッサウ Passau
Landshut
Ingolstadt
ウィーンへ (オーストリア) ニュルンベルクから 4:50 (ICE)
▶ウィーンへ
Pforzheim
Karlsruhe
バーデン・バーデン Baden-Baden
カルフ Calw
Freudenstadt
シュトゥットガルト Stuttgart
ディンケルスビュール Dinkelsbühl
ネルトリンゲン Nördlingen
ロマンチック街道
ストラスブール、パリ、リヨンへ (フランス)
Offenburg
Horb
テュービンゲン Tübingen
ファンタスティック街道
ウルム Ulm
アウクスブルク Augsburg
ミュンヘン München
ウィーンへ ミュンヘンから 4:40 (EC)
フライブルク Freiburg
Donau-Eschingen
Tuttlingen
Buchloe
Rosenheim
キーム湖
Prien
ザルツブルク (オーストリア)
ガルミッシュ・パルテンキルヒェン Garmisch-Partenkirchen
ベルヒテスガーデン Berchtesgaden
Singen
Kempten
Kaufbeuren
Ober-ammergau
バーゼル (ドイツ国境駅) Basel Bad Bf
コンスタンツ Konstanz
Meersburg
アルペン街道
Schwangau
ミッテンヴァルト Mittenwald
インスブルックへ (オーストリア) ミュンヘンから 1:50 (EC)
フュッセン Füssen
Lindau
ボーデン湖
バーゼル (スイス・フランス国鉄駅) Basel SBB
チューリヒへ (スイス)
チューリヒ (スイス) へ ミュンヘンから 3:20 (EC)

Bundesrepublik Deutschland

ドイツの基礎データ

ドイツの街には、日本のような大都市が少なく、その構造も日本とはだいぶ違う。ただし、ドイツ国内の観光都市なら造りは共通しているので、最初にその構造を把握しておこう。まず、街の中心は必ずしも日本のように鉄道駅の近くではなく、マルクト広場といわれる市場が立つ広場なので注意。その近くには市庁舎、主教会があるのが普通だ。観光都市なら、その近くにインフォメーションセンターがあり、その街の観光パンフレット、ホテル情報などが手に入る。主な見どころは旧市街に集まり、街によってはそこだけ城壁に囲まれている。また、城は郊外の山間などにある。

国名：ドイツ連邦共和国〔Bundesrepublik Deutschland／英語名Federal Republic of Germany〕
首都：ベルリン／Berlin（人口約340万人）
政体：連邦共和制／議院内閣制（二院制）
面積：35万6733km²
人口：8254万人（'03年）
人口密度：231人／km²
GDP：２兆2710億ドル（'03年）
通貨：ユーロ（€１≒149円／'06年３月現在）
時差：日本時間より－８時間（３月最終日曜日から10月最終土曜日はサマータイムで－７時間）
宗教：ほとんどがキリスト教（カトリック／約35%、プロテスタント／約36%）
州県：シュレースヴィヒ・ホルシュタイン州、ニーダーザクセン州、ノルトライン・ヴェストファーレン州、ラインラント・プファルツ州、ヘッセン州、ザールラント州、バーデン・ヴュルテンベルク州、バイエルン州、ザクセン州、ザクセン・アンハルト州、ブランデンブルク州、メクレンブルク・フォアポンメルン州、テューリンゲン州の13州と、ベルリン州（市）、ハンブルク特別市、ブレーメン特別市の３つの特別市（州と同格）の16州区からなる

街歩きの基礎用語

■Markt Platz（マルクトプラッツ）
Marktは市場、Platz（省略形＝Pl.）は広場の意味で、中小都市ではこの周りに街が発展している。ただし、必ずしも鉄道駅の近くではない。街によっては中心がWein MarktだったりRathaus Pl.だったりするが、同じ役割の広場と考えていい。

■Strasse（シュトラーセ）＝Str.
道路、街道の意味。ほとんどの場合大通り。

■Gasse（ガッセ）＝Ga.
小路、小径、または横丁、路地など。主に建物に挟まれた小さな通り。

■Allee（アレー）＝Al.
並木道。ほとんどが遊歩道になっている。

■Ufer（ウーファー）＝Uf.
岸。または岸に面した通り。ほとんどが川岸。

■Weg（ヴェーク）
主に街路。または単に道、路。

■Passage（パッサージェ）
ショップの並ぶアーケード。普通は天井付で雨天でも買い物ができる。もとはフランス語。

■Brücke（ブリュッケ）
橋の意味。

■Bahnhof（バーンホーフ）＝Bhf.
駅、主に鉄道駅。バスの駅にも使われる。複数の駅がある大都市には普通、中央駅としてHauptbahnhof（ハウプトバーンホーフ）があり、Hbf.と省略される。

■Altstadt（アルトシュタット）
旧市街。見どころが多く集まり、普通は買物通りなども擁する。Alteは古い、Stadtは街の意。

■Kirche（キルヒェ）
教会の総称。ちなみにDom（ドーム）は司教座聖堂、または大教会堂（本書では大聖堂で統一）。Kloster（クロスター）は修道院のこと。

■Rathaus（ラートハウス）
市庁舎のこと。Ratskeller（ラーツケラー）といわれるレストランがあることが多い。建物自体が歴史的建造物として見どころになっている場合もある。

■Kurhaus（クアハウス）
演奏会場、カジノなどが入っている保養センターのことを指す。

■Schlossmauer（シュロスマウアー）
またはStadtmauer（シュタトマウアー）。城壁、または市壁のこと。中世のころ、人の住む市街区はこの城壁に囲まれ、守られていた。

■Tor（トーア）
門、または門のある塔。城壁の入口の門など。

■Turm（トゥルム）
塔。教会の尖塔など。見張り用に市庁舎にある場合も多く、普通は上部に上れる。

■Fachwerk（ファッハヴェルク）
木骨の白壁造りの家のこと。木枠の模様が美しい。

■Hof（ホーフ）
建物に囲まれた中庭。館の意味でホテルの名前に付くことも多く、宮廷という意味もある。

■Saal（ザール）
広間、式場。宮廷内でよく見かける単語。

■Fassade（ファッサード）
建築物の前面または正面のこと。もとはフランス語。

■S Bahn（エスバーン）
都市近郊と市街地を結ぶ近郊列車。ジャーマンレイルパスなど各種周遊券も使える。

■U Bahn（ウーバーン）
エスバーンとともに大都市の交通の中心となる地下鉄のこと。部分的に地上を走ることもある。

注意　本書ではß（エスツェット）は使わずにssで表記していますが、現地ではSchloß（城）のようにßが使用されている場合があります。

日本での準備編

出発3日前 やることチェックリスト

- □持ち物チェックリスト（p.37参照）で荷物をチェックする。
- □パスポートのコピーをとる。
- □パスポート紛失時のための証明写真を用意する。
- □銀行で日本円をユーロに両替する。
- □宿泊ホテルやツアー会社の連絡先を家族や知人に知らせる。
- □新聞を留め置きにする。
- □空港への電車、リムジンバスの乗車時刻を確認する。

日本での準備編

ドイツを正しく知ろう

ドイツ７大街道

①エリカ街道②メルヘン街道（p.340参照）③ゲーテ街道（p.124参照）④古城街道（p.278参照）⑤ロマンチック街道（p.176参照）⑥ファンタスティック街道⑦アルペン街道（p.228参照）

ドイツってどんな国？

ドイツの旅と聞いて、まず最初に思い浮かべることは何だろう？　誰でも知っている観光地ならミュンヘン、ライン川やロマンチック街道、食べ物ならソーセージ、飲み物ならビール、音楽ならクラシックだろうか。でもそれだけがドイツじゃない！

イメージを正そう

たとえば食べ物だと、長い冬に備えて保存食が発達したので、ソーセージやザワークラウト（酢キャベツ）が有名になっているが、季節の旬の素材を大事にする文化もあり、春はシュパーゲル（白アスパラガス）、秋にはキノコや野鳥獣の肉が珍重される。他にも真面目すぎて遊び場所が少なそうなところだ、などの間違ったイメージは下記のイメージ正誤表で払拭しておこう。

街道とプラン

ドイツには、よく知られる「ロマンチック街道」をはじめ、７つの街道があるといわれる。しかし、この「街道」、ドイツ観光局がプロモーションしている観光ルートのことで、実は街と街を結んだイメージ上のもの。実際に街道の「道沿い」を観光するわけではない。他の国向けには「皇帝街道」や「ワイン街道」というのもある。車で移動することが前提のものも多く、個人旅行ではあまりルートにこだわらなくてもいいだろう。たとえば特別にオペラ観劇などに興味があるなら、自分だけの「オペラ街道」を創って巡るのも楽しい。

ドイツのイメージ正誤表

×ドイツ料理はおいしくない	➡	○本当はおいしい
×７大街道は道沿いがきれい	➡	○あくまで街がメイン
×アルコールはビールしかない	➡	○世界最高の白ワインもある
○ソーセージがおいしい	➡	◎味、量ともに世界一
○ビールがうまい	➡	◎地ビールは驚くほどうまい
○クラシック音楽の本場	➡	◎クラシックのみならず、ミュージカル、テクノと充実
×遊びが少ない	➡	○大都市はナイトライフが充実
×リゾートがない	➡	○山岳リゾートは充実。自然に親しむ機会が多い
×ブランド品が少ない	➡	○実用ブランドは充実

オペラのシーズンは通常９月～翌年６月まで

テーマ別に知ろう！　おすすめあれこれ

ドイツは他の国より中、小規模の観光都市が多く、それぞれがユニークな観光物件を持っているので、見てみたいものを選ぶのが結構大変。都市別に行きたい場所を選ぶより、見たいもの別に行き先を選んだほうがいい場合もある。そんなときの参考に、おすすめの見どころをテーマ別に独断で勝手に厳選！

おすすめテーマ１　お城

ランキング No.1

ノイシュヴァンシュタイン城ほか　ルートヴィヒ２世が展開した独特の美意識に浸ろう（p.197、p.232、p.237）

ランキング No.3

ヴァルトブルク城　文化的に非常に重要。ノイシュヴァンシュタイン城のモデルになった部屋などもある（p.147）

ランキング No.2

ホーエンツォレルン城　内部の宝物館（とくにプロイセンの王冠）や周囲の景観も楽しもう（p.261）

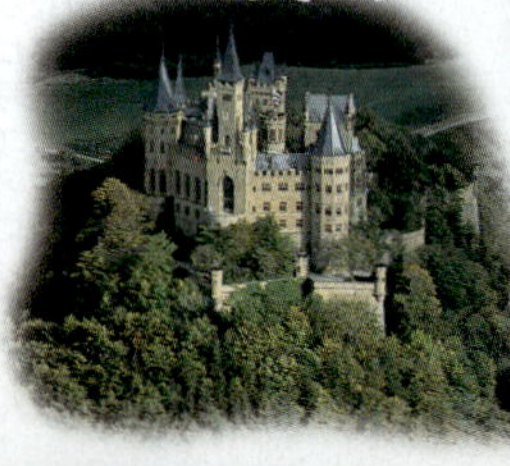

POINT 小さな古城は冬季には休みになることが多く、交通の便も悪いことが多いのでスケジュールには注意しよう。ライン川などでは、古城ホテルが多いので宿泊してみたい。

ハイデルベルク城

No.4　エルツ城
ドイツではもっとも美しいとされ、500DM紙幣の絵柄にも。中世からの古城で文化的な価値も高い（p.333）

No.5　ハイデルベルク城
ネッカー川など周囲の景観も含めて。城館内の博物館やレストランなどもポイント（p.281）

No.6　ライン川沿いの古城
数は多い。古城ホテルなどもあり、ライン川観光と合わせて（p.326）

No.7　マリエンベルク要塞
ハイデルベルク城に似て内部の博物館なども充実（p.179）

No.8　シュヴェリーン城
フランスのシャンボール城を参考に改築されたその姿の美しさは特筆もの。内部や周囲の庭園も（p.392）

No.9　ザバブルク城（古城ホテル）
現在古城ホテル。いばら姫の館のモデルといわれる（p.353）

No.10　ミュンスター地方の水城
周囲を水濠で囲まれた得々のスタイル（p.325）

おすすめテーマ2　博物館、美術館

①ペルガモン博物館……展示のスケールが圧倒的（p.101）
②絵画館……今や世界規模の収集（p.102）
③アルテ・ピナコテーク……中世の欧州絵画（p.214）
④緑の丸天井……絢爛豪華な宝飾品の数々（p.128）
⑤モダン・ピナコテーク……現代絵画。単純に面白い（p.216）
⑥アルテ・マイスター絵画館……大型のものが多い（p.129）
⑦ノイエ・ピナコテーク……ゴッホなど（p.214）
⑧ハンブルク美術館……国内屈指の膨大なコレクション（p.372）
⑨ドイツ博物館……規模がすごい。メカ好きな人に（p.214）
⑩シュテーデル美術館……レンブラントからピカソなども（p.160）

絵画はどこもかなり近づいて見られる

緑の丸天井にある有名なミニチュア

おすすめテーマ3　民俗祭

クリスマス市で。遊園地は祭りの間だけ現れる移動式が多い

オクトーバーフェスト
巨大テントの会場でただひたすらビールを飲む（p.217）

クリスマス・マーケット
ニュルンベルク、ドレスデンなどが有名だがドイツ各地で（p.131）

ヴァルプルスギスの夜
魔女の姿に扮して踊る。カーニバル的（p.359）

マイスタートゥルンク歴史祭
中世の衣装でパレードや羊飼いのダンス（p.182）

キンダーツェッヒェ（子供祭）
子供によって町が救われた史実をもとにパレードなど（p.186）

祭りでは民俗衣装や中世のコスチュームなどをまとってパレード

●おすすめ宮殿ベスト10！
①サンスーシ宮殿…庭園も含めて（p.118）
②レジデンツ…圧倒的な天井フレスコ画（p.179）
③レジデンツ（ミュンヘン）…内部の博物館など（p.213）
④ツヴィンガー宮殿…絵画館など（p.127）
⑤ニンフェンブルク城…美人画ギャラリー（p.215）
⑥ヴィルヘルムスヘーエ宮殿…周囲の景観も（p.345）
⑦シャルロテンブルク宮殿…陶器の間など（p.103）
⑧ツェツィーリエンホーフ宮殿…ポツダム会談（p.120）
⑨ヘレンハウゼン王宮…建物はなく庭園のみ（p.389）
⑩シェッツラー宮殿…祝祭の間など（p.192）

●ジャンル別おすすめ博物館
①人物編
森鷗外記念館（p.104）、メンデルスゾーン・ハウス（p.136）、バッハ博物館（p.138）、ゲーテの家（p.140）、シラーの家（p.142）、ゲーテの山荘（p.142）、ルートヴィヒ2世博物館（p.232）、ヘルマン・ヘッセ博物館（p.251）、ワーグナー博物館（p.299）、ゲーテ博物館（p.307）、ベートーベンの生家（p.318）、グーテンベルク博物館（p.329）、グリム兄弟博物館（p.345）
②ユニークテーマ編
チェックポイントチャーリー/壁博物館（p.104）、おもちゃ博物館（p.131）、中世犯罪博物館（p.182）、リース・クレーター博物館（p.189）、ヴァイオリン博物館（p.234）、メルセデス・ベンツ博物館（p.253）、パン文化博物館（p.268）、シュタイフ・ワールド（p.269）、ホーエンローエ農村博物館、（p.288）、交通博物館（p.291）、玩具博物館（p.292）、チョコレート博物館（p.314）、自動演奏楽器博物館（p.331）、ドイツ塩博物館（p.385）

ドイツ・街と街道の魅力マップ

ドイツには小さな街がいくつもあって、どこを旅すればいいのか迷ってしまうほど。ある街では中世から続く街並が魅力だったり、別の街では雄大な自然の景観が魅力だったりと、その魅力も様々。また、同じ特徴を持った街々を結ぶ観光街道もあり、テーマごとに同じような街を組み合わせて旅を楽しむこともできる。

表の見方

- 街並の美しさ
- 古城・宮殿
- 教会
- 博物館・美術館
- 音楽
- 自然景観
- 温泉
- ビール
- ワイン
- ショッピング

各項目とも星マークの数が多いほど充実度が高い。3つ星が最高点で、星なしの場合は項目を省略した。

赤丸が多いほど日本人旅行者に出会う

その他おすすめの街

リューベック
P.380
エリカ街道
（※本書では街道として紹介していない）
ハンブルクを拠点に北ドイツをカバー。リューネブルガー・ハイデなど、エリカ(ヒース)の花咲く広野が魅力の街道。
ハンブルク
P.364
リューネブルク
ツェレ
ベルリン
P.88
ポツダム
P.118
ハーメルン
ゲーテ街道
p.124～149
ドイツが世界に誇る文豪、ゲーテにちなんだ街道。音楽、演劇など文化活動の盛んな街が多く、美術館も充実している。
カッセル
ライプツィヒ
ドレスデン
P.125
ワイマール
プラハ
バンベルク
バイロイト
ヴュルツブルク
P.177
ニュルンベルク
P.289
古城街道
p.275～300
中世の騎士や貴族が生活した古城が多く残る。とくにシュロスホテルなど、実際に宿泊できる古城もある。
ローテンブルク
P.181
レーゲンスブルク
ディンケルスビュール
ネルトリンゲン
アウクスブルク
P.190
ウルム
アルペン街道
p.228～242
文字通りアルプスの山脈沿いに展開する街道。風光明媚でスキー、登山などの山岳リゾートが発達している。
ミュンヘン
P.202
フュッセン
P.194
リンダウ
ガルミッシュ・パルテンキルヒェン
P.238
ベルヒテスガーデン

旅のスタイルを選ぶ

パッケージツアーに登場する主な都市例

北東部：ベルリン、ドレスデン、ハンブルク、ポツダム、マイセン
中部：フランクフルト、ニュルンベルク、ヴュルツブルク、ハイデルベルク、ローテンブルク、マインツ
南部：ミュンヘン、バーデン・バーデン、フュッセン

●パッケージツアーのルート例

- 中世夢紀行、ロマンチック街道6日間
- ロマンチック街道とスイスアルプス、パリ8日間
- ドイツロマンとザルツブルク、ウィーン9日間
- ベルリン、ドレスデンと中欧の美しい街々へ10日間

ドイツの主な祝祭日

'06	5/25	キリスト昇天祭
	6/5	聖降臨祭
	10/3	ドイツ統一の日
	12/25、26	クリスマス
'07	1/1	元日
	4/6	聖金曜日
	4/8	復活祭
	4/9	復活祭月曜日
	5/1	メーデー

※年によって変動するものもあるので観光局などで確認を。また、休日は州ごとに違う場合も多いので注意。

パッケージツアーを利用する

往復の航空券やホテルへの宿泊、食事などがセットになったパッケージツアー。これは添乗員やガイドの有無、宿泊するホテルのグレードなどによって値段が異なり、普通はパッケージごとにそれぞれブランド名が付けられている。なお、パッケージツアーには旅程保証という制度があり、ツアー内容に変更があった場合は料金の1～15％の範囲で代金の補償がある他、不慮の事故に対しての特別補償などもあり、安心感がある。

チェックPOINT

ドイツのパッケージツアーの傾向として、ドイツのみの滞在で終わらず、周辺のオーストリアやスイス、あるいはパリ、ロンドンまでも周遊するタイプのものが多い。また格安タイプや、一都市に長く滞在するものも、他国と比べると少ない。

ツアーブランドを検討する

たとえばジャルパックの場合、その第1ブランドとして「I'll（アイル）」を、格安の第2ブランドとして「AVA（アヴァ）」を用意している。さらに旅行会社によっては、ユニークな企画手配旅行のブランドなどもあり、個人で予約が難しい旅のプランも一緒に考えてくれる。

●主な旅行会社のツアーブランド

	第1ブランド	第2ブランド	その他
JTB	ルック	――	旅物語（通信販売）
近ツリ	ホリデイ	ホリデイスペシャル	――
日本旅行	マッハ	ベストエクセレント	ベストツアー
H.I.S.	インプレッソ	チャオ／サルディ	エクステージ（ビジネスクラス）
ジャルパック	アイル	アヴァ	――

＜スケジュールのための注意点＞

●祝祭日や見本市をチェック

旅のベストシーズンは冬季をのぞいた4～10月ごろだが、この期間でも「見本市（メッセ）」の時期はホテルが込むので外した方がよい。見本市が目当てなら話は別だが、仮に部屋が空いていても宿泊料金は高くなる。最新の見本市の情報やスケジュールはドイツ観光局で手に入る。また、劇場や美術館が休みになることが多い祝祭日や月曜日にも注意したい。

フランクフルトのモーターショー

●出発日を検討する

旅行会社のツアーや格安航空券の値段は、出発する時期によって大きな変動がある。たとえば、ドイツ4都市を周遊するフルパック型のツアーは、一番安い時期の2月上旬に出発すれば10万3000円、繁忙期の8月上～中旬なら21万9000円と、実に11万6000円の差。年末年始やゴールデンウィークとその前後では、わずか数日の差で値段が何万円も変わることもあるので、日程にゆとりがあれば少しでも安い時期に出かけたい（詳細はp.26-27の出発日検討カレンダーを参照）。

個人手配旅行に挑戦 Part 1

旅のスケジュールから予約、現地での手配もすべて個人で行なうのが個人手配旅行。ドイツではパッケージツアーで回れる街がかなり限定されるので、多くの街を訪れたい人は必然的に個人手配旅行になる。自分の好みで予定を組み立てられたり、長期滞在も可能などメリットは大きいが、その一方で危険とも隣り合わせ。慎重な行動やある程度の語学力も必要だ。個人旅行の場合、交通機関をどう利用するかなどで予算が大きく変わってくる。じっくり研究をしてから旅立とう。

心強いアイテム （1）格安航空券

まず必要なのが航空券。旅行代理店が各航空会社から航空券をまとめて購入し、個人に安く販売するものを格安航空券という。ドイツの場合、正規運賃だとエコノミークラスでも往復40～50万円するのに対し、格安航空券だと最低で6万円台からある。とくに理由がなければ格安航空券がおすすめだ。

格安航空券はとにかく安いのが利点だが、取扱店によっては通常は出発の1カ月前から対象になるキャンセル料が、申し込んだ時点からかかることもあるので、キャンセル料発生の時期や、何%かかるのか注意が必要。また、ドイツの場合は、入国の際の空港税は航空券購入時にあらかじめ支払うことになる。フランクフルト空港で€17.11（+Security Tax€8.98)、日本円で4000円程度だ。代理店によっては特別に高い設定をしていることもあるのでこれもチェックしよう。そのほか、原油価格高騰により徴収されている燃油サーチャージもここで支払う。

なお、国際航空運送協会が認め、各航空会社が正規で発行する、いわゆるペックス航空券、またはゾーンペックス航空券と呼ばれるものもある。格安航空券との違いは、ペックス航空券なら他の航空会社へ振り替えが可能だったり、多少は運用に自由度がある点だ。ただし、席数に限りがあるなど条件は付く。

格安航空券取り扱い店

■東京

アイ・ティ・エス東京 ☎03-3562-4525

H.I.S.新宿本社 ☎03-5360-4881

マックスビスタトラベル ☎03-3780-0468

CAS Tour ☎03-5272-0399 HP www.castour.com

■名古屋

H.I.S.トラベルワンダーランド名古屋 ☎052-972-9121

■大阪

H.I.S.トラベルワンダーランド関西 ☎06-6131-1504

アイ・ティ・エス大阪 ☎06-6209-8686

安い航空会社を選ぶ

安さを追求するなら、乗継便がおすすめ。航空会社にこだわらなければ、たとえば1月にフランクフルトへ行くなら、エコノミーで往復5万円～で行けるが、同じ時期にルフトハンザ ドイツ航空の直行便を使えば、10万円前後かかる。ただし、航空会社によっては経由地で1泊する場合もあり、必然的に時間がかかる点がネック。

＜マイレージ・サービスを活用する＞

航空会社のサービスのひとつで、飛行マイル数に応じて航空券をもらえたり、アップグレードのシートを用意してもらえるシステム。サービス内容は各社によって少しずつ異なるが、提携しているレストランやホテルを利用した際にも加算されるなど、会員になる価値は大きい。

会員になるのはどこの航空会社も簡単で、申し込み用紙を取り寄せ必要事項を記入して返送すればOK。以後、予約時か搭乗時に会員番号を告げれば、ポイントがためられていく。

■Miles&More（マイルズ・アンド・モア）

ルフトハンザ ドイツ航空のマイレージプログラム。申込書が受理された時点で会員として登録され、その日の利用からマイル数が加算されていく。ユナイテッド航空、全日空、タイ国際航空、エア・カナダなどのパートナー会社を利用した場合も同倍率でカウント。なおビジネスクラスは2倍、ファーストクラスなら3倍の加算率になる。また提携しているホテルやレンタカー会社を使うと、1回の滞在や利用で500マイルずつ加算されていくのも覚えておこう。

問い合わせはMiles&Moreサービスデスク（☎0120-699-220）へ。

日本での準備編

個人手配旅行に挑戦 Part 2

便数の多い ルフトハンザ ドイツ航空

2006年3月現在、日本からドイツへの直行便があるのは日本航空、全日空、ルフトハンザドイツ航空。それぞれフランクフルトに毎日就航しているが、ルフトハンザはミュンヘンにも直行便がある。

フリーパスの種類

ジャーマンレイルパス
ドイツ国内（ドイツ鉄道）で有効。1カ月の間で好きな日を選んで使える。4～10日まで、1等車用、2等車用、2人用、ユース料金のバリエーションがある。

ユーレイルパス
ヨーロッパ17カ国で有効。指定された連続する期間内で乗り降り自由。15日間～3カ月まで、1等車用、2等車用、ユース料金などのバリエーションがある。

ユーレイル・フレキシーパス
ヨーロッパ17カ国で有効。2カ月の間で好きな日を選んで使える。10日間、15日間、1等車用、2等車用、ユース料金などのバリエーションがある。

※詳しくはp.56参照

バスの後部には自転車も積める

ドイツへのゲートウェイ

行ってみたい街をピックアップしたら、次は入国と出国をどの空港にするか決めよう。日本からの直行便がある都市はフランクフルトとミュンヘン。それ以外は他の都市を経由する。もっとも、鉄道で4時間以上の距離であれば、たとえ空港へチェックインする時間がかかろうと、一般に飛行機の方がずっと早い。ベルリンから入国、ミュンヘンから出国というルートも考えられる。旅の効率に関わるので充分検討しよう。

心強いアイテム （2）鉄道フリーパス

ドイツ国内の移動は鉄道が便利。その際に威力を発揮するのが各種フリーパス類だ。ドイツ国内のみに有効な「ジャーマンレイルパス」やヨーロッパ17カ国をカバーする「ユーレイルパス」などがある（p.56）。なお、ドイツの鉄道は、きっぷが2日間有効（途中下車して1泊できる）なので、細かく小都市を移動するつもりなら、あまり必要ないかもしれない。

登山鉄道もある

心強いアイテム （3）長距離バス

ロマンチック街道など、鉄道の通っていない小さな街がある場合や、アルペン街道など山岳地帯に街が分散しているエリアの移動ではバスが活躍する。また、ベルリン～ミュンヘン間のような長距離の移動でも、バスは鉄道よりかなり安い（半額程度。ただし本数が少ないのと快適さの面で鉄道より劣る）。地元の情報誌などで旅行会社を調べてチケットを買うので、時間に余裕がある長期旅行者向け。さらにもっと安くあげたいというのであれば、バス用のパスを使う手もある。国際間バスならユーロラインが有名だ。

●ヨーロッパバス

ドイチェ・ツーリング社が運営。ロマンチック街道（p.174）、古城街道（p.286）などを運行。この地域を旅するなら考慮しておこう。

●ユーロライン

欧州25カ国を35社で結ぶ長距離国際間バスのブランド。上記のドイチェ・ツーリング社もメンバー。

車内販売などもある

POINT ドイツのように魅力的な街がそこここに散らばる国では、パッケージツアーで行くよりも個人手配旅行の方が断然楽しい。格安航空券、鉄道フリーパスなど、頼りになるアイテムを使いこなして自分流の旅を自由に組み立てよう。

〈鉄道パス類購入のためのヒント〉

ミュンヘン～ハンブルク間の２等車は通常€111。ジャーマンレイルパスだと４日間用の場合が€180なので１日あたり€45でかなりお得。ところがこれがバンベルクまでだと通常切符約€46なので、２日間有効であることを考慮すると損。ICEで２時間くらいの距離では得ではないということになる。※ジャーマンレイルパスは２人用だと安い。

心強いアイテム （4）レンタカー

ドイツは“アウトバーン（高速道路）”の国。観光街道の多くも、実は車で移動するのが前提で組まれている。思い切って現地でレンタカーを借りて移動するのもルートによってはかなり有効。なにより日程に自由度が増すのがうれしい。

●レンタル方法

現地で借りれば割安な場合もあるが、言葉の問題など難点も多い。不安な人はドイツに営業所を持つレンタカー会社 (p.58) へ直接連絡するか、旅行代理店で手配してもらうこともできる。

●ドライビングクーポン（日本での特典付き予約）

大手なら予約・支払いとも日本で行うと割安なクーポンがある。ハーツ（📞0120-489882）の場合、１日用、５～７日間用があり、エコノミーのマニュアル車で€64（約9500円）、€310（約46000円）(傷害補償、盗難保険、国税を含む。搭乗者保険、乗り捨て料は別)。

心強いアイテム （5）オプショナル＆手配型ツアー

旅の材料を「航空券」「ホテルクーポン」「鉄道パス」などに分けて、それぞれを自由に組み合わせる手配型ツアー。個人手配で難しいホテル予約などを代行する。また、代理店によっては近郊のクルーズや市内バスツアーなどのオプショナルツアーの手配も可能。ただし、現地集合タイプのオプショナルツアーはガイドが英語の場合が多いので要確認。日本人添乗員が付くドイツ街道バスは、JALユーロエクスプレス（フランクフルトからローテンブルク他／JPIヨーロッパ☎03-3406-7550）がある。

●ホテルクーポン

泊まりたい宿が決まっているが自分で予約する時間がない場合、代理店で予約してもらい日本で代金も払ってクーポンを受け取る。現地に着いたらそのクーポンをフロントに渡せばいいだけ。

路線バス

幹線を走っている旧国鉄バス（Bahnbus）と、不便な山間地帯を走るポストブスの２種類。ローカル線なのでドイツ人の乗客が多く、大きなスーツケースなどを乗せるスペースがないことなどが難点。料金は安い。

ユーロラインパス

ヨーロッパNo.1長距離バスのブランド、ユーロラインのバス（国際間）が乗り放題になるパス。15日間用からあり、ユーレイルパスなどの鉄道パスと比べると半額以下の安さ。

●Eurolines
HP www.eurolines.com

レンタカーの注意！

直接レンタカーを借りる場合、国外運転免許証の他に日本の運転免許証の提示を求められることもある。年齢制限（25歳以上、免許取得から２年以上）などもあるので注意(p.58参照)。

オプショナルツアーを日本で予約できる旅行代理店

●ミキ・ツーリスト
☎03-5404-8811（みゅうインフォメーションセンター）
HP www.myu-info.co.jp
●マックスビスタトラベル
☎03-3780-0468
HP www.ohshu.com
●アイ・ティ・エス
☎03-3562-4525
HP www.its-tyo.com

ロマンチック街道を車で行く

モデルルート大研究

旅行の日程や目的が決まったら、大まかなルートを設定しよう。個人手配旅行ならではの個性的なルートがきっとあるはず。ここでは特に人気の高い観光地を組み込んだ基本プランを6つほど提案。もちろん自由にアレンジしてかまわない。

モデルルート1　ロマンチック街道&ミュンヘン滞在の旅　10〜12日間

■ルート日程

1〜2日目	日本発フランクフルト着　…夕方着、翌日ライン川、連泊
3日目	ヴュルツブルク　……………………レジデンツ他観光&宿泊
4日目	ローテンブルク　…………………………旧市街観光&宿泊
5日目	アウクスブルク　…………………………旧市街半日観光
5〜6日目	フュッセンまたはホーエンシュヴァンガウ ……………夜到着、翌日ノイシュヴァンシュタイン城観光
7〜8日目	ミュンヘン　………………………美術館巡りなど観光&連泊
9〜10日目	ミュンヘン発翌日日本着　……………………直行便もあり

■おすすめ! オプションプラン

★フランクフルト近郊十2日:ヴィースバーデン、リューデスハイム、モーゼル川、ハイデルベルクなど　★ロマンチック街道＋1〜2日:ディンケルスビュールやランツベルクに滞在してみる　★ミュンヘン近郊＋1〜2日:リンダーホーフ城（p.237）などへのエクスカーション

モデルルート2　ベルリン&ドレスデン、ゲーテ街道の旅　12〜15日間

■ルート日程

1日目	日本発フランクフルト着……………………夕方着、宿泊
2日目	アイゼナハ……………………ヴァルトブルク城観光&宿泊
3日目	ワイマール　…………………………バウハウス他観光&宿泊
4日目	ライプツィヒ………………………トーマス教会他観光&宿泊
5〜6日目	ドレスデン　………………ツヴィンガー宮殿他観光&宿泊
7日目	マイセン　……………………マイセン磁器工場他半日観光
7〜9日目	ベルリン　………………………………博物館島他観光&宿泊
10〜11日目	ベルリン発翌日日本着…………………フランクフルト経由

■おすすめ! オプションプラン

★ライン川クルーズ ＋1日:フランクフルト泊の翌午前中にライン川クルーズを。帰りは鉄道利用が賢い　★エアフルト ＋半日:アイゼナハを早く出れば途中でエアフルトに半日立寄れる　★ポツダム＋1日:ベルリンからのエクスカーション　★プラハ＋2〜3日:ドレスデンまでくればプラハは近い　★クヴェートリンブルク＋1日:ワイマールから

モデルルート3　ライン川北上&北ドイツの旅　10〜15日間

■ルート日程

1日目	日本発フランクフルト着　………………………夕方着、宿泊
2日目	リューデスハイム……………………ライン川クルーズ&宿泊
3日目	ケルン………………………………………大聖堂他観光&宿泊
4日目	ハノーファー　………ヘレンハウゼン王宮庭園他観光&宿泊
5日目	ブレーメン………………………ベトヒャー通り他観光&宿泊
6日目	ハンブルク　………………………倉庫街巡り他観光&宿泊
7〜8日目	リューベック　…………………ホルステン門他観光&宿泊
9〜10日目	ハンブルク発翌日日本着　………………フランクフルト経由

■おすすめ! オプションプラン

★ザンクトゴアール他＋1日:古城ホテルに泊まる　★ベルンカステル／クース＋1日:リューデスハイムから。ワインを楽しむ　★ツェレ十半日:ハノーファーからわずか30分　★リューネブルク＋1日:ハンブルクからのエクスカーション　★トラヴェミュンデ十1日:リューベックから。夏のリゾート

→鉄道　→バス

予算の概算方法

①宿泊費 1泊1万円～1万5千円程度。田舎のペンションなどは5～6千円程度で済む。ユースホステルは2千円程度（ドミトリー＝大部屋の場合）。

②交通費 鉄道で移動する場合、1日の移動で€40（約5000円）を超えることは少ない。それ以上になるようならレールパス類を使った方がよい。また、長距離きっぷを買う場合、2日間有効（有効期間はきっぷに記載されるので要確認）なので途中下車しながら移動すればかなりお得。

③飲食費 基本的に日本のレストランで食べるのとあまり変わらない。1食2～3千円みておけば充分だろう。朝食はホテル代に込みの場合がほとんど。

※モデルルート1の場合、飛行機のチケット代などを別にすれば、宿泊費で約9万円、食事に2～3万円、交通費と雑費が3万円程度、合計14～15万円くらいの計算になる。

モデルルート4　南ドイツ古都巡りの旅　7～10日間

■ルート日程

1～2日目	日本発ミュンヘン着	直行便がある、連泊
3日目	レーゲンスブルク	旧市街半日観光
3～4日目	ニュルンベルク	カイザーブルク他観光＆連泊
5日目	バンベルク	旧市街半日観光
5日目	ヴュルツブルク	レジデンツ他観光＆宿泊
6～7日目	フランクフルト発日本着	出発翌日帰国

■おすすめ！オプションプラン

★レーゲンスブルク＋1日：ここを拠点にパッサウまで足を延ばしてみる ★ハイデルベルク＋1日：ヴュルツブルクの後に。フランクフルトに近い ★フュッセン＋1日：ミュンヘンからノイシュヴァンシュタイン城を見に行く ★ライン川クルーズ＋1日：フランクフルトから帰国前に ★オーバーアマガウ＋1日：ミュンヘンからリンダーホーフ城を見に行く

モデルルート5　ファンタスティック街道の旅　9～11日間

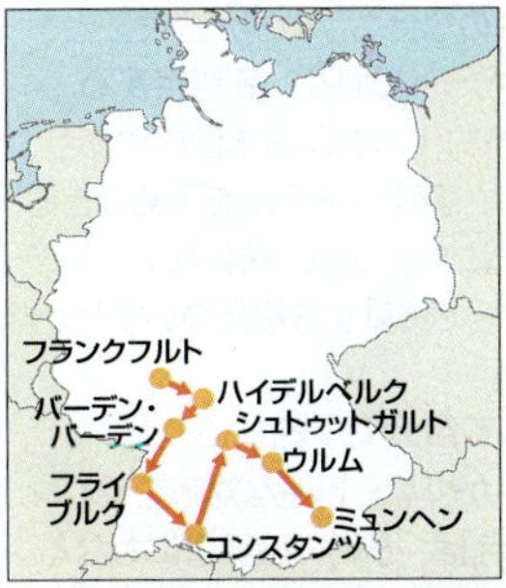

■ルート日程

1日目	日本発フランクフルト着	夕方着、宿泊
2日目	ハイデルベルク	ハイデルベルク城他半日観光
2～3日目	バーデン・バーデン	観光、浴場巡り＆宿泊
4日目	フライブルク	旧市街他観光＆宿泊
5日目	コンスタンツ	ボーデン湖他観光＆宿泊
6日目	シュトゥットガルト	観光ショッピング＆宿泊
7日目	ウルム	大聖堂他半日観光
7～9日	ミュンヘン発翌日日本着	直行便もあり

■おすすめ！オプションプラン

★メーアスブルク＋1日：コンスタンツから近く。ボーデン湖でのんびり過ごす ★ライン川クルーズ＋1日：フランクフルトから ★黒い森ドライブ＋2日：バーデン・バーデンから ★フュッセン＋1日：ミュンヘンから

モデルルート6　クラシック音楽＆オペラ鑑賞冬の旅　12～13日間

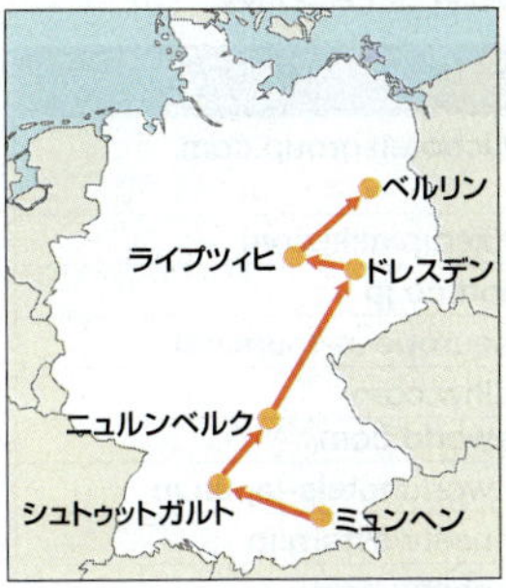

■ルート日程

1～2日目	日本発ミュンヘン着	夕方着、2連泊
3日目	シュトゥットガルト	オペラ鑑賞＆宿泊
4日目	ニュルンベルク	クリスマス・マーケット観光＆宿泊
5～6日目	ドレスデン	ゼンパーオペラ＆連泊
7～8日目	ライプツィヒ	ゲヴァントハウス＆連泊
9～10日目	ベルリン	3つのオペラ座巡り＆連泊
12～13日目	ベルリン発翌日日本着	フランクフルト経由

■おすすめ！オプションプラン

★フュッセン＋1日：ルートヴィヒ2世のミュージカルを鑑賞 ★ガルミッシュ・パルテンキルヒェン＋1日：クラシック・コンサート、スキーなど ★プリーン＋1日：島のクリスマスマーケットなど ★ハンブルク＋2日：ミュージカルほか

ホテルを予約する

ホテルの種類と営業内容

●ホテル　Hotel

一般的なホテルの総称。長い歴史をもつヨーロピアン・スタイルのホテルは、雰囲気もよいが値段も高い。

●ホテル・ガルニ　Hotel Garni

レストランがなく、朝食のみを提供するホテル。料金は安めだが、安全性や清潔感はクリアしているところが多い。

●ガストホーフ　Gasthof

営業の主体はレストランで、その上の階を宿泊施設にしている。

●ゲステハウス　Gästehaus

営業の主体は宿泊施設だが、レストランを併設しているところもある。

●モーテル　Motel

主に自動車旅行者を対象にした宿泊施設で、アウトバーンの近くなどにあることが多い。

●アパルトメント　Apartment

家具など生活用品を完備し、アパートの１部屋を借りるようなもの。キッチンもあり、自炊も可能だが長期宿泊が基本。

●独立（インディペンデント）系ユースホステル

最近はユースホステル協会に属さない独立系ユースホステルが増えた。多くは街の中心の便利な場所にあり、24時間出入りが自由であるなど若い人に人気。

HP www.gomio.com

HP www.backpackernetwork.de

ホテルといっても、伝統のある豪華なものからユースホステルまでそのスタイルはさまざま。料金や設備はもちろん、旅の予算や目的に応じた快適なホテル選びをしよう。また、現地で宿を探すことももちろん可能（p.64参照）。ドイツの場合はよほど込む時期でないかぎり、前日までに探せばどこかに空室があるので、あまりナーバスにならなくてもよいだろう。なおドイツのホテルはたいてい朝食付だが、高級ホテルやドミトリーだと朝食別の場合があるので、予約時に確認しておいた方が無難。

日本からの予約

泊まりたいホテルや具体的な旅行の日程が決まっているなら、日本から予約しておいた方が安心だ。現地で宿を探すとしても、初日の予約くらいはしておきたい。方法としては以下のようなパターンがある。

①旅行代理店や利用する航空会社に依頼する

旅行代理店や航空会社は、それぞれ手配できる宿泊リストを持っているので、こちらの希望を告げると条件にあったホテルを選んでくれる。ただし、いずれの場合も手数料が必要。

②日本にあるレップ（ホテルの予約代理店）を利用する

たいていのホテルには専用の予約代理店が日本国内にあり、同系列のホテルのみを扱う会社と、多種のホテルを予約できる２パターンある。代金は日本で先に支払うか、送られてくる予約確認書を宿泊時に提示して、現地で精算する場合のいずれか。手数料は不要。

③電話やFAX、Eメールを使って自分で予約する

電話や手紙でもよいが、間違いが少なく迅速な対応を望むならFAXが有効。返事もFAXでもらえば、予約の確認書にもなる。FAXはたいてい英語でOK。カバー裏の「ホテル予約シート」を利用すると便利。メール環境の整っているホテルであれば、Eメールで予約することもできる（右ページ参照）。

ホテルレップリスト

インターコンチネンタルホテルズグループ東京予約センター（インターコンチネンタルホテル、ホリデイ・イン、クラウン・プラザ）	0120-677651	www.ichotelsgroup.com
ケンピンスキー・ホテルズ・アンド・リゾーツ	☎00531-65-0007	www.kempinski.com
マリオット	0120-142536	marriott.co.jp
ヨーロピアンツアーズ（ロマンチックホテル）	☎042-394-0543	www.european-tours.net
ザ・リーディング・ホテルズ・オブ・ザ・ワールド	0120-086230	www.lhw.com
アップルワールド	☎03-3980-7160	appleworld.com
ワールドホテルズ	0120-557537	www.worldhotels-japan.jp
ベストウエスタンホテルズ	0120-421234	www.bestwestern.jp
マックスビスタ	☎03-3780-0468	www.ohshu.com
トラベルウェブ	―	www.travelweb.com
オールホテルズ	―	www.all-hotels.com

古城ホテルに泊まる

ドイツには国中に城があり、これをホテルとして活用している古城ホテルは100軒以上。約60軒のホテルが「古城ホテル協会Gast im Schloss」に加盟しており、日本にも案内所がある。一般的に20〜40人を定員とするホテルが多い。料金は季節にもよるが高くても2万円前後。またレストランを併設している場合が多いので食事のみの利用もできる(p.297、p.336も参照)。

インテリアにも注目したい

■**連絡先**

●古城ホテル協会：Gast im Schloss e. V. 住 Schiller Str. 17, 99423 Weimar ☎0180-5891791 FAX 0363-811719 HP www.gast-im-schloss.de

●ヨーロピアンキャッスルホテルズ HP www.european-castle.com

インターネット予約

●ホームページに予約フォームがある場合

条件にあったホテルをサイト内で検索。予約画面にしたがって必要事項を入力送信すると予約確認のメールが届く。予約が取れたかどうかの回答は後日届くので、その後支払いの手続きをすれば完了。現地払いが可能なサイトもあるので活用しよう。

●Eメールで直接送信する場合

希望のホテルがホテルサイトにない場合やホームページに予約画面がない場合にはEメールで直接申し込みをしてみるのもひとつ。サイト内にメールアドレスがなければファックスで問い合わせてみよう(カバー裏参照)。

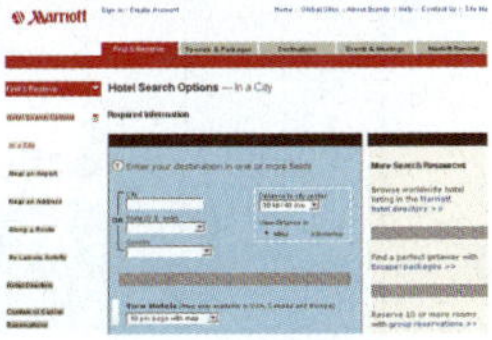

キャンセルや支払い条件はサイトにより異なる。手順や注意事項は確認して進めよう

Eメール予約文例

宛先：

件名：Eメール予約文例

To ①Hotel Adlon Kempinski Berlin
Dear sir or madam
I would like to reserve for ②2 persons
for ③3 nights from ④14/9/2006 ⑤double room
⑥with bath-tub.

arrival date ⑦14/9/2006
arrival time ⑧14:00

name ⑨Hanako Yamada
address ⑩1-3-9 Ginza Chuo-ku Tokyo, Japan
phone ⑪0081-3-5540-6912 fax 0081-3-5540-3911
Type of Payment ⑫by credit card
Expiration date ⑬12/07

⑭I am looking forward to receiving your E-mail reply confirming the above reservation.

Yours sincerely

①宛先：ホテル名を明記する
②宿泊する人数：子供が一緒の場合はそれも書いておこう
③宿泊日数
④宿泊開始日（日／月／年）
⑤部屋の種類：シングルルームsingle room、ダブルルームdouble room、（ダブルベッドdouble bed／ツインベッドtwin bed）など
⑥設備：日本のようにバスタブが備えてあるホテルばかりではない。シャワー付shower、バス付bath-tub、ジャクジー付jacuzziなど、希望をあらかじめ伝える必要がある
⑦到着日（日／月／年）
⑧到着時間
⑨予約者氏名
⑩住所
⑪自宅の電話番号（市外局番の0は除く）
⑫支払い方法：現金の場合はby cashと表記
⑬クレジットカードの有効期限（月／年） ※最初の申し込みメールで、いきなりクレジット番号は書かない
⑭「E-mailによる予約確認のお返事をお待ちしております」の一文を最後にそえる

出発日検討カレンダー

＊は年によって変動します（2006年の例）。
詳細はドイツ観光局へ問い合わせを。

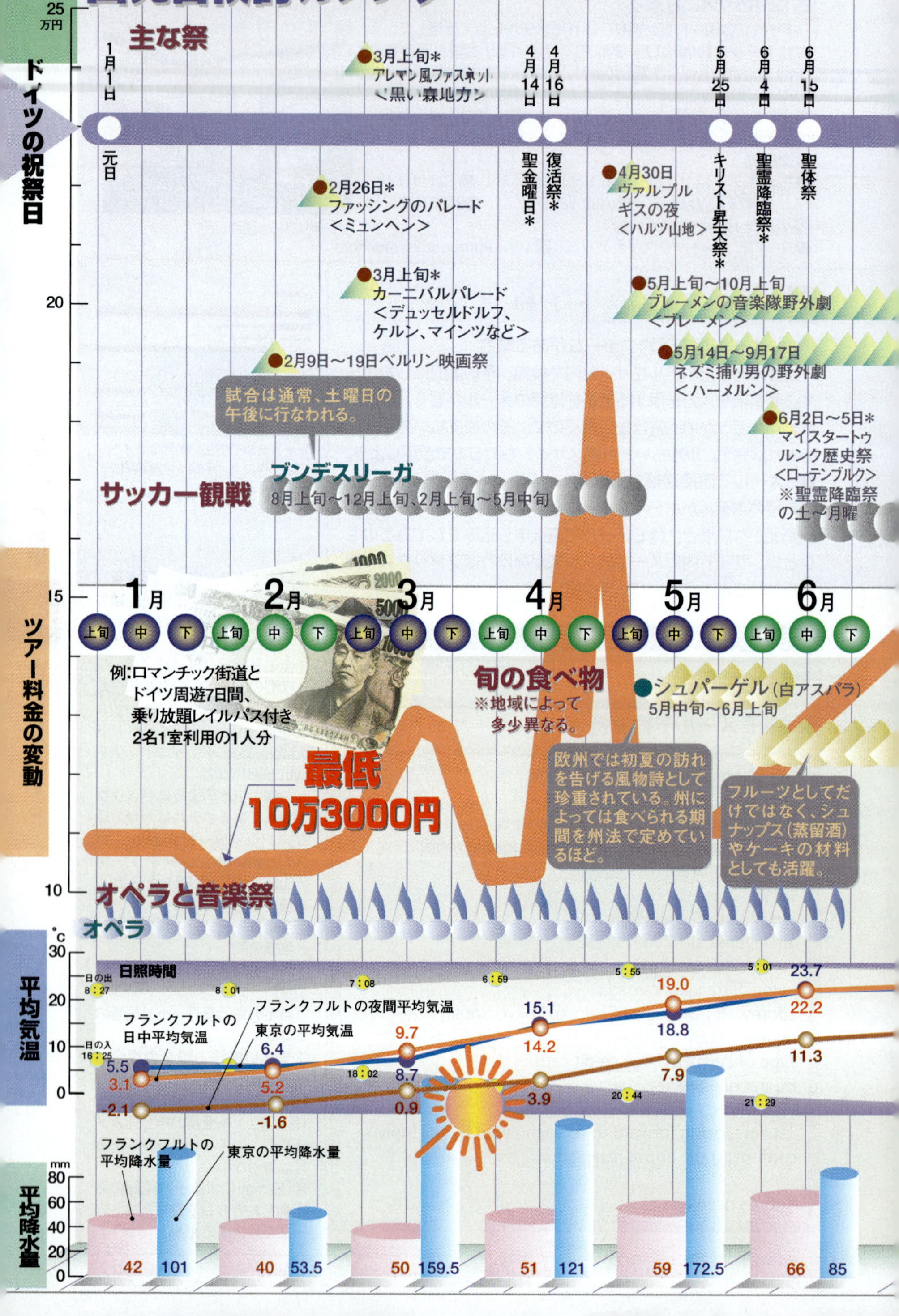

25 万円
20
15
10
ドイツの祝祭日
主な祭
1月1日 元日
4月14日 聖金曜日＊
4月16日 復活祭＊
5月25日 キリスト昇天祭＊
6月4日 聖霊降臨祭＊
6月15日 聖体祭
3月上旬＊ アレマン風ファスネット ＜黒い森地方＞
2月26日＊ ファッシングのパレード ＜ミュンヘン＞
3月上旬＊ カーニバルパレード ＜デュッセルドルフ、ケルン、マインツなど＞
2月9日～19日ベルリン映画祭
4月30日 ヴァルプルギスの夜 ＜ハルツ山地＞
5月上旬～10月上旬 ブレーメンの音楽隊野外劇 ＜ブレーメン＞
5月14日～9月17日 ネズミ捕り男の野外劇 ＜ハーメルン＞
6月2日～5日＊ マイスタートゥルンク歴史祭 ＜ローテンブルク＞ ※聖霊降臨祭の土～月曜
試合は通常、土曜日の午後に行なわれる。
サッカー観戦
ブンデスリーガ
8月上旬～12月上旬、2月上旬～5月中旬
ツアー料金の変動
1月 2月 3月 4月 5月 6月
上旬 中 下
例：ロマンチック街道とドイツ周遊7日間、乗り放題レイルパス付き2名1室利用の1人分
最低 10万3000円
旬の食べ物
※地域によって多少異なる。
シュパーゲル（白アスパラ） 5月中旬～6月上旬
欧州では初夏の訪れを告げる風物詩として珍重されている。州によっては食べられる期間を州法で定めているほど。
フルーツとしてだけではなく、シュナップス（蒸留酒）やケーキの材料としても活躍。
オペラと音楽祭
オペラ
平均気温
°c
30
20
10
0
日照時間
日の出 8：27 8：01 7：08 6：59 5：55 5：01
日の入 16：25 18：02 20：44 21：29
フランクフルトの日中平均気温
フランクフルトの夜間平均気温
東京の平均気温
5.5 6.4 8.7 15.1 18.8 23.7
3.1 5.2 9.7 14.2 19.0 22.2
-2.1 -1.6 0.9 3.9 7.9 11.3
平均降水量
mm
80
60
40
20
0
フランクフルトの平均降水量
東京の平均降水量
42 101
40 53.5
50 159.5
51 121
59 172.5
66 85

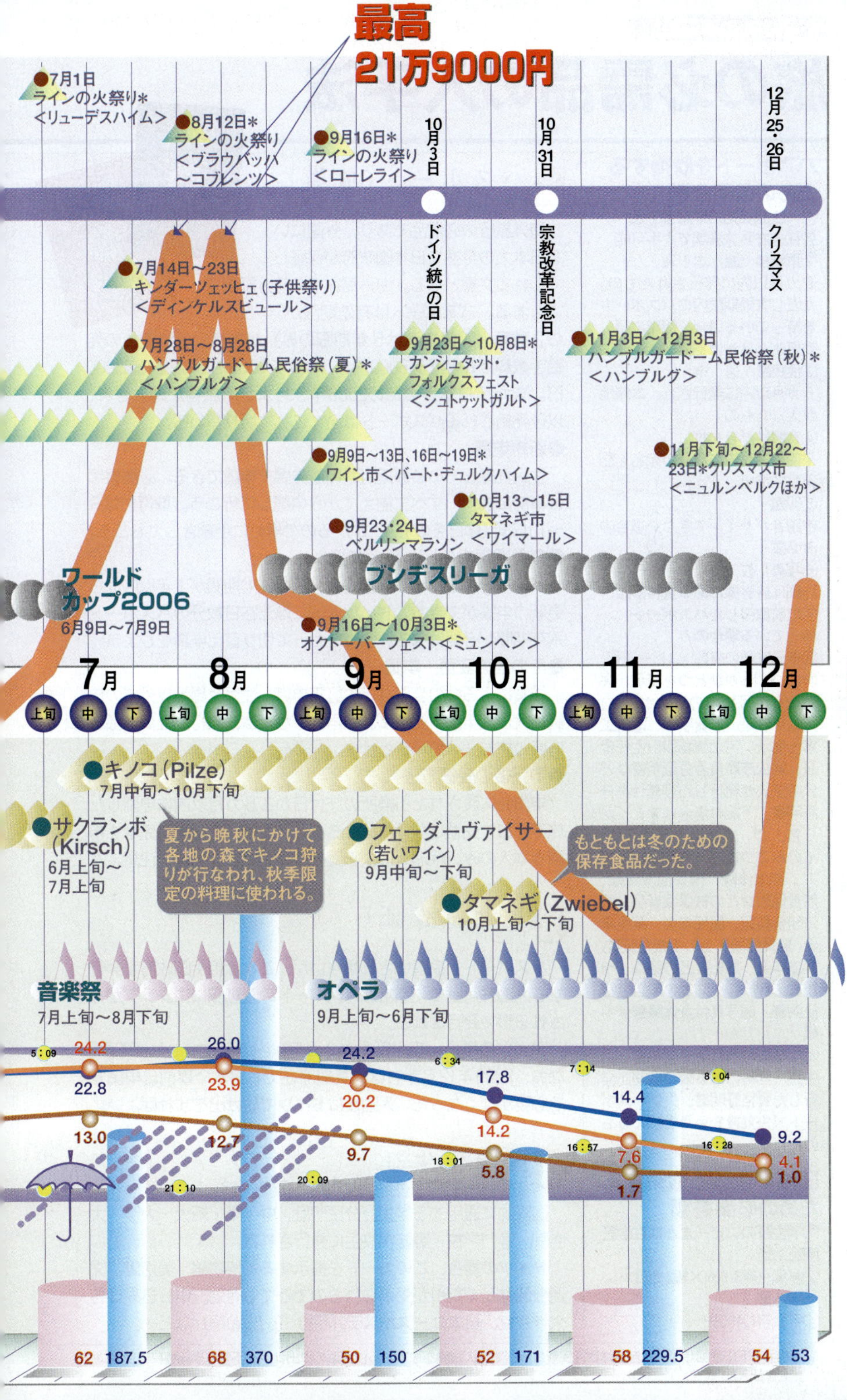
最高
21万9000円
7月1日
ラインの火祭り＊
<リューデスハイム>
8月12日＊
ラインの火祭り
<ブラウバッハ
～コブレンツ>
9月16日＊
ラインの火祭り
<ローレライ>
10月3日
ドイツ統一の日
10月31日
宗教改革記念日
12月25・26日
クリスマス
7月14日～23日
キンダーツェッヒェ（子供祭り）
<ディンケルスビュール>
7月28日～8月28日
ハンブルガードーム民俗祭（夏）＊
<ハンブルグ>
9月23日～10月8日＊
カンシュタット・
フォルクスフェスト
<シュトゥットガルト>
11月3日～12月3日
ハンブルガードーム民俗祭（秋）＊
<ハンブルグ>
9月9日～13日、16日～19日＊
ワイン市<バート・デュルクハイム>
11月下旬～12月22～23日＊クリスマス市
<ニュルンベルクほか>
10月13～15日
タマネギ市
<ワイマール>
9月23・24日
ベルリンマラソン
ワールドカップ2006
6月9日～7月9日
ブンデスリーガ
9月16日～10月3日＊
オクトーバーフェスト<ミュンヘン>
7月 8月 9月 10月 11月 12月
上旬 中 下 上旬 中 下 上旬 中 下 上旬 中 下 上旬 中 下 上旬 中 下
キノコ（Pilze）
7月中旬～10月下旬
サクランボ（Kirsch）
6月上旬～7月上旬
夏から晩秋にかけて各地の森でキノコ狩りが行なわれ、秋季限定の料理に使われる。
フェーダーヴァイサー
（若いワイン）
9月中旬～下旬
もともとは冬のための保存食品だった。
タマネギ（Zwiebel）
10月上旬～下旬
音楽祭
7月上旬～8月下旬
オペラ
9月上旬～6月下旬
5：09 24.2 22.8 13.0 21：10
26.0 23.9 12.7
24.2 20.2 9.7 20：09
6：34 17.8 14.2 5.8 18：01
7：14 14.4 7.6 1.7 16：57
8：04 9.2 4.1 1.0 16：28
62 187.5
68 370
50 150
52 171
58 229.5
54 53

旅の必需品の入手法

パスポートを取得するための必要書類

①一般旅券発給申請書１通
各都道府県旅券課で入手可能
②戸籍抄（謄）本１通
６カ月以内に発行されたもの。ただし有効期限内のパスポートを持っている場合、記載事項に変更がなければ不要
③住民票１通　※
６カ月以内に発行され、本籍地が入ったもの
④官製はがき１枚
未使用のものに自分の宛名を記入して提出
⑤印鑑
申請者がサインできない場合のみ必要
⑥写真１枚（縦4.5cm×横3.5cm）
詳細は旅券課にある資料参照
⑦以前取得したパスポート
持っている場合のみ
⑧身元確認の書類（コピー不可）
次のいずれかひとつを提示。失効後６カ月以内のパスポート、運転免許証、船員手帳、電気工事士免状、宅地建物取引主任者証、官公庁職員身分証明書など公益法人が発行した写真付身分証明書。下記の場合はアとイから各１つ、またはアから２つ。イのみ２つは認められない
ア：健康保険、国民健康保険、船員保険などの被保険者証、共済組合員証、国民年金、厚生年金、船員保険年金の手帳か証書、共済年金、恩給などの証書、申請書に押印した印鑑の印鑑登録証明書、顔写真付身体障害者手帳
イ：写真付会社身分証明書、学生証、写真のある公の機関が発行した資格証明書、失効パスポート（失効後６カ月を越えるもの）

国際学生証を取得するための必要書類

①学生証のコピーまたは在学証明証１通
②写真（縦3.3cm×横2.8cm）
③申込書
④手数料1,430円

パスポート（旅券）
Passport

海外旅行の必需品であり、外国にいる日本人の身柄を日本国政府が保証してくれる文書となる。海外滞在中の身分証明書でもある。パスポートは有効期限が5年と10年の２種類（20歳未満は５年期限のみ）があり、それぞれの発給手数料は10年１万6000円、５年１万1000円、12歳未満5000円。またテロ対策のため2006年３月よりIC旅券が導入され、以後発給されるパスポートは全てこれに切り替わる。

●新規申請

住民登録している都道府県の旅券課で申請できる。必要書類は事前に調べ、すべて揃えてから申請しに行こう。取得には6〜10日間（休日をのぞく）かかるので早めに手続きしておこう。

●有効期限内の切り替え申請

パスポートを持っている場合、残存有効期間が１年以内なら更新の申請ができる。ドイツ入国には滞在日数分のパスポート残存期間が必要になる。余裕をもって切り替え申請をしよう。

●その他の変更・申請

結婚による姓の変更などの訂正申請、住民登録地以外での申請、代理人申請、紛失による再発行などは、旅行会社や各都道府県の旅券課へ問い合わせを。

●申請後の受領方法

申請時に渡された引換所の交付日から６カ月以内に申請した旅券窓口で受領しなければならない。受領は年齢に関係なく申請者本人のみ。代理人による受け取りもできないので注意。

ビザ（査証）
Visa

パスポートと勘違いされやすいが、これは相手国政府が発行する入国許可証で、通常はパスポートの査証欄にスタンプが押される形で発行される。

ドイツの場合、観光目的で３カ月以内の滞在であれば不要。なお、2000年12月からは、長期滞在でも日本で事前に申請する必要がなくなった。入国後にドイツで届け出をすればよい。

国際学生証
International Student Identity Card

国際的に通用する学生身分証明証。中・高・短大・大学・大学院・専門学校・専修学校生に発行される。

ドイツの場合、このカードを提示すると博物館、美術館、交通機関などで割引が受けられるのでとても有効。申し込みは各大学生協、日本ユースホステル協会（p.65参照）などへ。

※住基ネットに参加している自治体は住民票コードで本人確認を取るため住民票の提出は原則不要（申請書に住民票コードを記入）

POINT 役に立つ国際学生証 学生証があれば、博物館や美術館の入館料が学割になる。交通費に関しても同様なので、学生の個人旅行であれば必携といえる。

国外運転免許証
International Driving Permit

ドイツはジュネーブ条約に加盟していないので大使館か領事館で免許証を独語に訳した書類を発行してもらい日本の免許証と一緒に携行することになるが、旅行者は国外運転免許証で運転可能。有効期間１年以上の運転免許証があれば、現住所をおく都道府県の運転試験場などで取得できる（有効期間１年）。レンタカーは国外運転免許証の他、年齢制限(25歳以上)、１年以上の運転経験など利用条件があるので出発前に確認を(p.58参照)。

海外旅行傷害保険
Overseas Travel Accident Insurance

海外旅行中、事故、病気、ケガ、盗難に遭うとばく大な費用がかかることがある。また、各保険会社は日本語での緊急ダイヤル、救急医療機関の紹介・手配などもしているので加入しておけばトラブルに遭っても安心。持病がある人は英文の診断書を携行すれば現地の病院で診断がスムーズになる(p.36参照)。

●保険の種類と内容

海外旅行傷害保険は基本契約と特約契約に分かれ、保険料は旅行の日数、契約の種類により異なる。代表的な例をパックにした商品もあるので便利に利用したい。また、どの保険も現金盗難の補償はないので注意しよう。

保険の種類と補償内容	
傷害・疾病死亡、傷害・疾病治療、後遺障害	事故、ケガ、疾病による治療費用や死亡、後遺障害の治療費用を補償
救援者費用	３日以上入院(ケガ・疾病)または遭難時の捜索救助、諸雑費に対する補償
賠償責任	他人にケガをさせたり物を壊したことにより、賠償請求を受けた場合の補償
携行品	旅行中、携行品が盗難、破損、火災などに遭い損害を受けた場合の補償
航空機寄託手荷物遅延	搭乗時に預けた荷物が到着後６時間以上経っても運搬されなかった場合
航空機遅延	搭乗予定の航空機が６時間以上遅延したり、欠航、運休になった時の補償

●注意点

補償は契約タイプにより異なるので必ず確認しよう。保険証書はもちろん、一緒に渡される冊子も緊急連絡先などが載っているので携帯しておこう。不明点は各保険会社へ問い合わせを。

請求のプロセス

1 保険会社の現地デスクへ連絡
2 請求に必要な書類を用意
3 現地で請求手続き
4 帰国後30日以内に請求

国外運転免許証を取得するための書類

①申請書
②日本の運転免許証
③パスポート
④写真（縦５㎝×横４㎝）
⑤手数料2,700円

●ドイツ連邦共和国大使館
〒106-0047　東京都港区南麻布4-5-10　☎03-5791-7753～4（ビザ関係直通）　開8:00～17:00（窓口8:00～12:00）
休土・日曜、祝日
HP www.tokyo.diplo.de

●在大阪・神戸ドイツ連邦共和国総領事館
〒531-6035　大阪市北区大淀中1-1-88-3501　梅田スカイビルタワーイースト35階　☎06-6440-5074（ビザ関係直通）
開9:00～12:00（ビザ係～11:30）
休土・日曜、祝日
HP www.osaka-kobe.diplo.de

海外旅行保険申し込み問い合わせ

●東京海上日動火災保険
FD 0120-868100
HP www.tokiomarine-nichido.co.jp

●AIU保険会社
☎03-5611-0799
HP www.aiu.co.jp

●三井住友海上保険
FD 0120-632277
HP www.ms-ins.com

●ジェイアイ傷害火災保険
☎03-3237-2921
HP www.jihoken.co.jp

●エース損害保険
☎03-5740-0600
HP www.ace-insurance.co.jp

保険を請求するために現地で取得しておかなければいけない書類

●病気・事故（ケガ）
治療費の領収書（明細書）
医師の診断書
事故証明書
事故目撃者証

●携行品
警察の盗難証明書

通貨を用意する

換算レート
€1≒149円（2006年3月現在）

ユーロ（EURO）

€5

€10

€20

€50

€100

€200

€500

€1

€2

10c

20c

50c

海外旅行もキャッシュレスの時代。ホテルのチェックインやレンタカーを借りる際には身分証明になるので、クレジットカードは必需品。現金が必要な場合はT/Cやインターナショナルキャッシュカードを利用する方が安全だ。

欧州単一通貨ユーロ（EURO）について

2002年より、EU加盟国のうち12カ国（含ドイツ）でユーロ（Euro、ドイツではオイロと発音）が導入された。ドイツ国内のみならず12カ国すべてで使用可能な共通通貨で、通貨単位はユーロ€（Euro）とユーロセントc（Cent）からなる。紙幣が€5、€10、€20、€50、€100、€200、€500の7種類。コインが€2、€1、50c、20c、10c、5c、2c、1cの8種類あり、ユーロとユーロセントの換算比率は€1＝100c。

なお、ドイツ・マルクはすでに使用不可。以前旅行した際に持ち帰ったマルクがあり、ドイツで再び使用したい人は、いったんユーロに交換する必要がある。その場合は主要都市にある連邦中央銀行（HP www.bundesbank.de）に行けば手数料・交換期限なし（コインも可）で交換（比率は€1＝1.95583DMで永久固定）してもらえる。

チェックPOINT

●EU加盟国25カ国のうち、ユーロに参加している国は、ベルギー、ドイツ、スペイン、フランス、アイルランド、イタリア、ルクセンブルク、オランダ、オーストリア、ポルトガル、フィンランド、ギリシャの12カ国。
●スイス、デンマーク、スウェーデン、イギリスはユーロに参加していないので注意が必要。
●紙幣、コインとも、表面のデザインは各国共通だが、裏面はそれぞれ加盟国独自のデザインとなっているので注意。

現金を用意する

チップを支払ったり、自動販売機利用時など、現金はなにかと必要だが、安全性を考慮すれば多額の現金は持ち歩きたくない。観光地であればATM（現金自動預け払い機p.61）もあるので、クレジットカードやトラベラーズチェックも活用したい。

●日本円……銀行によって受け取りを拒否されることもあるが、観光地の大手銀行ならまず問題ない。

●ユーロかUSドル……USドルが強いということもないので、到着後すぐに使えて、両替手数料も余計にかからないユーロを用意したい。

POINT 多額の現金は持ち歩きたくはないが、移動や小さな買物には現金が必要。両替する際は手数料と交換レートに注意しよう。現地通貨の感覚に慣れて、上手に使いこなしたい。

トラベラーズチェック(T/C)を用意

最大の利点は安全性。本人がサインしないと使えないし、紛失、盗難の際にも再発行してもらえる。もちろんユーロ建てで用意しておくのがいい。外国為替を扱っている銀行で購入でき、手数料は額面の1%。なお、ドイツではホテルやレストランで直接受け取ってくれることが少ないので、いったん銀行などで両替する必要がある。その際の手数料は普通1回につき€2。

●使い方……購入時にホルダース・サインをし、使用時に受け取る人の目の前でカウンター・サインをする。

①がホルダース・サイン
②がカウンター・サイン

クレジットカードを用意

いまや海外旅行の必需品ともいえるのがクレジットカード。VISAやマスター、アメックス、ダイナースならたいていOKだ(ヨーロッパで主流のユーロカードはマスターと提携。JCBの通用度は若干低いが、加盟店も増えた)。両替の手数料もかからないし、社会的信用の目安にもなる。レンタカーを借りる際にも不可欠。ホテル利用の際はデポジット(前金)代わりになる。提携先のATM(現金自動預け払い機)で現金を現地通貨で引き出すこと(キャッシング)もできる。また紛失しても無効手続きをとれば、すぐに無効になるので安心。現地オフィスで旅行のサポートも受けられる。

インターナショナルキャッシュカードを用意

ATM(現金自動預け払い機p.61)などで、自分の口座から現地の通貨を直接引き出せるカード。クレジットカードのように利息が付かない、その時の為替レートで引き落とせるなどのメリットがある。ただし、通常は1回の引き落としにつき210円程度の手数料がかかる(シティバンクのシティカードは無料)。また、カードの提携先は、「PLUS(プラス)」か「CIRRUS(シーラス)」が一般的。現地のATMに上記のマークが付いていれば、そのATMを利用できる。ただし、CIRRUS提携で引き落とす場合は、別途さらにシーラス接続手数料が1.1%かかるので、カードを作る際は提携先を確認しよう。

ユーロを調べる

●EU(欧州同盟)
HP europa.eu.int/euro
●欧州中央銀行
HP www.euro.ecb.int

T/Cの紛失に備える

紛失したT/Cの再発行には、未使用分にカウンター・サインがされていないことと、使用した分についてはいつ、どこで、いくら使ったかの控えが必要。

各カード会社の入会問い合わせ先

三井住友VISAカード ☎0120-816-437
マスターカード ☎03-5728-5200
アメリカン・エキスプレス ☎0120-020222
ダイナース ☎0120-074-024
JCBカード ☎0120-015-870

インターナショナルキャッシュカードの問い合わせ先

シティバンク ☎044-540-6000
みずほ銀行 ☎0120-324286
三井住友銀行 ☎0120-563143

ATM使用の際の注意!

オンラインの状態により、同じATMでも使えたり使えなかったりすることがまれにある。暗証番号が間違っているという内容で引き落とせない場合は、くれぐれも2回までの確認でやめておくこと。3回以上暗証番号を間違ったとみなされると、安全のためカードが出てこなくなり、旅行中は再発行も困難。

日本での準備編

旅の情報収集

ドイツ観光局

〒107-0052　東京都港区赤坂7-5-56　ドイツ文化会館（OAG-Haus）4F
☎03-3586-5046（テープ案内9:30〜17:00）　開13:00〜17:00　休土・日曜、祝日・5/1・10/3・12/25
アクセス／東京メトロ銀座線・半蔵門線・都営大江戸線 青山一丁目駅下車、徒歩約7分

地域別の観光局

●バーデン・ヴュルテンベルク州観光局　☎042-394-0543
●ハンブルク観光局　ドイツ観光局内　☎03-3586-0415　開13:00〜17:00

その他情報検索

●海外治安情報
p.78参照
●カーテンコール（海外エンターテイメントチケット代行）
☎03-3770-9496　営10:00〜17:30　休土・日曜、祝日
HP www.curtaincall.co.jp

シェンゲン条約加盟国

オーストリア、フランス、ドイツ、イタリア、ベルギー、オランダ、ルクセンブルク、スペイン、ポルトガル、ギリシャの10カ国に北欧5カ国（デンマーク、スウェーデン、フィンランド、ノルウェー、アイスランド）を加えた15カ国。上記加盟国を一つの国と見なし、一部独自なルールはあるものの、原則共通で6カ月の間、90日間までビザ免除滞在が可能。これにより、例えばフランスに1カ月、イタリアに1カ月滞在する場合、ドイツにも、その半年間は1カ月間までしか滞在できない（合計3カ月になるため）。

ドイツ観光局

各都市の観光パンフレットが揃うほか、鉄道やバスの時刻表、ドイツ全国のホテル・ペンション情報、オペラ・コンサート情報の閲覧ができるなど、さまざまな現地情報が入手できる。観光パンフレットは申し込めば地方発送も可能だ。直接訪れて具体的に知りたい情報を問い合わせれば、的確な資料を用意してくれたり、アドバイスもしてくれる。

ドイツ文化会館

観光局の入っているドイツ文化会館2階には「ゲーテ・インスティチュート」の図書館がある。ドイツで発行されている地図やガイドブックがあり、誰でも閲覧できるので利用してみたい。

現地では地元の人から情報を引き出すのも手だ

何を調べるか？

●宿泊情報……現地でも比較的簡単にホテルリストが手に入るので、すべての日程分の宿を予約しておかなくてもあまり心配ない。予約に際しては、ホテルのグレード（バスタブは無いのが普通）や、宿の位置を確認（ネットで地図検索も可能）しておくことを忘れずに。

●シーズン関連情報……シーズンで注意する点は、メッセ期間にかぶっていないか（大都市ではメッセの期間は宿代が上がる）、博物館などの開館時間（冬は閉館になるところもある）、交通機関の運行時間・本数などに違いがでることなど。

●イベント関連情報……お祭り、イベントなどの開催情報は、新しいものほどいい。また、オペラやサッカーなど、個々に興味のある対象があれば、やはり事前の準備が必要。

●文化情報……意外に盲点になりやすい。観光物件の歴史について知っておくと旅がひと味違ったものになる。

ドイツの滞在可能期間について

ドイツはシェンゲン条約加盟国なのでビザ免除滞在期間は半年以内3カ月。欧州を長期間旅する場合は、他加盟国との合計滞在期間が3カ月を超えるようだと、たとえドイツの滞在期間が短くてもオーバーステイになるので注意したい。

POINT ドイツへ行こうと決めたらまずは情報収集。事前に現地のことを知っているのと知らないのでは旅の計画、楽しみ方がまったく変わってくる。日本で入手できる情報もたくさんあるので、有効に活用しよう。

ワーキングホリデーを活用しよう

ドイツを長期間旅したいのならワーキングホリデー制度を活用しよう。ドイツ語ができなければ実際に働くことは難しいが、基本的に年齢制限以外の条件がなく、働かなくてもかまわない。

●ワーキングホリデービザ……最大12カ月間滞在可能（短縮も可）で、90日間就労可。年齢制限は入国時18～30歳まで（子連れ不可）。申請無料。申請は大使館、領事館（p.29参照）へ。

現地ではまずⓘで情報収集を

ドイツにはほとんどの観光地にⓘ（インフォメーションセンター）がある。ここでは下記のものが手に入る。また、ホテルの予約代行（場所により若干手数料がかかる）などもしてくれるので、街に着いたらまずはⓘへ。大きな街なら鉄道駅構内にサービスポイントがあり、簡単な観光地図がある場合も多い。

●ホテルリスト……たいてい無料。非常に詳細。

●観光地図……シュタットプランStadtplan。普通は無料。

●観光物件のカタログ……プロスペクトProspect。

鉄道時刻表

鉄道でヨーロッパ全体を移動するつもりなら『トーマス・クック刊ヨーロッパ鉄道時刻表』（ダイヤモンド社）が便利。改訂版が3・6・10・12月に発行。ドイツ鉄道（DB）ならネットで詳細な路線検索が可能（p.34参照）。

その他の連絡先

●ドイツ学術交流会（DAAD）東京事務所（留学案内等）

〒107-0052　東京都港区赤坂7-5-56　ドイツ文化会館（OAG-Haus）内　☎03-3582-5962（9:00～12:30、13:30～17:00、7・8月は～16:00）開14:00～17:00（7・8月は～16:00）休土・日曜・祝日

ワーキングホリデー用ビザ申請に必要なもの

①申請書1部（大使館／総領事館に用意されている）

②写真1枚（横5cm×縦6cm※申請書に貼る）

③パスポート（ビザの有効期限消失後さらに3カ月以上有効のもの）

④往復航空券又は航空会社の発行する予約確認書（いずれもオリジナル。コピー不可。※片道航空券しかない場合は、滞在に要する充分な資金の他に復路航空券分の資金の証明が必要）

⑤当初滞在期間の生活費として最低€2,000の資金があるという証明（本人名義の預金残高証明書又は第三者による保証書）

⑥ドイツの健康保険（申請時に申し込み、ドイツで支払う）。

※大使館、領事館では仕事の斡旋は行っていない。

書籍で知るドイツ

ライン川を巡る旅

紅山　雪夫／実業之日本社

アルプスからオーストリア、ドイツなどを経て北海に注ぐ大河ライン。ラインガウなど、ライン川流域の旅を堪能。

チャルカの東欧雑貨買いつけ旅日記

チャルカ／産業編集センター

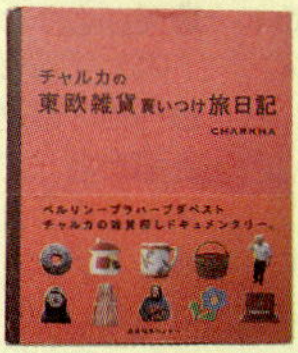

雑貨屋チャルカの東欧雑貨買い出しドキュメント。ベルリン、ドレスデンから旅がはじまる。オストに行きたくなる本。

大人の選択ドイツスタイル

ワールドムック520／ワールドフォトプレス

実力派定番や新商品など全部で101ブランドを、ファッションから車まで多数紹介。愛用者のインタビューも。

ドイツdeワーキングホリデー

藤井　薫 他／イカロス出版

ワーキングホリデー制度を利用して、ドイツ滞在&旅するための実用情報が満載。実際の体験記などの読み物も。

異文化としてのドイツ

岩村　偉史／三修社

ドイツの自然環境から始まり、人々の暮らし、社会の仕組み、価値観を詳説。ドイツ事情を知る上で格好の入門書。

ドイツ語情報世界を読む

伊藤　光彦／白水社

ドイツの森の料理人

野田浩資／教育出版センター

バッハからの贈りもの

鈴木　雅明／春秋社

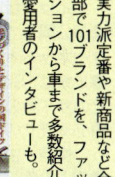

おすすめURL集

観光情報

まずは観光局の公式ホームページで正確な情報を。ここから各州、各都市ごとの観光局へLinkをたどることもできる。

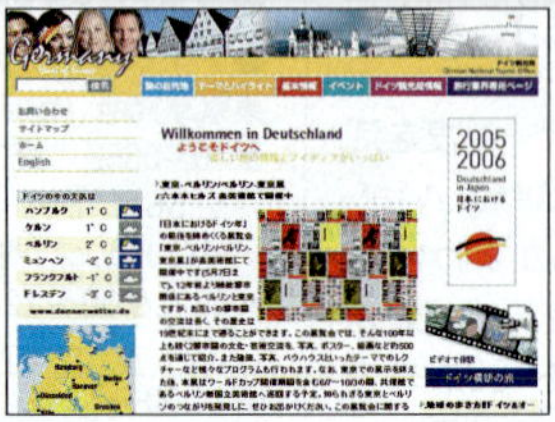

■ドイツ観光局（日本語）　www.visit-germany.jp
■ドイツ観光局（英語）　www.germany-tourism.de
■ドイツ大使館　www.tokyo.diplo.de
■doitsu.com（日本語）　www.doitsu.com/doitsu
■欧日協会（日本語）　www.ohnichi.de
■ジェトロドイツ（日本語）　www.jetro.de

私設運営サイト

私設ならではの濃い情報が満載！ 読み物として面白いものも多く、ニュースや掲示板などで情報を仕入れることもできる。

■べるりんねっと789　www.berlinnet789.de
■デュッセルネット　www.duesselnet.com
■シティマガジン・ハンブルク
www.mmm-hamburg.de
■ただいま実験中！　hvanilla.web.infoseek.co.jp
■ヨーロッパ鉄道旅行計画専門
home.att.ne.jp/sky/railplan
■ドイツ語コム　www.asahi-net.or.jp/~vg5t-ngi
■Railways in Germany（ドイツの鉄道に詳しい）
www.asahi-net.or.jp/~ny8h-ky

目的別検索あれこれ

ほしい情報が決まっているなら最短でそこまでたどり着きたい。プランを練るときなどに便利。

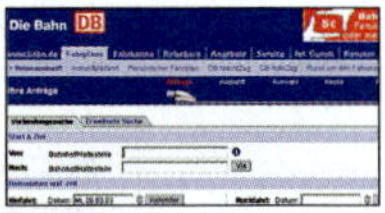

■鉄道路線検索がしたい
reiseauskunft.bahn.de/bin/query.exe/en
■ドイツの地図を調べたい
www.stadtplandienst.de
www.stadtplan.net
■ドイツの電話番号を調べたい　www.teleauskunft.de
■天気情報が知りたい　de.weather.yahoo.com
■現在の為替レートを知りたい
www.bloomberg.co.jp
■ドイツの公式データを知りたい
www.destatis.de/e_home.htm
www.odci.gov/cia/publications/factbook/geos/gm.html
www.bundesregierung.de/en

旅行＆交通関連（オンライン予約）

旅のパーツをネット上で検索し、そのままオンラインで予約することが手軽にできるようになってきた。

■JHC　www.jhchotel.com
■エイチ・アイ・エス　www.his-j.com
■ワールドホテルホットライン　www.whhl.net
■フレックス　www.flex-inter.co.jp
■ミキ・ツーリスト　www.myu-info.co.jp
■eトラベル　www.etravel.co.jp
■ジャルパック クリエイティブツアーズ
www.jalpak.de/index_jp.html
■ルフトハンザ　ドイツ航空　www.lufthansa.co.jp
■ドイツ鉄道　www.bahn.de
■ドイチェ・ツーリング社　www.deutsche-touring.com
■KDライン社　www.k-d.com
■ザクセン汽船
www.saechsische-dampfschiffahrt.de
■ドイツのリムジンサービス
romantis.hp.infoseek.co.jp

インターネット活用術

ドイツでは、各種公共機関をはじめ、ネットで情報公開しているところが多く、都市部ではインターネットカフェもよく見かける。

●まずは「Sitemap」という項目を探してみよう。そのサイトの全体像が分かる。

●必ずそのサイトが更新された日付を確認しよう。情報が古い可能性がある。

●個人の作ったサイトでは情報は正しくない可能性もあるので注意。

●ドイツ語サイトの場合……イギリス国旗をクリックすると表示言語が英語になることが多い。

●質問したい場合……たいていそのサイト内に掲示板（BBS）というものがある。同じ掲示板を見ている詳しい人から返事がもらえるかもしれない。もちろんメールアドレスが公開されていればメールで質問してみよう。

●同じような情報をもっと調べたい……そのサイト内の「Link」（リンク集）を探してみよう。

●各地の観光局など……アドレスバーに「www.各都市名（アルファベット）.de」と入力すると見つかる場合が多い。

●ウムラウトの代わり……アドレスバーに入力するとき、äならaeの様に母音の後にeを入れるとウムラウトの代わりになる。

●ドイツ語も英語も読めない……無料でドイツ語→英語→日本語などに機械翻訳してくれるところがある。

HP world.altavista.com
HP homepage2.nifty.com/m_kamada/l_translation.htm

気候と服装

ドイツは、日本の北海道の気候とよく似ているといわれる。湿度が低いので、夏は気温が上がっても過ごしやすいのだ。旅のベストシーズンも５～10月とされる。冬は意外に、寒さよりも日照時間の短さのほうがつらいかもしれない。最近は異常気象も多いので、インターネットや衛星放送などで情報を集めておこう。

日照時間

夏にドイツを訪れて最初に驚くのは、夜の10時になっても空がまだ少し明るいこと。逆に冬は午後４時を過ぎると暗くなる。p.26～27などを参考に、冬は市街観光を早めに切り上げてショッピングにあてるなど事前にスケジュールをよく検討しよう。

服装

基本的に日本の普段着でかまわない。とくに靴は歩き回って靴擦れなどおきやすいので履き慣れたものが良い。注意したいのは、冬が日本より早めにくることと、季節の変わり目や山間部では夜と日中の気温差があることなど。また、オペラやコンサートなどに出かける予定があるなら、多少無理してもそれなりの服装を用意した方がいい。

■フランクフルトの平均気温

	1月	2月	3月	4月	5月	6月	7月	8月	9月	10月	11月	12月
日中平均気温	3	5	11	16	20	23	25	24	21	14	8	4
夜間平均気温	-2	-1	2	6	9	13	15	14	11	7	3	0

■その他の都市の日中平均気温

	1月	2月	3月	4月	5月	6月	7月	8月	9月	10月	11月	12月
ハンブルク	2	3	8	13	18	22	23	23	19	13	7	4
ミュンヘン	1	3	9	14	18	21	23	23	20	13	7	2

日本とドイツの時差

ドイツと日本の時差は８時間。日本の時間から８時間を引くとドイツの時間になる。ただしドイツにはサマータイム（夏時間）制があり、その間の時差は７時間になるので注意。サマータイム期間は、毎年３月最終日曜日から10月最終日曜日まで。

●時差早見表　※冬時間の場合

気象情報

●NHK 衛星第１ワールドニュース「ドイツZDFニュース」の天気予報コーナー（日曜を除く朝８時過ぎ）

●YAHOO！WEATHER

HP weather.yahoo.co.jp/weather

●その他

HP www.wetteronline.de

季節の気候と服装

春（4～5月）

日中に比べ朝晩は冷えることが多いのと、寒い日と暖かい日の変動が大きいので、重ね着ができる服装などを用意したい。花が咲くのはだいたい５月から。

夏（6～8月）

梅雨はなく晴天が多い。湿度が低いので、気温が上がっても過ごしやすい。夜、レストランに入ることも考えて長袖のフォーマルな服も用意したい。観光地が山沿いに発展しているアルペン街道などでは、トレッキングに行く機会も多く、天候も変わりやすいので薄手のセーターが必要な場面さえある。

秋（9～10月）

春とほぼ同様。紅葉は10月頃から11月まで。また10月からサマータイムが終わり日が短くなる。

冬（11～3月）

意外に南の方が山脈に近いため寒く、北側の海に近い方が、暖流のため温かい。雪も南部が多く、中部以北はあまり降らない。また、外は寒くても室内は暖房（セントラルヒーティング）が完備されているので暖かい。

旅の身支度

現地で快適に過ごすには、持ち物は取捨選択して必要な物だけにしたい。ポイントのひとつは現地調達できるかどうか。現地滞在型か移動型かも考慮してすっきりと身支度をしよう。

持ち物の準備

持ち物は必要最低限のものにするのが旅の基本。また、帰りはお土産が増えることも念頭において、スーツケースのスペースを空けておこう。たいていの物が現地で購入できるが、日曜・祝日はほとんどの店が閉まっているので、到着の曜日によってはその日に必要なものは日本で準備しておく。

持っていくと便利なもの

●変圧器

ドイツの電圧は220ボルト50ヘルツ、プラグの形状はCタイプ（またはSタイプ）。日本の製品を使うには変圧器と変換プラグが必要。現地では手に入りにくいので家電店やデパートのトラベルコーナーで調達しておこう。

●薬

普段使い慣れた風邪薬、胃腸薬など、持病のある人はその薬も忘れずに。現地では処方箋が必要な場合もあり面倒。

●正装用の服など

とくにオペラ鑑賞などに出かける予定がある場合は用意したい。保養地やリゾート地では夕食時に活躍するだろう。

旅行用品のレンタル

●日本レンタルケース
☎03-3986-6100
●ダスキンレントオール　かしてネッと
HP www.kasite.net

プラグの形状はCタイプ

英文診断書（トラベルカルテ）

海外で発病し治療を受ける場合、既往症や常用薬、血圧などを医師に分るよう英語で伝える必要があることも。3カ月有効の診断書作成で21,000円～かかるが、不安なら用意して行こう。
オブベースメディカ（医療文書翻訳サービス）
☎03-5414-7100
HP www.obm-med.co.jp

ドイツでネット接続

都市部ではインターネットカフェが普及。ホテルでも中級以上にはほとんど端末がある。問題は日本語入力ができるかだが、OSがWindows2000以上ならIMEの設定でできることが多い。ということで、メールの設定をWEBメールにしておくと何かと便利。それでもノートPCから直接Eメールのチェックをしたい場合、プロバイダーのローミングサービスなどに入会しておこう。さらに最低下記の物が必要。

●電話プラグ……TAE-Fというタイプなので変換が必要（現在はほとんど不要）
●モジュラーケーブル……回線の延長に必要
●回線チェッカー……モデムセーバーともいう。回線の電流や極性をチェック。ほかに
●モデムダブラー……インラインカプラー、ホテルのデジタルPBX回線に対応、もあれば心強い。

なお海外のモバイル通信に関しては下記のサイトが詳しい。
■CyberCafé Centre
sapporo.cool.ne.jp/cybercafe
■海外通信マニュアル
aitech.ac.jp/˜furuhasi/mobile/index.shtm
■地球のつなぎ方　www.tsunagikata.com

設定はあらかじめ念入りにやっておこう

POINT 飛行機に乗る時、機内で使いたい物をうっかりスーツケースに入れて預けてしまったなんて失敗もありがち。手荷物の取捨選択にも気を配ろう。もちろん、荷物はコンパクト、最小限を心がけたい。

現地で手に入れにくいもの

木綿の下着、女性の生理用品などは日本製の方が質がいい。また、カメラや電気製品などの電池も日本製の方が長持ちするし、現地では少し割高なので必要と思う人は持っていった方がいい。シャンプーや洗剤などは比較的容量の多いものがほとんど。旅行用、携帯用は少ないので長期滞在でなければ持っていった方がむだにならない。

上手なパッキング

スーツケース選びは、大きさと気密性を基準にするといいだろう。もちろんレンタルする方法もある。現地で移動が多い場合には、スーツケースを避け、バックパックなどを積極的に利用する手もある。旅のスタイルに合わせて選ぼう。

荷物はいろいろあるが、もっとも考えを要するのは衣類。衣類はクルクルと筒状に巻いて収納するとかさばりにくい。また、重いものはスーツケースの下へ、出し入れするものは取り出しやすい場所へ。帰りはお土産などで荷物が増えるので、スーツケースの３分の１くらいは空けておきたい。また、意外と役に立つのが、ナイロン製などの折りたためるサブバッグ。荷物の中にひとつ折りたたんで加えておく。思いのほか荷物が増えてしまった場合などに重宝する。

機内持ち込み手荷物と受託手荷物

荷物は機内持ち込みの手荷物、受託手荷物それぞれに重量制限など規定がある。特に荷物が多くなければそれほど気にすることもないが、重量オーバーすると超過料金を取られる場合もあるので注意しよう。楽器やスポーツ用具、壊れやすいものなど、判断に迷うものがあるなら、事前に航空会社に問い合わせ、交渉しておけば安心だ。

駅などで見かける荷物を置くと自動的に運んでくれるコンベア

フィルムは機内へ持ち込む

飛行機に乗る時、カメラの未現像フィルム（撮影済、未撮影とも）は機内へ持ち込んだ方がいい。スーツケースなど預け入れ荷物の中に入れておくと、セキュリティチェックの際に強力なＸ線を浴び、ダメになってしまう可能性があるからだ。念のためではあるが、せっかくの旅行の写真が失敗しないためにも気を付けたい。

JALの場合

	機内持ち込み手荷物	預けられる重さ
ファーストクラス	３辺の合計115cm以内で、各辺の長さが55×40×23以内の物1個。重さは他のハンドバッグなどとの合計が10kgまで	合計40kg以内
ビジネスクラス		合計30kg以内
エコノミークラス		合計20kg以内

※ルフトハンザドイツ航空の場合、預けられる荷物はファースト、ビジネスクラスが2個まで、エコノミークラスが1個。ただし1個の重さが45kg以上の荷物は超過料金払っても持ち込めない。機内持ち込み手荷物は、サイズが55×40×20cmで1個の重さが8kgまで。

持ち物チェックリスト

□**パスポート**…………有効期間を確認しておこう
□**現金（ユーロ）**………とりあえずの現金を用意
□**現金（円）**…帰国後の帰りの交通費も忘れずに
□**トラベラーズ・チェック**…ユーロ建てのものを。購入時に必ずサインしておく
□**クレジットカード**…………………いまや必需品
□**航空券**…出発日時やルートなどを確認しておく
□**旅行傷害保険証書**…緊急の際の説明書も一緒に
□**下着**………………………………２～３セットで充分
□**衣類**……………着替えと温度調整できるものを
□**洗面用具**…シャンプーや歯磨き剤などを忘れずに
□**地図・ガイドブック**…『わがまま歩き』をお忘れなく
□**国外運転免許証**…現地で車を運転する人は必ず
□**国際学生証**………………学生の方はあると便利
□**デジカメ**……時刻表を写すなどメモ代わりにも
□**携帯電話**………電話帳的に使っている人は必携

成田国際空港

成田フライトインフォメーション ☎0476-34-5000
空港の施設・サービス案内 ☎0476-32-2802
インターネットホームページ http://www.narita-airport.jp/jp/

成田国際空港は第１ターミナルと第２ターミナルからなる世界最大規模の空港だ。航空会社によって利用するターミナルが異なり、東京方面から順に第２ターミナル→第１ターミナルとなるので、行く前に利用するターミナルを確認しておこう（p.39、p.41 参照）。国内線との乗り継ぎはすべて第２ターミナルで行なわれる。ターミナル間は無料のシャトルバス（所要約５分）が運行されている。空港コードはNRT。

成田国際空港へのアクセス

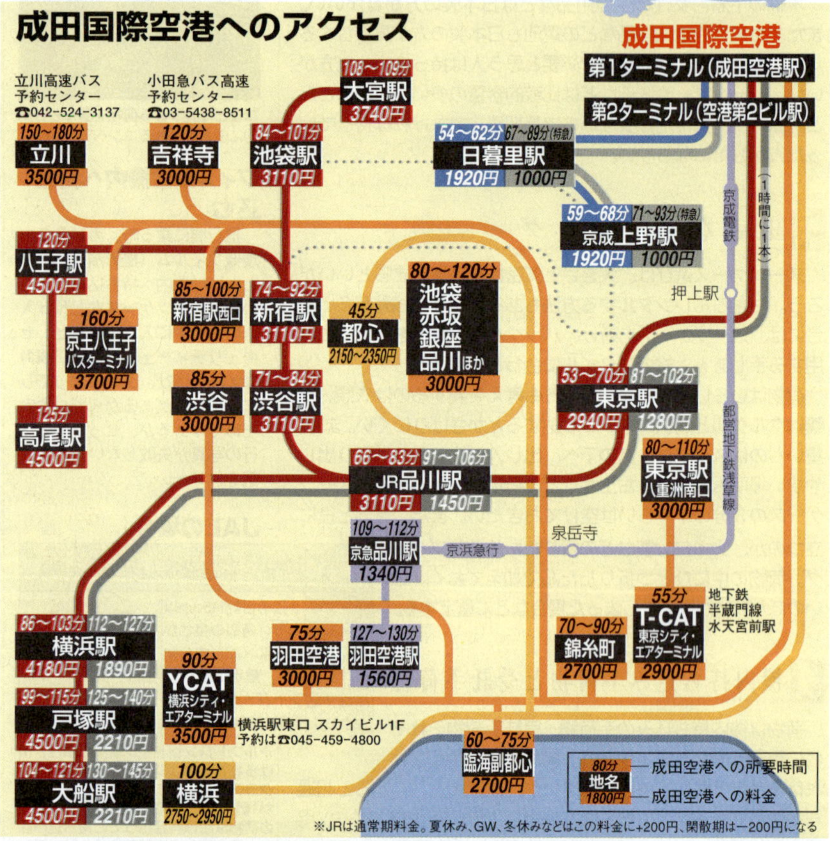

※JRは通常期料金。夏休み、GW、冬休みなどはこの料金に+200円、閑散期は−200円になる

交通手段	ひとこと	問い合わせ
自動車	**３～４人なら断然得!!** 所要時間は交通事情によって異なるので注意。駐車場は安くてサービスの良い民間経営のものを利用しよう。	道路交通情報センター（全国・関東情報） ☎03-3264-1331 千葉ハイウェイテレホン ☎043-257-1620 タクシーサイト http://www.taxisite.com/
リムジンバス	**乗り換えがなくてスムーズ!!** 路線は充実しており、新しい路線開設も盛んだが、所要時間は交通事情によって異なる。T-CAT、YCATでの搭乗手続き、出国手続きは諸般の事情により現在では利用できなくなった。	リムジンバス予約・案内センター ☎03-3665-7220 （平日9:00～19:00、土日祝9:00～18:00） リムジンバス・サービスセンター ☎03-3665-7232 チケットは1カ月前から電話予約受付
JR線 成田エクスプレス 快速エアポート成田	**時間に正確、大きな荷物も安心!!** 成田エクスプレスは基本的に全席指定（普通車満席時のみ枚数限定で510円引きの立席特急券あり）。	JR東日本テレフォンセンター ☎050-2016-1600 指定席券はJRみどりの窓口、びゅうプラザ、大手旅行代理店で1カ月前から発売
京成電鉄 スカイライナー 特急	**安い!!** スカイライナーは全席指定で立席なし。荷物用のスペースも確保されている。 http://www.keisei.co.jp/	京成上野案内所（予約受付） ☎03-3831-0989 チケットは京成上野専用カウンター、京成トラベル、大手旅行代理店で1カ月前から発売
エアポート快特	**確実で便利!!** 羽田空港から成田への移動は時間があれば乗り換えなしのエアポート快特が楽	京浜急行羽田空港駅 ☎03-3747-0275

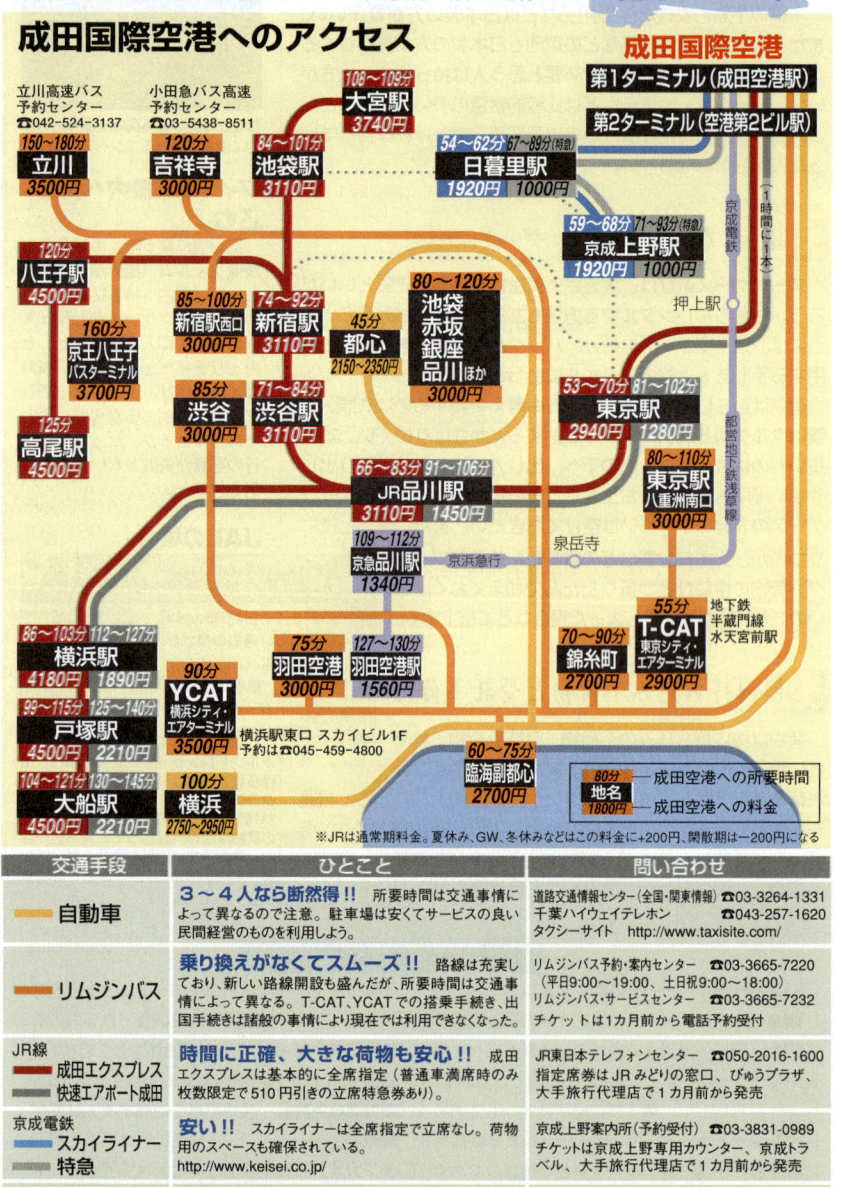

成田国際空港 第1ターミナル

2006年6月2日、第1ターミナルがグランドオープン。それに伴い第2ターミナルから航空会社の移動があるので問い合わせを。

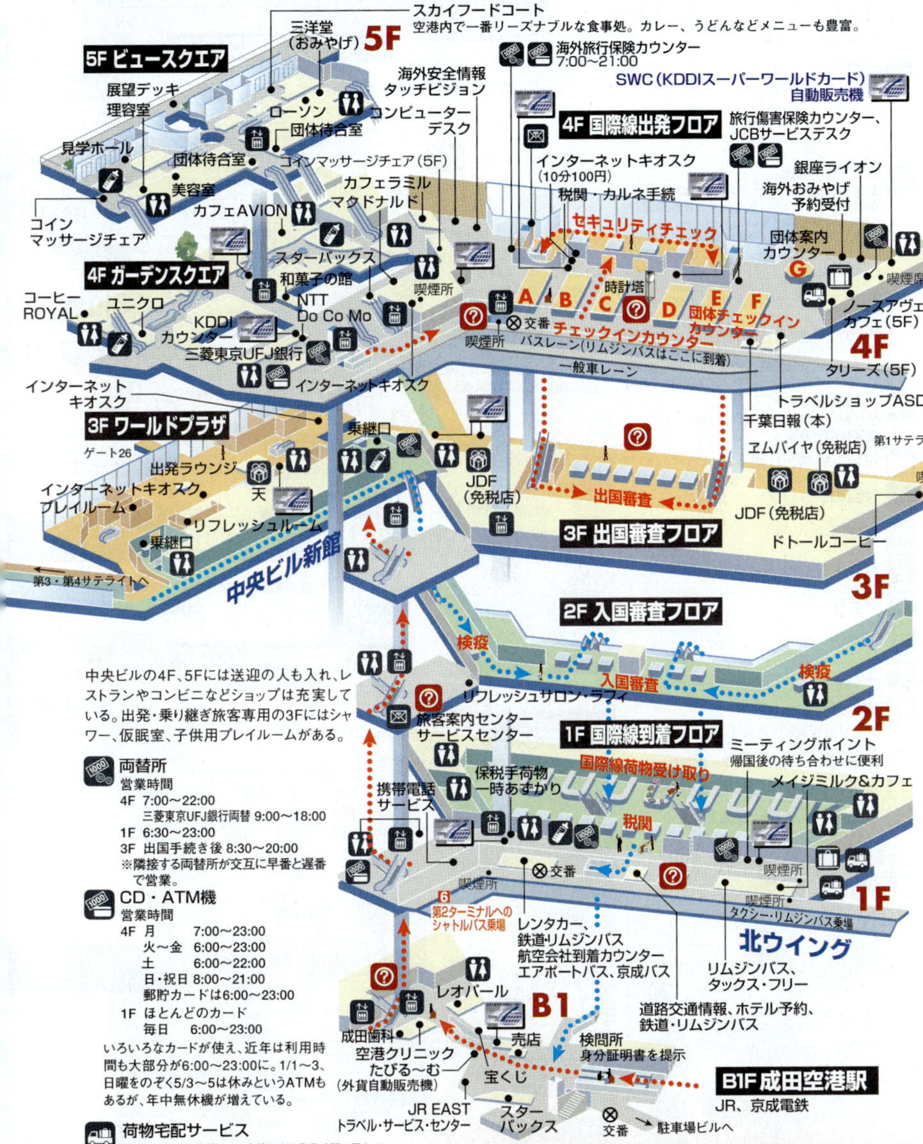

中央ビルの4F、5Fには送迎の人も入れ、レストランやコンビニなどショップは充実している。出発・乗り継ぎ旅客専用の3Fにはシャワー、仮眠室、子供用プレイルームがある。

両替所
営業時間
4F 7:00～22:00
三菱東京UFJ銀行両替 9:00～18:00
1F 6:30～23:00
3F 出国手続き後 8:30～20:00
※隣接する両替所が交互に早番と遅番で営業。

CD・ATM機
営業時間
4F 月 7:00～23:00
火～金 6:00～23:00
土 6:00～22:00
日・祝日 8:00～21:00
郵貯カードは6:00～23:00
1F ほとんどのカード
毎日 6:00～23:00
いろいろなカードが使え、近年は利用時間も大部分が6:00～23:00に。1/1～3、日曜をのぞく5/3～5は休みというATMもあるが、年中無休機が増えている。

荷物宅配サービス
受け取りは4F、発送は1F。会社により営業時間が異なる

荷物一時預かり所　授乳室
注目のショップ　トイレ
郵便局　エレベーター
案内カウンター　エスカレーター
国際線出発ゾーン　国際線出発
国際線到着ゾーン　国際線到着
一般ゾーン（送迎の人も入れるエリア）

第1ターミナル

主な航空会社チェックインカウンター	その他の乗り入れ航空会社
大韓航空（KAL・KE） ☎0476-32-7561 A KLMオランダ航空（KLM・KL） ☎0476-32-5720 D 当日旅行代理店から航空券を受け取る人はG **その他の乗り入れ航空会社** アメリカン航空（AAL・AA） エアカラン（ACI・SB）	エールフランス航空（AFR・AF） アリタリア航空（AZA・AZ） ブリティッシュ・エアウェイズ（BAW・BA） キャセイパシフィック航空（CPA・CX） フィンランド航空（FIN・AY） ノースウエスト航空（NWA・NW） シンガポール航空（SIA・SQ） エア タヒチ ヌイ航空（THT・TN） ユナイテッド航空（UAL・UA） USエアウェイズ（USA・US） ヴァージンアトランティック航空（VIR・VS） ヴァリグ・ブラジル航空（VRG・RG）

成田国際空港 第2ターミナル

1992 年から供用されている世界でも最大規模のターミナルビル。本館とサテライトはシャトルによって結ばれている（所要約１分）。

両替所
営業時間 3F 出発ロビー 7:00〜22:00
出国手続き後 8:30〜20:00
2F 三菱東京UFJ、千葉銀行両替9:00〜18:00
1F 6:30〜23:00
B1F 7:45〜18:00

CD・ATM機
営業時間は会社によってまちまちだが、カード会社のキャッシュディスペンサーと外国銀行ATMは営業時間が長い
営業時間 銀行ATM 3F 月 7:00〜23:00
火〜土 6:00〜23:00
日 8:00〜23:00
2F 毎日 8:00〜21:00
1F 平日 8:45〜19:00
土日祝 9:00〜17:00
シティバンクカード、ワールドキャッシュカードは
毎日 6:00〜23:00
CD機 3F 毎日 6:00〜23:00
1F 毎日 6:00〜24:00

荷物宅配サービス
受け取りは3F、発送は1F。会社により営業時間が異なる

荷物一時預かり所

注目のショップ

郵便局

授乳室

トイレ

エレベーター

エスカレーター

案内カウンター
3Fには旅行傷害保険受付窓口を併設

国際線出発ゾーン　　国際線出発
国際線到着ゾーン　　国際線到着
一般ゾーン（送迎の人も入れるエリア）

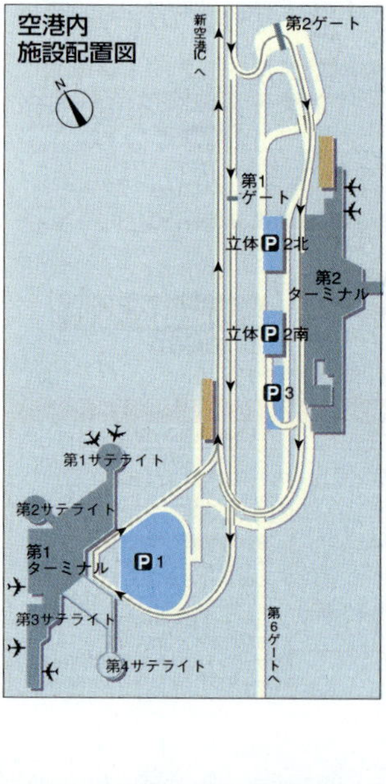

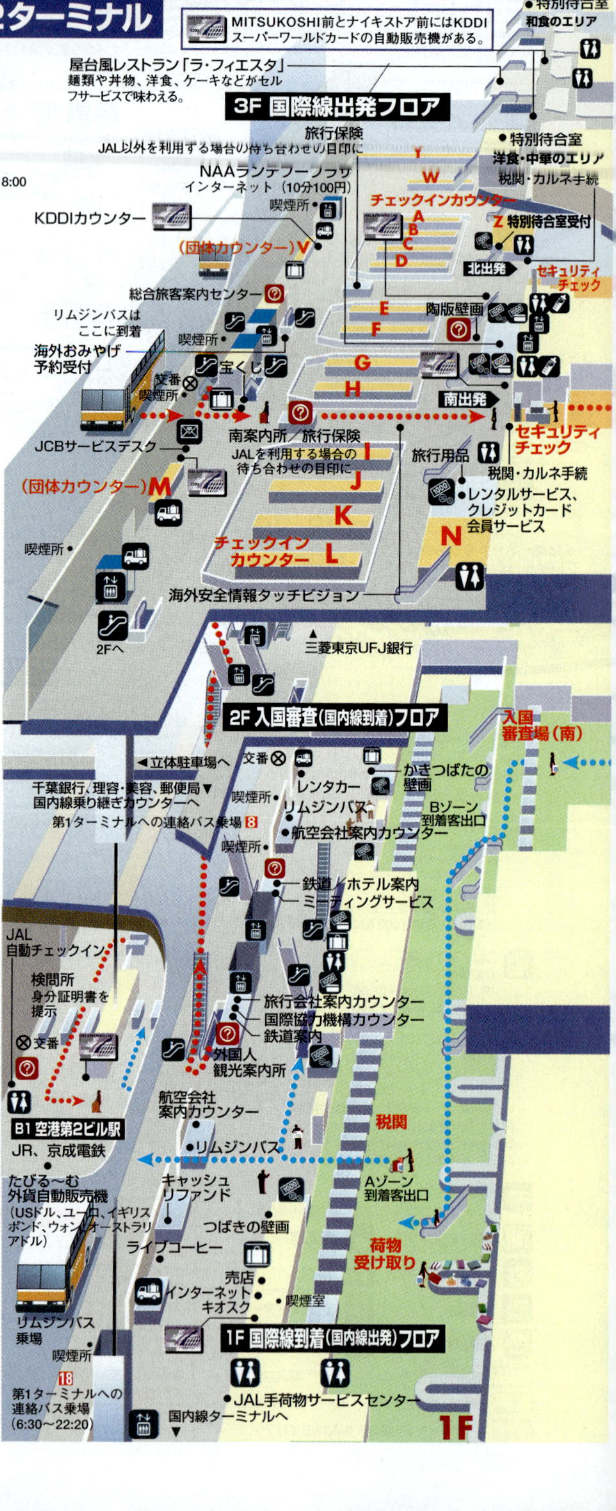

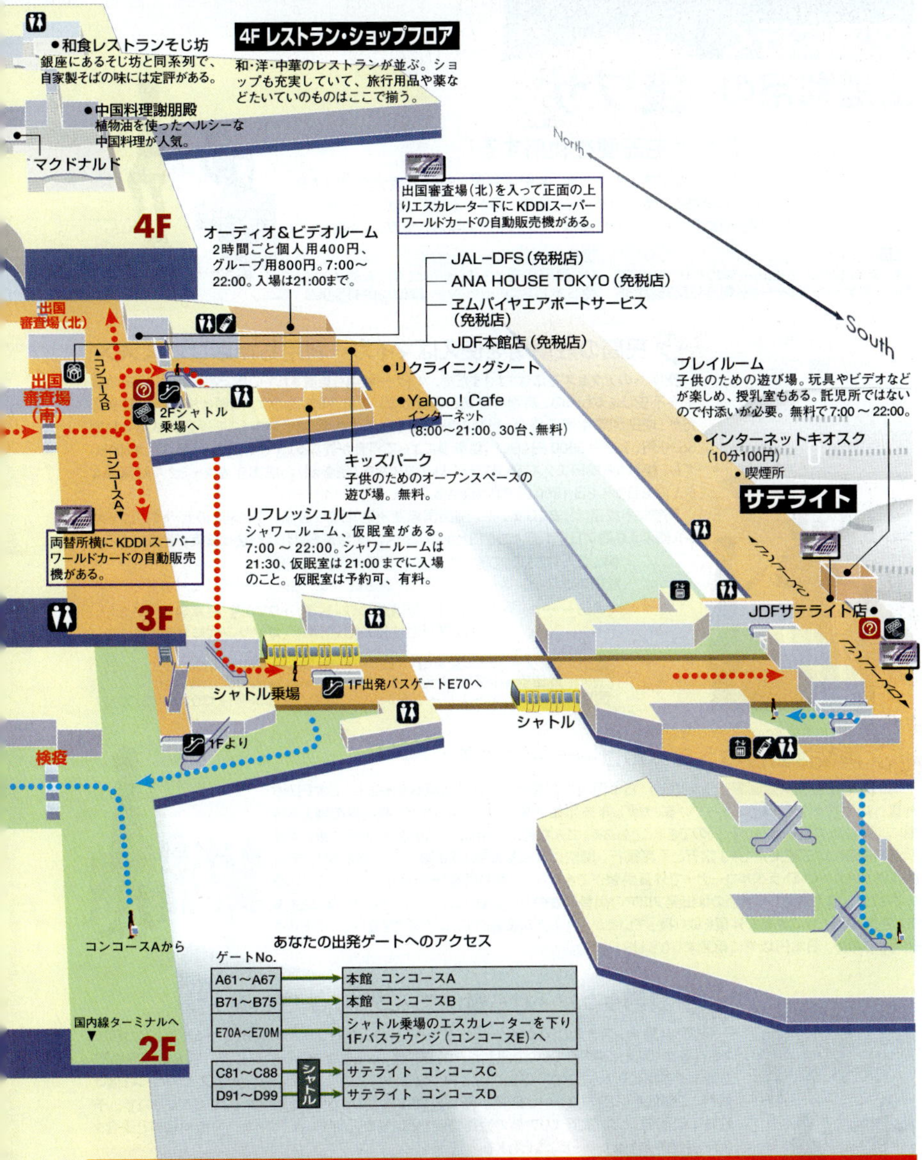

ゲートNo.		
A61～A67		本館　コンコースA
B71～B75		本館　コンコースB
E70A～E70M		シャトル乗場のエスカレーターを下り1Fバスラウンジ（コンコースE）へ
C81～C88	シャトル	サテライト　コンコースC
D91～D99	シャトル	サテライト　コンコースD

第2ターミナル			
主な航空会社チェックインカウンター	その他の乗り入れ航空会社		
	アシアナ航空（AAR・OZ）	コンチネンタル・ミクロネシア航空（CMI・CS）	ミアットモンゴル航空（MGL・OM）
	エア・カナダ（ACA・AC）	上海航空（CSH・FM）	エジプト航空（MSR・MS）
日本航空（JAL・JL） 0120-25-5931 **I～N**	アエロフロート・ロシア航空（AFL・SU）	中国南方航空（CSN・CZ）	メキシカーナ航空（MXA・MX）
	エア・インディア（AIC・AI）	廈門航空（CXA・MF）	フィリピン航空（PAL・PR）
	エアージャパン（AJX・NQ）	デルタ航空（DAL・DL）	パキスタン国際航空（PIA・PK）
	スリランカ航空（ALK・UL）	エバー航空（EVA・BR）	カンタス航空（QFA・QF）
全日本空輸（ANA・NH） 0120-029-333 **A～C, V, Z**	ニューギニア航空（ANG・PX）	エア・パシフィック航空（FJI・FJ）	スカンジナビア航空（SAS・SK）
	エアーニッポン（ANK・EL）	ガルーダ・インドネシア航空（GIA・GA）	スイスインターナショナルエアラインズ（SWR・LX）
	ニュージーランド航空（ANZ・NZ）	香港ドラゴン航空（HDA・KA）	タイ国際航空（THA・TG）
	オーストリア航空（AUA・OS）	ベトナム航空（HVN・VN）	トルコ航空（THY・TK）
ルフトハンザ ドイツ航空（DLH・LH） 0120-051-844 **W・Y**	ビマン・バングラデシュ航空（BBC・BG）	イベリア・スペイン航空（IBE・IB）	ウズベキスタン国営航空（UZB・HY）
	チャイナエアライン（CAL・CI）	イラン航空（IRA・IR）	※2006年6月2日、第1ターミナルがグランドオープン。それに伴い、第1ターミナルへ航空会社の移動があるので、問い合わせを。
	中国国際航空（CCA・CA）	日本アジア航空（JAA・EG）	
	中国東方航空（CES・MU）	JALウェイズ（JAZ・JO）	
	コンチネンタル航空（COA・CO）	マレーシア航空（MAS・MH）	

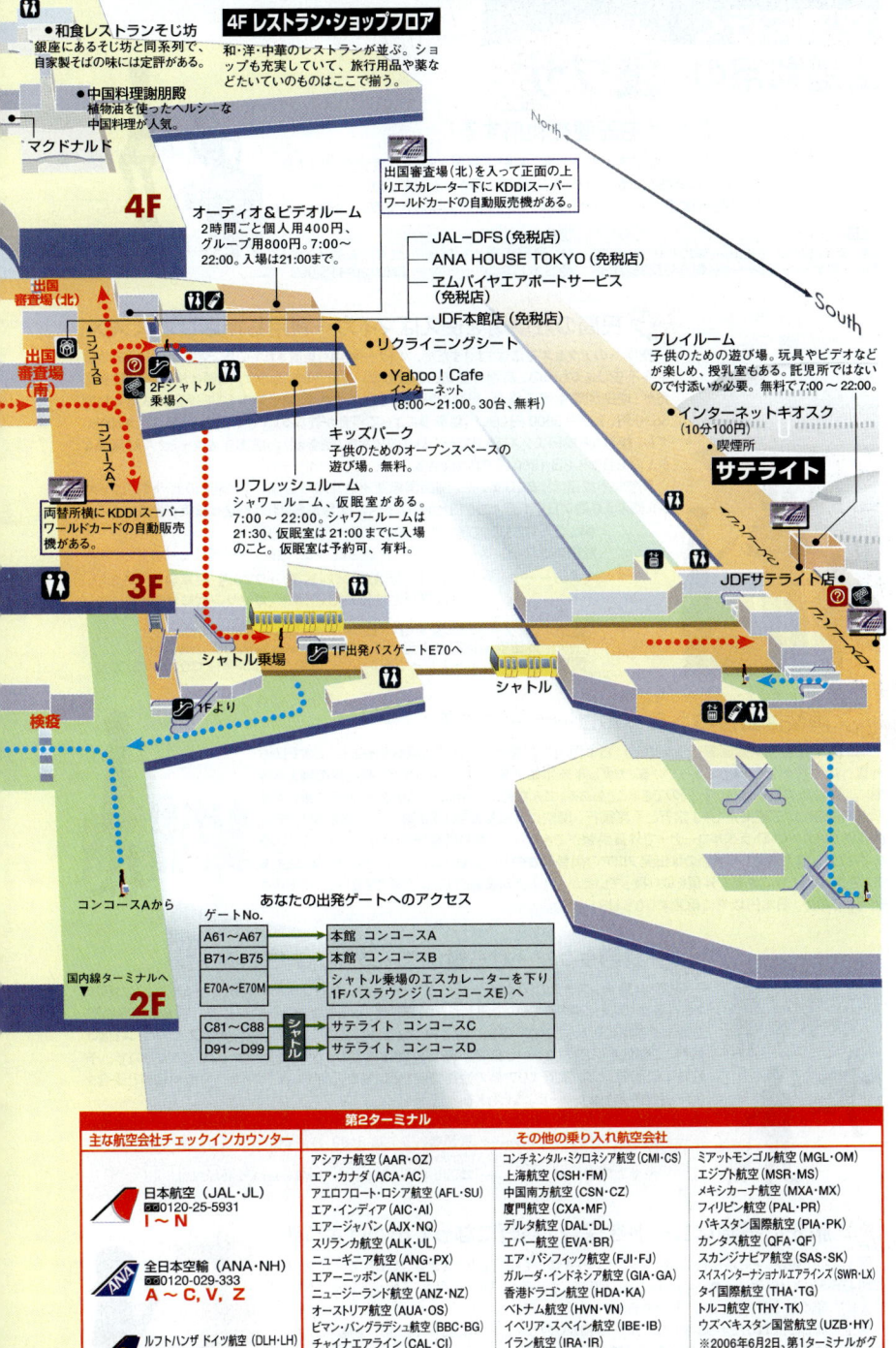

空港利用の裏ワザ

ワザ1 空港までの荷物は宅配便を利用する!

スーツケースなど重い荷物を空港まで運ぶのは大変。宅配便利用ならそんな苦労をしなくてもすむし、帰りも空港から自宅に荷物を送ることができる。距離、重さにより異なるがスーツケース1個で成田2000円、関空1990円から。2～3日前までに予約して自宅等で集荷してもらう。

成田
JALエービーシー………… ☎0120-9191-20
QLライナー…………………… ☎ 0476-35-2855

関空
IAS国際空港サービス…… ☎ 0724-56-6300
西日本パスコ………………… ☎0120-415-002

ワザ2 民間の駐車場を使えばマイカー利用もかなりオススメ!

空港へのアクセス方法はさまざまだが、マイカー利用も見直されている。交通事情による時間的な不安はあるものの、荷物の運搬の心配がないし気分的にもラク。問題は旅行中の駐車場だが、成田国際空港の場合、民間の駐車場を利用すれば、マイクロバスの送迎方式で4日間3500円、7日間5000円くらい(駐車場によって料金が異なる)でとても安い。高速代を加味しても、複数なら成田エクスプレスで行くよりも安くなる(例参照)。成田空港ターミナル駐車場なら1泊2日から1日1500円で利用できる。

関空にも成田ほど安くはないが、関西国際空港駐車場がある。連絡橋とのセット割引クーポンを使えば6泊7日で1万4000円とかなりおとく。人数が多ければ料金は確実に割安になる。

例：3人で6日間の旅行に出かける場合(都心から)
成田エクスプレス…… 3110円(片道運賃)×2(往復)＝往復ひとり分**6220円**
マイカー ……………… {2350円(高速代)×2(往復)＋5000円(駐車場代)}÷3(人)
＝往復ひとり分 約**3233円**(ガソリン代は含まず)

成田／第1ターミナル駐車場…. ☎0476-32-2253、第2…. ☎0476-34-5350
成田空港民間駐車場ガイド…… http://www.narita-web.com/park/
関空／関空エアポートエージェンシー(割引クーポン)…. ☎0724-55-2992

ワザ3 両替は銀行のトラベルコーナーを利用!

成田国際空港や関西国際空港をはじめ、日本国内の国際空港には外貨両替所があり、日本円から外貨への両替ができるようになっている。ただし年末年始や夏休みシーズンなど、利用者の増える時期には両替所の前には長い行列のできることもある。こんな時に活用したいのが銀行の中にある両替所だ。成田には三菱東京UFJ銀行と千葉銀行、関空には三菱東京UFJ銀行の支店があり、支店内に併設されているトラベルコーナーで外貨両替ができるので、他の両替所が混雑している時には覗いてみたい。また混雑しやすいのは出発フロアの両替所なので、到着フロアの方はすいていることもある。各両替所ともに主要な外貨を取り扱っているが、ベトナム通過のドンは両替できない。USドルも通用するので、日本円以外に用意するならUSドルを。

ワザ4 乗合タクシーなら重いスーツケースでも楽チン!

関空へは乗合システムのジャンボタクシーが走っている。運行エリアが限られているが、1人の利用でも自宅まで迎えに来てくれるので便利だ。前日の昼～2日前までの予約が必要。料金は関西国際空港まで京都周辺から3000～3500円、神戸地区から2300～4000円。大型スーツケース1個は無料、2個目から1個500～1000円。所要時間は普通のタクシーを利用するよりはかかるので、予約時に確認をしよう。運行エリア外の姫路方面などに住む人向けには、マイカーの無料駐車と乗合タクシーを組み合わせたサービスなどもある。

MKスカイゲイトシャトル……. 京都☎075-702-5489、神戸☎078-302-0489
http://www.mk-group.co.jp/
ヤサカ関空シャトル………. ☎075-803-4800 http://www.yasaka.jp/news.html

ワザ5 旅先に不要なコートを保管！身軽になって出かけよう!!

例えば冬に暖かいところへ行くとき、空港でコートを預ってもらうことができる。成田空港ではGPA(☎0476-32-7946/第1、☎0476-34-8463/第2)など第1、第2の両ターミナルで利用できる。料金は衣類1着5日まで1100円、10日までなら1650円。

関空ではIAS(☎0724-56-6300)が一時預かりのサービス(6:30～22:30、2階北カウンターは8:00～19:00)を行っている。一時預かりの料金は、コートは5日間で1200円、1日追加ごとに＋200円。身軽になって旅行に行けて便利。ただし、帰国して営業時間内に取りにいけないとちょっとタイヘンかも。

空港に行く

関西国際空港

関西国際空港情報案内センター（24時間対応／☎0724-55-2500
フライトインフォメーション含む）
インターネットホームページ　http://www.kansai-airport.or.jp/

世界のハブ空港を目指して1994年に開港された。日本初の本格的24時間運用の空港でもある。人工島の上に建設されており、関空あるいはKIX（キックス）の愛称で親しまれている。グライダーをモチーフにデザインされたターミナルは、すべてが斬新で計算された美しい調和を保っている。国内線からの乗り継ぎ便も多く、国内線と国際線の乗り換え機能に優れている。空港コードはKIX。

関西国際空港へのアクセス

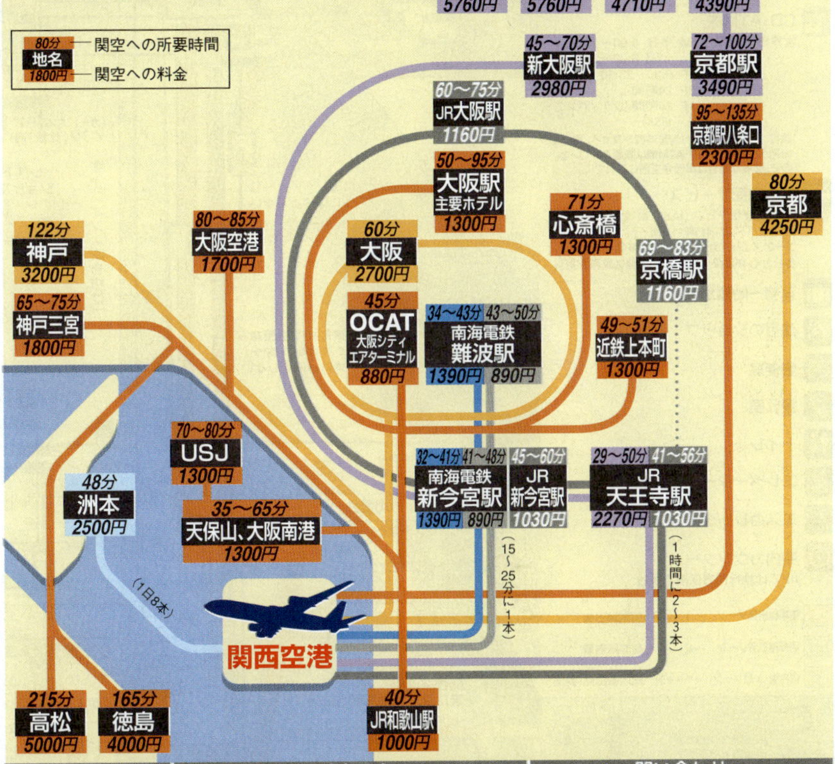

交通手段	ひとこと	問い合わせ
自動車	**やっぱりマイカー!!** 交通事情により、時間がかかることもあるので注意。なお、タクシーを利用する場合、大阪駅からだとおよそ1万5000円＋高速代がめやす。	近畿ハイウェイテレホン大阪局 ☎06-6876-1620 大阪タクシー協会 ☎06-6258-1221 阪神高速インフォメーション四ツ橋 ☎06-6535-1620
リムジンバス	**ホテル利用者にも便利!!** 上記以外にも、JR・阪神尼崎駅、京阪守口市駅、JR・近鉄奈良駅発などがある。予約が必要な便もあるので注意。詳細は問い合わせを。	関西空港交通 ☎0724-61-1374 大阪空港交通 0120-399-958 チケットは各発着所にて乗車前に購入
高速船	**景色もよくて快適!!** 上記の料金には、空港ポートターミナルと旅客ターミナル間の連絡バスの料金が含まれる。	洲本から：洲本パールライン ☎0799-23-1444 運賃は空港内連絡バス運賃を含む http://www.atc.ne.jp/pearlline/
JR線 特急はるか 関空快速/快速	**新幹線と相性良し!!** 新幹線を利用した場合は乗り継ぎに「特急はるか」が便利だが、時間的に急がないなら本数の多い関空快速がおすすめ。時間もはるかと15〜20分ぐらいしか違わず、普通料金でOK。	JR西日本お客様センター ☎0570-00-2486 （6:00〜23:00、無休） 指定席券はJRみどりの窓口、びゅうプラザ、旅行代理店で1カ月前から発売
南海電鉄 ラピートα、β 空港急行	**便利・早い・快適!!** 難波から新今宮、天下茶屋、泉佐野、りんくうタウン停車で関空まで行くのがラピートαで平日3本運行。ラピートβは堺、岸和田にも停車し、27〜31本運行。	南海テレホンセンター ☎06-6643-1005 指定席券は1カ月前より南海主要駅、旅行代理店にて発売。電話予約はできない

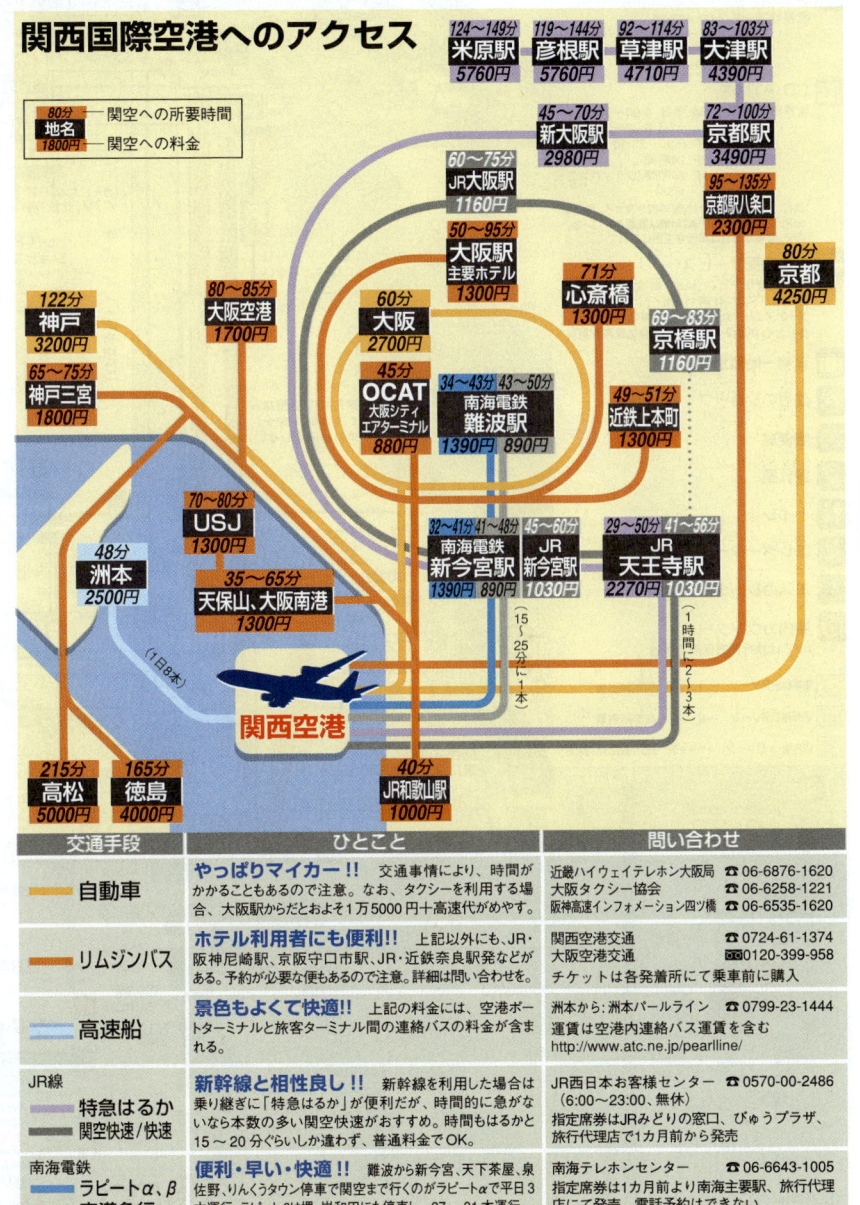

関西国際空港ターミナル

国際線出発フロア（4F）と国際線到着フロア（1F）が、国内線出発・到着フロア（2F）を上下から挟むサンドイッチ構造になっていて、国内線・国際線の乗り継ぎがエスカレーターやエレベーターなどの垂直移動だけでできる高度な機能性を備えている。メインターミナルから各出発ゲートまではウイングシャトルで結ばれ、10～15分程度で目的のゲートへ行くことができる。

両替所

営業時間 4F 7:00～22:30
3F 8:30～20:30（トランジットエリア）
2F 8:30～18:00（三菱東京UFJ銀行）
1F 6:00～23:00

CD・ATM機

営業時間 銀行ATM 平日 8:00～21:00
土日祝 8:00～20:00
CD機 4F 6:00～23:30
2F 24時間
1F 24時間（シティバンク・VISA）

銀行、カード会社により営業時間が異なる。国際線出発ゲート内にはCD・ATM機は設置されていないので、必要な場合は出国審査前に忘れずに。

荷物宅配サービス

国際空港サービス（IAS） 4F北・1F南北
西日本パスコ 4F南・1F南
エーエヌエーエスカイポーター 4F北・1F北
各社とも4Fは受け取り、1Fは発送業務を担当

荷物一時預かり所

注目のショップ

郵便局

授乳室

トイレ

エレベーター

エスカレーター

案内カウンター

4Fでは旅行傷害保険も併設

国際線出発ゾーン ●●●● 国際線出発
国際線到着ゾーン ●●●● 国際線到着
国内線・一般ゾーン ●●●● 国内線出発・到着

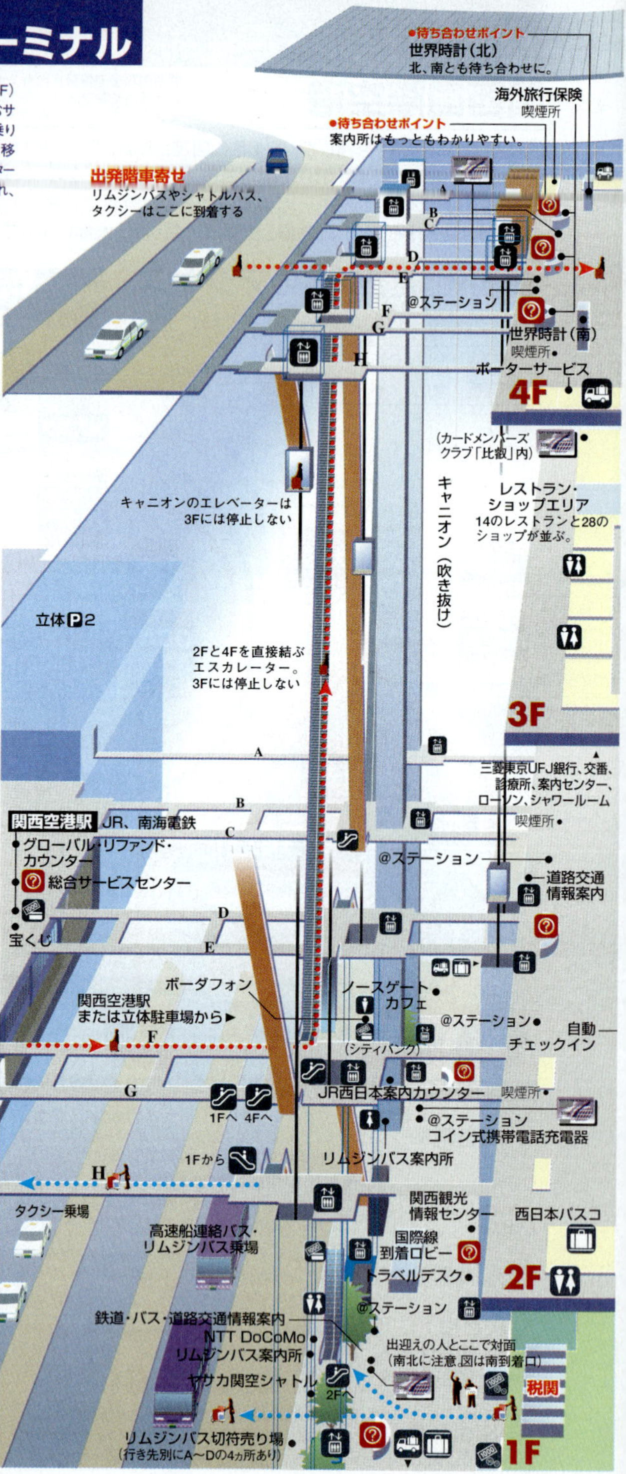

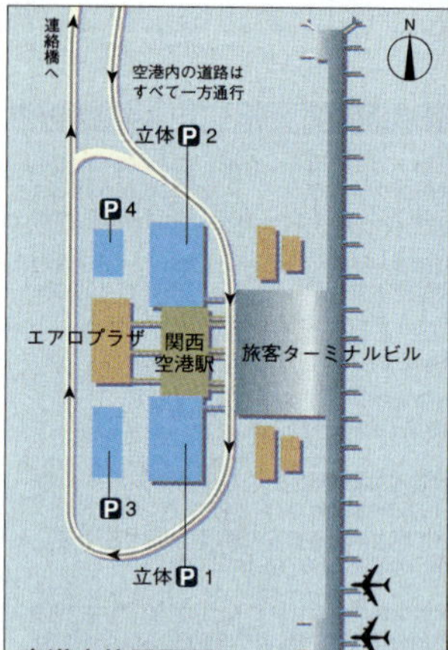

空港内施設配置図

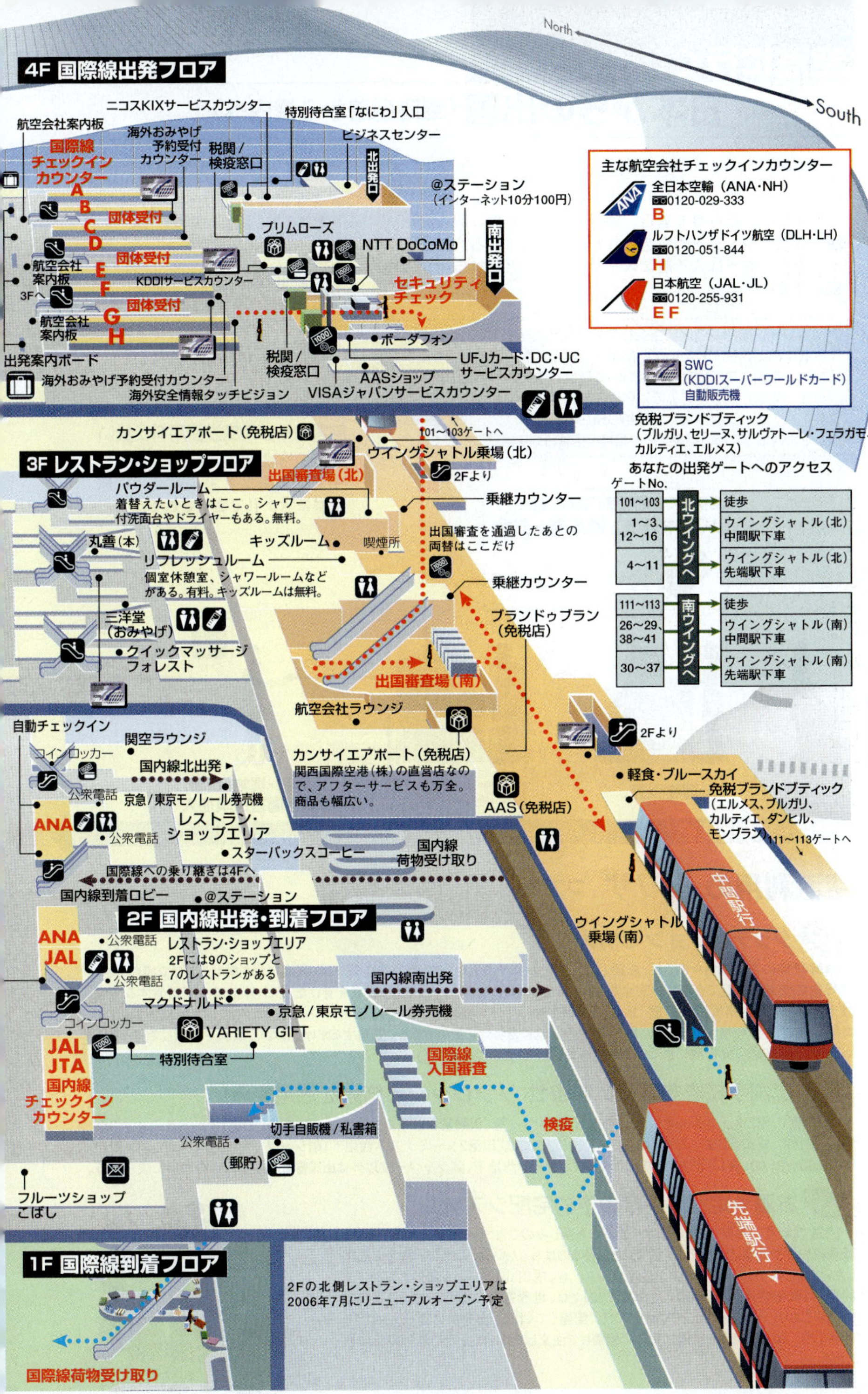
North
South
4F 国際線出発フロア
ニコスKIXサービスカウンター
特別待合室「なにわ」入口
航空会社案内板
海外おみやげ予約受付カウンター
税関/検疫窓口
ビジネスセンター
国際線チェックインカウンター
北出発口
@ステーション
(インターネット10分100円)
A
B
団体受付
C
D
プリムローズ
NTT DoCoMo
南出発口
航空会社案内板
E
団体受付
KDDIサービスカウンター
F
セキュリティチェック
3Fへ
団体受付
G
航空会社案内板
H
ボーダフォン
出発案内ボード
税関/検疫窓口
UFJカード・DC・UCサービスカウンター
AASショップ
海外おみやげ予約受付カウンター
海外安全情報タッチビジョン
VISAジャパンサービスカウンター
主な航空会社チェックインカウンター
全日本空輸(ANA・NH)
0120-029-333
B
ルフトハンザドイツ航空(DLH・LH)
0120-051-844
H
日本航空(JAL・JL)
0120-255-931
E F
SWC
(KDDIスーパーワールドカード)
自動販売機
免税ブランドブティック
(ブルガリ、セリーヌ、サルヴァトーレ・フェラガモ、カルティエ、エルメス)
カンサイエアポート(免税店)
101〜103ゲートへ
ウイングシャトル乗場(北)
3F レストラン・ショップフロア
出国審査場(北)
2Fより
あなたの出発ゲートへのアクセス
ゲートNo.
101〜103 北ウイングへ 徒歩
1〜3、12〜16 北ウイングへ ウイングシャトル(北)中間駅下車
4〜11 北ウイングへ ウイングシャトル(北)先端駅下車
111〜113 南ウイングへ 徒歩
26〜29、38〜41 南ウイングへ ウイングシャトル(南)中間駅下車
30〜37 南ウイングへ ウイングシャトル(南)先端駅下車
パウダールーム
着替えたいときはここ。シャワー付洗面台やドライヤーもある。無料。
乗継カウンター
丸善(本)
キッズルーム
喫煙所
出国審査を通過したあとの両替はここだけ
リフレッシュルーム
個室休憩室、シャワールームなどがある。有料。キッズルームは無料。
乗継カウンター
三洋堂(おみやげ)
ブランドゥブラン(免税店)
クイックマッサージフォレスト
出国審査場(南)
航空会社ラウンジ
自動チェックイン
関空ラウンジ
コインロッカー
カンサイエアポート(免税店)
関西国際空港(株)の直営店なので、アフターサービスも万全。商品も幅広い。
2Fより
国内線北出発
公衆電話
軽食・ブルースカイ
京急/東京モノレール券売機
免税ブランドブティック
(エルメス、ブルガリ、カルティエ、ダンヒル、モンブラン)
AAS(免税店)
111〜113ゲートへ
ANA
公衆電話
レストラン・ショップエリア
スターバックスコーヒー
国内線荷物受け取り
国際線への乗り継ぎは4Fへ
国内線到着ロビー
@ステーション
2F 国内線出発・到着フロア
中間駅行
ANA
JAL
公衆電話
レストラン・ショップエリア
2Fには9のショップと7のレストランがある
ウイングシャトル乗場(南)
公衆電話
国内線南出発
マクドナルド
京急/東京モノレール券売機
コインロッカー
VARIETY GIFT
JAL
JTA
国内線チェックインカウンター
特別待合室
国際線入国審査
検疫
切手自販機/私書箱
公衆電話
(郵貯)
フルーツショップこばし
先端駅行
1F 国際線到着フロア
2Fの北側レストラン・ショップエリアは2006年7月にリニューアルオープン予定
国際線荷物受け取り

空港に行く

日本からの出国（空港到着から機内へ）

空港へ着いたらまずチェックインをすませる

航空券を持っている人は利用する航空会社のチェックインカウンターへ。航空券を当日、旅行代理店から受け取る人は、団体専用カウンターの指定された場所で受け取る。チェックインカウンターに入る前にスーツケースなど預ける荷物の検査がある。

チェックイン開始時刻は航空会社や便によっても異なるが、出発の2時間前にはどの便でもだいたい始まっている。開始時刻を知りたい場合には、事前に航空会社の案内窓口に電話で問い合わせるのがよい。混み合って並ぶこともあるので早めのチェックインを心がけよう。搭乗券（ボーディングパス）と荷物の預かり証明（バゲージクレームタグ）を受け取ったら、搭乗ゲート番号と搭乗時刻を確認しておくこと。

チェックインがすんだら

大きな荷物を預けて身軽になったところで、両替や買物をしよう。

両替

空港内にある両替所や銀行で

所要時間 **5～15**分

旅行傷害保険加入手続き

5～30 分

旅客サービス施設使用料支払い

空港の施設使用料は成田、関空、中部、福岡など主要空港では航空券に含まれて徴収される。

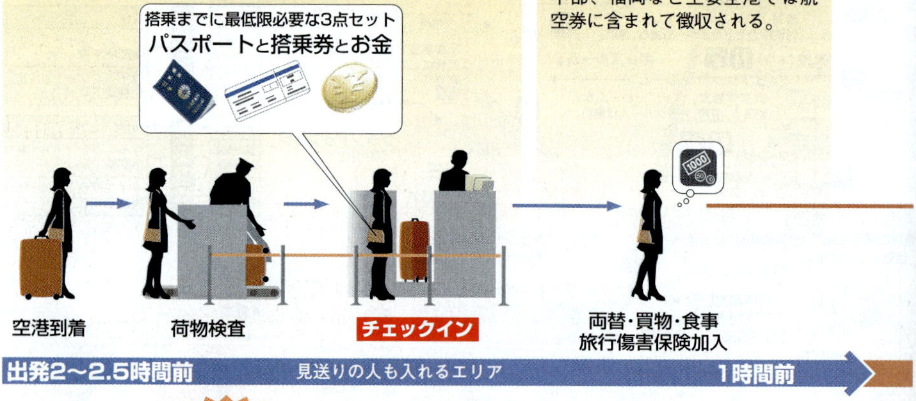

空港利用の裏ワザ つづき

ワザ6 タッチビジョンで情報収集

情報収集の方法は色々あるが、成田（第1、第2ターミナルとも）、関西の両空港には、画面に指を触れるだけで操作でき、旅行先の情報を閲覧できる海外安全情報タッチビジョンがある。外務省から委託を受けた、日本外交協会が運営する情報端末検索機で、外務省提供の国（地域）別情報をオンラインで配信している。データベースには120の国と地域の他に、テロなどの広域・特別情報が含まれ、現地事情の変化にあわせて更新される。閲覧するだけではなく、無料で印刷して持っていくことができるので、飛行機に乗るまで時間があるならのぞいてみよう。

ワザ7 出国手続きを早めにすませ リフレッシュ施設を活用する!

成田（第1、第2ターミナルとも）と関空にはシャワー室、仮眠室などリフレッシュルーム（成田第1ターミナル中央3階8:00～21:30、成田第2ターミナル本館3階7:00～22:00、成田第2ターミナル本館地下1階シャワー室7:00～21:00、関西国際空港9:00～21:00、有料）がある。成田第2ターミナル本館地下1階シャワー室以外は出国審査を受けた後の利用に限られる。

ワザ8 お酒や定番みやげの予約宅配システム

旅先では、その国らしいおみやげを選ぶのも楽しみのひとつ。でも限られた時間を、義理みやげや定番のアイテムを探すことに使うのはもったいない。そんな場合に活用したいのが、海外旅行みやげの予約宅配システム。成田、関空にある海外おみやげ予約受付（成田空港、関西☎0120-929-122）では、世界各国の定番のお土産を豊富に揃えており、全国一律945円で指定の日に配達してくれる。出発前に商品カタログを自宅などに取り寄せるか、空港に早めに到着して注文しておけば身軽に海外旅行が楽しめる。

※時間表示および所要時間はあくまで標準的な時間配分。週末や長期休暇期間はチェックイン、出国手続きの際に時間がかかるので余裕をもって行動する必要がある。時間は利用航空会社や旅行代理店によって異なる。手続きの流れは成田、関空ともほぼ同様。

いよいよ出国手続きへ

セキュリティチェック

機内持ち込み用の手荷物検査（X線検査）とボディチェック。高感度のフィルムを持っている場合は、その旨係官に申告をしよう。

税関

外国製品（時計、宝石など）を持っている人は「外国製品の持出し届」の用紙に記入し、現品といっしょに提出、確認印をもらう。帰国時までなくさないように保管しておく。申告のない人はそのまま通過して出国審査へ。

約**10**分

出国審査

パスポート、搭乗券を提出。

10~20分

出国審査後

搭乗までの残り時間に応じて、買物などを楽しもう。

免税店で買物をする

旅行中のタバコや化粧品、荷物にならない小物はここで買っておくといい。品物によっては海外の免税店より安く購入できるものもある。また、海外で買おうと思っているものがある人はここで値段をチェック。

免税店で買物する際には搭乗券の提示を求められる。旅行先の国によって免税範囲が決められているので買いすぎないように。

搭乗ゲートへ

指示されたゲート番号のあるサテライトへ移動して、アナウンスがあったら搭乗を開始する。出国審査を出たあとも軽い食事をとれるところがある。

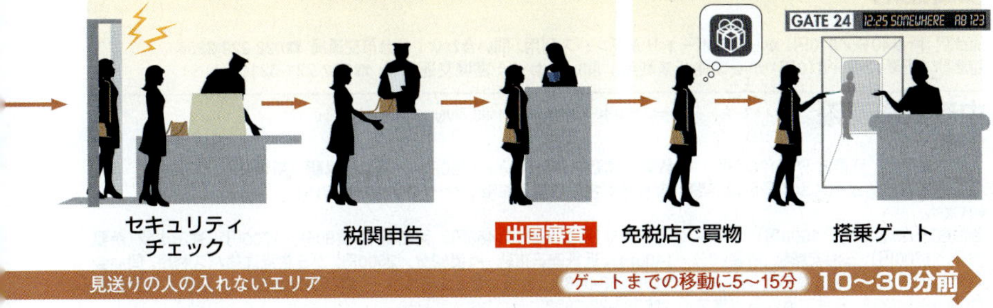

ワザ+α ❶ロングフライト血栓症にご用心

飛行機に限らず鉄道や長距離バスなど、旅行中は長時間座ったままでいることが多い。6～8時間以上座ったままになるなら、気をつけたいのがロングフライト血栓症。エコノミークラス症候群とも呼ばれる深部静脈血栓症や急性肺動脈血栓塞栓症だ。これはエコノミークラスに限らずビジネスクラス等でも、長時間の着席によって下半身に血液が溜まり、その結果血管内に血の固まり（血栓）ができてしまう病気だ。血栓が肺などの血管を詰まらせ、呼吸困難、失神、心臓発作の原因となる危険がある。予防にはこまめな水分補給（アルコールは除く）と立って歩くことが有効。座ったままでもふくらはぎをマッサージしたり、足の指や関節を動かしたり、衣服をゆるめることが効果的だ。

ワザ+α ❷出入国カードは廃止

2001年7月より、出国・入国審査に必要だった出入国カードが廃止された。機械読み取りに対応していない、旧型パスポートがすべて失効したことにともなうもので、手続きの時間が短縮され、混雑が緩和された。カードが廃止されるのは日本国籍の場合だけで、外国籍の人は依然必要とされる。

ワザ+α ❸シティエアターミナルの業務は縮小傾向

2002年7月の出国手続き業務の終了に続いて、T-CAT（東京シティエアターミナル）での搭乗手続き（チェックイン）の受け付けが2002年12月をもって終了した。Y-CAT（横浜）でも全日空の搭乗手続きが保安体制強化のため休止している。関西では京都CATが2002年8月に閉鎖、O-CAT（大阪）でも搭乗手続きは休止しており、各地のCATの業務は縮小の傾向にある。

主な地方空港からの乗り継ぎ

　ミュンヘンへの直行便は成田から、フランクフルトへの直行便は成田、関空、中部国際空港からしか運航されていない。

　地方空港からは、成田、関空、中部で国際線に乗り継ぐ。地方空港から成田への国内線は少ないが、関空へは20、中部国際空港へは24あまりの国内空港から便がある。

地方空港ネットワーク

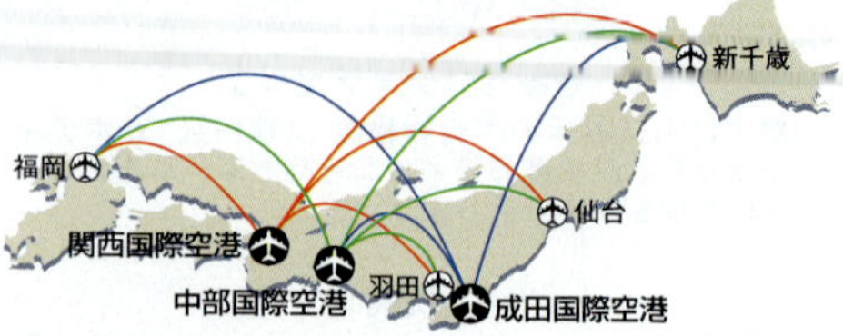

新千歳（札幌）空港

新千歳空港総合案内所　☎0123-23-0111　http://www.new-chitose-airport.jp/

●JR

札幌駅から快速エアポートを利用、新千歳空港駅下車（所要36分／1040円）。
問い合わせ：JR北海道電話案内センター　☎011-222-7111　新千歳空港駅　☎0123-45-7001

●バス

札幌市内各所などから空港連絡バス利用（札幌市内各所から所要35～90分／900～1000円）。
問い合わせ：北海道中央バス　☎011-231-0500　北都交通　☎011-377-3855

室蘭、登別温泉、苫小牧、穂別、静内、浦河などから空港連絡バス利用（所要45～220分／600～2550円）。
問い合わせ：道南バス（室蘭）　☎0143-45-2131

仙台空港

旅客ターミナルビル総合案内所　☎022-382-0080　http://www.sendai-airport.co.jp

●バス

仙台駅（所要40分／910円）からエアポートリムジンバス利用。問い合わせ：仙台市交通局　☎022-222-2256
館腰駅（所要12分／310円）から連絡バス利用。問い合わせ：宮城交通本社　☎022-771-5310

中部国際空港

セントレア・テレホンセンター　☎0569-38-1195　http://www.centrair.jp/

●鉄道

名鉄名古屋駅（所要28分／1200円）、名鉄新一宮駅（所要50分／1450円）、名鉄岐阜駅（所要55分／1660円）から名鉄空港特急ミュースカイ号利用。問い合わせ：名鉄お客さまセンター　☎052-582-5151

●バス

名古屋駅（所要60分／1000円）、栄バスターミナル（所要45分／1450円）、岡崎駅（所要80分／1700円）、豊田市駅（所要68分／1700円）、三河安城駅（所要60分／1400円）、近鉄四日市駅（所要82分／2000円）から空港連絡バス利用。問い合わせ：JR東海バス名古屋旅行センター　☎052-563-0489、名鉄お客さまセンター　☎052-582-5151、知多乗合自動車　☎0569-21-5233、三重交通四日市営業所　☎0593-23-0808

福岡空港

国内線総合案内所　☎092-621-6059　国際線総合案内所　☎092-483-7007　http://www.fuk-ab.co.jp/

●地下鉄

博多駅から市営地下鉄空港線利用（所要5分／250円）。問い合わせ：福岡市交通局地下鉄テレフォンセンター　☎092-734-7800

●バス

小倉駅（所要約93分／1000円）、佐賀駅（所要75分／1000円）、熊本交通センター（所要133分／2000円）などから西鉄の空港連絡高速バス利用。問い合わせ：西鉄テレホンセンター福岡 ☎092-733-3333　九州高速バス予約センター ☎0120-489-939もある

国内線から国際線へ　羽田空港から成田空港への移動

羽田空港総合案内　☎03-5757-8111　http://www.tokyo-airport-bldg.co.jp/

　成田空港で国内線から国際線に乗り継ぐ便は少ない。羽田空港から陸路で成田空港へ移動することになるが、羽田と成田はかなり距離がある。移動手段としてはリムジンバスが昼間は10～20分間隔で運行し、所要約75分、3000円。また、京浜急行「羽田空港駅」から地下鉄浅草線を経由し、京成線「成田空港駅」まで直通で行けるエアポート快特もある。1日4、5本運行、所要約127～130分、1560円。成田空港周辺に前日から泊まるプランを用意する旅行会社もある。

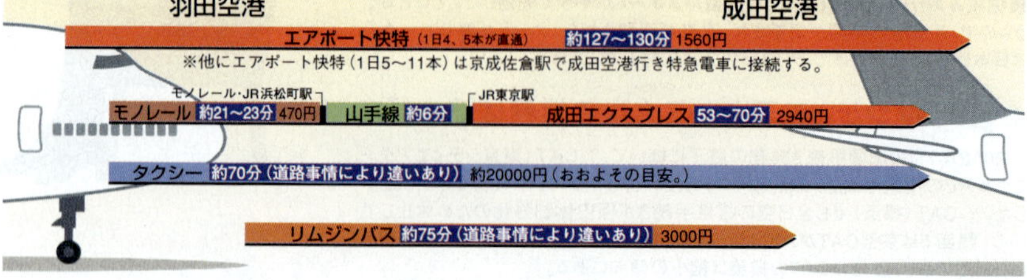

入国からの現地案内

入国ガイド

さあドイツへ入国 日本人の入国審査はとても簡単だ

空港からの入国

長時間のフライトの末、ようやくドイツ到着。ドイツへの入国は係官にパスポートを提示するだけでOK。入国カードの記入の必要はなく、入国スタンプをパスポートに押すことさえ少ないので、簡単に入国手続きを済ませることができる。パスポートの有効期限は、帰国するその日まで有効であれば問題ない。

入国のプロセス

1 入国審査の列に並ぶ Immigration

空港の入国手続きカウンターPasskontrolle《パスコントロレ》に進み、列に並ぶ。自分の順番が来れば前へ進み、係員にパスポートを提示するだけで済む。フランクフルトなどの国際線専用ターミナルでは、「EU諸国のパスポート所持者」と「それ以外の国（Non-EU Nationals）」にカウンターが分かれているので、表示をきちんと確認し、並び間違えのないように注意しよう。

2 荷物を受け取る Baggage Claim

入国審査を終えたら、次に手荷物受取所Gepäckausgabe《ゲペックアウスガーベ》にてスーツケースなど機内預けの荷物を受け取る。自分の乗った飛行機の便名が表示されたターンテーブルを探し、荷物をピックアップする。荷物が出てこない場合は、日本で搭乗した際にもらったバゲッジクレームタグ（荷物の預かり証明）を係員に提示してその旨を伝える。

3 税関を通る Customs

ターンテーブルで荷物を受け取ると、その出口は通常、税関（Zoll）になっている。とくに申告するものがなければ緑のサインの方へ、免税範囲を超えている場合など、申告が必要であれば赤のサインの方へ進む。ドイツの税関では荷物を詳しく調べられるようなことはめったになく、荷物をカートに載せて通過するだけで検査が済むのが一般的。

●税関でのアドバイス●

日本人の旅行者が税関で問い詰められるようなことはめったにないが、もしドイツ語で質問されて意味がわかったとしても、ドイツ語では話さない方が賢明だ。ドイツ語ができると知られると、短期旅行なのに労働滞在や不法滞在を考えていると思われたりして、面倒なことにもなりかねない。そういった場合は、英語で対応したり、「Ich bin Tourist.私は観光客です。Ich habe nichts zu verzollen.申告するものはありません」といったような文章を見せるなど、うまく対応しよう。

ひとことドイツ語・英会話

入国審査

●旅行の目的は何ですか

英 What is《ワットイズ》 the《ザ》 purpose《パーパス》 of《オブ》 your《ユア》 trip《トリップ》 ?

独 Was《ヴァス》 ist《イスト》 der《デア》 Zweck《ツヴェック》 Ihrer《イーラー》 Reise《ライゼ》 ?

●観光です

英 Sightseeing《サイトスィーイング》.

独 Sightseeing《サイトスィーイング》.

ドイツ入国の際の免税範囲

※以下の範囲を超える場合は申告が必要となる。

シガレット（紙巻きタバコ）…………………………200本
または葉巻きタバコ ……50本
または細葉巻きタバコ …100本
またはパイプタバコ……250 g
（数種類にまたがる場合は総重量250 g以下）

ワインまたはその他のアルコール飲料……………………… 2 ℓ
またはアルコール22度以上のもの ………………… 1 ℓ

コーヒー豆 ……………500 g
またはインスタントコーヒー粉末 …………………200 g

香水 ……………………50 g

オード・トワレ ………0.25 ℓ

その他の贈答品 ……€175まで

POINT 入国審査　ドイツへの入国は入国カードの記入もなく、パスポートを提示するだけでＯＫ。2006年３月現在日本からの直行便（フランクフルト行き）は、ルフトハンザ ドイツ航空、日本航空、全日空がそれぞれ毎日運航している。

鉄道での入国

ドイツに隣接する国は９カ国（p.397参照）。多数の国際列車が乗り入れているが、ＥＵ加盟国間では国境検閲の簡素化が進んでいる。ＥＵ未加盟国からの入国で検閲がある場合は、国境駅に停車して行なわれるか、国境駅近くで係官が列車に乗り込み走行中に行なわれる。その際は、パスポートを用意して座席で待っていればスムーズに済む。

自動車での入国

バスでの入国なら、乗務員や添乗員の指示に従っていればよい。大きな検閲所では、バス、乗用車、トラックと車種別にレーンが設定されているので、レンタカーなら乗用車レーンに入っていけばよい。係官がいない場合はそのまま通過するだけだが、いる場合でも、係官の前をスロースピードで通過するだけで、パスポート提示なしで入国できる。

リコンファーム

リコンファームとは航空便の予約再確認のことで、出発の３日前（72時間前）までに利用する航空会社に連絡をとらなくてはならない。これを忘れると最悪の場合キャンセル扱いとなり、たとえ帰国便であっても予約を取り消されてしまうこともある。パッケージツアーに参加した場合はツアー会社が代行してくれるが、個人手配旅行の場合は決して忘れないように。各航空会社の問い合わせ先は帰国ガイド（p.400）参照。最近はリコンファーム不要の航空会社がほとんどで、ルフトハンザ ドイツ航空や日本航空も不要だが、してはいけないというものでもないので、不安ならやっておこう。

⬆空港内ではサイン（青地に白）を見ながら行動しよう

空港情報

●ベルリンの空港→p.88参照
●フランクフルトの空港→p.152参照
●ミュンヘンの空港→p.202参照

乗り継ぎで入国する場合、入国手続きと税関検査は別！

ドイツ国内で飛行機を乗り継いで入国する場合、入国手続きは原則的にドイツへ最初に着いた空港で、荷物の税関検査は最終目的地の空港で行なわれるので間違えないように。

空港内での両替は少し多めに

入国したら、当座必要な現金の両替は空港内ですることになる。両替所は到着ロビーにあり、レートも市内の銀行とそれほど大きく違わないが、最近は市中の銀行で両替しないところが増えているので少し多めに替えておきたい。

ひとことドイツ語・英会話

リコンファーム

●リコンファームをしたいのですが

英 May《メイ》 I《アイ》 reconfirm《リコンファーム》 (my《マイ》 flight《フライト》)?

独 Können《ケネン》 Sie《ズィー》 meinen《マイネン》 Flug《フルーク》 bestätigen《ベシュテーティゲン》?

※チャイナエアラインはリコンファームが必要

EU間の移動について

EU加盟国の中でも、シェンゲン条約加盟国（p.32参照）は、お互いをひとつの国のように扱う取り決めなので、移動は国際間移動ではなく国内移動扱いになる。このため、いったんドイツに入国したあと、陸続きで他の加盟国に移動するような場合はほとんど審査らしい審査はない。

空港

注意！
空港には旅行者しかいないと思わないように。スリや置引が入り込んでいることもある。

ドイツは広い。目的地がそれぞれ離れているなら、飛行機の利用が便利だ。フランクフルト、ベルリン、ミュンヘンといった大都市を中心に、各航空会社がヨーロッパの主要空港とドイツ国内主要空港をくまなく結んでいる。表を参考に、自分が旅行する地域に近い空港をゲートウェイに選ぼう。

空港から市内への行き方

各空港から市内までの距離と所要時間は、下の表のとおり。それぞれ公共交通機関を利用すれば、どの空港からでも50分以内で市内に行くことができる。料金を考えなければタクシーを利用した方が早い場合が多いが、デュッセルドルフやフランクフルトなどの大都市のように、Sバーン利用の方が早いところもある。

ドイツの主な国際空港

都市名	空港名	市内までの距離	タクシー	市内交通	所要時間	料金
ベルリン	テーゲル空港	8 km	30分／約€20	シティバス	40分	€2
ハンブルク	フュールスビュッテル空港	13km	20分／約€25	シティバス	25分	€5
ハノーファー	ハノーファー空港	12km	20分／約€20	S5	20分	€2.40
デュッセルドルフ	デュッセルドルフ空港	8 km	25分／約€16	S7	13分	€2
ケルン	ケルン・ボン空港	14km	20分／約€25	S13	15分	€2.10
ボン	ケルン・ボン空港	20km	30分／約€35	空港バス	40分	€5.75
フランクフルト	フランクフルト空港	20km	20分／約€25	S8,9	10分	€3.30
シュトゥットガルト	エヒターディンゲン空港	14km	25分／約€25	S2,3	30分	€2.80
ミュンヘン	ミュンヘン空港	28km	30分／約€55	S8	40分	€8.80
ドレスデン	クロッチェ空港	9 km	25分／約€16	S2	22分	€1.70
ライプツィヒ	ライプツィヒ・ハレ空港	20km	30分／約€30	鉄道	14分	€3.40

※フランクフルト空港からハイデルベルク／マンハイムまではルフトハンザエアポートバスが1時間ごとに出ている（問い合わせはルフトハンザ航空まで）。

日本発フランクフルト直行便発着時刻例（ルフトハンザ）

便名	運行日	出発地	フランクフルト着
LH711	毎日	成田発 9:55	14:35
LH9791	毎日	成田発 11:35	16:35
LH737	毎日	中部発 10:25	15:40
LH741	毎日	関空発 9:55	15:05

（※2006年3月現在）

その他のローカル空港

キール、ミュンスター、ドルトムント、エアフルト、ホーフ、バイロイト、フリードリヒスハーフェンなどには、主要空港と結ぶ小型機専用のローカル空港もいくつかあり、定期便も運航している。主要空港乗り継ぎで直接ローカル空港まで行きたい場合は、日本の旅行代理店で予約してもらうか、日本発の航空会社を通して手配してもらおう。

鉄道

ドイツ国内の移動は、鉄道が一番快適で便利だ。日本のJRにあたるドイツ鉄道（株）（通称DB＝デーベー）がほぼすべての路線を運営している。主要路線についてはp.10〜11を参照。

ドイツ鉄道運賃システム

1等車（Erste Klasse）と2等車（Zweite Klasse）があり、1等は2等の約1.5倍の料金（2等は最高料金€115まで、1等は€175）。子供料金は5歳以下は無料、6〜14歳は半額、14歳以下で保護者同伴の場合は無料となる。また、乗車3日前に往復きっぷを購入すると割引になるSparpreiseをはじめ、週末割引きっぷ（p.56参照）、州内の近距離列車に適応されるLänder-Ticket（ほとんどの州で月〜金曜は9時から翌日の3時、土・日曜は0時から翌日3時まで有効）、グループで乗ると安くなるMitfahrer-Rabatt、数量限定で列車の種類も限られるが、SparNightという寝台車の座席が€29〜で利用可など、割引制度が充実している。

ドイツ列車の種類

●インターシティエクスプレス（新幹線）＝ICE

ドイツ鉄道の主役は最高300kmで走る新幹線ICE。200本以上の列車が、12ルートを1〜2時間間隔で運行され、主要都市を結んでいる。拠点駅での列車通しの乗り換えも便利、早朝から深夜まで、8時10分、9時10分……と開く停車駅を毎時同じ時分に発車し、時刻表を気にせず快適な旅が楽しめる。

●インターシティ特急＝IC

ICEと共にドイツ鉄道の特急ネットワークを形成するのが特急IC。ICEを補完する役割を負い、中都市にも停車し、一部のローカル線にも乗り入れる。

運賃割引システム

●Sparpreise

Sparpreis50は週末のみ有効で50％割引、Sparpreis25は平日有効で25％割引　※2等€30、1等€45以上の往復チケットのみで乗車3日前の購入が条件。ICEなど急行で、指定列車のみ有効。4人までの同行者は半額。変更手数料は€15。

●Länder-Ticket

各州内でのみ有効の1日券（€22〜29）で5人まで乗車可（バイエルン、ニーダーザクセン、バーデンヴェルテンブルク、ノルトライン・ヴェストファーレンは1人用あり）。※Sバーン、RBなど近距離列車に適用

●Mitfahrer-Rabatt

4人目までの同行者…50％割引　※家族でなくてもいい

現地で手に入る時刻表

ドイツ全土の時刻表は何千ページにもおよぶ分厚いもので、日本で下調べをしたいならドイツ観光局で閲覧できる。ドイツ鉄道（DB）のホームページ（p.34参照）では料金もわかる。

主要駅の旅行センターや乗車券売場には、小さな目的地別の時刻表が置いてある。またICなどの車内の座席には、その電車のルートを示した時刻表が置いてある。

ドイツ鉄道の列車の種類

種別	略称	名称	料金他（運賃以外にかかるもの）
新幹線	ICE	インターシティエクスプレス	区間別運賃システム
	ICE Sprinter	インターシティシュプリンター	ベルリン〜フランクフルト、ハンブルク〜ケルン、ケルン〜シュツットガルト、ミュンヘン〜フランクフルトの4区間のビジネス新幹線。別料金。
特急	EC	ユーロシティ特急	国際特急。特急料金が必要
	IC	インターシティ特急	国際特急。特急料金が必要
	CNL	シティナイトライン	国際夜行特急。特別料金
	NZ	ナハトツーク特急	国際・国内夜行特急。特別料金
	EN	ユーロナイト特急	国際寝台列車。別料金
急行	IRE	インターレギオエクスプレス	ローカル急行。運賃のみ
	D	夜行急行	運賃のみ
快速	SE	都市快速	Sバーンエリア内は快速。運賃のみ
	RE	地域快速	都市と周辺地域を結ぶ。運賃のみ
普通	S	Sバーン	かつての国電に相当する近距離電車
	RB	レギオナルバーン	各駅停車

乗り方・買い方

2等車も日本のグリーン車なみ

鉄道用語

●列車
英 train《トレイン》　独 Zug《ツーク》

●プラットホーム
英 platform《プラットフォーム》　独 Bahnsteig《バーンシュタイク》
※何番線と言う場合はGleis《グライス》

●運賃
英 fare《フェア》　独 Fahrpreis《ファールプライス》

●片道きっぷ
英 one-way《ワン ウェイ》 ticket《ティケット》
独 einfache《アインファッヘ》 Fahrkarte《ファールカルテ》

●往復きっぷ
英 round-trip《ラウンド トリップ》 ticket《ティケット》
独 Rückfahrkarte《リュックファールカルテ》

●出発
英 departure《デパーチャー》　独 Abfahrt《アブファールト》

●到着
英 arrival《アライバル》　独 Ankunft《アンクンフト》

ホームの停車位置が確認できる

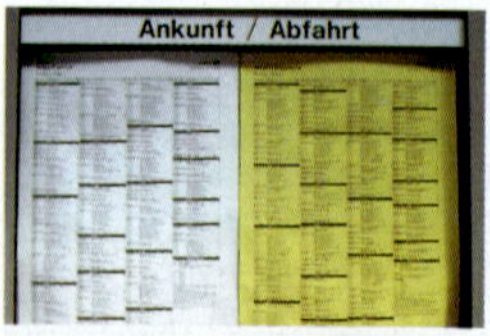

黄色が出発時刻、白は到着時刻

鉄道の乗り方

ドイツの鉄道はシステムが整備されているが、発車を知らせるベルが鳴らないなど、日本と異なる点も多い。目的地への路線をしっかりと確認し、手順を追って乗車しよう。荷物を抱えながらホーム間の階段を上下するにはかなり時間がかかる。少なくとも15分程度の余裕を見ておきたい。プラットホームや発車時刻の確認は駅構内Service Pointへ。きっぷを購入する時はReise Zentrumだ。

鉄道利用のプロセス

1　路線の確認

日本のように路線図は掲示されていない。代わりに目的地別のタイムテーブルを無料で配布している。情報だけ確認したい時は構内のService Pointで問い合わせる。きっぷの購入はReise Zentrumだが、乗り換えの最短ルートを端末で調べ、プリントアウトもしてくれる。窓口に並ぶ際は、Fahrscheineと書いてある列に並ぶ（Expressverkaufはきっぷを売るだけ）。

2　きっぷの種類・購入

近距離の場合は自動券売機で購入。１日券や往復券、グループ券などがある。長距離の場合は、１等、２等、片道、往復、経由地はどこか、ICEの利用、座席の予約などで料金が異なる。問い合わせる時は要チェックだ。なお、クレジットカードを持っているなら長距離用自動券売機でも購入できる。

3　ホームの確認

日本と違って改札がなく、乗車ベルも鳴らない。ホーム（Gleis）はABCで区間が分かれていて、ICEなら停車する車両の位置も決まっている。確認は案内板かService Pointでする。

4　乗車＆降車

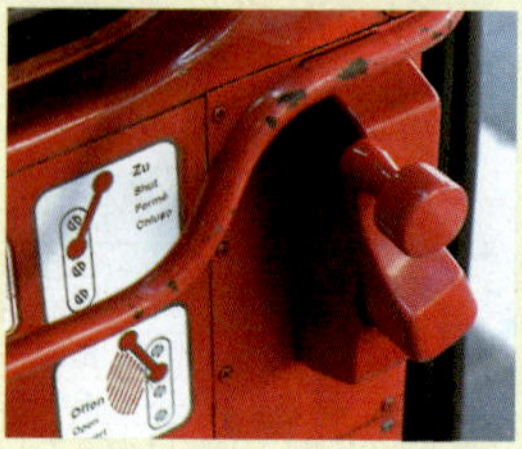

列車が停まっても、ドアは自動で開かない。乗り降りの際には乗客自らがドアを開ける。ドア横のボタンを押すだけのタイプと、取っ手を持って左右に押し開ける手動タイプがある。

POINT

無賃乗車はぜったいダメ！　どの交通機関でも、ときどき覆面の検札担当官が車内に乗り込み、検札を行なっている。そこで無賃乗車が発覚すれば、高額な罰金€40を取られるばかりでなく、諸手続のため特定の場所へ連れていかれることになる。

きっぷの買い方

近距離きっぷ（50km以下）や市内交通網内のきっぷなら自動券売機で買う。クレジットカードを持っていれば長距離きっぷも自動券売機で購入することができる。

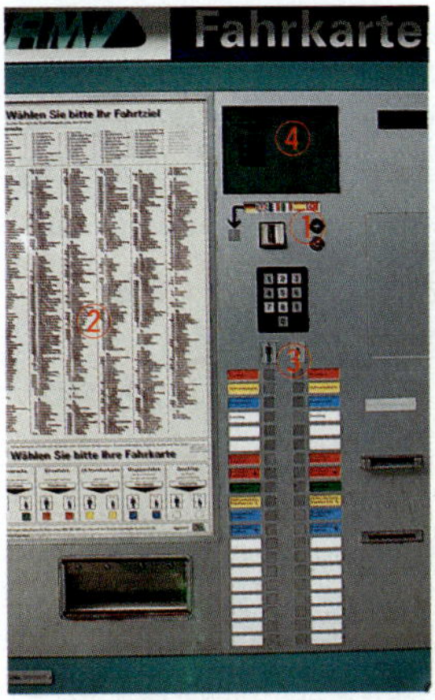

近距離きっぷ

- **①言語を選ぶ**　国旗のボタンを押す
- **②行き先の確認**　駅名の一覧表から行き先のゾーン番号を確認
- **③ゾーンの入力**　数字のテンキーでゾーン番号を入力。きっぷの種類（片道：Einzelfahrt Karte、1日券：Tages Karteなど）を下段のボタン（左が大人、右が子供料金）から選ぶ
- **④料金の投入**　表示された金額を投入（Kein Wechselgeldは釣り銭切れなので注意。キャンセルは上のCボタン）
- **⑤受け取り**　きっぷが出る

長距離きっぷ

- **①言語を選ぶ**　画面にタッチすると左下に国旗が出る（以下、英語で利用の場合）
- **②利用形態を選ぶ**　チケットを買う場合、Ticket purchaseをタッチ。情報だけ欲しい時はTimetable information
- **③出発駅を選ぶ**　駅を任意に選ぶ時はother stationを選び、駅名の頭文字からアルファベットで絞り込む
- **④到着駅を選ぶ**　（同上）
- **⑤人数を選ぶ**　大人(adult)か子供か、1人か複数かを選ぶ
- **⑥バーンカード**　no Bahn Cardを選ぶ（下記参照）
- **⑦クラスを選ぶ**　1等車＝1st class、2等車＝2nd
- **⑧出発日時を選ぶ**　すぐに出発ならimmediatelyを、それ以外はカレンダー表示に移るので、そこで日付、時間を選択
- **⑨列車を選ぶ**　とくに指定しない場合はallを選ぶ
- **⑩ルートを選ぶ**　経由地を選べる。直接の場合はDirect route
- **⑪検索する**　Connections/ticketをタッチして列車を検索。リストから希望の列車を選び金額を確認、その金額をタッチ
- **⑫支払い**　カードを差し込む（カード番号の入力は必要ない）

チェックPOINT

★クレジットカードの暗証番号は基本的に入力しなくてもOK。
★発車時刻や接続情報だけがほしい場合は、切符を購入しなくても「Print connection」で印刷することができる。
★BahnCardとはDBの乗車料金が25%（または50%）割引になるメンバーカード。写真、パスポート、入会金などが必要。

新型長距離用自動券売機。画面にタッチしていくだけ

イギリス国旗をタッチして英語にした画面

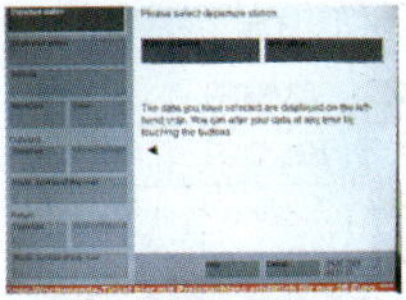

出発駅を選ぶ画面。選んだ情報は左側に順次リスト表示されていくので、あとから訂正したい時はその部分をタッチする

到着駅をアルファベット表から入力して選ぶ画面。訂正したい時はdelete last charactarで一文字前に戻る

候補の列車リストが出た画面。時間順に並んでいるが画面右の赤い矢印をタッチすると前後の列車も確認できる

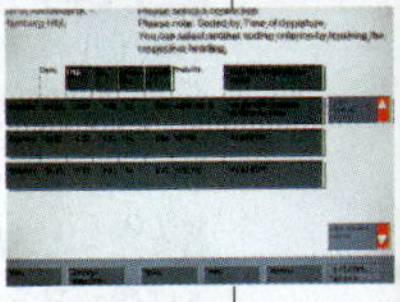

この画面が出たらカードを挿入。わずか数秒で、すぐ引き抜くように指示が出る

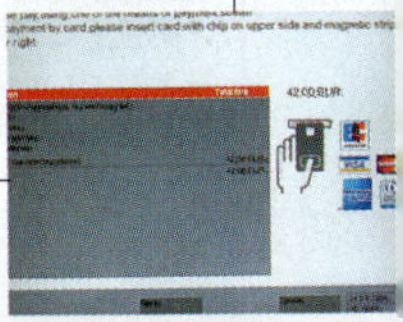

周遊パス&割引チケット

ジャーマンレイルパス　料金

	4日間	7日間	10日間
1等	30,700円	43,900円	57,100円
(ツインパス)	46,800円	64,500円	82,200円
2等	23,400円	32,400円	41,400円
(ツインパス)	35,100円	48,300円	61,500円
2等(ユース)	19,000円	23,500円	28,000円

※料金は為替によって変動。ユースは12〜25歳に適用。

ユーレイルパス　料金

15日間	70,700円
21日間	91,700円
1カ月間	113,900円
2カ月間	160,900円
3カ月間	198,900円

ユーレイル フレキシーパス　料金

	1等	2等(ユース)
10日	83,600円	54,400円
15日	109,800円	71,400円

ユーレイル セレクトパス　料金

	3カ国	5カ国
5日	44,700円	55,200円
6日	49,400円	59,900円
8日	58,700円	69,300円
10日	67,800円	78,300円
15日	——	99,300円

※上記は2006年2月現在の料金。為替により変動するので注意。

使用前に必ず駅でのチェックが必要

レイルパス全般にいえることだが、使用開始日には必ず乗る前に駅でチェック（ヴァリデート）してもらう必要がある。これを怠ると違約金を取られるので注意。もちろん、ヴァリデートのあとはチケットをいちいち買わなくいいし、乗る前に駅員に見せる必要もない。

各種周遊パス

●ジャーマンレイルパス

ドイツ鉄道全域（ザルツブルク、バーゼルバードにも通用)、全列車乗り放題（座席指定、寝台料金は別途必要）のパス。使用開始日から1カ月以内の有効期間内で、通用日数が4〜10日間の7種類。使用日が連続しなくてもよいフレキシータイプだ。1等車用と2等車用があり、2等車利用で12〜25歳の人対象のユースパスや大人2人が同一列車に乗るなら2人目が通常料金の半額になるツインパスなどもある。各種特典も付いてくる。

★特典■ドイチェ・ツーリング社のヨーロッパバス料金（ロマンチック街道路線、古城街道路線）が60%割引！
★特典■KD社リバークルーズ船料金が無料！（一部適用外区間あり）

●ユーレイルパス

ヨーロッパ17カ国の国鉄、またはそれに準ずる鉄道の1等車に乗り放題。15日間、21日間、1カ月間、2カ月間、3カ月間の5種類があり、それぞれ使用開始日から連続した期間内で有効。2カ月間の有効期間内で10日間または15日間を連続させることなく自由に選んで使用できるユーレイル・フレキシーパスもある。この2つのパスを基本に、2等車利用で12〜25歳の人対象のユースパスや、2〜5人のグループや家族で利用するとお得なセーバーパスなどもある。各種特典も用意されている。

●ユーレイルセレクトパス

ユーレイル加盟の17カ国より、隣接する3〜5カ国の国鉄、またはそれに準ずる鉄道会社などの1等車に乗り放題。使用開始日から2カ月間の有効期間内で5日間、6日間、8日間、10日間、15日間の好きな日（連続しなくてもよい）を選んで使用できるフレキシータイプ。ユーレイルパス同様、ユースパスやセーバーパスがある。オプションで追加料金を払えば、通用する国を2カ国まで増やせることができる。細かい日数を指定できる。

とっておき情報

パス類はドイツでも購入可。短期旅行なら割引チケットも便利

ジャーマンレイルパス（ドイツで買う場合5日間と10日間の2種類のみ※10日間2等用で€280）などパス類はドイツでも購入することができる。購入条件は陸続きでない外国のパスポート保持者（日本人はこれに該当)。ただし買えるのは大都市などの駅に限定される。

★週末割引きっぷ（DB Schönes-Wochenende Ticket）
土曜または日曜、その日の深夜3:00までの運行電車（Sバーン、RE、RB、SEなどの近郊線のみ）の2等車に有効。1枚€30（自販機の場合。窓口で購入すると€32）で大人5人！まで一緒の電車に乗車可能。乗車距離にも制限なし！

市内交通 Uバーン／Sバーン／市電／バス／タクシー

ドイツの市内交通の利用法は日本とはかなり違う。一番大きな違いは、どこの都市でも、公共交通網はひとつの連合としてきっぷを共通で使えるようになっている点だろう。目的地までのきっぷをUバーンで使おうが、途中でSバーンやバスに乗り換えて使おうが自由。プラットホームにも日本のような改札はない。また、Sバーン以外はドイツ鉄道（DB）とは別組織になるため、ジャーマンレイルパスなどのパス類は利用できない。

市内の公共交通

●Uバーン

いわゆる地下鉄だが、市街地以外では地上を走ることもある。系統別にU1、U2、U3と路線番号が表示してあり、マークはU。

●Sバーン

都市部と郊外を結ぶ電車で、日本でいえばかつての国鉄の国電にあたる。系統別にS1、S2、S3と路線番号が表示してあり、街中でのマークはS（ジャーマンレイルパスなど使用可）。

●市電（シュトラーセン・バーン）＝トラム

いわゆる路面電車。中都市以上でよく見かけ、通常2～4両編成。バス同様に市民の足として活躍。きっぷは停留所の自動券売機で買う。停留所のマークはH。

●バス

鉄道駅から街の中心地まで出る時や、郊外の見どころに行くのに便利。きっぷはバス停の自販機か運転手から買う。

●タクシー

日本のように流しのタクシーを停めるのは大都市以外では見かけないが、空車の場合は大体停まってくれる。基本的にタクシースタンドから乗ることになる。タクシーがいない時は、スタンドに設置されている電話で呼ぶ。レストラン、ホテルでは、ウェイターやフロントに頼むと呼んでくれる。ドライバーへのチップは10～15％程度。

地上に顔を出したUバーン

チェックPOINT

★Uバーン、Sバーン（含むREやRB）、市電、バスはきっぷが共通で使える。たいてい1日券Tages Karteというのがあり、これを利用すると市内交通がその日1日乗り放題になる。
★改札はないが、バス、市電は車内で、Uバーン、Sバーンはプラットホームの刻印機できっぷに乗車時刻をパンチする（都市により刻印の必要がない場合もある）。
★タクシーは自動ドアではないので自分で開け閉めする。ドアロックは禁止。客が1人の時は助手席に案内されることがあるが、これはドイツの流儀。その際はシートベルト着用。
★交通機関の車内はいずれも禁煙「Nichtraucher」が普通。タクシーの場合も運転手に確認すること。

街のℹでツーリストカードを入手しよう！

主要都市では、旅行者向けに便利でお得なツーリストカードを発行している。有効期間中は、市内の公共交通機関が乗り放題。特典はさまざまだが、各地の見どころ、美術館や博物館などの観光スポットの入場料が割引になるといったカードもある。このカードを持っていれば面倒な小銭の出し入れもなく、カードを提示するだけですむ。市内にあるℹで購入可能だ。

時刻を刻印する刻印機

ひとことドイツ語・英会話

タクシーで

●この住所まで行ってください

英 Please《プリーズ》 take me《テイクミー》 to《トゥ》 this《ディス》 address《アドレス》.

独 Fahren《ファーレン》 sie《ズィー》 bitte《ビッテ》 zur《ツア》 dieser《ディーザー》 Adresse《アドレッセ》.

●ここで停まってください

英 Stop《ストップ》 here《ヒア》,please《プリーズ》.

独 Halten《ハルテン》 Sie《ズィー》 hier《ヒア》 bitte《ビッテ》.

バスの降車ボタン

ドライブをする

日本で予約できる主なレンタカー会社

●ハーツ
　☎0120-489-882
●エイビス
　☎0120-311-911
●バジェット
　☎0120-150-801
●ニッポンレンタカー
　☎0120-107-186

注意！
　ドイツは道路交通に関するジュネーブ条約に加盟していないが、日本人旅行者は、日独二国間協定により、国外運転免許証でも運転できる（半年間）。ただし、旅行者でないドイツ居住の日本人には適用されないので、日本の運転免許証の原本に認証翻訳を添えて携帯する必要がある。認証翻訳は在日本ドイツ大使館・総領事館で作成できる。

　ドイツには、世界的にも有名な速度無制限、高速料金なしの高速道路アウトバーンAutobahnが整備されている（地域により制限速度を設けているところもあるので注意）。ドイツが世界に誇る名車を借りて、一度はアウトバーンを走ってみたい。

レンタカー

レンタカーを借りるプロセス

1 日本で予約する
　会社によって条件は異なるが、借りるには国外運転免許証を持つ25歳以上で、１年以上の運転経歴が必要とされる。日程、車種、レンタル地、返却地、クレジットカードの番号を伝え、予約確認書を受け取る。AT車は台数が少ないので予約は早めに。車種によって東欧諸国への乗り入れを禁止している会社もあるので要確認。

2 保険に加入する
　保険には、対人・対物の自動車損害賠償保険、車両傷害賠償制度（LDW／CDW）、搭乗者傷害保険（PAI）などがあるが、フルカバーで申し込むのが安心だ。

3 現地で車をピック
　空港などにあるレンタカー会社の現地オフィスで手続きをする。予約確認書と運転免許証、身分保証のためのクレジットカードが必要。現地で直接申し込むこともできるが、希望の車種がなかったり、手続きが複雑なことが多い。

4 車を返却する
　予約時に指定した返却地へガソリンを満タンにして返却する。返却時間、走行距離、ガソリン残量などをチェックし、カウンターにて手続きを済ませる。深夜や早朝で係員が不在の場合は、所定のポストに契約書類やキーなどを投函する。

知っておきたい主な交通ルールと標識

①右側通行
　日本とはすべてが逆。右左折や合流に注意。

②交差点の曲がり方
　日本同様交差点の内側を回る。信号や標識のない交差点では、自車に対して右側から来たクルマの方に優先権がある。

③信号
　赤から青に変わる間に、「発車用意」の意味で赤と黄が順につく。大都市などで赤に「AUS」青に「AN」とあるのは、前者が「エンジンを切れ」後者が「エンジンをかけて」の意味。

④追越し
　追越しは必ず左側から。２車線の場合は追越し後すぐに右車線に戻ること。前のクルマが左車線を走り続けていても、右からの追越しは厳禁。

⑤優先権
　標識のない交差点は右優先。ドイツでは優先権の標識にとくに注意を払う必要がある。とくに優先道路には絶対的な優先権があり、優先車は他車が絶対に割り込み進入してこないことを前提に走っているので、日本のような割り込みは厳禁。優先道路への進入は、完全にクルマの流れが切れてからにする。

追越し禁止の標識

POINT ヨーロッパでもっとも整備された高速道路網を持つこの国では、どんな道路を走るにせよ交通法規は絶対に遵守しなければならない。逆に、ルールを守りさえすれば、これほど快適なドライブが楽しめる国もないのである。

ガソリンスタンド(Tankstelle)

ガソリンスタンドは、ほとんどがSB(エスベー)と書かれたセルフサービス。Super(ズーパー)、Super Plus(ズーパープルス)、Diesel(ディーゼル)、Benzin(ベンツィン)または、Bleifrei(ブライフライ)の4種類があり、車種によって入れる燃料が異なるので、借りる際に必ず確認しておこう。どのガソリンか不明の場合は、スタンドの店員に助けてもらうとよい。燃料を入れ終わってノズルを戻すと、自動的にレジに記録されるのでそのままレジへ行き料金を支払う。クレジットカードもOK。給油マンがいることはほとんどないが、誰かに頼むときには「フォルビッテ(Voll bitte/満タンで)」という言葉を覚えておこう。

＜注意！＞

クルマを離れる際は、必ずドアをロックし、貴重品はなるべく持って出る。複数なら、1人は車内に残るようにしよう。

アウトバーン(Autobahn)

ドイツの高速道路・アウトバーンは速度無制限だからといって、無理な運転をすると大事故になりかねない。交通ルールには留意し、主な交通標識は前もって覚えておこう。

アウトバーンの走行

青地に白抜き文字がアウトバーンの案内標識。インターチェンジや出口付近以外で、とくに速度制限の標識がない場合は速度無制限だが、慣れないうちは推奨速度130km/hで走った方が安全だろう。追越しは絶対に左側から行い(日本とは逆)、追越したあとはすみやかに右車線に戻ること。本線の入口と出口は必ず右側にある。インターチェンジでも合流は右側から。

アウトバーンへはこの標識が目印となる

●有鉛ガソリン　Verbleites Benzin
●無鉛ガソリン　Bleifrei Benzin

ADAC道路地図

道路地図としてもっとも使いやすいのがドイツ自動車協会ADAC(アーデーアーツェー)発行の道路地図。ガソリンスタンドや書店(空港内にもあり)で売っている。これとは別に、レンタカー会社では無料の道路地図を配付している。

ドイツの駐車事情

路上駐車の多さに困っているのはドイツも同じ。とくに都市部では顕著で、よってその取り締まりも厳しい。旅行者だからといって容赦してくれないので、正規の駐車場やパーキングメーターを利用しよう。

コインを入れると「～時まで」という制限時刻が表示される。緑のボタンを押すと、その時刻が表示されたチケットが出てくる。それを駐車違反検査官が見やすいよう、フロントグラスの内側あたりに置いておく。場所により最低料金、時間帯などが違ってくるので注意が必要。

ドイツの交通標識

優先道路
相手側に優先権あり
次の交差点に関してのみ自車に優先権あり
相手側に優先権あり
優先道路の流れ
対向車に優先権あり
自車優先

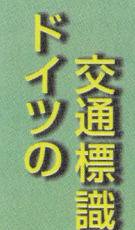

ドイツを旅するためのマナー

相乗りシステム

ドイツでは車の相乗りシステムとして、Mitfahrgelegenheitというのが発達している。これは目的地と日時を雑誌や大学の掲示板などで告知して、それに同乗する人を募るシステム。同乗者はその車のガソリン代を半額負担する。大きな街にはMitfahrzentrale（ミットファールツェントラーレ）というのがあるので、そこに申し込んでもよい。ただし、いつでも希望どおりになるわけではない。また、女性の1人旅の時や、車に乗せてくれる相手も商売でやっている訳ではないので言葉のやりとりなどには注意。

HP www.mitfahrgelegenheit.de

街をきれいに

ドイツの街でよく見かけるおしゃれなゴミ箱。街を汚さないよう、旅行者である我々はとくに気をつけたいものだ。

紙、ガラスなど、ゴミの種類によって捨て口が違うので注意！

習慣とマナーあれこれ

●チップの目安

レストランなどでは5～10%程度が目安。学生など若い人が無理して高いチップを払う必要はない。カードで払う場合は、小銭を別途渡すか、支払う時にチップ分を加算した金額を伝えればいい。セルフサービスの店では不要。

●ショップでは

入る時には「Guten Tag《グーテン・ターク》！（こんにちは）」とか「Hallo《ハロー》」と挨拶しながら入ろう。無言では印象が悪い。店内では買うつもりのないものにはあまり触らず、手に取ったものは元の場所に。

●観劇に行く時

夜の服装にはけっこう厳しい。ビアホールなどではラフな格好でかまわないが、フレンチレストランやオペラなどに出かけるなら、男性の場合はシャツにネクタイ、女性ならおしゃれなワンピースなど、フォーマルな服装を心がけたい。

●タクシーの利用法

スタンドから呼ぶ場合、先方のタクシーナンバーを聞いておく。待ち人が多い場合に誰宛にきたのかすぐわかる。レストランやホテルで呼ぶ時は、フロントやウェイターに頼めば呼んでくれる。なお回送料は別。また、普通はチップを払う。近距離（5㎞程度）の場合、Kurz Strecke《クルツ・シュトレッケ》（短距離で）と言えば、都市部なら相場の値段が決まっている。

●コンビニがない

商店は日曜休業、平日もせいぜい20:00まで。24時間営業のコンビニはない。深夜営業しているのはガソリンスタンドか都市部の駅構内のショップ。

●ホテルのバスルーム

日本のようにバスタブがある方が珍しい。高級ホテルでもない場合がある。気になる人は予約時に確認しておこう。

●ドイツのトイレ事情

基本的に公衆トイレは有料である。大体50セントぐらい。日本と違って、戸外には数が少ないのでトイレの近い人は注意を。

ドイツ人と仲良くなろう！

ドイツ人は、ヨーロッパの中でもっとも日本人と国民性が似ているといわれる。堅実で真面目、義理堅い性格の彼らの多くは親日家だ。カタコトの言葉で話しかければ、きっと熱心に話をしてくれるだろう。ドイツ人は、自分の意見をはっきり主張するよう教育されているから、まるで彼らの会話は討論会のようでおもしろい。ただその場に居合わせたら、黙って聞いてばかりでは自分の意見をいえないととられてしまうので注意。ドイツ人と仲良くなりたければ、細かな文法など気にせず、ドイツ語でも英語でもいいから積極的に会話に参加し、なるべく自分自身の気持ちを表現するように努めたい。

また、ドイツにはトルコ人の移民がとても多く、今や2世・3世が生まれている。彼らはドイツ語を流暢に話し、ドイツの国籍を持つ者もいる。気さくな彼らからは、また違った文化を学べるだろう。

両替

両替の仕方

●両替できる場所

両替ができるのは、郵便局、両替所、ホテルなど。ただし、どこでも、いつでもできるわけではないので、機会があったら換えておいたほうがよい。交換レート、手数料は明示されているのでよく確かめてから両替しよう。一般に交換レートは両替所が良いが交換レートが高い場合には手数料も高く、手数料が安い場合にはレートも低いことがある。最終的にいくらになるか見極めて利用したい。

●ATM（現金自動預け払い機）の使い方

希望する説明言語を選び、横のボタンを押す

引き出す金額は決まったものの中から選ぶ

24時間営業のATMや自動両替機も、大都市を中心に見かけるようになってきている。夜間も利用できるので銀行、両替所が閉まっているとき現金が必要になった場合便利。ATMはインターナショナルキャッシュカードやクレジットカードで利用する。使い方はカードを入れ、画面に表示される案内に従ってボタンを押していけばいい。表示はドイツ語のほか英語も選べ、まれに日本語の表示がある機械も存在する。

銀行の一般的な営業時間は、9:00～12:00、14:30～16:00（木曜は～17:30）で、土・日曜、祝日は休業。ただし中央駅や空港内の銀行は営業時間が長く、特に空港では早朝から深夜まで開いている。郵便局の営業時間は、月～金曜8:00～18:00、土曜～12:00で、日曜、祝日は休業。

レート大研究

両替を日本でするか、ドイツでするかも要検討。レート比較表から分かるように、手数料も意外に異なる。一般に現地ホテルでの両替は割高で損。市中銀行が無難だが、日本円を受け付けてくれない銀行もあるので注意したい。

換算レート
€1≒149円
（2006年3月現在）

ひとことドイツ語・英会話

両替

●両替をしてください。
英 I《アイ》 would《ウッド》 like《ライク》 to《トゥ》 change《チェンジ》 some《サム》 money《マニイ》.
独 Bitte《ビッテ》 Geld《ゲルト》 Wechseln《ヴェクセルン》.

●T/Cを現金に両替してください
英 Do《ドゥ》 you《ユー》 cash《キャッシュ》 traveler's《トラヴェラーズ》 checks《チェックス》?
独 Ich《イッヒ》 möchte《メッヒテ》 einen《アイネン》 Reisescheck《ライゼシェック》 einlösen《アインレーゼン》.

再両替

ドイツから次の訪問国（ユーロ圏外）へ行く場合、お金が余ってしまったら、ドイツにいる内に行き先の通貨に両替しておこう。原則として、その国の通貨はその国で一番高く評価されている、ということを覚えておこう。ただし硬貨は再両替できないので上手に使いきってしまおう。

●手数料から見たレート比較（2006年2月27日調べ、（ ）内は1000円あたりのレート）

	日本 三菱東京UFJ	ドイツ TRAVELEX	ドイツ Dresdner Bank	フランクフルト空港 Currency Exchange	ライゼ・バンク Reise Bank
現金	手数料なし （€7.20）	1回€4（€40～の場合） （€6.61）	1回€4 （€6.86）	2.2%+€3.50 （€6.724）	1回€5（€10～の場合） （€6.76）

※トラベラーズチェックは圧倒的にAMEXの手数料が安く、扱いも多い

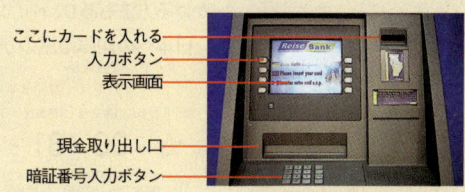

電話と郵便

カードのみのタイプ

FAXを送る

ホテルではフロントに相談してみよう。受け取る場合は部屋番号を先方に伝えておく。また、ファックス設備のある郵便局もある。

日本からドイツへの電話

2003年5月から国際電話のかけ方が変わっている。「マイライン」か「マイラインプラス」などで国際区分に登録してある電話からは【010＋国番号（ドイツは49）＋最初の0をとった市外局番＋相手の電話番号】をダイヤル。登録していない場合は、利用したい電話会社の識別番号（KDDIなら001など）を最初にダイヤルしたあとに上記の手順でかける。

マイラインに登録していない場合の手順

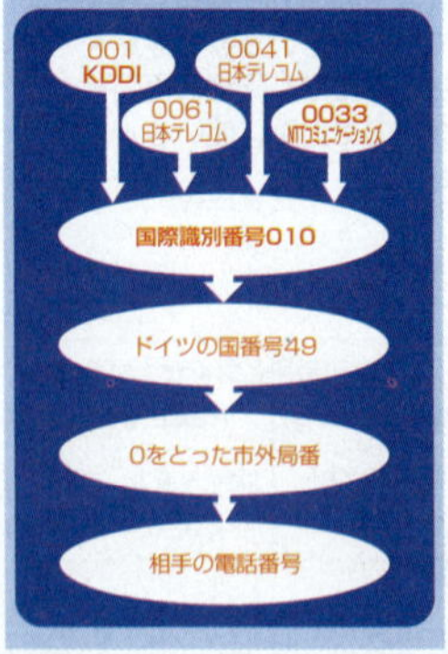

電話

公衆電話の使い方は日本と同じ。コイン用と、テレホンカード用のものがあり、コインの最低料金は10c。テレホンカードには€5と€10の2種類があり、郵便局、書店、キオスクなどで売っている。買うときは「Telekom（テレコム）」と伝える。プッシュ式の公衆電話は、たいていそのまま国際通話が可能で、ホテルからかけるよりも安い。なお、コイン用のはお釣りが出ない方式のものが多い。

また、最近では都市部で、テレカフェとかコールショップと呼ばれる、店内に電話ブースが並んだ国際電話が安くかけられるショップもよく見かける。

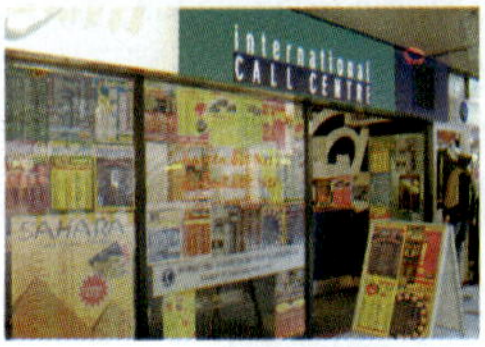

コールショップ

国際電話

ドイツから日本への国際電話は、ダイヤル直通電話のほか、日本語オペレーター経由や、日本語の音声ガイダンスを聞いてかける方法もあり、ドイツ語が話せなくても気軽に電話できる。

日本への国際電話のかけ方
＜ダイヤル直通電話＞
例）03-5540-6912に電話する場合

相手の電話に直接かける方法だ。ホテルの部屋から電話する場合は、指定の外線番号を押してから利用する。手順は基本的にどこの国でも同じ。

ホテルからの外線番号（公衆電話からは不要）

☆ - 00 - 81 - 3 - 5540 - 6912

- 00：国際電話識別番号（利用する電話会社の番号）
- 81：日本の国番号
- 3：市外局番の0をとった番号
- 5540 - 6912：相手の電話番号

●日本語のオペレーターを通す

料金の支払いはクレジットカードか、受信側が支払うコレクトコールの2種類から選ぶ。

◆KDDIジャパンダイレクト
0800-080-0081→日本（KDDI）のオペレーター

●日本語ガイダンスに従ってかける

料金はクレジットカードによる支払いで、クレジットカードの暗証番号が必要。

◆KDDIスーパージャパンダイレクト
0800-180-0981 [◇][＊][◇] →日本語のガイダンス→クレジットカード番号＋[#]→暗証番号＋[#]→相手の電話番号＋[#]

◆NTTコミュニケーションズ国際クレジットカード通話
0800-810-0033→応答後[◇][＊][◇]→日本語のガイダンス→クレジットカード番号＋[#]→暗証番号＋[#]→相手の電話番号＋[#]

◆日本テレコムダイヤルジャパン
0800-080-1043→日本語のガイダンス→21とダイヤル→クレジットカード番号＋[#]→暗証番号＋[#]→相手の電話番号＋[#]

国際電話日本の問い合わせ　KDDI☎0057（無料）　NTTコミュニケーションズ☎0120-54-0033　日本テレコム☎0088-41

POINT 国際電話は、ホテルからかけるよりも公衆電話を利用する方が割安。近くに郵便局があれば、局内の公衆電話を利用するという手もある。郵便物を送る際は、航空便（Luftpost）であることを必ず明記しよう。

「KDDIスーパーワールドカード」で、国際電話も気軽にキャッシュレス

日本で用意していくと便利なのが、日本国内でも海外でも使えるオールマイティなプリペイドカード。これがあればクレジットカードを利用しなくても、ドイツはもちろん世界約73地域から日本へ、日本から海外約230地域へキャッシュレスの国際電話が可能。日本国内各地のコンビニエンスストアのほか、主要な国際空港の自動販売機でも購入できる。カードの種類は1,000円、3,000円、5,000円、7,000円の４種類。それぞれ1,050円、3,200円、5,350円、7,850円分通話ができる。家庭の電話機やホテルの電話、公衆電話からも、プッシュホン式電話なら使用可。料金は６秒きざみで時間帯割引もありおトク。日本での問い合わせは☎0057へ。ドイツからの問い合わせは、KDDIジャパンダイレクトのナンバー「0800-080-0081」へ。いずれも24時間受付（無料）。

郵便

●手紙やはがきを送る

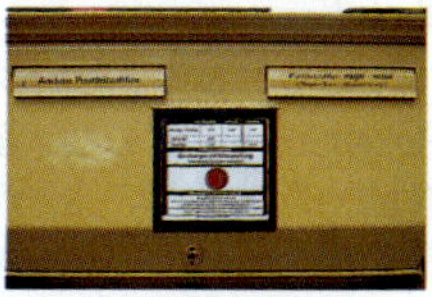
郵便ポストは黄色い

日本への航空便の宛名は日本語でもかまわない。ただし、宛名の最後にはわかりやすく「JAPAN」と書き、さらに「LUFTPOST」または「Air Mail」と航空便であることを明記すること。投函は黄色いポストの市外向けの投函口（Andere Orte）へ。日本までは通常４～５日で届く。また、切手は郵便局はもちろん、各所に設置された自動販売機（ポスト兼）などで買うことができる。

●小包を送る（日本に送る場合）

小包用パックは各種大きさがある

小包にはPäckchen《ペックヒェン》（小型小包：最大２kg/€12.90）と、Postpaket《ポストパケート》（小包：最大20kg/５kgまでの場合€37、20kgまで€82）の２種類がある。それぞれ船便で、日本まで１カ月以上は見ておいた方がいい。また航空便Luftpost《ルフトポスト》（ペックヒェン€25.80、ポストパケート５kgまで€58・20kgまで€166）に切り替えることが可能。また、Pluspäckchen《プルス・ペックヒェン》という、梱包用段ボールとセットになった航空便のPäckchen《ペックヒェン》は、最初から２kgまでのセットで€26.50とお得になっている。

●郵便局の営業時間

一般的な営業時間は、月～金曜は8:00～18:00、土曜は9:00～12:00。日曜、祝日は休業だ。大都市の駅構内や空港内の郵便局は毎日夜遅くまで営業している。

郵便といえばこのマーク

郵便料金

●国際（ヨーロッパ圏外）宛郵便

はがき	€１
手紙（～20ｇ）	€1.55
（～50ｇ）	€２
航空書簡	€１
特大航空郵便　1.5kg～２kg	€36

●ヨーロッパ圏内（ドイツ国内）宛郵便

はがき	€0.45
手紙（～20ｇ）	€0.55

郵便の単語

●手紙
英 Letter《レター》　独 Brief《ブリーフ》

●はがき
英 Post card《ポウスト カード》　独 Postkarte《ポストカルテ》

●郵便局
英 Post office《ポウスト オフィス》　独 Postamt《ポストアムト》

●ポスト
英 Postbox《ポウストボックス》　独 Briefkasten《ブリーフカステン》

●切手
英 Stamp《スタンプ》　独 Briefmarken《ブリーフマルケン》

●航空便
英 Air mail《エア メイル》　独 Luftpost《ルフトポスト》

●船便
英 Sea mail《スィーメイル》　独 Seepost《ゼーポスト》

●速達便
英 Express《イクスプレス》　独 Eilbrief《アイルブリーフ》

●小包
英 Packet《パケット》　独 Päckchen《ペックヒェン》

ホテルを利用する

ホテル自動案内機

主要観光地や大都市のℹの横には、ホテルを予約するための無人案内機がある。これにはその街の主要ホテルの位置や料金が地図パネルに表示してあり、部屋の空室状況がランプで示されている。青ランプが空室ありの表示で、案内機に付属の電話（無料）から、泊まりたい宿に直接つながるようになっている。主要ホテルなら英語が通じるのでℹが閉まった後の到着時などには便利だ。

ひとことドイツ語・英会話

ホテルで

●予約している山田です

英 I《アイ》 have《ハブ》 a《ア》 reservation《リザベイション》 for《フォー》 Yamada《ヤマダ》.

独 Ich《イッヒ》 habe《ハーベ》 auf《アウフ》 den《デン》 Namen《ナーメン》 Yamada《ヤマダ》 reserviert《レザビアート》.

●チェックインをお願いします

英 Can I《キャナイ》 check《チェック》 in《イン》?

独 Kann《カン》 ich《イッヒ》 ein《アイン》checken《チェッケン》?

シャワーとバスタブ

ドイツのホテルでは高級ホテルでないかぎり、シャワーはあってもバスタブがないことがよくある。また、バスタブ付きの部屋があってもその部屋数が少ないのが普通なので、予約時に確認するとよい。

カードキー使用のホテルも増えてきた

現地でのホテルの予約

ホテルの予約は、ほとんどの街でℹ（インフォメーションセンター）でできる。街に着いたら、まずℹを探そう。たいてい市庁舎や広場、駅や空港などにある。その際、その日に宿泊したいなら、なるべく早い時間にℹに向かうようにしたい。チェックアウトが終わった午前11～12時ぐらいがベストだが、遅くとも午後4時ぐらいまでには済ませよう。遅ければいい部屋は予約が入ってしまうし、近くでなにかイベントがあったりすると、まったく空きがないこともある。もし遅い時間に到着する場合は、前日に予約を入れておこう。部屋を探してもらう場合は、予算やロケーションなど、自分の希望条件をはっきりと告げるように。なお、ℹで予約をしてもらうと若干の手数料（€1.50～3）をとられるのが普通だ。

チェックイン

予約してあることをレセプション（受付）Rezeptionに告げると、宿泊カードに記入を求められるので、住所、氏名、職業、生年月日、出生地、パスポート番号などを記入する（レンタカーの場合は、プレート番号も記入する）。次に、支払いは現金かクレジットカードかを聞かれ、カードの場合だと通常提示を求められる。

チェックインを済ますと、ホテルパス（カード式の鍵）もしくは普通の鍵を渡されるので、荷物はポーターに頼むか自分で運ぶかして部屋に入る。部屋の扉の内側かドレッサー付近には、料金システム（税・サービス料、付加価値税込みの最終的な料金）やフロアの見取り図などがあるので、よく確認しておこう。

ホテルの利用法

ホテル内のバーやレストランといった施設は、サインひとつで利用できるのはどの国でも同じだ。プールやサウナは、ほとんどが無料か、ごくわずかな料金で利用できるので、水着は用意しておいた方がいい。

ただし、サウナは男女混浴gemischtが原則で、その場合タオル1枚もつけない素っ裸がドイツ流だが、ホテルによっては女性専用タイムを設けているところも多い。

レセプションでは荷物に注意

POINT 現地で当日のホテルを予約したいなら、ⓘにはなるべく早い時間に行くのが得策。遅い時間に到着しても大都市ならホテルの自動案内機があるが、せめてドイツ到着日のホテルぐらいは日本から手配しておいた方が安全だ。

●コンシェルジュ

宿泊客の世話をする専任のよろず相談承りがコンシェルジュ。高級ホテルだと、ロビーに専用デスクを備えていることが多い。観光案内はもちろん、レストランやレンタカーの予約、タクシーを呼んでもらったり、オペラやコンサートチケットの手配まで、何でも代行してくれる。ホテルに泊まっているかぎりは、なにかと便宜を計ってもらうようにしたい。

コンシェルジュのいないホテルの場合、レセプションにメッセージの取り次ぎなどのサービスをする「インフォメーション」の係がいて、同様の相談に乗ってくれる。

●セーフティーボックス

パスポートや航空券、当座必要ない現金などは、必ずセーフティーボックスに預けよう。部屋での盗難は、ホテルでは責任をとってくれないのが通例だ。セーフティーボックスの扱いは、大きなホテルではレセプションだが、小さなホテルだとキャッシャーKasseに係がいる場合もある。

●ホテルでのチップ

ベッドメイクへのチップとして枕銭を置く日本人が多いが、たとえばシーツを汚してしまい急いで替えてもらったなど、特別なことを頼んだ場合以外は、ドイツではベッドメイクへのチップは必要ない。ポーターやルームサービスには、運んでもらったときに€1程度渡せばいい。

●フロア数の数え方

ドイツでは階数を表現するとき、日本と違うことを覚えておこう。日本でいう1階はErdgeschossといい、地上階を指す（エレベーターでは0かEで表示）。日本の2階がドイツ語の1階にあたるErste（1）Etage、3階は2階を指すZweite（2）Etageになる。つまり日本でいう1階にはフロントやレストランなどがあり、客室は2階からという場合が多く、そのフロアから数えて101、102となるのである。エレベーターに乗る際は間違えないように。

チェックアウト

荷物をロビーまで運んでほしければ、内線電話でポーターを呼ぶか、もしくは自分で運ぶ。鍵をキャッシャーに渡すと精算が始まり、レストランやバー、その他電話代など、滞在中に利用したすべての料金が書かれた請求書が出てくるので、よく目を通すこと。同じ時間帯に客が重なり、思わぬ時間がかかることがよくあるので、チェックアウトは時間の余裕をみておきたい。なお、フライトなどの都合で早朝出発しなければならない場合は、前夜のうちに支払いを済ますこともできる。

ホテル用語

●1人部屋
英 single room《スィングル ルーム》 独 Einzelzimmer《アインツェルツィンマー》

●2人部屋
英 double room《ダブル ルーム》 独 Doppelzimmer《ドッペルツィンマー》

●受付
英 reception《レセプション》 独 Rezeption《レツェプツィオーン》

●マネージャー
英 manager《マネジャ》 独 Manager《マネージャー》

●ポーター
英 porter《ポータ》 独 Portier《ポルティエー》

●朝食
英 breakfast《ブレックファスト》 独 Frühstück《フリューシュテュック》

●請求書
英 bill《ビル》 独 Rechnung《レヒヌング》

●領収証
英 receipt《リスィート》 独 Quittung《クヴィットゥング》

ユースホステルに泊まる

実はユースホステル（Jugendherberge《ユーゲントヘルベルゲ》）はドイツから始まったシステム。当然、観光地には必ずといっていいほどある。ひと部屋に4～8人が宿泊するドミトリー（大部屋）で、1泊朝食付€13～23。大都会になるほど高くなる。シーツ（白）を持参すると割安になる（通常貸してくれるが別料金）。日本で会員証を作っていくのが無難だが、大きなユースホステルなら現地で会員証を発行してくれる。

●日本ユースホステル協会
住 東京都千代田区三崎町3-1-16 神田アメレックスビル9階
☎03-3288-1417
HP www.jyh.or.jp
HP www.djh.de（ドイツ）

ユースホステルには門限があるので注意

ドイツおみやげセレクション

ドイツのおみやげ

実用品を中心に、長く使い込める良品が多い。マイセンに代表される陶磁器や、ゾーリンゲンの刃物、最近ではファッションの分野でも注目を集めている。また鉄道模型やぬいぐるみなど、おもちゃも見逃せない。

●ブランド品

陶磁器に有名ブランドが多い。ヨーロッパ最高級磁器として知られるのがマイセン。マイセンのほかにも王室陶磁器の流れをくむ窯に、ミュンヘンのニュンフェンブルク、ルートヴィヒスブルクのルートヴィヒスブルク、ベルリンのKPM、フランクフルトのヘキストがある。ほかにローゼンタール、フッチェンロイターなど。

マイセンの磁器

ファッションではレナ・ランゲ、エスカーダ、ジル・サンダー、コンテス、アイグナーなど。男性用ではヒューゴ・ボスが有名。また毛皮の安さも見逃せない。鉄道模型ならメルクリン、ぬいぐるみではシュタイフの製品の評価が高い。

●実用小物

耐久性に優れた小銭入れ、財布、ハンドバッグ、旅行カバンなどの皮革製品ではアイグナー、ブリー、ゴールドファイル、MCM（エムツェーエム）といったブランドが有名。筆記用具ではペリカンやモンブランの万年筆、ラミーのボールペン。刃物ではケルン郊外のゾーリンゲン市の製品が有名。耐久性に優れ、切れ味も良く評判が高い。ステンレス製品で知られるのがヘンケル。高級感のあるWMF（ヴェーエムエフ）もおすすめ。

本音でガイド

安売り解禁？ 値引きが自由化！

2005年、通称「値引き法」という景品条例が廃止された。これまでは、実は原価の3%までしか値引きが許されていなかったのだ。これにより、夏と冬のそれぞれ2週間だけだった特別セール期間が無くなり、いつでもお店の好きな時期にセールをしたり、お客も値引き交渉ができるようなった。ただし、すぐに気質が変わるわけでもないので、今でも値引き交渉は嫌がられるとか。ともあれ、店によっては激安をウリにするところも出てきており、これからは買い物でもドイツが注目されることになりそうだ。

マイセンの磁器　中国や日本の磁器に魅了されたヨーロッパの人々の思いが結実し、いまや世界を代表する名品となった。

ファーバーカステルの筆記具　1761年創業。六角形の鉛筆で世界標準に。写真はソフトパステル。2005年フランクフルトにドイツではじめての直営ショップを出店（MAP p.157-G Rathenaupl.1-3 ☎069-90025849）。

ショップの営業時間

2003年夏から営業時間が長くなって買い物が便利になった。また、日曜に営業する店もでてきた。

月～土曜　9:00～20:00
（日曜・祝日は休み）

ガソリンスタンド利用

日本にくらべ買物に不便を感じることの多いドイツだが、他の店の閉まっている時間に開いていて、コンビニ代わりになるのがガソリンスタンドの売店。簡単な食料品や日用雑貨を扱っており、かなり遅い時間まで開いている。

➡北部の大都市にはアーケードタイプのショッピング街が多い

ファイラー社のタオル 最近日本で人気上昇中。シェニール織りの伝統で丈夫なタオル。ドイツ製にしては珍しく（?）見た目の鮮やかさも人気の秘密。ドイツで買うと、日本より種類が多く値段も半額程度。

ワイン（ボックスボイテル） ドイツで驚くのが白ワインの意外なおいしさ。写真はヴュルツブルクでよく見るボックスボイテルと呼ばれる瓶入り。これなら飲み終わったあとも瓶が記念の置物になる。

エルツ地方の木彫り人形 旧東に位置する山岳地帯、エルツ地方で作られる木彫り人形。写真は「煙り出し」タイプで、中にお香を入れると口から煙りを出す仕掛けになっている。ドイツ全土で見かける。

プリマヴェラライフ社のエッセンシャルオイル アロマテラピー用、マッサージ用、入浴用などの他、自然派化粧品などもある。100%ピュアであることにこだわりを持つ。たくさん買ってもかさばらない。

シュタイフ社のテディベア かわいさNo.1で人気の定番。写真はテディズ・ラブ・ローテンブルク（p.184）とのコラボ企画（限定）。マイスター・トゥルンクの格好をしている。限定ものはこれからも出てくるので要チェック。

ビールジョッキ できればそのまま地ビールを持って帰りたいが、おみやげにするなら定番中の定番、ジョッキで我慢。実際に使うつもりならフタの開き具合を要確認。角度が足りないと鼻に引っかかる。

ハーバシンのハンドクリーム 厳選カモミールを使用、甘い香りで、うるおいがあるのにベトつかない。写真は缶入りだが、特にチューブタイプは日本で買うより安いと添乗員さんが買いだめしていくとか。

アンペルマンのデザイン ベルリンほか、旧東ドイツで信号機のデザインに使われていたアンペルマン。今やおみやげの定番に。左は栓抜き。ほかにもTシャツ、キーホルダーなどバリエーションが豊富。

蜂の巣から作ったキャンドル ドイツで買い物をするなら、一度は朝市など「市場」を訪ねてみたい。採れたての野菜や漬け物などに混じって、蜂の巣のロウから作ったキャンドルなども売っていることがある。

マヌファクタム Manufactum

往年の銘品を、物によっては生産設備ごと買い取って復刻生産もしているというこだわりショップ。もともと通販会社としてスタートしたが、店舗も展開。p.375でハンブルク店を紹介しているが、ベルリン、ミュンヘンなどにも店はある。他の店舗情報はHPから「Warenhäuser」をクリックするとよい。

HP www.manufactum.de

なつかし！の鉛筆削り

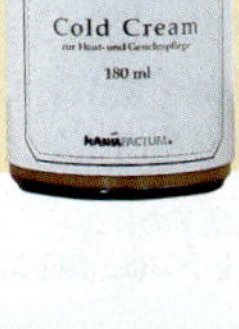

マリリン・モンローも愛用したというコールドクリーム

Käthe Kruseの人形

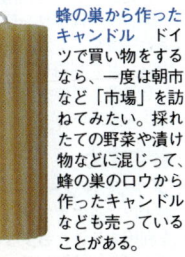

レストランへ行く

ひとことドイツ語・英会話

レストラン

●何がおすすめですか

英 What《ワット》 dish《ディッシュ》 do《ドゥ》 you《ユー》 recommend《レコメンド》?

独 Was《ヴァス》 empfehlen《エムプフェーレン》 Sie《ズィー》?

●とてもおいしいです

英 It《イット》 was《ワズ》 very《ヴェリー》 delicious《デリシャス》.

独 Es《エス》 war《ヴァー》 ausgezeichnet《アウスゲツァイヒネット》.

●会計をしてください

英 Check《チェック》, please《プリーズ》.

独 Zahlen《ツァーレン》, bitte《ビッテ》.

レストランを選ぶ

初めての街で、どんなレストランがあるかわからない、そんなときはホテルのコンシェルジュに相談してみよう。❶に置いてある観光マップなどを参考にしてもいい。また、移動途中の街で昼食をとるときなどは、次の乗り物に乗り遅れないよう手軽な場所を選ぶのが無難。

ビアホール&ビアガーデン

ビールとソーセージが目的なら、ビアホールを利用するのもいい。多くはブリュワリー（醸造所）直営。また、夏季は店の中庭などを利用してビアガーデンを営業しているホテル&レストランも多い。

おすすめファストフード店

ドイツに来てまでマクドナルドを利用することも少ないだろうが、ドイツ独自のチェーン店などは話のネタに入ってもいいかも。特に「ノルトゼーNordsee」はシーフード（！）のハンバーガー類が人気のチェーン店。ドイツ独自というわけではないが、最近東京でもよくみかけるドナーケバブの店も多い。また、ドイツではファストフード店でもビールをよく置いている。

ドイツの食事といえば、ジャガイモにソーセージを連想するが、実際には季節の素材を新鮮なうちに賞味する伝統もある。最近は高級店でイタリアンやフレンチの手法を混合したコンチネンタル料理が流行中。地元ドイツの新鮮素材を使っていればそれも立派なドイツ料理だ。

朝食はホテルでビュッフェ

ドイツのホテルは基本的にどこも朝食付。それも、高級ホテルではかなり贅沢なビュッフェスタイルの朝食がほとんどだ。パン、ハムはもちろん、ソーセージ、卵、チーズ、ヨーグルト、フルーツ、ジュース、ミルクなどが山盛りに並んでいる。その際に主役になるのが、ちょっと硬めのブレートヒェンと呼ばれる丸パンだ。これはナイフで半分に切ってハムやチーズを挟んで食べる。また、コーヒー、紅茶はテーブルにつく際、事前にどちらにするかを聞かれ、後から運ばれてくる。

レストランの種類

●レストラーンRestraurant

高級店は、ほとんどがフランス料理の影響を受けている。コース料理が中心になり、高級になるほど郷土料理とは無縁なので注意。ただし、いかにもドイツ的な季節の素材（秋なら鳥獣肉など）を使うこともあり、ドイツ料理ではないからと敬遠する必要はない。イタリアンも非常に多く、人気が高い。

●ガストシュテッテGaststätte

いわゆる大衆料理店。ほとんどが家族経営で、家庭料理やその地方の郷土料理を自慢にしていることが多い。値段も安め。

●ケラーKeller

本来の意味は地下の貯蔵室。多くはワインケラーとしてワインが豊富に揃う料理店。ラーツケラーというのもあり、これは市庁舎内にある地元民向けで手頃な価格の店が多い。普通は郷土料理もあり、レベルも意外に高い。ビアケラーというのもある。

●シュトゥーベStube

普通はワインシュトゥーベといい、酒場のこと。ワインがメインで、料理は付け合わせ的なものが多い。比較的1人でも入りやすく、価格も手頃なのがメリット。ビールがメインのビアシュトゥーベもある。

●インビスImbiss

軽食店の総称。立ち食いのスタンドなども含む。最近はチャイナインビス（中華料理）なども増えた。

ラーツケラー（市庁舎地下のレストラン）店内。「〜ケラー」という名称のレストランは、地下にあることが多い

POINT 気さくでカジュアルな雰囲気のレストランが多いドイツでは、高級店でもない限りフォーマルな服装は必要ないが、それなりにTPOを考えた装いを心掛けたい。料理は日本と比べると一品一品の量が多いので、注文しすぎないよう注意しよう。

利用法＆マナー

高級店でない限りカジュアル（普段着）でかまわない。マナーとして、スープを飲むときに音を立てる、げっぷをする、皿を持ち上げる、大声で話す、途中でたばこを吸う、などは避けたい。また、スプーンを落としたとき、調味料が手元にないときなどは、ウェイターに頼むのが礼儀。

レストラン利用の手順

1 予約する
人気店は予約した方がベター。グループで行くときは必ず確認。有名高級店のときは予約が必要。店によって日本から予約した方が無難な場合も。その際は、訪れる日時だけでなく人数も忘れずに。

2 入店してから
注文は担当のウェイターだけが取り次ぐ。高級店ではテーブルごとにウェイターの担当が決まっていることが多いので、勝手に席に着かず案内されるのを待つのが普通。

3 飲み物をオーダー
食前酒、ビールなどを頼む。料理はゆっくりメニューを見てから。水は有料で、注文しないと出てこない（右記参照）。

4 料理をオーダー

豚の足、シュヴァインハクセ

ドイツ語で「メニュー」という言葉は「定食」の意味で、英語のメニューはドイツ語では「シュパイゼカルテ」なので注意。また、料理は単品でメインディッシュを頼んでもかまわないが、前菜、スープなどとセットで頼むのが普通。迷ったら、おすすめ定食（メニュー）やコースが無難。

5 デザートをオーダー
食後のデザートやコーヒーなどは、料理を食べ終わるころに改めて注文するが、普通は担当ウェイターが頃合いをみてすすめてくれる。

6 支払いをする
席に着いたまま担当のウェイターを呼び、その場で支払う。チップはお釣りの端数や5～10%程度。カードで支払う場合は、チップ分を上乗せした合計金額を書き入れてからサイン、またはチップ分の現金を手渡す。

↑ニュルンベルガーソーセージ
←食事は楽しく

営業時間
普通はランチが11:30～、ディナーは19:00～だが、高級店は20:00以降のことが多いので、オペラ観劇などの用事がある場合はホテルのルームサービスなどで済ませてしまうの手だ。また大都市でない限り、夜遅くまで営業している店は少ない。

できればカップルで行く
ちゃんとしたレストランは1人だと入りづらい。かといって居酒屋風の気軽なところに女性1人というのは、保守的な村では誤解されることもある。

水はオーダーする
ドイツのレストランで水を頼むと、普通はビンに入ったミネラルウォーター（ミネラルヴァッサーMineral Wasser）が出てくる。このときに注意したいのが、炭酸入り（ミットガスmit Gas）のものと普通の炭酸なし（オーネガスohne Gas）のものがあるという点。うっかり何も指定しないと、普通は炭酸入りのものを持ってくるので注意。

その他の用語
Kneipeクナイペ…居酒屋
Konditoreiコンディトライ…ケーキ＆喫茶店
Caféカフェ…カフェ
Mensaメンザ…（大学の）学生食堂
Quittungクヴィットゥング…レシート（領収証）
Rechnungレヒヌング…勘定

特選

Gourmet Selection ①

ビール天国で飲み倒れ！

大阪が食い倒れの街なら、ドイツはさしずめ
飲み倒れの国。たとえばビアライゼ（ビール旅行）
なんて言葉まであって、全国に星の数ほど
醸造所があるから、各地の名物ビールを飲み歩くだけで
それがそのまま旅になってしまうのだ

一般的なピルスナータイプ

注文すると…

観光地なら、普通に「ビア」と注文すればいい。ラガータイプのビールなら、大ざっぱに「ピルス（ピルスナーの略）」とか「ヘレス（またはヘル）」を頼んでおけば間違いない。黒ビールならデュンケル（もしくはシュヴァルツ）だ。銘柄で注文しようにも、有名レストラン以外では、普通、地元のビールしか置いていない。あとは「von Fass」が樽ビール（日本の生ビール）と知っておけば充分だろう。また、グラスには目盛りがあり、その目盛りまで注ぐので時間がかかる事も多い。さらに、居酒屋ではコースターに印を付け、何杯飲んだかチェックしていることもある。

よく見ると0.5ℓの目盛りが…

ビール純粋令

ドイツビールを説明する上で欠かせないのが、1516年にバイエルンのヴィルヘルム4世が、悪徳ビール業者を駆逐するため制定したという「ビール純粋令」という条例。これは「ビールは大麦とホップと水だけでつくるべし」という法律で、現在でもこれに酵母が加わった形で守られているという。

ビールの種類

ビールの種類は、大きく上面発酵と下面発酵に分けられる。さらに細かく分ける基準が色の濃さだ。世界中で飲まれているのは圧倒的に下面発酵で日本もこのタイプが主流。ドイツでも全国的にPilsnerピルスナーという淡色系の人気が高い。これは発祥地であるピルゼン（現チェコ。ただし技術者はドイツ人だったという）に由来する名で注文する時「ピルス」で通じる。上面発酵は古くからあるが、最近は地域限定。ケルンのケルシュ、デュッセドルフのアルトが有名だ。

上面発酵	淡色系	ケルシュ、ヴァイツェン
	中濃色系	アルト（デュッセルドルフのものが有名）
	濃色系	スタウト（イギリスのギネス）
下面発酵	淡色系	ピルスナー、エクスポート（ドルトムンダー）、ヘレス
	中濃色系	デュンケル（一般的な総称）、ボック、ラオホ、ミュンヘナー
	濃色系	シュヴァルツ（一般的な総称）、ケストリッツァーが有名

ドイツ各地のビール

ドイツには全部で1200〜1300ものブリュワリー（ビール醸造所）、銘柄にして5000ものビールがある。これは、ビールが運搬と保存が難しい飲み物で、特に中世の昔は保冷設備もなかったため、街ごとにビールをつくっていたから。現在でも大規模な全国銘柄のビールは少なく、以下のような名物ビールがある。**●ミュンヘン…**ヘレスHelles（モルトが強く甘口。一般的）。ヴァイツェンWeizen（小麦が入り白濁。さわやかな酸味と甘みで人気上昇中）。ボックBock（アルコール度が高く、濃厚。多くは季節限定）**●バンベルク…**ラオホビアRauchbier（褐色の燻製ビール）**●ドルトムント…**エクスポートExport（長期保存に向き輸出に適する）**●ケルン…**ケルシュKölsch（黄金色でドライ）**●デュッセルドルフ…**アルトビアAltbier（苦味があるもののすっきりしたのど越し）**●ベルリン…**ベルリーナヴァイスBerliner Weisse（シロップが混ざった甘口。赤と緑がある）

ベルリーナヴァイス。普通は夏に飲む。女性向き

Schwarzbier

シュヴァルツビア

日本でも人気がある

黒ビール。デュンケル（p.70）より濃い。おすすめの銘柄はゲーテも愛飲したという旧東ドイツのケストリッツアーKöstrizer。他と比べると、ほろ苦さと甘みがほど良くバランスをとっている。

Data
Schwarzbierhaus
p.143参照

Weizenbier

ヴァイツェンビア

Weissbierともいう。いわゆる白ビールだが、色が黒っぽいのもある。おすすめの銘柄はエルディンガーErdinger。他より泡立ちがクリーミーでマイルドな味わいだ。全国的に飲めるが本拠地はミュンヘン郊外のErding（S6終点）。

Data
Erdinger Weissbräu
住Lange Zeil1
☎08122-12208
営9:00～翌1:00
休無休

Kölsch

ケルシュ

ビアカンズにはグラスが入る穴があり、たくさん運んでも倒れない仕組みになっている

Data
Brauerei zur Malzmühle
MAP p.312
住Heumarkt6
☎0221-210117
営10:00～00:00（日曜11:00～23:00） 休無休

名前の通り、ケルン（周辺50km）限定のビール。今では珍しい上面発酵（p.70参照）タイプで、炭酸が少なくフルーティーですっきりしたのどごしが特徴。このビールを飲むなら、おすすめはあのクリントン元大統領も訪れたマルツミューレのMühlen Kölsch。市内に20軒以上ある醸造所の中でも一番有名。地元民でいつもにぎわい、クェーベス（ウェイター）がビアカンズという、手提げのトレイに最大17杯のビールを積み上げて店内を行き交う。

Altbier

アルトビア

こちらは1杯250ml。色もケルシュより濃い

ケルン～ボン近郊は水質の関係でか上面発酵ビールが多い。なかでもデュッセルドルフはアルトビアで有名。ケルシュと違って色が濃くホップの苦みも若干強い。おすすめは超人気店ツム・ユーリゲ。店内には醸造タンクや、古い樽でできたテーブル席もあり旅情を誘う。

Data
ツム・ユーリゲ
MAP p.306-D
住Bergerstr.1
☎0211-866990
営10:00～24:00（金・土曜～翌1:00）
休無休

樽から注ぐ手際も慣れたもの

Rauchbier

ラオホビア

スモークの香りがする薫製ビール。特にシュレンケルラ(p.296)のものが有名だが、ここでは地元民が「町で一番」と太鼓判を押すシュペツィアルのラオホビアを紹介。前者と比べるとスモークの香りがあまりなく、アルコール度数も低めだが、モルトの甘みが感じられ確かに美味しい。毎日飲むならこちらの方が飲み飽きないかも。バンベルクの郷土料理、酸味のきいたソーセージのスープ、Blaue Zipfelをおつまみに注文してみたい。

色もシュレンケルラと比べると明るめ

460年以上の歴史があり宿も併設

Data
Brauerei Spezial　MAP p.295-B
住Obere Königstr.10
☎0951-24304　営9:00～23:00（土曜～14:00）　休無休

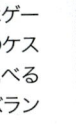

特選

Gourmet Selection ②

ドイツワインを愉しむ

ビールが有名なドイツだが、実はワインも名物のひとつ
特に白ワインは世界最高級の品質を誇る。高級貴腐ワイン
のせいで甘口のイメージがあるかもしれないが
本当の酒好きにはリースリング種やジルヴァーナー種の
すっきりした辛口が大好評！ しかもお手ごろ値段なのだ

ワイン用語

●赤…ロートヴァインRotwein
●ロゼ…ローゼRose
●白…ヴァイスWeisswein
●辛口…トロッケンTrocken
●半辛口…ハルプトロッケンHalbtrocken●甘口…ズュースSüss●発泡ワイン（シャンパン）…ゼクトSekt

冬季限定ワイン

クリスマス時期に飲まれるグリューヴァイン。暖めて飲むホットワインだ。砂糖や香辛料で味付けしてある。

カップのデポジット料を取られるのが普通。そのまま返金してもらわず、おみやげにすることも可

●ワインの等級

1．ターフェルヴァイン
日常的に飲む安価なもの。ドイツでは少ない。
2．Q.b.A.
上質ワイン。品質保証付きで最も一般的。
3．Q.m.A.
肩書き付き上質ワイン。糖度により順に以下の6種類ある。
①Kabinettカビネット(半辛口)
②Spätleseシュペトレーゼ(遅摘みで甘口)
③Ausleseアウスレーゼ(完熟した房を選別)
④Beerenausleseベーレンアウスレーゼ（完熟の一部貴腐化した房を選別。極甘のデザートワイン）
⑤Eisweinアイスヴァイン(房が氷結してから収穫。極甘)
⑥Trockenbeerenausleseトロッケンベーレンアウスレーゼ(貴腐化し乾燥した房のみ選別)

ドイツ各地のワイン

●モーゼルワイン…文字通りモーゼル川やその支流のザール、ルーヴァー近辺で生産されるワイン。「ピースポーター」やベルンカステル村で作られる「ドクトール」などで世界的に有名。一般的なワインではシュバルツェ・カッツ（黒猫）やモーゼルブリュムヒェン（モーゼルの小さな花）などがある。上品で軽め、口当たりがさらっとしているのが特徴。

●ラインワイン①…ライン川北岸。範囲は狭いがワイン生産ではモーゼルと並んで最も有名。マルコブルン（聖マルクの泉)、シュロス・ヨハニスベルクなどの評価が高い。

●ラインワイン②…ライン川の南岸。範囲が広く、一部でまろやかな赤ワインも生産。シルバーナ種のぶどうも使われ、全体的に軽くてのどごしの良い白ワインが多い。大衆酒的なリープフラウミルヒ（聖母の乳）で有名。

●バーデンワイン…フライブルクやバーデン・バーデン近辺で産する。コクのある辛口のワインで、「ヴァルトハイマー」や「シュリースハイマー」などが有名。また、赤ワイン、ロゼワインもあり、渋みが少なく軽い甘さを感じさせる。

●フランケンワイン…ヴュルツブルクからローテンブルクが中心。「ヴュルツブルガー」「イプヘーファー」など。シルバーナ種のぶどうを多く使い、力強くコクがある。

Mosel Saar Ruwer Wein

モーゼルワイン

ドイツを代表する白ワインの生産地。特にリースリング種の生産量はドイツ一。観光と合わせてということなら、ベルンカステル／クースを訪れたい。その昔、トリアーの選帝侯が飲んで病気から回復したことから、ドクトール（医者）と呼ばれるようになった葡萄畑がある。その畑で作られるターニシュThanischが有名だが、飲み比べてみたいならワインハウス・ポーンに行ってみよう。小規模だがドイツワインの最高峰ともいわれ、世界的に評価の高いエゴン・ミューラーのシャルツホーフScharzhofbergerも手に入る。他にもJoh. Jos. Prümなど、ワイン通をうならせる品揃えだ。

シャルツホーフは「コネで手に入るの。周辺で置いてある店はないわ」とのこと

Data Weinhaus Porm 住Hebegasse11 54470 Bernkastel-Kues ☎06531-6258 営8:00〜12:00、14:00〜20:00（4〜10月毎日、11、12月は週末などに開店する場合も） HP www.weinhaus-porm.de

Rheingau Wein

ラインワイン

ラインガウなら、やはりリューデスハイム。しかし意外に色々の銘柄を試せる場所は少ない。おすすめはリューデスハイマー・シュロスだ。ワイナリーも経営しているが、ヨハニスベルクなどの別銘柄も扱う。白ワインでは珍しい年代物もあり飲み比べできる。

「個人的には辛口の方が好きだね」とブロイヤー氏

Data Rüdesheimer Schloss p.331参照

Franken Wein

フランケンワイン

この地方代表は、ヴュルツブルク。おすすめはヴァインシュタインだ。もともとトップクラスのワイナリーが、'02年にミシュランの星付きシェフ、ライザー氏と組んでワインレストランをオープンしたもの。場所も葡萄畑の広がる丘の上。町を見下ろすテラス席での食事も可能だ。

Data Weinstein MAP p.178-A 住Mittelerer Steinbergweg 5 ☎0931-286901 営17：00〜23：00 休日曜 HP www.der-reiser.de

Baden Wein

バーデンワイン

ドイツでは珍しい赤ワインの生産で有名。おすすめは世界的ワイン品評会で上位にランクされ、「間違いなく世界のトップクラス」とお墨付きをもらったというベルナルド・フーバー。ここ最近20年くらいで急速に評価が上がった、ワイナリー＆ワイングート（醸造所）のひとつだ。

フライブルクから車で30分ほどのマルタディンゲンという村にある。もともと土壌も気候もフランス高級ワイン生産地と遜色がなく、葡萄もその昔、フランスのピノ・ノワール種が移植されたものなのだという。小さな村だが、なだらかな丘陵地帯に広がった葡萄畑を見るのも一興。また、彼のワインは各地の高級レストランで引っ張りだこだが、村のレストランでは意外な使われ方をしていた。この周辺50kmくらいにしかないという郷土料理、Weinsüppchen。白ワインで葡萄の実を煮込んだスープだが、彼のワインが惜しげもなく使われているのだ。

ワイナリーに並ぶ巨大な樽。左上はワインスープ

Data Weingut Bernahard Huber 住Heimbacher-Weg19 D79364 Malterdingen ☎07644-1200 HP www.weingut-huber.com

特選

Gourmet Selection ③

本当はおいしいドイツ！

もともとドイツ料理とは素朴な家庭&郷土料理だが
ここ四半世紀、外食の発達にともない、その定義は劇的に変化
フレンチなどとの混合から、伝統食材を独自にアレンジする
レストランが急増、純粋郷土料理以外のドイツ料理も当たり前に
また、流通の発達で季節の旬の味覚もより身近になっている

ザワークラウトは酢キャベツ？

ザワークラウトSauerkrautは一般に酢キャベツと訳されるが、もちろん酢を使っているわけではなく、酸味は塩と香辛料で漬けて発酵させて出している。

焼きたてに限る！ブレッツェル

ブレッツェルは硬いから嫌い、という人がいたら焼きたてをおすすめしたい。きっとアツアツのものを食べれば考えが変わるはず。素朴な味だが、もちもちした適度の弾力と塩加減が本当においしい。

ソーセージ関連単語

●ヴルストWurst…ドイツ語でソーセージのこと
●ブラートヴルストBratwurst…ブラートは焼く、の意味。焼きソーセージの総称
●ボックヴルストBockwurst…ゆでソーセージの総称
●レバーヴルストLeberwurst…レバーから作ったソーセージ
●フランクフルターFrankfurter…細長いソーセージ。普通はゆでる
●テューリンガーTüringer…大きめで一般的な焼きソーセージ
●ニュルンベルガーNürnberger…香辛料のきいた小ぶりの焼ソーセージ
●白ソーセージWeisswurst…仔牛肉だけで作る。ミュンヘンの名物

バンベルク地方のソーセージ・スープ、ブラウエチップフェル。爽やかな酸味がおいしい

伝統料理？

ドイツといえば、ソーセージ、ジャガイモ、ザワークラウト（酢キャベツ）が三種の神器のように思われているが、長い冬に備えて保存食が発達しただけ。日本に漬物があるようなもので、これだけを過度にドイツ料理の典型と思わないほうがいい。また塩味が強い傾向は、おそらくビールを大量に飲むから（ビールでナトリウムが不足する）。最近はヘルシー指向から淡泊な味も多い。

ザクセン地方（ドレスデンなど）の郷土料理、クヴァルク（凝乳）

ドイツの季節の味覚

意外にドイツには季節の旬の味、それも新鮮な材料を尊ぶ文化がある。旅行時期にあった旬の味覚にチャレンジしてみよう。

春（4月中旬～6月初旬）…シュパーゲルSpargel：巨大な白アスパラガス。ほぼ、ゆでるだけ。ホランデーズソースなどで。

夏（6月～7月中旬）…キルシュKirsch：サクランボ。キロ単位で市場に並ぶ。／**（7月～8月）**…ベーレンBeeren：木イチゴの一種。ケーキにトッピングしたりアイスクリームにする。

秋（8月下旬～10月初旬）…シュタインピルツSteinpilz：キノコの一種。珍重され、ソテーにしたりする。

冬（10月下旬～）…ヴィルトWild：鹿Hirschや野ウサギHase、キジFasanなどの野鳥獣の肉の総称。貴重で美味。

本音でガイド

新しいドイツ料理の潮流

ヨーロッパで高級レストランというとフレンチだが、最近は地元ドイツの素材をフレンチの手法も採り入れて調理する独仏折衷のレストランが増えている。また、腕のいいシェフが外貨を稼ぎに来るせいか、イタリアンもレベルが高く人気。移民の多さを反映してDöner Kebapドナーケバブ（ロースト肉をナイフで削ぎ、サラダと一緒にパンに挟んだもの）というトルコ流ファストフードも多い。もちろんドイツ風にアレンジされている。

野鳥獣肉を使った秋～冬の味覚。ただしちょっとフレンチ風

メニューの見方&郷土料理

メニュー（シュパイゼカルテ）を見るときは、品名にこだわるよりも、材料と調理方法を知っておいたほうが役に立つ。高級店なら、その日のおすすめ材料を、自分の好みで調理してもらうことが可能だ。

Speisekarteシュパイゼカルテ（メニュー）

Vorspeisen
フォアシュパイゼン（前菜：オードブル）

●Gänseleberpastete ………フォアグラのパステーテ

●Hering Hausfrauenart …酢漬けニシンのクリームソース

Suppenズッペン（スープ）

●Leberknödelsuppe……レバー団子スープ

●Zwiebelsuppe ……………オニオンスープ

●Gulaschsuppe…ハンガリー風牛肉の煮込みスープ

Fischgerichte
フィッシュゲリヒテ（魚料理）

●Fischragout ……………………魚のシチュー

●Scholle Gebraten ………ヒラメのフライ

Fleischgerichte
フライシュゲリヒテ（肉料理）

●Schweinehaxe…豚スネ肉の骨付きグリル

●Sauerbraten……………………ワイン煮牛肉

●Jägerschnitzel…仔牛肉のカツレツ（キノコソース）

Beilageバイラーゲ（付け合わせ）

●Kartoffelbrei………………マッシュポテト

●Bratkartoffeln ……………ポテトのソテー

●Gemischter Salat ………ミックスサラダ

Dessertデゼールト（デザート）

●Fruchtsalat ………………フルーツサラダ

●Eis ………………………………………アイス（Vanille、Schokoladen…バニラ、チョコ）

●Apfelkuchen…………………アップルパイ

Getränkeゲトレンケ（飲み物）

●Bier ……………………………………ビール（Pils、Dunkel……淡色ラガー、黒ビール）

●Orangensaft……………オレンジジュース

●Mineralwasser………ミネラルウォーター

●Sekt ……………発泡ワイン（シャンパン）

●Kirsch ………………チェリーブランデー

良く出てくる素材

Aalアール……………うなぎ
Bohneボーネ …インゲン豆
Enteエンテ ………………鴨
Fasanファザーン ……キジ
Forelleフォレレ ……川マス
Früchteフリュヒテ……果物
Geflügelゲフリューゲル…鳥肉（家禽の肉）
Gemüseゲミューゼ …野菜
Haseハーゼ………野ウサギ
Hähnchenヘーンヒェン…若鶏
Heringヘーリング …ニシン
Hirschヒルシュ …………鹿
Kalbカルプ ……………仔牛
Käseケーゼ …………チーズ
Kohlコール ………キャベツ
Kräuteクロイター ……香草
Lachsラクス ……………鮭
Lammラム ………………羊
Ochseオクセ ……………牛
Pilzピルツ……………きのこ
Rübeリューベ…………カブ
Schneckenシュネッケン…エスカルゴ
Schinkenシンケン ……ハム
Schweinシュヴァイン …豚
Seezungeゼーツンゲ…舌ビラメ
Spinatシュピナート…ホウレン草
Wachtelヴァハテル…ウズラ

ドイツのパン

●ブレートヒェンBrötchen…ゼンメルともいう。固めの丸パンで朝食に欠かせない

●ブレッツェルBrezel…八の字状に固めた塩味のパン

●フォルコルンブロートVollkornbrot…全粒粉で作る

●プムパーニッケルPumpernickel…ライ麦の黒パン

●ミシュブロートMischbrot…小麦とライ麦で作った定番

メニュー（定食）の種類

ドイツ語ではメニューは定食の意味。Tagesmenüは日替りの定食。Tagesempfehlungenは今日のおすすめ定食。Mittagsmenüは、お昼の定食。

用語

mit…付け合わせを示す。たとえばSteak mit Pommesfritesとあればステーキのフライドポテト添
auf…～載せ、の意味
Platte…皿。盛り合わせの意味
Hausgemacht…自家製
～ische…語尾がこの形なら～風の意味

主な調理法

gebraten…あぶり焼き
gegrillt…網焼き
gebacken…オーブン焼き
gekocht…ゆでもの
gedämpft…蒸しもの
geräuchert…薫製にした
müllerinart…ムニエル
sautiert…ソテー
mariniert… マリネ
Steak…ステーキ

主な郷土料理 ●Maultaschenマウルタッシェン…パスタ生地で挽き肉などを包む。ラビオリの一種（シュヴァーベン）●Spätzleシュペッツレ…小麦粉、卵などで作ったパスタの一種。主に付け合わせ（シュヴァーベン）●Eisbeinアイスバイン…骨付豚すね肉の塩ゆで（ベルリン）●Aalsuppeアールズッペ…うなぎのスープ（ハンブルク）●Lapkausラプカウス…ポテトと牛肉のマッシュ、目玉焼きのせ（ハンブルク）●Schweinehaxeシュヴァイネスハクセ…骨付豚すね肉のロースト（バイエルン）●Leberkäseレバーケーゼ…ミートローフの一種（バイエルン）●Saumagenザウマーゲン…豚の胃袋にポテト、挽き肉を詰めたもの（ラインラント）●Kasslerlippchenカスラー・リプヒェン…豚肉の塩漬けをゆでたもの（ヘッセン）●Knödelクヌーデル…普通、ポテトと小麦粉を練って団子状にしたもの

バイエルン地方の郷土料理、レバーケーゼ

オーソドックス・メニュー

レバークネーデルズッペ
Leberknödelsuppe

スープに迷ったらこれ。
ドイツ料理店ならだいたい
メニューにあり、コンソメベースの
無難なおいしさ。文字通り
レバー肉団子が入っている

マウルタッシェン
Maultaschen

ラビオリに似たシュヴァーベン
料理。焼いたものもあるが、
メインにするには軽いのでスープ
にしたものがおすすめ。
ちょっとした水餃子のよう

シュヴァイネハクセ
Schweinehaxe

シンプルに見えて、中まで火を通す
のは難しく、注文してからすぐできる
ものでもないので、客の回転の早い
有名店のものがおいしい。写真は
ハクセンバウアー（p.220）のもの

アイスバイン
Eisbein

豚すね肉を骨付きのまま塩ゆで。
ボリュームたっぷりで一人では
食べきれないことも。コラーゲンが
豊富で女性の肌に良い。アイスヴァイン
（ワイン）と間違えないように

ザウアーブラーテン
Sauerbraten

赤ワイン、ビネガー、香辛料などに
漬けた牛肉をソテーしてからソースで
煮込む。同じザウアーブラーテンでも、
ライン地方のもの、ザクセン地方のもの
などがあり微妙に違う

リプヒェン
Rippchen

豚肉（リブ部分）の塩茹で。
フランクフルトが有名。ムッター・エルンスト
（p.163）のものは塩加減が絶妙。
イメージとしてはアイスバインから
骨と脂身を取り除いた感じ

イェーガーシュニッツェル
Jägerschnitzel

国民食的人気メニュー。写真は
きのこソースがかかってている
イェーガー（猟師風）タイプだが、
プレーンな何もかかってないものは
Wiener（ウィーン風）

ツァンダーフィレ
Zander Filet

魚料理ではツァンダー（淡水魚で
ドイツでは高級。スズキの一種）が
おすすめ。白身でおいしい。
他にフォレーレForelle（マス）や
ラックスLachs（サケ）も

フライパン料理
Bergmannspfanne

写真のものはBergmannsなので
「鉱夫の」フライパンの意味だが、
場所によりバリエーションが違う。
最後にpfannと付くようならだいたい
フライパン盛り合わせ

トラブル対策

ドイツの治安

ドイツはヨーロッパ諸国の中ではとくに治安が良い国として知られる。ただし、近年は大都市にかぎり犯罪が増加傾向にあり、一部に、極右（ネオナチ）が外国人をターゲットにした傷害事件や、東欧などから流入した外国人による軽犯罪なども見られる。また、置引、スリなどは有名観光地など、人の集まるところではドイツにかぎらずよくあること。日本人は注意力散漫でターゲットになるケースが多いので気を付けたい。

危険都市情報

●**フランクフルト** ドイツで一番犯罪発生率が高く、パスポートなどの盗難やひったくり、スリなどが多い。中央駅やその駅前通り、風俗街として知られるカイザー通り周辺ではとくに注意が必要だ。

●**ベルリン** Sバーン内（とくにS1、S5、S7、S8などの東側）でネオナチによる暴力事件が多くなっている。

●**ミュンヘン** 外国人による凶悪犯罪が増加傾向にある。マリエン広場、カールス広場など人の集まるところでのスリ、置引に注意。

●**デュッセルドルフ** 空港、中央駅周辺などでの置引、スリ。

●**ケルン** ドーム周辺での子供によるスリなど。

犯罪の傾向と対策

旅行先では、犯罪等のトラブルに巻き込まれる危険性があることを念頭に置いておく必要がある。トラブルの事例をあらかじめ知り、何らかの予防策を講じておけば免れることも可能だ。

傾向	対策
凶悪＆暴力犯罪。いきなり襲われる	治安の悪い風俗街に出かけたり、夜人通りの少ないところを1人で歩いたり、駅周辺などの麻薬中毒者を相手にしたりしないこと。
置引など。ふと気が付くと荷物が消えてしまった	とにかく荷物から目を離さないこと。ホテルのチェックインの時、足元にバッグを置いたまま目を離すと危険。また、街で話しかけられ、その隙に別の仲間が持ち去るというケースや、ビュッフェの食事中、食事を取りにテーブルを離れた際に狙われることもしばしば。
町中でのスリや電車に乗り降りする時のひったくり	バッグはブランド品など高価なものは避け、手元から離さないように。リュックなどは面倒でも鍵を掛けた方が安全。電車ではドアの近くは避ける。また、被害を最小限にするため、現金はいくつかに分けて持ち歩く。
駐車中、車上荒らしに遭う	路上駐車は避け、車内に荷物を置いたまま車を離れない。

緊急連絡先

●警察　☎110
●消防・救急車　☎112

コインロッカーを使う

旅の荷物は持ち運びが面倒。駅や空港などには必ずコインロッカーがあるので利用しよう。使い方は日本と同じ。

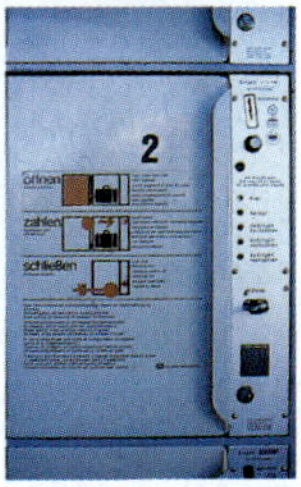

貴重品は入れないほうがいい。大都市では盗まれることもある。最近はカード式のものも登場した。

各街の大使館・領事館

●ベルリン大使館
☎030-210940
住Hiroshimastr.6, 10785 Berlin

●フランクフルト総領事館
☎069-2385730
住Taunustor 2, 60311 Frankfurt am Main

●ミュンヘン総領事館
☎089-4176040
住Karl-Scharragl-Ring 7, 80529 München

●ハンブルク総領事館
☎040-3330170
住Rathausmarkt 5, 20095 Hamburg

●デュッセルドルフ総領事館
☎0211-164820
住Immermannstr.45, 40210 Düsseldorf

●シュトゥットガルト日本名誉領事館
☎0711-1277799
住Am Hauptbahnhof 2, 70173 Stuttgart

旅の安全と健康

ひとことドイツ語・英会話

もしもの時に

●救急車を呼んでください

英 Please《プリーズ》 call《コール》 an《アン》 ambulance《アンビュランス》.

独 Rufen Sie《ルーフェンズィー》 bitte《ビッテ》 einen《アイネン》 Krankenwagen《クランケンヴァーゲン》.

●医者にかかりたいのですが

英 I《アイ》 would《ウッド》 like《ライク》 to《トゥ》 see《シー》 a《ア》 doctor《ドクター》.

独 Ich möchte《イッヒメヒテ》 zum《ツム》 Artz gehen《アーツトゲーエン》.

●熱があります

英 I《アイ》 have《ハブ》 a《ア》 fever《フィーバー》.

独 Ich《イッヒ》 habe《ハーベ》 Fieber《フィーバー》.

●お腹が痛いです

英 I《アイ》 have《ハブ》 a《ア》 pain《ペイン》 in《イン》 my《マイ》 stomach《ストマック》.

独 Ich《イッヒ》 habe《ハーベ》 Bauchschmerzen《バウフシュメルツェン》.

海外治安情報

●外務省…海外安全情報／
FAX 0570-023300
ドイツのコード番号は165
HP www.anzen.mofa.go.jp
●(社)日本海外ツアーオペレーター協会（OTOA）／
HP www.otoa.com

保険会社の緊急相談窓口

●東京海上日動火災保険
☎0800-1-81-1391
●AIU保険会社
☎0800-181-3690
●三井住友海上保険
☎00-800-33119119
HP www.ms-ins.com
●ジェイアイ傷害火災保険
☎0800-1-81-1273
●エース損害保険
☎0800-181-6785
※連絡先は念のため契約時にもらう資料で再確認すること。

ドイツの医療事情

日本と違い、病院や医者によって同じ病気の治療でも料金が違う。また、入院、手術などは、驚くほど高額な治療費を請求される。対策としては海外旅行傷害保険に事前に加入しておくこと。また、通常はホームドクター制が確立されているので、総合病院にいきなり初診で訪れるということはないし、各専門医は事前に予約が必要なので、旅行者の場合はどうしても急患扱いで病院へ、ということになりがち。また、持病、アレルギー体質、常用薬のある場合は、日本であらかじめ英文（p.34参照）もしくは独文で診断書を書いてもらうこと。これがなかったり、保険に入っていないと最悪の場合、治療を拒否される。支払いは専門医の場合は診療の後にすぐ現金で請求される。また、医薬分業になっているので、薬は医師の処方箋を持って近くの薬局で購入を。夜間は当番制になっているのでそこまでタクシーで行くことになる。

もしも病気やけがをしたら？

ホテルならフロントに相談。契約している医者がいることも。駅など公共の場では、職員に相談しよう。救急車の呼び出し電話は112番だが、有料なので注意。さらにドイツ語ができないと対処に困る。ただし、医者は大体英語が話せるので安心を。入院が必要なら、保険会社に電話して近くの病院を紹介してもらおう。通常は頼めば通訳も手配してくれる。

海外旅行傷害保険には入っておこう

ドイツは入院、手術の時に高額な料金が必要な国なので、事前に保険に入っておくことを強くおすすめする。

チェックPOINT

●保険はバラでかけると得‥旅行代理店ですすめられるままセットのものに加入すると、必要以上に高額な掛け金のことが多い。余計にかけてもサービスが変わらないし、実際にかかった費用しか払ってくれないので、内容の吟味は必要。

●24時間対応可能か？…保険会社と提携しているアシスタントサービスの多くは、電話でのサポートを24時間いつでも受け付けている。多くはフリーダイヤルなので事前にチェックしておこう。

●キャッシュレス受診制度…ドイツに提携指定医療機関があって、そこでなら保険証だけで現金が不要、という保険もある。

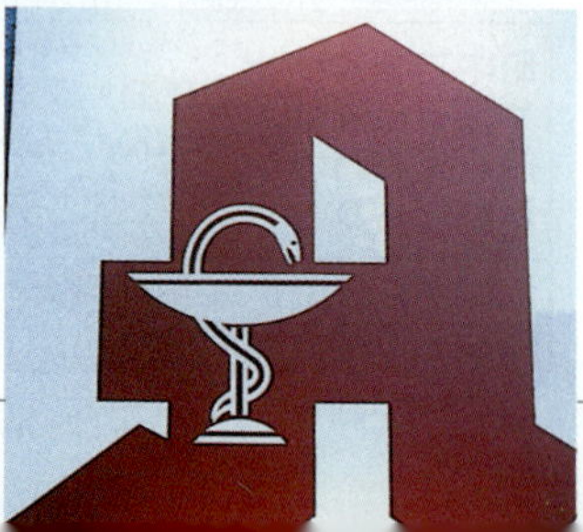

ドイツの薬局はこのマークが目印

日本の古都が京都なら、ドイツの古都は？
その答えを知りたければ、オストを訪れるといい。
「オスト」とはドイツ語で方角の「東」のこと。
ここでは長年、共産圏に組み込まれてきた旧東ドイツを指している。
表面上、木組みの家が残っていても、中身は近代化が進み、
手に入るおみやげ類や雑貨類までも、
あまりにスマートに洗練された未来的なデザイン。
そんなドイツとは一味違う、もっとなにか本当に、
つくりもの感覚のしない、中世的なドイツ、
本当の古都を体験してみたい！
そういう人におすすめしたいのがオストだ。

そうだ、オスト、いこう。

オストな町とは？

今、人気の旅先のトップに名を連ねるオストな町々。郷愁を意味する「ノスタルジー」とオストをかけて「オスタルジー」なんて言葉も出てくるくらい。「ああ、そういえばこんな感じ、なんか懐かしいよね」そういう町がオストな町だ。つまり素朴で懐かしい感じ。町並みなら、おすすめしたいのがクヴェートリンブルク（p.358）、マイセン（p.134）、そしてドレスデン（p.125）。これに、ドイツではないが、その延長にあるプラハまで加えて出発地をベルリンにすれば、いま、欧州で最も人気の旅行ルートができあがる。もちろん、途中のライプツィヒには音楽をはじめ文化的な魅力があるし、ちょっとハルツ山まで足を延ばせば懐かしいというには古すぎて思い出せない（？）SLまで走っている。

街並だけでノスタルジーを感じさせてくれるクヴェートーリンブルク。左はハルツ山地方のヴェルニゲローデ（p.356）からブロッケン山に向かうSL。ここまでくると、懐かしいというより新鮮

ドレスデンのノイシュタット駅。右は構内だが、内装がマイセンで、よくみると名所を描いた奥の絵もマイセン磁器でできている

オストな光景

オストな光景とは、対極の出会いだろうか。町が発展する過渡期には、新しいアイディアの試みが許されるので、アーティストは好んで斬新な実験的店舗などを創る。一方、高級ブランドを扱うブティックなどは、成熟し、評価が定着したところにしか進出しない。

街並は古くて懐かしいが斬新で遊べる店が多い。そんな対極の出会いがいいのかもしれない。

ベルリンのプレンツラウアーベルク地区で。左右で壁の色が違う。もちろん左が統一後修復されたほう

1

2

オストな人々

オストな旅の最大の魅力は、もしかしたらそこで出会う人たちかも知れない。ただし、旧西側と比べると英語は通じにくい。それでも、通じない言葉で一生懸命商品説明してくれたりする。昔はお金より、コネがものをいう社会だったからだとかで、とにかく他人には親切。人当たりも素朴な感じだ。

①ドレスデン新市街のコインランドリー（MAPp.126-B）。なぜか靴下がぶら下がっている。たまたま居合わせたオーナーいわく「アーティスト？　いや違うよ。自分でやったんだ。なぜかって？　うーん、なんかいい感じだろ？」②同じく新市街のクンストホーフパッサージェ（p.130）の中庭。壁が「雨が音を奏でる雨どい」という作品に③このパッサージェのマスコットとして飼っているというネコ④ドレスデンから日帰りできるゲルリッツ（MAPp.8-F）。開発はかなり遅れているが、規模は大きく、中世を感じさせる⑤ゲルリッツの駅舎内。どこの国かと思うデザイン。実はポーランドのすぐ近く（徒歩で行ける）なので異国情緒がある

3

4

5

鉄道で移動していると車窓の風景はどこかさびしげ

日本語可のガイド

言葉の壁が心配な人は、昔ゲルリッツに住んでいたという日本人ガイドのユニークなリムジンサービスやドレスデンの日本語可の旅行会社（p.421）などを。◆リムジンサービス（藤島）☎06224-72630　HP romantis.hp.infoseek.co.jp

❶ゴーゼ・ビア
Gose Bier

❷ライプツィヒ風温野菜
Leipziger Allerlei

❸ラーデベルガーの
ツヴィッケルビア
Radeberger
Zwickelbier

❹シュルツェ（ゼリー寄せ）
Sülze

❺カリーヴルスト
Currywurst

❻マイスナー・フンメル
Meissner Fummel

❼ズッペン・バー

オストな食べ物、飲み物

実は個性的な郷土料理もある。特にライプツィヒ風温野菜の盛り合わせ（写真❷）はおすすめだ。ドイツ料理イコール肉料理で高カロリーというイメージを裏切ってくれる。薄味でヘルシー、でもそこは逆に日本人の舌に合う。これから知名度を上げてほしい料理。

❶ライプツィヒ限定。上面醗酵だがコリアンダー、食塩が入って酸味がある。シロップで割って飲むことも❷これもライプツィヒ限定。バター風味の温野菜。ツィルス・トゥンネル（p.139）で❸ピルスナーだが、濾過前のビールをこう呼ぶ(p.132）❹ゼリー寄せはシュヴァーベン料理が有名だがドレスデンなどザクセン地方にも❺ベルリン名物。ほとんどケチャップかけ。屋台で立ち食い❻マイセン限定だが、中が空洞の皮だけのパン。Zieger（MAP p.134）という店で❼立ち食いソバ感覚のスープのバーがある。小豆みたいだが赤キャベツ

どの町でも飲み屋が集中する通りがあるものだが、ライプツィヒは新市庁舎からツィルス・トゥンネル（p.139）に抜けるBarfussgasschen（上の写真）が、めちゃめちゃににぎわう。ドレスデンは聖母教会からブリュールのテラスに抜けるMünzgasse（MAP p.126-D）がにぎわう。

オスト・グッズ

なじみがないはずの日本人でも、見た瞬間「ああ懐かしい」と思ってしまう独特のデザインセンス。GDR（旧東ドイツ）時代から今でも人気だったり、他では手に入らない個性的なものも多く、おみやげにはぴったりだ。

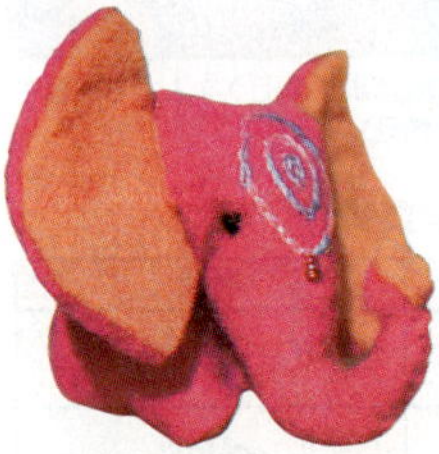

❽フェルト生地加工のゾウ

❾フロレナ
Florena

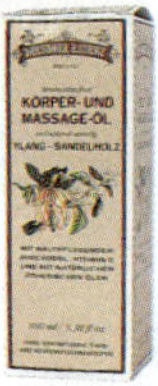

❿ドレスデナー・
エッセンス
Dresdner　Essenz

⓫アヒルのぬいぐるみ

⓬トラバントのミニカー

⓭Zettiのチョコレートなど

❽フェルト生地を加工した小物が流行中❾最近流行のQ10入りクリーム。大きな会社なので全国的に展開❿社員30人程度の小さい会社。1910年創業。薬用ハーブのコスメや入浴剤など⓫東ドイツ時代のTVで人気者だったシュナツターリンツェンくん⓬通称トラビ。今になってみればかわいい⓭カカオの風味が貧弱な感じで、ザクッとざらざらした食感は他にないと根強い人気。昭和中期を思わせるデザイン

熱狂！！燃える！　サッカー観戦ガイド

ドイツで一番熱く、熱く、そして熱く盛り上がるスポーツ、サッカー
2006年、その最高のひのき舞台にして、4年に一度のスポーツの大祭典
FIFAワールドカップ（以下W杯）が、いよいよドイツで開催される！

世界一（？）熱烈なファンが集う

サッカー大国ドイツ。プロリーグの平均観客動員数は欧州ではドイツが一番！　サポーターの熱狂度、クラブの運営ノウハウも世界屈指といわれる。これまでW杯で３度もの優勝を誇り、前2002年大会でも下馬評をくつがえし、手堅い試合運びで決勝まで進出した。

そして今回2006年。雪辱に燃える舞台がこのドイツだ。いよいよ６月９日から、ミュンヘンでの対コスタリカ戦で開幕試合が始まり、７月９日の決勝戦に向けて１カ月間の激闘が繰り広げられる。もちろん日本も出場するのでサッカーファンならずとも目が離せない！

普段はまじめそうな人でも試合中は熱狂する

ドイツ代表、カーン選手。2002年大会では好セーブを連発して日本でも人気者になった

W杯一次リーグ日本の試合情報

日程	対戦相手	場所
６月12日 15:00開始	対オーストラリア	カイザースラウテルン
６月18日 15:00開始	対クロアチア	ニュルンベルク
６月22日 21:00開始	対ブラジル	ドルトムント

※時間は現地時間　※日本代表はグループＦ（ブラジル、クロアチア、オーストラリア、日本）　※キャンプ地はボン（p.317）、宿泊はヒルトン・ボン（MAP p.318-B）、練習場はスポーツパーク・ノルト

ベルリンのクマの置物。街のあちこちにいろんなバリエーションがあり、中にはサッカーボールにペイントされたものも

開幕戦のあるミュンヘンのアリアンツアレーナ。夜はイルミネーションで美しく輝く。ちなみに、ここのような企業名が冠されている会場は、大会期間中、スポンサーの関係で「FIFA WM Stadion」と呼ばれる

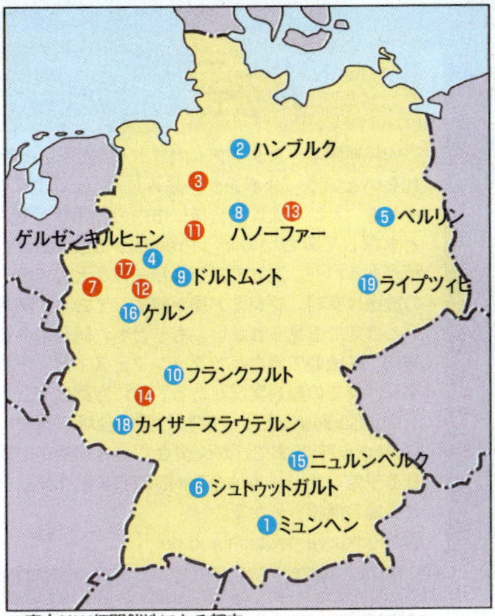

※青丸はW杯開催地になる都市

W杯大会開催会場とブンデスリーガ

W杯大会の会場は、表にあるうちの12都市のスタジアム。そのほとんどがブンデスリーガのホームスタジアムでもある。今大会のために改修されたものも多く、中にはミュンヘンのように新築移転されたものもある。

12のW杯大会開催都市

❶ミュンヘン（p.202）…Allianz Arena（Bayern München） 日本が開発した特殊樹脂フィルムを利用したエアーマットで外壁を覆われ、UFOとのニックネームが。開幕戦が行われる（収容59416人）●U6 Fröttmaning駅（中央駅から約20分）から徒歩約10分

❷ハンブルク（p.364）…AOL Arena（Hamburger SV）2000年にサッカー専用スタジアムに改修。スポンサー名からAOL Arenaに（収容51055人）
●S3、S21 Stellingen駅（中央駅から約20分）から徒歩約20分

❹ゲルゼンキルヒェン（MAP p.8-D）…Veltins Arena（Schalke 04）ルーフが開閉し、芝を育成・促進させるためにピッチは丸ごと外に。FIFAのブレター会長が称賛（収容53804人）
●Gelsenkirchen中央駅（デュッセルドルフから約50分）から市電302番でArena AufSchalke駅（中央駅から約15分）へ。下車後徒歩約5分

❺ベルリン（p.88）…Olympiastadion（Hertha BSC Berlin） 1936年オリンピックが開催された歴史ある会場。今大会に向け改修され設備は最新。決勝が行われる（収容74220人）
●S5、S75 Olympiastadion駅（中央駅から約15分）から徒歩約10分

❻シュトゥットガルト（p.252）…Gottlieb-Daimler-Stadion（VfB Stuttgart）ベンツ本社工場に近接、そのベンツ博物館には昭和天皇に贈られ愛用されたベンツが展示。ローリング・ストーンズもコンサートを開催した（収容53200人）
●S1 Gottlieb-Daimler-Stadion駅（中央駅から約10分）から徒歩約10分

❽ハノーファー（p.388）…AWD Arena（Hannover 96）戦火で破壊された家屋の煉瓦を利用して建設。近年最新技術を駆使したサッカー専用スタジアムとして新たに蘇った（収容44652人）
●市電３、7 Waterloo pl.駅（中央駅から約３分）から徒歩約10分

❾ドルトムント（MAP p.8-D）…Westfalenstadion（Borussia Dortmund） 工業地帯の中堅都市。いわゆる観光物件はほとんどない。観客動員数はヨーロッパ随一。失業者が多いせいか客のガラはちょっと悪い（収容67000人）
●Dortmund中央駅（デュッセルドルフから約50分）から、U45 Westfalen-stadion駅（約15分）下車、徒歩約３分

❿フランクフルト（p.152）…Waldstadion（Eintracht Frankfurt） 雨天には天井を傘が覆うように広がり、世界最大のオープンカーとのニックネームが（収容48132人）
●S7,8,9 Sportfeld駅（中央駅から約10分）から徒歩約10分

⓯ニュルンベルク（p.289）…Franken Stadion（1. FC Nürnbergのホーム）施設の一部が文化財に指定されているため、陸上競技用のトラックを残して改築（収容45500人）
●S2　Frankenstadion駅（中央駅から約８分）から徒歩約10分

⓰ケルン（p.311）…Rhein Energie Stadion（1. FC Kolnのホーム）1936年のオリンピック誘致と失業対策を目的として建設され、周辺にも多くのスポーツ施設が。現在でもドイツスポーツの中心的存在。最近サッカー専用スタジアムに（収容46120人）
●市電１Rheinenergie-Stadion駅（中央駅から市電16、18でNeumarkt乗り換え約25分）から徒歩約10分

⓲カイザースラウテルン（MAP p.9-G）…Fritz-Walter-Stadion（1. FC Kaiserslauternのホーム） 1954年W杯で優勝したときのキャプテン名を冠する。改装工事では手抜きが発覚して、急遽対応が講じられたとか（収容43450人）
●Kaiserslautern中央駅（フランクフルトからICEで約90分）から徒歩約10分

⓳ライプツィヒ（p.136）…Zentralstadion（※リーグ・チームはない）戦後、子供達もレンガ運びを手伝い修復された10万人収容のスタジアム。そのすり鉢状の中央に新しいサッカースタジアムが建設された（収容44199人）
●市電3.4.7他 Sportforum駅（中央駅から約８分）から徒歩約８分

Data
●W杯関係のおすすめサイト
HP www.FIFA.com
HP www.wm2006.nrw.de

おみやげ用の木彫りのクマ。サッカーのユニフォーム姿だ

決勝戦が行われるベルリンのオリンピアスタディオン

Check-Check! ビールは公式スポンサーのみ？

W杯期間中、スタジアム内でドイツビールは販売されないという（スポンサー絡み）。やっぱりドイツビールを、という人は試合後に市内の酒場などで。そのとき探してみたいのが「Premiere Sportsbar」の看板があるバー。実はブンデスリーガなどサッカー試合の放送は有料。プレミア局が放送しており、契約がないと自宅でも見られない。もっとも、試合のある時間帯は、各地の広場などでファンフェストという巨大スクリーンでの無料実況がある。特に今回はズュートクーヴェSüdkurveという有料の擬似会場（期間中毎日11:00から23:00まで）が、少なくとも13都市で設営される予定。ネットからSTANDORTEをクリックすると会場の情報も分かる。

HP suedkurve-deutschland.de

（左上）Premiere Sportsbarの看板。内部では大型モニターで試合を放送している（試合のあるときのみ）。（右上）は前2002年大会のとき、ベルリンのソニーセンターでのファンフェスト。巨大スクリーンが設置される

Bundesliga

ブンデスリーガ

ドイツのプロサッカーは２部制で、それぞれ18チームで構成。シーズンは毎年８月から翌年５月まで（12月中頃から１月後半までは冬休み）。試合の開催があるのは基本的に土・日曜のみだ（水・金曜のこともある※１）。特にひいきのチームや目当ての選手はいないけど、観光旅行のついでに一度は見てみたいという人にはFCバイエルン・ミュンヘン、ヘルタBSCベルリン、ヴェーダー・ブレーメン、FCケルン、アイントラハト・フランクフルト、ハンブルガーSVなどを、また車に興味のある人ならばアウトシュタット（p.396）の博物館に近接したVfLヴォルフスブルクやベンツ博物館（p.253）に接したVfBシュトゥットガルトのホーム試合をおすすめしておきたい。いずれも観光地としても見所のある都市で、スタジアムも大きく、チケットも比較的入手しやすい（※２）。試合開始の２時間程前からスタジアムまでSバーンや市電の臨時便も運行されるのが普通。また試合のチケットをすでに持参していれば、会場までの市内交通機関は無料（！）になる。市内やスタジアムには大抵公式ファンショップがあり、キーホルダー、マスコット、Tシャツなどのグッズが揃っている。会場の周辺にも露店がでる。定番はレプリカのユニホームシャツとマフラー。特にマフラーはサイズを気にせず手軽に買えるのでおみやげにもいいだろう（※３）。入り口では、投げると危険な荷物はチェックされる。ペットボトルや化粧ビンなどは持ち込めないので、注意が必要。試合の内容はもちろん、普段はあまり見ることのできないドイツ人観客のエキサイトぶりを観察するのも面白い。会場が一体になっていく熱狂ぶりにはとにかく圧倒される。

Data

※１ 現地での日程確認は、キオスクなどで売られている「Kicker」という専門誌（月・木曜発売）、大衆紙「Bild」で出来る。※２ シーズン後半の優勝争い時や人気試合などは注意。※３ 町中にもホームチームのファンショップがあり、チケットの予約＆販売もしている。

●おすすめサイト

ドイツサッカー協会 HP www.dfb.de

ブンデスリーガ公式サイト HP www.bundesliga.de

ミュンヘンのファンショップ。人気チームだけに、ここには中央駅地下ほか市内に５つもある

人気のマフラー

ブンデスリーガ2005年期終了後の順位

1	Bayern München	(W)	HP www.fcbayern.de
2	Hamburger SV	(W)	HP www.hsv.de
3	Werder Bremen		HP www.werder-online.de
4	Schalke 04	(W)	HP www.schalke04.de
5	Hertha BSC Berlin	(W)	HP www.herthabsc.de
6	VfB Stuttgart	(W)	HP www.vfb-stuttgart.de
7	Borussia Mönchengladbach		HP www.borussia.de
8	Hannover 96	(W)	HP www.hannover96.de
9	Borussia Dortmund	(W)	HP www.borussia-dortmund.de
10	Eintracht Frankfurt	(W)	HP eintracht-frankfurt.de
11	Arminia Bielefeld		HP www.arminia-bielefeld.de
12	Bayer Leverkusen		HP www.bayer04.de
13	VfL Wolfsburg		HP www.vfl-wolfsburg.de
14	1. FSV Mainz 05		HP www.mainz05.de
15	1. FC Nürnberg	(W)	HP www.fcn.de
16	1. FC Köln	(W)	HP www.fc-koeln.de
17	MSV Duisburg		HP www.msv-duisburg.de
18	1. FC Kaiserslaute	(W)	HP www.fck.de
19	ライプツィヒ	(W)	

※WマークはW杯開催地（※⑲はリーグチームなし）位置はp.83参照

ミュージック&エンターテインメント

街を歩き回るだけじゃ飽き足らない
そういう人にはお勧めしたいのが音楽を満喫する旅だ
バッハ、ベートーベン、ワーグナーなど
世界最高峰のクラシックからミュージカルまで
誰でも気楽に楽しめるように情報をセレクト

Klassische Musik

クラシック音楽

説明の必要がないくらい有名なドイツのクラシック音楽。さすがに本場だけあって、ベルリン、ドレスデン、ライプツィヒなど、各地に一流のオーケストラがあり、シーズン中（9月から翌年6月）はもちろん、

©Matthias Creutziger

夏季の音楽祭（※1）なども含めれば、何らかの形で1年中コンサートが楽しめる。さらにうれしいのは、日本の来日公演で聴くのと比べれば、驚くくらいチケットが安いこと。例えばベルリンフィルのような超一流どころでも、席にもよるが€20くらいからある。席が空いていたらついでに聴いてみようかといった感覚で気楽に楽しめる。

見落としがちなのが教会でのパイプオルガンや少年合唱団のコンサートなど。たいてい無料、天井が高いので音響効果も抜群（※2）。

Data
※1　モーツァルト音楽祭やバッハ音楽祭など、観光名所で多数ある。
※2　ライプツィヒのトーマス教会、ニコライ教会、ベルリンの大聖堂、レーゲンスブルクの大聖堂など。
●おすすめサイト
世界一のオーケストラリンク
HP www.geocities.jp/orcheseek/

Oper

オペラ

文化としてステータスがあり、それなりに着飾って観劇に行く。あのルートヴィヒ2世が熱狂したワーグナーをはじめ、R.シュトラウスやモーツァルトの人気が高い。シーズンはクラシックコンサートと同じ。初心者には敷居が高そうだが、やはり観光の一環として試してみる価値はあり。有名なところではミュンヘンのバイエルン州立歌劇場、ベルリン国立歌劇場、ハンブルク国立歌劇場など（※1）。最近はシュトゥットガルト州立歌劇場の評価も高い。

Data
※1　バイロイト音楽祭はチケットの入手が困難。
●おすすめサイト
Angelinaのオペラへの旅
HP www.geocities.jp/angelina-opera/

Musical

ミュージカル

もっとも気軽に楽しめるエンターテイメントの一つ。場所はシュトゥットガルト、ハンブルク、ベルリンが有名（※1）。フュッセンの近く、フォルゲン湖畔のミュージカルシアターにも注目。2003年末にいったん閉鎖したが、2005年に再開、内容を変えてルートヴィヒ2世に関するミュージカルを上演している。劇場の造りやロケーションにも定評があるのでぜひいかが（※2）。

Data
※1　同じ会社で何カ所か運営されている
HP www.stageholding.de
※2　◆Festspielhaus　☎01805-131132　休冬季　料チケットは€15～110＋€1.85（税金）
HP www.ludwig2musical.de
メール　info@festspielhaus-neuschwanstein.de

とあるヴァリエテの舞台

情報誌を読むドイツ語

Fernsehen……………テレビ
Radio ………………ラジオ
Kino……………………映画
Bühne …舞台（オペラ含む）
Kunst …………………芸術
Musik …………………音楽
Klassik…クラシック（音楽）
Tanzen ………………ダンス
Cabaret
キャバレット（キャバレー）
Varieté …ヴァリエテ（寸劇）
Reisen …………………旅行
Suche …………………求む
ab ………………………～から
Dies & Das …………その他

情報入手～チケット入手までの手順

情報収集　国内では観光局に問い合わせるか、インターネットを活用（p.34参照）。現地では❶に問い合わせるか情報誌（※1）を買う

↓

確認事項　日程、料金、場所は必須

↓

予約　調べた連絡先に電話（※2）するかFAXする

↓

チケット入手　チケットが送られてくる（※3）か直接窓口で買う。もしくはプレイガイドなどで購入（p.98も参考に）

※1　❶には、たいていその町のプログラムを紹介した小冊子があり、都市には情報誌もある。プログラムは日程別に、劇場の住所などはアルファベット順で別記していることが多い。※2　最近はネット上で予約ができるケースも増えた。その場合はEメールで連絡し、先方から返事を待つ。支払いはその返事を待ってから振り込むかカードで決済することが多い。※3　現地では①❶で購入するか、②町中にあるKartenbüro（プレイガイド）で購入するか、③開演前（1～2時間前）に直接会場のボックスオフィス（チケット窓口）で購入するなどの購入方法がある。

本音でガイド

すぐに役立つ旅行情報もある!!

情報誌に載っている情報で、旅行者にすぐに役に立つのが「Reisen（旅行情報）」。ここには旅行代理店が広告を出していることが多いので検索もしやすい。例えばある号の広告に「Die Clevere Bus-Linie」とあって、その中に「München…ab€41-」という記載があった。明らかに「ミュンヘンまで€41から」の意味だ。なんと！　電車（IC）と比べると€40以上安いではないか！　他にも目を凝らして見てみると航空券の情報も出ている。ドイツ語ができなくてもこの程度は分かるはずだし、情報誌は1冊€2～3程度なので話のネタに買ってみるのも悪くない。思わぬ掘り出し情報があるかも。

ライヒスタークのガラス張りのドーム

エリア 1

ベルリン&ポツダム

ベルリン
ポツダム

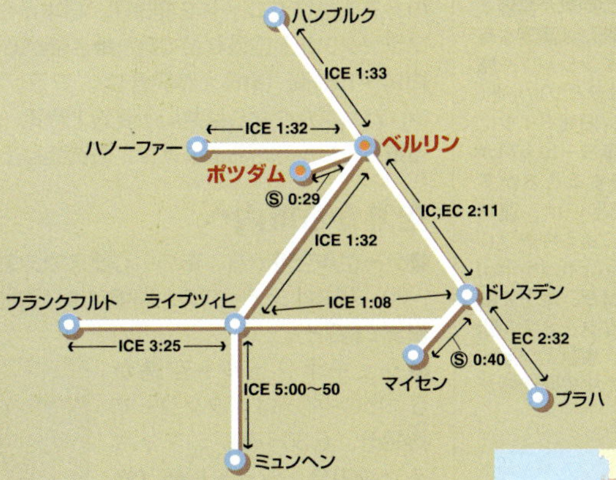

BERLIN

ベルリン

プロイセンの帝都としての栄光、第二次大戦後の東西分断の悲劇…。"壁"崩壊後、再び首都に返り咲き、新時代に向け変貌を模索する全世界注目のメガロポリス！

p.0 Γ　■人口＝339万人　■街の規模＝徒歩、U、S、バスなどで4日

- ★★★ ペルガモン博物館、絵画館、ダーレム博物館など
- ★★★ ベルリン音楽祭、ベルリン国際映画祭、ラブ・パレードなど
- ★★ シャルロッテンブルク宮殿
- ★★★ 国立歌劇場、ベルリン・ドイツ・オペラ、コーミッシュ・オーパー
- ★★ クーダム周辺のブランド品店など
- ★ ベアリナー・ヴァイセなど
- ★ ティーアガルテン、グルーネヴァルト、ヴァンゼーなど
- ★ 森鷗外、劇作家ブレヒトなど
- ★★ フンボルト大学
- ★★★ アイスバイン、世界各国のグルメレストランなど

ベルリンの駅

主なターミナル駅はツォー駅Zoologischer Garten、リヒテンベルク駅Lichtenberg、東駅Ostbahnhofだ。中でもツォー駅は、ほとんどの列車が発着する起点の駅。地階には清潔な有料トイレや、コインシャワー施設もある。東駅はライプツィヒ、ドレスデンなど、旧東ドイツに属する都市や、東ヨーロッパからの列車が発着することが多い。なお、2006年には、連邦議事会堂の北側にある中央（レアター）駅Hauptbahnhof Lehrter Bahnhofが、地下4階層もの超近代的なターミナル駅に生まれ変わり、東駅とツォー駅に分かれていた中央駅機能が統合される予定。

大都市らしくない小さな駅。手前に路線バスのターミナルがある

ライトアップされたカイザーヴィルヘルム記念教会

空路によるアクセス

主な空港は2つあり、ヨーロッパ各国、国内他都市からの大半の便が到着する旧西ドイツ側の**テーゲル空港**Tegel（空港コード：TXL）と、東ヨーロッパやアジア方面からの便が多い**シェーネフェルト空港**Schönefeld（空港コード：SXF)。出迎えのある人は空港コードを要確認。日本からの直行便はないが、フランクフルト空港などで乗り継ぎ便があり、成田からは所要約14～15時間（乗換え時間含む)。フランクフルト、ミュンヘン、ハンブルクからは共に所要約1時間。自国経由で乗り入れる東ヨーロッパ系およびアジア系航空会社もある。

空港から市内へ

●**テーゲル空港から**：市の中心部までタクシーで約25分、€15～20。バスはシティバスか路線バス（109、X9他）でツォー駅まで約30分。

●**シェーネフェルト空港から**：市の中心部までタクシーで約40分、€30～40。シティバスで約60分。シャトル便（無料）で鉄道駅へ行き、S9 S45（早朝5時頃～深夜まで／約20分毎）で約55分。バス171でU7 Rudowまで出てもいい。※料金はバス、鉄道とも1回乗車券€2～だが、長く滞在するならウェルカムカードや1日券を買った方が得。

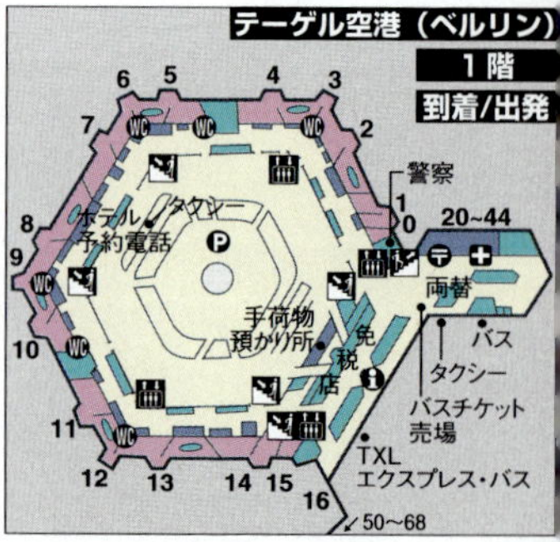

ベルリンの市外局番☎030

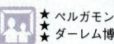

POINT **ベルリンの“壁”を見る** イーストサイドギャラリーEast Side Galleryは入口も入場料もない全長1.3kmの野外ギャラリー。アーティストの落書きと共に、かつてのベルリンの壁を保存。東駅から徒歩10分、シュプレー川沿いのMühlenstr.脇。

鉄道によるアクセス

主要都市とICE、ICなどで結ばれ、その多くはツォー駅発着。東駅とは離れているので要注意。フランクフルト→ICE（約4時間）→ツォー駅［1時間2本／€98］。ミュンヘン→ICE（約6時間40分）→東駅他［1時間1～2本／€96～］、ハンブルク→ICE他（約1時間35分）→ツォー駅［2時間毎／€58～］、ドレスデン→EC他（約2時間10分）→東駅［1時間1～2本／€32～］

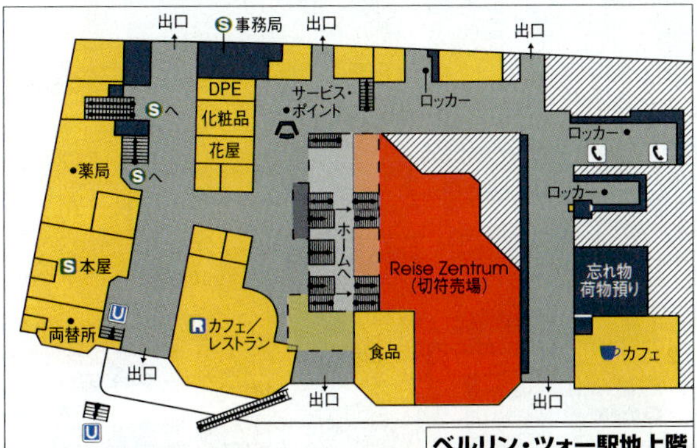

ベルリン・ツォー駅地上階

ベルリン・ウェルカムカード
Berlin Welcome Card

S、U、トラム、バスなどのVBB（ベルリン-ブランデンブルク公共交通連盟）加盟の交通機関が乗り放題！他にもガイドツアーや、シアターなどのチケット購入の割引、シャルロッテンブルク宮殿、バウハウス資料館などの入場料割引の特典（最大50%）が付く。大人1人、子供（14歳以下）3人に有効。ポツダムでも使える。❶のほか、ツォー駅前のBVG案内所、主要ホテルなどで購入可、48時間券€16、72時間券€22

写真=©www.berlin-tourist-infomation.de

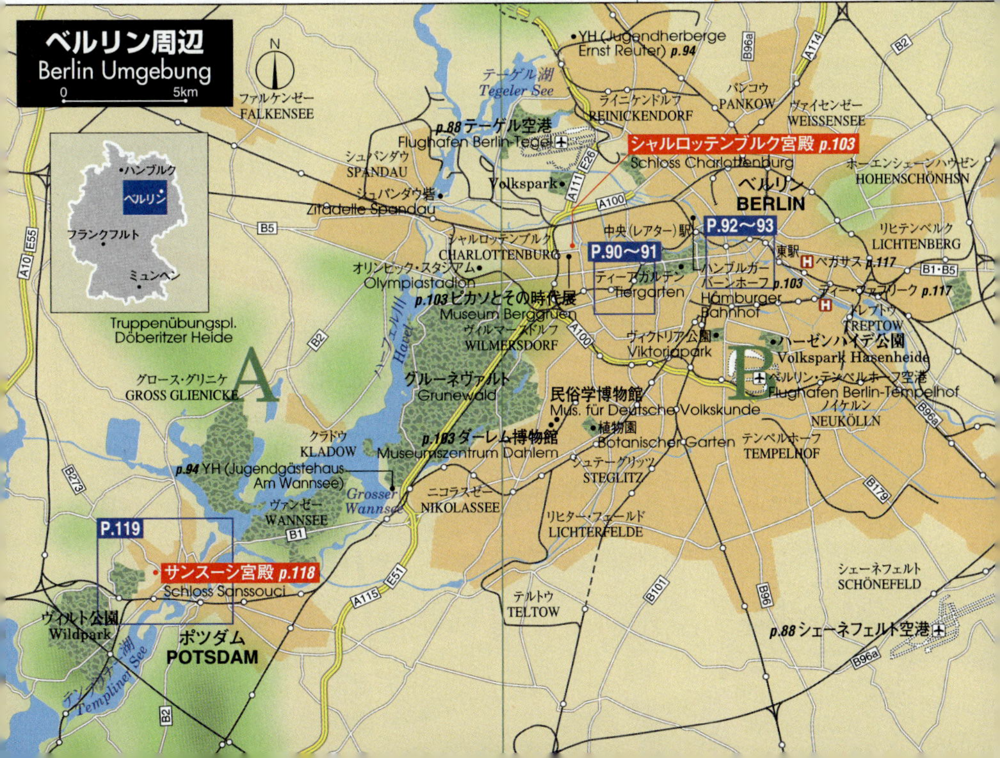

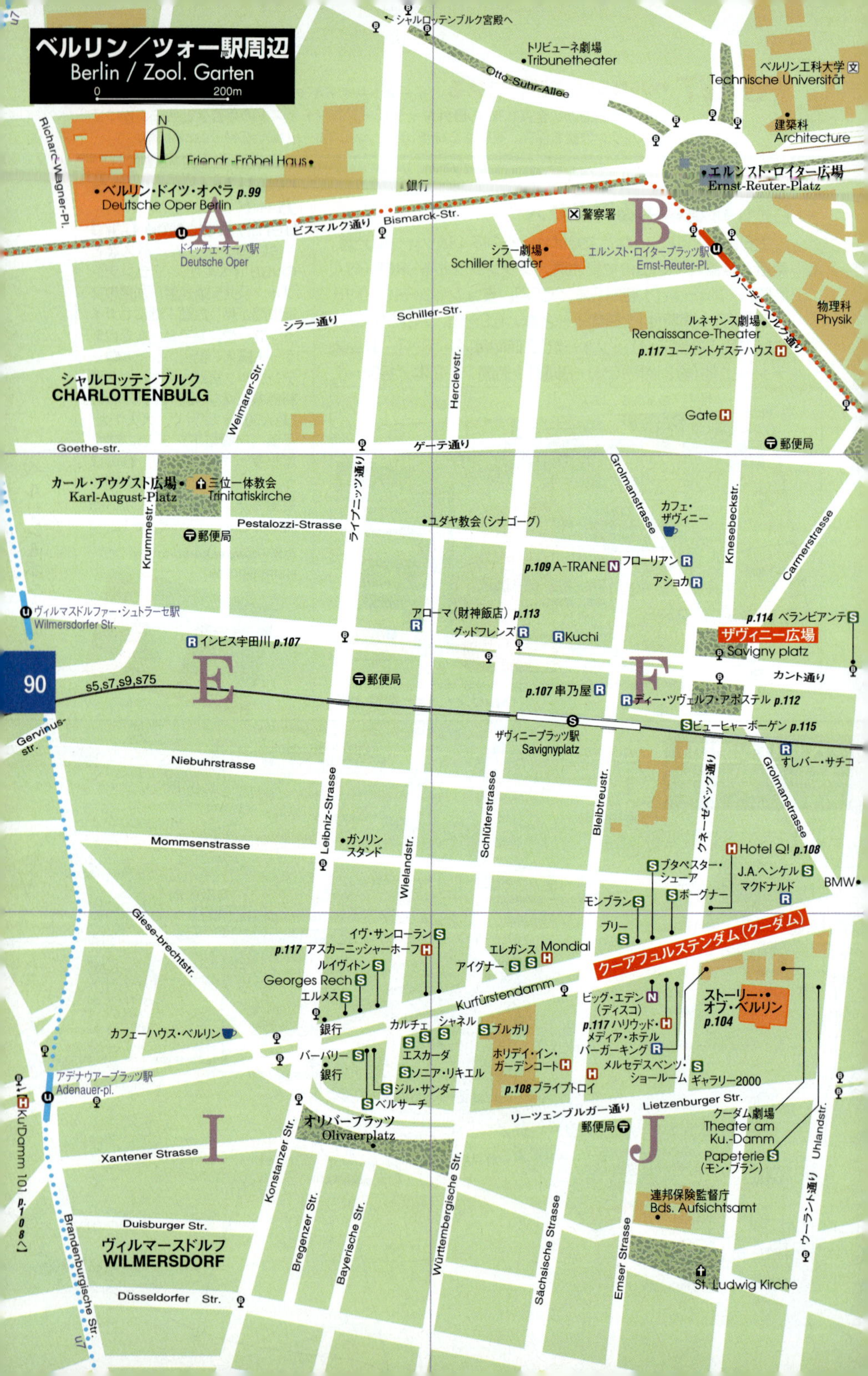

ベルリン／ツォー駅周辺
Berlin / Zool. Garten
0 200m
N
←シャルロッテンブルク宮殿へ
トリビューネ劇場
Tribunetheater
Otto-Suhr-Allee
ベルリン工科大学
Technische Universität
建築科
Architecture
エルンスト・ロイター広場
Ernst-Reuter-Platz
Richard-Wagner-Pl.
Friedr.-Fröbel Haus
ベルリン・ドイツ・オペラ p.99
Deutsche Oper Berlin
銀行
A
ビスマルク通り
Bismarck-Str.
ドイッチェ・オーパ駅
Deutsche Oper
警察署
B
シラー劇場
Schiller theater
エルンスト・ロイタープラッツ駅
Ernst-Reuter-Pl.
ハーデンベルク通り
物理科
Physik
シラー通り
Schiller-Str.
ルネサンス劇場
Renaissance-Theater
p.117 ユーゲントゲステハウス
Herclevstr.
Weimarer-Str.
シャルロッテンブルク
CHARLOTTENBULG
Gate
Goethe-str.
ゲーテ通り
郵便局
Grolmanstrasse
Knesebeckstr.
カール・アウグスト広場
Karl-August-Platz
三位一体教会
Trinitatiskirche
ライプニッツ通り
Pestalozzi-Strasse
ユダヤ教会（シナゴーグ）
カフェ・ザヴィニー
郵便局
Krummestr.
p.109 A-TRANE
フローリアン
アショカ
Carmerstrasse
ヴィルマスドルファー・シュトラーセ駅
Wilmersdorfer Str.
アローマ（財神飯店） p.113
グッドフレンズ
Kuchi
p.114 ベランビアンテ
ザヴィニー広場
Savigny platz
インビス宇田川 p.107
カント通り
90
s5,s7,s9,s75
E
郵便局
F
p.107 串乃屋
ディー・ツヴェルフ・アポステル p.112
ビューヒャーボーゲン p.115
Gervinus-str.
ザヴィニープラッツ駅
Savignyplatz
すしバー・サチコ
Niebuhrstrasse
Leibniz-Strasse
Schlüterstrasse
Bleibtreustr.
クネーゼベック通り
Grolmanstrasse
Mommsenstrasse
ガソリンスタンド
Wielandstr.
Hotel Q! p.108
ブダペスター・シューア
J.A.ヘンケル
マクドナルド
BMW
モンブラン
ボーグナー
ブリー
クーアフュルステンダム（クーダム）
Giese-brechtstr.
イヴ・サンローラン
p.117 アスカーニッシャーホーフ
エレガンス
Mondial
ルイヴィトン
アイグナー
Georges Rech
エルメス
Kurfürstendamm
ビッグ・エデン（ディスコ）
ストーリー・オブ・ベルリン p.104
銀行
カルチェ
シャネル
ブルガリ
p.117 ハリウッド・メディア・ホテル
カフェーハウス・ベルリン
バーバリー
エスカーダ
ホリデイ・イン・ガーデンコート
バーガーキング
銀行
ソニア・リキエル
メルセデスベンツ・ショールーム
ギャラリー2000
アデナウアープラッツ駅
Adenauer-pl.
ジル・サンダー
p.108 ブライブトロイ
ベルサーチ
Lietzenburger Str.
リーツェンブルガー通り
Ku'Damm 101 p.108へ
オリバープラッツ
Olivaerplatz
郵便局
クーダム劇場
Theater am Ku.-Damm
I
J
Xantener Strasse
Konstanzer Str.
Papeterie（モン・ブラン）
Uhlandstr.
Württembergische Str.
連邦保険監督庁
Bds. Aufsichtsamt
Bregenzer Str.
Bayerische Str.
Sächsische Strasse
Emser Strasse
ウーラント通り
Duisburger Str.
ヴィルマースドルフ
WILMERSDORF
Brandenburgische Str.
St. Ludwig Kirche
Düsseldorfer Str.
U7

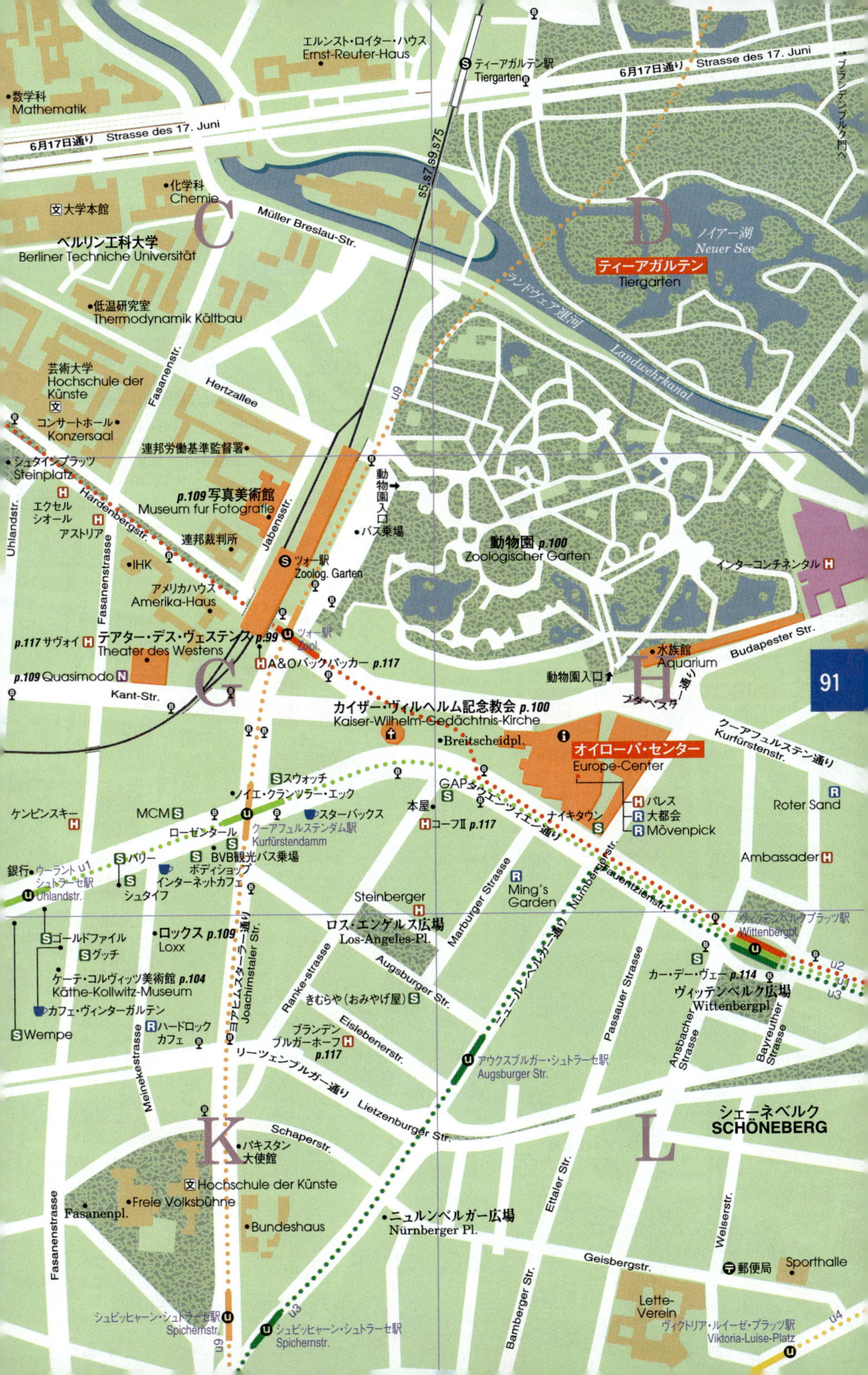

数学科 Mathematik
エルンスト・ロイター・ハウス Ernst-Reuter-Haus
ティーアガルテン駅 Tiergarten
6月17日通り Strasse des 17. Juni
ブランデンブルク門へ
s5.s7.s9.s75
化学科 Chemie
大学本館
C
Müller Breslau-Str.
ベルリン工科大学 Berliner Techniche Universität
D
ノイアー湖 Neuer See
ティーアガルテン Tiergarten
ランドヴェア運河
Landwehrkanal
低温研究室 Thermodynamik Kältbau
芸術大学 Hochschule der Künste
Fasanenstr.
Hertzallee
u9
コンサートホール Konzersaal
連邦労働基準監督署
シュタインプラッツ Steinplatz
動物園入口
p.109 写真美術館 Museum fur Fotografie
Hardenbergstr.
エクセル シオール
アストリア
Uhlandstr.
バス乗場
連邦裁判所
Jabensstr.
動物園 p.100 Zoologischer Garten
ツォー駅 Zoolog. Garten
IHK
Fasanenstrasse
アメリカハウス Amerika-Haus
インターコンチネンタル
p.117 サヴォイ
テアター・デス・ヴェステンス p.99 Theater des Westens
ツォー駅 Zool.
A&Oバックパッカー p.117
水族館 Aquarium
Budapester Str.
p.109 Quasimodo
G
動物園入口
H
ブダペスター通り
Kant-Str.
カイザー・ヴィルヘルム記念教会 p.100 Kaiser-Wilhelm-Gedächtnis-Kirche
Breitscheidpl.
オイローパ・センター Europe-Center
クーアフュルステン通り Kurfürstenstr.
スウォッチ
ノイエ・クランツラー・エック
GAP
タウエンツィエン通り
本屋
パレス
大都会
Mövenpick
Roter Sand
ケンピンスキー
MCM
スターバックス
ローゼンタール
クーアフュルステンダム駅 Kurfürstendamm
コーフII p.117
ナイキタウン
Nürnberger Str.
Ambassader
銀行
ウーラント シュトラーセ駅 Uhlandstr.
u1
バリー
BVB観光バス乗場
ボディショップ
インターネットカフェ
シュタイフ
Steinberger
Ming's Garden
Marburger Strasse
Tauentzienstr.
ヴィッテンベルクプラッツ駅 Wittenbergpl.
ゴールドファイル
グッチ
ロックス p.109 Loxx
ロス・エンゲルス広場 Los-Angeles-Pl.
ヨアヒムスターラー通り Joachimstaler Str.
Ranke-strasse
Augsburger Str.
ニュルンベルガー通り
カー・デー・ヴェー p.114
u2
u1
u3
ヴィッテンベルク広場 Wittenbergpl
ケーテ・コルヴィッツ美術館 p.104 Käthe-Kollwitz-Museum
カフェ・ヴィンターガルテン
きむらや（おみやげ屋）
Wempe
ハードロック カフェ
ブランデンブルガーホーフ p.117
Eislebenerstr.
Passauer Strasse
Ansbacher Strasse
Bayreuther Strasse
Meinekestrasse
リーツェンブルガー通り
Lietzenburger Str.
アウクスブルガー・シュトラーセ駅 Augsburger Str.
シェーネベルク SCHÖNEBERG
K
L
Schaperstr.
パキスタン大使館
Hochschule der Künste
Fasanenpl.
Freie Volksbühne
Bundeshaus
ニュルンベルガー広場 Nürnberger Pl.
Ettaler Str.
Welserstr.
Fasanenstrasse
Geisbergstr.
郵便局
Sporthalle
Lette-Verein
Bamberger Str.
シュピッヒャーン・シュトラーセ駅 Spichernstr.
u9
シュピッヒャーン・シュトラーセ駅 Spichernstr.
u3
ヴィクトリア・ルイーゼ・プラッツ駅 Viktoria-Luise-Platz
u4

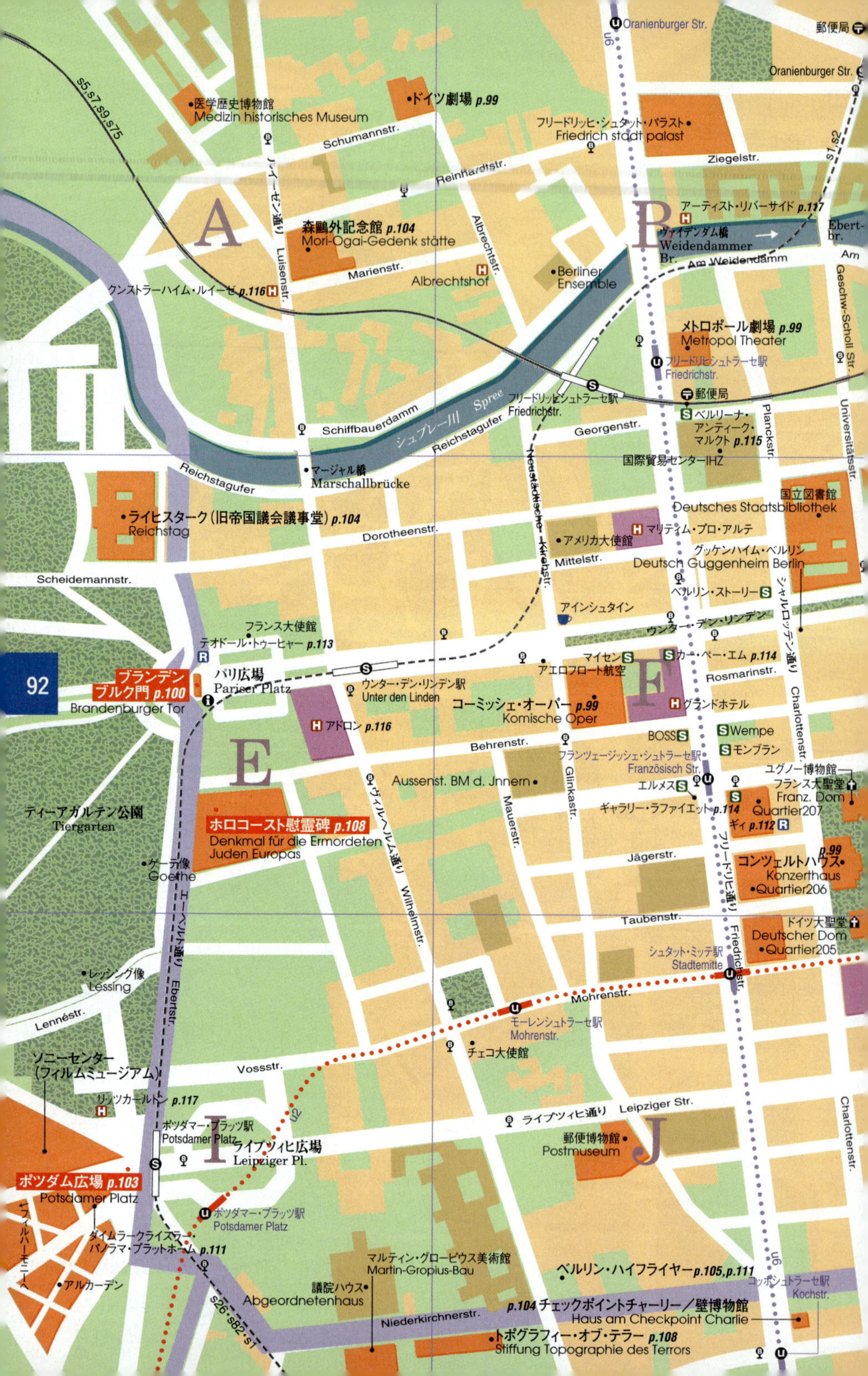

Oranienburger Str.
郵便局
Oranienburger Str.
s5,s7,s9,s75
医学歴史博物館
Medizin historisches Museum
ドイツ劇場 p.99
フリードリッヒ・シュタット・パラスト
Friedrich stadt palast
Schumannstr.
Reinhardtstr.
Ziegelstr.
S1 S2
A
ルイーゼン通り
Luisenstr.
森鴎外記念館 p.104
Mori-Ogai-Gedenk stätte
Marienstr.
Albrechtstr.
Albrechtshof
Berliner Ensemble
B
アーティスト・リバーサイド p.117
ヴァイデンダム橋
Weidendammer Br.
Am Weidendamm
Ebert-br.
Am
Geschw.-Scholl Str.
クンストラーハイム・ルイーゼ p.116
メトロポール劇場 p.99
Metropol Theater
フリードリヒシュトラーセ駅
Friedrichstr.
郵便局
Spree
シュプレー川
Schiffbauerdamm
フリードリッヒシュトラーセ駅
Friedrichstr.
Reichstagufer
ベルリーナ・アンティーク・マルクト p.115
Planckstr.
Universitätsstr.
Georgenstr.
国際貿易センターIHZ
マージャル橋
Marschallbrücke
Reichstagufer
Neustädtische Kirchstr.
国立図書館
Deutsches Staatsbibliothek
ライヒスターク(旧帝国議会議事堂) p.104
Reichstag
Dorotheenstr.
アメリカ大使館
マリティム・プロ・アルテ
グッケンハイム・ベルリン
Deutsch Guggenheim Berlin
Mittelstr.
Scheidemannstr.
ベルリン・ストーリー
シャルロッテン通り
アインシュタイン
ウンター・デン・リンデン
フランス大使館
テオドール・トゥーヒャー p.113
マイセン
カー・ベー・エム p.114
アエロフロート航空
Rosmarinstr.
F
92
ブランデンブルク門 p.100
Brandenburger Tor
パリ広場
Pariser Platz
ウンター・デン・リンデン駅
Unter den Linden
コーミッシェ・オーパー p.99
Komische Oper
グランドホテル
アドロン p.116
BOSS
Wempe
Behrenstr.
モンブラン
Charlottenstr.
E
フランツェージッシェ・シュトラーセ駅
Französisch Str.
ユグノー博物館
フランス大聖堂
Franz. Dom
Quartier207
Aussenst. BM d. Jnnern
エルメス
ギャラリー・ラファイエット p.114
ギィ p.112
ティーアガルテン公園
Tiergarten
ホロコースト慰霊碑 p.108
Denkmal für die Ermordeten Juden Europas
ヴィルヘルム通り
Wilhelmstr.
Mauerstr.
Glinkastr.
Jägerstr.
フリードリヒ通り
p.99
コンツェルトハウス
Konzerthaus
Quartier206
ゲーテ像
Goethe
エーベルト通り
Ebertstr.
Taubenstr.
ドイツ大聖堂
Deutscher Dom
Quartier205
シュタット・ミッテ駅
Stadtmitte
Friedrichstr.
レッシング像
Lessing
Mohrenstr.
モーレンシュトラーセ駅
Mohrenstr.
Lennéstr.
チェコ大使館
ソニーセンター(フィルムミュージアム)
Vossstr.
リッツカールトン p.117
U2
ライプツィヒ通り
Leipziger Str.
Charlottenstr.
ポツダマー・プラッツ駅
Potsdamer Platz
I
ライプツィヒ広場
Leipziger Pl.
郵便博物館
Postmuseum
J
ポツダム広場 p.103
Potsdamer Platz
ポツダマー・プラッツ駅
Potsdamer Platz
フィルハーモニーへ
ダイムラークライスラー・パノラマ・プラットホーム p.111
マルティン・グロービウス美術館
Martin-Gropius-Bau
ベルリン・ハイフライヤー p.105, p.111
U6
アルカーデン
議院ハウス
Abgeordnetenhaus
コッホシュトラーセ駅
Kochstr.
s26・s82・s1
p.104 チェックポイントチャーリー／壁博物館
Haus am Checkpoint Charlie
Niederkirchnerstr.
トポグラフィー・オブ・テラー p.108
Stiftung Topographie des Terrors

ベルリン／ウンター・デン・リンデン
Berlin / Unter den Linden
0
200m
ベルリンの壁跡。現在は石畳の跡以外ほとんど見ることはできない
p.109 カメレオンヴァリエテ
p.114 トリッペン
p.115 アンペルマン・ギャラリー・ショップ
ハッケッシャー・ホーフ p.106
Hackesche Höfe
ローゼンホーフ p.106
シェーンハウザー p.115
ユダヤ教会（ノイエ・シナゴーグ）
Café Orange
オラニエンブルガー通り
Deutsche Telekom Forsch.-u. Techno.
Oranienburger Str.
Rosenthaler Str.
Münzstr.
Luxemburg-Str.
Dircksenstr.
Karl-Liebknecht-Str.
s5,s7,s9,s75
パーク・イン
Spandauer Str.
p.106 am to pm
シュトラントバー・ミッテ p.106
モンビジュー公園
Monbijoupark
ハッケシャーマルクト駅
Hackescher Mkt.
Rochstr.
アレクサンダー広場
Alexanderpl.
郵便局
ボーデ博物館
Bodemuseum
Citystay p.108
Kinzo Klub
カール・リープクネヒト通り
アレクサンダープラッツ駅
Alexanderplatz
Kupfergraben
旧ナショナルギャラリー p.101
Alte Nationalgalerie
Brücke
ペルガモン博物館 p.101
Pergamonmuseum
フリードリッヒ橋
Friedrichsbrücke
テレビ塔 p.104
Fernsehturm
ラディソンSAS
アクアドーム＆
シーライフ・センター p.105
マリエン教会 p.104
St. Marien-Kirche
新博物館
Neues Museum
クンストライヒ p.115
エジプト博物館 p.102
Ägyptisches Museum
und Papyrussammlung
Happy Sushi p.107
Bodestr.
Eiserne Brücke
旧博物館 p.101
Altes Museum
ボート乗場
Rathausstr.
Am Zeughaus
ベルリン大聖堂 p.100
Berliner Dom
Lustgarten
リープクネヒト橋
Liebknechtbrücke
ツアー3乗場（Stern und Kreis社）p.105
市庁舎通り
フンボルト大学
Humboldt Universität
ドイツ歴史博物館 p.100
Deutsches Historisyhes Museum
ニコライ市街地区
Nikolaiviertel
赤の市庁舎
Rotes Rathaus
ノイエ・ヴァッヘ
Neue Wache
シュロス橋
Schlossbr.
シュプレー川
ムッター・ホッペ p.107
ツム・ヌスバウム p.113
ライン・ハルツ
ラートハウス橋
Rathausbr.
Grunerstr.
Unter den Linden
シュロス広場
（旧マルクス・エンゲルス広場）
Schlossplatz
オーベルン・パレー
ニコライ教会
NikolaiKirche
Spree
Spreeufer
クーゲル・アイ p.115
ベルリン国立歌劇場 p.99
Staatsoper Unter den Linden
Landesarchiv Stadtbibl.
聖ヘードヴィッヒ大聖堂
St. Hedwig Kathedrale
Schleusenbrücke
Sen. f. Bund. -angel.
Werderscher markt
Breite Str.
ミューレンダム橋
Mühlendammbrücke
Französische Str.
Werderscher Markt
ドイツ連邦銀行
Dt. Bundesbank
BM f. Ernähr. u. Landw.
警察署
Oberwallstr.
Unterwasserstr.
ジャンダルメン広場 p.104
Gendarmenmarkt
Gertraudenstr.
Fischerinsel
Friedrichsgracht
Oberwasserstr.
ハウスフォグタイプラッツ駅
Hausvogteiplatz
Kurstr.
ゲルトラウデン通り
u2
マルキッシェス・ムゼウム駅
Märk. Museum
ゲアトラウデン橋
Gertraudenbrücke
ヒルトンベルリン
BM für Justiz
Jerusalemer Str.
シュピッテル・マルクト広場
Spittelmarkt
Kronenstr.
郵便局
シュピッテルマルクト駅
Spittelmarkt
ライプツィヒ通り
Leipziger Str.
Seydelstr.
Krausenstr.
Kommandantenstr.
Schützenstr.
ベルリンの壁跡
Zimmerstr.
連邦印刷所
Bundesdruckerei
アルテ・ヤーコプ通り
Alte Jakobstr.
コッホ通り
Kochstr.
ユダヤ博物館 p.104へ
ヴァルデック公園
Waldeckpark
C
D
G
H
K
L
N
u8

ベルリン

観光には100番バスが、夜遊び派にはナイトバスが便利

INFORMATION

ℹ観光案内所

鉄道でツォー駅に着いた場合は、まっすぐオイローパ・センター内のℹを目指そう。一番大きいℹだ。

〈オイローパ・センター内ℹ〉 MAP●切りとり-26、p.91-H 住Budapester-Str.45 開10:00～19:00（日曜～18:00 ※4～10月は延長あり） 休無休

〈ブランデンブルク門横ℹ（Pariser-Pl.南翼）〉 MAP●切りとり-27、p.92-E 開10:00～18:00 ※4～10月は延長あり 休無休 ※ホテル予約は不可

〈テレビ塔下のインフォカフェ〉 MAP●切りとり-36、p.93-D 開10:00～18:00 ※4～10月は延長あり 休無休

HP www.berlin.de

●ユースホステル

■Jugendgästehaus berlin International MAP●切りとり-46 住Kluckstr.3 ☎2611097

■Jugendherberge Ernst Reuter MAP p.89-B 住Hermsdorfer Damm 48-50 ☎4041610

■Jugendgästehaus Am Wannsee MAP p.89-A 住Badeweg 1 ☎ 8032034

※一番上のJugendgästehaus Berlin以外は、場所が市の中心ではないので予約時に行き方をよく確認しておこう。

●CVJM（YMCA）

●U2 Nollendorf pl.から徒歩5分 MAP●切りとり-45 住Einemstr.10 ☎26491088 FAX 26491099 料S-€30、W-€50 HP www.cvjm-berlin.de

ベルリンの市外局番☎030

市内交通

Uバーン、Sバーン、市電、バス（一部船）があり、有効時間内同一チケットの相互乗換え可。料金は、市内をA、B、Cの3ゾーンに区切り、ABにまたがる区間とBCにまたがる区間、ABC全区間とで分けるシステム。詳しくはツォー駅前のBVG（ベルリン市交通連盟：開6:00～22:00）パビリオンで。

U/S

シャルロッテンブルク駅～オストクロイツ駅間はS5,7,9,75の4系統が結ぶ大幹線。主に東西方向に短時間で移動したいときに利用。

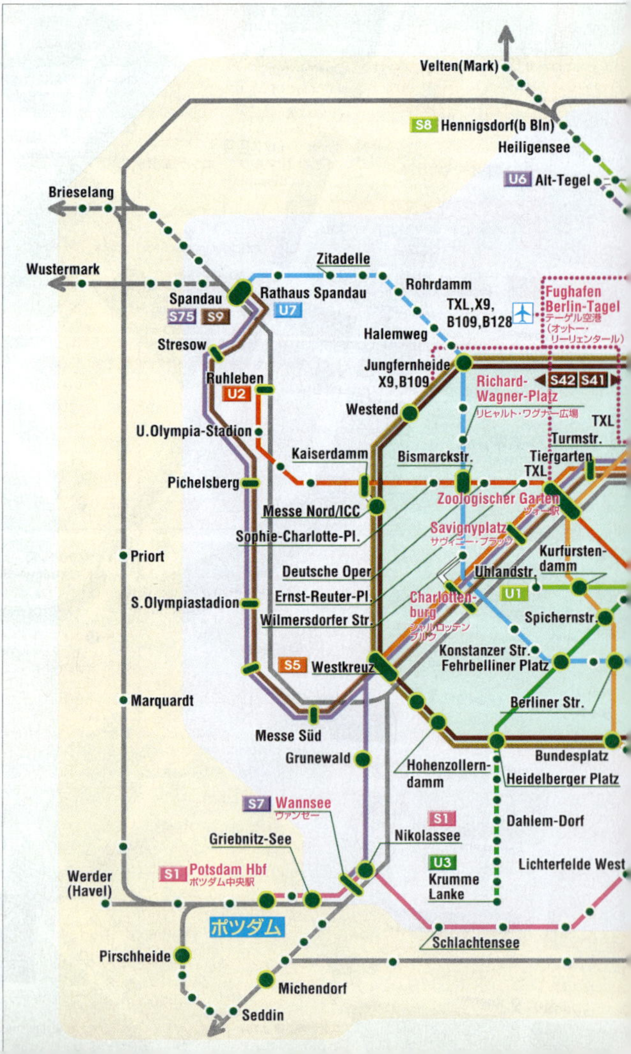

POINT **カフェのポストカード**　ベルリンでカフェに入ると、レジの横などにポストカードが積まれていることが多い。これはイベントの告知や企業PRなどを兼ねた無料配布のもの。実用にもなるし、デザインもさまざま。記念にもらっておこう。

市電／バス

バスは徒歩の補助としても有効で観光には一番便利。有名な100番バスの他、24:00～翌4:00過ぎまで運行するナイトバス（時刻表の路線番号前にNマークが付く）もある。市電は旧東ドイツ地区のみに発達。

タクシー

初乗り€2.50、呼び出しは☎0800-8001144（無料）他。1km毎に最初の7kmは€1.53ずつ、7km以降は€1.02ずつ加算。流しのタクシーを止めて乗車も可。目的地が近い場合（5分以内、または2km以内）には、乗車時に「Kurzstrecken《クルツシュトレッケン》（短距離で）」と言えば一律€3になる。

BVG乗車券の種類

■2時間有効1回券€2～
■1日乗車券€5.60～
■7日間乗車券€24.30～
※チケットは、駅のホームの自動券売機やバス停、バスの車内などで購入。U、Sではホーム入口で、市電、バスは乗車後、車内の刻印機（p.57参照）でパンチするのを忘れずに！
HP www.bvg.de

ベルリン エリア別特徴マップ

ベルリンは広い。一つの街の中にいくつものエリアがあって、エリアごとに特徴も違う。買物をするのに最適のエリアは？　博物館を見たいけど位置関係は？　クラブが充実しているのはどこ？　そんな疑問はこのマップを見ればバッチリ解決！

プレンツラウアーベルク東北部
ネオナチ多し
この先→
Voltastr.
Eberswalder Str.
Eberswalder Str.
8 3 1
カスターニエンアレー周辺
9 1 0
コルヴィッツプラッツ周辺
コルヴィッツ広場
8 2 1
オラニエンブルガー通り
7 4 3
ハッケシャーホーフ周辺
Nordbf.
Senefelderplaz
Rosenth. Pl.
博物館島
ペルガモン博物館、ボーデ博物館などが隣り合わせにあり充実
Rosa Luxembg. Pl.
Weinmeisterstr.
Oranienburger Tor
Oranienburger Str.
ハッケシャーホーフ
Hack. Mkt.
5
アレクサンダー広場
Alexanderpl.
Schillingstr.
テレビ塔
アレクサンダー広場周辺
ホームレス・ジャンキー多し
アンティークマーケット
p.113
9 4
Friedrichstr.
ペルガモン博物館
共和国広場
ティーアガルテン
夜のみ
夜のひとり歩き注意
U. d. Linden
ニコライ教会
ブランデンブルク門
ベルリン国立歌劇場
Französischestr.
Hausvogteipl.
フリーマーケット
土・日 11時～17時
7 2
Jannowitzbr.
ニコライ教会周辺
5 1
3
ウンター・デン・リンデン周辺
2つのオペラ座、フンボルト大学、ドイツ歴史博物館など。
Spittelmarkt
H.-Heine-Str.
ダイムラークライスラーパノラマ
ポツダム広場
アルカーデン、ソニーセンターなどのコンプレックスがオープン。映画館やカジノなどのレジャー施設も充実した新興エリア。
フリードリヒ通り
9 3
Kochstr.
文化広場
フィルハーモニー、新ナショナルギャラリー、絵画館などが徒歩圏内。
Anhalter Bahnhof
Moritzplatz
2 4 4
クロイツベルク地区
Kurfürstenstr.
Gleisdreieck
Möckernbrücke
Hallesch Tor
Prinzenstr.
Kottbusser T
クロイツベルク東部
～ノイケルン地区
不良外国人多し
Bülowstr.
ベアクマン通り周辺
5 0
Mehringdamm
Heinrich-von-Kleist-Park
Yorckstr.
Yorckstr.
Yorckstr.
Kleist-Park
Gneisenaustr.
Südstern
Bergmann Str.
Viktoriapark
テンペルホーフ
不良外国人多し
Volkspark Hasenheide

町にはトルコのスナック、ドナーケバブの店が多い。ローストした肉の表面をナイフでそぎ落として、サラダと一緒にはさんだもの。1個€2くらいから。

オペラ、コンサート、ミュージカル、ヴァリエテ……この街最大の魅力は、広い意味での“カルチャー”にある。情報誌に目を通してお気に入りのプログラムを見つけよう。街の大きさがパリの9倍と広いので地区の特徴を把握してから行動したい。

街のしくみ ミッテ地区から東側がトレンド

ショッピング中心のエリア、博物館が集まるエリアなど、エリア毎に下記のような特徴がある。なお、2006年6月以降はツォー駅にICEは停車しなくなり、旧西側都市からの高速列車は中央（レアター）駅に入ることになるので注意。

●ツォー駅周辺（MAP●切りとり-26、p.91-G）

旧西独時代の観光の拠点。今でもオイローパ・ツェンターというショッピングセンター内にⓘがあるほか、近辺に安宿や日本語可のインターネットカフェ（駅正面）などがある。100、200番バス（p.110）の基点。

●クーダム周辺（MAP●切りとり-31、p.90-J）

全長約3.5kmのショッピングストリート。旧西時代にはメインストリートだったが、主役を下記のフリードリヒ通りに奪われた印象。今でも高級ブティック店や個性的なホテルは多い。

シュプレー川対岸の新スポット

●ザヴィニー広場（MAP●切りとり-25、p.90-F）

特徴ある大人向けカフェ＆レストランが多く、ショップのセンスもいい。あまり大きな建物がなく落ち着いた雰囲気。

●ポツダム広場周辺（p.103）

ミッテ地区にあり、文字通り街の中心（ミッテ）。西側には美術館など文化施設が集中し、ここから高級ブランド店や一流ホテルが並ぶ買い物通り、フリードリヒ通りを北上すると、ウンター・デン・リンデンに交差する。

一番ホットなエリア、ポツダム広場

●博物館島（p.100）

ブランデンブルク門から、目抜き通りのウンター・デン・リンデンを抜けてシュプレー川に出ると、その左手の中州が世界遺産に指定されている博物館島。ペルガモン博物館ほか、世界的規模の博物館が集中する。

新生ライヒスターク。見学客も多い

●ニコライ教会周辺（MAP●切りとり-42、p.93-H）

中世的な雰囲気。ベルリン家庭料理のムッター・ホッペや、ラインハルツといったドイツ料理店と、旅行者向けおみやげ店などが集まるウォーターフロント。

ウンター・デン・リンデン。
通り名は菩提樹の下という意味

INFORMATION

●ホットライン
（Hotels・Tickets・Infos）
☎250025
営8:00〜19:00（土・日曜9:00〜18:00） 休無休
HP www.berlin-tourist-information.de
e-mail：information@btm.de
※観光局による情報＆予約サービス。ホテルの紹介、予約などの他、各種コンサートやオペラのチケットの予約などを代行してくれる。

●劇場などのチケットの買い方

①上記のホットラインに電話するか、劇場などに直接電話して予約する　②窓口Kasseに直接買いに行く（前売り券は1カ月前、当日券は開演1時間前に発券することが多い）　③下記のKartenbüro（プレイガイド）で購入する（10%程度の手数料が必要な場合もある）　④ホテルのコンシェルジュに頼む（20%程度の手数料が必要）　⑤劇場前で“Suche Karte”（チケット求む）と書いた紙を持ってチケットが余っている人を探す、などのパターンがある。なお、当日券を買うなら下記のHEKTICKET（2カ所）も試して欲しい。半額になる。

◆HEKTICKET
＜アレクサンダー広場前＞
住Liebknechtstr.12　☎24312431　営12:00〜20:00　休日曜
＜ツォー駅向かい、ドイツ銀行内＞
住Hardenbergstr.29d　☎2309930　営10:00〜20:00（日曜14:00〜18:00）

ニコライ教会周辺

●プレンツラウアー・ベルク地区（MAP●切りとり-30）

バーやクラブ、小劇場など刺激的な遊び場が多い。旅行者が行きやすいコルヴィッツ広場周辺は、おしゃれなエスニック系レストランも多く、広場では毎週土・日曜の9時からマーケットが、木曜12時からはエコロジーな食品&雑貨のエコ専門マーケットがある。カスタニエン通りKastanienalleeからエバースヴァルターシュトラーセ駅の周辺にかけては、安価なアンティークショップや雑貨店なども点在。人気のスポットになっている。

楽しみ方 何でもありの充実エンターテインメント

サイモン・ラトル率いる世界最高峰のオーケストラ、**ベルリン・フィルハーモニー管弦楽団**を頂点に、創設428年以上の歴史を誇る**ベルリン・シュターツカペレ**などフルオーケストラが8団体もある。コンサート会場では、満席時の残響が1.95秒という音響の良さで知られるフィルハーモニーや、シューボックス型ホール（狭い幅と高い天井に特徴）のコンツェルトハウスが有名。オペラ座は3つもあり、特にドイツ3大歌劇場のひとつ**ベルリン国立歌劇場**と、ハンブルク出身女流演出家クリステン・ハルムスが総監督を務める**ベルリン・ドイツ・オペラ**の評価が高い。**コーミッシェ・オーパー**もコヴァルスキーなどの人気歌手を輩出している。

ベルリン国立歌劇場の内部。

ミュージカル（HP www.stageholding.de）では、61年に『マイ・フェア・レディ』で100万人以上の観客を動員した**テアター・デス・ヴェステンス**が有名。**メトロポール劇場**（MAP●切りとり-27、p.92-B）はチケットが安く、オペレッタでも知られる。**ポツダム広場劇場**（MAP●切りとり-40）は、毎年2月に開催されるベルリン映画祭のメイン会場で現在は『Blue Man Group』というエンターテイメントを行っている。

演劇では、評価が高いのがシェークスピアから現代劇までやる**ドイツ劇場**（HP deutschestheater.de）。

また、スポーツイベントでは、秋の**ベルリンマラソン**に注目。2001年には高橋尚子が、2005年には渋井陽子が日本新記録を出した（2006年は9月23～24日開催予定）。

とっておき情報

博物館、美術館情報チケット情報！

①1日有効…博物館島（エジプト博物館、ペルガモン博物館など）は€12、学生€6で共通。カルチャーフォーラム（絵画館、新ナショナルギャラリーなど）は€8、学生€4で共通。

②入場無料…木曜の閉館4時間前以降と16歳未満の入場。

③3日券…3-TAGE-Karte（€15、学生€7.50）SMBを含む50館以上で共通。ℹで購入可。

SMB管理

HP www.smb.museum

●Kartenbüro（プレイガイド）

◆Theaterkasse

住 Tauentzienstr.21-24（KaDeWe内6F）☎2177754

◆City-Center

住Kurfürstendamm 16

☎88726620

●コンサートホール

◆フィルハーモニー

Philharmonie

MAP●切りとり-40

● S1,2 Potsdamerpl.《ポツダマープラッツ》から徒歩10分　住Herbert-von-Karajanstr.1

◆コンツェルトハウス

Konzerthaus Berlin

MAP●切りとり-34、p.92-F

● U2 Hausvogteipl.《ハウスフォクタイプラッツ》から徒歩5分　住Gendarmenmarkt2（窓口：住Charlotten-Str.56）

●オペラ座

◆ベルリン国立歌劇場

Staatsoper Unter den Linden

MAP●切りとり-28、p.93-G

● バス100他 Dt.Staatsoper《ドイチェ・スターツオーパー》から徒歩1分　住Unter den Liden7

◆ベルリン・ドイツ・オペラ

Deutsche Oper Berlin

MAP●切りとり-37、p.90-A

● U2 Deutsche《ドイチェ》 Oper《オーパー》から下車すぐ　住Bismarck-Str.35

◆コーミッシェ・オーパー

Komische Oper

MAP●切りとり-27、p.92-F

● M6 Französische《フランツェージッシェ》 Str.《シュトラーセ》から徒歩6分　住Behrenstr.55-57

●劇場

◆テアター・デス・ヴェステンス

Theater des Westens

MAP●切りとり-26、p.91-G

住Kantstr.12

☎319030（窓口）

◆ドイツ劇場　Deutsches Theater und Kammerspiele

MAP●切りとり-27、p.92-A

住Schumann-Str.13a-14

☎28441225

ツォー駅～ティーアガルテン周辺

カイザー・ヴィルヘルム記念教会 ★★
Kaiser-Wilhelm-Gedachtnis-Kirche

map ◯切りとり-26、p.91-G

● U2,9 S3,5,9他 Zoologischer《ツォーロギシャー》 Garten《ガルテン》から徒歩５分

皇帝ヴィルヘルム１世による統一ドイツを記念して1895年に建立。第二次大戦の戦災で半分破壊されたが、戦争の悲惨さを伝えるためそのまま保存。隣接する礼拝堂は青のステンドグラスが美しい。

地元でのニックネームは虫歯

住 Breitscheidpl. 開9:00～19:00 休無休 料無料

動物園（ツォー） ★★
Zoologischer Garten

map ◯切りとり-26、p.91-H

● U2,9 S3,5,9他 Zoologischer《ツォーロギシャー》 Garten《ガルテン》から徒歩５分

ドイツ最古の動物園（1844年)。1400種以上の動物を飼育するなど規模も世界有数で、水族館も併設。広々とした飼育環境も人気。

住Hardenbergpl.8 開9:00～18:30（冬季は～17:00） 休無休 料€11（学生€８)、水族館コンビ€16.50（学生€13） ☎254010

ジーゲスゾイレ（戦勝記念塔） ★★
Siegessäule

map ◯切りとり-39

● バス100他 Grosser《グローサー》 Stern《シュテルン》から徒歩２分

1864年の対デンマーク戦以降、プロイセンによるドイツ統一に至る戦争の勝利を記念して1873年に建てられた。高さ67m、先端の金色に輝くヴィクトリア女神像は有名だ。地上約50m地点に展望台があり市内の眺望が楽しめる。

住Am Grosser Stern 開9:30～18:30（土・日曜～19:00、11～3月10:00～17:00土・日曜～19:30） 休無休 料€2.20、学生€1.50

通りを横切るのではなく、地下道をくぐっていくこと

門頭の馬車は古代のカドリーガ（４頭立て二輪馬車）

ブランデンブルク門 ★★★
Brandenburger Tor

map ◯切りとり-27、p.92-E

● S1,2 Unter《ウンター》 Den《デン》 Linden《リンデン》から徒歩２分

古代ギリシアの神殿、パルテノンの列柱門を範にとり、プロイセン王国の凱旋門として設計（1788～91年）された。長年“壁”に囲まれ、東西分断の象徴だったが、現在は統一ドイツのシンボル。高さ20mの門頭を飾る古代の戦車に乗った勝利の女神像は、ナポレオンに戦利品として持ち去られた（1806年）こともあるが、後に取り戻した。

博物館島周辺

ベルリン大聖堂 ★★
Berliner Dom

map ◯切りとり-28、p.93-G

● バス100他 Lustgarten《ルストガルテン》から徒歩２分

現在の形になったのは1905年。高さ114m、幅73mの巨大な天井ドームが印象的。内部にはホーエンツォレルン王家の墓所があり、ドームには270段の階段を通じて上ることもできる。7269本の管をもつ、ドイツ最大級パイプオルガンも見どころ。

住Am Lustgarten 1 開9:00～19:00（日曜・祝日12:00～）※入場は閉館１時間前まで。冬季変動有 料€５（学生€３） ■www.berliner-dom.de ☎20269128

壮麗な内部

ドイツ歴史博物館（ツォイクハウス） ★★
Deutsches Historisches Museum (Zeughaus)

map ◯切りとり-28、p.93-G

● バス100他 Lustgarten《ルストガルテン》から徒歩５分

もとは1706年に建てられたプロイセン軍の武器庫。現在は中世から現代に至るドイツの歴史を展示している。ウンター・デン・リ

ンデンでは最も歴史がある建物だが、ルーブル美術館のピラミッドも手がけた有名中国系建築家I.M.Pei氏の設計によりリニューアル。裏手の特別展のギャラリーが先行オープンした。常設展のある博物館側は2006年６月頃に再オープンする予定（ショップはオープン中）。

住Unter den Linden 2　開10:00～18:00　休無休　☎203040　料€２（特別展ギャラリー）

旧ナショナルギャラリー ★★★
Alte Nationalgalerie

map ◯切りとり-28、p.93-C

● バス100,200他 Lustgarten《ルストガルテン》から徒歩５分

人気の高いマネ、モネ、セザンヌ、ルノアールといったフランス印象派の作品、メンツェルなど19世紀のドイツ絵画、リアリスム、ロダンの彫像作品などの傑作が揃う。

住Bodestr.1-3　開10:00～18:00（木曜～22:00）　休月曜　料€８、学生€４　☎20905577

古代ギリシャ神殿のような外観

旧博物館 ★★★
Altes Museum

map ◯切りとり-28、p.93-C

● バス100,157 Lustgarten《ルストガルテン》から徒歩３分

新古典主義の大家、シンケルが設計のベルリン最初の公共博物館。正面から見るイオニア式円柱が印象的。現在、常設展は１階の古代ギリシャ、ローマ時代の彫像など。上階は期間で区切った特別展（別料金）を行うスペースになっている。

住Museuminsel, Lustgarten　開10:00～18:00　休月曜　料€８、学生€４　☎20905577

正面から見た旧博物館

ペルガモン博物館 ★★★
Pergamonmuseum

map ◯切りとり-28、p.93-C

● S3,5,7他 Hackescher《ハッケシャー》 Markt《マルクト》から徒歩10分、バス100他 Lustgarten《ルストガルテン》から徒歩７分

数あるベルリンの博物館の中でも、最も有名かつ重要な博物館のひとつ。必見なのが**古代コレクション**Antiken Sammlung。中でも古代オリエントのペルガモン（現トルコ領）から発掘された『**ゼウスの大祭壇**Pergamon-Altar』（紀元前180～160年）は、守護神ゼウスに捧げた神殿を高さ9.66mで再現、ヘレニズム建築の最高傑作として世界的に有名だ。しかも単に見るだけでなく、実際に段を上がって古代のアクロポリスを体感する事が出来る。この他、古代バビロニアのネブカドネザル２世時代（紀元前603～562年）の『イシュタル門』と、そこに至る『行列大通り』や、『ミトレスの市場門』など、スケールの大きな古代中近東コレクション、さらに、８～19世紀のイスラム美術を集めたコレクションもある。

住Museuminsel, Am Kupfergraben　開10:00～18:00（木曜～22:00）　休月曜　料€８、学生€４　☎20905577

➡天上の神々と巨人達との戦いなどを描いた彫刻も見どころ

⬇入館時に展示解説を録音してあるボイスコーダー（日本語あり）を貸してくれる

エジプト博物館 ★★
Ägyptisches Museum und Papyrussammlung

map ◯切りとり-28、p.93-C

● U6,S1,2 Friedrichstr.《フリードリヒシュトラーセ》から約10分。S5,7,9,75 Hackescher《ハッケシャー》 Markt《マルクト》から約10分。

古いものは紀元前3000年にさかのぼるという古代エジプト史に関する博物館。圧巻は高さ約８mの**カブラシャ神殿門**（紀元前2000年頃）と、古代エジプトの都、アマルナの宮殿跡から発掘された**王妃ネフェルティティの胸像**（紀元前1350年頃）だ。**死者の書**なども収蔵。

住Bodestr.1-3, 旧博物館内
開10:00～18:00（木曜は～22:00）
休なし 料€８、学生€４
☎20905108

王妃ネフェルティティの胸像。石灰石で型どりして彩色してある

カルチャーフォーラム周辺

絵画館 ★★★
Gemäldegalerie

map ◯切りとり-40

● バス200他 Philhamonie《フィルハーモニー》から徒歩５分

世界屈指のコレクションを誇る巨大美術館。全収蔵約2700点、常時展示数は約1400点。中央に広いアトリウムを贅沢に配し、その周囲に年代や作家毎に分けたホールがいくつも並ぶ。ヴァン・アイクの『教会の中の聖母』、レンブラント『ベレー帽の自画像』、フェルメール『真珠の首飾りの女』など、どれも美術書に出てくるような名作ばかり。他にもブリューゲル、ルーベンス、ラファエロ、ゴヤ、デューラー、ボッティチェリ、クラーナッハなど、13～18世紀のヨーロッパ絵画の傑作が目白押し。絵画好きは必見。なお、建物はカルチャーフォーラムKulturforumという文化施設の中にあり、同施設内に工芸博物館や図書資料館などもある。

フェルメール『真珠の首飾りの女』

住Stauffenbergstr.40（入口Matthälkirch Pl.8）
開10:00～18:00（木曜～22:00） 休月曜 料€８、学生€４ ☎2662951

展示スペースは広くゆったり鑑賞できる

新ナショナルギャラリー ★★★
Neue Nationalgalerie

map ◯切りとり-40

● バス200他 Philhamonie《フィルハーモニー》から徒歩７分

外観は斬新なガラス張り。ピカソ、クレーなどキュービズムや表現主義といった20世紀のヨーロッパ現代画や彫像作品を収蔵。地上階は年間10万人以上が訪れるという企画展スペース（別料金）。2004年はニューヨークからのMoMA展を企画、大盛況だった。

住Kulturforum, Potsdamerstr.50 開9:00～18:00（木曜～22:00、土曜10:00～22:00、日曜10:00～20:00） 休月曜 料€12、学生€６
☎2662651

地下階に常設展

バウハウス資料館 ★★
Bauhaus-Archiv Museum

map ◯切りとり-39

● バス100,129他 Lützowpl.《リュッツォウプラッツ》から徒歩３分

現代の造形デザインや建築に絶大な影響を与えたバウハウス（1919～33年）の歴史を展示。工業製品、建築模型、ポスターなども。

住Klimgelhöferstr.14 開10:00～17:00 休火曜
料€４、学生€２ ☎2540020

ベルリンの市外局番☎030

ポツダム広場 ★★★
Potsdamer Platz

map ◯切りとり-40、p.92-I

● S1,2 U2 Potsdamer Pl.《ポツダマープラッツ》から徒歩２分

戦前はヨーロッパ一混雑するといわれていたベルリンの中心地。世界最初の交通信号機も設置された。現在はショッピングアーケードのアルカーデン、カジノやホテル、ソニーセンターなどの複合施設エリアになっている。ソニーセンター内にはフィルムミュージアムもあり、映画の歴史を巡る展示やマレーネ・ディートリヒのコレクションを所蔵。

＜フィルムミュージアム＞住Potsdamer Str.2 開10:00～18:00、木曜～20:00） 休月曜 料€６ ☎28397444

←ソニーセンターと
↓フィルムミュージアム

シャルロッテンブルク宮殿周辺

シャルロッテンブルク宮殿 ★★★
Schloss Charlottenburg

map ◯切りとり-31、p.89-B

● バス110,145他 Schloss《シュロス》 Charlottenburg《シャルロッテンブルク》から徒歩２分

プロイセン国王フリードリヒ１世が、妻ゾフィーのために建てた夏の離宮（1695年起工)。中国磁器を壁面いっぱいに並べて飾り付けた**陶器の部屋**や、銀の小部屋、王冠の展示などある。内部には他に先史博物館(Museum für Vor-und Frühgeschichte）もある。

住Spandauer Damm 20-24 開9:00～17:00（土・日曜10:00～）※最後のツアー16:00 休月曜 料€８、学生€５ ☎320911

手前の騎馬像はフリードリヒ１世

ピカソとその時代展 ★★★
Museum Berggruen (Picasso und seine Zeit)

map ◯切りとり-37、p.89-A

● バス145他 Schloss《シュロス》 Sharlottenburg《シャルロッテンブルク》から徒歩３分

ピカソと友人だった美術商、ベルククグリューンのコレクション。ベルリン州に貸与しているもので、彫刻なども合わせてピカソ作品80点以上を堪能できる。クレーの作品も収蔵。

開10:00～18:00 休月曜 料€６（学生€３） ☎3269580

その他の地区

ハンブルガーバーンホーフ ★★
Hamburger Bahnhof

map ◯切りとり-35、p.89-B

● S3,7他 Lehrter《レアター》-Bhf.《バーンホーフ》から徒歩10分

戦災で破壊されたままだった同名の駅舎を州立現代美術館として再建。主に企画展会場として利用されヨーゼフ・ボイス、ロイ・リキテンシュタインなどの第一級作品が並ぶ。

住Invalidenstr.50-51 開10:00～18:00（土・日曜11:00～18:00） 休月曜 料€８、学生€４ ☎39783412

ダーレム博物館 ★★
Museumszentrum Dahlem

map p.89-A

● U1 Dahlem《ダーレム》-Dorf《ドルフ》から徒歩５分

主にヨーロッパ外の民俗学が充実した郊外の博物館コンプレックス。古代マヤ文明の遺跡から南太平洋の帆船まで幅広く展示。とにかくスケールが大きく見応えがある。同じ建物内に、インド美術や日本を含む東アジア美術のコレクションもある。

住Arnimallee23-27（入口Lansstr.8） 開10:00～18:00（土・日曜11:00～） 休月曜 料€６、学生€３ ☎8301438

日本の浮世絵も発見。インド、イスラムなどの美術品もある

南太平洋の木彫りの祭事器など展示の工夫もすごい

ベルリンの市外局番☎030

ユダヤ博物館 ★★★
Jüdisches Museum Berlin

map ◯切りとり-47、p.93-K

● U1,U6他 Hallesches《ハレッシェス》 Tor《トーア》から徒歩８分

中世から現代までのドイツにおけるユダヤ人の歴史と文化を紹介。ユダヤ系米国人ダニエル・リーベスキントの設計で、4000点にも上がる展示資料をインタラクティブに見せる。また、建物自体が哲学的テーマを内包したアート作品で、例えば出入り口のある旧館と、メイン展示物のある新館を結ぶ地下通路「継続の軸策 Axis of Contiuity」は、途中で「ホロコースト・タワー」と「追放の庭」への通路と交差する。これはユダヤ人が辿った苦難の道を象徴。ホロコースト・タワーは、むき出しのコンクリートで囲まれた何もない密室空間。扉を閉めると、わずかな光が天井近くから差し込むだけ。もちろんこれは強制収容所を象徴。新館の吹き抜けは「空白の記憶Memory of Void」。虐殺されたユダヤ人の顔を象徴した鉄板が転がっている。

住Lindenstr.9-14　開10:00～20:00（月曜～22:00）　休ユダヤの祝日、12/24　料€５、学生€2.50　☎25993300　HP www.jmberlin.de

「空白の記憶」

地下通路。新館に続く

ドイツ技術博物館 ★★
Deutsches Technikmuseum Berlin

map ◯切りとり-46

● U1,2,15他 Gleisdreieck《グライスドライエック》から徒歩５分

技術の歴史や、機械の仕組みに関する博物館。ほとんどの展示物が実際に稼動する体験型で、鉄道から航空、印刷、通信などを紹介。

住Trebbiner Str.9　開9:00～17:30（土・日曜10:00～18:00）　休月曜　料€4.50、学生€2.50　☎902540　HP www.dtmb.de

大がかりな仕組みのものが多い

実際に「脱走」に使った道具も展示

チェックポイントチャーリー／壁博物館 ★★
Haus am Checkpoint Charlie

map ◯切りとり-41、p.92-J

● バス129 Kochstr.《コッホシュトラーセ》から徒歩２分、U6 Koch-Str.から徒歩５分

かつてベルリンを東西に分断していた“壁”。その崩壊前の越境にまつわる悲劇や、崩壊前後の様子を写真やビデオ、オブジェなどで紹介。

住Friedrichstr.43-45　開9:00～22:00　休無休　料€9.50、学生€5.50　☎2537250

その他の見どころ

▼**ライヒスターク**（旧帝国議会議事堂）　現連邦議会議事堂。ガラス張りのドームが見学可能。MAP ●切りとり-27、p.92-E　住Platz der Republik1　開8:00～24:00（入場～22:00）　料無料　HP www.bundestag.de

▼**テレビ塔**　高さ365m。地上203mに展望台、その上に回転レストラン、地上にはℹやカフェも。MAP ●切りとり-36、p.93-D　住Panoramastr.1a　開9:00～24:00（11～２月は10:00～）　料€6.80　☎2423333

▼**マリエン教会**　起源は13世紀。森鷗外『舞姫』の舞台として有名。内部には『死の舞踏』というフレスコ画がある。MAP ●切りとり-36、p.93-D　住Karl-LiebknechtStr.8　開10:00～18:00、11～３月～16:00～　休金曜　☎24759510

▼**森鷗外記念館**　1887年から４年間の留学のうち約１年４カ月滞在したベルリンの下宿跡を再現。書簡集や原稿、デスマスクなどがある。MAP ●切りとり-27、p.92-A　住Luisenstr.39　開10:00～14:00　休土・日曜、祝日　料無料（寄付歓迎）　☎2826097

▼**ジャンダルメン広場**　市内で一番美しいとされる広場。コンツェルトハウスを中央に、左がドイツ大聖堂、右がユグノー博物館のあるフランス大聖堂。MAP ●切りとり-34、p.93-G 〈ユグノー博物館〉 開12:00～17:00（日曜11:00～）　休月曜　☎2291760

▼**ケーテ・コルヴィッツ美術館**　ベルリンに50年暮らし、庶民の生活を作品にした女流画家の個人美術館。MAP ●切りとり-32、p.91-K　住Fasanenstr.24　開11:00～18:00　休火曜　料€５、学生€2.50　☎8825210

▼**ストーリー・オブ・ベルリン**　ベルリンの800年の歴史を世相を含めて多面的に紹介。最上階は展望スペース。別館では実際に稼働中の核シェルターツアーもある。MAP ●切りとり-32、p.90-J　住Kurfürstendamm207-208（Ku'damm Karree内）　開10:00～20:00（入館18:00まで）　休無休　料€9.30、学生€7.50　☎88720100

ベルリンの壁を展示

ようこそ！ワンダーランド・シティベルリンへ

伝統を大事にするヨーロッパでは、
新しい建物を建てるだけでも大変な事件。
ベルリンのように建築ラッシュで沸くメガロポリスというのは
ドイツはもちろん、他の国でもまず見かけない。
未だに新しい施設が生まれ続けるベルリンは、
なにが飛び出すかわからないワンダーランド・シティだ。

アクアドーム外観

Sea Life水族館内部

上がりのみで下りはない

ワンダートピック1 AquaDom アクアドーム 1

高さ25m、直径11.5mという世界最大のシリンダー型水槽が、なんとホテル（Radisson SAS Hotel）のロビー空間に登場。100万リットルもの水の中を2500匹もの魚が泳ぐ。しかもこの水槽、隣接する別棟の水族館（AquaDom & Sea Life Center）の地下から、シリンダー内のエレベーターに乗って、上昇しながらお魚鑑賞ができる仕組み。水族館は30の水槽でいくつかのエリア（シュプレー、エルベ、北海など）を再現しているが、どちらかというと子供向け。ホテルのロビーにあるので、外側から眺めるだけなら無料。ちなみにこの周辺はDomAquaréeという複合施設エリアとして開発されている。

◆AquaDom & Sea Life Center Berlin MAP●切りとり-28、p.93-D 住Spandauer Str.3 ☎992800 開10:00～19:00（10～3月～18:00） 休12/24 料€13.50、学生€12.60（※水族館含む）◆Radisson SAS Hotel ☎238280（00800-3333-3333）料S/W-€160～、朝食€21

ワンダートピック2 Berlin Hi-Flyer 気球体験 2

いまやすっかりベルリンの中心地として定着したポツダム広場。ソニーセンターをはじめ、斬新な設計のビルが建ち並ぶが、これを上空から気球（MAP p.92-J）に乗って眺めることができる。ゆらゆら揺れたり、風を感じたりするのが気球ならでは。気球はワイヤーで地上とつながっているので安心。データはp.111参照。

エレベーターと違って足下が見えるのがスリル

ワンダートピック3 River cruise ボート遊び 3

シュプレー川リバークルーズ（夏季のみ）は観光として回るだけのものからディナークルーズまで様々。気軽に楽しむならリープクネヒト橋（MAP p.93-H）から出るシュテルン・ウント・クライス社の「ツアー3」がおすすめ。往復€8.50、ニコライ地区で下船€5。本格的に見て回るならシュロス橋Schlossbr.（MAP●切りとり-31）から乗るといい。

◆Stern und Kreis ☎5363600 HP www.sternundkreis.de ◆Reederei Bruno Winkler ☎3499595 料€13.50～ ※シュロス橋10:20発。ヤノヴィッツ橋（MAP●切りとり-42）下船（所要1時間50分）なら€9.50、さらに折り返しは所要3時間。HP www.reedereiwinkler.de

ワンダートピック4 **Kulturellspot**

カルチャースポット 4

ベルリンにはマルチカルチャーなコンプレックスが多くある。一つのビルの中にカフェ、レストラン、劇場、ショップ、コンサートスペースなどが入っていて、観劇のあとカフェで友人と語り合ったり密度の濃い時間を過ごすことが出来る。特にホーフ（中庭）が8つもある不思議な構造のハッケシャーホーフは、おしゃれなショップやレストランが充実、人気が高い。廃屋だった元デパートを、アーティストたちが不法占拠してアトリエなどにしてしまったタヘレスも有名。ここにはギャラリー、カフェ、アングラな劇場などがる。

ハッケシャーホーフの中庭

⬅左はタヘレス。廃屋だがすっかり観光名所になっている。右は最近できたばかりのローゼンホーフ

名前の通りピンク色

おすすめカルチャースポット

◆ハッケシャーホーフ Hackesche Höfe MAP●切りとり-28、p.93-C S3,4,5他 Hackescher Marktから徒歩2分 住RosenthalerStr.40-41

◆タヘレス Tacheles MAP●切りとり-35 U6 Oranienburger Torから徒歩3分 住Oranienburger str.53-56

◆フェッファーベルグ Pferfferberg 主にコンサートスペース。夏はビアガーデンなども。MAP●切りとり-36 U2 Senefelder pl.から徒歩2分 住Schonehauser Allee 176 ☎44383342

◆クルトゥアブラウエライ Kultur Brauerei 劇場、コンサートスペース、ディスコなど。MAP●切りとり-30 U2 Eberswalder str.から徒歩3分 住Knackstr.97 ☎443151525

◆ローゼンホーフ Rosen Höfe ピンク色の内装。おしゃれなテラス席付きカフェ・レストランあり。MAP●切りとり-36、p.93-D S3,4,5他 Hackescher Marktから徒歩4分 住Rosentalerstr.36

ワンダートピック5 **Strandbar**

シュトラントバ 5

海のないベルリンにビーチ出現!?　スイスの海軍みたいな話だが、シュプレー川のほとりに突如砂浜が現れ、ピクニックテーブルにビーチパラソルのもと、カクテルやビールを楽しむというバーが出現、人気を博している。ちなみにドイツ語でビーチはStrand。郊外のWannseeなどにもあるが、町のど真ん中でというのがミソ。もちろん夏季限定だが、ここでは裏手に小さな劇場までできる。また、ベルリンでは、砂がなくても、ゆったりくつろげるビーチソファが人気。カフェやバーでは、通りに席を出してリゾート気分を楽しむ光景をよく見かける。

⬆「am to pm」というレストラン前で。コンビニかと思ってしまうが、24時間営業のレストラン&バー。とても駅前とは思えない雰囲気

◆Strandbar Mitte MAP●切りとり-28、p.93-C S3,4,5他 Hackescher Marktから徒歩8分 住Monbijoustr.10

◆am to pm MAP●切りとり-28、p.93-C S3,4,5他 Hackescher Marktから徒歩1分 住S-Bahn Hackescher Markt

ヤシの木まで登場して本物の南国ビーチのよう

特徴あるレストランガイド

◆Zander（ドイツ料理） MAP●切りとり-30 住Kollwitzstr.50 ☎44057678 営18:00～深夜 休月曜

◆Gugelhof（ドイツ料理）ビル・クリントンも来たという評判のお店。夜は要予約 MAP●切りとり-30 住Knaa-ckstr.37 ☎4429229 営16:00～翌1:00（土・日曜10～、ラストオーダー23:30） 休無休

◆Sowohlalsauch（カフェ）10種ほどの自家製ケーキにエスプレッソは南米産の豆。朝食サービスのスクランブルエッグは評判 MAP●切りとり-30 住Kollwitzstr.88 ☎4429311 営8:00～翌2:00

◆Uluru（オーストラリアンパブ）エミューやカンガルーの肉が食べられる MAP●切りとり-30 住Rykestr.17 ☎44049522 営16:00～深夜（土・日曜18:00～）

◆アムリット（インド料理）スタイリッシュなインテリアと抜群のロケーション。味はマイルド。 MAP●切りとり-35 住Oranienburgerstr.45 ☎28884840 営11:00～翌1:00（金・土曜10:00～翌2:00）

◆PraterGaststätte & Biergarten（ドイツ料理＆ビアガーデン）ベルリンで一番古いビアガーデン MAP●切りとり-30 住Kastanienallee7-9 ☎4485688 営18:00～深夜（土・日曜14:00～翌3:00）／ビアガーデン16:00～深夜（土・日曜12:00～）

◆串乃屋（日本料理）欧州初の本格串揚げ店（コースのみ） MAP●切りとり-25、p.90-F 住Bleitreustr.6 ☎31809897 営18:00～24:00 休月曜

◆インビス宇田川 カツカレーなど MAP●切りとり-25、p.90-E バス149他 Kantstr./Leibnzstr.から5分 住Kantstr.118-119 ☎3123014 営12:30～24:00 休無休

◆カスバ Kasbah（モロッコ料理）アラビアンでボリュームたっぷり。MAP●切りとり-35 住Gipsstr.2 ☎27594361 営18:00～深夜 休月曜

◆Al Hamra（カフェ）ワイヤレスLANがあるカフェ MAP●切りとり-30 U2 EberswalderStr.駅から10分 住Raumerstr.16 ☎42850095 営10:00～深夜 休無休 HP www.alhamra.de

▼ミルチ MAP●切りとり-35 U6 Oranienburger Tor駅から5分 住Oranienburgerstr.50 ☎28444482 開 12:00～24:00（金・土曜～翌1:00） 住なし ■www.mirchi.de

ワンダー
トピック6

Cafe & Bar & Restaurant
カフェ&バー&レストラン 6

この街ではユニークな特徴をもつレストランやバーも多く、とくにエスニックなものが人気。スシもブームで、市内には回転寿司をはじめ100を超えるスシバーがあるといわれるほど。味は日本には及ばないが、ささや（p.113）はオーナーシェフが日本人だけあって、おいしいと評判。また、アムリットAmritを成功させたオーナーが同じ通りにオープンさせたシンガポール料理のミルチMirchiも連日大盛況だ。スタイルとコンセプトがはっきりしていて、とくに雰囲気を大事にするので、人気店の内装はどこも凝っている。

本棚があったりして、どこかの家の一室のようだが、ムッター・ホッペ Mutter Hoppe（MAP●切りとり-28、p.93-H ☎2415625）という老舗の家庭料理店

ワインが自慢の ヴァインシュタイン Weinestein（MAP●切りとり-30、☎4411842）。料理はドイツ料理だが、クリエイティブにアレンジしている

ん？ これは、何か日本語があやしい。寿司屋は多いが、実は日本人が握る店は少ないというのが現状だ。（Happy Sushi MAP●切りとり-28、p.93-D）

SCENE SELECTION

内装が年季の入った本格的な造りこみを感じさせる、隠れ家的な雰囲気のスペイン料理店、ラフィル（p.113）。Serranoham €5など試してみたい

ポテトフライの店 Fett-napf（MAP●切りとり-30 HP www.fett-napf.de）。バウハウスデザインを学んだ建築家が手がけたせいか、中はおしゃれな内装。

←かわいい一口サイズ、ピンチョス

辺鄙な場所にあるが、メディアで絶賛されるドイツ料理店、ビーバーバウ Bieberbau（MAP●切りとり-44 住Durlacher Str.15 ☎8532390 HP www.bieberbau-berlin.de）。例えば写真の鹿肉の付け合せの赤い酢キャベツは、ほとんどすっぱくない。オレンジを和えているからだとか。随所にクリエイティブな工夫がある店だ

➡ミシュラン"Bib Gourmand"（リーズナブルで良質の証）の店

ブライプトロイの部屋

地上階の「レストラン31」

入り口の花屋さん

ワンダー
トピック7

7

Hotel & Hostel

ホテル&ホステル

ベルリンには特徴のあるホテルも多い。中でも、いわゆるデザインホテルと呼ばれるジャンルのものは、他に類を見ない充実度。たとえば一泊€29からの激安ホステルが、実はおしゃれなデザインホテルでもあるとしたら？　ただし、部屋のデザインそのものより、こだわりコンセプトのある、サービス重視のホテルがおすすめ。

ブライプトロイ Bleibtreu

10周年を迎えたデザインホテルのさきがけ的老舗。今となっては斬新さは少なく、部屋のデザイン性そのものはクーダム101（実は同グループ）などのほうが上。それでも人気が高いのは、その優れたエコ・コンセプトにある。オーガニック食材にこだわったレストランや自然派コスメのウェルネスなど、居心地は抜群。

◆Bleibtreu MAP●切りとり-31、p.90-J 住Bleibtreustr.31 ☎884740 料S-€122～、W-€132～ HP www.bleibtreu.com

特徴あるホテル&ホステル

◆Louisa's Place〔小規模なのに5つ星。通常のロビー空間が書斎風であるなど、ゴージャスな邸宅の雰囲気を再現。スイートのみ、長期滞在割引あり〕MAP●切りとり-43 住Kurfürstendamm160 ☎631030 料スイート€205～ HP www.louisas-place.de

◆Ku'Damm 101〔スタイリッシュなデザイン性を追求〕MAP●切りとり-43、p.90-I 住Kurfürstendamm 101 ☎5200550 料S-€101～、W-€118～ HP www.kudamm101.com

◆Hotel-Q!〔波をイメージした液体的アプローチのデザイン。評価は分かれる〕MAP●切りとり-25、p.90-F 住Knesebeckstr. 67 ☎8100660 料S-€130～、W-€150～ HP www.loock-hotels.com

◆Arcotel Velvet〔デザイン性は弱いが居心地良く高評価。立地も抜群〕MAP●切りとり-35 住OranienburgerStr.52 ☎2787530 料S-€99～ HP www.arcotel.at

◆オーロラ・ホステル MAP●切りとり-30 住Pappelallee 21 ☎46995530 料S-€29～、W-€48～ HP www.aurora-hostel.com

◆Circus The Hostel〔バー併設、ロビーでのワイヤレスLAN、ロッカー完備等、ホステルとは思えない設備〕MAP●切りとり-36 住Weinbergsweg1a ☎283914 料ドミ-€17～ ※2店あり、p.117参照

◆Citystay Hostel〔ロケーション、設備とも高水準〕MAP●切りとり-28、p.93-D 住Rosenstr.16 ☎23624031 料ドミ-€15～ HP www.citystay.de

通りから見たAurora-Hostel

部屋は狭いが清潔。照明の色は変えられる

オーロラ・ホステル Aurora-Hostel

通りから見ると夜は窓が七色に。実は通り側の部屋には、好みの色を出せる手作りの照明が取り付けられている。ホステルなのでシングル1泊€29～と激安だが、2005年6月にオープンしたばかりで設備は清潔そのもの。地元の若手アーティストの作品を飾るなどデザインホテルの資格充分。LANやインターネットも。

ホロコースト慰霊碑

2005年、ヨーロッパにおけるユダヤ人犠牲者を慰霊する「ホロコースト慰霊碑」が、17年の構想の末ついに完成。国の首都、それも議会や各国大使館なども集まる表玄関ともいうべきブランデンブルク門のすぐ脇に出現したのでメディアでも大きな反響を呼んだ。墓標を思わせるコンクリートの石碑が約1万9千㎡の広さにわたって2711基も並び、その間を自由に行き来することができるようになっている。地下部分は情報センターになっており、6つの展示スペースに分かれ、それぞれ犠牲になった個人の伝記記録から、被害の現場に関する資料、情報検索設備などがある。特に「名前の部屋」では、犠牲者全員の名前とその生涯の記録を約6年8カ月かけて読み上げている。

◆ホロコースト慰霊碑 Denkmal für die Ermordeten Juden Europas MAP●切りとり-33、p.92-E 住Cora-Berliner-Str.1 開10:00～20:00（入場～19:30）開74072929 HP www.stiftung-denkmal.de

SCENE SELECTION

Stiffung Topographie des Terrors

トポグラフィー・オブ・テラー

国家秘密警察（ゲシュタポ）やナチス親衛隊（SS）の本部があった跡地にある野外展示場。写真や文書のパネル展示で当時の恐怖に満ちた政治体制を伝える。展示場前には、いまや市内中心部では貴重な、実際のベルリンの壁もそのまま残されている。チェックポイントチャーリー／壁博物館（p.104）から徒歩圏内。

トポグラフィー・オブ・テラー前の『ベルリンの壁』跡

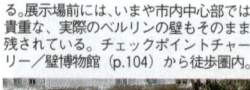

◆ロックス MAP●切りとり-32、p.91-K 住Meinekestr.24 営10:00〜18:00 料€8.50、子供€4 ☎44723022 HP www.loxx-berlin.de

ロックス Roxx

世界的に有名なドイツの鉄道模型。ハンブルクには世界最大のミニチュアワンダーランド（p.373）もあるくらいだが、ベルリンも負けていない。2500㎡の広さの中に87分の1スケールで、全長4.15kmものレールを設置。人のフィギュアだけで5万体も使われている。ベルリンの街並を再現した箇所もあり楽しめる。

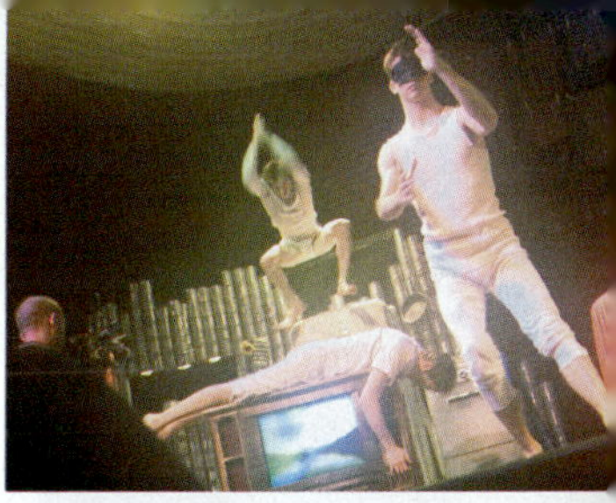

Chamaeleon Variete

カメレオンヴァリエテ

歌あり、踊りあり、アクロバットありで、文字通りバラエティー豊かな娯楽舞台がヴァリエテ。テーブルについて飲みものなどを楽しみながら気軽に観劇できる。なかでも最近リニューアルしたカメレオンヴァリエテが人気。ほかに老舗のヴィンターガルテンなどが有名。

その他のトピック

◆トポグラフィー・オブ・テラー MAP●切りとり-41、p.92-J ●U6 Kochstr.駅から徒歩8分 住Niederkirchnerstr.8 開10:00〜18:00（5〜9月は〜20:00） 料無料 ☎25486703

◆写真美術館 Museum fur Fotografie〔ヘルムート・ニュートンの作品などを収蔵〕MAP●切りとり-26、p.91-G ●ツォー駅から1分 住Jebensstr.2 開10:00〜18:00（木曜〜22:00） 料€6、学生€3 ☎2663666（※SMB管轄p.99）

◆カメレオンヴァリエテ MAP●切りとり-28、p.93-C（ハッケッシャーホーフp.106内） HP www.chamaeleon-variete.de

◆ヴィンターガルテン MAP●切りとり-46 HP www.wintergarten-berlin.de

Check-Check! ウォーキングツアーのすすめ

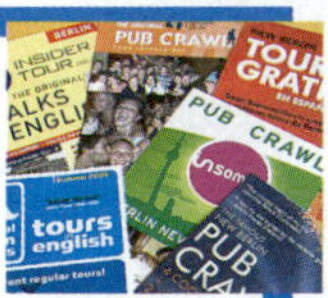

ベルリンには名所が多いのでウォーキングツアーはおすすめ。残念ながら英語でまわるものがほとんどだが、ナイトライフを回るツアー(Pub Crawl ※夏季のみ)は言葉の問題も少なく楽しめる。参加方法はミーティングポイントに決まった時間に行くだけ。ⓘやホテルでパンフレットを探してみよう。

◆Insider Tour ☎6923149 HP www.insidertour.com

主なクラブ、ジャズハウスなど

◆A-TRANE〔ジャズ〕MAP●切りとり-25、p.90-F 住Bleibtreustr.1 HP www.a-trane.de

◆b-flat〔ジャズ、アコースティック〕MAP●切りとり-35 住Rosenthaler Str.13 HP www.b-flat-berlin.de

◆Quasimodo〔ジャズの老舗〕MAP●切りとり-26、p.91-G 住Kantstr.12a HP www.quasimodo.de

◆103〔エレクトロ、テクノ、ミニマル。cafe103がオーガナイズ。ベルリンっ子が遊びにいく〕MAP●切りとり-42 住Falckensteinstr.47 HP www.103club.de

◆ADAGIO〔ハウステクノ他。中世風絵画や天使のデコレーションがあるゴージャスクラブ。各種イベントも〕MAP●切りとり-40 住Marlene-Dietrich-Pl.1 HP www.adagio.de

◆Ostgut/Panoramabar〔ベルリンテクノ人気No.1。週末のみ〕MAP●切りとり-42 住Am Wriezener Bahnhof

◆Cafe Moskau〔エレクトロ、ミニマル、ハウス。旧東時代からあるカフェ・モスクアをクラブに。イベント会場兼用〕MAP●切りとり-36 住Karl-Marx-Allee34 HP www.das-moskau.com

◆Club der Visionäre〔ミニマル。川沿いにあるオープン・クラブ。シーンで有名なDJ達がお忍びでプレイ〕MAP●切りとり-48 住Am Flutgraben 1

◆Delicious Doughnuts〔テクノの老舗。曜日ごとにプログラムあり。ツーリストが多く年齢層高し〕MAP●切りとり-35 住Rosenthaler str.9 HP www.delicious-doughnuts.de

◆Dr. Pong〔ミニマル、トラッシュ・ロック、80s。卓球バー。ドリンクの料金も安く、ラウンジスペースが主。ラケットを持参しよう〕MAP●切りとり-30 住EberswalderStr.21 HP www.drpong.net

◆Icon〔ヒップホップ、レゲエ。重低音を体感。サウンドシステムがよい。年齢層は極めて低め〕MAP●切りとり-30 住Cantianstr.15

◆Kaffee Burger〔バルカン・ビートインディーズポップ。東欧の雰囲気。東欧カルチャーとのミーティングポイント〕MAP●切りとり-36 住Torstr.60

◆Maria am Ufer〔エレクトロハウス。ベルリンっ子であふれている人気クラブ。大規模イベントも〕MAP●切りとり-42 住Stralauer Pl.33-34

◆Sageclub〔ヒップホップ、テクノ。3フロアーありイベントがおもしろい、シックなクラブ〕MAP●切りとり-42 住Köpenicker Str.76

◆SO36〔パンク、ニューウェーブ。クロイツベルクきっての老舗。日替わりのイベントが目白押し。月曜日のElectric Ballroom はベルリンテクノの代表的パーティー〕MAP●切りとり-48 住Oranienstrasse 190

◆Sternradio〔週末、著名なDJのプレーが楽しめる。テクノを聴きたい人はここ〕MAP●切りとり-36 住AlexanderPl. 5

◆WEEKEND〔ハウス、エレクトロ。12階にあり眺めは最高。都会的な感じ。ポップでオシャレ〕MAP●切りとり-36 住Am Alexanderpl.5 HP www.week-end-berlin.de

◆WMF〔テクノ、エレクトロ。ミッテの代表的な老舗。有名アーティストのイベントが多く込み合う。場所変更が多い〕MAP●切りとり-42 住Stralauer Str.58

◆White trash fast food〔カントリー、ロカビリー。今噂の大人気クラブ。おすすめメニューは手作りハンバーガー！入り組んだ店内がおもしろい〕MAP●切りとり-36 住Schönhauser Allee 6-7 HP www.whitetrashfastfood.com

◆Yaam〔レゲエ、ヒップホップ。夏場はライブやコンサート。ジャマイカンやアフリカン系のマーケットなど〕MAP●切りとり-42 住Stralauer Pl.35 HP www.yaam.de

※クラブ情報など（現地では情報誌『030』『Zitty』などが詳しい）
HP www.berlin-pages.com/en/locations/clubs HP www.berlin030.de

ベルリン・クラブ事情

ここ近年では、ワールドカップの影響もあって、ベルリンの街全体が整備されてきている。クラブも同じで、大半が大規模なイベントや、パーティー系になってしまった。中途半端な規模のクラブや、手作り系パーティーはなくなりつつある。音楽もハードテクノというよりは、ミニマル・テクノやテック・ハウスといった無機質なものが主流に。人のいでたちも、ここ数年間の間に見違えるほどスタイリッシュに。国際化が進み、在ベルリン外国人も増えた。そのせいか、場所によって昔からの伝統が大事に続いているクラブと、最先端の新しいものを取り入れたスタイリッシュなクラブやイベントとにはっきり分かれつつある。どんどん進化していくベルリンの街と共に、変化する人々のコミュニケーションの場としてのクラブのこれからが楽しみだ。
（在ベルリン日本人DJ、Hito談）

ラブパレードについて

テクノのビートを運ぶフロートトラックを追って、毎年100万人以上が集まり、6月17日通りを埋め尽くすテクノの祭典、ラブパレード。2005年は急遽中止になった。あまりにも人が集まるようになり、ゴミや騒音などの問題が大きくなりすぎたのだとか。2006年は再開が決定！ 7月15日14時、ブランデンブルク門からスタート予定。詳しくは公式ホームページ（HP www.loveparade.de）で。

これが噂の100番バス。大きく「100」と書いてある。とにかく本数が多いのが便利

ツオー駅発
100番バス・200番バス
ライド実況中継

ベルリン観光に欠かせない交通手段のひとつがバス。中でもツォ駅から出る100番バスと200番バス（市バス）は市内の主な見どころを回るのに最適。日中はほとんど5分おきに運行しているうえ、観光バスではないから乗り降り自由で料金も安く（ウェルカムカードも使える）、その上2階建て！　なのだ。

バス停のすぐ目の前。内部は非公開

東欧からの年代物が多い。毎土・日曜に開かれる

ここからスタート。2階席前列に席をとろう

青いステンドグラスが印象的な教会内部

動物園。Breitscheid Pl.で降りる

Lützowplatzで下車。建物自体も立派な作品だ

大学前では古本市をよくやっている

歴史博物館の右横での週末フリーマーケット

オペラ座のすぐ隣。休憩に最適

ブランデンブルク門。車輌は通れなくなった

ドライバーの中には陽気な人もいて楽しい

広場は結構広い。市民も憩いに集まる

手前は広場。旧東ドイツのシンボルのひとつ

200番バスで直接行ける

ポツダム広場トピックス

●ダイムラークライスラー・パノラマ・プラットフォーム

ヨーロッパ1速いエレベーターで高層ビルの頂点に！

■DaimlerChrysler Panorama MAP●切りとり-40、p.92-I 住Potzdamer-Platz 1 開11:00～20:00（最終エレベーター19:30） 休月曜 ☎25542142 料€3.50

●ベルリン・ハイフライヤー

気球に乗って150メートル上空からベルリンを一望。

■Berlin Hi-Flyer MAP p.92-J 住Wilhelmstr.とZimmerstr.の角 営夏は10:00～22:00（コンディションの良い日に限り、金・土曜～24:30）冬は11:00～18:00（金・土曜～19:00）／15分おき 休夏は無休（冬は月曜休み） 料€19、学生€10（月～木曜） ☎226678811 ※フライト時間約15分

ベルリンのレストラン

ベルリンでは「せっかくドイツに来たのだからドイツ料理を」という固定観念を捨ててもいい。理由は、世界中の一流料理が手軽に楽しめるから。もちろん、豚の足を骨付きのまま塩ゆでにした典型的な郷土料理アイスバインや、果汁やシロップを加えて飲む名物白ビール、ベルリナーヴァイセを試すのもいい。また、街角にはバーやレストランを兼ねる個性的なカフェが多い。上手に利用しよう。

⬆まだ若いシェフ、アンドレア氏。海鮮ものを得意にしている

Guy
ギィ

フレッシュ素材にこだわり

フランス料理をベースにドイツ＆イタリアンの手法も採り入れた新感覚レストラン。とにかく新鮮な素材にこだわっているところが特徴で、わざわざ空路で取り寄せる海鮮素材もあるという。味付けもソースなどで殺さないよう、素材の味を大事にする。また、豊富なワインも、ただ1本を除いてすべてグラス売りをしてくれる。ちなみにオーナーはドイツの有名俳優。

フィレ肉ステーキのコールラビカルパッチョのせなど。ディナー・コースは4品€58～

⬇地下はワインケラーになっている

map ●切りとり-33、p.92-F

● U6 Französische Str.《フランツォージッシェ・シュトラーセ》駅から徒歩3分

■住所　Jägerstr.59-60
■TEL　20942600
■FAX　20942610
■営業　12:00～15:00、18:00～翌1:00（土曜は夜のみ）
■休日　日曜
■カード　VISA、MC、AMEX

Die Zwölf Apostel
ディー・ツヴェルフ・アポステル

ベルリンでNo.1のピッツァ

あのティナ・ターナーやジャネット・ジャクソンも足を運んだという、人気のあるイタリアン。自慢は本場と同じ薪窯で焼くピッツァ€8～。月～土曜（祝日は除く）12:00～16:00は全ピッツァ割引。APESというイタリアのピッツァ職人組織に加盟するスタッフが名人芸を披露してくれる。

⬆夜8:00以降はかなり込む。服装はカジュアルでも可

➡ピッツァ・マルコス（3～5人前）を焼く職人さん

map ●切りとり-25、p.90-F

● S3,5他 Savignypl.《ザヴィニープラッツ》から徒歩1分

■住所　Bleibtreustr.49
■TEL　3121433
■営業　24時間オープン
■休日　無休
■カード　不可
■www.12-apostel.de

Zur Letzten Instanz
ツァ・レツテン・インスタンツ

市内最古の老舗のパブで郷土料理を

1621年創業、ベルリンで一番歴史のあるパブ＆レストラン。店内には200年以上前の古いマジョルカタイルの暖炉があり、その前の席にはナポレオンが座ったという。ラーベやゴーリキも常連だった。定番はベルリンでもっとも有名な郷土料理、アイスバイン€11。豚の足のボリュームがすごい。

⬆近くに劇場があり、芸術家もよく来るという

➡ナポレオンが座ったというテーブル席。要予約

map ●切りとり-42

● U2 Klosterstr.《クロースターシュトラーセ》から徒歩3分

■住所　Waisenstr.14-16
■TEL　2425528
■FAX　2426891
■営業　12:00～翌1:00（日曜～23:00）
■休日　無休
■カード　VISA、MC、AMEX、DC

Theodor Tucher
テオドール・トゥーヒャー

書棚に本がぎっしり！写真集も自由に閲覧していい文学カフェ

ブランデンブルク門脇に99年４月オープン。作家テオドールから店名をとり、戦前ベルリンで花開いた文学カフェのスタイルを現代的にアレンジして再現。２階に図書室があり、お茶と一緒に書籍や写真集などの閲覧ができる。

map ●切りとり-27、p.92-E
● S1,2 Unter den Linden《ウンター・デン・リンデン》から徒歩５分
■住所　Pariser Pl.6a
■TEL　22489464
■FAX　22489465
■営業　9:00～翌1:00（料理は日～木曜11:00～23:00、金・土曜11:00～23:30）
■休日　無休
■カード　VISA､MC､AMEX､DC

Café Einstein
カフェ・アインシュタイン

インテリ階層に人気のウィーン風高級カフェ・レストラン

高級邸宅をそのままカフェにしたようなハイソな雰囲気が人気。コーヒーは豆からこだわった自家焙煎だ。自家製のアプフェル・シュトゥルーデル（リンゴのパイの一種）€5.50などと一緒に楽しみたい。

map ●切りとり-45
● バス100 Schillstr.《シルシュトラーセ》から徒歩10分
■住所　Kurfürstenstr.58
■TEL　2615096
■FAX　2619176
■営業　9:00～翌2:00
■休日　無休
■カード　VISA、MC、AMEX、DC
※ウンター・デン・リンデンにも有

Zum Nussbaum
ツム・ヌスバウム

市民の家としては最古の建物。店としても250年の歴史を誇る

この店のあるニコライ教会周辺はベルリン発祥の地。店ができた当時は船乗りが集まる飲み屋だったという。今でも庶民的な雰囲気で、一般的なヴァイスビール€2.50が人気。夏は20席ほど簡易ビアガーデンもできる。

map ●切りとり-28、p.93-H
● バス100 Spandauer-Str.《シュパンダウアーシュトラーセ》から徒歩10分
■住所　Am Nussbaum 3
■TEL　2423095
■営業　12:00～24:00
■休日　無休
■カード　VISA、MC

Sasaya
ささや

日本人オーナーシェフが握るすしは地元誌でも一押しの本格派

日本で修業した後、アメリカでも握ったというオーナーシェフ。本格的なものから、カルフォルニアロールまでバリエーションも豊富。値段も、すしセット€9.50と高くないので、味にうるさい地元日本人や学生も通う。

map ●切りとり-30
● U2 Eberswalderstr.《エヴァースヴァルターシュトラーセ》駅から徒歩７分
■住所　Lychenerstr. 50
■TEL　44717721
■営業　12:00～15:00、18:00～22:30
■休日　水曜
■カード　不可

Aroma
アローマ（財神飯店）

ドイツの中華料理店としては珍しく、豚肉入り揚げ湯葉など、オリジナル点心で飲茶が楽しめる本格広東料理の店。メニューも日本語があるので安心。

map ●切りとり-25、p.90-F
● バス149他 Kantstr.《カントシュトラーセ》 / Leibnizstr.《ライプニッツシュトラーセ》から徒歩３分　■住所　Kantstr.35　■TEL　37591628　■営業　12:00～翌3:00　■休日　無休　■カード　VISA、MC、AMEX、DC

Lafil
ラフィル

気軽に入れるスペイン料理店。店内はハムがつるされ雰囲気満点。小さいパンにハムや野菜を載せて串で止めたかわいいピンチョ（５個€4.50）を肴に。

map ●切りとり-36
● U8 Rosenthaler Pl.《ローゼンターラー・プラッツ》から徒歩５分　■住所　Gormannstr. 22　■TEL　28599026　■営業　13:00～深夜（土・日18:00～）　■休日　無休　■カード　VISA、MC、DC　■www.lafil.de

ベルリンのショップ

1300種のチーズ、1200種のソーセージ……

Ka De We
カー・デー・ヴェー

老舗にして最大規模のデパート

　総売場面積約６万㎡。ヨープ、エスカーダといったブランド品から、鮮魚やソーセージまで、約38万アイテムが揃う。創業も1907年と古く、王侯貴族も顧客という格式の高さ。こだわりの品も多く、フランスの有名ベーカリーLenotre Parisが技術供与したパンまである。６階のヴィンターガルテンは何でも揃うセルフサービスレストラン。メニューが読めなくても指さしで注文できる。

ガラス天井ドームの６階ヴィンターガルテン

地上階でハチの巣で作ったロウソクを発見

map ●切りとり-45、p.91-L
● U1,2他 Wittenbergpl.《ヴィッテンベルクプラッツ》から徒歩１分
■住所　Tauentzienstr.21-24
■TEL　21210
■FAX　21212620
■営業　10:00〜20:00（土曜9:30〜）
■休日　日曜
■カード　VISA、MC、AMEX、DC、JCB
■www.kadewe.de

Galeries Lafayette
ギャラリー・ラファイエット

パリが本店の高級デパート

　フリードリヒ通りに面した207番館という複合施設内にある超高級デパート。1896年パリ生まれの老舗で、アルマーニ、ヴァレンチノなどのブランドが並ぶ。

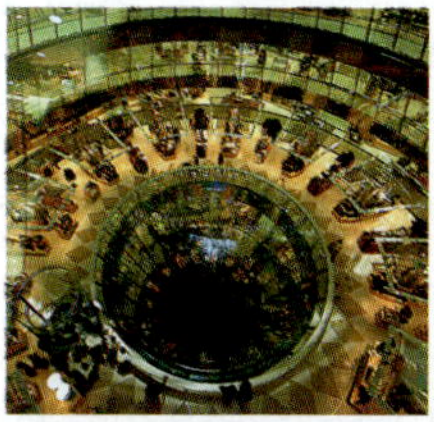

map ●切りとり-33、p.92-F
● U6 Französische Str.《フランツォージッシェ・シュトラーセ》から徒歩１分
■住所　Französische Str.23
■TEL　209480
■FAX　20948102
■営業　10:00〜20:00
■休日　日曜
■カード　可能（各店舗による）
■www.lafayette.de

KPM
カー・ペー・エム

王室御用達高級磁器の本拠地

「王立磁器工房」。KPMはその頭文字をとったブランド名で、1763年創立のヨーロッパを代表する高級磁器メーカー。本拠地なので品揃えも豊富。

map ●切りとり-27、p.92-F
● S5・7,U6 Friedrichstr.《フリードリヒシュトラーセ》から徒歩５分
■住所　Friedrichstr.35
■TEL　8867210
■営業　10:00〜19:00（土曜〜16:00）
■休日　日曜
■カード　VISA、MC、AMEX、DC

Trippen
トリッペン

天然素材の健康＆おしゃれ革靴

　植物性のなめしで丁寧に手作りした人気の革靴。最近日本でも注目のブランドだが、実はここが本拠地。幅広健康志向でファッション性も兼ね備える。

map ●切りとり-28、p.93-C
● S3,5,7他 Hackescher Markt《ハッケシャー・マルクト》から徒歩２分
■住所　RosenthalerStr.40-41
（Hackeche Höfe,Hof4/6）
■TEL　28391337
■営業　11:00〜20:00(土曜10:00〜19:00)
■休日　日曜
■カード　VISA、MC、AMEX、JCB
■www.trippen.com

Bellambiente
ベランビアンテ

シャープで機能的なデザインを重視

　キッチン用品をメインに、デザイン重視で選んだインテリア雑貨が豊富に揃う。世界中の家具や内装関連のデザインストアが集まったStilwerk内にある。

map ●切りとり-26、p.90-F
● バス149 Uhlandstr.《ウーラントシュトラーセ》から徒歩１分
■住所　Kantstr.17
■TEL　31809150
■営業　10:00〜20:00（土曜〜18:00）
■休日　日曜
■カード　VISA、MC、AMEX、DC

ベルリンの市外局番☎030

Schönehauser
シェーンハウザー

レトロチックなカラフル雑貨

ベルリン的センスの雑貨ならここ。旧東独時代の雑貨など、レトロチックなデザインのかわいい小物がそろう。同じテイストの店がいくつかあるがここが一番。

map ●切りとり-36、p.93-D

● S3,4,5他 Hackescher Markt《ハッケシャー・マルクト》から徒歩7分
■住所　Neue Schönhauser Str. 18
■TEL　2811704
■営業　12:00～20:00（土曜11:00～18:00）
■休日　日曜
■カード　VISA、MC
■www.schoenhauser-design.de

Berliner Antik-markt
ベルリーナ・アンティーク・マルクト

全28店。こだわりのアンティーク

駅の線路下に並ぶアンティークの専門店街。スーツケースの専門店など、スペシャリティーがあるのが特徴。なかでもテディーベアを集めた店はおすすめ。

map ●切りとり-27、p.92-B

● S1,5,7他 Friedrichstr.《フリードリヒシュトラーセ》から徒歩1分
■住所　Bahnhof Friedrichstr.
■TEL　2082645
■営業　11:00～18:00
■休日　火曜
■カード　VISA、MC、AMEX、DC、JCB

Kunstreich
クンストライヒ

ベルリン在住アーティストの作品

お土産としてのアーティスト品。ここでしか手に入らないベルリンをテーマにしたものも多く、個性的なものを探している人にぴったり。小ギャラリーも。

map ●切りとり-28、p.93-C

● S1,5,7他 Friedrichstr.《フリードリヒシュトラーセ》から徒歩10分
■住所　Am Kupfergraben 6
■TEL　20642781
■営業　11:00～19:00
■休日　月曜
■カード　VISA、MC、AMEX、DC
■www.kunstreich-berlin.de

Ampelmann Galerie Shop
アンペルマン・ギャラリーショップ

旧東の信号機から生まれたデザイン

とってもキュートなデザインでカルトな人気のアンペルマン。もともと旧東の信号機に使われていたが、今やすっかりベルリン名物に。Tシャツ€11.90など。

map ●切りとり-28、p.93-C

● S3,5他 Hackescher Markt《ハッケシャー・マルクト》から徒歩2分
■住所　Hackesche Höfe Hof5
■TEL　44048801
■営業　10:00～20:00頃（日曜11:00～18:00頃）
■休日　無休
■カード　可
■www.ampelmann.de

KugelEi
クーゲル・アイ

世界中の手作り卵とボールの飾り

世界中から集めたイースターエッグや卵型宝飾品など、卵に関する手作り小物や、クリスマスツリーの飾りに使うボール状の飾りなど、全1万2000種が揃う。

map ●切りとり-28、p.93-H

● S5,U8他 Alexanderpl.《アレクサンダープラッツ》から徒歩5分
■住所　Poststr.12
■TEL　24727575
■営業　10:00～18:30（土曜～16:00）
■休日　無休
■カード　VISA、MC、AMEX、DC、JCB
■www.kugelei.de

Bücherbogen
ビューヒャーボーゲン

アート、ビジュアル本ならここで

ザヴィニープラッツ駅の高架下にあるアート、建築、デザインなど、ビジュアル関連本の専門書店。ドイツ国内のみならず世界各国の貴重な書籍が多い。

map ●切りとり-25、p.90-F

● S3,5,7他 Savignypl.《ザヴィニープラッツ》から徒歩1分
■住所　Stadtbahnbogen593
■TEL　31869511
■営業　10:00～20:00（土曜～18:00）
■休日　日曜
■カード　VISA、MC

ベルリンのホテル

年間およそ1460万人もの宿泊客があるという大都市、ベルリン。ホテルの数で580以上、ベッド数では８万4000もの収容能力がある。宿選びに迷わないためには観光目的を明確にしよう。博物館や美術館が多いミッテ地区とショッピングストリートがあるシャルロッテンブルク地区とでは、新宿と渋谷ぐらい距離が離れている。宿の紹介はℹの他、☎でホットライン（p.98参照）に頼んでもよい。

全体的にペール・イエローの色調でエレガント

★★★★ Hotel Adlon Kempinski Berlin ホテル・アドロン

名実ともにベルリンNO.1の超リッチ最上流ホテル！

オリジナルは1907年に創業、「世界でもっとも美しいホテルのひとつ」として有名だった。当時はヴィルヘルム２世をはじめ、世界各国のエスタブリッシュメントが利用。コンシェルジュはホテルに雇われていたのではなく、逆にホテルに毎月3000DM払っていたというエピソードが残っているほどで、ステイタスの高さを物語っている。第二次世界大戦で破壊されたが97年８月に再建。現在、ドイツの帝国ホテルともいうべきケンピンスキー・ホテルが経営し、最新の技術を用いながらも、かつてのレトロチックな味を完璧に再現。フィットネスセンターも完備。

ソファーもあるロビー。クラシカルモダニズムの傑作

窓からブランデンブルク門が見えるスイートもある

map ◯切りとり-27、p.92-E

● S1,2 Unter den Linden《ウンター・デン・リンデン》から徒歩３分
■住所 Unter den Linden 77
■TEL 22610
■FAX 22612222
■料金 S-€320～、W-€370～、朝食€32
■部屋数 全375室
■カード VISA、MC、AMEX、DC、JCB
■www.hotel-adlon.de

★★★ Hotel Künstlerheim Luise クンストラーハイム・ルイーゼ

全室アート仕様。著名アーティストによるデザインホテル

全室それぞれがまったく異なるインテリア＆デザイン。内外の著名アーティストたちが、その個性的創造性を発揮した他にはないモダンアートによるユニークなデザインホテル。たとえば部屋中バナナのペイントで飾られた部屋や、真ん中にオブジェが据えられた部屋、内装がすべて白で統一された部屋など、部屋自体がアーティストの作品になっている。ネットで部屋を確認して予約できる。

ちょっと和風な感じがする白を基調にした部屋

部屋の至るところにバナナのペイントが描かれているユニークな部屋

美術館に泊まっているような雰囲気を楽しめる

map ◯切りとり-27、p.92-A

● S3,5,9他 Friedrichstr.《フリードリヒシュトラーセ》駅から徒歩10分
■住所 Luisenstr.19
■TEL 284480
■FAX 28448448
■料金 S-€48～、W-€79～、朝食€8
■部屋数 全48室
■カード VISA、MC、DC
■www.kuenstlerheim-luise.de

★★★ Hollywood Media Hotel Berlin
ハリウッド・メディア・ホテル

元俳優オーナーのこだわりホテル

俳優出身のオーナーが経営。部屋名にそれぞれ有名俳優の名前を付けたり、撮影用のカメラを内装に使うなどこだわりがある。設備、サービスも一流。

map ◯切りとり-31、p.90-J
● U2 UhrandStr.《ウーラントシュトラーセ》から徒歩 5 分
■住所　Kürfurstendamm202
■TEL　889100
■FAX　88910280
■料金　S-€135 (115)～、W-€155 (135)～
■部屋数　全185室
■カード　VISA、MC、AMEX、DC、JCB
■www.filmhotel.de

★★★ Hotel Askanischer Hof
アスカーニッシャーホーフ

クーダムに面する隠れ家的な名ホテル

20年代に創業。ソフィア・ローレン、アーサー・ミラー、デビッド・ボウイも泊まったという名ホテル。小規模だが内装はゴージャスで隠れ家的な雰囲気。

map ◯切りとり-31、p.90-I
● バス109他 Bleibtreustr.《ブライブトロイ・シュトラーセ》から徒歩 1 分
■住所　Kurfürstendamm 53
■TEL　8818033
■FAX　8817206
■料金　S-€95～110、W-€107～145
■部屋数　全16室
■カード　VISA、MC、AMEX、JCB
■www.askanischer-hof.de

★★★★ Hotel Brandenburger Hof
ブランデンブルガーホーフ

心からくつろげる落ち着いたテイスト

日本庭園の要素を取り入れた中庭。ナチュラル素材を多用した内装。バウハスデザインの家具。レストランはミシュランの星付でドイツワインが850種。

map ◯切りとり-32、p.91-K
● S3,5他 Zoologischergarten《ツォーロギッシャーガルテン》駅から徒歩10分
■住所　EislebenerStr.14
■TEL　214050
■FAX　21405100
■料金　S-€170～、W-€245～
■部屋数　全82室
■カード　VISA、MC、AMEX、DC
■www.brandenburger-hof.com

★★★★ The Ritz-Carlton Berlin
リッツカールトン

伝説的名ホテルがベルリンにも進出

伝説のホテル王、リッツの経営理念を受け継ぎ、世界の貴族たちを虜にするサービス。金箔で縁取られた大理石の柱、豪奢なシャンデリアなど内装も注目。

map ◯切りとり-33、p.92-I
● S1,2 PotsdamerPl.《ポツダマープラッツ》から徒歩 2 分
■住所　PotsdamerPl.3
■TEL　337777　■FAX　337775555
■料金　S-€245 (215)～、W-€265 (244)～、朝食は€28
■部屋数　全302室
■カード　VISA、MC、AMEX、DC、JCB
■www.ritzcarlton.com

ユーゲントゲステハウス Jugendgästehaus am Zoo ★ map p.90-B
● U2 Ernst-Reuterpl.《エルンスト・ロイタープラッツ》駅から徒歩 3 分　■住所 Hardenbergstr.9a
☎3129410　FAX 3125430　料S-€25～、W-€44～※27才以上は€ 3 追加

ホテル・トランジット Hotel Transit ★ map ◯切りとり-47
● U6,7 Mehrindamm《メーリンダム》から徒歩10分　■住所 Hagelberger-Str.53-54
☎7855051　FAX 78904777　料S-€59～、W-€69、ドミ€19/1人

バックパッカー・ホステル Mitte' s Backpacker Hostel ★ map ◯切りとり-35
● U6 Zinnowitzerstr.《ツィノヴィッツァーシュトラーセ》から徒歩 3 分　■住所 Chausseestr.102
☎28390965　料W-€46～、ドミ€15～/1人　■www.backpacker.de

サーカス Circus The Hostel ★ map ◯切りとり-36
● U2 Rosa-Luxemburg-pl.《ローザルクセンブルクプラッツ》駅から徒歩1分　■住所 Rosa Luxemburgstr.39
☎28391433　料W-€52～、ドミ€17～/1人　■www.circus-berlin.de※ 2 店あり

レッテンスリープ Lette' m Sleep Berlin ★ map ◯切りとり-30
● U2 Eberswalderstr.《エバースヴァルダーシュトラーセ》駅から徒歩 5 分　■住所 Lettestr.7
☎44733623　料W-€48～、ドミ€15～/1人　■www.backpackers.de

ペンション・コーフⅡ Pension KorfuⅡ ★★ map p.91-H
● S3,5,9他 Zoologischer Garten《ツォーロギッシャーガルテン》駅から徒歩3分　■住所 Rankestr.35
☎2124790　料W-€47～　■www.hp-korfu.de

サヴォイ Hotel Pension Savoy ★ map p.91-G
● U9 kurfürstendamm《クーアフュルステンダム》から徒歩 5 分　■住所 Meinekestr.4
☎88471610　FAX 8823746　料S-€59～、W-€89～

ディー・ファブリーク Die Fabrik ★ map p.89-B
● U15 Schlesisches Tor《シュレジッシェストーア》から徒歩 3 分　■住所 Schlesisches-str.18
☎6117116　FAX 6182974　料S-€34～、W-€44～、ドミ€16～/1人

A&O・バックパッカー A&O Backpackers Berlin ★ map p.91-G
● S3,5他 Zoologischergarten《ツォーロギッシャーガルテン》駅から徒歩1分　■住所 JoachimstalerStr.1-3　☎2977810　料S-€30～、ドミ€10～　■www.aobackpackers.de

ペガサス Pegasus Hostel ★★ map p.89-B
● S3,5,9他 Ostbahnhof《オストバーンホーフ》駅から徒歩 5 分　■住所 Strsse der Pariser Kommune35
☎2977360　料S-€27～、D-€38～、ドミ€10～　■www.pegasushostel.de

アーティスト・リバーサイド Artist Riverside Hotel ★★ map p.92-B
● S3,5,9他 Friedrichstr.《フリードリヒシュトラーセ》駅から徒歩 5 分　■住所 Friedrichstr.106
☎284900　料S-€89～、D-€129～　■www.tolles-hotel.de

マイニンガー12 City-Hostel Meininger12 ★ map ◯切りとり-47
● U1他 Möckernbrücke《メッケルンブリュッケ》駅から徒歩 5 分　■住所 Hallesches Ufer30
☎66636100　料S-€42～、W、ドミ€26～/1人　■www.meininger12.com

★エコノミー　★★カジュアル　★★★スタンダード　★★★★ラグジュアリー

POTSDAM

ポツダム

p.8-F ■人口＝14万人 ■街の規模＝徒歩とバスで１日

森と湖に囲まれた古都の宮殿。世俗を離れ“憂いのない”１日を過ごす

★★ バロック様式建築物、オランダ街など

★★★ サンスーシ宮殿、ツェツィーリエンホーフ宮殿など

★ ブランデンブルク通りのショッピングエリアなど

★ 周辺の湖、新公園など

Access

●鉄道：ベルリン→S7他（約30分）→ポツダム［20分１～２本／€2.60］、※他の大都市からの場合、ほとんどベルリン経由になる。
●市内交通：バス、市電があり、ベルリン同様、AB区間、ABC区間などに分かれるが、旅行者はAB区間のチケットで充分。短距離券（６駅以内）€1.20、２時間券€2.10、１日券€5.80、団体１日券（５人まで）€14.80など。※ベルリン・ウェルカムカードも有効。

Information

ⓘ観光案内所：＜ニコライ教会横＞
MAP p.119-B 住Friedrich-Ebert-Str.5
☎275580 FAX 2755829 開10:00～18:00（土・日曜、祝日～16:00）、11～３月の土・日曜、祝日～14:00
HP www.potsdamtourismus.de
●Premium Tageskarte（２日券）：市内すべての城館が無料になる。€15、学生€10

街のしくみ 楽しみ方 城館ばかりに気をとられず、庭園散策も楽しもう

第二次大戦後の収拾策を協議した「ポツダム会談（1945年）」の行なわれた街として有名。17世紀ごろからホーエンツォレルン家の王侯たちが居住地としたため、多くの城館、庭園があるのが特徴だ。

フリードリヒ大王（1712～86年）が、夏の離宮として建てた**サンスーシ宮殿**は必見。周辺の自然環境も魅力で、湖や森を巧みにとり入れた自然公園もある。

中央駅からⓘまでは、南口（Süd）を出て市電92、96、98などで１駅（駅舎内にも民間ⓘがある）。市街中心部ではBahnhof Griebnitzsee駅で降りるとよい。駅舎内のレンタサイクル店（CityRad：開9:00～18:30夏期のみ 休無休 料１日€10 ☎7480057）も、城館が集まる庭園自体がかなり広いので利用価値大だ。

メインストリートは**ブランデンブルク通り**Brandenburger-Str.。左右に並ぶショップはどれもおしゃれ。通りの東端近くには、**オランダ街**Holländisches Viertelがあり、18世紀建造の赤レンガの町並が残っている。天才建築家シンケルが1830～37年に残したドイツ古典主義の傑作、**ニコライ教会**Nikolaikirche（開10:00～17:00 ※曜日により変動）など、興味深い建築物も多い。ポツダムは映画の街でもあり、**映画博物館**Film Museum Potsdam（住Marstall am Lustgarten 開10:00～18:00 休無休 料€3.50、学生€2.50）にはシアター（営18:00～ 料€4.50、学生€3.50）もある。

通りの両側にレンガ造りの家が並ぶオランダ街

ブドウが植えられてるサンスーシ宮殿の大階段

サンスーシ宮殿と公園 ★★★
Park und Schloss Sanssouci

map p.119-A

●ブランデンブルク門から徒歩10分

市の西側一帯に広がる約290ヘクタールもの広大な**サンスーシ公園**。18世紀のフランス式造園法にならってプロイセンの一流造園家レネーが設計。数百種の樹木が植えられ、水鳥が舞う美しい池も見られる。園内には、プロイセンの王侯たちによって多くの城館、離宮が建てられている（1744～1860年）。ただし、東端から西端までは約2.3km、すべて

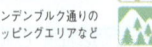

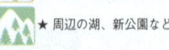

緑がまぶしい園内。「憂いのない」散策が楽しめる

を回るのは１日がかりと覚悟しよう。

園内のハイライトは**サンスーシ宮殿**（開9:00～17:00［冬季9:00～16:00］ 休月曜 料館内ツアー€８、学生€５ ☎9694190）。宮殿名はフランス語の"憂いのない"に由来し、フリードリヒ大王自ら設計に参加したという。内部はヴェルサイユ宮殿にならった豪奢なロココ様式で、音楽室、大理石の間などの部屋がある。

宮殿の東隣は**絵画美術館**Bildergalerie（開10:00～17:00 休月曜、10/16～5/14 料€２、学生€1.50）。1763年完成のドイツ最古の美術館で、ルーベンスなどの作品を展

Route Advice

ポツダムシュタット駅→映画博物館→オランダ街→（Brandenburger-Str.）→サンスーシ宮殿→（Luisenpl.からバス69番）→ツェツィーリエンホーフ宮殿［全移動約３時間］

中国茶館。５月中旬から10月中旬は内部も公開

示している。

公園西端にあるのはバロック様式の**新宮殿**Neues Palais（開9:00～17:00［冬季9:00～16:00］ 休金曜 料ツアー付€５、学生€４ ☎9694255）だ。部屋数が多く、貝殻などで飾られた**洞窟の間**などは見応えがある。

イタリア古典主義に沿ってシンケルが設計した**シャルロッテンホーフ宮殿**、イタリア・ルネサンス様式の**オランジェリー**（温室）、中国磁器を集めた**中国茶館**なども点在する。

内部は国立古文書館のオランジェリー

宮廷劇場もある新宮殿。1763～69年建造

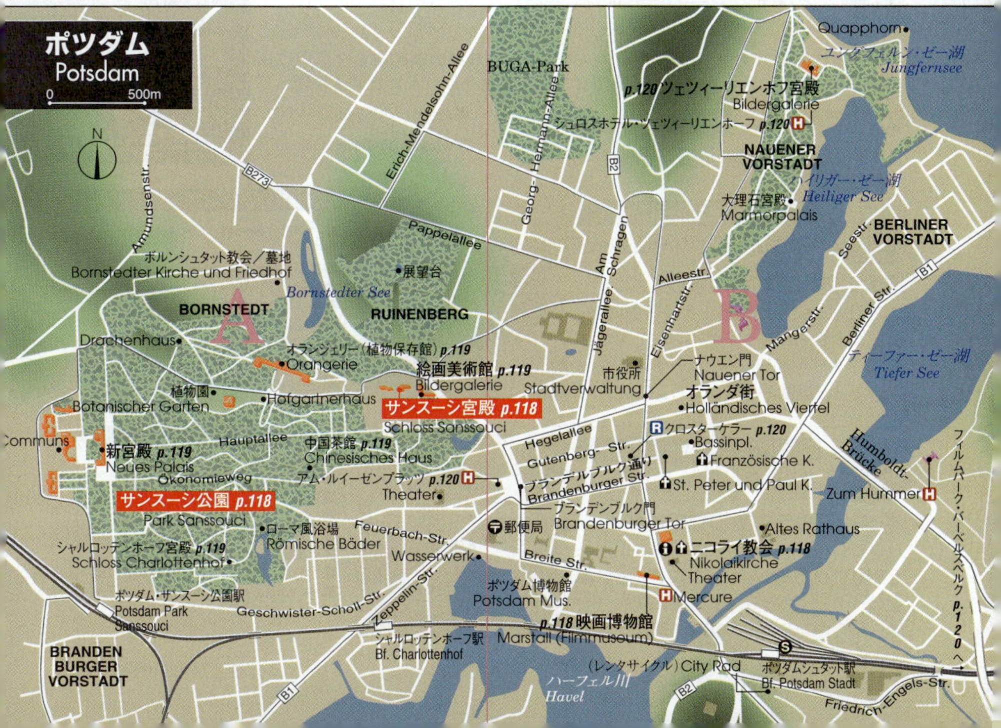

ツタに覆われた館。一部はホテルになっている

ツェツィーリエンホーフ宮殿 ★★
Schloss Cecilienhof

map p.119-B

●バス692番 Schloss《シュロス》 Cecilienhof《ツェツィーリエンホーフ》.から徒歩5分

ユングフェルン湖畔に広がる**新庭園**の中に立つ宮殿（1917年）。外観は英国風カントリースタイルで、ホーエンツォレルン家最後の皇太子が家族と共に住んだ。とくに第二次大戦末期「ポツダム会談」が行なわれた部屋が有名。今も米、英、中、ソの首脳が集まった当時のままに保存されている。

住Neuer Garten　開9:00～17:00（冬季～16:00）　休月曜　料€4、学生€3（ツアー付は＋€1、冬季ツアーのみ€4）　☎9694244

フィルムパーク・バーベルスベルク ★★
Filmpark Babelsberg

map p.119-B

●バス601、602番「Filmpark《フィムルパーク》」から徒歩2分

サイレントムービーの傑作『メトロポリス』や『嘆きの天使』などを生み出し、戦前のドイツ映画界をリードした、世界最大級の映画スタジオ。隣接してアミューズメントパークがあり、スタントショーなどのイベントが楽しめる。スタジオ見学ツアーもある。

住August-Bebel-Str.26-53（入口Grossbeeren-str.）　開10:00～18:00（4月11日～10月31日まで）　休冬季（要問い合わせ）　料€17、学生€15.50　☎7212750

『ネバーエンディング・ストーリー』のファルコンも

Der Klosterkeller
クロスターケラー

18世紀の町の拡張とともに生まれた歴史的名店で郷土料理を

1736年に創業したという歴史あるレストラン。戦前の映画産業全盛期には有名スターもよく通ったという。自慢は季節の食材を取り入れた郷土料理。

map p.119-B
●ブランデンブルク門から徒歩7分
■住所　Friedrich-Ebert-Str.94
■TEL　291218
■営業　11:30～23:00
■休日　12/24・31
■カード　VISA、MC、AMEX、JCB
■www.klosterkeller.potsdam.de

★★★ Schlosshotel Cecilienhof
シュロスホテル・ツェツィーリエンホーフ

最大の魅力は周囲の景観

宮殿とはいうが英国田舎風狩猟の館。部屋はそれぞれ違うデザイン。できればスイート（€255～）に。テラスレストランでは、庭園の景観が楽しめる。

map p.119-B
●バス692 Schloss《シュロス》 Cecilienhof《ツェツィーリエンホーフ》から徒歩3分
■住所　Neuer Garten
■TEL　37050
■FAX　292498
■料金　S-€110～、W-€175～
■部屋数　全41室
■カード　VISA､MC､AMEX､DC､JCB
■www.relexa-hotel.de

★★★ Hotel am Luisenplatz
ホテル・アム・ルイーゼンプラッツ

イメージカラーでフロアを統一

ブランデンブルク門のすぐ向かいという絶好のロケーション。フロアごとに部屋のイメージカラーをお洒落に統一。赤、青、緑の中から好みの部屋を選ぼう。

map p.119-A
●ブランデンブルク門から徒歩1分
■住所　Am Luisenpl.5
■TEL　971900
■FAX　9719019
■料金　€89～、W-€129～
■部屋数　全24室
■カード　VISA、MC、AMEX、DC
■www.hotel-luisenplatz.de

威風堂々としたドレスデン城

エリア
2

ドイツ東部＆ゲーテ街道

ドレスデン

マイセン

ライプツィヒ

ワイマール

エアフルト
アイゼナハ
フルダ
イエナ
ヴィッテンベルク

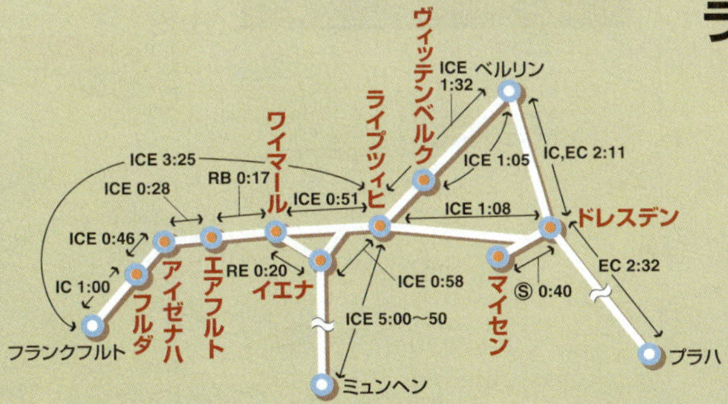

ドイツ東部＆ゲーテ街道

東西ドイツの統一後、観光都市として脚光を浴びているのが、ドレスデンなどの旧東ドイツの街。かつてはビザが必要だったが、今は不要。これらの街は、チェコのプラハなど東欧の街にも道はつながっており、ありきたりでない旅が楽しめる、もっとも"旬"なエリアといえる。

その旧東ドイツ・テューリンゲン地方のアイゼナハやエアフルトなどをカバーするのが、ゲーテ街道。ゲーテの出生地フランクフルト（p.152参照）から、彼が大学生活を送ったライプツィヒまでの街道だ。恋焦がれ、悩んだゲーテのありのままの姿を知ることができる。

このあたりは、ドイツクラシック文化の源流ともいえる地域。大自然にも恵まれ、テューリンゲンの森やザクセン・スイスはロマンあふれる景勝地でもある。

ライプツィヒの若き日のゲーテ像
ドレスデン

ADVICE アドバイス

ルート ゲーテ街道はフランクフルトからスタートするのがいいだろう。電車での移動が便利で、ICEやICなどが走っている。街から街への移動時間は少なく、エアフルト〜ワイマール間は約15分で行ける。街道を外れるドレスデンとマイセンへも鉄道で簡単に行けるし、船を使うのも味わいがあっていい。

旅のテーマ ゲーテやワーグナー、バッハの軌跡をたどる旅でもいいし、それぞれの街のオリジナルヴルスト（ソーセージ）と地ビールの味を比べてみるのも楽しい。旧東ドイツの街の移り変わりを見ることも、きっと旅の意義を深めてくれるだろう。波乱の歴史は、つい最近起こったことなのだ。この地方はドイツ文化の発祥の地。悠久の時の流れに思いをはせ、変化しつつある現在の街を歩いてみよう。

気候・服装 春から秋がベストシーズン。ザクセン・スイスへは歩きやすい靴で。オペラや音楽祭を鑑賞したいなら、華美でなくともそれなりの格好を。最近はラフになってきたとはいえ、社交の場なのでマナーが問われる。

KEYWORD キーワード

ヨハン・ヴォルフガング・フォン・ゲーテ［ゲーテ街道］

『ファウスト』などの作品で知られるドイツを代表する劇作家・詩人。1749年フランクフルトの名家に生まれる。ワイマール公国で10年間政治家をしたのち、イタリアで美学を学んだ。若い劇作家シラーとの友情は有名。自然科学分野にも造詣が深く、地質学など独特の研究をしていた。生涯に人妻シュタイン夫人と妻クリスチアーネの２人の女性を、深く愛した。1832年にワイマールの自宅で「もっと光りを」という言葉を残して亡くなっている。小説『若きウェルテルの悩み』、戯曲『ゲッツ』、叙事詩『ヘルマンとドロテーア』、自伝『イタリア紀行』など、世界に知られる著作は多い。

音楽祭［ライプツィヒなど］

ドレスデンは世界最古のオーケストラのひとつを擁するなど、音楽の都として名高い。夏期に旅するなら５月中旬にジャズ祭「ディキシーランド・フェスティバル」、５月下旬にクラシック音楽の祭典「ドレスデン音楽祭」がある。また３〜４月にはテューリンゲン地方の「バッハ週間」。そして10月末にはライプツィヒでの「ゲヴァントハウス音楽祭」が有名。ザクセンやテューリンゲンは、偉大な音楽家を輩出し、今も生活に音楽が根づいている。立派な劇場・ホールも見逃せない。

音楽家バッハの像

豊かな自然［アイゼナハなど］

ゲーテ街道の南には、「テューリンゲンの森」と呼ばれる美しい森林山地が広がる。ドレスデンなどザクセン州にも、エルベ川と河畔の緑多き平地の優美な風景があって目の保養にいい。チェコ国境近くの雄大な景勝地「ザクセンスイス」は大迫力。その大自然にはきっと心を打たれることだろう。

まるでグランドキャニオンのようなザクセンスイスの風景

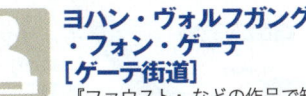

Goethe Strasse

ゲーテ街道

Germany

●文豪の生涯をたどる旅●

旧東ドイツの街が加わって誕生したゲーテ街道。ゲーテの足跡が色濃い街を結んでいる。歴史に翻弄された街から街へ、フランクフルトからライプツィヒに至る。街道の南には緑に恵まれたテューリンゲンの森が広がる。繊細な詩を数多く残したゲーテは、この美しい森を見ながらいったい何を考えたのだろうか。

ゲーテが人生の大半を過ごした街道のハイライト。シラーと友情を深めた場所としても有名。<見どころ>ゲーテの家、ゲーテの山荘

ワイマール城

若き日のゲーテは、ライプツィヒ大学にて法学を学ぶ。だが実際は芸術活動に意欲を燃やし、のちの名作の構想を練っていたという。

以前からゲーテの作品を愛読していたナポレオンは彼を官邸に招き会見したと伝えられる。

大聖堂広場

公務や執筆のために訪れる。彼が教鞭をふるった街でもある。<見どころ>ゲーテ博物館

1749年8月28日にゲーテが生まれた街。彼の生家は博物館としても必見の価値がある。<見どころ>ゲーテの生家

レーマー広場

マルクト(市場)

DRESDEN

ドレスデン

p.9-I　■人口＝50万人　■街の規模＝徒歩で１日

エルベ川のほとり、いくつもの塔が夕暮れの空に映える風格漂う古都

- ★★★ バロック様式建築の数々
- ★★ 大聖堂
- ★★★ 大小30もの博物館
- ★★★ ドレスデン城、ピルニッツ城
- ★★★ ドレスデン音楽祭
- ★★ ザクセンワイン
- ★★★ ザクセン・スイス

Access

●鉄道：ベルリン→EC（２時間10分）他→ドレスデン［１日７本／€32〜］、ライプツィヒ→ICE（１時間10分）→ドレスデン［１時間毎／€26］
●空路：フランクフルト間（１日６便／１時間）、ミュンヘン間（１日約４便／１時間10分他）※空港から市内へはバスで約30分
●市内交通：１回券（バス・市電共通１時間以内）€1.70、１日券€4.50〜（エリアにより異なる）、７日券€16.50

Information

ℹ観光案内所：＜プラガー通り＞MAP p.126-E
㊟Prager Str.10　☎49192100　開10:00〜18:00（土曜〜16:00）　休日曜
＜劇場広場＞MAP p.126-C　開10:00〜18:00（土・日曜〜16:00）　休無休
HP www.dresden.de
●ユースホステル：MAP p.126-C
㊟Maternistr.22　☎492620
●ドレスデン・シティカード：市内公共交通48時間有効、各種割引あり。€19
●ドレスデン・レギオカード：市内からマイセン、バスタイなど広域公共交通72時間有効、各種割引あり。€29
●全ての博物館の常設展に有効な１日券は€10、学生€６

街のしくみ 楽しみ方　圧倒的な美しさを誇る芸術とバロックの街

蒸気船に乗って、ザクセン地方の緑豊かな風景を見ながらエルベ川を旅すると、「エルベのフィレンツェ」と称されるドレスデンにたどり着く。1945年の大空襲によって破壊された街は、堂々とした伝統の様式美を誇りつつも、そこここに残る傷跡がどこか悲しげだった。しかし近年、街は活気づき明るくなってきている。

ツヴィンガー宮殿の彫刻に魅せられる

この街では、まず華麗な**ツヴィンガー宮殿、大聖堂（カテドラル）**などの、劇場広場周辺のバロック建築群をじっくりと鑑賞したい。ドレスデンは芸術の宝庫としても知られており、なんと約30もの美術館や博物館がある。ツヴィンガー宮殿内にある博物館や**ドレスデン城内**では、世界的にも貴重な芸術品が見られる。**アルトマルクト広場**周辺や中央駅までの**プラガー通り**では買物を楽しもう。観光に疲れたらエルベ川沿いの高台にある**ブリュールのテラス**に行くとよい。風が心地よく、眺めもすばらしい。

アウグストゥス橋を渡り川を越えると、そこは**ノイシュタット**（新市街地）。**ノイシュタットマルクト**には黄金のアウグスト大王像がある。メインストリートであるハウプト通りの周辺は、東西ドイツ統一後どんどん新しくなっており、小粋な店がつぎつぎとオープン。意外な発見があるかも。**日本宮殿**も、我々ヤパーナー（日本人）としてはチェックしたいところだ。日が暮れてきたら、対岸や橋の上からバロック地区を眺めるべき。ライトアップされた名建築と川に停泊する船、さながら一枚の幻想的な絵画のようだ。

また、この街ではジャズが盛んで、毎年5月には「ディキシーランド・フェスティバル」が催される。管弦楽団も有名で、当然クラシックの「ドレスデン音楽祭」も人気。ドレスデンの夜は長い。

カローラ橋から見たロマンチックな夜の旧市街

モーリッツブルク城（p.132参照）の上にたたずむ像

ドレスデンの市外局番☎0351

ドレスデン
Dresden
0 200m
N
A
B
C
D
E
F
Schlachthofring Allee
オストラスホーツ公園
Oatra Sportpark
Eissporthalle
Heinz-Steyer-Stadion
Leipziger Strasse
ドレスデン・ノイシュタット駅
Dresden-Neustadt
p.80 コインランドリー
Königsbrucker Str.
クンストホーフ・パッサージェ p.130へ
ルイーゼ20 p.133
p.133 モンドパラスト
Louisenstr.
Alaunstr.
Rothenburger Str.
p.133 ローテンブルガーホーフ
アントン通り Antonstr.
B6
Theresienstr.
アルベルト広場
Albertpl.
マルタ・ホスピッツ p.133
Jazzclub neue Tonne p.132
Glacisstr.
Königstr.
Hauptstr.
ドレスデン初期ロマン主義博物館
マリエン橋
Marienbr.
エルベ川
Elbe
日本宮殿 p.129
Japanisches Palais
先史博物館
民族学博物館
自然歴史博物館
ハウプト通り
AlbertStrasse
新市街
NEUSTADT
ノイシュタットマルクト
Neustadt Markt
ヴェスティン・ベレヴュー
p.133
Meissnerstr.
イエーガーホーフ（ザクセン民芸博物館）
Köpckestr.
Carolapl.
Wigardstr.
Staatskanzlei
Weisseritzstr.
Könneritzstr.
Devrientstr.
ザクセン州議会場
Sächs.Landtag
p.129 大聖堂（カテドラル）
Kathedrale
シアター船ブレットル
アウグストゥス橋
Augustusbr.
ドレスデン・ミッテ駅
Dresden-Mitte
B173
Ostra Allee
Am Zwingerteich
Terrassenufer
シュタールホーフ p.129
Stallhof
カローラ橋
Carolabr.
ゼンパー・オペラハウス p.130
Semper-Oper
鉱物博物館
Museum
ラーデベルガー・スペツィアルアウスシャンク p.132
エルベ川蒸気船遊覧船乗場
カローラ広場
Carolapl.
劇場広場
Theaterpl.
p.130 シンケルヴァッヘ
Grüne Str.
ツヴィンガー宮殿 p.127
Zwinger
ブリュールのテラス p.128
Brühlsche Terrasse
Münzgasse p.81
Terrassen-ufer
Rietschelstr.
Ziegelstr.
Schweriner Str.
演劇場
Shauspielhaus
ドレスデン城 p.128
Dresdner Schloss
ドレスデンヒルトン
カフェ・ツア・フラウエンキルヒェ
アルバーティヌム p.130
Albertinum
p.129
ヨハンノイム（交通博物館）
Johanneum
ノイ
マルクト広場
Neue Markt Pl.
聖母教会 p.128
Frauenkirche
コーゼルパレース p.133
ケンピンスキー・タッシェンベルクパレー p.133
文化宮殿
Kulturpalast
警察署
Polizeidirektion
ドレスデン市歴史博物館
Stadt-mus.Dresden
Pillnitzerstr.
PIRNAISCHE VORSTADT
フライベルガー通り
Freiberger Str.
ヴィルスドルファー通り
Wilsdruffer Str.
フライベルガー広場
Freiberger Pl.
アルトマルクト広場
Altmarkt Pl.
Marienstr.
Wallstr.
Am See
Annenstr.
Rosenstr.
Maternistr.
クロイツ教会
Kreuz-k.
市庁舎
Rathaus
Rathauspl.
Grunaer Strasse
エルプフローレンツ p.133
YH p.125
Liliengasse
旧市街
Altstadt
Dr.Külz Ring
Ehemaliger Robotron Komplex
Waisenhausstr.
Sankt Petersburger Str.
Lingner allee
UFAパラスト
（映画館）
シティ・ヘルベルゲ
ドイツ衛生博物館
Deutsches-Hygiene-Museum
アモン通り
Ammonstr.
Budapester Str.
Prager Str.
プラガー通り
サンクト・ペーターズブルガー通り
E55·B170
ビュルガーヴィーゼ
Zinzendorfstr.
Blüherstr.
Hauptallee
Reitbahnstrasse
ブリューヘル公園
Blüher Park
ゲオルク・アーノルド・プール
Georg-Arnold-Bad
Mosczinsky-str.
Struvestr.
Bürgerwiese Parkstr.
Lennéstrasse
大庭園
Grosser Garten
Sidonienstr.
Altenheim
ドレスデン中央駅
Dresden Hbf.
Grundsch.
Mittelsch.
B172
動物園
Zoologischer Garten
Bergstr.
Strehlener Str
Schubert Str.
Wiener Strasse
Tiergartenstr.
Fritz-Löffler-Str.
Fachhochsch.

わがままレポート

ツヴィンガー宮殿 ★★★

Zwinger

map p.126-C

世界に類を見ないバロック宮殿の傑作

●劇場広場から徒歩1分

ドレスデンのハイライトであるツヴィンガー宮殿。ザクセン-ポーランド王であったアウグスト大王によって、1710～32年に建てられた。王のアイディアと建築家ペッペルマンの天賦の才が、このドイツ屈指のバロック建築を生んだといえる。

まず門を入ったら、広々とした中庭を歩きながら建物を観察するのもいい。ゾフィー通りに面した入り口の上の時計を見てみよう。時計の左右にカリヨン（鐘）がある。実はこれ、マイセン磁器なのだ。精巧に彫られた壁の飾りが美しい。これらは、第2次世界大戦で大被害を被ったが、戦後オリジナルとほぼ同様に復元された。西側のクローネン門Kronentorには、ポーランドの王冠が飾られている。北側奥のニンフ（妖精）の浴場Nymphenbadも幻想的だ。

噴水も美しいツヴィンガー宮殿。左はマイセンのカリヨン

アルテ・マイスター内部。左は有名な『システィーナのマドンナ』。天使がかわいい

内部は個性豊かな博物館になっている。19世紀に増築された北側の、建築者の名を取ったゼンパーギャラリーには、アルテ・マイスター絵画館Gemäldegalerie Alte Meisterがある。ここにはルーベンスらそうそうたる巨匠たちの名画がズラリ。とくにラファエロの『システィーナのマドンナ』と、フェルメールの『手紙を読む少女』などは有名。絵画館の隣は、鎧や甲冑、猟の道具などを展示した武器博物館Rüstkammer。その南には、世界で2番目の規模の陶磁器コレクションPolzellansammlungがあって必見。日本、中国など東洋の陶磁器やマイセン磁器などの華麗な競演が楽しめる。また、西翼には数学物理サロンMathematisch-Physikalischer Salonもあり、中世の地球儀、天球儀や時計など、測量機器の歴史の展示がある。

陶磁器館内の中国コレクション。上はいきいきとした動物形のマイセン

開10:00～18:00（各館共通） 休月曜（各館共通） 料●絵画館€6（武器博物館込み）、学生€3.50 ●武器博物館 料€3、学生€2 ●陶磁器コレクション 料€5、学生€3 ※上記を含む国立の美術館（12館）はSKDという組織で管理していて、一日共通券（€10、学生€6）というのもある。
HP www.skd-dresden.de

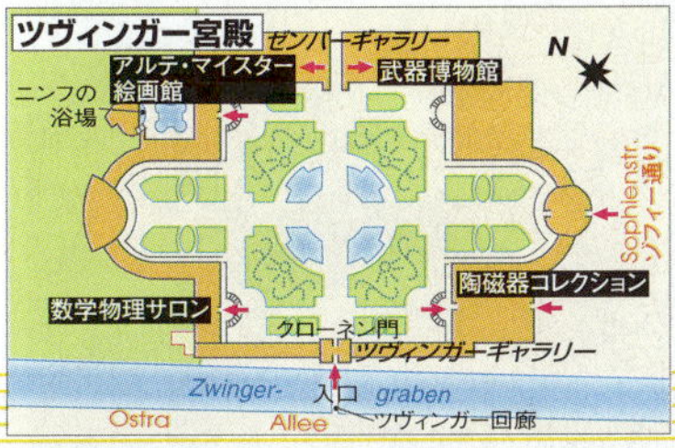

塔〔10:00～13:00、14:00～18:00（11～3月は～16:00）料€8、学生€5〕に上ることもできる。内部は壮麗

聖母教会 ★★★
Frauenkirche

map p.126-D

●劇場広場から徒歩5分

11世紀から存在し、1726～43年に再建された教会。ドイツで最も重要なプロテスタント教会として街のシンボルでもあった。1945年の空襲ですべて破壊され、モニュメントとして壊されたままの無惨な姿で残されていたが、東西ドイツ統一後修復が始まり、2005年10月に再建された。オルガン演奏と小礼拝を伴う内部のガイドツアーは月～土曜12時、月～水、金曜の18時（コンサートなどで変更もある）。なお、アルバーティヌムの方向にショップもあり、教会のかけらが入った時計なども売っている（WEBショップあり）。

開10:00～12:00、13:00～18:00（土曜はツアーのみ、日曜は礼拝）

■www.frauenkirche-dresden.de

ブリュールのテラス ★★★
Brühlsche Terrasse

map p.126-D

●劇場広場から徒歩3分

「ヨーロッパのバルコニー」といわれる、エルベ川に面した緑が美しいテラス。もとは、1740年頃にアウグスト3世の親友ブリュール伯爵が造った庭園だった。「イルカの泉」もその当時造られたもの。石造りの堂々とした建物は美術大学。ここからは絶好の景色が楽しめる。船に乗るのもここからどうぞ。

テラスでひなたぼっこをするおじいさん

ドレスデン城の外観

ドレスデン城 ★★★
Dresdner Schloss

map p.126-C

●劇場広場から徒歩1分

やはり戦争で大打撃を受けたドレスデン城も1989年から再建が開始された。この地にザクセン王の居城が建てられたのは13世紀。15世紀末に四翼式の城が現れる。現在のスタイルは20世紀初頭に、王家であるヴェッティン家の800周年を記念して改築されたネオ・ルネサンス様式。北東のゲオルク門はぜひ見てみよう。城内には50万点に及ぶ版画や写真のコレクションKupferstich-Kabinettの他、黄金のコーヒーセットなど、まばゆいばかりに宝石をちりばめた手工芸品のコレクション、緑の丸天井Grünes Gewölbeがある。これは王家の財宝を展示したもので必見だ。なお9月15日より、元々あった場所（地上階）に歴史的緑の丸天井 Historisches Grünes Gewölbe（※特別な時間制チケットが別途必要 ☎49192285）が再オープン予定。これにより新旧2つの緑の丸天井が見られる。最後に高い展望台に頑張って上り、素晴しい眺めを楽しもう。

開10:00～18:00　休火曜　料€6（全館共通1日券€10）■www.skd-dresden.de（時間制チケットのオンラインブッキング可）

4909個のダイヤが使われている『ムガール帝国皇帝の宮廷』と珊瑚が印象的な『ダフネの小像』

Route Advice

ツヴィンガー宮殿→ゼンパー・オペラハウス→ドレスデン城→ブリュールのテラス→アルベルティーヌム→聖母教会→君主の行列→アルトマルクト広場→ノイシュタットマルクト→日本宮殿［全移動約3時間］

ドレスデンの市外局番☎0351

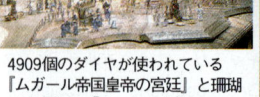

大聖堂（カテドラル） ★★
Kathedrale

map p.126-C

●ドレスデン中央駅から徒歩15分

劇場広場にたたずむザクセン州最大の教会。1738～54年にバロック様式で建造。1980年からはドレスデン・マイセン教会地区の聖堂となる。地下室にはザクセン王の家系であるヴェッティン家の墓があり、なんと器に入ったアウグスト大王の心臓が保管されている。ロココ調の説教壇、パイプオルガン、祭壇画など宗教美術のオンパレードだ。

開8:30～18:00（土曜10:30～、日曜7:30～）
※オルガン演奏は水・土曜11:30～12:00

夜のとばりの中の幻想的なその姿

「君主の行列」は長さ101mもあって圧巻だ

ヨハンノイムとシュタールホーフ ★★★
Johanneum und Stallhof

map p.126-C、D

●劇場広場から徒歩４分

ノイマルクトに建つ立派な姿の**ヨハンノイム**。1586～91年にルネサンス様式で建造され、絵画館として使われた。現在は交通博物館。同時に建てられたのがヨハンノイムを取り囲む、中世の騎士が馬上試合をした**シュタールホーフ**。王侯貴族が観戦をしたイタリア風の回廊と城がエレガントだ。回廊はルネサンスの傑作として名高い。その外壁に約25000枚のマイセン磁器のタイルを使って、ザクセン王らを描いた「君主の行列」がある。

＜交通博物館＞開10:00～17:00　休月曜　料€３、学生€1.50

日本宮殿 ★
Japanisches Palais

map p.126-B

●ノイシュタットマルクトから徒歩５分

屋根を日本建築から模倣し、1715年に建造。後にアウグスト強王が「磁器の城」にするため改築した。現在は先史博物館や民族学博物館、自然歴史博物館が入っている。

開10:00～18:00　休月曜、展示のない日　料先史博物館€３、学生€２、民族学博物館€４、学生€２、自然歴史博物館€３、学生€1.50

Check-Check! 世界一「美しい」乳製品屋さん

1880年創業のプフンズ・モルケライは、世界一美しいとされる乳製品屋さん。え？「美味しい」の間違いではないの？と思ってしまうが、実はこの店、店内の内装が美しいということで、なんとギネスブックにも登録されているお店なのだ。その理由はヴィレロイ＆ボッホ製のタイルで統一された、ネオルネサンス風インテリア。普通にチーズやミルクなどを売っているが、店内を見に来た観光客は、カフェでコーヒーを楽しむかのごとくミルクを１杯飲んでいく。ポストカードなどもある。

MAP p.126-B

Dresdner Molkerei Gebrüder Pfund
●市電11PulsnitzerStr.《プルスニッツァー・シュトラーセ》から５分　住Bautzner Str.79　☎808080　営10:00～18:00（日曜～15:00）　休無休
HP www.pfunds.de

地元の人が利用する店だが、今や観光名所として定着

⬆セレブが集まるホワイエ。
➡あまりに有名な夜の外観

ゼンパー・オペラハウス ★★★
Semper oper

map p.126-C

●劇場広場から徒歩１分

言わずと知れた欧州屈指の名門オペラ座。その華麗な姿は、広告写真にもしばしば起用される。1838〜41年に建築家ゼンパーによって建てられたが、後に全焼、彼の息子が再建した。ワーグナーの『タンホイザー』、R.シュトラウスの『サロメ』などここで初演された名作は多い。毎年５月下旬から６月上旬には「ドレスデン音楽祭」が開かれ、世界中からファンが集まる。上演がない日でも豪華な内部を見学するツアーがあるので、希望者は前もって問い合わせを。

<ツアー>料€５、学生€３　☎4911496
HP www.semperoper.de

名物 pick up
卵ケーキ？　チーズケーキ？　アイアーシェッケ

ドイツのチーズケーキとして有名なアイアーシェッケEierschecke。この地方の伝統的なケーキだ。アイアー（Eier）は「卵」の複数形、シェッケ（Schecke）は「まだら（の動物）」で、卵を使い、焼き表面がまだらになるのでこの名前なのだとか。ではチーズは？　実は中のクリームは、クヴァルクQuarkというチーズになる前の凝乳。意外にさっぱりしている。劇場広場ℹの隣のカフェ、シンケルヴァッヘSchinkelwacheのものが有名。

アルバーティヌム ★★
Albertinum

map p.126-D

●劇場広場から徒歩５分

かつての兵器庫を改装した、ブリュールのテラスにある博物館。**ノイエ・マイスター絵画館**にはゴッホやモネなどヨーロッパの巨匠の作品が並んでいたが、改築に伴い閉館中。移転先は要確認を。ギリシャ、ローマ彫刻コレクションも４月からツヴィンガー宮殿に移転する。

Check-Check! 新市街に、旧市街より古い建物

クンストホーフパッサージェ ★★★
Kunsthofpassage

ノイシュタット（新市街）地区は、名前からすると新しいはずなのだが、戦災を免れたので古い町並みが残っている地区。ここに残る古い建物で、1997年頃から、文化財建築に指定され修復されてきたユニークな建物がある。中庭が５つもあるクンストホーフパッサージェだ。修復に伴って内部にアーティストショップやブティック、カフェ、レストランなどがオープン、ベルリンのハッケシャーホーフ（p.106）のような施設として生まれ変わった。現在、スタジオや、劇場なども含め約20店舗あるという。特におすすめの店は、まず雑貨やインテリア小物を扱うフェンスイハウスFengshui-Haus。奥になぜか座敷カフェがあり、体調に合わせてブレンドされた、オリジナル紅茶を楽しめる。ウルトラマリンゲルプUltramalingelbは女性３人の宝飾アーティストが運営するショップ。銀細工が得意で、オリジナルデザインのリング（全て一点もの）などを売っている。ケイン・デザインKeyn designは、フェルト生地を加工した店主自身のアーティスト作品を扱う。

他にドイツワインの豊富なワイン専門ショップ、スペイン料理店、ブティックなどもある。

座席カフェ。相談すると体調にぴったりの紅茶をすすめてくれる

左は中庭。上はウルトラマリンゲルプ。下はケイン・デザインのフェルト加工品

MAP p.126-B

●市電7,8 Louisenstr.から7分、市電13 GörlitzerStr.《ゲルリッツァーシュトラーセ》から5分　住Alaunstr.70 & GörlitzerStr.21-23-25
◆FengShui-Haus　営11:00〜20:00（土曜10:00〜18:00、日曜は座敷カフェのみ12:00〜17:00）☎8105498　◆Ultramalingelb　営15:00〜20:00（土曜10:00〜16:00）☎8025445　◆Keyn design　営12:00〜19:00（土曜11:00〜16:00）☎8104927
HP www.kunsthof-dresden.de

ドイツのクリスマスとおもちゃの村ザイフェン

聖歌隊（Kurende）をモチーフにしたザイフェンの木彫り人形

寒くて暗い冬のドイツ。この時期に、暖かく光り輝くイベントがクリスマスだ。特に12月25日を迎える前の4週間は、マルクト広場などにマーケットができてお祭りさながらに賑わう

◆シュトレン　ドレスデンが本家で、アドヴェント第2週には、なんと重さ3～4tのシュトレンを、パレードのあと、長さ1.6mのナイフで切り分け販売するという「シュトレン祭り」もある

クリスマスマーケットの定番

ドイツのクリスマスといえば、クリスマスマーケット。アドヴェントの4週間は、広場などに、飾り物（オーナメント）や、民芸品、お菓子などを売る露店商がいっぱいに並ぶ。イベントステージや、移動式のメリーゴーランドなどができることも。定番は、伝統的なお菓子、シュトレン（ドレスデンが本場）や、レープクーヘン、グリューワイン（p.72）、木彫りのおもちゃやクリッペ（キリスト生誕場面を人形などで再現）などだ。

高さ14.61m、ギネスブックも認定の世界最大のクリスマス・ピラミッド。ドレスデンに登場する

◆レープクーヘン　蜂蜜と香辛料をミックスしたクッキーの元祖。こちらはニュルンベルクがオリジナル。ハート型でメッセージが書かれていることが多い

◆プルーン・マン　干しプルーンでできた煙突掃除のおじさん。幸運をもたらすラッキーアイテム。ニュルンベルクが有名だがドレスデンにもある。もちろん食べられる

おもちゃ博物館。昔からの木彫りおもちゃを収集 ●Spielzeugmuseum 開9:00～17:00 ☎037362-8239 料€3、学生€2.50

ザイフェンのベルク教会。世界唯一のバロック様式の円形の教会

おもちゃの村ザイフェン

ドレスデンから南に約50km。チェコとの国境近く、エルツ山地にある村ザイフェン。クリスマス定番の各種木彫り細工はこの村がルーツだ。もともと鉱夫の村だったのだが、鉱脈が尽きると木彫り細工が本職に。以来木彫りおもちゃのふるさととして知られるようなった。町には約100軒ほどの工房があり、多くはショップも併設。くるみ割り人形など、木工おもちゃを展示したおもちゃ博物館やベルク教会などが見どころ。

■ザイフェン Seiffen　MAP p.122-B
●ドレスデン→バスでSayda→バスでSeiffen-Mitte約2時間半／約€20　※鉄道でOlbernhau経由より上記バス便のほうが中心部に　ℹ:住Hauptstr.156　開9:00～17:00（土曜～13:00）　休日曜　☎037362-8438　HP www.seiffen.de

ザイフェナーホーフの工房にて

ろくろで削り出していく

■Seiffener Hof（工房、ショップ、宿、レストラン） 開10:00～17:00 ☎037362-130 HP www.seiffener-hof.de

◆Räuchermännchen
中にお香を入れて煙を出す

◆Pyramide　ロウソクを灯すと熱の気流でプロペラが回る

◆Schwibbogen
シュビップボーゲン。ロウソクを灯し窓辺に飾る

C.Ulbricht社の限定くるみ割り人形。シュタイフのベア付。ザイフェンのアルテス・ドレーウェルク（Altes Drehwerk ☎037362-7880）という店で。HP www.drehwerk.de

◆Nussknacker

郊外の見どころ

河畔の妖精と湖上の姫君 おとぎの国の2つの古城

ドレスデンの南東7㎞、ちょっと足を延ばせば、アウグスト強王の夏の離宮ピルニッツ城Schloss Pillnitzがある。花が咲き乱れる、華やかな色の瀟洒な城だ。エルベ川に面して建つのが水の城で、向かいにあるのが山の城。山の城は現在、芸術的に傑出した家具や楽器などを展示した工芸博物館になっている。その裏手には、広大で優雅な庭園があるので散策しよう。なかでも一番有名なのは、200年以上前から咲き続ける日本の椿だ。2002年12月には敷地内に**ピルニッツ宮殿ホテル**（S-€81～、W-€107～）もオープンした。

また、ドレスデンから北西14㎞の豊かな自然のなかに、欧州でもっとも美しい湖上の城のひとつとして名高い**モーリッツブルク城** Schloss Moritzburgがある。1544年に建てられ、18世紀に改装された。城内は、バロックの家具・工芸品・陶磁器などを展示したバロック美術館。角や毛皮、銃などの狩猟の品がある。なお、この地区は2004年、ユネスコ世界遺産に指定された。

ピルニッツ城はペッペルマンの設計

水面に映るモーリッツブルク城

＜ピルニッツ城＞●中央駅から市電9番でKleinszschachwitz下車。またはバス85番か遊覧船（p.150）でPillnitz下車。☎26130 開10:00～18:00 休山の城：月曜、水の城：火曜、両城とも：11～4月 料€2.50（展示館）

＜モーリッツブルク城＞●ⓈRadebeul-Ost駅で乗り換えMoritzburg下車。または中央駅からバス、劇場広場からの観光バスが便利。開10:00～17:30（11～3月10:00～16:00、1、2月は土・日曜のみ）休11、12、3月の月曜、1、2月の月～金曜 料€6、学生€4 ☎03520-8540 HP www.moritzburg.de

とっておき情報

ジャズファンは必見！ Jazzclub neue Tonne

ニューオーリンズの香り漂う、おしゃれなジャズクラブ。常にレベルの高い演奏が聞け、地元でも絶大な支持を受けている。旧市街から新市街に移転したが、内装など石壁の地下ケラーの雰囲気は以前のまま。旅行者もより行きやすくなった。

ジャズファンでなくともぜひ

MAP p.126-B ●市電8番他 Albertpl.から徒歩7分 住Königstr. 15 ☎8026017 開カフェ18:00～翌1:00（演奏21:00～）休不定休。休みの情報はウェブサイトで 料€8～ HP www.jazzclubtonne.de

Radeberger Sperzialausschank

ラーデベルガー・スペツィアルアウスシャンク

ドイツ最初のピルスナー会社直営。濾過する前の絞りたてビールもある

今や全国的に人気のビール、ラーデベルガー。その郊外の工場か、ここでしか飲めないツヴィッケルビア€2.10～をぜひ味わいたい。濾過する前なので白濁していて保存がきかず、店内にそのための特別なタンクがある。

map p126-D
●劇場広場から徒歩3分
■住所 Terrassenufer 1
■TEL 4848660
■営業 10:00～翌1:00
■休日 無休
■カード VISA、MC、AMEX

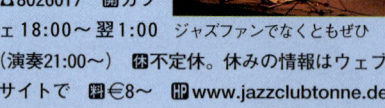

Coselpalais
コーゼルパレース ●●

18世紀の傑作バロック建築がカフェ&レストランに

もとコーゼル伯爵婦人の息子の豪邸。ケーキ類が豊富で料理はフレンチ混合。磁器の間Porzellanzimmerではマイセンでカフェが楽しめる。ショップ併設。

map p.126-D
●劇場広場から徒歩７分
■住所 An der Frauenkirche12
■TEL 4962444
■FAX 4989805
■営業 10:00〜翌1:00（金・土曜〜24:00）
■休日 無休
■カード VISA、MC、AMEX、JCB
■www.Restaurant-Dresden.de

Hotel Kempinski Taschenberg Palais
ケンピンスキー・タッシェンベルクパレー ★★★★

優雅で上品な雰囲気が漂う

アウグスト強王が愛人のコーゼル伯爵婦人のために1705〜08年に建てた宮殿。戦後に豪華ホテルとして再建された。シックな内装で、プールなど施設も充実。

map p.126-C
●劇場広場から徒歩２分
■住所 Taschenberg 3
■TEL 49120
■FAX 4912812
■料金 S-€152〜、W-€182〜、朝食１人€23
■部屋数 全215室
■カード VISA、MC、AMEX、DC、JCB
■www.kempinski-dresden.de

The Westin Bellevue Dresden
ヴェスティン・ベレヴュー ★★★★

エルベ川を望む抜群の景観

外観はバロック調だが各種設備は最新。新市街側なので、エルベ川を挟んでドレスデン城などの景観が楽しめる。予約時にはリバーサイドをリクエストしたい。

map p.126-B
●市電4,9 Neustädter《ノイシュテッター》 Markt《マルクト》から１分
■住所 Grosse Meissner Str.15
■TEL 3518050
■FAX 3518051609
■料金 S-€130〜、W-€150〜、朝食€18
■部屋数 全339室
■カード VISA、MC、AMEX、DC、JCB
■www.westin-bellevue.de

Hotel Elbflorenz
ホテル・エルプフローレンツ ★★★

都会的でモダンなホテル

ガラス張りのアーケードなど、バウハウスデザインのような斬新な外観。内装もグレーやオレンジをポイントにするなどおしゃれ。バスタブ付部屋もある。

map p.126-C
●中央駅から徒歩10分
■住所 Rosen Str.36
■TEL 86400
■FAX 8640100
■料金 S-€95〜、W-€110〜
■部屋数 全227室
■カード VISA、MC、AMEX、DC、JCB
■www.hotel-elbflorenz.de

Hotel&Appartements Rothenburger Hof
ローテンブルガーホーフ ★★★

新市街にありプライベートな雰囲気。小規模ながらサウナや室内プールがあり、宿泊客は無料。

map p.126-B
●AlbertPl.《アルバートプラッツ》から徒歩10分
■住所 Rothenburger Str.15-17 ■TEL 81260
■FAX 8126222 ■料金 S-€79〜、W-€100〜
■部屋数 全40室 ■カード VISA、MC、AMEX、DC
■www.rothenburger-hof.de

Hotel Martha Hospiz
マルタ・ホスピッツ ★★★

自信をもってすすめる、温かな雰囲気の歴史ある美しいホテル。車椅子でも大丈夫。

map p.126-B
●ノイシュタットマルクトから徒歩５分
■住所 Nieritzstr.11 ■TEL 81760 ■FAX 8176222
■料金 S-€54〜、W-€97〜、ルイーゼ€20〜、ドミ€12〜
■部屋数 全50室 ■カード VISA、MC、AMEX
■www.vch.de/marthahospiz.dresden

Ferienwohnung Familie Rudolph
フェーリエンヴォーヌンク・ファミリエ・ルドルフ ★★★

ピルニッツ城近くの２階建貸し家（完全貸し切り）。自然の中での充実したひと時を。

map 外
■住所 Orangeriestr.12 ■TEL 2610193
■FAX 01212-511438715
■料金 １〜２人で€34、１人増えるごとに€10プラス（５名まで） ■カード 不可 ■www.pillnitz.com/fewo.html

ロリーズ・ホームステイ Lollis Homestay ★ map p.126-B
●ノイシュタット駅から徒歩13分 ■住所 GörliterStr.34
☎8108458 料S-€27〜、ドミ-€13〜 ■www.lollishome.de

モンドパラスト Hostel Mondpalast ★ map p.126-B
●ノイシュタット駅から徒歩10分 ■住所 Louisenstr.77
☎5634050 料S-€29〜、ドミ-€13.50〜 ■www.mondpalast.de

ルイーゼ20 Hostel Louise20 ★ map p.126-B
●ノイシュタット駅から徒歩10分 ■住所 Louisenstr.20
☎8894894 料S-€26〜、ドミ-€15〜 ■www.louise20.de

ドレスデンの市外局番☎0351

●〜€15 ●●€15〜25 ●●●€25〜50 ●●●●€50〜
★エコノミー ★★カジュアル ★★★スタンダード ★★★★ラグジュアリー

MEISSEN

マイセン

p.8 F　■人口＝2.8万人　■街の規模＝徒歩で半日

世界に名高いマイセン焼きの街。紋章から「青い剣の都」と称される

★★★ 中世の面影を残す家々

★★ 天を指すかのように高い塔をもつ大聖堂

★★★ マイセン磁器工場

★★ 王立磁器製造所がおかれたアルブレヒト城

★★ マイセンワイン

Access

●鉄道：ドレスデン→S(約45分)→マイセン[1時間2本／€6.80、1日券€10.50]
●エルベ川遊覧船：ドレスデン→(約2時間)→マイセン[5/2〜10/8]／片道€10.90、往復€16.10
●市内交通：4〜10月はマルクト広場から磁器工場などの間をシティバス[30分間隔／€2.55、市内一周／€3.60]が運行。

Information

ℹ観光案内所：＜マルクト広場＞
MAP p.134　住Markt 3　☎41940　開10:00〜18:00(土・日曜、祝日〜16:00)、11〜3月10:00〜17:00(土曜〜15:00、1月を除く)　休11〜3月の日曜・祝日　HP www.touristinfo-meissen.de

街のしくみ　楽しみ方

エルベの古都で、美しい磁器の世界に旅をする

ドレスデンの北西約30kmにあるマイセン。マイセンと聞けば、誰でもクオリティーの高い磁器を思い出すだろう。ここはまた、劇作家レッシングが学んだ街でもある。

この小さな街では、まずエルベ川を越え、

マルクト広場に面した聖母教会の鐘はマイセン磁器製

ℹのある**マルクト広場**へ行こう。聖母教会右手裏にある黄色の木組みの家は、ワインがおいしい名物レストラン、**ヴィンツェンツ・リヒター**Vincenz Richterだ。

さらに、高台にそびえる初期ゴシック様式の**大聖堂**Dom（開9:00〜18:00、11〜3月10:00〜16:00　料€2.50。アルブレヒト城との共通券€5、学学€3.50）へ。1250年頃から約150年にわたり建造された。この大聖堂では、4〜10月の13、14、15、16時にガイド付きで塔に登ることができる（€3）。また5〜10月の間は、12時からオルガンのコンサートも聴ける。

大聖堂近くの店でワインを売るオーマ（お婆ちゃん）

隣接するのは、白い壁が眩しい**アルブレヒト城**Albrechts-burg（開10:00〜18:00、11〜2月は〜17:00　料€3.50）。15世紀にザクセンとテューリンゲンを支配していた、ヴェッティン侯爵家のエルンストとアルブレヒト兄弟のために建てられた城だ。正面は、有名ならせん階段が軽やかな印象。内部の丸天井の部屋も美しい。城や大聖堂がある高台からは、赤茶色の屋根が続く絶好の景色を楽しみたい。

次に目指すのは**マイセン磁器工場**。工場へはバスも走っているが、中世の香りが漂う石畳の坂を下って行くのもいい。また、この街ではエルベ川遊覧も一興。マイセンは小さいけれど、古い街並が心に残る城下町だ。

後期ゴシック様式だが、ルネサンスの影響もあるアルブレヒト城

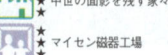

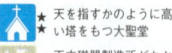

Check-Check! 魅惑のマイセン焼きの世界！

マイセン磁器工場 ★★★

Staatliche Porzellan-Manufaktur Meissen GmbH

人形のスカートのレースまで表現する繊細なマイセン磁器。それはヨーロッパで初めてつくられた白い磁器だった。それまで東洋でしか作れなかった白磁の熱烈な愛好家、アウグスト強王が造らせた王立磁器製作所としてスタート。その工房はアルブレヒト城内に1710年から155年間存在していた。現在は場所を移し、ビジターセンター（見学工房）や美術館も併設する観光名所になっている。ビジターセンターでは、本物の職人さんが実際の製作工程を見学者に公開、型作りや絵付けなどの作業を見ることが出来る。また、美術館では、マイセン磁器の歴史がわかるよう、初期のベトガー作品から、近世の巨匠の手によるアールヌーヴォー調のものなど、貴重なコレクションを惜しげもなく展示。巨大なテーブルに並んだ晩餐用の食器などは圧巻だ。2005年、この美術館が大きく生まれ変わった。展示館は拡張され、所蔵約２万点のコレクションから毎年約３千点が選ばれて展示（年ごとに内容が変わる）されている。パイプが磁器でできている世界初のパイプオルガンなどの目玉もお見逃しなく。うれしいのはレストランとカフェが新たにできたこと。憧れのマイセン磁器の食器で食事を楽しんだり、ティーカップで紅茶をいただけるようになった。

これも磁器製。思わず目を見張る展示品

上右は見学工房の絵付け。その隣が晩餐用の食器。下が世界初の磁器パイプオルガン。コンサートもある

上階のレストランにて。ケーキはこの地方の名物、アイアーシェッケ

MAP p.134
●駅からタクシーで７～８分（夏季はシャトルバス有）　住Tal str.9　開9:00～18:00（11～４月～17:00）　料展示館のみ€６（＋工房見学€８）　☎468700　■www.meissen.de

---

Gebrauchtwaren Antik
ゲブラウフトヴァーレン・アンティーク

ノスタルジー漂う昔の品々

古いおもちゃ箱をひっくり返したようなアンティークショップ。18世紀のマイセン磁器からガラクタまで。愉快な店員さんと掘出し物を探してみては？

map p.134
●大聖堂から徒歩20分
■住所　Talstr.91
■TEL　453427
■営業　10:00～18:00（土曜～15:00）
■休日　日曜
■カード　VISA、MC、AMEX、DC

Hotel&Cafe Am Markt Residenz ★★★
アム・マルクト・レジデンツ

マルクト広場近くのプチホテル

外見によらず部屋は白を基調にパステルカラーで統一されたおしゃれな内装。ケラーでマイセナーワインを楽しめるが要予約。接客もフレンドリー。

map p.134
●マルクト広場から徒歩１分
■住所　An der Frauenkirche 1
■TEL　41510
■FAX　415151
■料金　S-€69～、W-€115～
■部屋数　26室
■カード　VISA、MC、AMEX
■www.meissen-hotel.com

アム・マルクト6 Am Markt 6 ★★★ map p.134
●マルクト広場から徒歩１分 ■住所 Am Markt 6 ☎41070 FAX410720 料S-€45～、W-€165～

マイセナー・ブルクシュトゥーベン Meissner Burgstuben ★★★ map p.134
●大聖堂から徒歩２分 ■住所 Freiheit 3 ☎453685 料S-€36～、料W-€60～ ■www.meissner-burgstuben.de

マイセンの市外局番☎03521

★エコノミー　★★カジュアル　★★★スタンダード　★★★★ラグジュアリー

LEIPZIG

ライプツィヒ

p.8-F ■人口＝49.6万人 ■街の規模＝徒歩で1日

変貌を遂げる文化・芸術・経済の街。新旧が共存する独特の雰囲気が漂う

★★★ トーマス教会

★★ グラッシ博物館

★★★ ゲヴァントハウス・オーケストラ

★★★ バッハ、ゲーテ、シューマン、メンデルスゾーン

★★ ライプツィヒ大学

Access

●鉄道：ベルリン→ICE（1時間32分）→ライプツィヒ［約2時間毎／€34］、フランクフルト→ICE（3時間25分）→ライプツィヒ［1時間毎／€60］、ドレスデン→ICE（1時間9分）→ライプツィヒ［1時間毎／€26］

Information

●観光案内所：MAP p.137-B 住 Richard Wagner Str.1 ☎7104260 開 9:00～19:00（土曜～16:00、日曜～14:00、祝日10:00～16:00）

●ライプツィヒカード：市電・バスに乗り放題で博物館、コンサートの割引も。1日券€7.90、3日券€15.50

HP www.leipzig.de/de/tourist/

●ユースホステル：MAP p.137-B 住 Volksgartenstr.24 ☎2457011 FAX 2457012 休 クリスマス期間

街のしくみ 楽しみ方 移りゆく街を歩きつつ、天才バッハに触れる旅

ローマ時代から2つの重要な交易路の交差点として栄え、今やメッセで国際的に知られる商業の街となったライプツィヒ。出版社や印刷所の多さでも有名で、世界初の新聞もここで発行された。楽譜で、裏表紙にライプツィヒと書かれているものを持っている人は多いはず。またここは、バッハやメンデルスゾーンが長年活躍した音楽の都でもある。ゲヴァントハウス・オーケストラや聖トーマス教会少年合唱団は名門として名高い。

柱が3000本もある巨大な駅舎は、大規模なショッピングアーケードを擁する欧州屈指のターミナル駅。正面をまっすぐ進んでニコライ教会へ行こう。ドイツの東西統一は、この教会での運動がきっかけとなって始まった。西に歩けば旧市庁舎の建つマルクト広場に着く。2006年現在駅前とマルクト広場は、シティトンネルという地下鉄建設で2009年頃まで工事中。裏手にあるのは白と黄色が華麗なバロック様式の**旧証券取引所**Alte Börse。この街で法学を学んだ若きゲーテの像が立っている。

あちこちで見かけるライオンのマスコット。街のシンボルだ

この街に住み、数々の名曲を作ったJ.S.バッハ

このあたりまでくれば、建物のファサードが見事で、かつての豊かな暮らしがかいま見える。メッセ（見本市）の街だけあり、パッサージェ（アーケード）が多いのも特徴。とくに**メードラー・パッサージェ**は、ゲーテの『ファウスト』の舞台となったレストランなど小粋な店が多い。

バッハゆかりの**トーマス教会**も見逃せない。金・土曜には合唱団のコンサートがあり、祭壇前の彼の墓には、今も花束が絶えない。向かいは**バッハ博物館**。さらに**大学**である高層ビル周辺には音楽の殿堂、**新ゲヴァントハウスとオペラハウス**がある。また、新ゲヴァントハウスから東よりの小径にはメンデルスゾーンが暮らしたアパート（Mendelssohn-Haus 住 Goldschmidt Str.12 開 10:00～18:00 料 €3）が公開されていて、毎日曜11:00からピアノ・コンサートもある。本場のクラシックに酔いしれてみるのもいい。

上品なメードラー・パッサージェ

郊外の**ライプツィヒの戦い記念碑**と近くの**ロシア記念教会**、駅の東にある**ユダヤ教会**も異国風で興味深い。

Route Advice

ニコライ教会→旧市庁舎→メードラー・パッサージェ→トーマス教会→バッハ博物館→新ゲヴァントハウス→グラッシ博物館→ライプツィヒの戦い記念碑［全移動約3時間］

ライプツィヒの市外局番☎0341

1823年ごろのライプツィヒの市街模型も展示

旧市庁舎 ★★★
Altes Rathaus

map p.137-A

●ライプツィヒ駅から徒歩12分

1556年にルネサンス様式で建てられ、1744年に改装された左右非対称の美しい建築物。1909年からライプツィヒ市歴史博物館になり、コレクションも充実。メンデルスゾーンの部屋には彼のゆかりの品々が並ぶ。

住Markt 1　開10:00～18:00　休月曜　料€３、学生€２（第１日曜は無料）

ニコライ教会 ★★★
Nikolaikirche

map p.137-B

●ライプツィヒ駅から徒歩10分

1165年建立。内部はフランス様式を模した擬古典主義的なスタイルで非常に魅力的。80年代初めから、この教会で若者が国の変革を掲げ定期的に平和の祈りという活動をしていた。警察の圧力により逮捕者が続出したが、89年、ついに彼らは非暴力によって東西統一を果たした。

↑開かれた教会がモットー

開10:00～18:00　休無休　料無料

シュロの木をデザインした柱

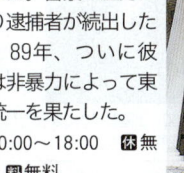

トーマス教会 ★★★
Thomaskirche

map p.137-A

●マルクト広場から徒歩５分

金曜18:00、土曜15:00に合唱団の美声が聞ける

バッハが1723年から晩年まで、オルガニスト兼合唱団指揮者として働いた教会。1950年からは彼の墓もここにある。

開9:00〜18:00　休無休　料€２（塔見学は３〜10月の土・日曜）

新ゲヴァントハウス ★★
Neues Gewandhaus

map p.137-B

●マルクト広場から徒歩10分

モーツァルトやメンデルスゾーンが指揮者だったこともある

世界的に有名な250年の歴史をもつゲヴァントハウス・オーケストラの活動拠点。現代芸術家によって装飾された大小２つのホールも世界屈指の音響効果を誇る。1981年建造。

住Augustuspl.8　☎1270280

バッハ博物館 ★★★
Bach-Museum

map p.137-A

●トーマス教会のバッハ像の向かい側

バッハの友人であったボーゼの館が現在のバッハ博物館。自筆の楽譜など彼のゆかりの品々が展示されている。彼の研究の拠点であるバッハ文書館もある。英語のガイドツアーがある。

住Thomaskirchehof 15-16
開10:00〜17:00　料€３、学生€２

コンサートも行なわれる

グラッシ博物館 ★★★
Grassimuseum

map p.137-B

●マルクト広場から徒歩15分

陶磁器などを展示した美術工芸博物館、世界の民族の暮らしがわかる民族博物館、800種類もの楽器が鑑賞できる楽器博物館の３つの博物館からなる。2005年まで改修中で展示はそれぞれ別の場所で行なっている。

住Neumarkt 20　開10:00〜18:00（木曜〜20:00）　休月曜　料€４、学生€３　☎9731900

わがままレポート

ライプツィヒの戦い記念碑 ★★★
Völkerschlacht-denkmal

map p.137-B

巨大な石の殿堂を訪ねて

●市電15,21 Völkerschlacht-denkmal《フェルカーシュラハト・デンクマール》下車

意外と知られていないが、市街地から東へ市電で10分ほど行ったところに、ライプツィヒの戦い記念碑というモニュメントがある。1813年10月18日のライプツィヒの戦いで命を落とした、８万人以上の兵士を弔い平和を祈って建てられた。緑が広がる広場にそびえる姿は、さながらピラミッドのようで、スケールが大きく印象的。高さ91ｍもの頑強な石の聖堂は、どこか中南米の遺跡を彷彿させる。

1898年から15年かけて建てられた記念碑

円形の内部には、窓から光が射し込み厳かで幻想的なムードが漂う。勇気や献身といったタイトルが付けられた12ｍの４つの石像も見ものだ。

この聖堂では、１年に15回ほど中世から現代の曲のコンサートが行われており、子供達が歌うこともある。日程の問い合わせはⓘへ。

住Pragerstr.210
開10:00〜18:00（11〜３月は〜16:00、12月を除く毎月最終金曜は〜22:00）
料€３、学生€２

上階からは市街を一望することができる

Auerbachs Keller
アウアーバッハ・ケラー

ゲーテの『ファウスト』の舞台にもなった名物地下酒場

創業はなんと1525年。カルトフェルズッペ（ジャガイモのスープ）は店員さんのイチオシ。店内奥、Historische Weinstübenの重厚な装飾も見ものだ。

map p.137-A
●マルクト広場から徒歩３分
■住所　Grimmaische Str.2-4
■TEL　216100
■FAX　2161011
■営業　11:30～24:00（大樽の部屋18:00～）
■休日　12/24

Zum Arabischen Coffe Baum
カフェ・バウム

ヨーロッパで一番古いカフェ＆レストラン

ワーグナーやシラーも常連だったという1566年創業のカフェ＆レストラン。１階がレストラン、２階がカフェで一部コーヒー博物館にもなっている。

map p.137-A
●マルクト広場より徒歩３分
■住所　Kleine　Fleischergasse4
■TEL　9610060
■FAX　9610030
■営業　11:00～24:00
■休日　無休
■カード　VISA、MC

Zill's Tunnel
ツィルス・トゥンネル

典型的なザクセン料理ならここ。ゴーゼ・ビアもある

1785年にはすでにここで営業していたという歴史ある名店。おすすめは郷土料理の温野菜、ライプツィガー・アロライとゴーゼ・ビア。宿も併設。

map p.137-A
●マルクト広場から徒歩5分
■住所　Bärfussgässchen 9
■TEL　9602078
■営業　11:30～24:00
■休日　無休
■カード　VISA、MC、AMEX
■www.zillstunnel.de

Kabarett Academixer
カバレット・アカデミクサー

今宵は楽しいカバレットへ

この街は旧東時代からカバレット（キャバレー）のメッカだった。ときに歌や踊りを交えて体制風刺の芸が出る。言葉がわからなくてもレトロな趣が楽しい。

map p.137-A
●マルクト広場から徒歩７分
■住所　Kupfergasse2
■TEL　21787878
■営業　前売窓口10:00～20:15（土曜13:00～、日曜・祝日18:00～）、当日券窓口18:00～20:15
■料金　公演により異なる
■www.academixer.com

Hotel Fürstenhof Leipzig ★★★★
ホテル・フュルステンホーフ

市内一のラグジュアリーホテル

18世紀には銀行家の豪邸だった市内最高クラスのホテル。家具など調度品の豪華さは特筆もの。バー、レストランはもちろん、プール（サウナ、日焼け施設付属）も完備。

map p.137-A
●ライプツィヒ駅から７分
■住所　Tröndlinring 8
■TEL　1400
■FAX　1403700
■料金　S-€185～、W-€210～、朝食€19
■部屋数　全92室
■カード　VISA、MC、AMEX、DC、JCB
■www.luxurycollection.com

ノボテル　Novotel Stadt Leipzig ★★★ map p.137-B
●ライプツィヒ駅から３分　■住所　GoetheStr.11　☎99580
料S-€64～、W-€64～、朝食€14　■www.nobotel.de

イビス・ライプツィヒ　Hotel Ibis Leipzig ★★ map p.137-B
●ライプツィヒ駅から５分　■住所　Brühl 69　☎21860
料S-€59～、W-€59～、朝食€９　■www.ibishotel.com

メルキュール・ライプツィヒ　Hotel Mercure Leipzig ★★ map p.137-B
●マルクト広場から７分　■住所　AugustusPl.5-6　☎21460
料S-€66～、W-€78～　■www.hotel-mercure-leipzig.de

コスモスホテル　Kosmos Hotel ★ map p.137-A
●マルクト広場から７分　■住所　Gottschedstr.1　☎2334422
料S-€46～、W-€67～　■www.kosmos-hotel.de

グローベトロッター　Central Globetrotter ★ map p.137-B
●ライプツィヒ駅から５分　■住所　Kurt-SchumacherStr.41
☎1498960　料S-€24～、ドミ-€13～　■www.globetrotter-leipzig.de

スリーピー・ライオン　Hostel Sleepy Lion ★ map p.137-A
●市電1 Gottschedstr.《ゴットシェッドシュトラーセ》から１分　■住所　Käthe-Kollwitz-Str.3
☎9939480　料S-€28～、W-€40、ドミ-€14～　■www.hostel-leipzig.de

ライプツィヒの市外局番☎0341

●～€15　●●€15～25　●●●€25～50　●●●●€50～
★エコノミー　★★カジュアル　★★★スタンダード　★★★★ラグジュアリー

WEIMAR
ワイマール

p.9-H ■人口＝6万人 ■街の規模＝徒歩で1日

伝統と先進が共存。「ドイツの小パリ」はゲーテも愛した文化都市

- ★★★ ドイツの小パリと称されるほどの優美さ
- ★★ 近代デザインの権威、バウハウス美術館
- ★★★ ゲーテ、シラー、リスト、クラナッハ、ニーチェ
- ★ 玉葱ケーキやテューリンガーソーセージ
- ★★ クラナッハの祭壇画と墓石があるヘルダー教会
- ★★ 街のシンボルの国民劇場
- ★ リスト音楽院

Access

●鉄道：ベルリン・ツォー駅→ICまたはICE（約3時間）→ワイマール［2時間1本／€44～］、ライプツィヒ→ICE（約50分）→ワイマール［1時間1本／€22］

Information

❶観光案内所：＜マルクト広場＞ MAP p.141-B 住Markt 10 ☎7450 開9:30～18:00（土・日曜、祝日～15:00）／11～3月10:00～18:00（土・日曜、祝日～14:00、12月24・31日～16:00） 休無休 HP www.weimar.de
●ワイマールカード：市内公共交通機関72時間有効、各種割引あり。€10
●ユースホステル：MAP p.141-A 住Carl-August-Allee 13 ☎850490 FAX850491

街のしくみ 楽しみ方 中世の芸術家に出会えるゲーテ街道のハイライト

ワイマールは18世紀にヨーロッパ文芸の一大エポックを築いた街だ。ゲーテを中心に文学、音楽、造形美術の偉人たちが居を構え、画期的な芸術職業学校バウハウスや、リスト音楽院が生まれた。1919年には、自由な精神を尊ぶ気風がドイツ初の民主主義憲法「ワイマール憲法」を制定させる。

駅から街の中心まで、徒歩で20分ほど。1番などのバスで**ゲーテ広場**Goetheplatzまで行くとよい。途中、現代美術のNeues Museum Weimar（住Burgpl.4 開ワイマール城と同じ 料€3.50、学生€2.50）があるが、ほとんどの見どころはマルクト広場の周辺。ゲーテ広場からは劇場広場経由で歩くのがいい。シラーとゲーテの像が建つ**国民劇場**、その向かいの**バウハウス美術館**Bauhaus Museum（住Theaterpl. 開ワイマール城と同じ 料€3）などを経て賑やかな**シラー通り**Schiller-str.を行くと黄色い**シラーの家**がある。また、この街の歴史をマルチメディアで再現した体験館Weimar Haus（住Schillerstr. 16-18 開10:00～20:00［冬季～18:00］ 休無休 料€6.50）もこの通りにある。ここを左折すれば**市庁舎**や**クラナッハの家**Cranachhausなどが並ぶマルクト広場の華やかさに驚くだろう。南下すると**ゲーテの家**や**リストの家**Liszthausもある。とくにゲーテの家は訪れる価値あり。ワイマール城を見学したあとは、その奥に広がる広大な**イルム公園**をぜひ散策したい。

ワイマールは、シャルロッテ・フォン・シュタイン夫人やのちに妻となるクリスチアーネとのゲーテの恋の舞台となった街でもある。この街にはロマンチックな美しい詩が生まれる要素が揃っているのだ。

ワイマールの市外局番☎03643

市庁舎前のマルクト広場で開かれるマーケット

テューリンゲン地方の自慢は極太ソーセージ

ゲーテの家 ★★★
Goethes Wohnhaus

map p.141-C

●マルクト広場から徒歩3分

ゲーテが1782年から死ぬまで住んだ家。彼の「色彩論」に基づくカラフルな壁、芸術や自然科学分野の膨大な収集品、6500冊所蔵の図書室など、彼の美学に圧倒される。
住Frauenplan1 開9:00～18:00（夏季以外は閉館が早くなる） 休月曜 料€6.50、学生€5

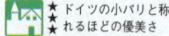

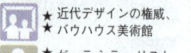

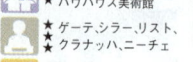

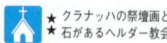

ドイツ・ナショナル劇場 ★★
Deutsches Nationaltheater

map p.141-A

●マルクト広場から徒歩5分

18世紀からワイマールの芸術に影響を与え続けた劇場。ゲーテ『ファウスト』、シラー『ウィリアム・テル』が初演され、リストやリヒャルト・シュトラウスも宮廷楽団の楽長として活躍した。1919年に国民議会が開かれ、この劇場でワイマール憲法が採択、ドイツは帝国から共和国となる。劇場とその前のゲーテとシラー像は街の誇り。

開10:00（月曜14:00）～18:00　※冬季変動あり

Route Advice

ドイツ・ナショナル劇場→バウハウス美術館→シラーの家→マルクト広場→ゲーテの家→リストの家→ワイマール城→イルム公園［全移動約2時間］

威風堂々としたゲーテとシラーの像

日当たりのいいシラーの家。1777年建造

シラーの家 ★★★
Schiller Wohnhaus

map p.141-A

●マルクト広場から徒歩４分

1802年、43歳のシラーは尊敬するゲーテの誘いでこの街に移り住み、1805年に亡くなるまでこの家で暮らした。名作『ウィリアム・テル』もここで書かれている。現在は博物館を併設し、多数の資料を展示している。

住Schillerstr.12　開9:00～18:00（11～３月9:00～16:00）　休火曜　料€４、学生€３

ゲーテの山荘 ★★★
Goethes Gartenhaus

map p.141-D

ゲーテの山荘の周辺は、絶好の散歩道である

●マルクト広場から15分

イルム川に沿って広がる英国式のイルム公園内に、ゲーテがカール・アウグスト公から贈られた素朴な山荘がある。ここでゲーテは1776年から1782年まで住み、クリスチアーネと結婚前の１年間一緒に過ごしている。この家で自然をうたった詩が多数生まれた。山荘からも市街の家からも、彼の趣味の良さと豊かな暮らしぶりがうかがえる。

開9:00～18:00（11～３月10:00～16:00）　休火曜　料€3.50、学生€2.50

ワイマール城 ★★★
Stadtschloss

map p.141-B

●マルクト広場から徒歩５分

擬古典主義の柱廊玄関のある４階建ての宮殿。16世紀の建築だが火災のため1803年に再建された。南東の塔や後期ゴシック様式のバスティーユとよばれる建物は中世のもの。内部はクラナッハなどを展示している美術館。

住Burgplatz ４　開10:00～18:00（11～３月10:00～16:30）　休月曜　料€５、学生€４

かつてワイマール公が暮らしたワイマール城

名物 pick up 愛の象徴の銀杏の葉とタマネギ市

ワイマールでは銀杏の葉がモチーフの小物をよく見かける。銀杏の葉はゲーテの愛の象徴なのだ。ブローチ、イヤリング、ネックレスなど、女性へのプレゼントとしてきっと喜ばれるだろう。

またマルクト広場では、８月末から12月ごろまで毎日午前中にマーケットが開かれる。野菜、花、タマゴ、果物、陶器、毛織物、木製玩具などあらゆるものが売られていて気分もワクワクしてくる。

もちろんテューリンガーソーセージも試してみたいが、なんといってもメインは美しく着飾ったタマネギ！　赤紫と白の小タマネギをさまざまな形につなげ、花やリボンで彩るツウィーベルリスペは、街に古くから伝わるもの。日もちするのでおみやげにもいい。

部屋に飾りたくなるかわいさのタマネギ

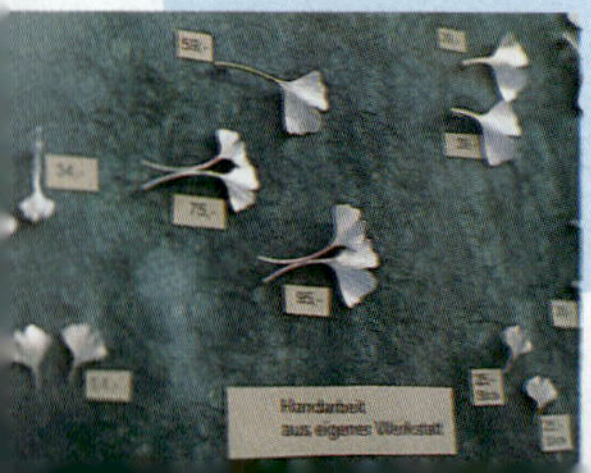

恋愛も成就する!?
銀杏のアクセサリー

Schwarzbierhaus
シュヴァルツビアハウス

黒い木組みが美しいレストラン兼ペンション

16世紀の美しい木組みの建物。黒ビールで有名なケストリッツァーが内装設営に協力した。料理はチューリンゲン地方の郷土料理。ペンションも兼営。

map p.141-A
●ゲーテ広場より徒歩３分
■住所　Scherfgasse4
■TEL　779337
■FAX　423046
■営業　11:00～翌1:00
■休日　無休
■料金　S-€50、W-€75
■カード　VISA、MC

Ginkgo Museum
銀杏博物館

銀杏を使った商品がいっぱい

名前は博物館だが、実体はショップ。銀杏をモチーフにしたカップや絵はがきはもちろん、銀杏の葉を使ったお茶や、シャンプーまである。２階は展示室。

map p.141-A
●マルクト広場から徒歩２分
■住所　Windiscenstr.1
■TEL　805452
■営業　10:00～18:00（土・日曜～16:00）
■休日　無休
■カード　VISA、MC、AMEX、DC、JCB

★★★★ Hotel Elephant The Luxury Collection
エレファント

芸術収集品も一見の価値あり

入口上方のバルコニーではヒトラーが演説し、トーマス・マンにも愛された1696年創業の名門ホテル。内装はモダンかつクラシックなアールデコ調。

map p.141-A
●マルクト広場から徒歩１分
■住所　Markt 19
■TEL　8020
■FAX　802610
■料金　S-€129～、W-€155～
■部屋数　全99室
■カード　VISA、MC、AMEX、DC、JCB
■www.luxurycollection.com/elephgnt

★★★★ Christliches Hotel Amalienhof
クリストリッヒェスホテル・アマリエンホーフ

清潔で居心地のいいホテル

ゲーテの家から南下したところにある。以前はキリスト教系宿泊施設だった。インテリアの趣味がよく、昔の建物らしく廊下も広々として、邸宅にいるよう。

map p.141-C
●マルクト広場から徒歩５分
■住所　Amalienstr.2
■TEL　5490
■FAX　549110
■料金　S-€65～、W-€80～
■部屋数　全32室
■カード　VISA、MC、AMEX
■www.amalienhof-weimar.de

★★★★ Hotel Anna Amalia
ホテル・アンナ・アマーリア

エレガントな内装の新ホテル

2002年オープン。ゲーテの旅をモチーフに彼の訪れた都市の名前が付けられた部屋がある。内装もエレガントで高級感があり、バス停からも近く観光に便利。

map p.141-A
●ゲーテ広場から徒歩２分
■住所　Geleitstr.8-12
■TEL　49560
■FAX　495699
■料金　S-€55～、W-€75～
■部屋数　全50室
■カード　VISA、MC、AMEX、DC
■www.hotel-anna-amalia.de

★★★ Gasthof Luise
ガストホーフ・ルイーゼ

観光に便利な穴場ペンション

１階は気さくなレストラン。３人部屋が広く、空いていれば２人でも２人用料金で泊めてくれる。部屋が少ないので確認を。スタッフがとても親切。

map p.141-C
●マルクト広場から徒歩５分
■住所　Wielandplatz 3
■TEL　905819
■FAX　511111
■料金　S-€43～、W-€66～
■部屋数　全５室
■カード　不可

● ～€15　●● €15～25　●●● €25～50　●●●● €50～
★エコノミー　★★カジュアル　★★★スタンダード　★★★★ラグジュアリー

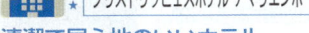

ERFURT

エアフルト

p.9-H ■人口＝21.6万人 ■街の規模＝徒歩で半日

かつては商業で全盛を誇った、1200年の歴史ある「塔の国」

★★ 歴史の古さを物語る建築物

★ ペータースベルク

★ テューリンガーブラットブルスト

★★★ 大聖堂　ゼヴェリ教会

★ アンガー博物館

Access

●鉄道：フランクフルト→IC、ICE（約２時間10分）→エアフルト［１時間１本／€46］、ライプツィヒ→ICE（約１時間５分）→エアフルト［２時間１本／€25］、ドレスデン→ICE（約２時間20分）→エアフルト［１日12本／€41～］

Information

●観光案内所：MAP p.144　住 Benediktspl 1　☎66400　FAX 6640280　開 10:00～19:00（１～３月～18:00、土・日曜10:00～16:00）　休 12/25　HP www.erfurt-tourist-info.de

●ユースホステル：MAP p.144　住 Hochheimer Str.12　☎5626705　FAX 5626706

街のしくみ 楽しみ方　歩いているだけで楽しい。街にあふれる歴史的建物

テューリンゲン州の州都であるエアフルト。かつて一大交易路として栄えた商業の街だ。ゲーテがナポレオンに出会ったのもここ。

この街の観光は歩いてもいいし、市電を使ってもいい。市電はこまめに停まるので便利。駅を出てまっすぐ行くと**アンガー広場**Angerpl.に出る。ここの11番地の家では、スウェーデン王妃のマリー・エレノアが夫のグスタフ２世の死の知らせを聞き、６番地ではロシア皇帝アレクサンデル１世が住んでいたという。この地方の美術品が並ぶ**アンガー博物館**Angermuseumは必見。

おもちゃのように愛らしい木組みの家々と市電

小川を越えたら右手に大きな**市庁舎**がある。ここが**フィッシュマルクト**Fischmarkt。豪華なファサードの家が並び、目の保養になる。右に曲がり市庁舎の横を行くと**クレーマー橋**Krämerbrückeの入口がある。橋の両側には工芸品などを売る店が並ぶ。裏から見るとなんともロマンチックな橋ということがわかる。

フィッシュマルクトのギャラリー

来た道を戻りまっすぐ行くと２つの巨大な建築物がそびえる大聖堂広場に着く。左が**大聖堂**Domで、右が**ゼヴェリ教会**Severikirche。大聖堂の北西にある小高い丘には、**ペータースベルク**Petersbergという要塞が残っているので上ってみよう。ここからの眺めはすばらしく、エアフルトの街とテューリンゲンの森が一望できる。

緑の多い街なので散策もまた楽しい。この街にはなぜかイタリアン・アイスの店が多い。安いのでぜひお試しを。また、やたらと目に付くのが教会。かつて市街にはなんと36もの教会や礼拝堂、15の修道院があったそうだ。ついたあだ名が「塔の国」。エアフルトの人は信心深いようだ。

歴史的建築物が凝縮した街

ライトアップされた大聖堂とゼヴェリ教会

大聖堂 ★★★
Dom

map p.144

●フィッシュマルクトから徒歩５分

天井がとても高い礼拝堂

街のシンボルでもある大聖堂は742年建造。３つあるうち真ん中の塔の鐘は世界でも有数の大きさで、遠くまで響く美しい鐘の音はとても有名。見学にはドームツアー（€2.50）を利用しよう。

開9:00～11:30、12:30～17:00（土曜9:00～11:30、12:30～16:30、11～４月10:00～11:30、12:30～16:00）日曜、祝日14:00～16:00　料無料

クレーマー橋 ★★★
Krämerbrücke

map p.144

●フィッシュマルクトから徒歩２分

かつてこの地はライン地方からロシアへと続く商業の交易路であった。「クレーマー」とは小売商という意味で、1117年に名付けられた。両側に小さなアンティークや工芸品店が並び、陶芸や木彫りなどを体験できる。

色とりどりの家が並ぶ珍しい形のクレーマー橋

橋の側面を見るのも忘れずに。木組みの家々が並ぶ橋とフルト川のコンビネーションが美しく、この街で最もロマンチックな一角。橋のつきあたりの塔にも上ってみよう。

市庁舎 ★★
Rathaus

map p.144

●フィッシュマルクトから徒歩１分

華やかなフィッシュマルクトでもっとも印象的な建築物がネオ・ゴシック様式の市庁舎。1870～74年に建造され中にはテューリンゲンとエアフルトの歴史と伝説が描かれた数々の絵画が飾ってある。現在もコンサートなどが開かれる。豪華な祝祭の間Festsaalは必見。

住Am Fischmarkt 1　開8:00～18:00（水曜～16:00、金曜～14:00、土・日曜10:00～17:00）、催事によって変更あり　料無料

壁面の絵画も見事な祝祭の間

★★★ Sorat Hotel Erfurt
ソラート・ホテル・エアフルト

クレーマー橋裏ながら静か

歴史あるレストランを改築し96年にオープンした。仏人デザイナーによる内装はシンプルで小粋。エアコン、ケーブルTV、ミニバーなど部屋の設備がよい。

map p.144
●アンガー広場から徒歩５分
■住所　Gotthardstr.27
■TEL　67400
■FAX　6740444
■料金　S-€80～、W-€100～
■部屋数　全85室
■カード　VISA、MC、AMEX、DC
■www.sorat-hotel.com

★★★ Hotel Mercure Erfurt
ホテル・メルキュール・エアフルト

自慢はレストラン「ツム・レプストック」。プールやサウナもあり、スタッフが明るい。

map p.144　●アンガー広場から徒歩３分　■住所　Meienbergstr.26-27
■TEL　59490　■FAX　5949100
■料金　S-€60～、W-€80～
■部屋数　全141室　■カード　VISA、MC、AMEX、DC

★ Am Domplatz
アム・ドームプラッツ

１階はギリシャ料理レストラン。大聖堂に近く部屋は広いが内装は普通。邦人客が多い。

map p.144　●大聖堂広場から徒歩３分
■住所　Andreasstr.29
■TEL　2115257　■FAX　2115268
■料金　S-€50、W-€85
■部屋数　全11室　■カード　VISA、MC、AMEX

EISENACH

アイゼナハ

p.9-H ■人口─4.4万人 ■街の規模─徒歩で半日

ドイツ史に燦然と輝く伝説とロマンに彩られたヴァルトブルク城

★★ ロイター・ヴィラ、バッハの家

★★★ ヴァルトブルク城

★★★ ヴァルトブルク城周辺の山々

★★★ ルター、バッハ、ワーグナー、リスト

Access

●鉄道：フランクフルト→IC、ICE(約1時間40分)→アイゼナハ[1時間1本／€39～]、ライプツィヒ→ICE(約1時間35分)→アイゼナハ[2時間1本／€33]
●市内交通：ヴァルトブルク城へのバスは駅やMarienstr.から約20分毎の運行。

Information

ℹ観光案内所：＜マルクト広場＞
MAP p.146-B 住Markt 9 ☎79230 FAX 792320 開10:00～18:00（土曜～16:00、日曜11:00～13:00） 休11～3月の日曜
HP www.eisenach.de
●アイゼナハクラシックカード：72時間有効。€16 ●ユースホステル：MAP p.146-B 住Mariental 24 ☎743259 FAX 743260

街のしくみ 楽しみ方 ヴァルトブルク城で過ぎ去った時代を体感する

山の頂にある城。昼は絶景、夜は星空が楽しめる

アイゼナハの誇りは、ヴァルトベルク山にそびえる**ヴァルトブルク城**Wartburg。ドイツでも屈指の歴史を誇る古城で、旅人を異世界へと誘う。アイゼナハはまた、バッハが生まれ、ルターが学んだ地としても知られている。

旧東ドイツ製の車といえばトラバントが有名だが、この街で造られていたその名もヴァルトブルクという車もまた、当時は主流だった。**自動車博物館**Automobilbau Museumでは、その車の歴史を見ることができる。

駅を出て右方向へ行くと、12世紀に建てられた**ニコライ門**がある。かつては2.9kmに及ぶ城壁が市街を囲んでいたが、現存するのはテューリンゲン地方最古のこの門だけ。賑やかな**カール通り**を歩くと**マルクト広場**に出る。ひときわ高い塔の建物は、バッハが洗礼を受けた**ゲオルク教会**。南の方向に歩いていき、**ルターの家**、**バッハの家**を見学しよう。

わがままレポート

ヴァルトブルク城 ★★★
Wartburg

map p.146-A

山上の霧にうかぶ古き名城

1067年、伯爵ルートヴィヒ・デア・シュプリンガーが建てた、ドイツの文化を語る上で欠かせない城

シュプリンガーはこの地を見た時、「待てよ（Wart）、この山に私の城（Burg）が建つ」と言ったそうだ。他人の所有地だったので、自分の所有地の土をここに運び、その上に城を建ててしまったという。

華やかな雰囲気の歌合戦の大広間

1170年建造の本館内は、独語か英語のガイドツアーで見学する。**騎士の間**Rittersaalを出ると、城の最古の部分である階段がある。1168年に切られた樫の大木の柱が見事な**食事の間**Speisesaalの次は、**エリザベートの間**Elisabethkemenate。天井や壁一面がモザイクに埋め尽くされている。1211年、ハンガリー王女だった彼女は4歳の時に、ルートヴィヒ4世のフィアンセとしてこの城にきて、14歳で結婚。夫が戦死し城を追われてからも、彼女は病や貧困に苦しむ人達のために尽くし、24歳で亡くなった。

1521～22年にルターが暮らした部屋

礼拝堂Palaskapelleを見たら、エリザベートの人生を描いた壁画が並ぶ廊下へ。舞台もある**歌合戦の大広間**Sängersaalには13世紀初期、ミンネゼンガー（宮廷恋愛歌人）が集まった。エッシェンバッハらが生死を賭けて歌を競った様子が、ワーグナーのオペラ『タンホイザー』のテーマとなった。つづいて**方伯の間**Landgrafenzimmer、豪華な**祝宴の大広間**Festsaalへ。バイエルンのノイシュヴァンシュタイン城には、これとそっくりな広間がある。ゲーテが造らせた**博物館**は自由に見学でき、ルターがたった10カ月で新約聖書を訳し、論文を仕上げた部屋は必見。バスが便利。

14世紀の壁画が残る、今も使われている礼拝堂

開8:30～17:00（11～2月9:00～15:30）
料€6.50、学生€3.50

1817年には城で多数の学生が政治集会をした

ロイター・ヴィラ ★★
Reuter-Villa

map p.146-B

●マルクト広場から徒歩10分

アイゼナハ出身である、詩人のフリッツ・ロイター（1810～1874）が住み、亡くなった白亜の屋敷。2階には彼の思い出の部屋が残され、1階はリヒャルト・ワーグナーの博物館となっている。この街を舞台にした『タンホイザー』の楽譜などが展示されている。

住Reuterweg 2　開11:00～17:00　休月曜
料€3、学生€2　☎743293

バイロイトのワーグナー博物館の次に収集品が多い

アイゼナハの市外局番☎03691

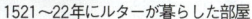

素朴で住み心地の良さそうなバッハの家

バッハの家 ★★★
Bachhaus

map p.146-B

●マルクト広場から徒歩５分

この街で生まれた天才作曲家ヨハン・セバスチャン・バッハとその一族の博物館。かつてはバッハの生家とされていた。２人の子を始め、バッハ家には音楽家が多かった。豊富なコレクションが印象的。数々の珍しい古楽器もあり、１時間おきにそれらを演奏してくれる。家の前の広場にはバッハの像が立つ。

住Frauenplan 21　開10:00～18:00　休無休
料€4、学生€3

ルターの家 ★★
Lutherhaus

map p.146-B

●マルクト広場から徒歩１分

この街に現存する最も古い家で、学生だったルターは、ここに1498年から３年間下宿した。珍しい聖書やプロテスタントの資料、当時の神学の本などもある。1517年宗教改革を唱えた彼は破門され、ヴァルトブルク城の保護を受け再びこの街に戻ることになった。

住Lutherplatz 8　開10:00～17:00　休無休
料€3、学生€1.50

街でもひときわ目立つ、魅力的なルターの家

Hotel auf der Wartburg ★★★★
アウフ・デア・ヴァルトブルク

山上の美しき古城ホテル

ヴァルトブルク城の下手、蔦のからまるロマチックな館。上品なインテリアが素晴らしく気分はまるで貴族。抜群の眺望のレストランもあって好評。

map p.146-A
● Marienstr.《マリーエンシュトラーセ》からバス終点下車さらに徒歩３分（宿泊客は車の進入、駐車可）
■住所　Auf der Wartburg
■TEL　7970
■FAX　797100
■料金　S-€155～、W-€200～
■部屋数　全35室
■カード　VISA、MC、AMEX、DC、JCB
■www.wartburghotel.de

Best Western Kaiserhof ★★★
ベストウエスタン・カイザーホーフ

100年の伝統を誇る老舗

アンティークの家具や暖炉が重厚な雰囲気。93年に東独時代は使えなかった「皇居」というホテル名に戻り、改装オープンした。駅に近く設備も充実。

map p.146-B
●アイゼナハ駅から徒歩５分
■住所　Wartburgallee 2
■TEL　88890
■FAX　203653
■料金　S-€60～、W-€90～
■部屋数　全64室
■カード　VISA、MC、AMEX、DC、JCB
■www.kaiserhof-eisenach.bestwestern.de

Schlosshotel ★★★
シュロスホテル

街の中心にあり観光に便利

かつての修道院を改築した白い外観の新しい中庭付きのホテル。障害をもつ人のために工夫された部屋が三つある。朝食がとてもおいしい。

map p.146-B
●マルクト広場から徒歩１分
■住所　Markt 10
■TEL　214260
■FAX　214259
■料金　S-€73～、W-€110～
■カード　VISA、MC、AMEX
■www.schlosshotel-eisenach.de

★エコノミー　★★カジュアル　★★★スタンダード　★★★★ラグジュアリー

アイゼナハの市外局番☎03691

ローマン・バロック様式の堂々たる大聖堂

FULDA

フルダ

p.9-H　■人口＝6万人　■街の規模＝徒歩で半日

18世紀のバロック建築群が美しい。緑多き1000年の歴史ある宗教都市

ドイツの中央にあるフルダの歴史は744年にまで遡る。街は整然としており、優雅な雰囲気。駅を出ると北側に英国式の宮廷庭園が広がり、そこで華麗なたたずまいを見せるのが**フルダ城**。内部はドイツ語のガイドツアーで見学できる。この城内にⓘがある。庭園の一角には1725年建造の**オランジェリー宮殿**もあり、こちらも見事。庭園の西にそびえるのは街のシンボルの巨大な**大聖堂**。9世紀建造の聖堂を18世紀初期に修復した貴重な建築だ。この周辺は貴族の館が並びエレガントな雰囲気。小さくても居心地のいい街だ。

樹齢百年の木が並ぶ華やかな宮廷庭園

JENA

イエナ

p.9-H　■人口＝10万人　■街の規模＝徒歩で半日

レンズのツァイス社の故郷は、“知識の倉庫”と称された緑多き大学街

中世の頃、ワインと農耕で栄え、1558年に大学が造られてからは学問の街となった。

まずは高層ビルである大学に向かおう。上から市内を一望できる。昔の校舎のコレギウム・イエネンゼも近くに残る。続いて植物園と近くのゲーテ記念館や、ツァイスの世界最古のプラネタリウムZeiss-Planetarium（料€6、学生€5。光学工学博物館との共通券€9、学生€5）へ。また、光学工学博物館Optisches Museum（開10:00〜16:30、土曜11:00〜17:00　休月・日曜、祝日、12月24、31日　料€5）は必見だ。

石畳の洒落たワーグナー小路Wagner-gasse

マーケットも開かれる

Lutherstadt Wittenberg

ヴィッテンベルク

p.8-F　■人口＝5万人　■街の規模＝徒歩で半日

マルティン・ルターが暮らし、16世紀の宗教改革の舞台となった町

ルターや画家クラーナッハが暮らした町。駅を出たらAm Hauptbahnhofを左手に南下。すぐT字路を右折すると、かつてルターの暮らした家、ルターホールLutherhalle（開9:00〜18:00、冬季10:00〜17:00　休冬季月曜　料€5）に行き着く。ここでは彼とその偉業に関する資料や絵画を展示。1517年に有名な「95カ条の論題」を張り出し、宗教改革運動の発端となった城教会Schlosskircheは、マルクト広場から5分ほど西にあり、その向かいにⓘもある。毎年6月11〜13日には「ルターの結婚式」というお祭りもある。

マルクト広場。手前がルター像

■フルダ
●フランクフルト→ICE約55分（毎時2本）/€26　ⓘ：住Bonifaziusplatz1　☎0661-102-1813/1814　開8:30〜18:00（土曜9:30〜16:00、日曜・祝日10:00〜14:00）　休無休

■イエナ
●ライプツィヒ→ICE1時間（2時間毎）/€22、ベルリン→ICE2時間40分（2時間毎）/€45　ⓘ：住Johannesstr.23　☎03641-806400　開10:00〜19:00（土曜〜16:00）　休日曜

■ヴィッテンベルク
●ベルリン→ICE1時間5分（1時間1〜2本）/€25　ⓘ：住Schlossplatz 2　☎03491-498610　開9:00〜18:00（土曜10:00〜15:00、日曜11:00〜16:00）冬季10:00〜16:00（土曜〜16:00、日曜11:00〜15:00）　休無休

エルベ川遊覧の旅 ザクセンスイスへ

ドレスデンから東へ約20km、エルベ渓谷沿いに切り立つ、急峻な岩場が織りなすグランドキャニオンのような光景は、ザクセンスイスと呼ばれる砂岩山地帯。日帰りできるエクスカーションとしておすすめ度No.1!

まずはドレスデンから列車（S1）でケーニヒシュタイン駅まで行こう（約50分）。夏季は広場から要塞まで観光バスが出ている。要塞は食事も含めて2～3時間あれば見て回れるだろう。午後はクアオルト・ラーテン駅へ。対岸に渡り30～40分ほどバスタイまでハイキングすれば、そこはドイツのグランドキャニオンだ。帰りは遊覧船（ドレスデンまで€14）で周囲の景観を眺めながら船旅を。ハイキングを早めに切り上げれば夕方にピルニッツ（p.132参照）にも立ち寄れる。

バスタイ

Bastei

ザクセンスイスを一望できる景勝スポット。緑豊かな麓からのハイキングコースは、途中、岩場の谷に架かる橋を渡るなど、ちょっとした冒険気分。約200mの眼下に広がるパノラマは必見。

ロッククライマーも多い

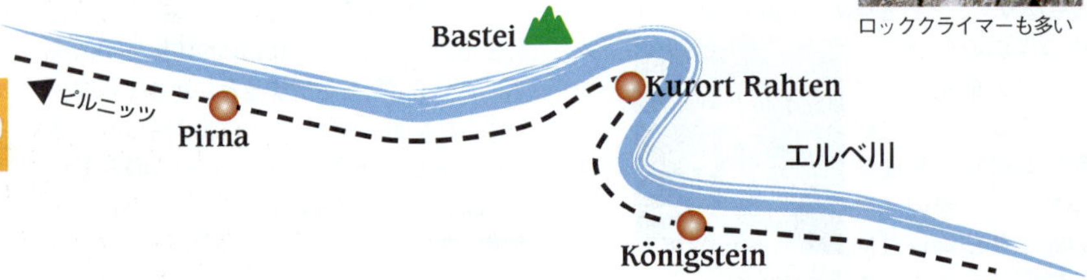

ケーニヒシュタイン要塞

Festung Königstein

高さ240mほどの岩場の上にそびえる難攻不落の要塞。13～16世紀に基礎が築かれ、18世紀頃に拡大された。宮廷の避難所として使われていたが、後年刑務所としても利用され、マイセン磁器の製造に成功したベトガーもここに幽閉されていたという。入り口からエレベーターで、見晴らしのいい巡視路まで上ってみよう。見どころは、ここから見渡す周囲の景観の他、井戸やワイン樽ケラーなどの各種施設。レストラン、ショップもある。

左は巡視路に置かれた砲台

事前に帰りの時刻を確認しておこう

Data

ザクセン汽船　Sächsische Dampfschiffahrt
☎0351-866090
HP www.saechsische-dampfschiffahrt.de

ケーニヒシュタイン要塞　Festung Königstein
☎035021-64607　営9:00～20:00（10月は～18:00、11～3月は～17:00）　料€5（学生€3）
HP www.festung-koenigstein.de

観光バス（5～9月）
☎035021-67614
HP www.frank-nuhn-freizeit-und-tourismus.de

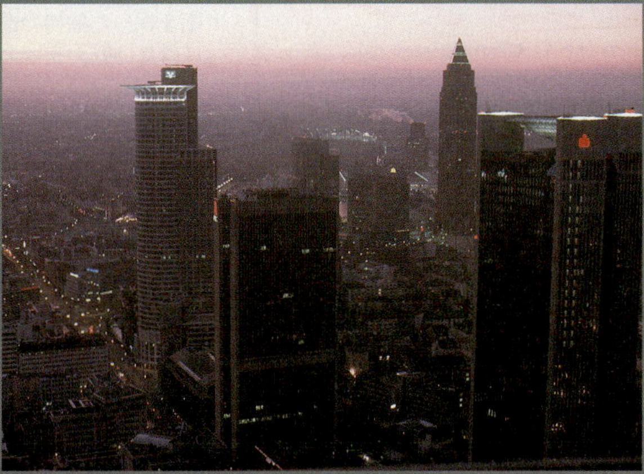

高層ビルが立ち並ぶフランクフルトの摩天楼

エリア
3

フランクフルトとその周辺

フランクフルト

ヴィースバーデン
ダルムシュタット
バート・ホンブルグ
オッフェンバッハ
ビューディンゲン

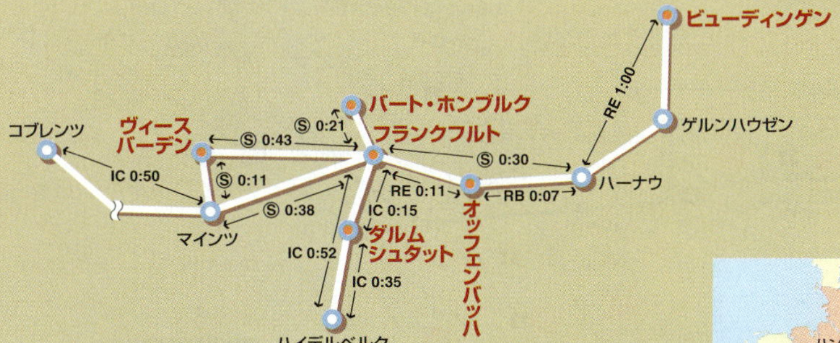

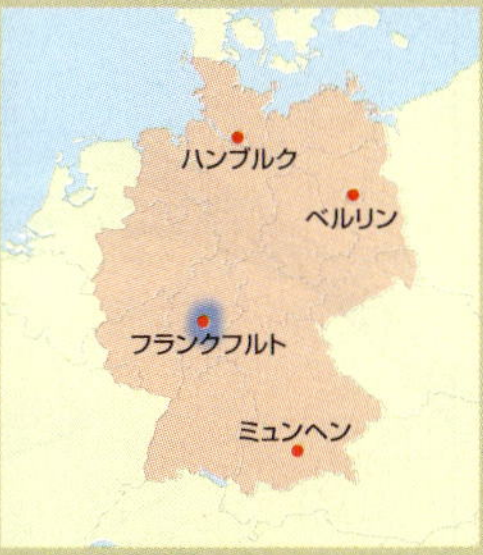

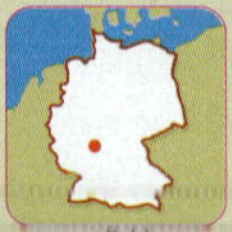

FRANKFURT AM MAIN

フランクフルト

摩天楼を思わせる高層ビル群と中世文化の香りを同居させたフランクフルト。自然と文化と産業の均衡を保った独特の景観は、他都市にはない魅力を秘めている。

p.9-H　■人口＝65万人　■街の規模＝徒歩とUで２日

- ★★ 近代的なビルと復元された中世の街並が同居する
- ★★ 旧オペラハウスと市立劇場
- ★★★ ７つの博物館が並ぶ博物館通り
- ★★ ラインガウの白ワイン　ザクセンハウゼンのリンゴ酒
- ★★ ソーセージ
- ★★★ 文豪ゲーテ
- ★★★ ツァイル通り、ゲーテ通り

ACCESS

●空路：東京、大阪、名古屋から直行便で約12時間（それぞれ週24便、８便、６便）。パリから約70分。国内主要都市から約１時間。

●鉄道：ミュンヘン→ICE（約３時間40分）→フランクフルト［１時間毎／€75］、ハンブルク→ICE（約３時間40分）→フランクフルト［１時間に１本／€93］、ベルリン→ICE（約４時間）→フランクフルト［１時間に２本／€98］

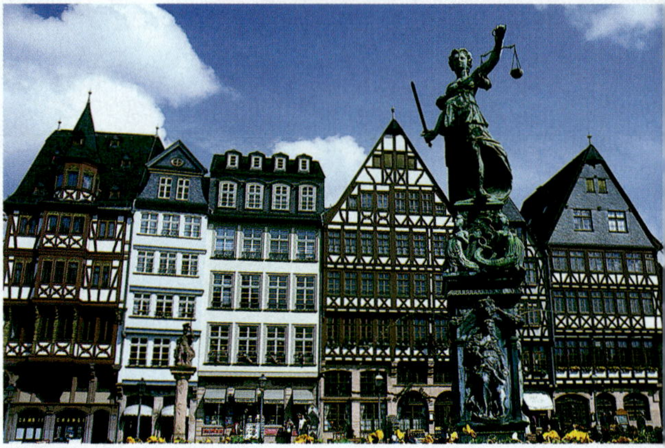

雰囲気のいいレーマー広場

フランクフルト空港

ヨーロッパを代表する国際基幹（ハブ）空港で、文句なくドイツの空の表玄関。ターミナルは主にルフトハンザドイツ航空、タイ国際航空、全日空などが発着する第１ターミナルと、日本航空やヨーロッパ各社、アジア便が利用する第2

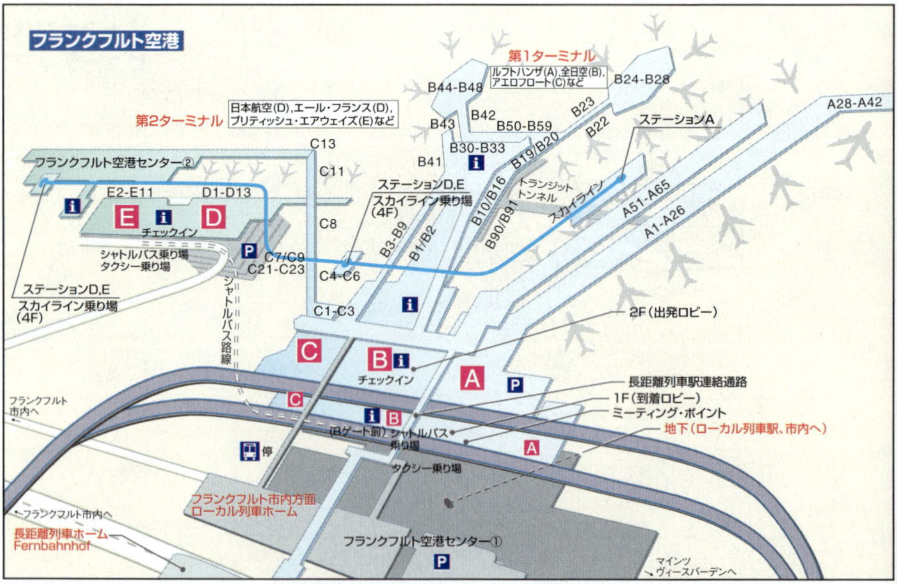

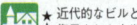

POINT フランクフルト空港からの入国 第１ターミナル到着の場合は、Bにある入国審査を通過し、そのまま進むと待合ホールに出る。一瞬間違えたかなと思うかも知れないが、50mほど進むとエスカレーターがあるので下り、荷物受取所で荷物を受け取ってから税関へ向かう。

ターミナルとに分かれている。空港内には日曜日も営業しているスーパーやカジノまである。

空路によるアクセス

日本からドイツへの直行便のほとんどはここに到着する。ルフトハンザ ドイツ航空、日本航空、全日空が東京や名古屋、大阪から直行便を運航。到着後国内線に乗り換え、その日のうちにベルリンやミュンヘン､ハンブルクなどに行ける場合もある。

●空港インターネット案内
HP www.frankfurt-airport.de
●注意
空港は2006年まで設備拡充のため、たびたび拡張工事を行なう。それにより銀行や郵便局、テナントなどの場所が移転する。

空港から市内へ

第１ターミナル地下のRegionalbahnhof（ローカル列車駅）から S8,9 で中央駅まで約10分（€3.30）。一日券€7.30。約15分間隔、早朝より深夜まで運行。この日からユーレイルパスを使う場合は、案内窓口で日付を記入。なお、ICEなどで直接他の都市に行く場合は長距離列車駅Fernbahnhof（AIRail Terminal）を利用する。タクシーでは通常20～30分（約€25）。

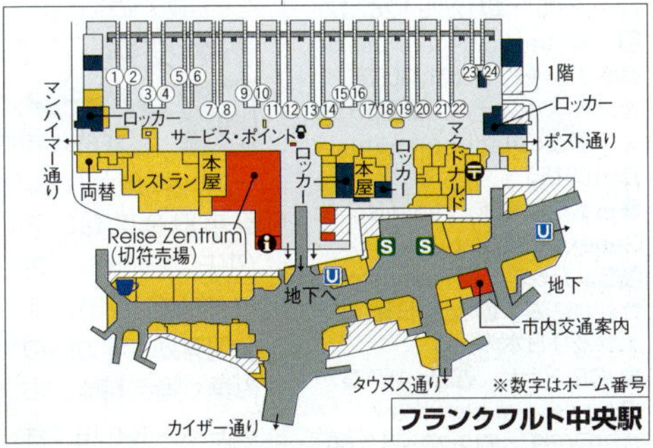

フランクフルト

市内ではUバーン、Sバーンを活用する

INFORMATION

ⓘ観光案内所
＜中央駅＞ MAP p.156-F
☎21238800 FAX21237880
開8:00〜21:00（土・日曜、祝日は9:00〜18:00。12/24・31は〜13:00） 休12/25・26、1/1
＜レーマー広場＞MAP p.157-G
☎21238800 FAX21237880
開9:30〜17:30（土・日曜、祝日は10:00〜16:00。12/24・31は〜13:00） 休12/25・26、1/1
HP www.frankfurt-tourismus.de
●ホテル予約：☎21230808

●ユースホステル MAP p.157-H 住Deutschherrnufer12
☎6100150

●日本総領事館 Japanisches Generalkonsulat
MAP p.156-F 住Taunustor 2
☎2385730 休土・日曜、ドイツ及び日本の祝日

●JCBプラザ MAP p.157-G
住An der Hauptwache 7
☎292059 開9:00〜12:00、13:00〜17:30 休土･日曜、祝日

●ルフトハンザ ドイツ航空
MAP p.157-G ☎01803-803803（ハウプト・ヴァッヘ）

●日本航空 MAP p.157-G
住Rossmarkt15 ☎0180-2228747（日本語予約・案内）

●全日空 MAP p.157-G
住Rossmarkt21 ☎299760

●インターネットカフェ
■スカイサーファー
日本語入力ができるマシンが3台あり、店員は英語が堪能。
Sky-Surfer MAP p.157-L
住ElisabethenStr.2-4
☎5044827 営11:00〜翌1:00
料1時間€1.50（22:00-翌0:30は€2、翌0:30以降は€2.50）

■サイブライダー
パンフレットには街で唯一日本語入力OKと書いているがこれは間違い。15分€1.30〜と高めだが場所は街の中心で便利。
CybeRyder MAP p.157-G
住Töngesgasse 31
☎91396754 営9:00（日曜11:00）〜23:00（金・土曜〜24:00） 料15分€1.30〜

鉄道によるアクセス

ホームは横一列に24番線まであり、地下ホームにはSやUがひっきりなしに発着する。銀行、郵便局、インターネットコーナー、宿泊予約センターやDBラウンジなど、設備も充実している。ICEやICなどの特急でドイツ各都市と結ばれているのはもちろん、ヨーロッパ各国からも国際列車が頻繁に発着する。ただ深夜にフランクフルトに到着する特急よりは、夜行で朝到着の急行の方が何かと好都合なので、日程を組む際にはよく時刻表をみて考えたい。

市内交通

Uバーン／Sバーン

基本的に市中心地下鉄（Uバーン）と郊外路線（Sバーン）に分かれる。乗車料金は€2.05（平日のラッシュ時以外は€1.80）。1時間有効で同方向のみ乗り換え可能。市電やバスも利用できる。また、乗り降りが自由の1日券Tageskarte（€4.80）もある。

切符を自販機から購入すれば、自動的に日時が刻印される。検札は通常、係員と屈強なガードマン数人によって抜き打ちで行なわれ、法の適用には容赦ない。もし不正が発覚した場合には、€40以上の罰金が科せられるので注意したい。なお地元の人は乗車券をあまり買っていないように見えるが、これはほとんどの人が定期券を持っているため。

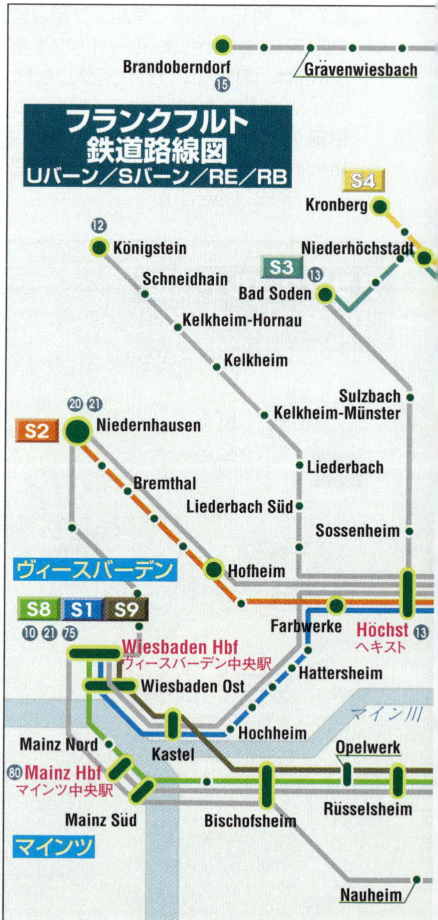

フランクフルトの市外局番☎069

POINT **フランクフルトを歩く** 大都会だが、観光ポイントとなる場所は比較的狭いエリアに集中している。充分に歩ける距離なので、地図を片手にどんどん歩いてみよう。マイン川沿いのジョギングも楽しみ。夕刻のマイン川はとても風情がある。

市電／バス

特定の目的地に行く以外、観光客にはあまり利用されないが、景色が見える分人気も根強い。中央駅からザクセンハウゼン地区や南駅に行く場合は市電16が便利。市中心部での利用は一方向のみ目的地まで1回€2。

環境に優しいことから再評価されている市電

フランクフルトカード

市内の全公共交通機関（空港～市内間含む）が乗り降り自由。主要な美術館、博物館の入場料が50％割引、市内バスツアーが25％割引になる。1日券€7.80、2日券€11.50。購入は❶などで。

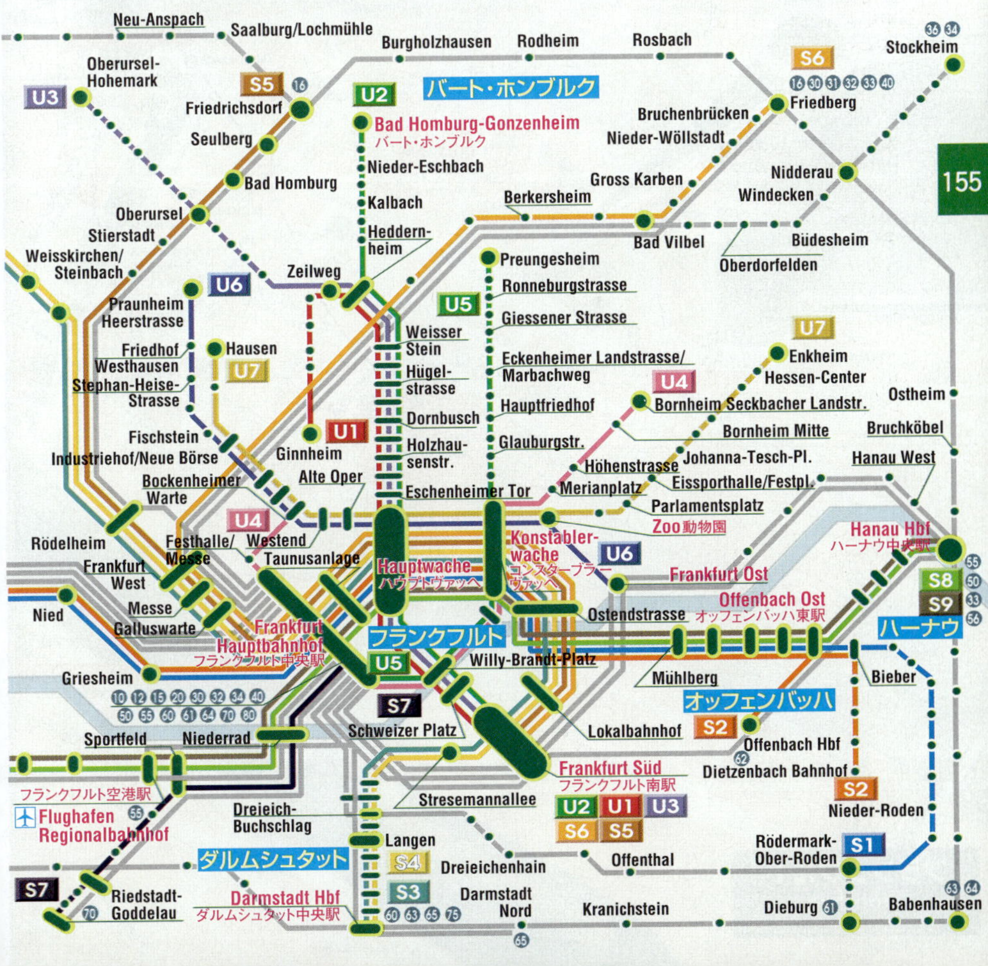

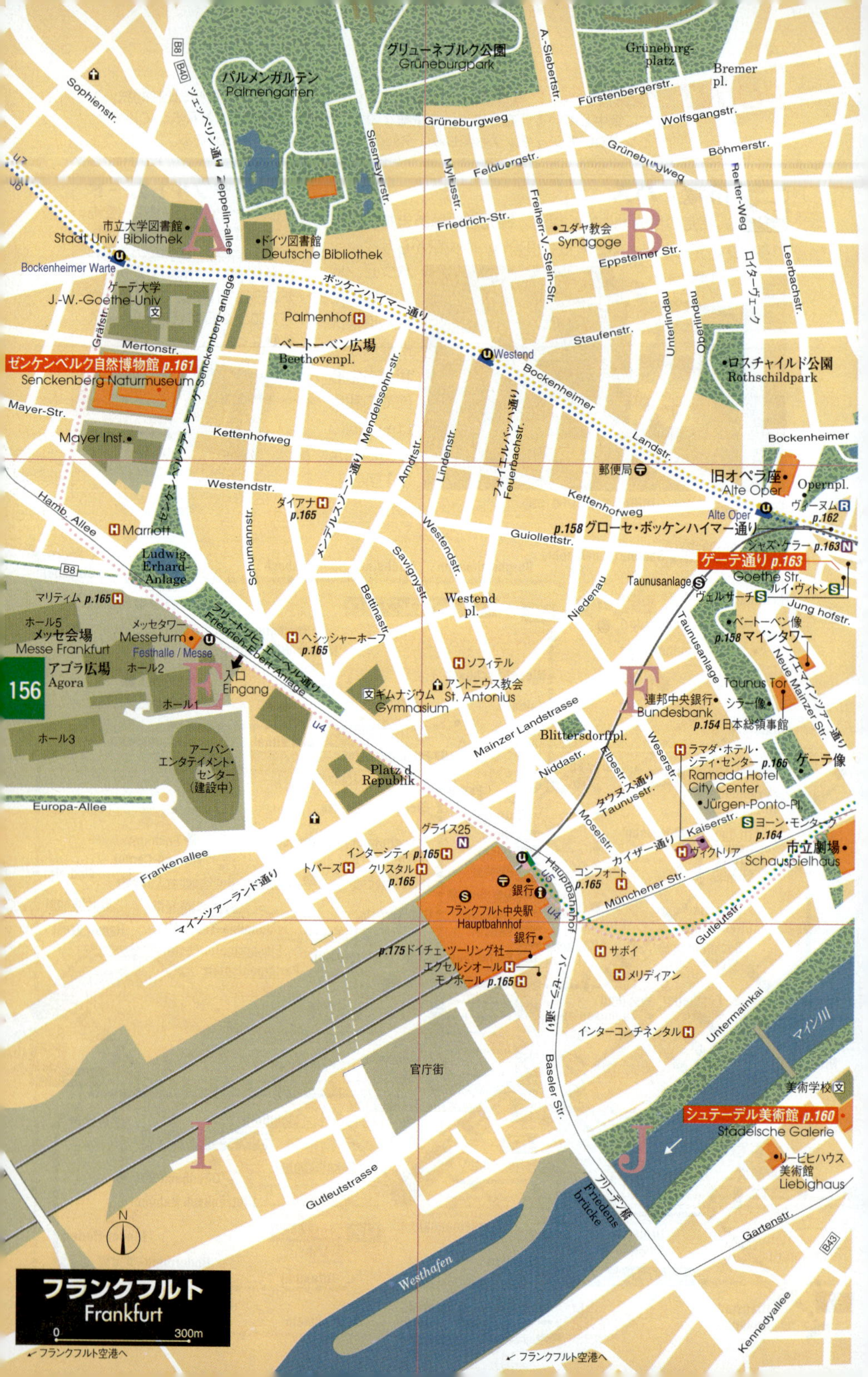

フランクフルト
Frankfurt
0
300m
フランクフルト空港へ
A
B
E
F
I
J
N
グリューネブルク公園
Grüneburgpark
パルメンガルテン
Palmengarten
Grüneburg-platz
Bremer pl.
Sophienstr.
B8
B40
ツェッペリン通り
Zeppelin-allee
Siesmayerstr.
A.-Siebertstr.
Fürstenbergerstr.
Grüneburgweg
Wolfsgangstr.
Böhmerstr.
Feldbergstr.
Myliusstr.
Reuter-Weg
ロイターヴェーク
Leerbachstr.
Friedrich-Str.
Freiherr-V.-Stein-Str.
ユダヤ教会
Synagoge
Eppsteiner Str.
市立大学図書館
Stadt Univ. Bibliothek
ドイツ図書館
Deutsche Bibliothek
Bockenheimer Warte
U7
U6
ゲーテ大学
J.-W.-Goethe-Univ
Gräfstr.
Mertonstr.
ボッケンハイマー通り
Palmenhof
ベートーベン広場
Beethovenpl.
Westend
Bockenheimer
Landstr.
Staufenstr.
Unterlindau
Oberlindau
ロスチャイルド公園
Rothschildpark
ゼンケンベルク自然博物館 p.161
Senckenberg Naturmuseum
Senckenberganlage
ゼンケンベルクアンラーゲ
Mayer-Str.
Mayer Inst.
Kettenhofweg
Mendelssohn-str.
メンデルスゾーン通り
Arndtstr.
Lindenstr.
フォイエルバッハ通り
Feuerbachstr.
郵便局
旧オペラ座
Alte Oper
Opernpl.
ヴィーヌム p.162
Alte Oper
Westendstr.
ダイアナ p.165
Kettenhofweg
Hamb. Allee
Marriott
Guiollettstr.
p.158 グローセ・ボッケンハイマー通り
シャズ・ケラー p.163
ゲーテ通り p.163
Goethe Str.
ルイ・ヴィトン
ヴェルサーチ
Taunusanlage
Jung hofstr.
Ludwig-Erhard-Anlage
B8
Schumannstr.
Savignystr.
Bettinastr.
Westend pl.
Niedenau
ベートーベン像
p.158 マインタワー
マリティム p.165
ホール5
メッセ会場
Messe Frankfurt
メッセタワー
Messeturm
Festhalle / Messe
フリードリヒ・エーベルト通り
Friedrich-Ebert-Anlage
ヘシッシャーホーフ p.165
ソフィテル
入口
Eingang
アゴラ広場
Agora
ホール2
ギムナジウム
Gymnasium
アントニウス教会
St. Antonius
Taunusanlage
Taunus Tor
ノイエ・マインツァー通り
Neue Mainzer Str.
連邦中央銀行
Bundesbank
シラー像
p.154 日本総領事館
ホール1
ホール3
U4
Mainzer Landstrasse
Blittersdorffpl.
Niddastr.
Elbestr.
Weserstr.
ラマダ・ホテル・シティ・センター p.165
Ramada Hotel City Center
ゲーテ像
アーバン・エンタテイメント・センター（建設中）
Platz d. Republik
タウヌス通り
Taunusstr.
Jürgen-Ponto-Pl.
Europa-Allee
Moselstr.
Kaiserstr.
ヨーン・モンターグ p.164
グライス25
ヴィクトリア
カイザー通り
市立劇場
Schauspielhaus
Frankenallee
インターシティ p.165
トパーズ
クリスタル p.165
コンフォート p.165
Hauptbahnhof
U5
マインツァーランド通り
銀行
フランクフルト中央駅
Hauptbahnhof
Münchener Str.
U4
Gutleutstr.
銀行
p.175 ドイチェ・ツーリング社
エクセルシオール
モノポール p.165
サボイ
メリディアン
バーゼラー通り
Untermainkai
マイン川
インターコンチネンタル
官庁街
Baseler Str.
美術学校
シュテーデル美術館 p.160
Städelsche Galerie
リービヒハウス美術館
Liebighaus
Gutleutstrasse
フリーデン橋
Friedens brücke
Gartenstr.
B43
Westhafen
Kennedyallee

ホルツハウゼン公園
Holzhausenpark
Kepler-Str.
Neuhofstr.
Wielandstr.
Höhenstr.
Wolfsgangstr.
Lersnerstr.
Sömmerringstr.
Adlerflychtstr.
フリードベルガー広場
Freidberger Pl.
Koselstr.
Rotlintstr.
Günthersburg
Eschersheimer
Fichardstr.
Oberweg
ギムナジウム
Muster Gymnasium
Musterschule
Bornheimer Landstr.
Burgstr.
Heidestr.
Höhenstr.
ツム・ベルネマー・ブリュンヒェン p.162へ
Merianstr.
ベルガー通り
Bergerstr.
Sandweg
Merianplatz
C
D
Mittelweg
Oeder Weg
Grüneburgweg
Landstrasse
Anlage
Scheffelstr.
赤十字病院
Rotkr Krkhs Maingau
Friedberger
Baumweg
ザントヴェーク
国立音楽大学
Staatl. Hochschule f. Musik
Gärtnerweg
ギムナジウム
Gymnasium
Anlage
Eschenheimer
フォン・ベートマン公園
V. Bethmann Park
Mousonturm
Mousonstr.
Friedberger
ツヴェルフ・アポステル
ザイラー通り
Seilerstr.
Anlage
Mozart-Pl.
ヒルトン
ブライヒ通り
Bleichstr.
ペーター教会
Peterskirche
Eschenheimer Tor
エッシェンハイマー塔
Eschenheimer Tor
Hochstr.
ムッター・エルンスト p.163
ホーホ通り
ルフトハンザドイツ航空 p.154
アラベラ・シェラトン・グランド p.165 (JTB)
Adenauer Str.
裁判所
動物園 p.161
Zoologischer Garten
Alfr.-Brehm-Pl.
証券取引所
Frankfurter Börse
ハウプトヴァッヘへ
Hauptwache
郵便局
Stiftstr.
ティーガー・パラスト p.163
メフィスト
ローライ
クラウス
カウフホーフ
ツァイル通り
Zeil
Konstablerwache
Zoo
ファーバーカステル p.66
ツァイルギャラリー
(交通案内専用)
JCBプラザ p.154
フェラガモ
Hauptwache
カタリーナ教会
Katharinenkirche
Staufenmauer
市場
ゲーテ広場（再開発中）
サイブライダー p.164
Dominikaner Kirche
ハナウアー・ランド通り
Hanauer Landstr.
Goetheplatz
クリクリ・シティ・ハウス p.164
グーテンベルク像
ヴァッカーズ・カフェ p.162
Battonnstr.
Berliner Str.
日本航空 p.154
ユダヤ人墓地
Ostendstr.
フォト・ホビー p.164
ゴールドファイル／全日空 p.154
ベルリーナ通り
Museum für Moderne Kunst
Museum Judengasse Gedenkstätte
Lange Str.
ランゲ通り
アメックス
ゲーテの生家 p.160
Paulskirche
レーマー広場
Römerberg
G
H
三越
Goethehaus
K.-Schumacher-Str.
J.A.ヘンケル
市庁舎
Rathaus
ホビー・ハース p.164
大聖堂 p.161
Dom
Obermainanlage
B3
シュタイゲンベルガー・フランクフルターホーフ p.164
Römer
Struwwelpeter-Museum
Sonnemannstr.
レーマー p.160
Römer
Historischer Garten
Schöne Aussicht
Willy-Brandt-Pl.
歴史博物館
Historisches Museum
カルメル派修道院
Karmel-Kloster
ニコライ教会
Alte Nikolaikirche
Alte Brücke
アルテ橋
Mainkai
アイゼルナー・シュテーク
ハウス・ヴェルトハイム p.162
Obermainbrücke
オーバーマイン橋
Flösserbrücke
St.Leonhardskirche
ユダヤ博物館
Jüdisches Museum
Sachsenhsr.Ufer
ドライケーニヒ教会
Dreikönigskirche
ドイツ騎士修道会教会
Deutschordenshaus
YH p.154
Deutschherrnufer
B43
Alt Sachsenhausen
ウンターマイン橋
Untermain brücke
Main
手工芸博物館
Museum für Kunsthandwerk
民族博物館
Museum für Völkerkunde
ツム・グラウエン・ボック p.159
Seehofstr.
博物館通り p.161
Schaumainkai (Museums-ufer)
Walter-Kolb-Str.
p.154 スカイサーファー
クラッパー小路 p.159
Klapper-Ga.
Dreieichstr.
映画博物館
Filmmuseum
Maingau
Schifferstr.
ブリュッケン通り
Brückenstr.
建築博物館
Architekturmuseum
Willemerstr.
Gerbermühlstr.
郵便博物館
Post-mus.
ザクセンハウゼン・ノルト
SACHSENHAUSEN-NORD
Gartenstr.
Mühlberg
Schweizer Platz
K
L
Gutzkowstr.
Lokalbhf.
Schweizer Pl.
Darmstädter
Textorstr.
Offenbacher
Landstr.
Schneckenhofstr.
ツム・ゲマルテンハウス p.159
アップフェルヴァイ・ワグナー
Wendels-platz
老人ホーム
Hühnerweg
シュヴァイツァー通り
Schweizer Strasse
Landstrasse
Wendelsweg
Mühlberg Krkhs
南駅
Südbahnhof
Landstr.
ヘニンガービール
Henninger Bräu
Holbeinstr.
Oppenheimer Landstr.
Hedderichstr.
Mörfelder
ヘニンガー塔
Henninger Turm
B3
ホリデイ・インへ

建ち並ぶ高層ビル街

この町は文豪ゲーテがその青春時代を過ごした町。現在は、ドイツでは珍しい高層ビルの立ち並ぶ文化都市だ。日本からの直行便や国際線の乗り入れが多いため、多くの日本人にとって、ドイツに到着して初めての町になる。

街のしくみ　観光物件はレーマー広場が中心

ドイツきっての近代都市だが、ほかの街同様、新旧それぞれの市街に分かれていて、中心となる繁華街は中央駅から少し離れている。旧市街の中心は**レーマー**（p.160）広場周辺。この近くには市庁舎、大聖堂などもあり、ここを中心に地図を見ると、マイン川を底辺に持つ、ちょっといびつな五角形状の緑の公園帯が浮かび上がる。これがかつての城壁があったところ。今も歴史的な町の見どころは、ほとんどがこの範囲内にある。

旧市街でも一番にぎやかなのは、**ハウプトヴァッヘ**（MAP p.157-G）を中心にしたツァイル通り周辺だ。この通りはデパートやレストラン、映画館などが立ち並ぶメインストリートで、歩行者天国にもなっている。同じ買い物でも、高級ブランド品巡りなら**ゲーテ通り**（p.163）が定番。

また、マイン川の南岸は、通称、博物館通り（p.161）と言われ、博物館、美術館が集まっている文化エリア。飲み屋の連なるクラッパー小径がある**ザクセンハウゼン地区**（コラム参照）もこの対岸になる。

楽しみ方　他都市にないドイツ流、都会の楽しみ方

地上100m以上の高層ビルが20棟以上あり、他の町に比べオフィス街が広い。その高層ビル群自体を観光するのも一興。例えば**マインタワー**（MAP p.156-F）は2000年に完成した高さ199.5mの高層ビル。ここには展望台があり、一般にも公開されている。その向かいは日本総領事館も入っているTaunus Tor。25階にセルフサービス式のレストランがある。

ほかの街よりデリカテッセン、コンディトライが多いのも特徴の一つ。手軽に質が高い軽食をとれる。特に**グローセ・ボッケンハイマー通り**Grosse Bockenheimer Str.（MAP p.156-F）は通称「食いしん坊横町」の異名があるほど。近所のオフィス街から食事に訪れるビジネスマンが多い。デパートも多く、中心地のツァイル通りには、複合施設型のZeilgalerieがあり、IMAX（3D映画館）などを擁する。またKaufhofは屋上が開放的なセルフサービスのレストランになっている。

意外にエンターテイメントも充実。パリのオペラ座を手本に造られた後期ルネサンス様式の旧オペラ座Alte Opera（現在はコンサートが中心）と近代的な装いの市立劇場Schauspielhausがあり、その他クラブやライブハウスも多い。

最近では、ベルリン発祥で、環境にやさしいと好評のベロタクシーVelotaxi（HP www.0700velotaxi.de）も登場。

マインタワー Main Tower

ビルの多くはオフィス用なので、屋上を一般に開放している高層ビルは少ない。ここでは展望台に入場するのに料金が必要。また展望台のすぐ下にはレストラン&バーもある。

住 Neue Mainzer Str.52-58
開 10:00～21:00（冬季は～19:00、曜日により変動あり）
料 €4.50、学生€3　〈レストラン〉☎36504770　営 17:30～23:00（バーは～深夜）
HP www.maintower.helaba.de

日本語のツアー情報

市内主要観光ポイント半日見学、ライン川下り（日帰り）、ロマンチック街道とノイシュヴァンシュタイン城の旅（2日）など多数。

■問い合わせ先
プリムス・トラベル
☎069-244-50455
JTBフランクフルト支店
☎2998780

Velotaxi。30分€7.50)

目の前で量り売りしてくれる

⬆シュレマーメイヤー。ソーセージが名物　⬇通りにショーウィンドウ…食欲が刺激される

フランクフルトの市外局番☎069

素早くリンゴ酒をつがなきゃね

発展の背景を知ろう

フランクフルトという地名は「フランク族の浅瀬」にちなむ。漁業や水運で地場を固め、中世には帝国自由都市に昇格、恵まれた水運を生かして商業都市として発展した。神聖ローマ帝国の時代には、皇帝の選挙や戴冠式がこの地で行われるようにさえなる。18世紀になると、この街のゲットーの商人から身を起こしたユダヤ系銀行家、ロスチャイルド（ドイツではロートシルト）が、絶対王制とその崩壊の世紀末の混乱を乗り切って台頭。金融業でさらなる繁栄の礎を築いた。現在では、400を超える銀行が店舗を構え、世界の10大金融機関のうち９つまでが拠点を持つ。EU通貨統合後の欧州中央銀行もこの地にある。

また、中世からの伝統（世界初のメッセ都市）でメッセも盛んだ。年間開催は40件以上といわれ、特にモーターショーや秋の書籍フェアは有名。文化面では文豪ゲーテがこの街の出身。26歳までの多感な青春期を過ごし、名作『若きヴェルテルの悩み』をわずか４週間で書き上げた。彼の足跡はその生家（p.160）で辿ることができる。

ゲーテはこの街で青春時代を過ごした

フランクフルトという地名

駅できっぷなどを購入する場合、「フランクフルト」だけでは通じない場合がある。これは旧東側の国境近くに同名の町があるからだ。その場合はこの町の正式名称として「フランクフルト・アム・マインFrankfurt am main」を覚えておこう。

フランクフルトの危険区域

市内で一番気をつけなくてはならない場所は、中央駅の正面、カイザー通りの入口付近とカイザー通りに平行した２本の通り。ここにはいつもアル中気味の男女数名がたむろしていて、警察もパトカーを常駐させ監視にあたっている。普通に歩く分には問題ないが、この通りのカフェに座っていて、浮浪者に金をせびられた人もいる。

駅の北口から中央口に抜ける駐車場周辺は人気も少なく、いつも異臭が漂う。カイザー通りからタウヌス通りへ抜ける二本平行した道一帯はピンクゾーン。特に東欧系の店が目立つ。すべてが危険な店とはいえないが、しつこい客引きもいる。

本音でガイド

ザクセンハウゼンのリンゴ酒

ザクセンハウゼン地区ではリンゴ酒の飲み歩きにチャレンジしたい。リンゴ酒Apfelwein（現地では訛って「エッベルヴァイ」と発音）とはリンゴをしぼって軽く発酵させたもので、アルコール度数は5.5％。古くからこの地で飲まれてきたもので、ほとんどが自家製。伝説（？）のラウシャーおばさんが、カメを背負い、行商して売り歩いたといわれ、クラッパー小路Klapper-Gasse（MAP p.157-L）では彼女の噴水が見られる。

居酒屋では、地元の常連客と観光客が混然となり笑い声が絶えない。観光客がよく行く老舗（100年以上）酒場で、演奏あり、日本語メニューありというツム・グラウエン・ボックZum Grauen Bock（MAP p.157-L　☎618026　営17:00～翌1:00　休日曜・祝日）。また、南駅の近くにはツム・ゲマルテンハウスZum Gemalten Haus（MAP p.157-K　☎614559　営10:00～24:00　休月曜、夏季不定長期）という人気酒場もある。冒険心のある人は、おつまみにHandkäseというチーズの酢漬けを頼んでみよう。これはかなり癖がある。郷土ものではグリューネゾースGrüne Sosseというフランクフルトでしか見かけないハーブソース（多くは自家製）もあり、名前の通り色がグリーン（グリューネ）。文豪ゲーテもこれを好んだという。ゆで卵や肉料理にかける。

つまみは当然フランクフルトソーセージ！　といきたいが、残念ながら日本と同種のものはフランクフルトには存在しない。ご当地で「フランクフルター」というと細長いゆでソーセージを指すので、念のため。

これが噂のグリューネソース

見どころ

レーマー ★★★
Römer

map p.157-G

● U4 Römer《レーマー》からすぐ

レーマー広場Römerbergpl.に面して建つ、3棟の趣ある建物。これらはかつて市庁舎として使われていた貴族の館で、その中央の建物をレーマーと呼ぶ。神聖ローマ帝国が国力の興隆期を迎えていた1562年、新皇帝の即位の祝賀会の場所としてこの建物が選ばれ、豪華な式場となった。現在ドイツ出身の52人の皇帝の肖像画が壁面を飾り、神聖ローマ帝国時代の栄華が偲ばれる。

開10:00～13:00、14:00～17:00　休行事の日（要確認）　料€2　☎21234814

式場のホール(Kaisersaal)へは左横の狭い入口から

シュテーデル美術館の『カンパニアのゲーテ』

シュテーデル美術館 ★★★
Städelsche Galerie

map p.156-J

● U1,2,3 Schweizer Pl.《シュヴァイツァープラッツ》から徒歩8分

マイン河畔に重厚な姿を見せるフランクフルトきっての美術館。銀行家シュテーデル氏の寄付によって開設された。現在の収蔵作品は10万点近く、ヨーロッパでも有数の美術館。文豪ゲーテを、その友人ティッシュバインが描いた『カンパニアのゲーテ』は必見。ゲーテがローマ近郊の荒野で考えにふけっているこの絵は、彼を描いた作品の中でも代表的なもの。またラファエロやアンジェリコ、ボッティチェリなどイタリア・ルネサンス期の絵画収集の層の厚さでも名高い。他にもルーベンスの宗教画や、レンブラント、モネやルノワールなどの印象派、20世紀初頭のキ

わがままレポート

ゲーテの生家 ★★★
Goethe-Haus

map p.157-G

文豪ゲーテの足跡をたどる

詩人ゲーテJohann Wolfgang von Goetheは1749年8月28日、この家で産声を上げた。父が皇室の高官、母が市長の娘という恵まれた家庭に育った彼は、多感な少年時代をここで過ごした。

父ハンスの影響を強く受け、幼年時代から読書好きだったゲーテは、妹コルネーリアと共に自作の人形劇をしていた。その小さな人形劇場は3階の角部屋の隅に置かれている。ゲーテが生まれた部屋は2階の突きあたりにあり、3階の左手の部屋で出世作『若きウェルテルの悩み』や代表作『ファウスト』の執筆に励んだという。

その後、第二次大戦中の爆撃で壊滅的な被害を受けたが、市民たちの熱意で復元された。調度品類は、別の場所へ移動させてあって無事。チケット売場には日本語のガイドブックもある。

ゲーテは文献の中で「あちこちの窓からの庭の眺めは本当に気持ちよい」と書いている

当時の裕福な一家の暮らしぶりも垣間見られる

● U1,2,3,6,7　S1～6,8 Hauptwache《ハウプトヴァッヘ》から5分　開10:00～18:00（日曜・祝日～17:00、最終土曜～20:00）　休無休　料€5、学生€2.50　☎138800

ルヒェナーやベックマンなどドイツ表現主義の作品にも価値の高いものが多い。1998年に全面改装し、リニューアルした。日本で近年人気のフェルメール作『地理学者』も展示。
開10:00～17:00（水・木曜～21:00）　休月曜
料€6、学生€5　☎6050980

大聖堂 ★
Dom

map p.157-G

● U4 Römer《レーマー》からすぐ

赤茶けた外観が目をひく典型的なゴシック建築。9世紀半ばに建築が開始された。とくに1562年から230年間に渡り神聖ローマ帝国皇帝の戴冠式がここで行なわれたことで有名。
開9:00～12:00、14:30～18:00　休金曜午前、行事中　料無料　☎2970320

博物館通り ★★
Museums-ufer

map p.157-K

●レーマーから徒歩5～10分

マイン川の南岸には美術館、博物館が建ち並ぶエリアがある。この通りは博物館通りとさえ呼ばれれるほどだ。

手工芸博物館Museum für Kunsthandwerkにはバウハウス期のシンプルなデザインの日用品や家具のコレクションが豊富。一見の価値あり。**民族博物館**Museum für Völkerkundeの先、通りを1本越えた角にあるのが、1984年開館の**映画博物館**Deutsches Film-Museum。戦前のウーファー映画社全盛期や初期SFの名作『メトロポリス』や撮影機材が展示されている。定期的に映画も上映される（別料金）。その先に**建築博物館**Architektur-Museum、**郵便博物館**Post-Museumがあり、そしてシュテーデル美術館に至る。
開＜共通＞10:00～17:00（水・木曜～21:00）　休月曜　料Museums-ufer Ticketは2日間有効で€12（特別展は除く）

充実した展示内容の映画博物館

名物pick up 陽気に騒ごう！リンゴ酒電車の旅

フランクフルト名物のリンゴ酒を飲みながら、観光名所を回ってしまおうという「リンゴ酒電車 Ebbelwei-Express」がある。

電車は、土・日曜、祝日の13:30から17:35の間、35分おきにUバーンのツォー駅を出発し、中央駅、ザクセンハウゼンを経由して戻る。車内ではリンゴ酒が振舞われ、宴会モードそのもの。子どもにはリンゴジュースが用意される。中央駅、ザクセンハウゼンからも乗れるが、確実に座りたいならツォー駅から乗車を。
料大人€5、学生€2.50（飲物とおつまみ付）　☎21322425

ぜひ乗ってみたいリンゴ酒電車

動物園 ★
Zoologischer Garten

map p.157-H

● U6,7 Zoologischer Garten《ツォーロギッシャーガルテン》からすぐ

旧市街の東に位置するこの動物園は、ドイツで一番の規模と入場者数を誇る。動物と人間の両方に配慮した設備が自慢で、夜行性動物の生態が昼間でも見られる夜行性動物館はとくに人気が高い。オープン飼育を多く採り入れた施設は他の動物園の見本となり、海外からの視察も多い。
開9:00～19:00（10～3月9:00～17:00）
休無休　料€8、学生€4　☎21233735

ゼンケンベルク自然博物館 ★★★
Naturmuseum Senckenberg

map p.156-A

● U4,6,7 Bockenheimer Warte《ボッケンハイマーヴァルテ》から徒歩3分

ドイツ最大の展示数を誇る自然史博物館。ここの目玉は骨格が忠実に復元された恐竜の数々。マンモスやティラノザウルスなどが圧倒的な存在感で見る者を魅了する。2003年末に改装。同種の博物館では欧州でも有数。
開9:00～17:00（水曜～20:00、土・日曜～18:00）
休行事の日　料€5、学生€4　☎75420

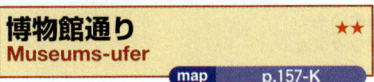

おいしいワインはいかが？

フランクフルトのショップ レストラン ホテル

ホテルが密集しているのは中央駅周辺。ショッピングの中心はハウプトヴァッヘ近くのツァイル。個性的な店も多く、歩いているだけでも楽しい。ブランドショップがお目当てならばゲーテ通りが必見。“食いしんぼう通り”の異名を持つグローセ・ボッケンハイマー通りには、良質のレストランが並ぶ。

Vinum
ヴィーヌム

フランクフルトで一押しのワインレストラン

旧オペラ座からハウプトヴァッヘに抜ける歩行者天国のグローセ・ボッケンハイマー通りを少し行き、左の細い路地へ入ったところに小さな看板が出ている。この小ホッホ通りKl.Hochstr.はおいしいレストランが並んでいることで有名だが、なかでもワイン愛好家たちに愛されているのがこの店だ。19世紀末から使われていたワイン貯蔵庫を改造し、店内には当時の雰囲気がそのまま生かされている。選び抜かれたワインは50種類以上。うち約20種類はグラスでも楽しめるが、ボトルで頼んでも1本€12.50〜29と手頃。迷ったときは、「ラインガウの辛口の白でお勧めのものを」と頼めば間違いない。料理はワインに合うオーソドックスなものばかりで一皿€8〜15。日本語のメニューもある。

大人の雰囲気の静かな店内

map p.156-F
■住所　Kl.Hochstr.9
■TEL　293037
●U6,7 Alte Oper《アルテ オーパー》から徒歩5分
■営業　16:00〜翌1:00（土曜18:00〜翌1:00）
■休日　日曜
■カード　VISA、MC、AMEX、JCB

Haus Wertheym
ハウス・ヴェルトハイム

1479年に建てられた歴史的建物。内装は雰囲気満点

市内中心部では第二次大戦の戦火を逃れた希少な建物。その昔は消防署だったという。この地方の郷土料理が自慢だが、そのアンティークな内装は必見。

map p.157-G
■住所　Fahrtor 1
■TEL　281432
■営業　11:00〜23:00
● Hauptwache《ハウプトヴァッヘ》から徒歩7分
■休日　無休
■カード　不可

Zum Bernemer Brünnchen
ツム・ベルネマー・ブリュンヒェン

ベルガー通りの落ち着いたリンゴ酒の店

ザクセンハウゼンの喧騒を離れ、地元の人たちが酒食を楽しむ店。家族的なサービスが人気。リンゴ酒€1.20、リップヒェンはザウアークラフト、パン付で€6.50。

map p.157-D
■住所　Bergerstr.251
■TEL　452136
■営業　10:00〜翌1:00
●U4 Bornheim Mitte《ボルンハイム ミッテ》から徒歩5分
■休日　無休
■カード　不可

Wackers' Kaffee
ヴァッカーズ・カフェ

スノッブ族の御用達!?

1914年創業のカフェ。独特の濃い香りと味わいで、特に文化人やOLに人気が高い。小さな店ながら、テラスには人が一杯。コーヒーは€1.25。

map p.157-G
■住所　Kornmarkt 9
■TEL　287810
■営業　8:00〜18:00（土曜〜18:00）
●Hauptwache《ハウプトヴァッヘ》から徒歩5分
■休日　日曜、祝日
■カード　不可
■www.wackers-kaffee.de

●〜€15　●●€15〜25　●●●€25〜50　●●●●€50〜

Mutter Ernst
ムッター・エルンスト

今や珍しくなった伝統的家庭料理の店

年輩の地元客に支持される筋金入りの伝統的家庭料理の店。カスラー＆ザウアークラウト（€8.50～）のような素朴な料理がうまい。ゲーテ通りの脇道。

map p.157-C
■住所 Alte Rothofstr.12
■TEL 283822
■営業 9:00～22:00（土曜9:30～17:30、温かい料理は11:00～15:00と17:30～21:00）
● Hauptwache《ハウプトヴァッヘ》から徒歩５分
■休日 日曜
■カード 不可

Jazz Keller
ジャズ・ケラー

今宵とびきりのジャズ演奏を

1952年創業の老舗。ライブは週２～３回。「質の悪いミュージシャンは呼ばない」とオーナー。チャージ€４～８前後。水・金曜の夜はディスコに変身。

map p.156-F
■住所 Kl.Bockenheimerstr. 18a
■TEL 288537
● U6,7 Alte Oper《アルテ オーパー》から徒歩５分
■営業 22:00～翌3:00（変動あり）
■休日 月・火曜
■www.jazzkeller.com

Tiger palast
ティーガー・パラスト

漆黒の闇を彩る妖しい薔薇のような耽美の異世界

奇才ジョン・クリンケが1988年にオープンさせたバラエティ劇場。1920年代ベルリンの軽演劇・軽業ブームを再現。チケット販売は10:00～21:00。

map p.157-H
■住所 Heiligkreuzga.16-20
■TEL 9200220
■FAX 92002217
■営業 ショータイムは19:00と22:00（金・土曜は17:30と22:00、日曜は17:00と21:00）の２回
● U4,5,6 Konstablerwache《コンスターブラーヴァッヘ》から徒歩５分
■休日 月曜、毎年７月中旬より約６週間
■カード VISA、MC、DC
■www.tigerpalast.de

欲しい品物を必ずゲット！ブランド品はゲーテ通りで

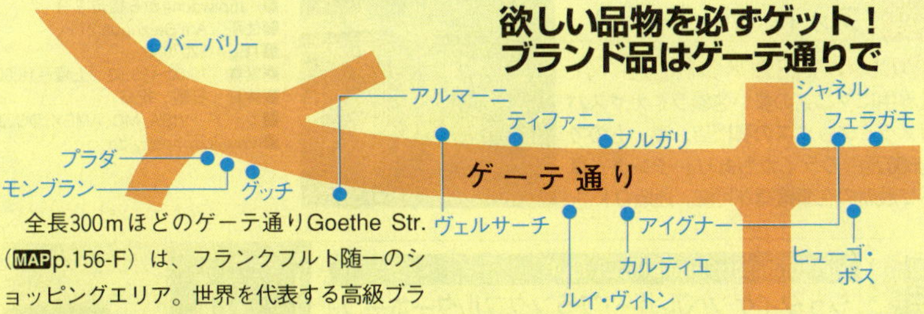

全長300mほどのゲーテ通りGoethe Str.（MAP p.156-F）は、フランクフルト随一のショッピングエリア。世界を代表する高級ブランド店が軒を連ねる。

フランクフルト空港のショップも活用

ドイツの表玄関だけあって空港内でのショッピングも充実。ボス、エスカーダスポーツ、モンブラン、ヨープなどがターミナル１のBゲートにショップを構え、エアポートブティックという店には、エルメス、ゴールドファイルなどもある。また、レベル３にはカジノ、レベル０にはスーパーもある。

免税手続きは荷物を機内に預ける前にするのが基本（p.401参照）。手続き後の還付金受け取りのカウンターも、ターミナル１に数カ所、Bゲートなどにある（いずれもセキュリティーチェックを通った後の場所）。

ターミナル１のBゲート付近

Cricri City Haus
クリクリ・シティ・ハウス

この街一番の雑貨天国！

フランクフルトで一番大きく、人気の高い雑貨屋。店内には趣味のいい生活日常雑貨が、ビルの3フロアに整然と陳列されている。絵はがきもかなり安い。

map p.157-G
●Hauptwache《ハウプトヴァッヘ》から徒歩5分
■住所　Rossmarkt13
■TEL　1310606
■営業　9:30～20:00（土曜～18:00）
■休日　日曜、祝日
■カード　VISA、MC、AMEX、DC

JOHN MONTAG
ヨーン・モンターク

信頼あるマイセン陶磁器の専門店

100年ほど昔に創業した、マイセン陶磁器の専門店。現地の窯元から直送。地下には程度のいいB級品の値引きコーナーがあり、大好評。

map p.156-F
●中央駅から徒歩10分
■住所　Kaiserstr.41
■TEL　233032
■営業　9:00～19:00（土曜～16:00）
■休日　日曜、祝日
■カード　VISA、MC、AMEX、DC、JCB
■www.john-montag.de

Hobby Haas
ホビー・ハース

少年の日の思い出を現在に

鉄道模型の専門店。とくに精巧なメルクリン社やロコ、フライシュマンなど、職人精神に裏付けされたNやHOゲージはマニア垂涎。支店が3店ある。

map p.157-G
●レーマー広場から徒歩2分
■住所　Braubachstr.39
■TEL　291565
■営業　10:00～18:30（土曜～16:00）
■休日　日曜、祝日
■カード　VISA、MC、AMEX、DC、JCB
■www.hobby-haas.de

Foto-Hobby
フォト・ホビー

程度のいい中古カメラが揃う

世界中にマニアの多い名機ライカやスパイカメラミノックスの専門店。高いものでは約650万円のライカもあり、インターネットで最新の在庫確認が可能。通販OK。

map p.157-G
●Hauptwache《ハウプトヴァッヘ》から徒歩5分
■住所　Am Salzhaus 2
■TEL　9207070
■営業　10:00～18:30（土曜～16:00）
■休日　日曜、祝日
■カード　VISA、MC、AMEX、DC、JCB
■www.foto-hobby.de

★★★★ Steigenberger Frankfurter Hof
シュタイゲンベルガー・フランクフルターホーフ

フランクフルトを代表する格調あるホテル

創業約130年、旧市街の中心に、ルネサンス様式の威風堂々たる外観を構える市内随一の歴史と伝統を誇る格式ある高級ホテル。各国VIPや著名人が利用するステータスのみならず、日本の帝国ホテルと提携して日本人スタッフが派遣されるなど、そのサービスもやはりトップベル。内部には日本食「いろは」や、アメリカンテイストのビストロ「オスカー」といったレストランもあり、もちろんサウナやフィットネスの「スカイラインウェルネスクラブ」やビジネスセンターなど、設備も万全。無線LANも完備。観光に便利な立地のよさにも注目したい。

一度は泊まりたい憧れのホテル

ゴージャスで威厳を感じさせるロビー空間

map p.157-G
●U4 Willy-Brandt-pl.《ヴィリー ブラント プラッツ》から徒歩3分
■住所　Am Kaiserplatz
■TEL　21502　■FAX　215900
■料金　S-€395～、W-€445～（週末S・W-€150～170）
■部屋数　全332室
■カード　VISA、MC、AMEX、DC、JCB
■www.steigenberger.com

もちろんプール、
フィットネス完備

Maritim Hotel Frankfurt
マリティム・ホテル ★★★★

ドイツ最高クラスのステータスを誇る

エグゼクティブルーム

ドイツで最高ランクの評価を受けるマリティムチェーン。そのフラッグシップがここ。おすすめはエグゼクティブフロアー。自由に使えるラウンジ付きだ。また、直営レストラン「将」の寿司は市内でもトップレベルと評判。日本人スタッフも常駐している。

map p.156-E
●U4 Festhalle/Messe《フェストハレ／メッセ》から徒歩２分
■住所　Theodor-Heuss-Allee 3
■TEL　75780
■FAX　75781000
■料金　S-€240～、W-€285～
■部屋数　全5435室
■カード　VISA、MC、AMEX、DC、JCB
■www.martim.de

Inter City Hotel Frankfurt
インターシティホテル ★★★

駅に近く便利

ビジネスマンの利用が多く、設備は機能的。ロビーでは列車の時刻がモニターに映され便利。宿泊期間中有効の公共交通網フリーチケットの特典あり。

map p.156-E
●中央駅北口からすぐ
■住所　Poststr.8
■TEL　273910
■FAX　27391999
■料金　S-€122～、W-€134～
■部屋数　全384室
■カード　VISA、MC、AMEX、DC、JCB
■www.intercityhotel.de

Ramada Hotel Frankfurt City Center
ラマダ・ホテル・シティ・センター ★★

最高のコストパフォーマンス

中央駅周辺では最高のコストパフォーマンスを誇る。改装し、外観からは想像できないほどシックな内装。小ぶりながらバスタブ付の部屋も多い。

map p.156-F
●中央駅から徒歩５分
■住所　Weserstr.17
■TEL　310810
■FAX　31081555
■料金　S-€92～、W-€107～（週末S-€66～、W-€76～）
■部屋数　全55室
■カード　VISA、MC、AMEX、DC、JCB
■www.ramadainternational.com

Hotel Cristal
ホテル・クリスタル ★★

駅に近く低予算で清潔なホテル

温厚な日本人ホテルマンの瀧氏が、通常早番で務めることから、日本人に人気の高いホテル。部屋は少々狭いが清潔。便利な上、落ち着ける。

map p.156-E
●中央駅北口から徒歩２分
■住所　Ottostr.3
■TEL　230351
■FAX　253368
■料金　S-€65～、W-€85～
■部屋数　全30室
■カード　VISA、MC、AMEX、DC、JCB
■www.hotelcristall.com

Hotel Monopol
ホテル・モノポール ★★★

なんと冷蔵庫は飲み放題！

中央駅南側正面の、風格あるホテル。隣接の同系列ホテル、エクセルシオールとともに、客室内のミニバーが飲み放題というのが大人気。

map p.156-J
●中央駅南口からすぐ
■住所　Mannheimerstr.11
■TEL　227370
■FAX　25608374
■料金　S-€64～、W-€79～
■部屋数　全95室
■カード　VISA、MC、AMEX、DC、JCB
■www.hotelmonopol-frankfurt.de

ホテル　ダイアナ Hotel Diana ★ map p.156-E
●U4 Messe《メッセ》から徒歩約７分　住Westendstr.83
☎747007　FAX747079　料S-€52～、W-€86～

ヘシッシャーホーフ Hessischerhof ★★★★ map p.156-E
●中央駅から徒歩５分　住Friedrich Ebert Anlage 40　☎75400
FAX7542924　料S-€218～、W-€263～

アラベラ・シェラトン・グランド Arabella Sheraton Grand ★★★★ map p.157-C
●Konstablerwache《コンスターブラーヴァッヘ》から徒歩２分　住Konrad Adenauerstr.7　☎29810　FAX2981810　料S-€179～、W-€204～

コンフォート Comfort Hotel Frankfurt City Center ★★★ map p.156-F
●中央駅から徒歩３分　住Moselstr.23　☎272800
FAX27280555　料S-€89～、W-€99～

フランクフルトの市外局番☎069

★エコノミー　★★カジュアル　★★★スタンダード　★★★★ラグジュアリー

WIESBADEN

ヴィースバーデン

p.9-G ■人口=27万人 ■街の規模=徒歩で半日

フランクフルトからわずか数十分で行ける高級温泉保養地

★ 新市街、公園

★★ 長い伝統のオペラ座

★★★ 豊富な湯量の源泉

風格ある市庁舎とマルクト教会

Access

●鉄道：フランクフルト→S1へキスト経由・S8,9空港経由（約45分）またはRE（約35分）→ヴィースバーデン[約10分間隔／€6.15]、マインツ→Sバーン（約15分）→ヴィースバーデン[1時間に約4本／€6.25]

Information

❶観光案内所：<市庁舎前> MAP p.166-A
住 Marktstr.6 ☎1729780 FAX 1729798
開 9:00～18:00（土曜～15:00） 休 日曜、祝日
HP www.wiesbaden.de
●ユースホステル：MAP p.166-B
住 Blücherstr.66 ☎449081 FAX 441119

街のしくみ 楽しみ方

旅人が住んでみたいと憧れる街。良質な音楽、温泉とカジノが自慢

ヘッセン州の州都であるこの街は、ドイツ有数の高級温泉保養地として古くから有名。整然とした新市街の街並と季節感豊かな公園が調和して、落ち着いたたたずまいを感じさせる。旧市街の歩行者天国や路地は生鮮食料品を買い求める人やブランド品をウインドーショッピングする人たち、レストランで食事をとる人たちのざわめきで賑わう。ほのかに漂う温泉の香りをたどると、路地裏で不意に出くわす源泉。ぜひカップ持参で湧き出る源泉を飲んでみたい。鉄分が混じった独特の渋みは、体によい作用があるという。

そんな源泉の中でも一番有名で、いわばこの街のシンボル的存在が、ヴィルヘルム通りWilhelmstr.突き当たり左手、小公園内にある源泉Kochbrunnenだ。600年以上の歴史があるといわれ、現在合わせて15の源泉を噴出する。屋根付きの噴出口からはいつでも湯が飲めるようになっている。またキノコ型の噴泉もある。源泉は66度の塩化ナトリウム泉なのでちょっと熱め。公衆浴場で良質の温泉につかり、飲用温泉で体の芯から温まると、疲れもゆっくりと消えていくだろう。

夜はぜひ州立劇場で優雅なひと時を。20世紀初頭に建てられた州立劇場はこぢんまりとして、演目や音響効果のすばらしさはもちろんのこと、観客のマナーのよさでも有名。国際会議場としても知られているこの街には、フランクフルトの喧騒を避けて長期滞在する人も多い。またカジノがあることでも有名。マルクト教会前の広場では週2回、水曜と土曜の午前中に市が立ち賑やかだ。

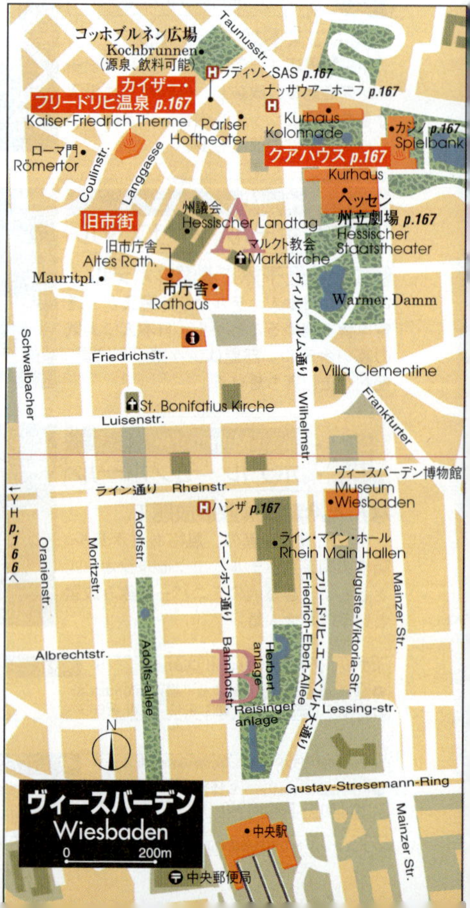

ヴィースバーデンの市外局番☎0611

クアハウス ★★★
Kurhaus

map p.166-A

●市庁舎から7分

この街の象徴ともいうべき新古典様式の建物。カジノ、レストラン、多目的ホールがある。正面、イオニア式柱廊の上には3つのユリの花をかたどった街の紋章が飾られている。その下に書かれたAQUIS MATTIACIS（マティアカーの泉）とはかつてこの地を拓いたローマ人による呼称。

自然と建築物の調和が見事

住Kurhauspl.1　休無休

☎1729780

カイザー・フリードリヒ温泉

カイザー・フリードリヒ温泉 ★★★
Kaiser Friedrich Therme

map p.166-A

●市庁舎から徒歩7分

水着着用不可の混浴の温泉。1999年8月にリニューアルオープンし、身体と心のケアのための設備がいっそう充実。重厚な造りが落ち着いたムードを醸し出している。蒸気風呂、サウナの他、別料金でソラリウムやRasulと呼ばれる垢すりなども体験できる。貸しタオルもあるが、ちょっと高い（€4）ので持参した方がよい。

営10:00～22:00（金曜～24:00）ただし火曜は女性専用日、男性専用日なし　休12/24～26、31　料€17.50（4時間）　☎1729660

カジノへ行こう！

華麗な雰囲気のカジノ

クアハウス本館のカジノは、ルーレットやブラックジャックなどの対人型ギャンブル中心で、賭け金の敷居は高め。スロットマシンなど機械式のゲームは別館コロナーデにあり比較的カジュアルな雰囲気。パスポート必携。本館は要ネクタイ、ジャケット（有料レンタル有り）。

MAP p.166-A　住Kurhauspl.1　☎536100

開12:45～翌4:00　料€2.50

ヘッセン州立劇場 ★★
Hessischer Staatstheater

map p.166-A

●市庁舎から徒歩7分

19世紀末、皇帝ヴィルヘルム2世の命により建てられた劇場。有名なロココ様式のロビーは数年後に追加された。内部は主にオペラが上演される大ホール他、小ホール、ステュディオに分かれる。毎年5月祭（国際マイフェストシュピーレ）には内外の著名な音楽家が集い、多彩な舞台の競演が見られる。

住Christian-Zais-Str.3　☎1321

★★★ Hotel Nassauer Hof
ホテル・ナッサウアーホーフ

伝統と格式を誇る名門ホテル

ヴィースバーデンを代表する、170年以上の歴史を持つホテル。設備は近代的で、展望温泉プールやサウナなど温泉保養施設、レストランやバーなども充実。

map p.166-A
- ●市庁舎から徒歩7分
- ■住所　Kaiser Friedrichpl.3-4
- ■TEL　1330
- ■FAX　133632
- ■料金　S-€228～、W-€278～
- ■部屋数全198室
- ■カードVISA、MC、AMEX、DC、JCB
- ■www.nassauer-hof.de

ラディソンSAS Radisson SAS Hotel ★★★ map p.166-A
●市庁舎から徒歩5分　住Kranzpl.12　☎1550
料S-€159～、W-€179～

ハンザホテル Hansa Hotel ★★ map p.166-B
●中央駅から徒歩7分　住Bahnhofstr.23　☎901240
料S-€102～、W-€136～

★エコノミー　★★カジュアル　★★★スタンダード　★★★★ラグジュアリー

DARMSTADT

ダルムシュタット

p.9-H　■人口＝14万人　■街の規模＝徒歩で半日

19世紀末、この地に花開いた世紀末芸術の粋をマチルダの丘に見る

★★ 世紀末建築様式
★★ 芸術家村美術館など
★ 自家醸造の店あり

結婚記念塔から街を眺める

Access

●鉄道：フランクフルト→S3,4（38分）、RB（約20分）IC、EC、RB（約15分）→ダルムシュタット［約20分間隔／€7～］

Information

●観光案内所：MAP p.168-A　住Luisenpl.5
☎132780　FAX133434　開9:30～19:00（土曜9:30～16:00）　休日曜、祝日
HP www.darmstadt.de
●ユースホステル：MAP p.168-B
住Landgraf-Georgstr.119　☎45293

街のしくみ　楽しみ方

のんびり気分で街を散策 マチルダの丘から景色を一望

ヘッセン州の行政や商工業の中心地ながら、落ち着いた雰囲気の街。ヘアケア用品で知られるウエラなど、世界的に有名な企業の本社がある。商工業と芸術や文化がバランスよく調和していて、ドイツ作家協会本部もある。

この街は20世紀初頭までダルムシュタット大公国の首都で、最後の大公エルンスト・ルートヴィヒが芸術家達の育成と保護に力を注ぎ、街の東に広がる**マチルダの丘**Mathildenhöheに芸術家村を造り、彼らを住まわせた。その結果、当時のドイツ・アートシーンのリーダー的役割を担う芸術家や建築家たちが集い、19世紀末に世界中に流行したアールヌーボー様式のドイツ版、ユーゲントシュティールの情報発信基地となった。とくに建築家ヨゼフ・マリア・オルブリヒの手による結婚記念塔や芸術家村美術館、グリュックハウスなどの作品群は見る者に鮮烈な印象を与える。なお、マチルダとはルートヴィヒ大公の愛妻の名前。

観光の起点は**ルイーゼン広場**Luisenpl.。駅から広場まで歩くと少しあるので、D番などのバス利用が便利。この広場の東側に隣接して**城（博物館）**があり、左側の大通りを越えた先に**ヘッセン州立博物館**がある。さらに右側の歩行者天国の道を行くと**聖ルートヴィヒ教会**がある。マチルダの丘へは城の裏の細道を登って20分ほどで着く。

わがままレポート

マチルダの丘 ★★★
Mathildenhöhe

map p.168-B

19世紀末芸術の神髄に触れる

この丘の象徴が、頂上に建つ結婚記念塔Hochzeitsturm。ルートヴィヒ大公の結婚を祝して、1908年にオルブリヒ設計で建てられたもの。５本のドームは大公の指をイメージし、上からの見晴らしもいい（開10:00～18:00 休11～2月、月曜 料€1.50）。

世紀末芸術の影響が色濃く感じられる

また芸術家村美術館（開火～日曜10:00～17:00 料€3 休月曜）には当時の芸術家たちの作品が広く収集され、とくにアールヌーボーからアールデコ、そしてバウハウスに至るデザインの流れがよくわかる。入口は記念塔とは反対側の方が豪華。地下のオルブリヒ・デザインのピアノはお見逃しなく。

この美術館から街へ下る途中に、当時の家々が点在している。

マチルダの丘頂上に建つ結婚記念塔と教会

ヘッセン州立博物館 ★★
Hessisches Landesmuseum

map p.168-A

●ルイーゼン広場から徒歩３分

威風堂々たる外観が印象的な建物。地上階正面は博物館、両翼はキリスト教関係の絵画や芸術品を中心に展示され、一般絵画は上階に収められている。とくにドイツ・ルネサンス期の絵画収集には定評があり、ルーベンスの大作ディアナの絵は必見。ここの入場券は絵はがきになっている。その中央のシールを胸に貼ってから入館しよう。また、美術館の裏庭はロココ様式でとても美しい。

開10:00～17:00（日曜11:00～17:00、水曜10:00～20:00） 休月曜 料€2.50 ☎165703

入場券はそのまま絵はがきに

城（博物館） ★
Schloss (Museum)

map p.168-B

●ルイーゼン広場から徒歩１分

かつてのヘッセン・ダルムシュタット公国大公の居城。18世紀初頭に焼失し、第二次世界大戦でも大きな被害を被ったが、そのつど修復された。ハンス・ホルバインの祭壇画は必見だ。ただし内部は自由見学はできず、時間または人数によってスタートするドイツ語ガイドツアーでのみ見学可（所要約1時間）。

ルイーゼン広場に隣接

開10:00～13:00、14:00～17:00（土・日曜、祝日10:00～13:00） 休金曜 料€2.50 ☎24035

Ratskeller
ラーツケラー

自家醸造のビールで乾杯！

旧市庁舎脇にある、自家醸造ビールで有名な小さなレストラン。一番のおすすめは小麦酵母を残したヘーフェ・ヴァイツェン・ビアー。またピルスは爽やかで軽い口あたり。料理は€５～。

map p.168-A
●ルイーゼン広場から徒歩３分
■住所 Markt Pl.8
■TEL 26444
■営業 12:00～22:00
■休日 無休
■カード VISA、MC、AMEX

ダルムシュタットの市外局番☎06151

●～€15 ●●€15～25 ●●●€25～50 ●●●●€50～

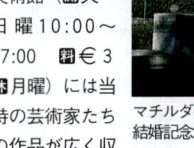

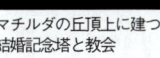

充実設備を誇るヴィルヘルム皇帝浴場

BAD HOMBURG バート・ホンブルク

p.9-G ■人口＝5.2万人　■街の規模＝徒歩で半日

フランクフルトから たった20分でいける温泉＆カジノ

1842年にフランス人のフランソワ・ブラン氏によってこの地に興されたカジノ（Spielbank）で有名な街。数年後、同氏の事業により、モンテカルロにカジノが開かれたことから「モンテカルロ（カジノ）の母」という異名を持つ。フランクフルト中央駅から送迎バス（有料）が出ているが、バート・ホンブルク駅からカジノへは遠いので、やはりタクシーで颯爽と乗りつけたい。頼めばブラックジャックなどの出目・確率表をもらえる。

また、温泉保養地としても古い歴史を誇り、タウヌス浴場やヴィルヘルム皇帝浴場も好評。郊外にはかつての領主ヘッセン・ホンブルク辺境伯の17世紀の居城やローマ人の遺蹟、民家を集めた野外民俗博物館もある。

OFFENBACH オッフェンバッハ

p.9-H ■人口＝11.7万人　■街の規模＝徒歩で半日

伝統ある皮革工芸の街で ナポレオン愛用のカバンを見る

フランクフルトに隣接した古くから皮革工芸で有名な街で、中小の工房が揃う。通常小売りはしないが、ときどきセールを行なうので、要チェック。また世界的に珍しい皮革博物館にはナポレオンや妃ジョセフィーヌ愛用のポーチやカバン、小物類が展示されていて興味深い。

カバンや靴の有名ブランド、ゴールドファイルの本社工場もこの街にあり、アウトレット商品が20％～30％OFFで購入できる<直営店Goldpfeil／住Kaiser Str.39~49　営9:00～17:30（金曜～16:30、土曜～13:00）休日曜、祝日　☎069-8050212>。

＜皮革博物館 Deutsches Ledermuseum＞
●S1,8 Ledermuseum《レーダームゼウム》から徒歩５分
住Frankfurterstr.86　開10:00～17:00（土曜9:00～22:00）　休無休　料€３　☎069-8297980

BÜDINGEN ビューディンゲン

p.9-H ■人口＝2.3万人　■街の規模＝徒歩で半日

戦災を逃れ、オリジナルの 中世の城壁が今に残る

駅から旧市街まではタクシーで10分足らず。14～15世紀に建てられた木組みの家や、後期ゴシックの城壁などが、戦災を逃れオリジナルのまま残っている。あちこちでカエルの像を見かけるが、昔、周りを水堀で囲まれてカエルが多かったため町のマスコットになったのだとか。現在ホテルになっている城Schloss（☎06042-9647）が最大の見どころ。ある程度人が集まれば内部見学も可。ⓘの向かい側には**50年代博物館**（☎06042-950049 開14:00～17:00、日祝日は10:00～、冬季は15:00～、冬季の日曜は12:00～　料€２、学生€１）もある。

➡城壁の保存状態も良い。⬇レトロな50年代博物館

見応えのある皮革博物館

■バート・ホンブルク
●フランクフルト→S5 20分（15分毎）€3.30　ⓘ：住Louisenstr.58 ☎06172-178110　開8:30～18:30（土曜10:00～14:00）休日曜、祝日

■オッフェンバッハ
●フランクフルト→RE、RB約10分 €3.30　ⓘ：住Stadthof17　☎069-80652052　開9:00～18:30（土曜10:00～14:00）休日曜、祝日

■ビューディンゲン
●フランクフルト→REでgelnhausen→BLE１時間（毎時）€6.15
ⓘ：住Marktpl.9　☎06042-96370
開9:30～13:00、14:00～17:00（土曜午前のみ、日曜12:30～16:00）
休11～3月の土・日曜
HP www.buedingen.de

ローテンブルクのマイスタートゥルンク歴史祭の一コマ

エリア 4

ロマンチック街道

ヴュルツブルク
ローテンブルク
ディンケルスビュール
ネルトリンゲン
アウクスブルク
フュッセン
シュヴァンガウ
ヴァイカースハイム
クレクリンゲン
ランツベルク

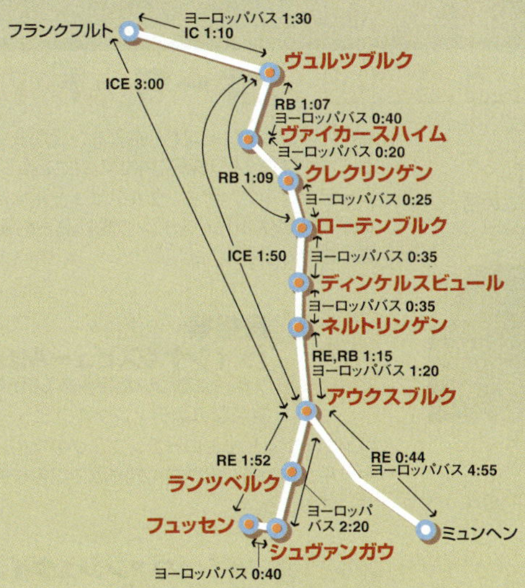

ロマンチック街道

教会の塔から街並を見下ろす

城壁に囲まれた中世の街並、おとぎ話の世界から飛び出したようなお城、街々を結ぶゆるやかな丘陵の牧歌的風景……。

“ロマンチック”をキーワードにさまざまな要素が真珠のように連なった、ドイツ観光のハイライト。ドイツの数ある“街道”の中でも、最も有名、かつ人気がある街道だ。ワインと学生街の古都として有名なヴュルツブルクを起点に、アルプスの麓の街フュッセンまで、全長約350km。歴史的にイタリアとの交易路として栄えた経緯もあり、途中の街々には、バロック調の街並、ゴシック様式の教会、ルネサンス様式の建築物が残るなど、まさにヨーロッパの歴史文化を凝縮し、タイムカプセルに閉じ込めたような感がある。

また、途中のアウクスブルクを別とすれば、どの街も歩いて回れるような小規模な街ばかり。教会、美術館などの有名観光物件だけでなく、何気ない路地裏歩きなどに本当の魅力が隠されている。

ローテンブルクの市庁舎横の噴水

KEYWORD キーワード

城壁歩き [ローテンブルクほか]

中世の街並に出合えるのがこの街道の魅力のひとつ。中でもローテンブルク、ディンケルスビュール、ネルトリンゲンなどに共通しているのは、街を取り囲む城壁が今もちゃんと残っていること。これらの城壁には、見張り用の塔があったり、巡回できるような通路がある。この城壁歩きが意外とおもしろい。中世のロマンを一番身近に感じられる体験だ。

城壁にある通路

教会の塔上り [ネルトリンゲンほか]

教会の塔に上るのもおもしろい。地上から見ていて気になった観光客向けのショーウィンドーなども、上からだと分からなくなり、より純粋な中世の街並を楽しめる。ローテンブルク、ディンケルスビュールなどもいいが、特にネルトリンゲンの塔は高さ約90mと高いのでおすすめ。

民俗祭 [ディンケルスビュールほか]

伝説に基づいた特色ある祭がある。有名なのはディンケルスビュールのキンダーツェヒェとローテンブルクのマイスタートゥルンクの祭。出発前に観光局で日程をチェックしておこう。

ノイシュヴァンシュタイン城 [フュッセン]

街道全体としてはお城や宮殿は少ない。しかし、フュッセン近郊のノイシュヴァンシュタイン城が必見に値する。最初

アドバイス

アクセス　一番便利で手っ取り早いのはヨーロッパバス（詳しくはp.174～175参照）。ただし、運行は原則４～10月のみ。冬季は鉄道と路線バス、もしくはタクシーなどに頼らざるをえない。路線バスの時刻表は地元のⓘで手に入るし、いわれているほど本数も少なくないが、路線バスはスーツケースなど大きな荷物を乗せるスペースがほとんどないため、あまりおすすめできない。ローテンブルク～ディンケルスビュール間のように乗換えが必要だったり、運転手によっては英語が不得手だったりもする。

なお、主な街で鉄道が通じていないのはディンケルスビュールとクレクリンゲンなど。

宿について　ロマンチック街道の街はどこも小さな街ばかり。そのせいか、高級ホテルに分類されるようなホテルでも、意外なほど規模は小さい。貴族の館を改造したようなホテルは人気の的。予定が決まっているなら早めに予約をした方がよい。宿のクラスにこだわらないならペンションなどの数は多い。また、バートメルゲントハイム近郊（バーデン-ヴュルテンベルク州）をのぞいて、街道の大部分がバイエルン州に属する。この州では27歳以上の個人客はユースホステルに宿泊できないので注意が必要だ（ファミリー、グループは可）。

ロマンチックな夜景も

フュッセンの街並はそのカラフルさで有名

からこのお城が目的という人も多いはず。ヴュルツブルクのレジデンツも見逃せない宮殿だ。

フランケンワイン［ヴュルツブルクほか］

ヴュルツブルクからローテンブルクにかけてはフランケンワインの産地。フランケンワインは辛口の白ワインとして有名。リースリング種だけでなくジルバーナー種のブドウもよく使われる（p.73参照）。そのためか独特の香味とのど越しに特徴がある。ボックスボイテルという扁平なボトルに詰められているのもおもしろい。

夜も美しいノイシュヴァンシュタイン城

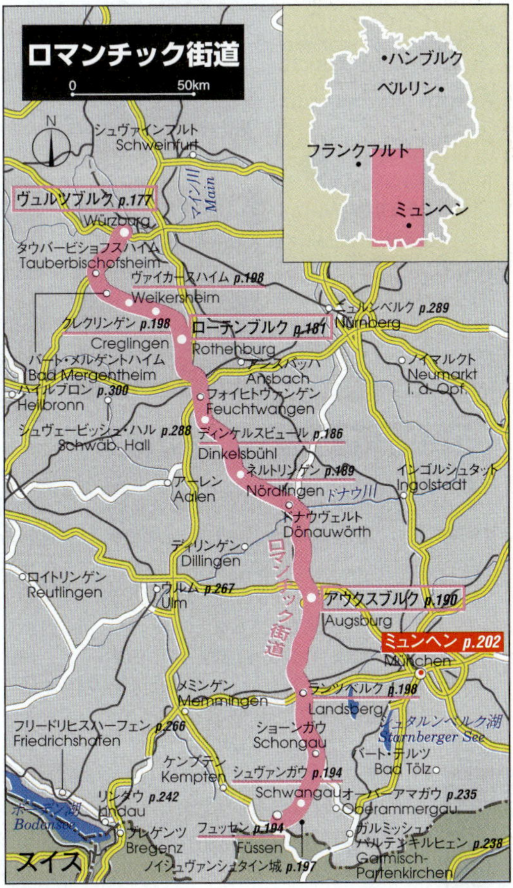

ヨーロッパバス・ライド実況中継
フランクフルト→ミュンヘン間コース

ロマンチック街道の移動手段として定番になっているヨーロッパバス。ドイチェ・ツーリング社（DTG）が運営する観光バスで、街道の主な見どころを押さえつつ一日で移動できる。４～10月は２系統（フュッセン行きとミュンヘン行き：１日１往復）がある。

Start

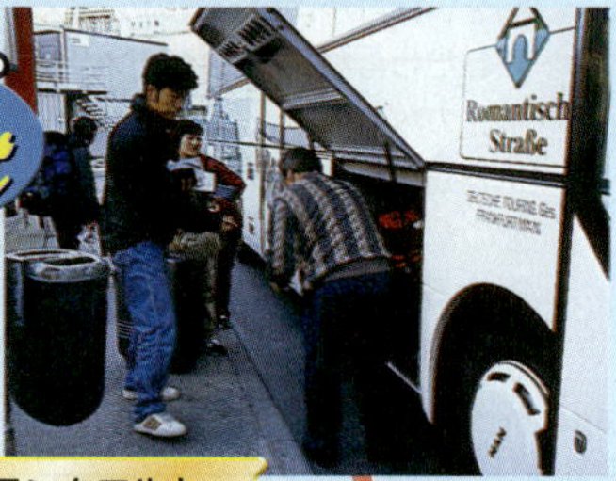

フランクフルト

荷物はバスの下部の荷室に入れる。乗り込むときにパンフレットをもらえる。
◆乗場：中央駅南側のDTGチケットセンター（Mannheimer Str.4）

8:00

ヴュルツブルク

予定より20分ほど遅れて到着。駅に着く前に街についての音声ガイド（日本語あり）がある。30分間の休憩。
◆乗降場：駅前

9:30

ヴァイカースハイム

滞在時間は20分と短い。ヴァイカースハイム城は外観からの見学が無難。
◆乗降場：マルクト広場

10:50

クレクリンゲン

10分間の停車時間しかなく、ヘルゴット教会の外観を見るぐらいが関の山。
◆乗降場：ヘルゴット教会

11:30

ここが知りたい！ ヨーロッパバス

Q.予約は必要？

A.予約なしでも席さえ空いていれば乗れるが、予約した方が無難だ。日本人客が多いので夏休み中は混雑する。

Q.レイルパス類を使うとき、ローテンブルクで１泊したら２日分消費してしまうの？

A.レイルパス類の所持者は正規運賃の60％の割引が受けられる（荷物を預ける場合は２個目から荷物１個につき€1.50が必要）。どこかで１泊する場合は、あらかじめ目的地までのチケットを購入しておこう。途中下車してもレイルパスの日数消費は１日分だけですむ。また途中で何泊かしてもかまわない。

Q.トイレはある？

A.車内のトイレも使用できるが、停車先で用を足すのが基本。

Q.食事はどうするの？

A.ローテンブルクで停車時間内にすます。車内から無線でレストランに注文（車内でメニューが配られる。別料金）しておき、着いたらすぐ食べられるようになっている。もちろん注文しなくてもいい。

Q.見学に夢中になってバスに乗り遅れたら？

A.時間が来たら待っていてくれないので、くれぐれも乗り遅れないように！　とりあえず荷物の行き先はそのバスの最終目的地になる。

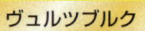

ローテンブルク

駅前から城壁の中までは徒歩約15分。それでも博物館のひとつくらいは十分見られる。古城街道ルートでミュンヘンへ行く場合はここで乗り換え。
◆乗降場：駅前

12:15

ディンケルスビュール

停車時間は30分間。先に教会を見て歴史博物館を回るほうが迷いにくい。3-D美術館まで回るのは無理そう。街並をゆったりと見学できる。
◆乗降場：シュヴァイネ広場

13:35

ネルトリンゲン

街並を散策するか教会内部を見学。
◆乗降場：市庁舎前

14:45

アウクスブルク

バンホーフ通りくらいしか見られない。駅の売店が充実しているのがうれしい。20分ほどで出発。
◆乗降場：中央駅前

16:25

ホーエンシュヴァンガウ

ノイシュヴァンシュタイン城見学のため、大半の客がここで降りて宿に。
◆乗降場：❶前

18:50

フュッセン

着いたら夕方の7時過ぎ。宿は事前に予約しておかないと見つけにくい。
◆乗降場：駅前

19:10

ミュンヘン

夜の9時頃に着くので宿は絶対に事前の予約が必要となる。
◆乗降場：中央駅前

20:50

本音でガイド

目的地に早く着きたいのなら電車の方が早い。ただし、この街道には電車では行きづらい（または行けない）小さな町も多いので、時間をかけてじっくり回るつもりならバスの利用価値は高い。ノイシュヴァンシュタイン城が目的なら、麓の村のホーエンシュヴァンガウに泊まってみるのもおすすめ。予約しないでフュッセンのユースホステルに泊まるのを当てにするのは、夏期は空きがないことが多いので無謀だ。宿が決まってないなら、バスの運転手に相談してみるといい。無線で予約を取ってくれる。
●冬でも鉄道とローカルバスを組み合わせて旅ができる。ただしローカルバスは土・日曜の本数が少く乗り換えが多い。時間と乗り換え場所は事前に❶に問い合わせておこう。

ヨーロッパバス時刻表

HP www.romantic-road-coach.de

8:00発	フランクフルト Frankfurt	着21:00
9:30着 10:00発	ヴュルツブルク Würzburg	発19:35 着19:20
10:50着 11:10発	ヴァイカースハイム Weikersheim	発18:35 着18:25
11:30着 11:40発	クレクリンゲン Creglingen	発18:05 着18:05
12:15着 12:45発	ローテンブルク Rothenburg	発17:40 着17:10
13.35着 14:05発	ディンケルスビュール Dinkelsbühl	発16:25 着16:05
14:45着 15:00発	ネルトリンゲン Nördlingen	発15:30 着15:15
16:25着 16:45発	アウクスブルク Augsburg	発14:00 着13:15
18:45発	シュヴァンガウ Schwangau	発10:35
18:50発	ホーエンシュヴァンガウ Hohenschwangau	発10:30
19:10着	フュッセン Füssen	発10:05
20:50着	ミュンヘン München	発8:15

※スケジュールは毎年変わるので注意（一部省略あり）

予約先

＜ドイチェ・ツーリング社＞ MAP p.156-J
Deutsche Touring GmbH 住 Am Römerhof 17. D-60486 Frankfurt am Main ☎069-790350 FAX 069-7903219
HP www.deutsche-touring.com
※フランクフルトーミュンヘン間（片道€98.80、往復€138.40）、1日1便（ローテンブルクで古城街道からのニュルンベルク行きに乗り換え可）。途中下車可。ユーレイル、ジャーマンレイルパスの使用可。

Romantische Strasse

ロマンチック街道

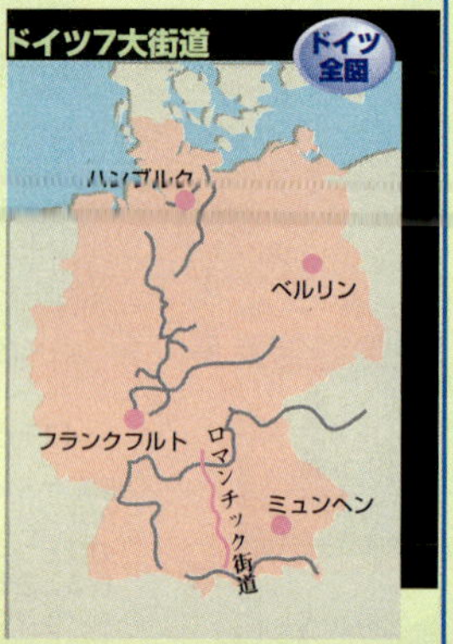

街並の美しさはこの街道でも随一。ファンシーショップも充実している。

ヴァイカースハイム城が一番の見どころ。

戦災を逃れたため、オリジナルの木組みの家が残る貴重な街。

都会的な雰囲気だが旧市街は味わい深い。

観光客は少ないが、その美しさは街道中一、二を争う

●中世のロマンに触れる●

ロマンチック街道は中世のロマンの街々に出合える、ドイツ国内のみならずヨーロッパでも一、二を争う人気の観光ルート。日本人観光客も多く訪れる。全長350kmの街道中には、教会、古城、温泉、民俗祭など、ドイツ観光を象徴するような存在の街が満載。これといった観光物件がない街もあるが、石畳の歩道を散策したり、教会の塔に上ってオレンジ色の屋根の街並を観賞するなど、街全体が醸し出すトータルな雰囲気を楽しむのが通というものだ。

●移動手段●

4～10月は街道沿いの街々を結ぶヨーロッパバス（p.174参照）が運行しているが、この時期を外すと鉄道の通っていない街（ディンケルスビュールなど）もあるので、路線バスやタクシーを組み合わせるなど、少々面倒な移動を覚悟しなければならない。

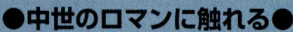

WÜRZBURG

ヴュルツブルク

p.9-H　■人口＝13万人　■街の規模＝徒歩で半日

ブドウ畑と教会文化。バロック調の古都で、陽気な学生とワインに酔う

- ★★ 旧市街に残るバロック調、中世の町並
- ★★ ロマネスク様式の大聖堂など
- ★★★ ユネスコ世界文化遺産のレジデンツ
- ★★ ワイン祭、モーツァルト音楽祭など
- ★★★ 銘酒揃い、フランケンワインの主要生産地
- ★★ ２万人の学生が学ぶ大学都市

Access

●鉄道：フランクフルト→ICまたはEC（約１時間10分）またはRE（約１時間50分）他→ヴュルツブルク［１時間１本／€20.80～］、ミュンヘン→ICE（約２時間45分）→ヴュルツブルク［１日10本以上／€54］、ローテンブルク→RB（約15分）→シュタイナッハ（乗換）→RB（約43分）→ヴュルツブルク［１時間毎／€9.70］
●ヨーロッパバス：フランクフルト→（１時間30分）→ヴュルツブルク［１時間１本／€21］、ミュンヘン→（約11時間35分）→ヴュルツブルク［１日１本／€74.60］
●市内交通：市電、バスがあり１回券€２。１日券€4.55（郊外に泊まるなら利用価値大）

Information

ℹ観光案内所：＜マルクト広場横＞MAP p.178-A　住Haus zum Falken, Marktplatz　☎372335　FAX373952　開１～３月10:00～16:00（土曜～13:00）、４～12月10:00～18:00（土曜～14:00）、４～10月の日曜、祝日10:00～14:00　休12/24、31
＜本局＞MAP p.178-A　住Congress-Tourismus-Wirtschaft　☎372335　FAX373652　開8:30～17:00（金曜～13:00）　休土・日曜
HP www.wuerzburg.de
●ユースホステル：MAP p.178-A
住Burkarder Str.44　☎42590　FAX416862

ロマネスク様式のノイミュンスター教会

夕日に染まっていくマイン川のほとり

街のしくみ 楽しみ方　街歩きはマルクト広場から。教会は旧市街にある

ロマンチック街道起点の街。紀元前1000年ごろにはすでにケルト人が住み着いていたという古都だ。中世には領主司教が治めていたのでキリスト教の影響が強く、**大聖堂**Dom、**ノイミュンスター教会**Neumünsterなど、ロマネスク様式の重要な教会もある。

街はマイン川のほとりに広がっていて、大聖堂の正面からアルテマイン橋にかけての**大聖堂通り**Domstr.が旧市街の目抜き通りになる。この通りとマルクト広場周辺が街歩きの中心だ。駅前から伸びる**カイザー通り**Kaiserstr.は、左右にデパートや、ロコが通うショップが点在し活気がある。おしゃれなカフェでひと休みするなら**ユリウス通り**Juliuspromenadeがいいだろう。夏は外にテーブル席がオープン。学生たちで賑わう。

対岸の要塞から望む旧市街

マリエンベルク要塞以外の観光名所は、広場から徒歩10分以内で回れる。楽しみ方としては、やはりワインをまっ先にあげたい。ここはフランケンワインの主要生産地で、ボックスボイテルという独特の形をしたワインボトルの発祥の地。**ビュルガーシュピタール**（p.180参照）、ユリウスシュピタールといった老舗のワインシュトゥーベ（酒場）が有名だ。また、**アルタークラーネン**Alter Kranenのすぐ裏にワインの試飲&販売所もある。

観光では**レジデンツ**（p.179参照）が必見。これを見るためだけでもこの街を訪

ボックスボイテルという、独特な形をしたボトル

ヴュルツブルクの市外局番☎0931

れる価値がある。ここでは毎年6月に**モーツァルト音楽祭**が開かれる。ゴージャスな宮殿の間で王侯貴族気分が味わえる、クラシックファンには垂涎のプログラムだ。Mozartfest-Büro Der Stadt Würzburg（住Oeggstr.2 D-97070 ☎372336 FAX3908300 info@mozartfest-wuerzburg.de）にプログラムを請求して申し込む。また、1402年創立、過去6人ものノーベル賞受賞者を輩出している由緒ある大学があり、約2万人もの学生が住んでいる。学生が集まるカフェやレストランで交流を図るのも一興だ。

Route Advice

中央駅→（Theater Str.）→レジデンツ→大聖堂→ノイミュンスター教会→マルクト広場→アルテマイン橋→マリエンベルク要塞[全移動約1時間]

橋は戦災で破壊されたが、元通りに復旧された

アルテマイン橋 ★★
Alte Mainbrücke

map p.178-A

●マルクト広場から徒歩4分

マイン川を挟んで、対岸のマリエンベルク要塞のふもとにかかる石橋。この地にキリスト教を伝えたという聖キリアンなど、地元にゆかりのある聖者らの砂岩像が12体並ぶ。規模は小さいが、プラハのカレル橋とよく似た造りで美しい。

わがままレポート

レジデンツ ★★★

Residenz

map p.178-B

必見！　世界最大級の天井フレスコ画

ユネスコの世界遺産にも登録されているバロック建築の一大傑作。18世紀、それまでマリエンベルク要塞に住んでいた領主司教が、居城を街中に移すために建てた宮殿だ。当時の若き天才建築家バルタザール・ノイマンの設計で、かのナポレオンも「ヨーロッパで一番美しい司教の住まい」と感嘆したとか。内部に入ると、すぐ左手に吹き抜けの高い階段がある。これが有名な**階段の間**だ。

裏側は庭園になっていて市民も憩う

２階につづくだけのただの階段だが、そのアーチ状の天井一面に、天空に舞う神々と、４大陸を人格化した女神の壮大なフレスコ画が描かれている。訪れる者は、いきなりここで圧倒されるわけだ。

皇帝の間。ふんだんに金を使用したロココ様式。2004年夏以降少しずつ修復

このフレスコ画の作者、ティエポロは、「飛ぶ足場」と呼ばれた簡単な足場を使って、たったの13カ月で仕上げたという。２階の**皇帝の間**のフレスコ画も彼の手によるものだが、報酬は３年間の滞在で約€75万（現在の価値）だった。

広さ600㎡の天井に描かれたフレスコ画。2006年春頃まで修復中。

２階に上がって最初の部屋は、全面白い漆喰の装飾が印象的な**白の間**で、その隣はうってかわってきらびやかなロココ様式の皇帝の間だ。これらの部屋では毎年６月に内外の一流音楽家を招いて**モーツァルト音楽祭**が開催される（p.178参照）。さらに右の奥には、黄金の装飾と鏡で四方を埋め尽くした**鏡の間**もある（ガイド付のみ見学可能）。

●マルクト広場から徒歩約８分　開9:00〜18:00（11〜３月は10:00〜16:00）　休無休　料€５　☎355170　※階段の間など一部修復中

黄金装飾の調度品。目がくらみそうだ

マリエンベルク要塞 ★★

Festung Marienberg

map p.178-A

●マルクト広場から徒歩約25分

マイン川対岸の丘の上にあり、街のシンボル的存在。13世紀初頭に、マリエン礼拝堂（706年建立）を囲むように築城したのが始まりだ。17世紀には、当時の司教ユリウス・エヒターによってルネサンス様式の城郭に改造され、現在残っている建物もほとんどがその当時のもの。1719年まで歴代司教の居城だった。武器庫跡のマインフランケン地方博物館Mainfrankisches Museum（開10:00〜17:00（11〜３月は〜16:00）　休月曜　料€３）には、バロック絵画、彫刻などが展示されている。また、南翼の領主館博物館Fürstenbaumuseum（開9:00〜18:00　休月曜、11〜３月　料€４／２館共通券€５　☎43838）の２階には、昔の司教の部屋を再現した住居がある。

近くに見えるが、丘の上なので上りは大変

ワインに飲まれた？なかなか楽しい樽の中の席

Bürgerspital zum Hl. Geist
ビュルガーシュピタール

1319年創業の老舗ワインシュトゥーベ（酒場）

経営母体はフランケンワインでもっとも有名なワイナリーのひとつ。もともと地元の貧しい老人たちのための慈善院として始まったという。

自慢のワインは、辛口のものでも独特のコクがあり、のどごしがサラッとしているのが特徴。1/4ℓ €2.50～と値段も手ごろだ。おもしろいのは、ワインを熟成させるのに使っていた、大きな樽の中にテーブルをしつらえた席が用意されていること。狭いが雰囲気があり、文字通りワイン浸りの気分を満喫できる。人気席なので予約した方がいいだろう。また、すぐ隣のワインケラーには、なんと1540年物（！）という世界最古のワイン（非売）が保管されている。1961年に半分飲んでみたら、まだワインとわかる味だったとか。もちろん普通のワインもある。

map p.178-B
●マルクト広場から徒歩７分
■住所　Theater-Str.19
■TEL　352880
■FAX　3528888
■営業　10:00～24:00
■休日　無休
■カード　不可

世界最古のワイン。このワイナリーの歴史を物語る

Würzburger Ratskeller
ラーツケラー

趣向をこらした地下のダイニングスペースが自慢

市庁舎内のレストランなので気軽に入れるが雰囲気は上級。とくにレンツが壁画を描いた地下のダイニングが秀逸だ。ワインも約80種と豊富に揃う。

map p.178-A
●マルクト広場から徒歩２分
■住所　Langgasse 1
■TEL　13021
■FAX　13022
■営業　10:00～24:00
■休日　無休
■カード　VISA、MC、AMEX、DC

★★★ Schlosshotel Steinburg
シュロスホテル・シュタインブルク

丘から見下ろす夜景がロマンチック

中央駅背後の丘の上。古城ホテルなので、内装は中世の趣を取り入れた優美なもの。郷土料理を供するレストランや、テラスからの夜景の美しさなども魅力。

map p.178-A
●中央駅前からタクシーで約15分
■住所　Auf dem Steinburg
■TEL　97020
■FAX　971105
■料金　S-€105～、W-€130～
■部屋数　全52室
■カード　VISA、MC、AMEX、DC、JCB
■www.steinburg.com

★★★ Hotel Rebstock
ホテル・レープシュトック

1408年まで歴史をたどる由緒あるホテル

ロココ調のファサードは18世紀に改築したもの。15世紀以降、増改築を繰り返しながら現在の形に。サービスはもちろん、インテリアのセンスも秀逸。

map p.178-A
●マルクト広場から徒歩８分
■住所　Neubaustr.7
■TEL　30930
■FAX　3093100
■料金　S-€120～、W-€210～
■部屋数　全72室
■カード　VISA、MC、AMEX、DC、JCB
■www.rebstock.com

ホテル・レジデンス Hotel Residence ★★ map p.178-A
●マルクト広場から徒歩３分　■住所 Juliuspromenade 1
☎53546　FAX 12597　料 S-€63～、W-€115～

ホテル・バルバロッサ Hotel Barbarossa ★★ map p.178-B
●中央駅から徒歩８分　■住所 Theaterstr.2
☎321370　FAX 3213737　料 S-€40～、W-€80～

ホテル・ドルトムンダーホーフ Hotel Dortmunder Hof ★★ map p.178-A
●中央駅から徒歩10分　■住所 Innerer Graben22
☎56163　FAX 571825　料 S-€45～、W-€85～

ホテル・ヴュルツブルガーホーフ Hotel Würzburger Hof ★★★ map p.178-A
●中央駅から徒歩８分　■住所 BarbarossaPl.2
☎53814　FAX 58324　料 S-€65～、W-€100～

ホテル・ツム・ヴィンツァーメンレ Hotel Zum Winzermännle ★★ map p.178-B
●マルクト広場から徒歩４分　■住所 Domstr.32
☎322850　FAX 58228　料 S-€50～、W-€77～

ペンション・シュペーンクー Hotel-Pension Spehnkuh ★★ map p.178-B
●中央駅から徒歩３分　■住所 Röntgenring 7
☎54752　FAX 54760　料 S-€29、W-€52

●～€15　●●€15～25　●●●€25～50　●●●●€50～
★エコノミー　★★カジュアル　★★★スタンダード　★★★★ラグジュアリー

ヴュルツブルクの市外局番☎0931

ROTHENBURG OB DER TAUBER

ローテンブルク

p.9-H ■人口＝1.2万人 ■街の規模＝徒歩で半日

中世にタイムスリップ!?　まるで街全体がテーマパークのよう

- ★★★ 城壁に囲まれた中世の街並
- ★ 聖ヤコブ教会
- ★ 中世犯罪博物館、人形博物館など
- ★★ マイスター・トゥルンクの祭など
- ★★ 充実したファンシーショップ
- ★ ツアヘルなどの地ビール
- ★★ フランケンワイン
- ★★ タウバー川沿いの散策
- ★ フランコニア料理

Access

●鉄道：フランクフルト→IC（約１時間10分）→ヴュルツブルク（乗換）→RB（約45分）他→シュタイナッハ（乗換）→RB（約15分）→ローテンブルク［１時間毎／€34］、ミュンヘン→RE（約１時間30分）他→トロイッヒトリンゲン（乗換）→RB（約１時間）→シュタイナッハ（乗換）→RB（約15分）→ローテンブルク［１日約５本／€30.50〜］

●ヨーロッパバス：フランクフルト→（約４時間50分）→ローテンブルク［１日１本／€33.20］、ミュンヘン→（約９時間）→ローテンブルク［１日１本／€62.40］

●路線バス：ディンケルスビュール→（約１時間50分、１〜２回乗り換え）→ローテンブルク［１日２〜３本／€8.20］

Information

❶観光案内所：MAP p.182-A　住 Marktplatz2　☎40492　FAX 404529　開 9:00〜12:00、13:00〜18:00（土・日曜、祝日10:00〜15:00）、11〜４月9:00〜12:00、13:00〜17:00（土曜10:00〜13:00、12月の日曜・祝日〜15:00）　休 11、１〜４月の日曜と祝日　HP www.rothenburg.de

●ユースホステル：MAP p.183-C　住 Mühlacker.1　☎94160

街のしくみ 楽しみ方　城壁歩き、公園の散策…街並の美しさを楽しみたい

　ドイツ全土でも一、二を競う人気観光地。街の歴史は９世紀にまでさかのぼれるが、現在の形に発展したのは、13世紀に帝国自由都市に制定されてから。以来17世紀まで、手工業者の街として商業が発達した。

　この街の最大の魅力は、その美しい中世の町並にある。誰もが心の中に思い描く中世の街が、ほぼ完璧な形で保存（第二次大戦で40％破壊されたがのちに再建）されている。

ローテンブルクの市外局番☎09861

夜のマルクス塔。ライトアップされる

　街はそれほど広くない。端から端まで歩いてもほんの15分程度だ。中心はマルクト広場で、広場を囲むように**市庁舎**Rathausと**市議宴会館**Ratsherrn-Trinkstube（❶もここに）がある。市庁舎は、手前部分が16世紀に建てられたルネッサンス様式で、塔（高さ約60m）がある奥の方が13世紀に建てられたゴシック様式。異なる様式がうまく調和したユニークな形だ。塔（開 9:30〜12:30、13:00〜17:00※季節により変動あり　料 €１）からの眺めはすばらしい。

　広場のすぐ裏手にはこの街の主教会、**聖ヤコブ教会**St.Jakobs Kirche（開 9:00〜17:15※季節により変動あり　料 €1.50）もある。リーメンシュナイダー作の彫刻「聖血の祭壇」が見もの。

　楽しみ方として外せないのが、**ブルク公園**Burggartenからタウバー渓谷にかけての散策。公園脇の門から出てタウバー川を目指して渓谷を下ってみよう。下りきったところに石造りの**二重橋**Doppelbrückeが見えるはずだ。ここからのアン

➡何気ない路地裏の表情にもロマンがある

⬇広場側の階段をベンチがわりに休憩する人も多い

Route Advice

鉄道駅→（AnsbacherStr.）→レーダー門→マルクス塔→市庁舎→プレーンライン→**中世犯罪博物館→人形とおもちゃの博物館**→聖ヤコブ教会→**帝国都市博物館**→ブルク公園［全移動約１時間］

プレーンラインPlönlein。もっとも絵になる一角だ

グルは、緑の丘の上に街全体が浮かんでいるように見えて感動的。また、街を囲む全長3.4kmの城壁の一部は、屋根付き警護用通路になっていて、ここを歩けばちょっとした探検気分を味わえる。街を見る角度も変わって楽しい。

人気の高い民俗祭もある。毎年聖霊降臨祭の土〜月曜（5、6月ごろ）に行われる**マイスタートゥルンク歴史祭**だ。30年戦争当時の話。街を占領した旧教徒側の皇帝軍の将軍が、大杯につがれたワインを見て「これを一気に飲み干すものがいたら街を助けてやる」との難題を出した。それに応えた前市長の**ヌッシュ**が、3.25リットルのワインを一気飲み（まねしないように！）して街を救ったという。この史実を再現して祝うのが祭の趣旨だ。9月に開催される**帝国自由都市祭**や10月の秋祭り（2006年は125年記念として7月15〜23日にも上演予定）でも同じようなイベントがある。

祭のない時期に訪れた人は、せめて市議宴会館の**仕掛け時計**を見てみよう。11:00〜15:00、20:00〜22:00の毎正時、時計横の窓が開いて人形が杯を飲み干す。名物だが、人形の動きは少ない。

クリンゲン門Klingentorと手前の城壁

豚形のマスクをかぶせる罰もあった

中世犯罪博物館 ★★★
Mittelalterliches Kriminalmuseum

map p.182-A

●マルクト広場から徒歩３分

過去700年におよぶヨーロッパの法と刑罰の歴史を紹介。断頭台や首切り刀といった空恐ろしいものから、貞操帯、詐欺師にかぶせたという見せしめのマスクなどユニークな展

示が3000点以上揃う。日本語解説文あり。
住Burggasse 3-5　開9:30～18:00（11、1、2月14:00～16:00。12、3月10:00～16:00）入場は閉館の45分前まで　休無休　料€3.50、学生€2.30　☎5359

人形とおもちゃの博物館 ★★
Puppen-und Spielzeug Museum

map p.182-A

●マルクト広場から徒歩約2分

熱心なコレクター、Katharina Engelsが40年以上かけて収集した貴重なドール・コレクション。1780年から1940年にかけてヨーロッパで作られた人形をメインに展示。人形に着せられた服などから当時のファッション、生活習慣も知ることができて興味深い。

セルロイド発明当初の貴重なものもある

住Hofbronnengasse 11-13　開9:30～18:00（1～2月11:00～17:00、12/24、31～17:00）　休無休　料€4、学生€3.50、18歳以下€2.50　☎7330

帝国都市博物館 ★★
Reichsstadtmuseum

map p.182-A

●マルクト広場から徒歩3分

13世紀後半からドミニコ修道尼院として使われていた建物。当時の家具や農具、ドイツ最古という調理場などを展示。目玉はマイスター・トゥルンクの大杯。
住Klosterhof 5　開10:00～17:00（11～3月13:00～16:00）　休無休　料€3、学生€2　☎939043

ローテンブルクの市外局番☎09861

人形劇場 ★★★
Figurentheater am Burgtor

map p.182-A

●マルクト広場から徒歩３分

キャバレットの雰囲気を人形で再現。５〜10分の短い小劇が続く。歌あり手品ありで、言葉がわからなくてもOK。日本人客の多い時は「さくら」を合唱。 住Herrngasse 38 開14:00〜、20:00〜（10〜５月の月〜金曜20:00〜のみ） 休日曜 料昼€６、夜€８ ☎3333 e-mail:markschuschnig@gmx.de

コント的なものが多い。
手品は完成度が高い

名物 pick up

サクサクッとした歯ごたえ

名物菓子もメルヘンチック！素朴な味のシュネーバル

ロマンの古都にふさわしいメルヘンチックなお菓子がシュネーバル。英語だとスノーボール、つまり雪の玉。帯状の生地を丸めて揚げたもので、表面に粉砂糖をかけたものは本当に雪の玉のようでかわいい。もともとこの地方に伝わる祝い菓子で、結婚式などの、おめでたい席に食べることが多かったようだ。チョコレートやコーヒー、ナッツなどでコーティングしたものもあり、だいたい１個€1.20〜。味はあまり甘くない。

Mittermeier Restaurant und Hotel
ミッターマイヤー・レストラン・ウント・ホテル

新進気鋭のシェフが腕を振るう話題のレストラン

欧州の若き天才シェフたちJeunesの一人としてVIPから引っ張りだこのオーナーシェフ。繊細な味付けは街道の話題。３コースメニュー€61〜。

map p.183-B

- ●マルクト広場から徒歩10分
- ■住所　Vorm Würzburger Tor 7〜9
- ■TEL　94540
- ■FAX　945494
- ■営業　12:00〜14:00、18:00〜21:30
- ■休日　日曜
- ■カード　VISA、MC、AMEX、DC
- ■www.mittermeier.rothenburg.de

Zur Höll
ツア・ヘル

深夜までオープン！　ローカル・ビールが地元客にも人気

城壁内では比較的遅くまで営業しているので利用価値大。建物は街で一番古く、1000年もの歴史がある。ビール€2.30〜。悪魔の印がトレードマーク。

map p.182-A

- ●マルクト広場から徒歩３分
- ■住所　Burggasse 8
- ■TEL　4229
- ■営業　18:00〜翌1:00
- ■休日　無休
- ■カード　不可

Käthe Wohlfahrt
ケーテ・ヴォルファルト

クリスマス・ビレッジは必見！

店内に高さ５ｍの民家を造り、特大のツリーとともにクリスマスを再現。クリスマス博物館も併設している。「キンダートラウム」など、コレクターアイテムも。

map p.182-A

- ●マルクト広場から徒歩１分
- ■住所　Herrngasse 1
- ■TEL　4090　■FAX　409155
- ■営業　9:00〜18:30（日曜・祝日10:00〜、12/24〜14:00、12/25〜復活祭10:00〜18:00）
- ■休日　12/24〜イースターまでの日曜・祝日
- ■カード　VISA、MC、AMEX、DC、JCB
- ■www.wohlfahrt.com

Teddys Love Rothenburg
テディズ・ラブ・ローテンブルク

テディベアならここ！

クラシックタイプはもちろん、シュタイフ社と提携して作ったオリジナルベアなど、他店では手に入りづらいレア品や、アーティストベアも豊富に揃う。

map p.182-A

- ●マルクト広場から徒歩１分
- ■住所　Marktplatz
- ■TEL　933444　■FAX　933445
- ■営業　9:00〜20:00（日曜10:00〜18:00）、11月9:00〜19:00（日曜・祝日10:00〜18:00）、１〜３月9:00〜18:00
- ■休日　１〜３月の日曜、祝日と12月
- ■カード　VISA、MC、AMEX、DC、JCB
- ■www.Teddys-Rothenburg.de

●〜€15　●●€15〜25　●●●€25〜50　●●●●€50〜

Leyk
ライク

明かりを灯せる陶器の家！

この地方の実際の家屋をモデルにした、かわいいセラミックハウスの店。手作りのコレクターアイテムで中にキャンドルを灯して飾る。€21～。

map p.183-A、p.183-B
●マルクト広場から徒歩４分
■住所　Untere Schmied-gasse 6
■TEL　86763
■営業　10:00～18:00（土曜～14:00、夏季～16:00）
■休日　１月～イースターまでの日曜
■カード　VISA、MC、AMEX、DC、JCB
■www.leyk-shop.com

★★★★ Hotel Eisenhut
ホテル・アイゼンフート

皇族も利用した最高級ホテル

16世紀に貴族の館として建てられたという。バロック調の内装やアンティークの調度品が重厚。貴族や皇族も利用する。眺めのいいビア・ガーデンあり。

map p.182-A
●マルクト広場から徒歩３分
■住所　Herrngasse 3-5/7
■TEL　7050
■FAX　70545
■料金　S-€121～、W-€174～（朝食なし）
■部屋数　全79室
■カード　VISA、MC、AMEX、DC、JCB
■www.eisenhut.com

★★★★ Romantik-Hotel Markusturm
ロマンチックホテル・マルクストゥルム

建物としては700年以上の歴史

オリジナルは1264年に建てられた税務署。ホテルとしても500年以上の歴史があり、当時の城壁の一部がまだ残っているのが自慢。日本語メニューがある。

map p.183-B
●マルクト広場から徒歩３分
■住所　Rödergasse 1
■TEL　94280
■FAX　9428113
■料金　S-€90～、W-€100～
■部屋数　全25室
■カード　VISA、MC、AMEX、DC、JCB
■www.markusturm.com

★★★ Hotel Roter Hahn
ホテル・ローター・ハーン

伝説の市長が住んでいた館

もともとヌッシュ市長（p.182参照）の一族が住んでいたという館。特筆すべきは、そのアンティークな雰囲気。木組み部分には600年以上の歴史がある。

map p.182-A
●マルクト広場から徒歩４分
■住所　Obere Schmiedgasse 21
■TEL　9740
■FAX　974111
■料金　S-€65～、W-€88～
■部屋数　全27室
■カード　VISA、MC、AMEX、DC、JCB
■www.roterhahn.com

★★ Hotel Schranne
ホテル・シュランネ

メイノールト夫妻が経営する温かいもてなしのホテル。レストランには日本語メニューもある。

map p.182-A
●マルクト広場から徒歩４分
■住所　Schrannenplatz 6　■TEL　95500
■FAX　9550150　■料金　S-€38～、W-€65～
■部屋数　全49室　■カード　VISA、MC、AMEX、DC、JCB
■www.schranne.com

★★ Glocke
グロッケ

典型的フランケン地方のホスピタリティー。ワインショップ、レストランも兼業の家庭的ホテル。

map p.183-B
●マルクト広場から徒歩４分
■住所　Am Plönlein 1
■TEL　958990　■FAX　9589922
■料金　S-€65～、W-€90～
■部屋数　全24室　■カード　VISA、MC、AMEX、DC

ホテル・シュピッツヴェーク　Hotel Spitzweg　★★　map p.183-B
●マルクト広場から徒歩５分　■住所 Paradeisgasse 2
☎94290　FAX1412　料S-€60～、W-€80～

ホテル・ローテンブルガーホーフ　Rothenburger Hof　★★　map p.183-C
●鉄道駅から徒歩１分　■住所 Bahnhofstr.13
☎9730　FAX973333　料S-€38～、W-€56～

ペンション・ライデル　Pension Raidel　★　map p.183-B
●マルクト広場から徒歩４分　■住所　Wenggasse 3
☎3115　FAX935255　料S-€39～、W-€49～

ペンション・マルケート　Markert　★　map p.183-C
●マルクト広場から徒歩10分　■住所 Johannitergasse8b
☎2788　FAX86713　料S-€31～、W-€45～（台所付き）

ペンション・テン　Pension Then　★　map p.183-C
●マルクト広場から徒歩10分　■住所Johannitergasse 8a
☎5177　FAX86014　料S-€23～、W-€45～

ペンション・ベッカー　Becker　★　map p.183-B
●マルクト広場から徒歩７分　■住所 Rosengasse23
☎3560　FAX3540　料S-€28～、W-€40～

★エコノミー　★★カジュアル　★★★スタンダード　★★★★ラグジュアリー

ローテンブルクの市外局番☎09861

DINKELSBÜHL

ディンケルスビュール

■人口＝1.1万人　■街の規模＝徒歩で半日

より素朴でリアル。戦災による被害がなく、本物の中世の景観を継承

★★★ 城壁と水濠に囲まれた中世の町並

★★ 聖ゲオルク教会

★★ キンダーツェッヒェ（子供祭）

★ フランケンワイン

ドイチェス・ハウス。左右にも木組みの家が並ぶ

Access

●ローカル・バス：ローテンブルク→（約1時間50分／1～2回乗換え）→ディンケルスビュール［1日3～5本／€8.20］、ネルトリンゲン→（約45分）→ディンケルスビュール［1日2～5本€4.40］
※鉄道路線は通じていない。アンスバッハ行きのバスもある
●ヨーロッパバス：フランクフルト→（4時間50分）→ディンケルスビュール［1日1本／€40.50］、ミュンヘン→（約8時間）→ディンケルスビュール［1日1本／€55.10］

Information

ℹ観光案内所：＜マルクト広場横＞
MAP p.187-A　住 Marktplatz　☎90240
FAX 90279　開 9:00～18:00（土曜10:00～13:00・14:00～16:00、日曜、祝日10:00～12:00）、11～3月は10:00～13:00・14:00～17:00（土曜10:00～12:00）　休 11～3月の日曜、祝日
HP www.dinkelsbuehl.de
●ユースホステル：MAP p.187-A
住 Koppengasse 10　☎9509

街のしくみ 楽しみ方　大通りより小路に風情がある。おすすめは水濠沿いの散策

すぐ隣のローテンブルクは、戦災で破壊されたあと再建された街だが、こちらは戦火を逃れた本物の中世の街。築400年以上という古い木組みの家がごろごろしている。ローカル・バスで行く場合、発着所は城壁の外になるので注意。ヨーロッパバスは市庁舎の裏手の広場に乗りつける。鉄道はない。

城壁の外側からの景色。手前は水濠になっている

街はローテンブルクより小さい。メインストリートの**ゼークリンガー通り**Segringer-str.は、端から端までほんの10分程度だ。中心のマルクト広場には**聖ゲオルク教会**と、通りを挟んで**ドイチェス・ハウス**（p.188参照）が面している。ファッハヴェルク（木組み白壁造り）ではもっとも美しい建物といわれ、現在はホテル兼レストラン。

街歩きのポイントは路地裏歩きと、城壁沿いの水濠歩きだ。城壁は18の塔とともにほぼ完全に残っている。

とくにおすすめなのは、**ローテンブルガー門**Rothenburger Torを出たあと、左手にあるローテンブルク池から城壁や塔を眺めるポジションだ。池の手前は公園になっていてベンチに腰かけて休憩できるし、池にはアヒルやカモも泳いでいる。

街の名物に**キンダーツェッヒェ**（子供祭）という祭もある。これは30年戦争当時、新教徒側のスウェーデン軍が攻め込んできて街を焼き払おうとした時、街の子供たちと娘ローレが身を投げだして哀願し、心動かされた将軍がそのまま兵を引き上げた、という故事にちなむ。以来、街を救った子供たちに感謝する意味で、毎年7月第3週末から祭が開かれる。民俗衣裳に身を包んだかわいい子供たちのパレードが見もの。

夕暮れ時のローテンブルク池。幻想的な光景

ディンケルスビュールの市外局番☎09851

祭壇後部のステンドグラスは見応えがある

聖ゲオルク教会 ★★★
St. Georgkirche

map p.187-B

●マルクト広場からすぐ

どことなくネルトリンゲンの教会に似ているが、実は同じ建築家、ニコラウス・エゼラーの手による作品。ホール型教会としては南ドイツでもっとも美しいといわれ、その内部のホールの高さ、荘厳さは圧倒的。また、塔の部分（後期ロマネスク様式）は222段もある。もちろん上からの眺めは最高！

住Marktplatz　開8:00～12:00、14:00～19:00（冬季～17:00、塔見学は5～10月の土・日曜の14:00～17:00のみ）　休無休　料塔の入場€2（教会内無料）

街角ワンショット

夜の街並もロマンチック！ナイト・ウォッチマン登場

マントをはおりランプをぶら下げ角笛を吹く中世風の格好をした老人。実は彼こそは、悪の手先から街を守るナイト・ウォッチマンなのだ！　彼は毎晩のように（4～10月21:00、6～7月21:30、11～3月の土曜21:00）教会の前に現れ、夜警と称して路地裏などを歌いながら案内（無料）してくれるうえ、見回り先でワインも飲ませてくれる。

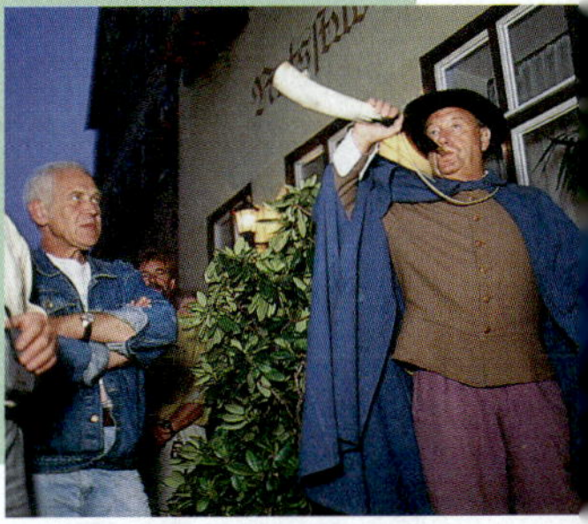

レストラン前で。このあと、店からワインを1杯

Route Advice

マルクト広場→ドイチェス・ハウス→聖ゲオルク教会→歴史博物館→ローテンブルガー門→ローテンブルク池(門の外)[全移動約40分]

武具、家具、農具などの
展示がある歴史博物館

歴史博物館 ★
Historisches Museum

map p.187-A

●マルクト広場から徒歩３分

もと施療院（1280年建造）の内部に中世当時の生活用品、美術品が展示されていて、30年戦争時の市民のポートレートなどもある。

住Dr.Martin Luther Str.6　開10:00～16:00
休月曜　料€３、学生€２　☎3293

3-D美術館 ★
Museum 3. Dimension

map p.187-B

●マルクト広場から徒歩５分

ホログラフィーやステレオグラムなど立体的に見える技法なら何でも展示しているユニークな美術館。ちょっぴりアダルトな写真も。

住Nördlinger Tor　開10:00～18:00（11～３月11:00～16:00）　休11～３月の月～金曜
料€８、学生€６
☎6336　■www.3d-museum.de

だまし絵的な要素も
あって楽しい

★★★ Deutsches Haus ドイチェス・ハウス

街一番の美しさ。木組みの家

マルクト広場に面する、かわいい木組みの家。1440年代建造といわれ、何段も階を重ねたルネサンス様式の外観が観光名物。レストランもある。

map p.187-A
●マルクト広場から徒歩１分
■住所　Weinmarkt 3
■TEL　6058、6059
■FAX　7911
■料金　S-€75～、W-€115
■部屋数　全10室
■カード　VISA、MC、AMEX、DC、JCB
■www.deutsches-haus-dkb.de

★★★ Hotel Goldene Rose ゴールデネ・ローゼ

1450年建造。王族も利用する

ドイツ全土でも十本の指に入るという歴史を誇るホテル。世界の王族の利用も多く、1891年にはあのクイーン・ビクトリアも宿泊した。当時の写真もある。

map p.187-A
●マルクト広場から徒歩１分
■住所　Marktplatz 4
■TEL　57750
■FAX　577575
■料金　S-€49～、W-€68～
■部屋数　全33室
■カード　VISA、MC、DC、JCB
■www.hotel-goldene-rose.com

★★★ Weisses Ross ヴァイセス・ロス

芸術家の集まるサロン

建物は築450年という年季の入ったもの。100年前は芸術家のよく集まるサロン的存在だったという。家族経営で、内装にはオリジナリティーが感じられる。

map p.187-A
●マルクト広場から徒歩２分
■住所　Steingasse12/17
■TEL　579890
■FAX　6770
■料金　S-€47～、W-€77～
■部屋数　全15室
■カード　VISA、MC、AMEX、JCB
■www.flairhotel.com/weissesross

★★★ Hotel Eisenkrug アイゼンクルーク

アンティークのセンスが光る

注目は古都にふさわしい繊細なアンティーク家具の内装。レストランが２つあり、フランケン地方の郷土料理が自慢。地下のケラーは雰囲気がある。

map p187-A
●マルクト広場から徒歩２分
■住所　Dr.Martin-Luther-Str.1
■TEL　57700
■FAX　577070
■料金　S-€40～、W-€49～
■部屋数　全13室
■カード　VISA、MC、AMEX
■www.hotel-eisenkrug.de

★エコノミー　★★カジュアル　★★★スタンダード　★★★★ラグジュアリー

ディンケルスビュールの市外局番☎09851

NÖRDLINGEN

ネルトリンゲン

p.9-K　■人口＝2.1万人　■街の規模＝徒歩で半日

中世の城壁をほぼ完全に保存。
リース盆地に位置する円形の街

★ 城壁に囲まれた中世の町並
★★ 聖ゲオルク教会（ダニエル）
★★ リースクレーター博物館など

Access

●鉄道：フランクフルト→ICE（約２時間30分）→ニュルンベルク（乗換）→RE（約１時間15分）→ドナウヴェルト（乗換）→RB（約30分）→ネルトリンゲン［１時間１本／€63］、ミュンヘン→IC、ICE（約40分）→アウクスブルク（乗換）→RE（約35分）→ドナウヴェルト（乗換）→RB（約30分）→ネルトリンゲン［約１時間１本／€26〜］
●ヨーロッパバス：フランクフルト→（約４時間50分）→ディンケルスビュール→（約25分）→ネルトリンゲン［１日１本／€45.60］、ミュンヘン→（約７時間15分）→ネルトリンゲン［１日１本／€50］、ローテンブルク→（約55分）→ディンケルスビュール→（約45分）→ネルトリンゲン［１日１本／€12］

Information

ⓘ観光案内所：＜マルクト広場横＞
住Marktplatz 2　☎84116　FAX84113　開9:00〜18:00（金曜〜16:30、土曜9:30〜13:00）、11〜３月9:00〜17:00（金曜〜15:30）　休日曜、11〜３月の土・日曜
HP www.noerdlingen.de

街のしくみ　楽しみ方　教会の塔に上ってリース盆地の景観を楽しもう

太古の昔に直径1.2km以上もの巨大隕石が落下してできたというリース盆地にあるネルトリンゲンは、直径１km程度の小さな街だ。中世の城壁がほぼ完全に残っている。

街の中心に、後期ゴシック様式の**聖ゲオルク教会**St.Georgkircheが建つ（開9:30〜12:30、14:00〜17:00　料無料、塔は€1.70）。教会の塔は通称ダニエルと呼ばれ、高さ約90m、段数にして350段もある。上からだと、城壁の形が円形だとはっきりわかっておもしろい。

聖ゲオルク教会。塔内部の吹き抜け空間もスリルがある

ネルトリンゲンの市外局番☎09081

ダニエル（塔）から見える街の景観

街の特徴は、小さな街なのに博物館が充実していること。**リース・クレーター博物館**には、NASAの宇宙飛行士が訓練に訪れた関係で月の石が展示してある。**郷土博物館**も４階建てで規模が大きく、城門のひとつ、**レプズィンガー門**Löpsinger Torturmは**壁博物館**になっている。この５館と教会の塔には共通券ミュージアム・カード（€5.80）もある。

リース・クレーター博物館 ★★
Rieskrater Museum

●マルクト広場から徒歩４分

1500万年前の隕石の衝突と、それによるリース盆地形成を解説。衝突時の石片や、アポロ16号が持ち帰った月の石も展示している。

住Eugene-Shoemaker-Pl.1　開10:00〜12:00、13:30〜16:30　休月曜
料€３、学生€1.50
☎2738220

月の石。こんなところで出合えるとは

郷土博物館 ★
Stadtmuseum

●マルクト広場から徒歩３分

15〜16世紀の宗教画や、この地に縁の深い画家の作品など、このあたりの郷土博物館の中では一番見応えがある展示内容。

住Vordere Gerbergasse 1　開13:30〜16:30　休月曜、11〜２月
料€３、学生€1.50
☎2738230

中世の宗教画は充実した展示内容

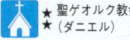

AUGSBURG
アウクスブルク

p.9-K　■人口＝26.5万人　■街の規模＝徒歩で２日

2000年の歴史を経て、今なお時代の最先端をいくパワーを秘めた街

- ★★ マキシミリアン通り、旧市街レヒ運河周辺など
- ★ ドイツ・バロック美術館など
- ★ レオポルト・モーツァルト、ディーゼルなど
- ★★ 大聖堂、聖ウルリヒ＆アーフラ教会など
- ★★ 旧市街の工房＆ショップなど
- ★★ シュヴァーベン料理

Access

●鉄道：フランクフルト→ICE、IC（約３時間20分）→アウクスブルク［１時間１～２本／€54～］、ミュンヘン→ICE、IC(約40分)ほか→アウクスブルク［１時間２～３本／€14～］、ネルトリンゲン→RB(約30分)→ドナウヴェルト(乗換)→RE(約35分)→アウクスブルク［１時間毎／€11.70］　※フランクフルトからはマンハイムまたはヴュルツブルク、ニュルンベルク乗り換えあり。
●ヨーロッパバス：フランクフルト→(約４時間50分)→ディンケルスビュール→(約２時間10分）→アウクスブルク［１日１本／€57.30］、ミュンヘン→(約５時間40分)→アウクスブルク［１日１本／€38.40］
●市内交通：バスとトラムが発達しており、共通１回券€1.05～、１日券€5.70

Information

ℹ観光案内所：＜市庁舎広場＞MAP p.191-B
住 Rathausplatz　☎5020724　開 9:00～18:00（土曜10:00～16:00、日曜、祝日10:00～14:00）、１～４月9:00～17:00（土曜10:00～14:00）
休 11～４月の日曜、祝日
HP www.regio-augsburg.de
●ユースホステル：MAP p.191-B　住 Beim Pfaffenkeller 3　☎33909

190

街のしくみ 楽しみ方　華やいだマキシミリアン通りと、味のある旧市街

トリアーなどと並びドイツ最古といわれる街。紀元前15年にローマ皇帝アウグストゥスの一族によって建都されたという。

古代より交通の要衝として栄えたが、13世紀には帝国自由都市に昇格。15世紀以降は大富豪フッガー家などの台頭により、ルネサンス文化の舞台ともなった。当時のフッガー家は、金融力では皇帝をもしのぐといわれ、今でも**フッガー都市宮殿**Fugger Stadtpalastなどに当時の栄光をしのぶことができる。

アウクスブルクの市外局番☎0821

ペルラッハの塔から市街地を見下ろす。左は市庁舎

現在はバイエルン州第３の都市として賑わっている。街の中心は市庁舎広場（駅から市電２番でRathauspl.下車）だ。その正面には**市庁舎**（p.192参照）と**ペルラッハの塔**Perlachturmが建つ。塔の高さは76mで、天気のいい日は上からアルプスを望める〈開 10:00～18:00　休 11～４月　料 €１〉。

市庁舎前を南北に走る**マキシミリアン通り**Maximilianstr.は街のメインストリート。左右に一流ホテルや銀行、高級ショップなどが並ぶ。噴水も多く、広場の**アウグストゥスの噴水**から始まり、通りの中央では**マーキュリーの噴水、ヘラクレスの噴水**がある。途中、テラス席を設けたカフェもあり華やいだ雰囲気だ。

また、ここはルターの宗教改革の舞台になった街。通りの南端には、宗教和議の象徴、**聖ウルリヒ＆アーフラ教会**St. Ulrich & Afraがある。新、旧両教が共生する珍しい教会だ。

噴水をよく見かける。町並のアクセント

楽しみ方では、都会なのでショッピングが充実。広

1602年建造のヘラクレスの噴水。ブロンズ像だ

場裏手のAnnastr.周辺が、歩行者天国にもなっている。

市庁舎裏手の旧市街の散策もおすすめだ。土地が一段低くなっていて、狭い路地沿いに水路（レヒ運河）が走るなど、下町情緒が感じられる。工房（p.192コラム参照）やブティックも多い。最大の見どころのひとつ、フ

Route Advice

中央駅→（Bahnhofstr.）→（Königsplatz）→モーツァルトハウス→大聖堂→市庁舎広場→市庁舎→フッゲライ→（Maximilian-Str.）→シェッツラー宮殿→聖ウルリヒ＆アーフラ教会
［全移動約３時間。Königsplatzからモーツァルトハウスへは市電２番使用］

シンメトリーな外観の市庁舎とペルラッハの塔

ッゲライ（p.192参照）もこの地域にある。

また、食事は独自のシュヴァーベン料理が楽しみのひとつ。ラビオリのようなMaultaschenや、パスタの一種Spätzleなどがある。

↑街の中に別の街があるかのよう

←昔の生活空間をそのまま再現したフッゲライ博物館。当時の庶民の風俗もわかる

フッゲライ ★★★
Fuggerei

map p.191-B

●市庁舎広場から徒歩７分

ヤコブ２世が建てた世界最初の社会福祉住宅。周りを塀で囲われ、古びた壁にはツタが絡まる。現在でも52軒が使用され、年間家賃は€0.88。一部は博物館。

＜博物館＞住Mittlere Gasse 13　開５～10月9:00～12:00、11～12月と３～４月9:00～18:00　休１、２月　料€１

市庁舎 ★★
Rathaus

map p.191-B

●市庁舎広場から徒歩１分

1620年、建築家エリアス・ホルの指揮により建造。アルプス以北のルネサンス建築ではとくに重要なもので、３階の**黄金の間** Goldener Saalはその絢爛豪華な天井で有名だ。

開10:00～18:00　休特別な催しのある時　料€２、学生€１　☎3242120

最大の見どころ、黄金の間

シェッツラー宮殿の祝祭の間Festsaal。私人が建てたとは信じがたい華麗さ

シェッツラー宮殿 ★★★
Schäzler Palais

map p.191-D

●市庁舎広場から徒歩７分

ロココ様式の貴族の館。現在は州立絵画館なども併設し、デューラーの絵画などを展示。

住Maximilian-Str.46　開10:00～17:00　休月曜　料€1.50　☎3244117

大聖堂 ★★
Dom

map p.191-A

●Stadtwerke《シュタットヴェルケ》（市電２番）より徒歩１分

人物を描いたガラス色彩画としてはドイツ最古のステンドグラスや、旧約聖書の場面を描いた青銅の扉などは歴史的価値が高い。

住Hoher Weg　開10:15～18:00　休日曜

モーツァルトハウス ★
Mozarthaus

map p.191-B

●Mozarthaus《モーツァルトハウス》（市電２番）より１分

モーツァルトの父、レオポルトの生家。チェンバロ（ピアノの前身）の展示が目玉。コーターマイエがこれを演奏したCDも販売。

住Frauentorstr.30

開10:00～17:00

休月曜　料€1.50、学生€１（第１日曜は無料）　☎3243894

旧市街はユニーク工房＆ショップの穴場！

マキシミリアン通りの東側、下町情緒が残る旧市街にはユニーク工房やショップ、ブティックが多い。アルテ・ズィルバー・シュミーデDie Alte Silber-schmiede（MAPp.191-B　住Pfladergasse 10　☎38945）は代々金銀細工を営む家族が使った工房。少なくとも400年の歴史がある。オリジナルブローチ類€40～。トプフェライ Die Töpferei（MAPp.191-B　住Weisse-Gasse5　☎153511）は陶器の小物や食器の店。小さいネズミが乗ったかわいいカップ小€12、大€14。工房見学も可。

伝統を受け継ぐ工房の職人

アウクスブルクの市外局番☎0821

オリジナルセンスが光る小物

Bauerntanz

バウエルンタンツ

1572年創業。旧市街にある家庭的シュヴァーベン料理の老舗

モーツァルトも訪れたというシュヴァーベン料理の老舗。シュヴァーベン風チーズシュペッツレ€7.10などの人気メニューを賞味したい。

map p.191-B
●市庁舎広場から徒歩５分
■住所　Bauerntanzgässchen 1
■TEL　153644
■FAX　37338
■営業　11:30～23:30
※料理は～22:00
■休日　無休
■カード　VISA、MC、AMEX、DC

Die Ecke

ディー・エッケ

グルメ派におすすめしたい創作料理

グルメレストランといえばここ。コンチネンタルな料理にタイ・カレーソースを使うなど、創造性豊かなインターナショナル料理。とくに肉料理が秀逸。

map p.191-B
●市庁舎広場から徒歩２分
■住所　Elias-Holl-pl.2
■TEL　510600
■FAX　311992
■営業　11:30～14:30、17:30～翌1:00
■休日　無休
■カード　VISA、MC、AMEX、DC
■www.restaurantdieecke.de

★★★ Romantik-Hotel Augsburger Hof

アウクスブルガーホーフ

スイートなムード漂う内装

ムードある内装でロマンチックに過ごしたい人におすすめ。レストランも定評があり、シュヴァーベン料理やデザートもおいしい。夏は中庭も使用できる。

map p.191-A
●Mozarthaus《モーツァルトハウス》(トラム２番)から徒歩１分
■住所　Auf dem Kreuz 2
■TEL　343050
■FAX　3430555
■料金　S-€78、W-€85～
■部屋数　全36室
■カード　VISA、MC、AMEX、DC、JCB
■www.augsburger-hof.de

★★★★ Hotel Steigenberger Drei Mohren

シュタイゲンベルガー・ドライモーレン

目抜き通りの一等地に建つ

マキシミリアン通りの中央という最高のロケーション。アウクスブルクで一番の格式を誇る。通りに面したビストロはおしゃれなフレンチスタイル。

map p.191-D
●市庁舎広場から徒歩６分
■住所　Maximilian-Str.40
■TEL　50360
■FAX　157864
■料金　S-€122～、W-€145～
■部屋数　全105室
■カード　VISA、MC、AMEX、DC、JCB
■www.steigenberger.com

★★★ Dom Hotel

ドームホテル

テラス付きスイートがおすすめ

外観とは裏腹なモダンな内装。全体に静かな雰囲気で、テラス付きスイートからは大聖堂が見える。温水プール、サウナなどもあり、宿泊客は無料で使用できる。

map p.191-B
●Stadtwerke《シュタットヴェルケ》(トラム２番)より徒歩１分
■住所　Frauentorstr.8
■TEL　343930
■FAX　34393200
■料金　S-€66～、W-€85～
■部屋数　全52室
■カード　VISA、MC、AMEX、DC、JCB
■www.domhotel-augsburg.de

★★ Jakober Hof

ヤコバーホーフ

いざとなったら日本語が通じる

フッゲライのすぐ近く。料金が安く、バス付きは９部屋。ベットを増やしてトリプルにできる。宿の若奥さんは日本人。バー、レストラン（朝食のみ）もある。

map p.191-B
●Jakobspl.《ヤコブスプラッツ》(トラム１番)より徒歩１分
■住所　Jakoberstr.37～41
■TEL　510030、510039
■FAX　150844
■料金　S-€26～、W-€39～
■部屋数　全41室
■カード　VISA、MC、JCB
■www.jakoberhof.de

●～€15　●●€15～25　●●●€25～50　●●●●€50～
★エコノミー　★★カジュアル　★★★スタンダード　★★★★ラグジュアリー

フュッセン&シュヴァンガウ

p.9-K　■人口＝1.7万人　■街の規模＝徒歩で半日

緑豊かな高級保養地。ノイシュヴァンシュタイン城への拠点として有名

★★★ ノイシュヴァンシュタイン城
★★★ テーゲルベルク山、周囲に点在する湖など
★★ ルートヴィヒ２世
★★ バート・フォーレンバッハ

ホーエンシュヴァンガウ村から見上げた白鳥城

Access

●鉄道：アウクスブルク→RE（約１時間55分）→フュッセン［１時間１本／€15.70］、ミュンヘン→RE（約２時間５分）→フュッセン［１時間１本／€19.80］、※フランクフルトから€67～
●ヨーロッパバス：フランクフルト→（約５時間50分）→ディンケルスビュール→（約６時間15分）→フュッセン［１日１本／€76］
●路線バス：フュッセン→ホーエンシュヴァンガウ→シュヴァンガウ（循環バス［所要約15分］、１回券€1.55）※フュッセンのバス最終は19:00ごろ（季節により異なるので注意）
●タクシー：フュッセン→（約８分）→ホーエンシュヴァンガウ（☎6222、€8.50）

Information

ℹ観光案内所：<フュッセン>MAPp.194-B
住Kaiser Maximilian Platz 1　☎93850　FAX 938520　開8:30～18:00、６～９月は8:30～18:30（土曜9:00～13:00、日曜10:00～12:00）、11～３月9:00～17:00（土曜10:00～12:00）
休10～６月の日曜　HP www.stadt-fuessen.de
●ユースホステル：<フュッセン>
MAPp.194-A　住Mariahilferstr.5　☎7754

街のしくみ 楽しみ方 白鳥城が目的なら宿泊はホーエンシュヴァンガウで

フュッセンはロマンチック街道の終点。街道中、おそらくもっとも人気がある見どころ、ノイシュヴァンシュタイン城（白鳥城）への拠点でもある。周囲を湖や森林、草原に囲まれた高級保養地でもあり、ちょっと足を

Kristall-Therme内。テルメは水着、サウナは裸

ライヒェン通り。カフェは通りに席を出す

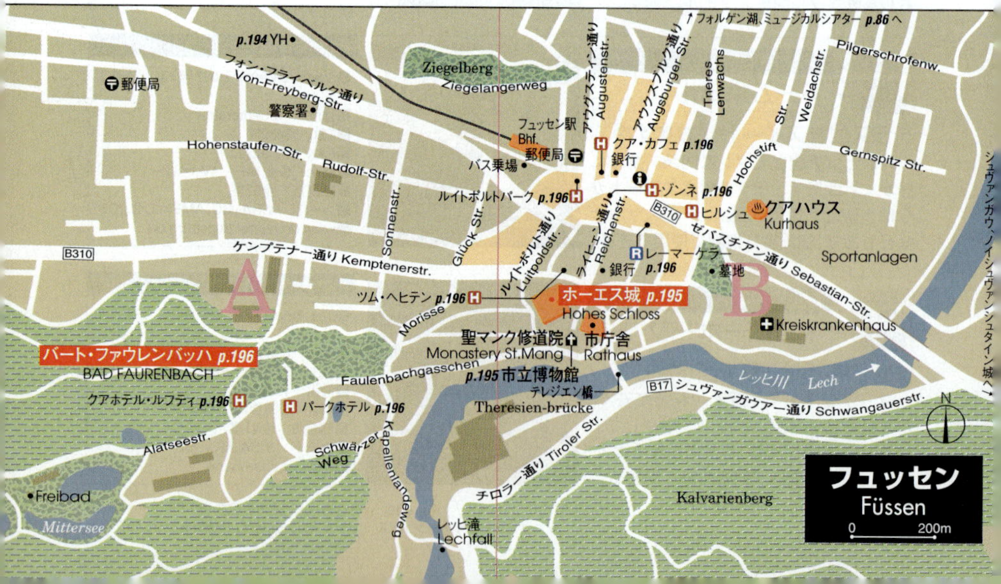

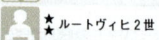

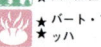

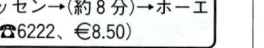

延ばせば、**レッヒ川**Lechや**フォルゲン湖**Forggenseeの美しい景観も楽しめる。

街でもっとも賑やかなのは**ライヒェン通り**Reichenstr.。観光客目当てのおみやげ物屋やカフェ、レストランが軒を連ねるメインストリート、歩行者天国でもある。

見どころとしては**ホーエス城**、**聖マンク修道院**Monastery St.Mangなどがあり、修道院は内部が**市立博物館**〈開10:00〜17:00（11〜3月13:00〜16:00） 休月曜 料€2.50、学生€2。ホーエス城との共通カード€3〉。ロココ様式教会の傑作、**ヴィース教会**（p.198参照）もバスで行ける。

のんびり保養するのが目的の街なので、時間に余裕のある人は**バート・ファウレンバッハ**Bad Faulenbach（p.196参照）に出かけてみよう。聖マンク修道院を通り過ぎてレッヒ川沿いに遊歩道を10分ほど歩いた一帯だ。とくに何があるというわけでもないが、奥の方は自然保護地域として渓谷に通じている。

ノイシュヴァンシュタイン城見学が目的なら、麓の村である**シュヴァンガウ**か**ホーエンシュヴァンガウ**Hohenschwangauに宿をとるのがおすすめだ。周辺には**クリスタルテルメ**Kristall-Therme（住Am Ehberg16 料2時間€8、サウナ＋€4、レンタル水着€2、他にバスタオル、サンダルなども借りられる ☎819630）があり、お城を眺めながら美容にいい塩水浴が楽しめたり、**テーゲルベルク山**Tegelberg（1720m）へのリフト（営9:00〜17:30※季節変動あり 料往復€15 ☎98360）などもある。なお、フォルゲン湖畔にはミュージカルシアターもある。

←牧草地沿いの小道で見つけたキリスト像

↓テーゲルベルク山からの眺望。ルートも整備されていて美観

フュッセン&シュヴァンガウの市外局番☎08362

この城のバルコニーからは白鳥城がよく見える

ホーエンシュヴァンガウ城 ★★
Schloss Hohenschwangau

map p.195

●Hohenschwangauのバス停から徒歩約15分

ルートヴィヒ2世が幼少期を過ごした城。荒城を彼の父、マキシミリアン2世が1832年に買い取りネオゴシック風に改築した。入場券はチケットセンターで購入する。

住Alpseestr.24 開9:00〜18:00（10〜3月10:00〜16:00） 休12/24 料€9、学生€8（白鳥城共通券あり） ☎81128

ホーエス城 ★
Hohes Schloss

map p.194-B

●フュッセン駅から徒歩13分

小高い丘の上のかつての大司教の離宮。現在は州立絵画ギャラリー。ミュンヘン出身画家の作品、後期ゴシックの絵画などを展示。

住Magnuspl.10 開11:00〜16:00（11〜3月14:00〜） 休月曜 料€2.50、学生€2 ☎903164

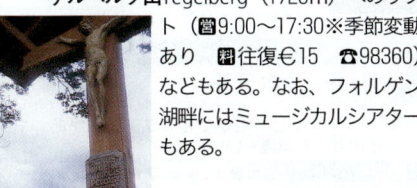

バート・ファウレンバッハでクア体験！

バート・ファウレンバッハ（MAPp.194-A）には、小さなクア施設を持つプチホテルが多くある。水療法の一種で自然治癒力を重視するクナイプ療法、まっ黒な炭に浸る泥炭浴などが多い。また、薬局などで松の成分で作ったLatschenkiefer（マッサージ用オイル、€4.50～）を見つけたらお土産にしてもいいだろう。

パークホテルのクア施設

Römerkeller
レーマーケラー

バイエルン、シュヴァーベン料理のスペシャリティ

郷土料理ならここ。Maultaschenなどシュヴァーベン料理も多く、Allgäuer Grillpfanderl€11.70など肉料理はどれも美味。店内も落ち着いた雰囲気。

map p.194-B
●フュッセン駅より徒歩７分
■住所　Drehergasse48
■TEL　7969
■FAX　941927
■営業　11:00～14:30、17:00～21:00
■休日　日曜
■カード　VISA、MC、AMEX

Luitpoldpark-Hotel ★★★★
ルイトポルトパーク

フィットネスもある充実した施設

フュッセンで一番の高級ホテル。レストラン、バーはもちろん、プール、サウナ、フィットネスセンターもある。全室バス付きなのもうれしい。

map p.194-B
●フュッセン駅より徒歩１分
■住所　Luitpoldstr
■TEL　9040
■FAX　904678
■料金　S-€94～、W-€150～（週末割引あり）
■部屋数　全131室
■カード　VISA、MC、AMEX、DC、JCB
■www.luitpoldpark-hotel.de

Hotel Kurcafé ★★★
クア・カフェ

王室御用達のケーキが人気

1896年創業。地上階のカフェ＆ケーキ店はオーストリア王妃シシーが食べたといわれる王室御用達店。マジパン€1.50～。日本語メニューあり。

map p.194-B
●フュッセン駅から徒歩３分
■住所　Prinzregenten-Platz
■TEL　930180
■FAX　9301850
■料金　S-€58～、W-€85～
■部屋数　全20室
■カード　VISA、MC、AMEX、JCB
■www.kurcafe.com

Schlosshotel Lisl und Jägerhaus ★★★★
シュロスホテル・リースル

白鳥城の麓というリッチなロケーション。ゴージャスなイェーガーハウスと通常の客室とがある。

map p.195 ●チケットセンターから徒歩２分　■住所　Neuschwansteinstr.1-3　■TEL　8870　■FAX　81107　■料金　S-€67～、W-€110～（朝食別）　■部屋数　全42室　■カード　VISA、MC、AMEX、DC、JCB　■www.lisl.de

Park Hotel ★★
パークホテル

地下にアロマテラピー浴ができるクア設備がある。レッヒ川近くで環境もいい。

map p.194-A ●フュッセン駅から徒歩15分　■住所　Fischhausweg 5　■TEL　91980　■FAX　919849　■料金　S-€55(48)～、W-€94(79)～　■部屋数　全21室　■カード　VISA、EC　■www.parkhotel-fuessen.de

---

クアホテル・ルフティ　Kur-Hotel Ruchti ★　map p.194-A
●フュッセン駅より徒歩15分　■住所 Alatseestr.38　☎91010　FAX7213　料S-€39～、W-€78～

ペンション・ノイシュヴァンシュタイン　Pension Neuschwanstein ★　map p.195
●シュヴァンガウのバス停より徒歩２分　■住所 Rudolf Daum Geblerweg 2　☎8209　FAX8209　料S-€30～、W-€60～

ペンション・ヴァイアー　Pension Weiher ★　map p.195
●ホーエンシュヴァンガウのバス停より徒歩８分　■住所Hofwiesenweg 11　☎81161　FAX81161　料S-€25～、W-€52～

シュロスブリック　Hotel Garni Schlossblick ★　map p.195
●ホーエンシュヴァンガウのバス停より徒歩５分　■住所 Schwangauer Str.7　☎81649　FAX81259　料S-€39(29)、W-€59(49)

ホテル・ゾンネ　Hotel Sonne ★★★　map p.194-B
●フュッセン駅より徒歩５分　■住所 Reichenstr.37　☎9080　FAX908100　料S-€84(74)～、W-€109(99)～

ツム・ヘヒテン　Hotel Zum Hechten ★★　map p.194-A
●フュッセン駅より徒歩10分　■住所 Ritterstr.6　☎91600　FAX916099　料S-€45～、W-€78～

●～€15　●●€15～25　●●●€25～50　●●●●€50～
★エコノミー　★★カジュアル　★★★スタンダード　★★★★ラグジュアリー

フュッセン＆シュヴァンガウの市外局番☎08362

わがままレポート

ノイシュヴァンシュタイン城(白鳥城)

Schloss Neuschwanstein

map p.195 ★★★

おとぎの世界が目の前に！

マリエン橋(高さ92m)のたもとから見た白鳥城

ロマンチック街道のフィナーレは、ディズニーの「シンデレラ城」のモデルにもなった夢のお城

子供の頃に絵本の中で見たような、不思議な懐かしさを感じさせるノイシュヴァンシュタイン城（1869～86年築城）。「白鳥城」とも呼ばれる、このおとぎの国から飛び出したようなお城を建てたのは、ルートヴィヒ2世（p.407）だ。王はワーグナーのオペラ『白鳥の騎士、ローエングリン』や『タンホイザー』に心酔、その舞台となった中世騎士伝説の世界を、このお城で再現しようとしたという。

まず、麓のチケットセンターで入場券を購入（遅くとも入場の1時間前まで）。夏は非常に込むので早めに行ったほうがいい。ガイドの案内で回るシステムなので、購入の際に何語のガイドかを希望する。ただし、日本語で案内してもらいたい場合は「オーディオ」を希望すること。これで音声ガイドを聞きながら回ることになる。お城は急峻な岩場の上にある。麓のℹ（バス停前）でまずはルートを確認しよう。ホテル・リースルの前からマリエン橋Marienbrückeまでのバスルート（€1.80、下り€1、往復€2.60）、ホテル・ミューラー前からお城手前までの馬車ルート（€5、下り€2.50）、そして徒歩ルート（無料！）の3通りの行き方がある。天気が良くて時間があるなら徒歩ルートはおすすめだ。帰りだけでも試す価値はある。特にペラート渓谷沿いのルートはおすすめ。お城の裏手の川沿いを下っていけばいい。上がるときもℹでよくルートを確認しよう。バスルートでは、お城より先にマリエン橋に行って景観を楽しもう。お城の全体像はここから眺めるのが一番。近づくと見れなくなる。なお、雪の降る冬季は、バスは運休、マリエン橋までの道も閉鎖される。

ペラート渓谷。川沿いに上っていく

内部の見どころとしては、重さ900kgのシャンデリアがまぶしい王座の間、製作に14人の彫り師が4年半を要した樫の精密な木彫り細工で飾られた寝室、ヴァルトブルク城（p.147）を模して中世騎士伝説（『タンホイザー』のモチーフ）の歌合戦の舞台を再現した歌人の間などがある。

王座の間。肝心の玉座は未完のまま

上が歌人の間。壁面の絵画にも注目。下は調理場。煙は床下を通って排出

住Neuschwansteinstr.20　開9:00～18:00（10～3月10:00～16:00）休12/24・25・31、1/1、謝肉祭の火曜 料€9、学生€8（ホーエンシュヴァンガウ城との共通券€17、学生€15）※チケットセンターでチケットを購入したら必ずツアーナンバーと集合時刻を確認。その時間までに城に到着すること。早めに購入してツアー時間を夕方に予約しておけば、集合時間まで自由に過ごせる。またチケットは、電話、FAX、インターネットで予約できるが、予約料€1.80が追加される。その場合遅くとも入場1時間前にはチケットを購入しなければならない。夏のシーズンは非常に込むので早めにチケット売り場へ行ったほうがいい。☎930830　FAX9308320

HP www.ticket-center-hohenschwangau.de

花壇が美しいヴァイカースハイム城の庭園

WEIKERSHEIM

ヴァイカースハイム

p.9-H ■人口＝0.75万人 ■街の規模＝徒歩で半日

バロック庭園の美しさはドイツ屈指、騎士の間もあるヴァイカースハイム城

ヨーロッパバスは**マルクト広場**Marktpl.に到着。周囲に市庁舎（内部にⓘ）、聖ゲオルク教会、郷土博物館などがあり、**ヴァイカースハイム城**Schloss Weikersheim（開9:00～18:00、11～3月は10:00～12:00、13:00～17:00 休12/24、31 料€4.5、学生€2.2 ☎07934-992950）は徒歩3分程。完成まで約1世紀かかったホーエンローエ家の宮殿で、外観はルネッサンス様式、内装はバロック、ロココ様式が混合。**騎士の間**Rittersaalとバロック様式の**庭園**が見もの。

CREGLINGEN

クレクリンゲン

p.9-H ■人口＝0.5万人 ■街の規模＝徒歩で半日

小さな教会の伝説的祭壇。リーメンシュナイダーの最高傑作"聖母マリアの昇天"は必見

ヨーロッパバスは**ヘルゴット教会**Herrgottskirche（開9:15～17:30、11～3月10:00～12:00、13:00～16:00 休月曜）の脇に止まる。主な見どころは、この教会と、向かい側の**指抜き博物館**Fingerhutmuseum（開10:00～

小さな教会に不釣り合いなほど大きな祭壇

12:30、14:00～17:00、11～3月は13:00～16:00 休月曜、12/24・25、31、1/7～2/28)。

教会内部の祭壇**"聖母マリアの昇天"**は、15～16世紀に活躍した彫刻家、リーメンシュナイダーの最高傑作。中央には天使に囲まれ昇天していく聖母マリア像が彫られている。ヨーロッパバスのチケットを見せれば入場€1（通常€1.50)。

Landsberg

ランツベルク

p.9-K ■人口＝2.5万人 ■街の規模＝徒歩で半日

レヒ川のほとり。塩貿易の要所だった町は、街道屈指の美観を誇る

鉄道駅からレヒ川を渡り旧市街までは約10分。町の中心は美しい噴水を持つハウプト広場だ。その向かいにヴィース教会を建て、この地の市長もつとめたツィンマーマンの手による市庁舎とⓘがある。最大の見どころは東の丘に建つゴシック様式の**バイエルン門**

Bayer Tor（開10:00～12:00、14:00～17:00 料€1 休11～2月)。もちろん塔に上って景観を楽しみたい。対岸に見えるムッター塔Mutterturmは地元画家ハーコマーの美術館。

ツィンマーマン作市庁舎のファサード

Check-Check!

牧場の奇跡～ヴィース教会

村のキリスト像が涙を流したという奇跡から、その像を祀るために1746年に建てられたヴィース教会Wieskirche。設計はロココ芸術の頂点を極めたツィンマーマン。彼の生涯最高の傑作で、完成後の生涯を死ぬまでこの村で過ごしたという。天上を象徴した天井フレスコ画は圧巻。

フュッセンからバスで行くと便利

MAP p.200-A

●フュッセン→バス1時間（1日4～5便） ☎08862-932930 開8:00～19:00（10～4月は～17:00） 休無休 HP www.wieskirche.de

■ヴァイカースハイム

●フランクフルト→ヨーロッパバス2時間40分（1日1本、停車15分間）、ヴュルツブルク→RE 1時間（毎時） ⓘ：住Marktplatz 12 ☎07934-10245

■クレクリンゲン

●フランクフルト→ヨーロッパバス3時間15分（1日1本、停車10分） ⓘ：住Romantische Str. 14 ☎07933-631

■ランツベルク

●ミュンヘン→Kaufering→RE 50分（毎時）/€10 ⓘ：住Hauptplatz 152 ☎08191-128246

ミュンヘンの新市庁舎。手前の広場はいつも観光客でにぎわう

エリア
5

ミュンヘン＆アルペン街道

ミュンヘン
レーゲンスブルク
パッサウ
ベルヒテスガーデン
プリーン
ミッテンヴァルト
オーバーアマガウ
ガルミッシュ・パルテンキルヒェン
リンダウ

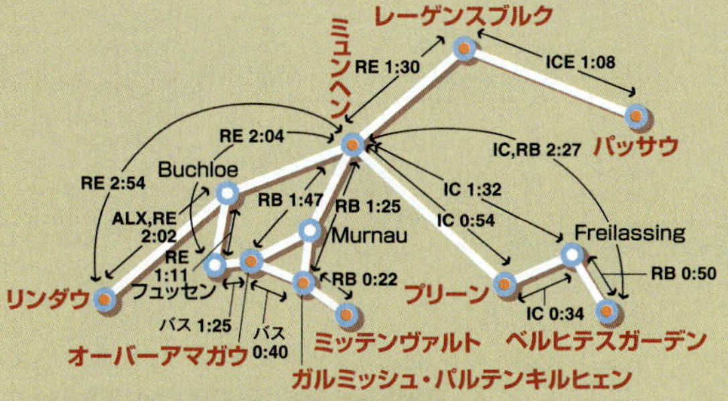

ミュンヘン&アルペン街道

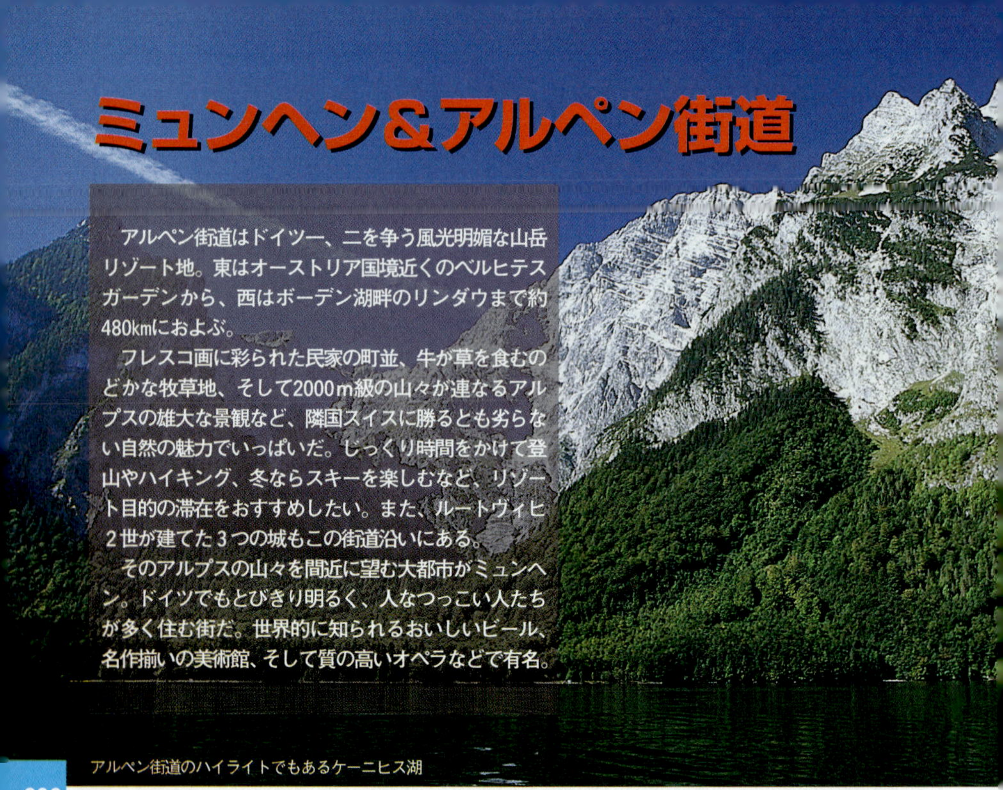

アルペン街道はドイツ一、二を争う風光明媚な山岳リゾート地。東はオーストリア国境近くのベルヒテスガーデンから、西はボーデン湖畔のリンダウまで約480kmにおよぶ。

フレスコ画に彩られた民家の町並、牛が草を食むのどかな牧草地、そして2000m級の山々が連なるアルプスの雄大な景観など、隣国スイスに勝るとも劣らない自然の魅力でいっぱいだ。じっくり時間をかけて登山やハイキング、冬ならスキーを楽しむなど、リゾート目的の滞在をおすすめしたい。また、ルートヴィヒ2世が建てた3つの城もこの街道沿いにある。

そのアルプスの山々を間近に望む大都市がミュンヘン。ドイツでもとびきり明るく、人なつっこい人たちが多く住む街だ。世界的に知られるおいしいビール、名作揃いの美術館、そして質の高いオペラなどで有名。

アルペン街道のハイライトでもあるケーニヒス湖

ADVICE アドバイス

アクセス　アルペン街道の場合、すべての街々を直接結ぶ交通機関はない。どうしても街道沿いに移動したいなら、レンタカーを借りるしかないだろう。鉄道利用の場合は、いったんミュンヘンを通ってから隣街に行くことがほとんど。路線バスをうまく使えるかがポイントになる（p.228参照）。

空路の場合、2002年からルフトハンザ ドイツ航空が成田─ミュンヘン間の直行便を就航している。また、便によってはフランクフルト経由で同日着が可能。ミュンヘンからベルリンなど他の大都市へは、鉄道よりも飛行機の移動が早いのでビジネスには便利。また、ミュンヘン市内の旅行代理店では、近郊や隣国へのツアーも各種企画しているので問い合わせてみよう。

スイスを思わせるアルゴイ地方

KEYWORD キーワード

自然 [アルプスの景観、湖など]

アルペン街道はどこも自然の景観に恵まれている。フュッセン以西、リンダウにかけてはアルゴイ地方と呼ばれ、なだらかな緑の牧草地などはまさに『アルプスの少女ハイジ』の世界。ドイツ最高峰ツークシュピッツェ山頂（p.240参照）からの景観もすばらしい。

フレスコ画 [ミッテンヴァルト他]

ミッテンヴァルトやオーバーアマガウ、ガルミッシュ・パルテンキルヒェンなどでは、民家などの壁に描かれたファンタジーいっぱいのフレスコ画が見られる（p.234参照）。ゲーテはこれを“生きた絵本”と呼んだ。

民俗祭 [オクトーバーフェスト]

毎年9～10月にミュンヘンで開催されるオクトーバーフェストは、世界最大のビール祭。世界中から観光客が集まり、とにかくビールを飲んで騒ぐ。地元の人との交歓が広がる（p.217参照）。

ルートヴィヒ2世の城 [リンダーホーフ城他]

メルヘンの世界を実現させたようなルートヴィヒ2世の城のうち、リンダーホーフ城（p.237参照）、ヘレンキームゼー城（p.232参照）の2つをアルペン街道沿いとして紹介。ノイシュヴァンシュタイン城はp.197を参照。

ビール [ヴァイツェンビア他]

言わずと知れたビールの本場。とくに小麦と大麦を混ぜ、上面発酵させたヴァイツェンビアは人気が高い。

オペラ [旧王宮レジデンツ劇場他]

ミュンヘンのオペラ座や旧王宮レジデンツ劇場は内装の美しさで有名。夏の音楽祭には超一流のオーケストラが集う。

グルメ [白ソーセージ他]

各種ソーセージがおいしい。ミュンヘン名物の白ソーセージは、ここへ来たならぜひ食べておきたいもの。ちょっと甘いマスタードをつけて食べるのが一般的。

バイエルン料理は全般的に豪快な肉料理が多い。シュヴァインハクセなどがその典型。

MÜNCHEN

ミュンヘン

p.9-K　■人口＝130万人　■街の規模 Ⓑ、Ⓤで4日

誰もが口を揃えて讃える南の都。歴代の国王が芸術とビールを愛し、市民はこの街を誇りに思う。自然と芸術と、そしてグルメ。調和のとれたこの街にふれてみよう。

★★★ 聖母教会

★★★ アルテ・ピナコテーク、ドイツ博物館など

★★★ レジデンツ、ニンフェンブルク城など

★★★ オクトーバーフェスト

★★ オペラ座、音楽祭

★★ ブランドショップめぐり

★★★ 独特のヴァイツェンビア

★★★ バイエルン王朝の歴代の国王

★★ 白ソーセージ

INFORMATION

観光案内所

中央駅のものが一番大きいが混雑する。宿泊やコンサートのチケット手配など、親身になって相談にのってくれる。観光センター☎23396500

■中央駅構内／MAP●切りとり-7、p.206-E 開9:00～20:00（日曜10:00～18:00） 11～3月9:30～18:30（日曜・祝日10:00～18:00） 休12/25、1/1

■新市庁舎内／MAP●切りとり-15、p.207-G 開10:00～20:00（土曜～16:00、クリスマス市の間の日曜12:00～18:00） 休日曜、祝日

HP www.muenchen.de

●ユースホステル

MAP p.204-F 住Wendl-Dietrichstr.20 U1,7 Rotkreuzpl.から徒歩5分 ☎13-1156

●CVJM（YMCA）

MAP●切りとり-13、p.206-E 住Landwehrstr.13 中央駅から徒歩10分 ☎552-1410 ※27歳以上は€2.50の割高

●フランツ・ヨーゼフ・シュトラウス空港／☎（総合）97500（飛行機情報）97521313

HP www.munich-airport.de

新市庁舎前

フランツ・ヨーゼフ・シュトラウス空港

市街地から北東に約28.5km。フランクフルトに次ぎ、国内2位の規模を誇る巨大国際空港。2003年にはターミナル2がオープンした。ターミナル1と2は、間にセンターエリアとMAC（ミュンヘン・エアポート・センターの略）を挟んで向かい合う形。1の方はA～E（Eは到着のみ）のエリアに分かれ、レベル04にチェックイン機能が集中する。近郊列車やリムジンを利用するには、レベル03からセンターエリアに出る。

2の方は、到着がレベル03、出発がレベル04（Gエリア：シェンゲン条約加盟国行き）とレベル05（Hエリア：前記以外行き）に分かれる（ルフトハンザはこのターミナル2に乗り入れ）。

フランツ・ヨーゼフ・シュトラウス国際空港

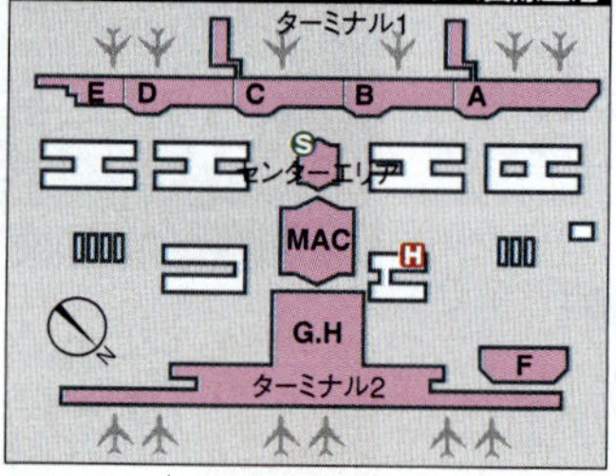

また、MACはイベントホールとして使われたり、レストラン、ショップが充実。特にレベル03にあるエアーブラウ（HP www.airbraeu.de）は、空港内で自家醸造しているビアホール。さすがミュンヘンと話題を呼んでいる。空港から近郊の町へのバス便もある。

空港から市内へ

●Sバーン：空港地下駅に S8,1 が発着。中央駅まで直通で約40分、€8.80。広域1日券€9、2人連れ広域1日券€16。早朝から深夜まで、約20分間隔で運行。

●エアポートバス：中央駅までのルフトハンザ直通バスが、20分間隔で運行。片道€9、往復€14.50。

●タクシー：市中心部まで約30km。約€55以上は覚悟のほどを。道路が空いていれば30分ぐらい。

ミュンヘンの市外局番☎089

POINT ミュンヘンの危機管理　近隣国からの難民の流入に伴い、物乞いやスリなども増加傾向。ブランド店の多い通りで狙われやすい。人前ではサイフを見せないように。オクトーバーフェストにはスリも大挙してやって来るという。

鉄道

ドイツ各地の諸都市とICEなどで、またヨーロッパの主要都市とECなどで結ばれる。ドイツ最南部の大都市であるため、特にイタリアやスイス、オーストリアとの便がいい。

■フランクフルト→ICE（約3時間40分）→ミュンヘン［1時間毎／€75］、ベルリン東駅（またはツォー駅）→ICE（約6時間40分）→ミュンヘン［1時間に1～2本／€96～］

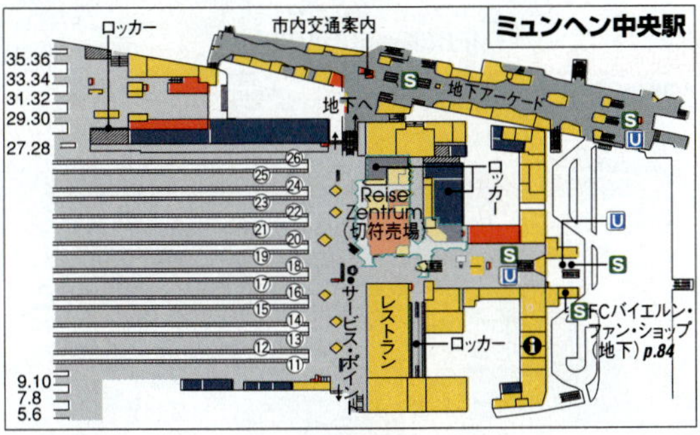

［市内交通］

U/S

市内の交通には、主に中心部を網羅するUバーンが1～8までの8路線、郊外と中心部を結ぶSバーンが1～8と20、27の9路線がある。なおS27は平日のみの運行。U、Sともに運行時間は朝5時頃から24時頃まで。空港と市内を結ぶS8は他路線よりも長時間の運行。オリンピック公園やBMWの本社などへ行くときにはUが、ダッハウへ行くときにはS利用が便利。

バス／市電

ニンフェンブルク城やバヴァリア映画村などの郊外の観光地へ行くときには市電が便利。窓から景色が楽しめるので街の様子をつかみやすい。また深夜には、昼のバス路線を変更し、ナハト・ブスとして夜行バス運行もある。

駅前広場を走る市電

タクシー

タクシースタンドや有名ホテル前での利用が一般的だが、日本同様「流し」もある。基本料金€2.70。最初の5kmは€1.30/km毎。呼び出しは☎21610か☎19410。

●ミュンヘンウェルカムカード

市内交通機関が使い放題で、美術館など、各種観光施設の入場料などが最大50%引き。1日券€6.50、3日券€16、大人5人と子供2人に有効のパートナー3日券€23.50～。ⓘなどで購入可。

●日本総領事館
MAP●切りとり-10、p.207-G
☎417604-0
住Karl-Scharnagl-Ring7 U3,4 他Odeons pl.から徒歩5分

●ルフトハンザ
MAP●切りとり-8、p.206-B
☎552550-0
住Lenbachpl.1 U4,5 Karlspl.から徒歩2分

●中央駅内鉄道案内所（D.B Auskunftsstellen im Hauptbahnhof）☎11861

●落とし物　Fundstellen
■駅構内や列車内、Sバーン内の場合はFundstellen der Deutschen Bahn（中央駅構内26番線の脇）へ。開6:30～23:00 休無休 ☎13086664
■市内の場合はFundstellen der Stadtverwaltungへ。
MAP p.204-J 住Oetztalerstr.17 開月～水曜8:00～12:00、木曜8:00～12:00と14:00～18:30、金曜7:00～12:00 休土・日曜、祝日 ☎23345900

●インターネットカフェ
■t@ke-In MAP●切りとり-22、p.207-L 住Rosenheimer Str.30（ホリデイ・イン側）☎44141333 営10:00～22:00（日曜12:00～22:00）※日本語可
■Telephone Discount MAP●切りとり-7、p.206-E 住Byerstr.31 営8:00～24:00 ☎5488310 ※日本語可

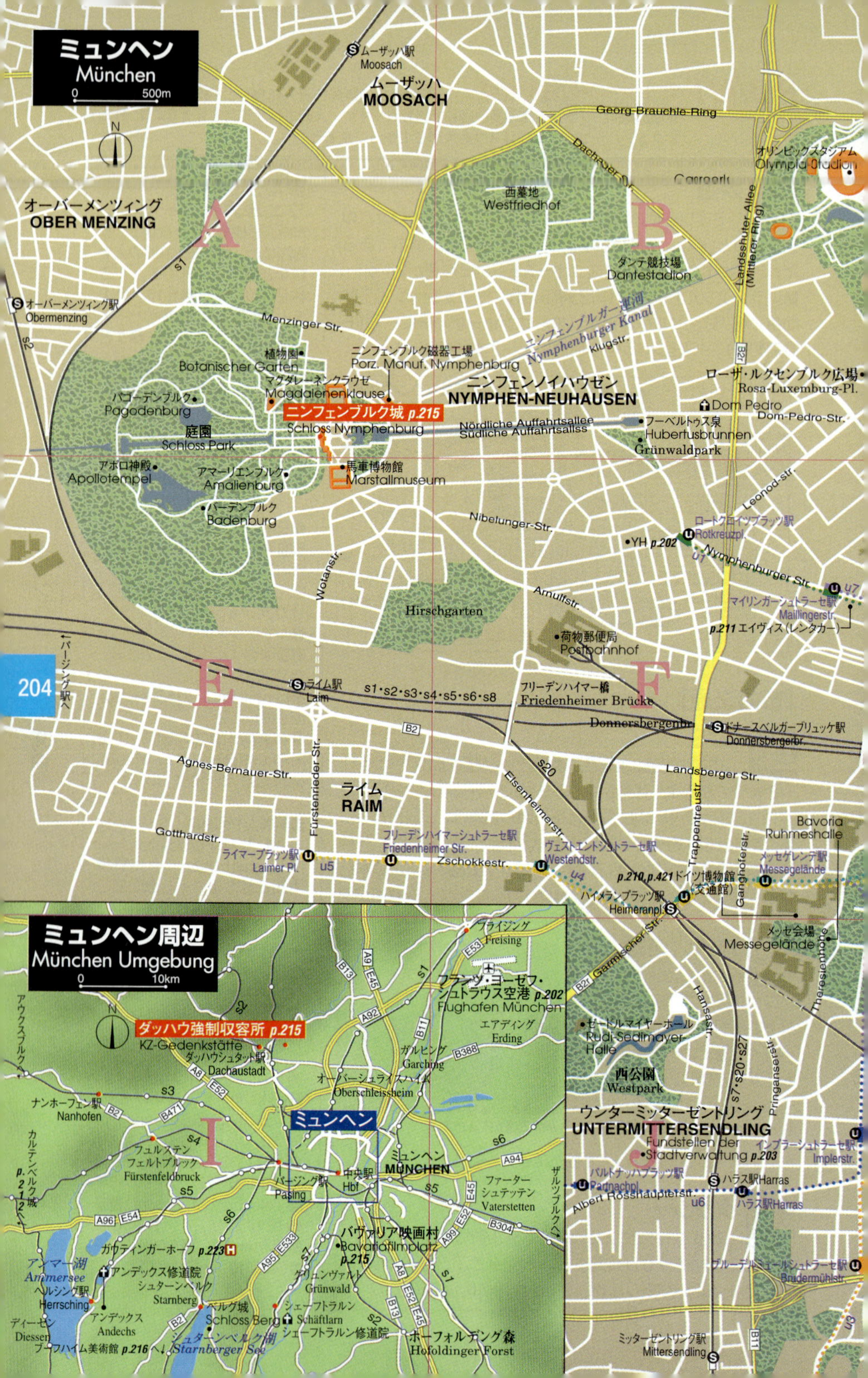
ミュンヘン
München
0 500m
N
ムーザッハ駅
Moosach
ムーザッハ
MOOSACH
Georg-Brauchle-Ring
Dachauer Str.
オリンピックスタジアム
Olympia-Stadion
西墓地
Westfriedhof
オーバーメンツィング
OBER MENZING
A
B
ダンテ競技場
Dantestadion
Landshuter Allee (Mittlerer Ring)
オーバーメンツィング駅
Obermenzing
Menzinger Str.
ニンフェンブルガー運河
Nymphenburger Kanal
Klugstr.
植物園
Botanischer Garten
ニンフェンブルク磁器工場
Porz. Manuf. Nymphenburg
マグダレーネンクラウゼ
Magdalenenklause
ニンフェンノイハウゼン
NYMPHEN-NEUHAUSEN
ローザ・ルクセンブルク広場
Rosa-Luxemburg-Pl.
Dom Pedro
Dom-Pedro-Str.
パゴーデンブルク
Pagodenburg
ニンフェンブルク城 p.215
Schloss Nymphenburg
Nördliche Auffahrtsallee
Südliche Auffahrtsallee
フーベルトゥス泉
Hubertusbrunnen
Grünwaldpark
庭園
Schloss Park
アポロ神殿
Apollotempel
アマーリエンブルク
Amalienburg
馬車博物館
Marstallmuseum
バーデンブルク
Badenburg
Leonrod-str.
Nibelunger-Str.
ロートクロイツプラッツ駅
Rotkreuzpl.
YH p.202
Nymphenburger Str.
U1
U7
Wotanstr.
Hirschgarten
Arnulfstr.
マイリンガーシュトラーセ駅
Maillingerstr.
p.211 エイヴィス（レンタカー）
荷物郵便局
Postbahnhof
パージング駅へ
E
F
ライム駅
Laim
s1・s2・s3・s4・s5・s6・s8
フリーデンハイマー橋
Friedenheimer Brücke
Donnersbergerbr.
ドナースベルガーブリュッケ駅
Donnersbergerbr.
B2
s20
Agnes-Bernauer-Str.
Landsberger Str.
ライム
RAIM
Fürstenrieder Str.
Elsenheimerstr.
Trappentreustr.
Bavaria
Ruhmeshalle
Gotthardstr.
ライマープラッツ駅
Laimer Pl.
u5
フリーデンハイマーシュトラーセ駅
Friedenheimer Str.
Zschokkestr.
ヴェストエンドシュトラーセ駅
Westendstr.
u4
p.210, p.421 ドイツ博物館（交通館）
Ganghoferstr.
メッセゲレンデ駅
Messegelände
ハイメランプラッツ駅
Heimeranpl.
Garmischer Str.
メッセ会場
Messegelände
Theresienhöhe
B2r
Hansastr.
ゼードルマイヤーホール
Rudi-Sedlmayer-Halle
西公園
Westpark
s7・s20・s27
Pringsheimstr.
ウンターミッターゼントリング
UNTERMITTERSENDLING
Fundstellen der Stadtverwaltung p.203
J
インプラーシュトラーセ駅
Implerstr.
パルトナハプラッツ駅
Partnachpl.
ハラス駅 Harras
Albert Rosshaupterstr.
u6
ハラス駅 Harras
ザルツブルクへ
ブルーデルミュールシュトラーセ駅
Brudermühlstr.
B11
u3
ミッターゼントリング駅
Mittersendling
ミュンヘン周辺
München Umgebung
0 10km
N
アウクスブルクへ
ダッハウ強制収容所 p.215
KZ-Gedenkstätte
ダッハウシュタット駅
Dachaustadt
B13
A9
E45
s2
s1
フライジング
Freising
E53
フランツ・ヨーゼフ・シュトラウス空港 p.202
Flughafen München
A92
B11
エアディング
Erding
ガルヒング
Garching
B388
オーバーシュライスハイム
Oberschleissheim
A8
E52
s3
ナンホーフェン駅
Nanhofen
B2
B471
I
ミュンヘン
s4
フュルステンフェルトブルック
Fürstenfeldbruck
s6
カルテンベルク城 p.212
パージング駅
Pasing
中央駅
Hbf
ミュンヘン
MÜNCHEN
A94
s5
ファーターシュテッテン
Vaterstetten
E45
A96
E54
s6
E52
A99
B304
バヴァリア映画村
Bavariafilmplatz
p.215
ガウティンガーホーフ p.223
アンマー湖
Ammersee
アンデックス修道院
ヘルシング駅
Herrsching
シュターンベルク
Starnberg
A95
E533
s7
グリュンヴァルト
Grünwald
A8
s1
アンデックス
Andechs
ベルク城
Schloss Berg
シェーフトラルン
Schäftlarn
B13
E45
B2
s2
ディーセン
Diessen
ブーフハイム美術館 p.216
シュターンベルク湖
Starnberger See
シェーフトラルン修道院
ホーフォルディング森
Hofoldinger Forst

新シュライスハイム城へ↑
ミルベルツホーフェン駅
Milbertshofen
フランツ・ヨーゼフ・シュトラウス空港へ↗
オリンピアツェントルム駅
Olympiazentrum
ミルベルツホーフェン
MILBERTSHOFEN
アルテ・ハイデ駅
Alte Heide
BMW博物館 p.421
BMW-Museum
Petuel-Ring
Schenkendorfstr.
Georg-Brauchle-Ring
オリンピックスケート場
Olympia-Eisstadion
ペツエルリンク駅
Petuelring
オリンピック・タワー
Olympiaturm
Olympiahalle
オリンピック公園
Olympiapark
▲Olympiaberg
(564m)
Ungererstr.
ノルドフリートホーフ駅
Nordfriedhof
北墓地
Nordfriedhof
ルイトポルト公園
Luitpoldpark
シャイトプラッツ駅
Scheidpl.
Parzivalstr.
シュヴァービング湖
Schwerbingersee
レオポルト通り
Leopoldstr.
イギリス庭園 p.215
Englischer Garten
C
D
Ackermann-Str.
Karl-Theodor-Str.
ボンナープラッツ駅
Bonner Pl.
バイエルン広場
Bayernpl.
ディートリンデンシュトラーセ駅
Dietlindenstr.
シュヴァービング p.219
SCHWABING
Belgradstr.
芸術の場
Herzogstr.
ミュンヘナー・フライハイト駅
Münchener Freiheit
Gysslingstr.
Isar
Schwere-Reiter-Str.
ホーエンツォレルンプラッツ駅
Hohenzollernpl.
p.219 ラーディ
ニュースカフェ p.219
Hohenzollernstr.
クラインヘッセローエル湖
Kleinhesseloher See
イーザール川
Mauerkircherstr.
Schleissheimer Str.
Augustenstr.
p.219
ティフィアナ・カフェ
バッハマイヤー・ホーフブロイ p.219
ケネディ橋
J.-F.-Kennedy-Br.
Oberföhringer Str.
Nordendstr.
レオポルト公園
Leopoldpark
ロキシー p.219
ギーゼラシュトラーセ駅
Giselastr.
イギリス庭園 p.215
Englischer Garten
ヨーゼフスプラッツ駅
Josephs-pl.
旧北墓地
Alter Nördlicher Friedhof
Akademie der bildenden Künste
B2r
Effnerstr.
Arabellapark
Loth-Str.
Türkenstr.
凱旋門
Siegestor
Adalbertstr.
中国の塔
Chinesischer Turm
ボーゲンハウゼン
BOGENHAUSEN
ノイエ・ピナコテーク p.214
Neue Pinakothek
Schelling-Str.
ウニヴェルジテート駅
Universität
U4
テレージエンシュトラーセ駅
Theresienstr.
Theresien-Str.
円形神殿
Monopteros
Max-Joseph-Br.
Denninger Str.
レーヴェンブロイケラー
p.212
p.214
アルテ・ピナコテーク
Alte Pinakothek
Gabelsbergerstr.
Ludwig-Str.
Königinstr.
Ismaninger Str.
リヒャルト・シュトラウスシュトラーセ駅
Richard-Strauss-Str.
シュティーグルマイヤープラッツ駅
Stiglmaier-pl.
アンバ p.223
p.210 ドイチェ・ツーリング社
ハッカーブリュック駅
Hackerbrücke
ケーニヒスプラッツ駅
Königsplatz
古代彫刻美術館
Glyptothek
ミュンヘン中心 P.206〜207
H
ルート・ヴィヒ
古代美術博物館
Antikensammlungen
モダン・ピナコテーク p.216
Pinakothek der Moderne
205
Brienner Str.
バイエルン国立博物館
Bayerisches Nationalmuseum
ベーメルヴァルドプラッツ駅
Böhmerwaldpl.
テアティヌス
旧植物園
Alter Botan. Garten
オデオンスプラッツ駅
Odeonspl.
Prinzregentenstr.
p.211 プリンツレゲンテン劇場
Prinzregententheater
ツーリスト社 p.211
カールスプラッツ駅
Karlspl.
レジデンツ p.213
Residenz
ミュンヘン中央駅
Hbf
Hbf.
州立オペラ劇場
Nationaltheater
レーヘル駅
Lehel
Richard Strauss Str.
プリンツレゲンテンプラッツ駅
Prinzregentenpl.
p.223 A&O シティ・ホテル
Bayerstr.
カールスプラッツ・シュタックス駅
新市庁舎
Neues Rathaus
民族学博物館
Völkerkunde-m.
マックス・ウェーバープラッツ駅
Max-Weber-Pl.
MCM p.221
Schwanthalerstr.
聖母教会
Frauen Kirche
マリエンプラッツ駅
Marienpl.
バイエルン州議会場
Maximilianeum
シュトゥック邸博物館
Museum Villa Stuck
St.-Paul-k.
Goethe-Str.
Sendlinger Str.
ミュンヘン博物館
Stadtmuseum
Einstein-str.
Grillparzerstr.
Leuchtenbergring
テレージエンヴィーゼ駅
Theresienwiese
イーザール・トーア駅
Isartor
ヴァインエイスル
ハイトハウゼン
HAIDHAUSEN
ロイヒテンベルクリンク駅
Leuchtenbergring
フランツ・ヨーゼフ・シュトラウス空港へ
テレージェンヴィーゼ
(オクトーバーフェスト会場) p.217
ゼントリンガー・トーア駅
Sendlinger Tor
Reichenbachstr.
Preysingstr.
ウプラッカー・ホイスル
Theresienwiese
ガスタイク
Gasteig
リーデアル
Steinstr.
S4・S6・S8
ゲーテプラッツ駅
Goethe-pl.
ローゼンハイマープラッツ駅
Rosenheimer Pl.
ベーエム
Orleansstr.
Baaderstr.
Erhardtstr.
ドイツ博物館 p.214
Deutsches Museum
Bavariaring
Lindwurmstr.
Thalkirchner Str.
Pestalozzi-str.
フラウンホーファーシュトラーセ駅
Fraunhoferstr.
ライヒェンバッハ橋
Reichenbachbr.
マックス・エマヌエル p.223
オストバーンホーフ駅
Ostbahnhof
切りとり表
十神
U4・U5
ポッツィシュトラーセ駅
Poccistr.
アウ
AU
Zeppelin-Str.
Franziskaner-Str.
エル・エスパニョール
Grafinger Str.
Rosenheimer Str.
Ampfingstr.
U5
パウラナー・イム・タール p.212
サルヴァトール・ケラー p.212
インスブルッカーリンク駅
Innsbrucker Ring
Sバーン
コルンブスプラッツ駅
Kolumbuspl.
東墓地
Ostfriedhof
K
L
ザンクト・マルティン・シュトラーセ駅
St.Martin Str.
カール・プライスプラッツ駅
Karl-Preis Pl.
U1
U2
U7
U8
シルバーホルンシュトラーセ駅
Silberhornstr.
Tegernseer Landstr.
S2・S1
ウンテースベルクシュトラーセ駅
Untersbergstr.
Innsbrucker Ring
B2r
フラウハー緑地
Flaucher
ギージング駅
Giesing
ギージング
GIESING

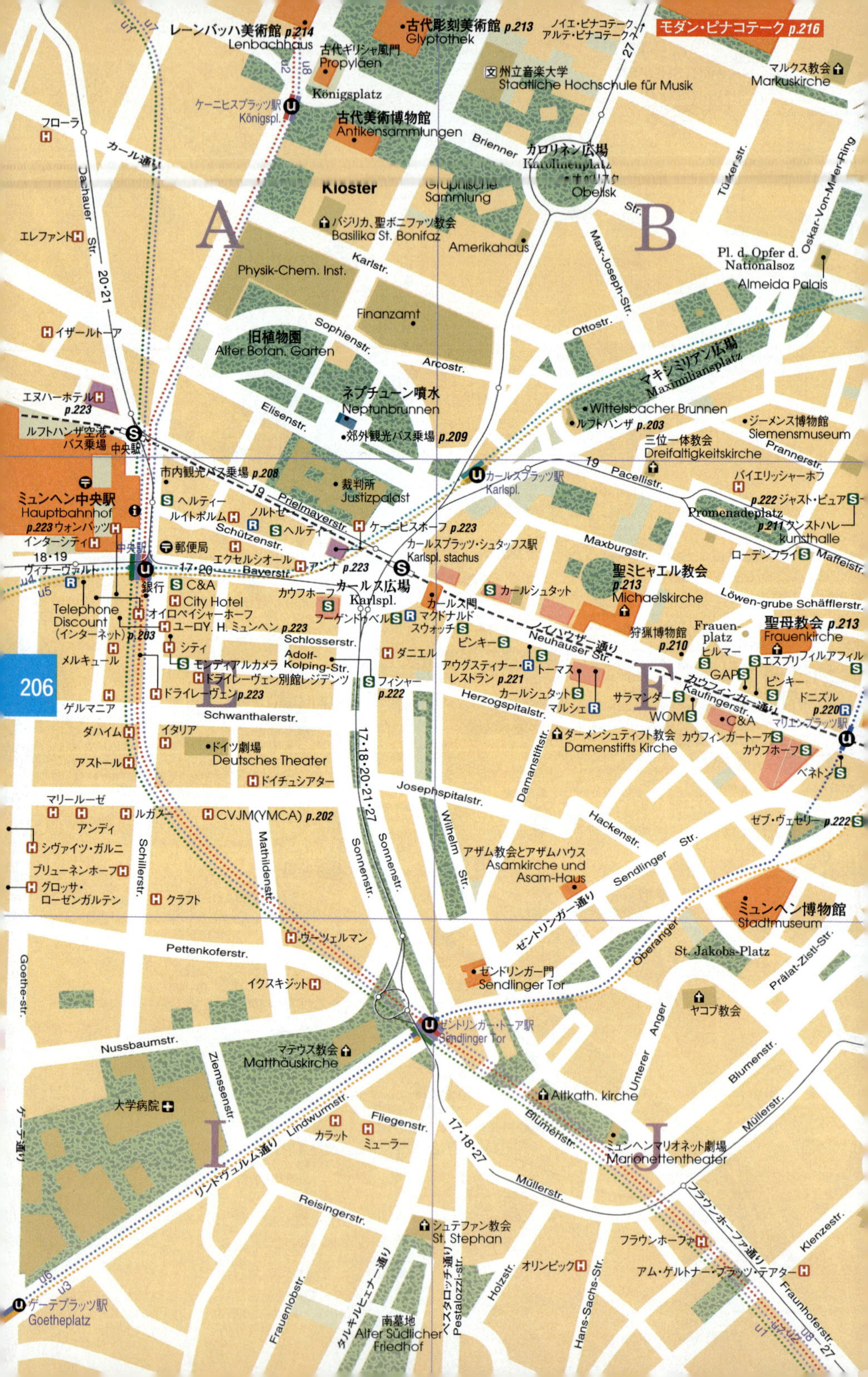

レーンバッハ美術館 p.214
Lenbachhaus
古代彫刻美術館 p.213
Glyptothek
ノイエ・ピナコテーク・
アルテ・ピナコテーク
モダン・ピナコテーク p.216
古代ギリシャ風門
Propyläen
Königsplatz
州立音楽大学
Staatliche Hochschule für Musik
マルクス教会
Markuskirche
ケーニヒスプラッツ駅
Königspl.
古代美術博物館
Antikensammlungen
フローラ
カール通り
Brienner
カロリネン広場
Karolinenplatz
オベリスク
Obelisk
Kloster
Graphische
Sammlung
Dachauer Str.
バジリカ、聖ボニファツ教会
Basilika St. Bonifaz
Max-Joseph-Str.
Türkenstr.
Oskar-Von-Miller-Ring
A
B
エレファント
Amerikahaus
Pl. d. Opfer d.
Nationalsoz
Karlstr.
Physik-Chem. Inst.
Almeida Palais
20・21
Finanzamt
イザールトーア
旧植物園
Alter Botan. Garten
Sophienstr.
Ottostr.
Arcostr.
マキシミリアン広場
Maximiliansplatz
エヌハーホテル
p.223
ネプチューン噴水
Neptunbrunnen
Wittelsbacher Brunnen
Elisenstr.
ルフトハンザ p.203
ジーメンス博物館
Siemensmuseum
ルフトハンザ空港
バス乗場
中央駅
郊外観光バス乗場 p.209
三位一体教会
Dreifaltigkeitskirche
Prannerstr.
市内観光バス乗場 p.208
裁判所
Justizpalast
カールスプラッツ駅
Karlspl.
19
Pacellistr.
バイエリッシャーホフ
ミュンヘン中央駅
Hauptbahnhof
p.223 ウォンバッツ
ヘルティー
ルイトポルム
ノルトゼー
19
Prielmayerstr.
ケーニヒスホーフ p.223
p.222 ジャスト・ピュア
Promenadeplatz
p.211 クンストハレ
kunsthalle
インターシティ
中央駅
郵便局
Schützenstr.
ヘルティー
カールスプラッツ・シュタッフス駅
Karlspl. stachus
Maxburgstr.
ローデンフライ
Maffeistr.
18・19
ヴィナーヴァルト
u4
u5
17・20
Bayerstr.
エクセルシオール
アンナ p.223
聖ミヒャエル教会
p.213
Michaelskirche
銀行
C&A
City Hotel
カウフホーフ
カールス広場
Karlspl.
カールシュタット
Löwen-grube
Schäfflerstr.
Telephone
Discount
（インターネット）p.203
オイロペイシャーホーフ
ユーロY. H. ミュンヘン p.223
フーゲンドゥベル
マクドナルド
カールス門
スウォッチ
狩猟博物館
p.210
Frauen-
platz
聖母教会 p.213
Frauenkirche
ノイハウザー通り
Neuhauser Str.
メルキュール
シティ
Schlosserstr.
ピンキー
ダニエル
ヒルマー
エスプリ
フィルアフィル
206
モンディアルカメラ
Adolf-
Kolping-Str.
アウグスティナー
レストラン p.221
トーマス
GAP
ピンキー
ドライレーヴェン別館レジデンツ
フィシャー
p.222
カウフィンガー通り
Kaufingerstr.
ドニズル
p.220
ドライレーヴェン p.223
E
F
Herzogspitalstr.
カールシュタット
マルシェ
サラマンダー
WOM
C&A
マリエンプラッツ駅
ゲルマニア
Schwanthalerstr.
ダハイム
イタリア
ダーメンシュティフト教会
Damenstifts Kirche
カウフィンガートーア
カウフホーフ
ドイツ劇場
Deutsches Theater
アストール
ドイチュシアター
ベネトン
Josephspitalstr.
Damenstiftstr.
マリールーゼ
アンディ
ルガノ
CVJM(YMCA) p.202
17・18・20・21・27
Hackenstr.
ゼブ・ヴェセリー p.222
シヴァイツ・ガルニ
Schillerstr.
Mathildenstr.
Sonnenstr.
Sonnenstr.
Wilhelm Str.
アザム教会とアザムハウス
Asamkirche und
Asam-Haus
Sendlinger Str.
ブリューネンホーフ
グロッサ・
ローゼンガルテン
クラフト
ゼントリンガー通り
ミュンヘン博物館
Stadtmuseum
Oberanger
Pettenkoferstr.
ウーツェルマン
St. Jakobs-Platz
Prälat-Zistl-Str.
ゼンドリンガー門
Sendlinger Tor
Goethe-str.
イクスキジット
ヤコブ教会
Anger
Unterer
ゼンドリンガー・トーア駅
Sendlinger Tor
Nussbaumstr.
マテウス教会
Matthäuskirche
Blumenstr.
Ziemssenstr.
大学病院
Altkath. kirche
ゲーテ通り
Lindwurmstr.
Fliegenstr.
カラット
ミューラー
17・18・27
Blumenstr.
Müllerstr.
I
J
ミュンヘンマリオネット劇場
Marionettentheater
リントヴュルム通り
Müllerstr.
フラウンホーファ通り
Reisingerstr.
シュテファン教会
St. Stephan
フラウンホーファ
Klenzestr.
オリンピック
アム・ゲルトナー・プラッツ・テアター
タルキルヒェナー通り
ペスタロッチ通り
Pestalozzi-str.
Holzstr.
Hans-Sachs-Str.
u6
u3
ゲーテプラッツ駅
Goetheplatz
Frauenlobstr.
南墓地
Alter Südlicher
Friedhof
u1
u7
u2
Fraunhoferstr.
u8
27

ミュンヘン中心
München
0
200m
N
207
アンタレス
ダッハ
シュヴァービングへ
中国の塔へ
U6
U3
Schönfeldstr.
フォン・デア・タン通り
Von-der-Tann-Str.
大学
Königinstr.
イギリス庭園 p.215
Englischer Garten
日本茶室
Japanisches Teehaus
州立太古博物館
Prähistorische Staatssammlung
17
Finanzgarten
Leuchtenberg Palais
Prinz-Carl-Palais
Haus der Kunst
C
D
Palais Ludwig Ferdinand
ルートヴィヒ世像
ハイネ像
Galeriestr.
演劇博物館
ニンフェンブルク
Arco Palais
オデオン広場
Odeonspl.
ホーフガルテン
Hofgarten
ブリエナー通り p.221
Briennerstr.
オデオンプラッツ駅
Odeonspl.
Lerchenfeldstr.
Himbselstr.
バイエルン国立博物館
Bayerisches Nationalmuseum
プリンツレゲンテン通り
Prinzregentenstr.
Franz-Josef-Strauss-Ring
エールフランス・航空
Theatinerkirche
シャルルジョルダン
将軍堂
Feldherrenhalle
文部省
ブリー
シロ
Salvatorstr.
テアティーナー通り
レジデンツ通り
Residenzstr.
Hofgartenstr.
Seitzstr.
Unsöldstr.
バインハイム
アローザ
アドリア
Wagmüllerstr.
Alexandrastr.
ミュンヘン空港へ
レジデンツ p.213
Residenz
Fünf Höfe
Theatinerstr.
ボグナー
ローレル
シュパーテンハウス
バリー
マックスヨーゼフ広場
Max-Joseph-Pl.
エスカーダ
レッケル
エック
ペルーザ通り
Perusastr.
アイグナー
バーバリー
ティファニー
プラダ
州立オペラ座 p.211
Nationaltheater
Marstallplatz
日本総領事館
p.203
ヴェルサーチ
バリー
ケンピンスキー・ホテル・フィア・ヤーレスツァイテン p.222
ブルガリ
ヒューゴ・ボス
Karl-Scharnagl-Ring
ドームス
St.-Anna-Str.
レーヘル
LEHEL
St.-Anna-Platz
St. Anna (Klosterkirche)
レーヘル駅
Lehel
モナリザ
Liebigstr.
Sternstr.
Robert-Koch-Str.
Bürkleinstr.
Gewürzmühlstr.
U4
U5
ドールマン
オペラ
Thierschstr.
オペラ座チケット売場
ボルシェデザイン
p.222
ダルマイヤー
JAヘンケル
ラーツケラー
ミュンツホーフ
Münzhof
ルイ・ヴィトン
ゴールド
ファイル
銀行
マキシミリアン通り p.221
グッチ
エスカーダ
フェラガモ
シャネル
カルティエ
エルメス
G.アルマーニ
19 Maximilianstr.
新市庁舎 p.213
Neues Rathaus
おもちゃ博物館
p.210
旧市庁舎
Altes Rathaus
アルターホーフ
Alter Hof
シュタットトゥスパーカッセ
三越
ブラッツル p.223
ホーフブロイハウス p.221
ビストロ庄屋 p.221
ヴァレンチノ
ジル・サンダー
ユダヤ博物館
Jüdisches Museum
H
Max-II-Denkmal
民族学博物館
Völkerkundemuseum
19
マキシミリアン橋
Maximiliansbrücke
Hildegardstr.
サッカーショップ
マリエン広場
Marienpl.
マリエンプラッツ駅
Marienpl.
銀行
ハクセンバウアー
p.220
ディスカバー・バヴァリア社 p.211
ヴァイセス・ブロイハウス
p.212
ツム・デュルンブロイ p.220
Stollbergstr.
聖ペーター教会
St. Peter
Heiliggeistkirche
Im Tal
ピザ屋
アサド
トーマスクック
マクドナルド
ノルトゼー（野外ビアガーデン）
Marienstr.
Harmstr.
Thomas-Wimmer-Ring
Knöbelstr.
Adelgundenstr.
Thierschstr.
Praterinsel
ポセイドン
ヴァレンティン・シュトゥーベル
p.220
p.210
珍品博物館ZAM
イーザール門
Isartor
Westenriederstr.
ヴィクトアリエン・マルクト p.219
Viktualienmarkt
Frauenstr.
イーザールトーア駅
Isartor
17
St. Lukas
Kabelsteg
Steindorfstr.
イーザール川 Isar
アム・ヴィクトーアリエン
Reichenbachplatz
17・18
Rumfordstr.
イーザールトーア
アドウォカト
Muffathalle
Buttermelcherstr.
ドイツ・アイヒェ
クロスター教会
Kloster
K
Zweibrückenstr.
Morassistr.
ドイツ特許庁
Deutsches Patentamt
ルートヴィヒ橋
Ludwigsbrücke
フォルクスバート（プール）
Volksbad
L
Am Gasteig
ブライジング
ゲルトナー広場
Gärtnerplatz
ゲルトナー広場州立劇場
Staatstheater am Gärtnerplatz
Baaderstr.
Kohlstr.
EU特許庁
Europäisches Patentamt
Museumsinsel
Boschbrücke
ガスタイク音楽センター
p.211
ガスタイク文化センター
Gasteig
T@ke-in（インターネット）p.203
Reichenbachstr.
Cornelius-Str.
ユダヤ教会
Synagoge
エアハルト通り Erhardtstr.
ドイツ博物館 p.214
Deutsches Museum
Zenneckbrücke
ツェッペリン通り
Zeppelin-str.
Hochstr.
ホッホ通り
ホリデイ・イン
Rosenheimer Platz
Rosenheimer Str.
Baaderstr.

ミュンヘン

バイエルンの州都。ドイツ第3の大都市だが、日本人のイメージするような、いわゆる「大都会」ではなく、世界的規模の美術館や巨大ビアホールが存在する南ドイツ観光のハイライト。日本から直行便（ルフトハンザ）もある。

街のしくみ 街の中心、マリエン広場をベースに

中央駅に❶があり、その周辺には安宿やビジネスホテルなどが林立する。町の中心は、ここからSバーンで2駅ほど先のマリエン広場（MAP p.207-G）だ。ただし、途中をカールス広場からカウフィンガー通りなど歩行者天国の大通りで結ばれ、ショッピングストリートにもなっている。余裕があれば歩いてもいいだろう（p.218）。新市庁舎を中心にしたマリエン広場周辺には、有名ビアホールが点在し、北側にレジデンツ（p.213）をはじめ、主な見どころも半径6～700m以内にある。南東側には巨大な市場、ヴィクトアリエン・マルクト（p.219）があ

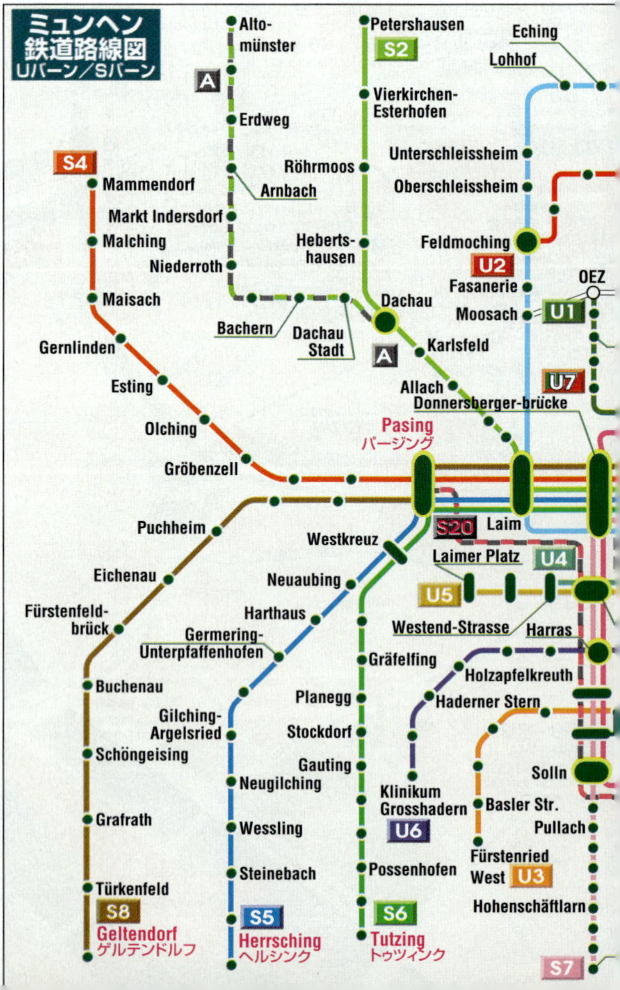

●ツアー情報

■パノラマ・ツアーズ社
住Arnulfstr. 8　☎54907560
チケットは観光案内所や大きなホテル、または当日のバスの中でも購入可。

＜市内観光バス＞

乗場：MAP●切りとり-7、p.206-E　中央駅向かいのヘルティー（デパート）前

①市内早回り観光
市内の主要観光ポイントをバスの中から見学。毎日10:00、11:00、11:30（4～10月のみ）、12:00、13:00、14:00、14:30、15:00、16:00、17:00（4～10月のみ）出発。所要時間1時間／料€11／休無休

②市内とオリンピック地区観光
市内観光とオリンピック公園や競技場の見学。10:00（4～10月のみ）と14:30の1日2回出発。所要時間2時間30分／料€19／休無休

③市内とニンフェンブルク城
1日1回14:30出発。所要時間2時間30分／料€19／休無休

④ミュージアム・ツアー
市内観光とアルテ・ピナコテークをガイド付きで見学。1日1回10:00出発。所要時間2時間30分／休月曜／料€21

⑤市内とバヴァリア映画村観光
市内観光をした後バヴァリア映画村に行き、見学をするもの。1日1回10:00出発。月・土・日曜のみ。所要時間2時間30分／料€23

⑥ミュンヘン・ナイト・ツアー
ライトアップされた美しい夕景をいくつか見学した後、ホフブロイハウスでディナーとショーを楽しむ。その後オリンピック塔の上から夜景を堪能。最後に生演奏つきのナイトクラブで解散。料金にはホーフブロイハウス（p.221参照）での食事代（ドリンク別）とその他の入場料、およびナイトクラブのドリンク1杯が含まれる。軽装可。1日1回19:30出発。催行は4～11月の金・土曜のみ。所要時間4時間30分／料€60

ミュンヘンの市外局番☎089

り、野菜や果物、肉、チーズなどが並ぶ。またレジデンツ手前のマキシミリアン大通りは、ドイツ有数の高級ブランド店通り（p.221）。まさに観光＆生活両面で町の中心地だ。レジデンツよりもレオポルト通りを北に上がっていくと、かつてトーマス・マンなど文化人が住み、今も学生や芸術家が集まるシュヴァービング地区（p.219）がある。ここは大学が近く、カフェやギャラリー、劇場、映画館などが点在する文化エリア。特に夜になるとにぎわう。町の東側にはイザール川が流れ、その川岸手前北部にはイギリス以外では一番広いと言われるイギリス庭園（p.215）がある。また、対岸に渡ると、基本的に住宅街で大きな見どころは少ないが、おしゃれで小さなショップが点在するハイトハウゼン地区となっている。

聖母教会

<郊外観光バス>

乗場：MAP●切りとり-8、p.206-A　ネプチューン噴水前

①ヘレンキームゼー城見学
4～10月の月曜のみ。8:30出発／料€41＋入城料€7、ボート代€6

②ノイシュヴァンシュタイン城とリンダーホーフ城観光
4～10月は毎日、11月～3月は月曜、11/1、12/24、12/25、12/31は休み。8:30出発／料€43＋入城料€14.50

③ダッハウ強制収容所と城見学
5/15～10/16の土曜のみ。13:30出発／料€22

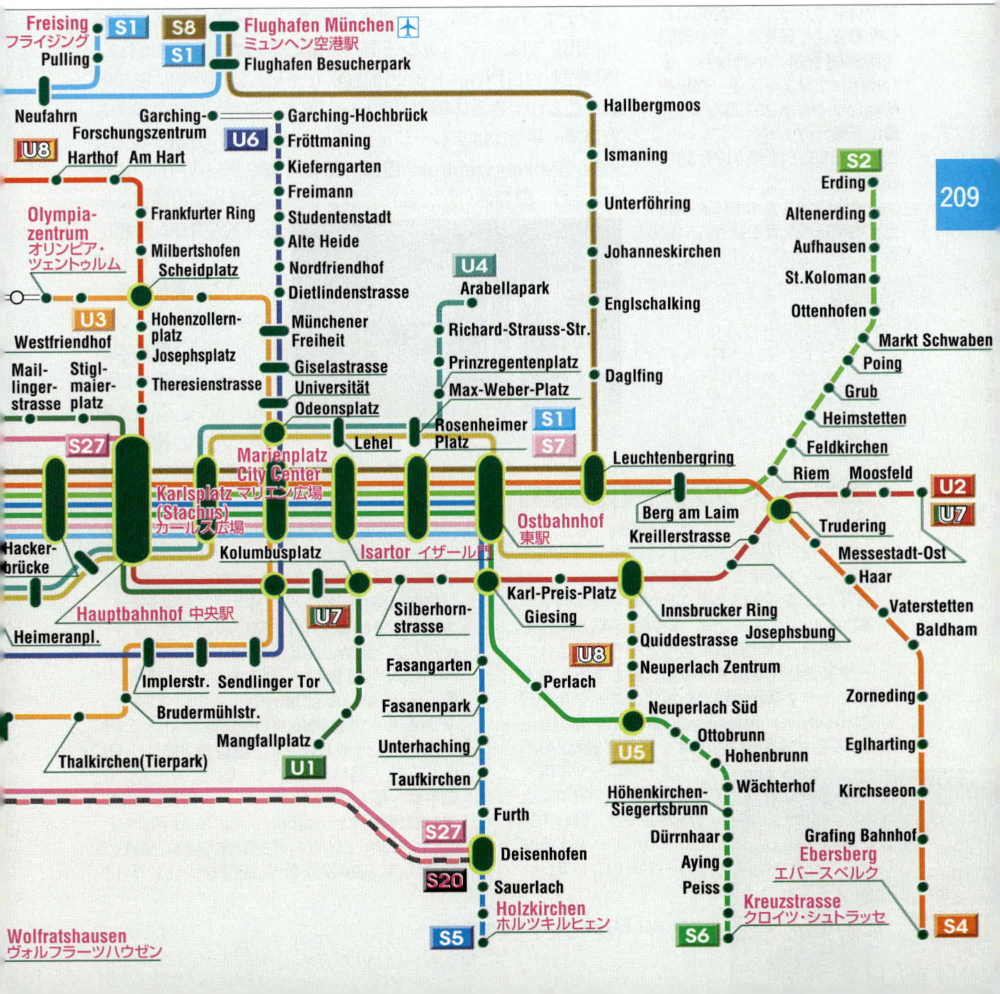

●ツアー情報

■ドイチェ・ツーリング社ミュンヘンオフィス
MAP●切りとり-7、p.205-G
住Arnulfstr. 3 (Starnberger Bhf.) ☎88989513 FAX5458 7021
中央駅構内北西出口付近にオフィスがある。主にロマンチック街道バスや中・長距離のツアーを扱う。

■マイクス・バイク・ツアーズ社
☎25543988
HP www.mikesbiketours.com
自転車による市内観光。和気あいあいとした雰囲気。主に英語で行なわれる。出発時間などは季節により異なる。所要時間4時間 料€24、小雨決行。集合場所はマリエン広場（MAP●切りとり-15、p.207-G）。

■山下観光ガイド
☎2725899（携帯0171-362-8510）
日本人の個人ガイドによる観光案内や送迎などを扱う。

楽しみ方 美術館巡りからビールまで

ここには観光で楽しめる要素は全て揃っている。まずは美術館。代表格が中世ヨーロッパ絵画を専門に収集したアルテ（古い）ピナコテーク。イタリアのラファエロやダ・ヴィンチなどの著名な画家の、美術史を飾る宗教画や人物画の数々はまさに圧巻といえよう。そしてその隣の近代的な建物がノイエ（新しい）ピナコテーク。19世紀以降の印象派や世紀末芸術などの作品が収集されている。さらに2002年から、この両ピナコテークに加えて、すぐ近くにモダン・ピナコテーク（p.216）も開館。啓蒙的で楽しめる美術館として大人気になっている。また、旧王宮レジデンツ(p.213）や、郊外の優美なニンフェンブルク城（p.215）では、バイエルン王国の栄華と高い美意識が偲ばれる。博物館も目白押し。ドイツ博物館（p.214）は展示物に直接触れることができる体験型。ミュージアム・ショップの品揃えも豊富で、最近ではテレージェンヴィーゼ付近に、分館として交通館（Verkehrszentrum MAPp.204-F 開9:00～17:00、木曜～20:00 休無休）ができた。ワンテーマの博物館も豊富にある（下段コラム参照）。

アルテ・ピナコテーク。重厚な大作ばかり

ショッピングも充実している。高級ブランドの集結度はドイツ有数（p.221）。観光客が多いため、おみやげ屋さんも多い。ジョッキが人気だが、特産とし

優美なニンフェンブルク城内部

ユニーク系、ワンテーマ博物館も

中世から現代までの専門美術館（ピナコテーク3館）が徒歩圏内という、世界でも類を見ない一大文化エリアを持つミュンヘン。もちろん、真っ先にそのような有名美術館を鑑賞していただきたいが、時間に余裕が有ったり、堅苦しい雰囲気が苦手という人にはユニーク系博物館を鑑賞する楽しみもある。数あるユニーク系博物館でも特にユニークなのがZentrum für Aussergewöhnliche Museen（その名も珍品博物館の意）。略して通称ZAM。イースターバニーや守護天使など全部で7つのコレクションがあるが、思わず笑ってしまうのが、おまるやペダル・カーのコレクション。グループで気軽に楽しみたいなら話題に困らないし、洒落の分かる粋な人におすすめ。他にも、おもちゃ博物館や狩猟博物館など、ワンテーマで博物館が点在している。なお、ワンテーマ系博物館でもマニアに人気のBMW博物館は現在閉館中。2006半ばに再開予定だ。

▼珍品博物館ZAM　MAP●切りとり-15 p.207-G 住Westen riederstr.41 開10:00～18:00 休無休 ☎2904121 料€4
HP www.zam-museum.de

▼おもちゃ博物館Spielzeugmuseum　テディベア、人形やおもちゃ。MAP●切りとり-15 p.207-G 住Marienl.15 開10:00～17:30 休無休 料€3

▼狩猟博物館Deutsches Jagd- und Fischereimuseum　500体の野生動物の標本。猟銃と狩猟用具、狩猟絵画など。MAP●切りとり-14

おまるに座った子供のトホホな表情がかわいい

ブランドショップのヴェンペ

ては、周辺の村で作られる木彫り人形や、緑を基調とした民族衣装などが面白いかも知れない。

エンターテイメント系では、なんといっても州立オペラ座での華麗なオペラだ。バレエ、クラシック・コンサートにも定評があり、日本からもインターネット（HP www.muenchen-ticket.de）でプログラムの確認やチケットの予約ができる。また、通常のコンサートシーズンは秋～春だが、夏にはオペラ祭りが4つの劇場で約1カ月間開かれ、当代一流の指揮者や歌手が競演する。現地で具体的なコンサート情報が欲しい場合は、月刊プログラムMonthly Program（ⓘなどで入手）やクラシックライン（☎0180-5481810）などで問い合わせることが可能。

最後はやっぱりビール。ただし、単なる飲み物としてではなく、演奏付きビアホールでの騒がしい雰囲気や、テーブルで相席になったりするスタイル自体も楽しもう。大手ビール会社は6社ほどあり、多くは会社の名前を冠したビアホールを運営、味はどこもハイレベルで甲乙付けがたい。もっとも有名なのがホーフブロイ（p.221）。パウラナー、アウグスティナー、レーヴェンブロイなども人気。最近はドイツ全土で飲まれるヴァイツェンビアもミュンヘンから人気に火がついた。白濁したヘーフェ（酵母入り）と透明なクリスタルがあるが、単にヴァイツェンと注文すれば普通は白濁したものが出てくる。独特のアロマで、ちょっと癖があるが、日本ではあまりないタイプ。試してみよう。他にも時期によりお祭り期間限定のフェストビアなどもあり、まさにビールの都を実感できるだろう。

●レンタカー
■エイヴィス　Avis MAP p.204-F 住 Nymphenburger str.61 ☎12600020／空港営業所☎97597603、その他アラベラシェラトンホテル近く（Demminger Str.）など。
■ハーツ　Hertz
住 空港営業所☎978860、他ホリデイ・イン・ホテル内など。

●レンタサイクル
■ラディウスツーリスト社駅前営業所Radius Touristik im Hauptbahnhof　MAP●切りとり-7、p.205-G 住 Arnulf-str.3　休 9月下旬～4月 ☎596113　レンタサイクルの他、市内観光なども扱っている。所在地は中央駅北側。
■ディスカバー・バヴァリア社 MAP●切りとり-15、p.207-G 住 Hochbruckenstr.とBrauhausstr.の角（ホーフブロイハウスの裏）。マリエン広場から徒歩5分　料 1日€12

●本文紹介以外の音楽ホール
■プリンツレゲンテン劇場（Prinzregententheater） MAP●切りとり-18、p.205-H 住 Prinzregentenpl.12
バイロイトにある、ワーグナーが作らせた祝祭劇場と同じ独特の構造を持つもの。
■ガスタイク音楽センター（Gasteig） MAP●切りとり-23、p.207-L 住 Rosenheimerstr.5
近代的な音響設備を誇る音楽ホール。オーケストラの演奏会が多く開かれる。

p.206-F 住 Neuhauser Str. 2　開 9:30～16:45（木曜～21:00）　休 祝日　料 €3.50 HP www.jagd-fischerei-museum.de

▼シャック・ギャラリー Schack Galerie 19世紀の傑作ドイツ絵画。MAP●切りとり-11 住 Prinzregenten str. 9　開 10:00～17:00　休 月・火曜　料 €2.50（日曜無料）

▼クンストハレ Kunsthalle der Hypo-Kulturstiftung 話題の企画展多し。MAP●切りとり-9　p.206-F　Theatiner str.8　開 10:00～18:00 料 展示により変更あり

名物 pick up
白ソーセージ　Weisswurst《ヴァイスヴルスト》

ドイツにソーセージは数あれど、ミュンヘンといえば白いソーセージが名物だ。このソーセージは仔牛肉を用い、ゆでただけのもの。つまり鮮度が命。市内で扱う店は多いが、作り置きができないため通常は午前中に売り切れてしまうという。最近は保冷技術のおかげでいつでも食べられるが、伝統にこだわる店では夜は出さない。ヴィクトアリエン市場かその周辺のレストランのものは定評があるのでおすすめだ。ちなみに甘いジャムのようなマスタードが一緒に出てくるが、これには日本人の間で賛否両論ある。

お湯に入っていることが多い

●有名ビアホール
（本文紹介の店は除く）

◆サルヴァトール・ケラー
Salvator-Keller am Nockherberg
MAP p.205 L　住 Hochstr.77　休 無休　☎4599130　全2200席、シュタルクビアの本拠地。

◆レーヴェンブロイケラー
Löwenbräukeller　MAP p.205-G　住 Nymphenburgerstr.2　休 無休　☎526021　全2000席、牛の丸焼きが名物料理。

◆パウラナー・イム・タール
Paulaner im Tal　MAP p.205-L　住 Tal 12　休 1/1　☎2199400　1524年からの伝統を誇る。一応パブだが、雰囲気はビアホール。ランチは安めなので人気。

◆ヴァイセス・ブロイハウス
Weisses Bräuhaus　MAP ● 切りとり-15、p.207-G　住 Tal 7　休 無休　☎299875　シュナイダービア直営の歴史的な店。

文化の背景を知ろう

王家の宝物が満載のレジデンツ

始まりは、ドナウ川にそそぐイザール川のこのほとりに、修道僧が細々と入植し始めたことだったと言われる。ちなみに都市名の語源はmunichen＝小僧なのだとか。12世紀に入って、ヴィッテルスバッハ家が支配。塩交易や、荷物の集積、中継地として栄える。特に1328年、時の国王ルートヴィヒが、神聖ローマ帝国の皇帝に選出されてから大きく発展した。17世紀半ば、選帝侯マキシミリアン１世の治世には「北のローマ」と呼ばれる程に繁栄。19世紀初頭にはバイエルン王国が成立した。歴代の国王は芸術育成に熱意を見せ、美術館、劇場などを建築。「イザール河畔のアテネ」と呼ばれるように。19世紀後半、その王国を次ぐのが有名なルートヴィヒ２世（p.407）だ。王はR.ワーグナーの音楽に耽溺し、側近たちの離反から謎の死をとげ、王国も統一ドイツに組み込まれたが、長年独自の発展をしてきたため、今でも無骨な北ドイツとは違う華やかな文化を持つ。

Check-Check! 世界最大!?の騎士ショー カルテンベルク城で中世体験！

⬆試合の前に派手な演出で登場➡道化師がでてきたり、パフォーマンスもある

７月にミュンヘンに行く予定があるなら、是非おすすめしたいのがカルテンベルク城の騎士ショーだ。市街から西方へ約40km、バイエルン王家の末裔が住み、同経営のビール会社があるお城として有名。ここで毎年、世界最大の騎士ショーが行われる（騎士ショーというものが世界中にどれだけあるのかちょっと疑問ではあるが）。ショーの内容は、鉄仮面を被り、戦装束をまとった騎士たちによる、大スタジアムでの馬上試合（試合形式のショー）。負ける騎士と勝つ騎士とのやりとりがコミカルで楽しめる。他に、出陣のパレードやスタントマンによる演舞もあるが、より注目したいのが、会場周辺に設けられたテントなどで繰り広げられる中世の市場だ。焚き火でグリルする中世風バーベキューに始まり、各種中世の工房を再現しての実演コーナーや、手作りグッズの出店、小舞台でのダンスや寸劇まである。ローテンブルクのマイスタートゥルンク歴史祭などに雰囲気はよく似ているが、規模は充分大きい。もちろん、ここで飲めるビールは、王家のカルテンベルクビール。ショーのない時期に訪れてもビアホールで名物ビールを楽しむことができるそうだ。

ショップの店員や工房の実演者も中世の衣装

MAP p.204-I

Schloss Kaltenberg　● S4 Geltendorfからバス　☎01805-113313（ホットライン）FAX ＋49-8193-933150　HP www.ritterturnaier.de　期間は７月の土・日曜３週間　※観光局などで要確認　料 入場＋観覧席€20～

新市庁舎 ★★★
Neues Rathaus

map ●切りとり-15、p.207-G

● S1他 Marienpl.《マリエンプラッツ》からすぐ

20世紀初頭に完成したネオゴシック様式の建物。毎日11:00と正午（3～10月は17:00も）仕掛け時計を見ようと多くの人が集まる。仕掛けは等身大の人形で、上段がヴィルヘルム5世の結婚式、下段は謝肉祭の踊り。

住Marienpl.＜塔＞開9:00～16:00（金曜～13:00）、5～10月は～19:00（土・日曜、祝日10:00～）休無休 料€2

塔はエレベーターで上がれる

聖母教会 ★★
Frauenkirche

map ●切りとり-15、p.206-F

● S1他 Marienpl.《マリエンプラッツ》から徒歩2分

赤い巨大な屋根と二つの塔が印象的な教会。1488年に完成した後期ゴシック建築様式の傑作で、内部にはマリアの昇天を描いた祭壇画や、ヴィッテルスバッハ家の墓所などがある。夏期は南塔（100m）にエレベーターで上ることができる。

＜塔＞開10:00～17:00 休日曜、祝日、11～3月 料€3、学生€1.50

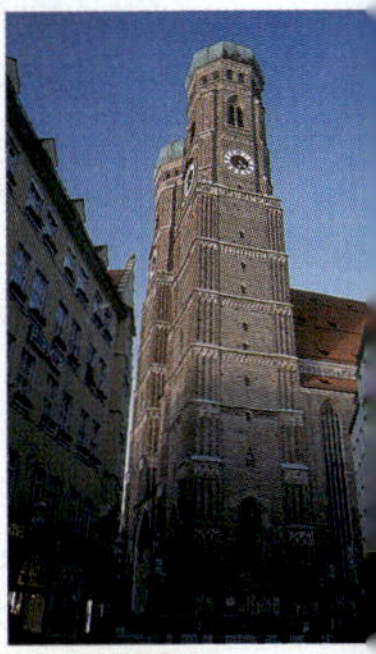

街のランドマーク的存在

聖ミヒャエル教会 ★★
St. Michaels Kirche

map ●切りとり-14、p.206-F

● S1他 Marienpl.《マリエンプラッツ》から徒歩8分

ルネサンス式カトリック教会。反宗教改革の一環として1597年完成。大祭壇中央に“悪魔と闘う聖ミヒャエル”の祭壇画がある。半筒状ドームは世界で2番目に大きい。地下墓所にはルートヴィヒ2世も眠る。

住NeuhauserStr.52 開8:30～19:00木・日曜～22:00 休無休

古代彫刻美術館 ★★
Glyptothek

map ●切りとり-2、p.206-B

● U2,8 Königspl.《ケーニヒスプラッツ》から徒歩2分

アテネのアクロポリスを思わせる美術館。ルートヴィヒ1世が大好きなギリシャ彫刻を陳列するために作ったもの。特にエーゲ海、エギナ島の神殿の破風彫刻は必見。

住Königspl.3 開10:00～17:00（木曜～20:00）休月曜 料€3（日曜は€1）

わがままレポート

レジデンツ ★★★
Residenz

map ●切りとり-9、p.207-C

栄華を極めた王室の殿堂！

バイエルンの支配者、ヴィッテルスバッハ王家の居城だったのが、ここレジデンツ。14世紀末の着工以来延々と拡張を続け、最終的に現在の形になったのは19世紀半ばのルートヴィヒ1世の頃。気の遠くなるような時間の流れだ。ここで見逃せないのが、レジデンツ博物館内の神話時代も含め121人の歴代国王の肖像画を展示した「先祖画ギャラリー」。空間はすべて金色を中心とした装飾で埋め尽くされ、その豪華さには驚かされる。また、ルネサンス様式の大広間アンティカリウムAntiquariumには古代彫刻が並び、地上階奥のキュビリエ劇場は、まさに息をのむ美しさ。宝物殿には、惜し気もなく宝玉をあしらい、細部まで精密に作られた、龍と戦う聖ゲオルギウスの像がある。

住Max-Joseph-platz3 開9:00～18:00（10月中旬～3月10:00～16:00）※午前と午後で一部開放場所が変わる 休無休 料€6、学生€5

聖ゲオルギウスの像

ギゼラ女王の十字架

先祖画ギャラリー

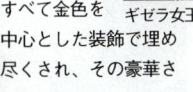

ノイエ・ピナコテーク ★★★
Neue Pinakothek

map ●切りとり-2、p.205-G

● U2,8 Königspl.《ケーニヒスプラッツ》または 市電27 Theresien-《テレジェン》str./Alte Pinakothekからすぐ

新しい芸術奉安所（古代ギリシャに由来）という館名どおり、19世紀以降の絵画を中心に展示。とくに19世紀末のユーゲントシュティールの耽美的な作品に、秀逸なものがある。グスタフ・クリムトの小品『音楽』やエゴン・シーレの『苦痛』は必見。他にゴッホの『ひまわり』やモネの『アルジャントゥイユの橋』、ゴーギャンの作品なども見られる。

住Barerstr.29　開10:00～17:00（水曜～20:00）　休火曜　料€5（日曜€1）／ノイエ・アルテ・モダンの共通券€12（2日間有効）　☎23805195

ロートレック、セザンヌ、ルノワールの作品も

アルテ・ピナコテーク ★★★
Alte Pinakothek

map ●切りとり-2、p.205-G

● U2,8 Königspl.《ケーニヒスプラッツ》または 市電27 Theresien-《テレジェン》str.《シュトラーセ》/Alte《アルテ》 Pinakothek《ピナコテーク》からすぐ

世界6大美術館のひとつと評されるほど収集作品が充実しており、ゆったりと名画を鑑賞できる。ルネサンス期のラファエロの『聖母子像』、レンブラントの『自画像』などが有名。とりわけスペイン絵画にはすばらしいものが多く、エル・グレコの優しい表情のキリストやヴェラスケスの貴族の青年などがとても印象的。

住Barerstr.27　開10:00～17:00（火曜～20:00）　休月曜　料€5（日曜€1）　☎23805216

ヨーロッパの名画約7000点を収蔵

ドイツ博物館 ★★★
Deutsches Museum

map ●切りとり-22、p.207-K

● 市電18 Deutsches《ドイチェス》 Museum《ムゼウム》からすぐ

かなり早くから機械化が進んだドイツの科学や文明の発達の歴史を、なるべく実物を用いて説明している。内燃機関や往年の名飛行機メッサーシュミットなどが所狭しと並べられている。展示物によっては自分で触って、仕組みを確かめることも可能。

住Museumsinsel 1　開9:00～17:00　休祝日　料€8.50、学生€5　☎21791

レーンバッハ美術館 ★★
Lenbachhaus

map ●切りとり-2、p.206-A

● U2,8 Königspl.《ケーニヒスプラッツ》駅から徒歩2分

19～20世紀にかけて活躍し、経済的にも成功を収めた画家レーンバッハの自宅をそのまま使った美術館。社交家でもあった彼の趣味を反映して、凝った内外装となっている。彼の死後、館は市に寄贈され、『青騎士』と呼ばれる前衛芸術家の絵画を中心に展示。とくにフランツ・フォン・シュトックの耽美的な作品『サロメ』や、ヤウレンスキーの『舞踏家ザッハロッフの肖像』などは必見。

住Luisenstr.33　開10:00～18:00　休月曜　料€7　☎23332000　※時間・料金は展示内容によって異なる。

名画の前で美術史の授業

イギリス庭園 ★
Englischer Garten

map ●切りとり-4、p.205-D・H、p.207-D

● U3,6 Universität《ウニヴェルジテート》駅から徒歩5分

約200年前、時の領主が練兵場を造ろうとしたのを、アメリカ人科学者が公園の建設を具申してできた。イーザール川の東側、9万㎡という広大な敷地に、自然と中国の塔や日本の茶室などの人工的建造物が調和を見せる。

ニンフェンブルク城 ★★★
Schloss Nymphenburg

map ●切りとり-1、p.204-A

● 市電17 バス41 Schloss《シュロス》 Nymphenburg《ニンフェンブルク》から徒歩5分

領主ヴィッテルスバッハ王家の夏の離宮だった城。入口ホール天井絵ニンフ(妖精)に因んで城の名が付けられた。本棟左手、美人画ギャラリーは傾城の美女ローラの絵で有名。

開9:00〜18:00(10〜3月は10:00〜16:00) 休無休 料€10(全施設共通券 ※城のみ€5)

バロックとロココ様式が見事な調和を見せる

迫力あるスタントシーン

郊外の見どころ

バヴァリア映画村で撮影のナマの迫力を間近に見よう!

戦前からあるテレビ、映画の撮影所を一般に公開。ガイド付きで場内を巡る。スタントショーは役者が火ダルマになるなど迫力満点。またアカデミー賞にノミネートされた映画『Uボート』もここで撮影され、映画で使われた潜水艦が展示、内部に入ることもできる。さらにメルヘンの名作『ネバーエンディング・ストーリー』のコーナーは特撮の謎解きがおもしろく、CGの画像処理で龍のファルコンと自分のオリジナル画面が作れ、記念撮影もできる。さらに画面と揺れ動くイスで、まるで地底探険をしている錯覚に陥るモーションライドの『廃抗ツアー』は、心臓の弱い方は遠慮しておいた方が無難。

MAP p.204-I ● 市電25 Bavariafilmplatz《バヴァリァフィルムプラッツ》からすぐ 開9:00〜16:00(11〜2月9:00〜15:00) 休無休 料€10

わがままレポート

ダッハウ強制収容所 ★★★
KZ-Gedenkstätte

map p.204-I

ナチス第3帝国の狂気の跡

ミュンヘンの北西に、ダッハウという緑豊かで静かな住宅街がある。1933年、ここにユダヤ人やナチスに反対する人々を拘束すべく、強制収容所が造られた。以降、国内や周辺諸国にいくつも造られた同種のものの、さきがけとなった。多くの罪なき人が「労働すれば自由になれる」と銘うたれた門をくぐり、そして死んでいった。むごい人体実験や青酸ガスシャワーなどが行われ、その犠牲者は数万人といわれる。人間の狂気の部分を直視し、その反省を踏まえたうえで、平和について考えたい。

電流が流された有刺鉄線

死体焼却炉

● S2 Dachau《ダッハウ》からバス724番で駐車場、バス726番で中央入口下車 開9:00〜17:00 休月曜 料無料 ☎08131669970

Check-Check!

欧州最大級規模の現代美術館 モダン・ピナコテーク誕生！

巨大な円柱形の吹き抜け、ロトンダ

モダン・ピナコテーク ★★★
Pinakothek der Moderne

2002年９月、ドイツ最大、欧州全体でも最大級規模の現代美術館、モダン・ピナコテークがオープンした。名前のとおり、20世紀以降の現代美術を集大成しており、その斬新な展示方法や圧倒的スケール、充実したコレクション内容から入場者が殺到、記録的な大人気となっている。

シュテファン・ブラウンフェル設計の建物は、コンクリートの打ち出しで鋭角的なエントランスを持つ２階建て。総展示面積は１万5000㎡と広く、内容的には地下階のデザイン部門、１階のグラフィック部門、建築部門、２階の芸術部門の４つに大別できる。

館内に入るとガラスの丸天井からの採光が印象的なロトンダ（円形ホール）に導かれ、そこからゆったりとした扇状の階段が上下の展示スペースに分かれていく。この段階ですでにインスタレーションが展示してありアート鑑賞が始まっている。デザイン部門は、家電や家具、車、コンピューターなど、いわゆるインダストリアルデザインをアートとして展示。見慣れた日本製品もあり親しみやすい。１階は期間により内容が異なる特別展がメインで、建築部門には模型や写真の豊富なコレクションがある。２階はドイツ表現主義（ブリュッケ、青騎士）、キュービズム（立体派）、シュールレアリスム、バウハウスなど、絵画だけでなく彫刻やモニュメント的作品も含む総合的な展示になっており、名前を挙げれば、ピカソ、ダリ、マティス、パウル・クレー、ウォーホル、ベックマン、キルヒナー、ヨーゼフ・ボイス、クリムト、カンディンスキーなどの巨匠がずらり。早足で見て回っても全体を見るには軽く２～３時間はかかるだろう。なお、カフェやミュージアムショップも併設。アルテ＆ノイエの両館も徒歩圏内なので、全館回れば、古典から現代までの総合美術館を鑑賞しているようなもの。ゆっくり１日かけてアート鑑賞に専念してみたい。

日常で出合う工業製品のデザインもアート

ピカソの作品。青の時代の名作も

ダリのシュールな作品

MAP●切りとり-３、p.206-B

●U2,8 Königspl.または市電27 Pinakothekからすぐ　住Barer Str.40　☎23805360　開10:00～17:00（木・金曜は～20:00）　休月曜、12/24、31、カーニバルの火曜、5/1　料€９（学生€５）

※日曜は３館とも入場€１

HP www.museum-der-moderne.de

ブーフハイム美術館 ★★
Buchheim Museum

map p.204-I

● S6 Starnberg《シュタルンベルク》下車後フェリーでBernriedなど。冬季はBernreidの鉄道駅から徒歩20分

映画『Uボート』の原作者であり、画家でもあり、美術出版社も経営するブーフハイム氏のプライベート・コレクション。彼自身の作品はもちろん、キルヒナーやロットルフなど、表現派（ブリュッケ）の作品が充実している。夏は周囲の自然散策も楽しい。

住Am Hirschgarten 1 D-82347 Bernried　☎08158-997020　開10:00～18:00（11～３月10:00～17:00）　休月曜　料€8.50（学生€3.50）

HP www.buchheimmuseum.de

世界最大の民俗祭！オクトーバーフェスト

本音でガイド

特別版

初日のパレードにはビール会社の山車も出る

まるっきり遊園地のノリ。絶叫系の乗り物もある

特大テントのビアホール

ドイツといえばビール、ビールといえばミュンヘン、ミュンヘンといえばオクトーバーフェスト。

ということで、オクトーバーフェストはドイツを代表する、いや、世界を代表する民俗祭である。なにしろこのお祭、ビールを飲む、ただひたすら飲む、飲みまくっちゃう、というとんでもないお祭。データでみると、毎年ここを訪れる人は600万人、消費されるビールは500～600万リットル！（※1）会場となる広場に建てられた超ウルトラ特大スーパーテントのビアホールは、一番大きなもので1万人ものキャパシティを誇る。それがビール会社（一部ワインなど）ごとに14テントも並ぶのだ。ここまでされると、どうだ、参ったか、と言われても、へへーと頭を下げて恐れ入るしかない。

ただし、問題がない訳でもない。なにしろ規模が大きくて有名なお祭りだから、世界中から観光客がワッと押し寄せてくる。これでもか、これでもか、と押し寄せてくる。そうなるとホテルがすぐに満杯になったり、料金もいつもより高くなってしまうのである（※2）。

もちろん、特大テントのビアホールもどこも満杯。座るところを探すのがひと苦労で、借りてきたネコのようにおとなしい人は、ただボーゼンと「私の席がニャアー」とでも泣くしかないのだ（※3）。

ところがどっこい、実はここがこのお祭りのいいところ。ここに来る外国人は、イタリア人やブラジル人など陽気なラテン系も多く、ふだんはお堅いドイツ人も、この時ばかりはハメを外す。たとえばテーブルの上に上がって雄叫びを上げ、パンツを下げる親父が出没したり、周囲にはやしたてられ、あろうことか胸をはだける女性が拝めたりもするのである。席がないから相席になるが、これが結局、絶好のナンパのきっかけ。若い人同士はすぐ仲良くなっちゃったり…（※4）。

もともと1810年にルートヴィヒ皇太子（後のルートヴィヒ1世）と王女テレーゼの結婚式の祝典に始まる祭りが、どこでどうすればここまで変わり果ててしまうのか（笑）。

期間中、広場は遊園地にもなっている。また、お祭らしさを味わいたい人は、最初の2日間に、市の中心から広場までパレードがあるのでそれを狙うといいだろう。

知らない人に声をかけられたりビールをおごられたりする

※1 ジョッキはマースと呼ばれる1リットル入り。おつまみの定番はニワトリの丸焼き。
※2 まったく空室がなくなるというほどでもないが、近郊に宿をとって電車で通ってもいい。
※3 期間中混雑の少ない日もあるが、席が見つからない時は、ウェイトレスに声を掛けて探してもらおう。
※4 ビール会社ごとに客層に特徴がある。ホーフブロイハウスは外国人が多く、混雑することで有名。

Data

Theresienwiese（オクトーバーフェスト会場）MAP p.205-G ● U4,5 TheresienwieseⓈHackerbrücke、U3,6 Goetheplatzからそれぞれ徒歩4分　期間：毎年10月の第1日曜を最終とする16日間。2006年は9/16～10/3。

ウォーキング実況中継
ミュンヘン中心部半日コース

ミュンヘンは、伝統的な町並をあちこちに残しつつ、現代の便利さも併せ持った大都会。主な見どころはマリエン広場周辺に集中している。このコースなら半日でミュンヘンを堪能できる。

マリエン広場の定番のひとつに大道芸人のパフォーマンスがある。新市庁舎をバックに記念撮影をしたり、広場特有の開放的な雰囲気を楽しみたい。

Start

中央駅
駅周辺はホテルが集中するエリア。ここからスタート。

9:30

カールス門
Schützenstr.からカールス広場にかけては現代的な雰囲気。

9:40

聖母教会
後期ゴシック様式（1468年～1488年）で、内部は巨大なホール。2本の塔は街のシンボル的存在。上に上ることもできる。p.213参照。
MAP●切りとり-15、p.206-F
塔のエレベーター：開10:00～17:00 休日曜・祝日、11～3月　料€3、学生€1.50

10:00

新市庁舎
ネオ・ゴシック様式。等身大の人形が動くドイツ最大の仕掛け時計が名物。尖塔にもエレベーターで上れる。時間に余裕があるようだったら周辺でショッピングを済ませよう。p.213参照。
MAP●切りとり-15、p.207-G
塔入場：開11～4月9:00～16:00（金曜～13:00）、5～10月9:00～19:00（土・日曜、祝日10:00～19:00）　休無休　料€2

10:20

マリエン広場
新市庁舎前の広場。この時間になったら買物途中の人も広場へ急ごう。新市庁舎の仕掛け時計（11月2日11:00・12:00、3～10月11:00・12:00・17:00）が見られる。

11:00

Goal

アルテorノイエorモダン・ピナコテーク
市内に数ある美術館の中でもダントツの人気を誇る。閉館までずっと鑑賞していたい。p.214、216参照。

15:20

ホーフガルテン

レジデンツのすぐ裏手。緑が多く休憩にぴったり。アルテ／ノイエ・ピナコテーク方面にはオデオン広場からバス53番を利用。

14:30

レジデンツ

市内最大の見どころのひとつ。とくに博物館は見応え充分。最低２時間ぐらいかけて見学したい。p.213参照。

12:30

マキシミリアン通り

とくにブランド品が充実したショッピングストリート。

12:00

Lunch

ヴィクトアリエン・マルクト

1807年から続く市内最大の市場。果物、野菜、漬け物、ソーセージなどを売るお店が所狭しと並んでいる。地元客向けだが、旅行者も見て歩くだけで楽しい。お昼を軽く済ませたいなら、ここのビアガーデンやインビス（軽食店）などで地元客に混じって楽しくどうぞ。

MAP●切りとり-15、p.207-K
●マリエン広場から徒歩３分

11:15

ナイトウォーキング in シュヴァービング

シュヴァービング地区は、ハイソでかっこいい注目のエリア。とくにレオポルド通り北端には芸術家が集まるカフェやバーがある。MAP p.205-C

❶バッハマイヤー・ホーフブロイ
Bachmaier-Hofbräu

ホーフブロイが経営する2005年オープンのバー。おしゃれにビールを楽しめると大人気。たとえばフィフPfiffは0.1ℓ入りのかわいいグラスビール。大ジョッキでは無理という女性におすすめ。もちろんワインやカクテルもある。

住Leopoldstr.50　☎3838680
営11:00～翌1:00（金・土曜～翌3:00）　休無休

❷ニュースカフェ
News Cafe

ロキシーと同じ経営だが、より気軽にリラックスできるスペースを目指した。店内奥にソファでくつろげるスペースがある。インターナショナル料理。

住Leopoldstr.74
☎38380600　営8:00～翌2:00（木～土曜は～翌3:00）　休無休

❸ラーディー
Lardy

スペイン系スナックとソウルミュージックが特徴のバー。毎日19～21時はハッピーアワー、約80種あるカクテルすべてが€4.20!!

住Leopoldstr.49
☎344949　営17:00～翌3:00　休無休

❹ロキシー
Roxy

ドイツの有名女優が経営。映画スターや著名人が集まる超人気スポットだ。料理はオーナーが世界を旅して、おいしかったものを採り入れる無国籍風。

住Leopoldstr.48　☎349292　営8:00～翌3:00
休無休

❺ティフィアナ・カフェ
Tijuana Café

ガーリックラムなど、フライパンにのせて出てくるファヒータ（テキサス料理、€13.90）が人気。17～20時はすべてのカクテルが€4.35で飲める。

住Leopoldstr.13　☎33040724
営17:00～翌1:00（金・土曜～翌2:00）　休無休

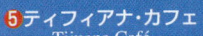

豚肉のロースト、シュバインブラーテン

Zum Dürnbräu
ツム・デュルンブロイ

珍しい肉料理が自慢の老舗

現在の建物は新しいが、創業500年というミュンヘンでも有数の歴史を誇るレストラン。店は少し奥まったところにあるが、地元の人に人気があり昼夜を問わず賑わっている。

この店の特色は、バイエルン産の雄牛を使った豪快な肉料理。メニューには牛の体が21分割された絵が表示されてあり、どの料理にどの部分の肉を使っているかがひと目でわかるようになっている。口の周りの肉をサラダにしたオクセンマウル・ザラート（€7.60）や、1頭の牛から2枚しか取れないというフレーダーマウス（€19.90）など、この店ならではの珍しい料理も多い。

ゆでたての白ソーセージも見逃せない

他にもケーゼシュペッツレ（€8.70）やシュバインブラーテン（ローストポーク€10.20）などバイエルン料理の種類も豊富。また、その日のメニューにエンテEnteという鴨肉料理があったらぜひお試しあれ。皮がパリッとしていておいしく、日本人好みの一品として人気だ。

ドリンクにはミュンヘンのオリジナルビール、シュパーテン・ビアSpaten Bier（€3.20）がおすすめ。夏は店の前の素敵なポーチで一杯どうぞ。

map ●切りとり-15、p.207-G
●マリエン広場から徒歩5分
■住所　Dürnbräugasse 2
■TEL　222195
■営業　9:00〜24:00
■休日　無休
■カード　VISA、MC、AMEX、DC

ゆっくり食事が楽しめそうな落ち着いた雰囲気も二重マル

Haxnbauer
ハクセンバウアー

名物の豚肉料理をどうぞ

この街でもっとも有名な、豚肉の専門レストラン。入口のグリルに豚のスネ肉がぐるぐると回転していて、店の外にも香ばしい匂いが漂ってくる。

map ●切りとり-15、p.207-G
●マリエン広場から徒歩5分
■住所　Sparkassenstr.6
■TEL　29162100
■営業　11:00〜24:00（ラストオーダー23:00）
■休日　無休
■カード　VISA、MC、AMEX
■www.kuffler-gastronomie.de

Valentin Stüberl
ヴァレンティン・シュトゥーベル

気さくな下町の料理屋さん

ヴィクトアリエン市場のそばで、コニーさんが切り盛りする店。地元の人が通う庶民的な普通の郷土料理を楽しみたい人におすすめ。

map ●切りとり-15、p.207-G
●マリエン広場から徒歩8分
■住所　Dreifaltigkeitspl. 2
■TEL　226950
■営業　11:00〜22:00
■休日　日曜
■カード　不可

Donisl
ドニズル

創業280年余ながら気さくな雰囲気

写真付の日本語メニューがあり、安心して注文できるうれしい店。チターやアコーディオンの生演奏も楽しい。単品は€7以下がほとんど。

map ●切りとり-15、p.206-F
●マリエン広場に隣接
■住所　Weinstr.1
■TEL　220184
■営業　9:00〜24:00
■休日　無休
■カード　VISA、MC、AMEX、DC、JCB

ミュンヘンの市外局番☎089

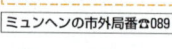

Augustiner Restaurant
アウグスティナー・レストラン

街の中心にある、ビール会社直営のレストラン

天気がいいときには外のテラスで、肌寒い時には趣ある店内で飲むもよし。いつも賑やかで、白ソーセージ（€4.20）がとくにおいしいと評判。

map ●切りとり-14、p.206-F
●カールス広場から徒歩２分
■住所　Neuhauserstr.27
■TEL　23183257
■営業　9:00〜24:00（ラストオーダー23:00）
■休日　無休
■カード　VISA、MC、AMEX、DC

Hofbräuhaus
ホーフブロイハウス

大人数で騒ぐのに最適なビアホール

地上階は相席で、すぐにいろいろな国の人と仲良くなれて、楽団の演奏も楽しい。3階では民族ショーが見られる（食事付で€19.50）。込むので置き引きに注意。

map ●切りとり-15、p.207-G
●マリエン広場から徒歩６分
■住所　Platzl 9
■TEL　2901360
■営業　9:00〜24:00、３階の民族ショーは18:30〜
■休日　無休
■カード　VISA、MC
■www.hofbraeuhaus.de

Bistro Shoya
ビストロ庄屋

ロコにも大好評の和食の店

割烹着のよく似合う、三千絵さんが切り盛りする「おふくろの味」の店。おにぎりやいなり寿司のテイクアウトもある。市北部の本店は高級和食。

map ●切りとり-15、p.207-G
●マリエン広場から徒歩６分
■住所　Orlandostr. 5
■TEL　292772
■営業　11:00〜24:00
■休日　無休
■カード　VISA、MC、AMEX、DC、JCB

ドイツ有数のショッピングタウンでブランドショップ巡り

ドイツ諸都市でも経済が安定し、比較的裕福な街といえるミュンヘン。観光客も多いとあって、世界的に有名なブランドショップが店を構える。ちなみにミュンヘンが本拠地のブランドといえば、わずかここ20数年でトップブランドに育ったMCMや、高級陶磁器メーカーとして250年以上もの伝統を誇るニンフェンブルクなどがある。なお、MCMは本店がNeumarkterstr.17（MAP p.205-H）に移ったので注意。

ベルサーチも店を構える

マキシミリアン通りMaximilianstr.（MAP ●切りとり-15〜16、p.207-G）
G.アルマーニ、ジル・サンダー、トッズ、ヴァレンチノ、エスカーダ、エルメス、ベルサーチ、バリー、カルティエ、ゴールドファイル、オメガ、ルイ・ヴィトン、モンブラン、フェラガモ、グッチ、ヒューゴ・ボス、ブルガリ、シャネル、ピオール、フューレ
ペルーザ通りPerusastr.（MAP ●切りとり-９、p.207-G ※マキシミリアン通り西端部）
バーバリー、ローレル、トーマス、ティファニー、プラダ
テアティナー通りTheatinerstr.（MAP ●切りとり-９、p.207-C）
アイグナー、レッケルエック、ブリー、エスカーダ、シャルルジョルダン
ブリエナー通りBriennerstr.（MAP ●切りとり-９、p.206-B〜p.207-C）
ニンフェンブルク、クリンストリング（マイセン）

Seb Wesely
ゼブ・ヴェセリー

上品な木彫り天使像ならここ

マリエン広場脇の小さな店ながら、地元の人などでいつも込む。とくに木彫りの天使像の表情には気品がある。聖母子像€56～、絵皿€15.50。

map ●切りとり-15、p.206-F
●マリエン広場からすぐ
■住所　Rindermarkt 1
■TEL　264519
■営業　9:00～18:30（土曜～18:00）
■休日　日曜、祝日
■カード　VISA、MC、AMEX、JCB
■www.seb-wesely.de

Fischer
フィシャー

欧州最大規模の各種模型の店

メルクリンの鉄道モデルなど、30万種という各種模型、モデルを扱う店。1階は普通のおもちゃ屋だが、シュタイフなどもあるのでのぞいてみよう。

map ●切りとり-14、p.206-E
●カールス広場から徒歩3分
■住所　Am Stachus Sonnenstr.2
■TEL　5491120
■FAX　5503726
■営業　9:30～20:00（土曜～18:00）
■休日　日曜、祝日
■カード　VISA、MC、AMEX、DC

Just Pure
ジャスト・ピュア

月の周期が美容にもたらす影響は？

月の満ち欠けが肌に与える影響などを元に、独自の美容理論を展開する注目の新ブランド。ボディケア関連商品の販売のほか、スパとしてマッサージなども。

map ●切りとり-9、p.206-F
●マリエン広場から徒歩7分
■住所　Maffeistr.6（Fünf Höfe内）
■TEL　24205888
■営業　10:00～19:00（土曜～18:00）
■休日　日曜
■カード　VISA、MC、DC
■www.justpure.com

Alois Dallmayr
ダルマイヤ

300年以上の老舗。高級デリカテッセン

欧州18王朝から御用達として重用されたという超有名店。高級デパ地下の雰囲気で何でも揃う。特にローストコーヒーや紅茶が有名。2階はレストラン。

map ●切りとり-15、p.207-G
●マリエン広場から徒歩5分
■住所　Dienerstr. 14-15
■TEL　21350
■営業　9:30～19:00（土曜9:00～18:00）
■休日　日曜
■カード　VISA、MC
■www.dallmayr.de

★★★★ Kempinskihotel Vier Jahreszeiten München
ケンピンスキー・ホテル・フィーア・ヤーレスツァイテン・ミュンヘン

由緒あるホテルで優雅なひとときを

1858年創業のミュンヘンを代表する最高級ホテル。創立には王族も深くかかわった。現在は世界的な高級ホテルチェーンとして、伝統と暖かいホスピタリティに定評がある。1972年のオリンピックを契機に新館を増設、1997年に数億円かけて改装、古く重厚な内装に、防火などの安全施設や最新のデジタル回線などの設備を完備。予約時に日本人と告げれば、緑茶や日本語新聞の無料サービスがある。本館は天井も高く落ち着いた感じで新館はモダンな雰囲気。宿泊者はプールが無料で利用できる。レストラン「ビストロ」の朝食ビュッフェ€25は大人気。

四季をモチーフにしたロビー

ミュンヘンの市外局番☎089

map ●切りとり-16、p.207-G
●オペラ座から徒歩3分
■住所　Maximilianstr.17
■TEL　21250
■FAX　21252000
■料金　S-€205～、W-€230～、朝食€29
■部屋数　全316室
■カード　VISA、MC、AMEX、DC、JCB
■日本　00531-65-0007
■www.kempinski-vierjahreszeiten.de

★★★ Platzl Hotel
プラッツル・ホテル

環境に優しいと表彰された

旧市街の中心にありながら静かで落ち着いた雰囲気のホテル。節水やゴミ分別などで環境に優しいと認定された。宿泊客に窮屈な思いをさせない。全室バス付。

map ●切りとり-15、p.207-G
●オペラ座から徒歩３分
■住所　Sparkassenstr.10
■TEL　237030
■FAX　23703800
■料金　S-€97～、W-€161～(犬€18)
■部屋数　全167室
■カード　VISA、MC、AMEX、DC
■www.platzl.de

★★★ Hotel Gautinger Hof
ホテル・ガウティンガーホーフ

郊外の高級住宅街に2004年夏オープン！

シュタルンベルク湖近くの住宅街、文化財にも指定されている建物がホテルに。経営は美人女将のイズミさん。日本人らしいきめ細かいサービスがうれしい。

map p.204-I
●S6 Gauting《ガウティング》から徒歩２分
■住所　Pippinstr.1
■TEL　8932580
■FAX　8508925
■料金　S-€76～、W-€96～
■部屋数　全22室
■カード　VISA、MC
■www.izumis.de

★★★ Hotel Max Emanuel
ホテル・マックス・エマヌエル

長期滞在に最適なホテル

イーザール川対岸の、静かな住宅地にあるホテル。キッチンを備えたフラットも多く、週末割引や長期滞在割引もある。ヒルトンホテルを背に道を進んだ先。

map ●切りとり-22、p.205-L
●S1他 Rosenheimerpl.《ローゼンハイマープラッツ》から徒歩７分
■住所　Rablstr.10
■TEL　458300
■FAX　45830815
■料金　S-€113～、W-€160～
■部屋数　全265室
■カード　VISA、MC、AMEX、DC
■www.deraghotels.de
■e-mail:maxemanuel@deraghotels.de

★★★★ Hotel Königshof
ホテル・ケーニヒスホーフ

名前(王様の館)の通りゴージャス！

大規模ではないが、そのロケーションの良さと内装の豪華さ、サービスなどで市内トップを争う高級ホテル。ベストレストランに選出されたレストランも。

map ●切りとり-８、p.206-E
●中央駅から徒歩約５分
■住所　Karlsplatz 25
■TEL　551360
■FAX　55136113
■料金　S-€220～、W-€270～
■部屋数　全86室
■カード　VISA､MC､AMEX､DC､JCB
■www.geisel-privathotels.de

★★★ Anna Hotel
アンナ・ホテル

新感覚のスタイリッシュホテル

過剰サービスを排し、同クラスのホテルより安価。スタイリッシュな内装で設備は最新、駅からも近い。部屋のミニバーのドリンク無料。ワイヤレスLANあり。

map ●切りとり-８、p.206-E
●中央駅から徒歩約５分
■住所　SchützenStr.1
■TEL　599940
■FAX　59994333
■料金　S-€165～、W-€185～
■部屋数　全56室
■カード　VISA、MC、AMEX、DC、JCB
■www.annahotel.de

ユーロY.H.ミュンヘン　Euro Youth Hotel München　★　map p.206-E
●中央駅から徒歩３分　■住所Senefelderstr.5　☎59908811　FAX59908877　料S-€35～、ドミトリー€12.90～

ホテル・アンバ　Amba　★★　map ●切りとり-7
●中央駅北口左１分　■住所　Arnulfstr.20　☎545140　FAX54514555　料S-€87～、W-€107～

ウォンバッツ　Wombat's City Hostel　★　map p.206-E
●中央駅から徒歩１分　■住所　Senefelderstr.1　☎59989180　料ドミ€19～　■www.wombats-hostels.com

A&Oシティ・ホテル　A&O City Hotel　★　map p.205-G
●中央駅から徒歩５分　■住所　Bayerstr.75　☎45235760　料S-€29～、ドミ€12～　■www.aohostels.com

ホテル・ドライレーヴェン　Drei L"owen　★★★　map p.206-E
●中央駅南口から徒歩２分　■住所　Schillerstr.8　☎551040　FAX55104905　料S-€105～、W-€130～

エヌハーホテル　NH Hotel München Deutscher Kaiser　★★★　map p.206-A
●中央駅北口正面　■住所　Arnulfstr.2　☎54530　FAX54532255　料S-€103～、W-€117～

★エコノミー　★★カジュアル　★★★スタンダード　★★★★ラグジュアリー

REGENSBURG

レーゲンスブルク

p.9-I ■人口＝12.5万人　■街の規模＝徒歩で半日

昔の面影が残る美しい街並

古い石畳の小路がノスタルジック ドナウ河畔の上品で優美な貴婦人

★★★ 歴史を感じさせる小道
★★ 大聖堂
★★ 帝国議会博物館
★ レーゲンスブルク・ソーセージ
★★★ 静かに流れるドナウ川

Access

●鉄道：ミュンヘン→RE（約１時間30分）→レーゲンスブルク［１時間毎／€20.80］、ニュルンベルク→ICE、RE他（約１時間）→レーゲンスブルク［１時間１～２本／€14.70］

Information

❶観光案内所：MAP p.224　住 Altes Rathaus ☎5074410　開9:15～18:00、土曜～16:00、日曜、祝日9:30～16:00（11～３月～14:30）　休1/1 HP www.regensburg.de
●ユースホステル：MAP p.224　住 Wöhrdstr. 60　☎57402　FAX 52411

街のしくみ 楽しみ方 旅人に安らぎを与える2000年の歴史を誇る街

この街の起源は古代ローマ時代までさかのぼる。のちにバイエルンの最初の首都として発展した、皇帝街道の中心地でもある。

旧市街はまるで時が止まったかのように昔の面影がある。珍しいローマ時代の城門も今に残る。入りくんだ細い路地をさまようと、なんともいえない風情ある街角に出合えて心がときめく。小粋な専門店が並び、ショーウィンドーをのぞくだけでも楽しい。

街の中心にそびえるのはケルンのそれにも匹敵する**大聖堂**Dom。ここではドイツ最古の少年合唱団の歌声をぜひ聞いてみよう。**旧市庁舎**で博物館の見学をしたら、そのまま**ハイド広場**Haidplatz周辺を散策するのがいい。歩き疲れたらドナウへ行こう。これまたドイツ最古の**石橋**Steinerne Brückeのたもとには、やはりドイツ最古のソーセージ屋がある。炭焼きのレーゲンスブルク・ソーセージはカリッとした歯ごたえが最高だ。

ドナウ川遊覧もおすすめ。ゆったりとした川の流れに身をまかせると、河畔の緑の丘に白亜の**ヴァルハラ神殿**が姿を現す。船を降り、丘を散歩がてら登ると、すばらしい景観が楽しめる。

時間に余裕があれば、河畔の街らしく**水運博物館**を見学してもいいし、**市立博物館**も見応えがある。８世紀に建てられた侯爵家の居城**トゥルン＆タクシス**城でも夢を見ることができる。19世紀ごろ改装された華麗な城内は必見の価値がある。

街の北側のプレタ・ポルタリアの門

Route Advice

大聖堂→市庁舎広場→ハイド広場→市立博物館→石橋→ヴァルハラ神殿→水運博物館→トゥルン＆タクシス城［全移動約６時間］

レーゲンスブルクの市外局番☎0941

大聖堂 ★★★
Dom

map p.224

●中央駅から徒歩10分

バイエルン地方を代表するゴシック建築が、この2本の105mの塔をもつ大聖堂だ。13〜16世紀にかけて建立された。ここのドームシュパッツェン（大聖堂のスズメ達）というドイツ最古の少年合唱団は、なんと1000年も続いており、日曜朝9:00にはその清らかな歌声を聞くことができる。

内部の芸術品も美しい

開6:30〜18:00（11〜3月は〜17:00） 休無休 料€2.50、学生€1.50

帝国議会博物館(旧市庁舎) ★★
Reichstagsmuseum

map p.224

●大聖堂から徒歩3分

石橋の南西に、最も古い部分は14世紀建造という旧市庁舎がある。カール大帝の時代からここで政治的に重要な帝国議会や諸侯会議が開かれていた。会議室や諸侯の間、拷問室が見学できる。恐ろしい拷問道具も。

住Altes Rathaus 開<ガイドツアー>9:30〜12:00、14:00〜16:00（30分毎。日・祝日10:00〜）※英語は15:30（4〜10月）、季節により変動。料€3、学生€1.50

この建物の一部が帝国議会博物館

ヴァルハラ神殿 ★★★
Walhalla

map p.224

●駅前からバスDonau《ドナウ》 Stauf《シュタウフ》下車徒歩10分

街の東約11㎞、高さ96mの丘にギリシア風の神殿がある。バイエルン王のルートヴィヒ1世が1830〜42年に建てたもの。厳かながら明るい雰囲気で、高い天井の立派な内部には121人のドイツの偉人の胸像がある。正面階段からの眺めもすばらしい。バスで行くのもいいが、3月下旬〜10月下旬は街から船が10:30と14:00に出ている。帰りの便は到着の1時間後。往復€9.80（学生€6.80）。

住Werftstr.8 開夏季9:00〜17:45（10月〜16:45、11〜3月10:00〜11:45、13:00〜15:45） 料€3、学生€2.50

アテネのパルテノン神殿を模して建てられた

知られざる小さな異国の街へ 美しき青きドナウの船の旅

天気さえ良ければ、のんびりと船で見知らぬ街へ行くのもいい。まずはレーゲンスブルクの石橋の船乗場からパッサウとは反対方向へ向かおう。左手の丘の上にルートヴィヒ1世が建てた円形の**解放記念堂Befreiungshalle**が見える。この街が**ケルハイムKelheim**でここから川は2つに分かれる。

船を乗り換え左へ進むと**ヴェルテンブルクWertenburg**に着く。ここには有名な大きな修道院がありビール醸造所もある。

乗り換えなければ船はケールハイムから**リーデンブルクRiedenburg**へ。途中、ヨーロッパでもっとも長い木製の橋をくぐる。橋が低いので、「甲板にいる人はしゃがんでくださーい」などというのどかなアナウンスがあったりする。石器時代に住居として使われていた鍾乳洞がある岩山を過ぎると、崖の上に**プルン城Schloss Prunn**が見える。リーデンブルクは愛らしい小さな街。ここには貴重なクリスタル博物館がある。

<遊覧船>4〜10月は毎日運航。料ヴェルテンブルクまで往復€16 ☎0941-55359

HP www.schifffahrtklinger.de

広大な自然の中での船旅はきっと心に残るだろう

Beim Dampfnudel-Uli
バイム・ダンプヌーデル・ウリ

なつかしいドイツ版おふくろの味

この店の自慢は、バイエルン風ダンプヌーデルンBayeriche Dampfnudeln mit Vanillesosseというかまどで蒸し焼きにした、ふんわりとしたパン。これには熱いバニラソースが添えてある。膨らみをつぶさないよう、ナイフを使わず２本のフォークで割くように食べるのがコツ。コーヒーにとても合う。日替わりメニューだがパイの一種のシュトルーデルStrudelも試す価値あり。アプリコットやリンゴなどの種類があり、薄い生地がなんともいえずおいしい。

丸天井の店内は、バイエルンらしい気さくな雰囲気。食事もでき、ドイツ料理の日替わりメニューが€５～７前後で食べられる。近くの街のリーデンブルクで造られた地ビールRiedenburger Hefe-Weizenも置いてある。店は大聖堂と旧市庁舎の中間くらいにあるので、ぜひ探してみよう。「日本人が来てくれるのがとてもうれしい！」というウリさんは、すでに30年以上もこのレストランを切り盛りする、レーゲンスブルクでも気のいい名物シェフで知られる。

map p.224
●大聖堂から徒歩２分
■住所　Am Watmarkt 4
■TEL　53297
■営業　火～金曜10:00～18:00
　　　　土曜10:00～16:00
■休日　日・月曜

Historische Wurstküche
ヒストーリッシェ・ヴルストキュッヘ

石橋のたもとにある850年続いた世界で一番古いソーセージの店

緑色のかわいらしい店。炭で焼いたレーゲンスブルク・ソーセージは皮がカリッとしていて忘れられない味。ドナウ川を見ながらビールと一緒にどうぞ。

map p.224
●大聖堂から徒歩５分
■住所　Thundorferstr.3
■TEL　466210
■営業　9:00～19:00
■休日　無休

★★★ Altstadthotel Arch
アルトシュタットホテル・アルヒ

12世紀建造の貴族も住んだ館

歴史的な意味から改築が禁止されていたため、多種の様式の部屋が残っている。ホテルを横から見ると名前の由来のノアの方舟に見えてくるから不思議。

map p.224
●市庁舎広場から徒歩２分
■住所　Haidplatz 4
■TEL　58660
■FAX　5866168
■料金　S-€71～99、W-€96～130
■部屋数　全65室
■カードVISA、MC、AMEX、DC、JCB
■www.altstadthotel-arch.de

★★★ Hotel Münchner Hof
ホテル・ミュンヘナーホーフ

細かな気配りを感じるホテル

旧市街中心にある古い建物を利用した家族経営の一流ホテル。落ち着いていて温かな雰囲気。部屋やバスルームは広く美しい。料理が自慢のレストランもある。

map p.224
●市庁舎広場から徒歩３分
■住所　Tändlergasse 9
■TEL　58440
■FAX　561709
■料金　S-€64～74、W-€85～100
■部屋数　全53室
■カードVISA、MC、AMEX、DC
■www.muenchner-hof.de

★★★ Hotel Kaiserhof am Dom
カイザーホーフ・アム・ドーム

大聖堂前のうぐいす色の洋館

14世紀からある礼拝堂をホテルに改築。大窓から光が差し込むホールは、今も昔の名残りがある。客室は少し狭いが、スタッフがさわやか。

map p.224
●大聖堂から徒歩１分
■住所　Kramgasse 10-12
■TEL　58535-0
■FAX　58535-95
■料金　S-€60～72、W-€89～120
■部屋数　全30室
■カードVISA、MC、AMEX、DC
■www.kaiserhof-am-dom.de

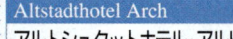

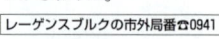

PASSAU

パッサウ

p.9-L ■人口＝5.05万人　■街の規模＝徒歩で半日

まるでおとぎの国のような、ドナウ、イン、イルツの3つの川が出合う街

- ★★★ 風光明媚な国境の町
- ★★★ 世界で一番大きなパイプオルガンのある大聖堂
- ★★ パイプオルガンのコンサート
- ★★ 国境が近いのでチェコやオーストリア製の品も
- ★★★ ドナウ、イン、イルツの3つの川

Access

●鉄道：ミュンヘン→RE(約2時間10分)→パッサウ[2時間毎／€26.80～]、ニュルンベルク→ICE、IC、EC(約2時間10分)→パッサウ[2時間毎／€36～]

Information

❶観光案内所：<駅前>住Bahnhofstr.36 ☎955980 開9:00～17:00(冬季の金曜～16:00)※12:00～12:30昼休み 休土・日曜、祝日／<市庁舎広場>住Rathausplatz 3 ☎955980 開8:30～18:00(土・日曜9:00～16:00)、冬季8:30～17:00(金曜～16:00) 休冬季の土・日曜 HP www.passau.de
●ユースホステル：住Veste Oberhaus 125 ☎493780

夕暮れに染まる、堂々とした大聖堂

街のしくみ　楽しみ方　オーストリア、チェコにほど近い、美しき水の都

約1.8万本のパイプを使用(大聖堂)

「地球上でもっとも美しい七都市のひとつ」とフンボルトが称えた街。シシィこと皇妃エリザベートはこの街を通ってウィーンに嫁入りした。街には3つの川が流れており、旧市街はまるで船のようにドナウ川とイン川の間に横たわっている。

駅を出て右方向に進むと、5分ほどでそこはもう**旧市街**。青いタマネギ型の塔が目印の、ひときわ大きな**大聖堂**Domへ行こう。壮麗な内部の装飾がすばらしいうえに、なんと世界最大のパイプオルガンがある。毎年5～10月の夏季とクリスマスにはオルガンコンサートが開催される（開月～金曜12:00～12:30、料€3、子供€1／祝日以外の木曜19:30～、料€5～8）。

ドナウ川の対岸の崖上には**オーバーハウス砦**Veste Oberhausがある。崖上からは3つの川の合流地点も見える。絵本に出てきそうなかわいらしい塔を持つのは**市庁舎**。隣の**ホテル・ヴィルダーマン**内の**ガラス博物館**Passauer Glasmuseum（開13:00～17:00 料€5、学生€3）は必見だ。約3万点もの色鮮やかなボヘミアングラスが展示されており、250年に渡るグラスの歴史をかいま見られる。

オーバーハウス砦から見た大聖堂と旧市街

国境の街パッサウは、オーストリアの民族衣装やチェコのボヘミアングラス、ハンガリーの食料品などの店があり、買物が楽しい。雰囲気のある小路も多いので、心ゆくまで街を歩きたい。

★★★ Hotel Wilder Mann ホテル・ヴィルダーマン

エリザベートら世界のVIPを迎えてきた歴史的ホテル。華麗で重厚なインテリアに圧倒される。

map 地図外
●市庁舎広場から徒歩1分
■住所　Am Rathausplatz　■TEL　35071
■FAX　31712　■料金　S-€49～、W-€98～
■部屋数　全40室　■カード　VISA、MC、AMEX、DC

★★★ Hotel Passauer Wolf ホテル・パッサウアーヴォルフ

ドナウ川沿いの抜群の立地にある。自慢は街で3本の指に入るといわれるレストラン。

map 地図外
●大聖堂から徒歩3分
■住所　Rindermarkt 6-8　■TEL　9315110
■FAX　9315150　■料金　S-€64～、W-€95～
■部屋数　全40室　■カード　VISA、MC、DC、JCB

パッサウの市外局番☎0851

★エコノミー　★★カジュアル　★★★スタンダード　★★★★ラグジュアリー

Alpen Strasse

アルペン街道

Germany

スイス、オーストリアに国境がまたがるボーデン湖に面したリゾート地。湖ではボート遊びもできる。

リンダーホーフ城への拠点となる街。独自の木彫りの人形でも有名。フレスコ画もある。

アルゴイ地方
Allgäu

フュッセン～リンダウ間はアルゴイ地方と呼ばれ、とくに風光明媚な区間。途中のケンプテンKemptenまでバスを利用すると車窓からの景色に感動できる。

●ドイツ山岳リゾートの中心●

なだらかな丘に広がる牧草地、澄んだ紺碧の湖、後方にはうっすらと雪をいただくアルペンの山々。隣国スイスのような高峰こそないが、その起伏に富んだ自然の美しさはヨーロッパ随一。山岳リゾートとして夏は登山、冬はスキーにと、アクティブに過ごせるのが最大の魅力。ルートヴィヒ２世の建てた３つの城もこの街道沿いにある（ノイシュヴァンシュタイン城はロマンチック街道で紹介）。

●移動の手段●

残念ながら都市間すべてを直接結ぶ鉄道はない。鉄道だけで移動するには、いったんミュンヘンを経由することになる。代わりに路線バスが非常に発達しているので、短い都市間ならバスの利用が現実的だ。とくにフュッセン～オーバーアマガウ～ガルミッシュ・パルテンキルヒェン間は本数も多くて便利。

●旅行シーズン●

ベストシーズンは５月中旬～９月ごろだが、ガルミッシュ・パルテンキルヒェン、ミッテンヴァルトなど、スキーが楽しめる街は冬でも賑わう。リゾート地なので、どの時期を選ぶにしても長期滞在をおすすめしたい。

アドバイス

バスは土・日曜、祝日の本数は減るが、時刻表の書かれ方は日本のように平日用と土・日曜用とに分かれていない。バスの時刻を表す数字の前にａやｘなど記号が付いていて、欄外に「ａのバスは土・日曜運休」、というような説明がある。

また、１日乗車券（ターゲスカルテ）を買うと、目的地が遠かった場合、単発の乗車券を買うより安くなるということがよくある。元の場所にまた戻る場合は往復券（リュックファーチケット）を買っておくとよい。乗車の際は、どうするのが一番安いのか運転手に確認するとよいだろう。

例：ガルミッシュ・パルテンキルヒェン～ホーエンシュヴァンガウ：１日乗車券€８

車窓からはみずみずしい緑が広がる。

小さな街だが人気は高い。ヴァイオリン作りと、街の家々を彩るフレスコ画で有名。

キーム湖に面したリゾート地。見どころは湖の島に建つヘレンキームゼー城。駅から桟橋まではミニSL列車で行く。

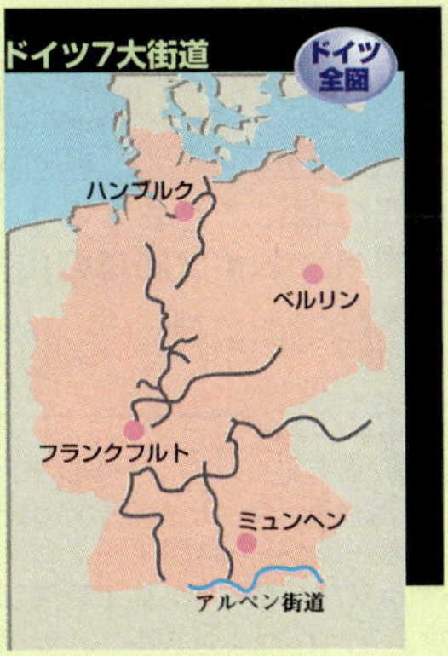

ドイツ最高峰、ツークシュピッツェへの登山口。冬はウィンタースポーツのメッカでもある。

街道中で一、二を争う高級山岳リゾート地。スパイ小説によく登場するヒトラーの山荘がある。

BERCHTESGADEN

ベルヒテスガーデン

p.9-L ■人口＝0.77万人 ■街の規模＝徒歩で半日

山間の湖にこだまするトランペットの調べ。ドイツ屈指の山岳景勝地

★★★ ケールシュタイン山、ケーニヒス湖など

★ アドルフ・ヒトラー

Access

●鉄道：ミュンヘン→RB（約１時間）他→Freilassing（乗換）→RB（約50分）他→ベルヒテスガーデン［１時間１～２本／€25.20～］、ザルツブルク→RB（約１時間15分）→ベルヒテスガーデン［１日10本～／€7.60］
●バス：ザルツブルク→（約45分）→ベルヒテスガーデン［１時間毎／€3.90（往復€6.90）］

Information

ℹ観光案内所：＜駅前＞住Königssee Str.2 ☎9670 FAX967402 開8:30～18:00（土曜9:00～17:00、日曜9:00～15:00）、12～５月中旬8:30～17:00（土曜9:00～12:00） 休祝日、12～５月中旬の日曜 HP www.berchtesgaden.de

街のしくみ 楽しみ方

バスで日帰りできる近郊の景勝地を探訪しよう！

アルペン街道、東端の起点。ドイツを代表する山岳景勝地で、街の南側、ヴァッツマン山一帯は国立公園に指定されている。すぐ隣はザルツブルク（オーストリア）だ。

駅を下りたら目の前が川。ℹはその川に向かって左側の橋を渡ったところにある。街の中心地は、駅裏手の高台。観光客向けのみやげ物屋が多いのはマルクト広場周辺。その北には、**城**（参事会修道院）Schlossがあり、内部が昔の工芸品や調度品の博物館〈開10:00～13:00、14:00～17:00（冬季11:00～14:00） 休土・日曜、祝日 料€７、学生€3.50〉になっている。

日帰り人気スポットは**ケーニヒス湖**、**ケールシュタインハウス**、トロッコで地中に入る**岩塩鉱山**Salzbergwerk〈開9:00～17:00（冬季11:00～15:00） 休夏季以外の一部休日 料€12.50、学生€11〉。

街の宿では**Hotel Watzmann**（料S-€30～、W-€60～ ☎2055）、**Hotel Wittelabach**（料S-€40～、W-€70～ ☎96380）が庶民的な宿。湖畔の**Hotel Schiffmeister**（料S-€30～、W-€60～ ☎96350）もいい。

城Schloss。手前は広場になっている

ベルヒテスガーデンの市外局番☎08652

雄大なアルプスの山間に位置する街

ケールシュタインハウス（鷹の巣） ★★
Kehlsteinhaus（Eagle's Nest）

●ケールシュタイン広場からマウンテンバス（Obersalzberg-Hintereckまで）で約50分、エレベーターで41秒

ケールシュタイン山頂にあるヒトラーの別荘。標高1834m、眼下に広がるパノラマは絶景だ。金ピカ（真鍮製）のエレベーターも名物。
開8:00～17:00 休10月中旬～５月中旬 料€13.50（往復のバス、エレベーター代）

ケーニヒス湖 ★★★
Königssee

●ベルヒテスガーデン駅からバス（１時間１～２本／片道€2.20、往復€3.90）で約10分

山間の断崖に挟まれた美しい湖。静かな電動の遊覧船があり、35分ほどで**聖バルトロメー僧院**St.Bartholomäに到着。途中、ヴァッツマン山の大岩壁を前にガイドがトランペットを演奏、山間にこだまする清澄な音色は名物。僧院隣のレストランの川マス料理が美味。

僧院（左）で引き返すボートは€10.90

PRIEN AM CHIEMSEE

プリーン（キーム湖）

p.9-L ■人口＝1万人 ■街の規模＝徒歩で半日

州最大の湖“バイエルンの海”に浮かぶヘレンキームゼー城

★★★ ヴェルサイユ宮殿を模したヘレンキームゼー城

★★ バイエルンの海と呼ばれるキーム湖

Access

●鉄道：ミュンヘン→RE（約1時間）他→プリーン［1時間1本／IC€17、RE€13.40～］、ベルヒテスガーデン→RB（約50分）他→Freilassing（乗換）→IC（約35分）→プリーン［1時間1本／約€18］

Information

ⓘ観光案内所：<旧市庁舎前通り>㊟Alte Rathausstr.11 ☎69050 FAX690540 開8:30～18:00（土曜8:30～16:00）、11～3月は8:30～17:00 休日曜、祝日 HP www.prien.de

●ユースホステル：㊟Carl-Braun-Str.66 ☎68770

街のしくみ 楽しみ方 街から島上の城へはミニSLとフェリーにて

バイエルンの海と呼ばれる**キーム湖**Chiemseeは州最大の湖。街はその湖畔に位置し、夏はウォータースポーツなどを楽しむ行楽客で賑わう。しかし、ここの最大の見どころは、ルートヴィヒ2世が、湖に浮かぶ島に建てた**ヘレンキームゼー城**（p.232参照）だ。

夏は駅構内にⓘがある。街自体は駅周辺が中心だが、観光が目的なら迷わず湖畔の**桟橋**Stockへ。距離にして2㎞足らずだが、バスか**ミニSL**（下記参照）があり、乗場は駅に隣接している。

湖の定番、ヨットやボート遊びも楽しめる

湖には、お城の建つ**ヘレン島**の他、**フラウエン島**などがあり、遊覧フェリーが1時間2～3便程度出ている。湖が気に入ったら、両島まとめて周辺の港も一周するクルージング（所要2時間30分、料€9.80）も楽しい。

また、ヨットハーバー、テニスコートなど、レジャー施設が充実した**ヨットホテル・キームゼー**（㊟Harrassestr.49 料S-€110～150、W-€140～180 ☎6960 FAX5171）のようなリゾートホテルもある。

島内は緑が多く、船着き場から城までは馬車も

小さくても本物！ ミニSL（蒸気機関車）で桟橋まで

プリーンの駅から湖畔の桟橋までは徒歩でも約30分の距離。しかしここには短いが正真正銘、本物のSLが運行している。といってもこのSL、遊園地を走っていそうな、とっても小さくてかわいいミニSL！なのだ。110年以上も現役で活躍していて、いまだに蒸気を噴き、石炭で動く。時間的には短い旅だが、駅から桟橋までの間の景観は意外に緑も多くて充分に楽しい。バス便もあるが、こちらの方がおすすめ。5～9月は毎日運行。

●Chiemseebahn 料€3、10:10～17:50（土・日曜、祝日も同じ）1時間ごとに運行し、所要約8分 ☎6090

照れるぽっぽ屋

馬力110ps。蒸気にはロマンがある

わがままレポート

ヘレンキームゼー城 ★★★

Schloss Herrenchiemsee

map p.200-B

まるで未完のヴェルサイユ？

ルートヴィヒ2世の肖像画

ルートヴィヒ2世、最後にして最大の城。国家財政を傾けるほどの費用を投入

ルートヴィヒ2世が建てた3つの城のうち、**ノイシュヴァンシュタイン城**（p.197）と**リンダーホーフ城**（p.237）は有名だが、実はその規模において、前述2つの城をしのぐのがこの城だ。内容については比較のしようがないが、投入した費用については間違いなくNo.1。国家財政が傾いたとまでいわれている。

城はなぜか、へんぴなヘレン島（そのほとんどが森に覆われている）に建てられていて、島までは駅からミニ**SL**（p.231参照）とフェリー（20～30分毎、所要約15分 料往復€7.90）を乗り継いで行く。

鏡の間。これを見ればパリまで行かなくていい？

到着してまず最初に驚くのは、その前面に広がるフランス式庭園。そして、なぜかそこにはラトナの泉が……。そう、それはまさしくヴェルサイユ宮殿の庭園なのである。（残念ながら規模は本家よりも小さい！）

黄金をふんだんに使ったタンス

実はこの城の建設に先立って、ルートヴィヒ2世は2度に渡ってパリを訪問したことがある。その際、ヴェルサイユ宮殿に感銘を受け、太陽王ルイ14世に心酔し、この城の建設を思いついたという。もちろん、内部もそのコピーのオンパレード。見学は、ガイドが付くツアー（所要約40分）が定時（英語は午前、午後2回ずつ）に出る。

すべてがマイセンの磁器で作られた**磁器の間**など興味深い部屋も多いが、圧巻はやはり鏡の間。本家の**鏡の間**をもしのぐ絢爛さは見事だ。ただし、王はこの城にたった9日間しか滞在できず、その後、謎の死を遂げ、城も未完のまま。

ルートヴィヒ2世博物館König-Ludwig-II-Museumも併設。

開9:00～18:00（10～3月は9:40～16:15 休12/24、25、31、1/1、ファッシングの火曜日（2/4） 料€7、学生€6（博物館込み） ☎68870

第一控室。左のタンスはベッコウ＆金張りの逸品

★★★ Sport-Golfhotel Reinhart スポーツゴルフホテル・ラインハルト

湖に面した極上リゾート

桟橋から湖に向かって左側。プール、サウナはもちろん、ビューティ＆ウェルネスなど、リゾート地にふさわしいプログラムが充実。レストランでは新鮮魚介料理を賞味したい。平日は近くのゴルフ場（18ホール）の予約もしてくれる。

●桟橋から徒歩約2分
■住所 Seepromenade
■TEL 6940
■FAX 694100
■料金 S-€85、W-€85～125（ともに屋内プールとサウナ利用料込み）
■部屋数 全62室
■カード VISA、MC、AMEX、DC、JCB

プリーンの市外局番☎08051

★エコノミー ★★カジュアル ★★★スタンダード ★★★★ラグジュアリー

MITTENWALD

ミッテンヴァルト

p.9-K ■人口＝0.81万人 ■街の規模＝徒歩で半日

フレスコ画で彩られた山麓の美しい街。ヴァイオリン作りでも有名

★★★ 民家の外壁に描かれたフレスコ画

★★ カーヴェンデル山など

街から2000m級の山まですぐに行けてしまう

Access

●鉄道：ミュンヘン→RB（約１時間50分）→ミッテンヴァルト［１時間１本／€18］、ガルミッシュ・パルテンキルヒェン→RE他（約25分）→ミッテンヴァルト［１時間１本／€3.40］

●路線バス：ガルミッシュ・パルテンキルヒェン→（約20分）→ミッテンヴァルト［１～２時間１本／€3.30］

Information

ℹ観光案内所：＜市庁舎横＞MAP p.233

住 Dammkar-Str.3　☎33981　FAX 2701

開 8:30～18:00（５月15日～10月の土曜9:00～12:00、日曜10:00～12:00）　休 11月～５月14日の土・日曜

HP www.mittenwald.de

●ユースホステル：MAP p.233

住 Buckelwiesen 7　☎1701　休 11/15～12/27

街のしくみ 楽しみ方 街見学は半日で充分。周辺にトレッキングに出かけよう

標高912m、アルペン街道中、最高所にある保養地。街は**カーヴェンデル山**（p.234参照）の麓に開けている。中世に、イタリアとの交易路沿いの街として栄えた歴史があり、マティアス・クロイツがヴァイオリン作りの技術を伝えてからはヴァイオリン産業が発達した。

駅周辺は殺風景だが、街の目抜き通り**オーバーマルクト**Obermarktは華やいだ雰囲気。カフェやみやげ物屋が多いだけではなく、北端の**カトリック教会**から銀行にいたるまで、ほとんどの建物の壁面に**フレスコ画**（p.234参照）が描かれているのだ。見て歩くだけでも充分楽しい。

１泊以上するなら、ぜひ周辺の山や丘に足をのばしてもらいたい。歩くのがつらい人には**パノラマエクスプレス**Panorama-Express（問い合わせ：Ferienglück社　☎1201　料 €7.50　所要２時間）という観光バスがある。ふだんは車の通れないコースをたどり、途中、湖などのすばらしい景観を横目に、**ヴァルガウ**Wallgau、**エルマウ**Elmauなど近隣の村を訪れる。５月中旬から10月中旬の毎日、駅前から出発。火・木曜日はヴァルガウまで（10:25、13:10、15:20、17:15発）、それ以外

オーバーマルクト。奥にはカトリック教会が見える

スライダーもある国鉄駅前のプール。屋内にはサウナも完備

ヴァイオリン形ボトルのリキュール

チターという弦楽器

派手なパノラマエクスプレス号

はエルマウまで（10:23、15:19発）運行する。

駅そばのプールErlebnisbad〈住Dammkarstr.6　開10:00～21:00（月曜16:00～）、サウナ12:00～22:00　料サウナ込みで€8.50／3時間、€10／1日　☎8222〉もおすすめ。

カーヴェンデル山 ★★★
Karwendel

map p.233

●ロープウェイ乗場まで駅から徒歩15分

駅を挟んで街の背後にそびえ立つ標高2385mの高峰。ロープウェイ（営8:30～16:00、約30分間隔　料往復€20、片道€13）があり、山頂近くの2244m地点までは所要約6分。山上にはレストランがある。登山技術に自信があるなら帰りはトレッキングでもいい。途中に山小屋もある。

山の手前には小川も流れている

街角ワンショット

民家の壁を彩る美しいフレスコ画

街でよく見かけるのが民家などの壁面に描かれたフレスコ画。200年ほど前、教会に絵を描く目的で街に滞在した絵師が、世話になった民家にお礼の意味で絵を描いたのが始まり。今では、まるで街全体がキャンパスのようだ。とくにIm Gries近辺のものが古く、キリスト教を題材にしたものが多い。

上の天使は立体的だが実は彫刻

ヴァイオリン博物館 ★★
Geigenbaumuseum

map p.233

●駅から徒歩７分

マティアス・クロイツ以降、300年におよぶ街のヴァイオリン製作の歴史を展示。200年以上前のヴァイオリンや世界の弦楽器なども見られる。

住Ballenhausgasse 3　開10:00～17:00　休月曜　料€4、学生€3、子供€2　☎2511

マティアス・クロイツの像

工房の様子を再現した部屋が興味深い

★★ Hotel Alpenrose
ホテル・アルペンローゼ

食事はチターの伴奏付きで

600年の歴史が染み込んだ建物と、田舎の素朴さを感じさせるサービス。人気のレストランでは、この地方の民族楽器、チターの伴奏でディナーを楽しめる。

map p.233
●駅から徒歩６分
■住所　Obermarkt 1
■TEL　92700
■FAX　3720
■料金　S-€21～44、W-€66～85
■部屋数　全18室
■カードVISA、MC、AMEX、DC、JCB

★★ Hotel Rieger
ホテル・リーガー

サウナ、プール（宿泊客無料）などの設備が充実している。眺めのいいテラスカフェも利用したい。

map p.233
●駅から徒歩10分　■住所　Dekan-Karl-Pl.28
■TEL　92500　■FAX　9250250
■料金　S-€62、W-€116～150（夕食込み）
■部屋数　全45室　■カード　VISA、MC、AMEX、DC

★★ Gästehaus Franziska
ゲストハウス・フランツィスカ

大通りの端で静かな環境、ロッジ的雰囲気。スイートルームが€80～94と安いのも特徴だ。

map p.233
●駅から徒歩10分
■住所　Innsbrucker Str.24　■TEL　92030
■FAX　3893　■料金　S-€32～45、W-€64～80
■部屋数　全19室　■カード　VISA、AMEX

OBERAMMERGAU

オーバーアマガウ

p.9-K ■人口＝0.53万人 ■街の規模＝徒歩で１日

伝統の木彫り人形と民家を彩るフレスコ画。郊外にはリンダーホーフ城も

- ★★ フレスコ画に彩られた民家など
- ★★★ リンダーホーフ城
- ★★ 10年に１度のキリスト受難劇
- ★ アルプスの山々に囲まれた景観

Access

●鉄道：ミュンヘン→RB（約１時間）他→Murnau（乗換）→RB（約40分）→オーバーアマガウ［１時間１本／€14.70］
●路線バス：フュッセン→（約１時間30分）→オーバーアマガウ［１日５～６本／１日券€８※乗り換えあり］、ガルミッシュ・パルテンキルヒェン→（約40分）→オーバーアマガウ［１時間１本／€3.60（往復券€6.30）］
※フュッセンのバス乗場は駅前２番。季節、曜日により本数変動あり。

Information

❶観光案内所：＜保養客センター横＞ MAP p.235 住Eugen-Papst-Str.9a ☎92310 FAX923190 開8:30～18:00（土曜9:00～12:00、日曜、祝日10:00～13:00） 休11月の土・日曜、祝日 HP www.oberammergau.de
●ユースホステル：MAP p.235 住Malenstein-weg 10 ☎4114

街のしくみ 楽しみ方 充実したおみやげ屋。童話がテーマのフレスコ画も楽しい

ミッテンヴァルト（p.233参照）と同様、民家などの壁面に描かれたフレスコ画が印象的な村。**リンダーホーフ城**（p.237参照）への拠点でもある（バスは駅前から出ている）。

村の中心となるのは**ドルフ通り**Dorfstr.。左右に村の伝統民芸品である**木彫り人形**などを扱った店が並ぶ。小さな村のわりにその数が多く、ウインドーショッピングするだけでも楽しい。18世紀以降の木彫工芸品などを収集した**郷土博物館**Heimatmuseum（住Dorfstr.8 開10:00～17:00 休月曜 料€3.50）もこの通りに面している。

オーバーアマガウの市外局番☎08822

村全体の家並も見どころのひとつ

フレスコ画のテーマは宗教的なものが多いが、「赤ずきんちゃん」など、童話を題材にしたものも。**エッターラー通り**Ettalerstr.を南に下ると、孤児院の壁面に「ヘンゼルとグレーテル」なども見られる。

村で10年に１度上演される**キリスト受難劇**Passion Spielも世界的に有名。1633年に流行したペストで村が無事だったのを感謝して演じたのが始まり。

ちょっと珍しい、童話を題材にしたフレスコ画

孤児院の壁に描かれた「ヘンゼルとグレーテル」

ピラトゥースハウス ★★
Pilatushaus

map p.235

●駅から徒歩７分

地元のフレスコ画家Franz Seraph Zwinkの最高傑作で壁面を彩られた家。内部は、木彫り、彩色、陶芸など、工芸家のワークショップになっている。２階は展示場。

作品を買うこともできる

住Ludwig-Thoma-Str.10
開 3～10月の13:00～18:00
休月曜　※見学は自由

名物 pick up 村人の１割が彫刻家？伝統の木彫り人形

この村の民芸品として名高い木彫り人形。キリスト教を題材にしたものが多く、淡い色調の彩色と、人形の衣服のシワまでなめらかに再現する繊細な表現が特徴。村人の１割が彫刻家といわれるほど工房も多い。そんな中、ひと味違うのが、国際ハンドワークメッセで金賞を受賞した工房、クルッカーKlucker（☎4656　住St.Lukasstr.　営8:30～18:00（土曜～14:00）　休日曜　見学可（要電話予約）　MAPp.235）。有名なモーレスケンダンサー像（€1480～6600）を再現するなど、他にはない作品が多い。€10程度の品もある。

表情や仕草が生き生きとしてる

⬅村人や動物を描写した作品も

★★ Hotel Alte Post ホテル・アルテポスト

建物全体がアンティーク

建物は500年の歴史を誇り、レストランの天井の梁も400年前のもの。館内は重厚な雰囲気。キリストのフレスコ画が目を引く。

map p.235
●駅から徒歩10分
■住所　Dorfstr.19
■TEL　9100
■FAX　910100
■料金　S-€40～45、W-€57～65
■部屋数　全32室
■カードVISA、MC、AMEX、DC

★★ Hotel Schilcherhof ホテル・シルヒャーホーフ

美しい庭と愛想のいい女主人

ちょっとおしゃべりだが愛想のいい女主人のもてなしがうれしい。値段のわりに設備もよく、手前の庭には美しい花壇があり１階のカフェも明るい雰囲気。駅から近い。

map p.235
●駅から徒歩５分
■住所　Bahnhofstr.17
■TEL　4740
■FAX　3793
■料金　S-€33、W-€60～66
■部屋数　全45室
■カードVISA、MC、AMEX

★★★ Parkhotel Sonnenhof パークホテル・ゾンネンホーフ

川のほとりの閑静な宿。プール、サウナ完備（宿泊客無料）。６歳以下は無料。全室バルコニー付。

map p.235
●駅から徒歩15分
■住所　König-Ludwig-Str.12　■TEL　9130
■FAX　3047　■料金　S-€57～69、W-€95～128
■部屋数　全61室　■カード　VISA、MC、AMEX、DC、JCB

★★ Pension Enzianhof ペンション・エンツィアンホフ

館内はすべて手作り家具を置いて温かい雰囲気。改装され清潔感もあり、居心地がよい。

map p.235
●駅から徒歩15分
■住所　Ettaler Str.33　■TEL　215　■FAX　4169
■料金　S-€26～29、W-€44～50（夕食€11）
■部屋数　全18室　■カード　VISA、MC

★エコノミー　★★カジュアル　★★★スタンダード　★★★★ラグジュアリー

わがままレポート

リンダーホーフ城 ★★★
Schloss Linderhof

map p.200-A

絢爛妖美なファンタジー城

手前はテラス付の階段になっている

具現化したルートヴィヒ２世のファンタジー。
オペラを上演しようとした「ヴィーナスの洞窟」は必見！

ルートヴィヒ２世が手がけた３つの城のうち、唯一完成（1879年）した城。隠遁用のプライベートな別邸として建てられたため、人里離れた渓谷にある。

象牙製のシャンデリア

王がパリ訪問の際、感銘を受けたというヴェルサイユ宮殿のトリアノン宮を模し、華美極まるロココ調の内装と個人的な幻想を満足させるためのさまざまな仕掛けに特徴がある。

たとえばまず、正面の噴水。中央の金箔の女神像だけでも充分なのに、水柱の高さがなんと30m！　いくら噴水好きでもそこまでやるか、と言いたくなる。内部で有名なのが**魔法の食卓**だ。なんと、料理が並んだテーブルが、エレベーター式に階下からせり上がってくるという仕掛け。普通は思い付いてもやらないことを堂々とやってくれているのが気持ちいい。

個々の部屋も小ぶりだが工夫がすごい。**鏡の間**は、文字通り４面鏡張りのめまいがするような部屋。王はこの部屋に捕らえた鹿を放ち、その鹿が鏡に映った自分の姿にとまどう様を見て喜んだという。この部屋には象牙でできたシャンデリアや、250年間動き続けているスイス製の時計もある。

妖しい光に包まれるヴィーナスの洞窟

しかし、この城の圧巻は裏手にあるヴィーナスの洞窟（夏季のみ見学可）だ。人工の洞窟だが、中に小さな池があり、当時の最新技術によってライトアップされた中、そこに金ぴかの小舟を浮かべて、タンホイザーのオペラを鑑賞するつもりだったという!!　他にもムーア人のあずま屋（マウリッシャー・キオスク）、フンディングの小屋などがある。

●オーバーアマガウからバス（10:25から約１時間毎、６～７本）で約25分。内部見学は、ある程度人数が揃ってからガイドが先導して回る方式。

天井のフレスコ画

開9:00～17:30、10月中旬～３月は10:00～16:00　休12/24～25、12/31、1/1、カーニバル中の火曜　料€７、学生€６（冬季€６、学生€５）　☎92030

よく見ると画の一部が立体になっている

GARMISCH PARTENKIRCHEN

ガルミッシュ・パルテンキルヒェン

p.9-K

■人口＝2.7万人　■街の規模＝徒歩で１日

天国に一番近いドイツ！　目指すはドイツ最高峰ツークシュピッツェだ

★★ 旧市街のフレスコ画が描かれた町並

★ クアパーク前のショッピングエリア

★★★ ツークシュピッツェ、パルトナッハ渓谷など

★ リヒャルト・シュトラウス

Access

●鉄道：ミュンヘン→RB（約１時間25分）他→ガルミッシュ・パルテンキルヒェン［１時間１本／€15.50］、ミッテンヴァルト→RB（約25分）他→ガルミッシュ・パルテンキルヒェン［１時間１本／€3.40］

●路線バス：フュッセン→（約１時間20分）→オーバーアマガウ（乗換）→（約40分）→ガルミッシュ・パルテンキルヒェン［１日３～８本／€８（１日券）］

※フュッセンでのバス乗場は駅前２番

●市内交通：市内バスは１回券€１（ビジターカードがあれば無料）。行き先は限定されるが便利。

Information

ℹ観光案内所：＜クアハウス横＞MAP p.239-B 住 Richard-Strauss-Pl.1a ☎180700 FAX 180755 開 8:00～18:00（日曜、祝日10:00～12:00） 休 無休

HP www.garmisch-partenkirchen.de

●ビジターカード：市内バス無料（宿泊期間中）、カジノ入場無料（１回）など27の特典あり。ホテルで配布（１日€２。宿代に含まれて、無料の場合もある）。もらった方が得。

周囲をアルペンの山々が取り囲む

街のしくみ 楽しみ方　街は２つに分けられる。賑やかなのはガルミッシュ側

ドイツアルプス、山岳リゾートの中心地。ドイツ最高峰**ツークシュピッツェ**（p.240参照）への登山口としても名高い。

街は、駅を挟んで東のパルテンキルヒェン側と西のガルミッシュ側に分かれる。これは、もともと２つの街だったのを、1936年の冬季オリンピック招致のため合併したからだ。ガルミッシュ側には、国際会議場、**カジノ** Spielbank〈営 12:00～翌2:00（金・土曜～翌3:00） 休 無休 料 スロット入場€0.50他 ☎95990 ※要パスポート、ネクタイ、ジャケット着用〉などがあり、**クアパーク前** Am Kurpark周辺のショッピングエリアも充実。パルテンキルヒェン側の中心は**ルートヴィヒ通り** Ludwigstr.周辺。他は少々閑散としているが、壁面にフレスコ画が描かれた古い民家が残っているなど、雰囲気には趣がある。

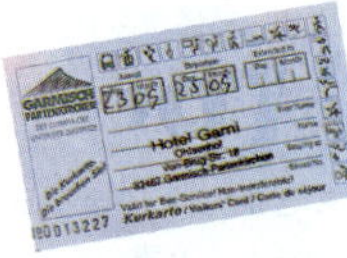

ビジターカード。使う時は見せるだけ

周辺にはツークシュピッツェの他に**アルプシュピッツェ** Alpspitze（2628m）、ヴァン

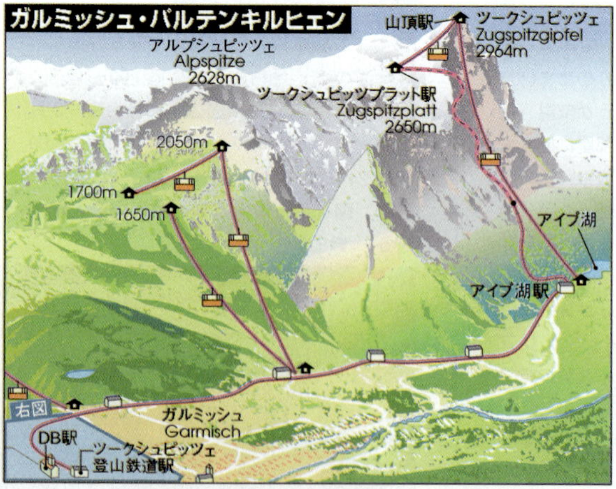

ガルミッシュ・パルテンキルヒェンの市外局番☎08821

クアパーク前の通り

ちょっと街を離れるとのどかな風景

クWank（1780m）などの山があり、夏は登山、冬はスキー（p.241参照）と、山岳スポーツにはこと欠かない。夏には**クアパーク**でクラシックコンサート（20:00〜21:30）も。

聖アントン教会／哲学者の道 ★★
St.Anton／Philosophenweg

map p.239-A

●バス　Ludwigstr.《ルートヴィヒシュトラーセ》から徒歩15分

丘の中腹にある教会。金箔が印象的なロココ様式の祭壇や、聖アントンをモチーフに描かれた天井フレスコ画などが見もの。途中、山道脇には小さな礼拝堂が並んでいる。**哲学者の道**は、街からもっとも気軽に行ける散策コース。教会を見たあと、山道を下ろう。

教会だけではなく周辺の景観も見どころ

パルトナッハ渓谷 ★★★
Partnachklamm

map p.239-A

●バス　Olympia-Skistadion《オリンピア　スキースタディオン》から徒歩20分

両脇に高さ約80m（！）の断崖絶壁がそびえ立つ山峡の渓流。川面近くに、岩壁をえぐるように歩道が造られている。自然愛好家におすすめしたい隠れた名所。吊り橋もある。オリンピア・スキースタジアムから小川沿いに山の方。

料€2（ビジターカード利用可）

アイプ湖 ★★
Eibsee

map p.238、p.239-B

●バス　Eibsee《アイブゼー》から徒歩2分

周囲を森に囲まれた紺碧の湖。ツークシュピッツェの麓に位置し、山頂から一気にケーブルカーで下りたところにある。湖畔には貸しボート屋もある。周囲の遊歩道を散策するのも楽しい。

下山後ぜひ立ち寄りたい

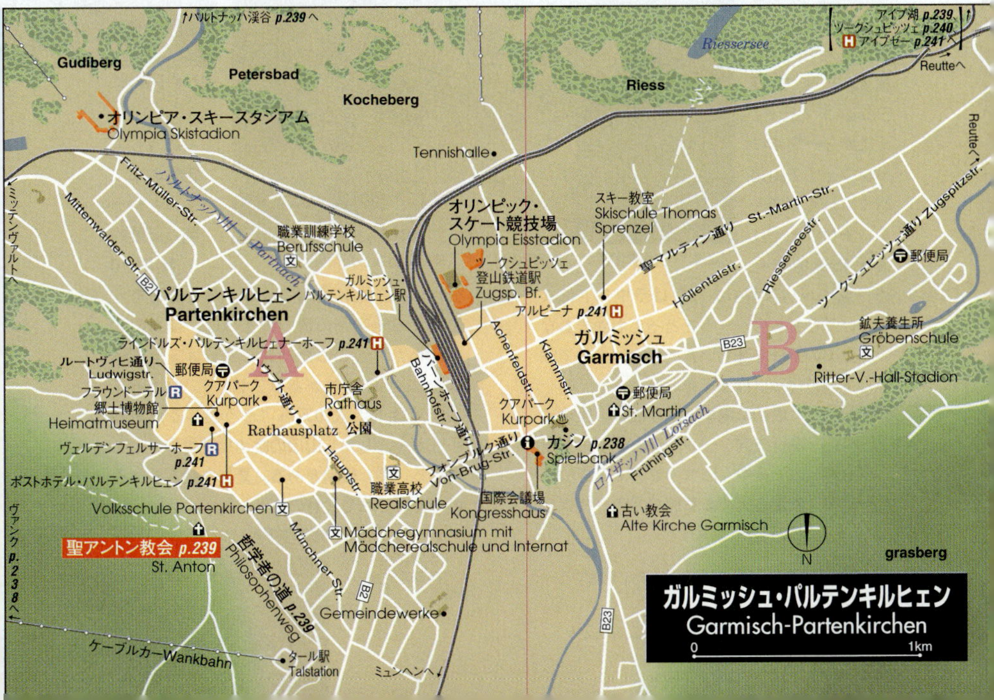

ツークシュピッツェ ★★★

Zugspitze

map p.200-A、p.238、p.239-B

ツークシュピッツェ登頂記

車窓からの景色も見もの

ピッケル片手に何度も転落しそうになりながら……というのはウソ。誰でも気軽に登頂できちゃう！

乗客の代わりに苦労する車両

途中のトンネル。すごく長い

日本に富士山があるように、ドイツにはツークシュピッツェがある。ドイツに行ってこの山に登らないのは、たとえていうなら新宿に行って都庁に上らないようなもの？　ふだんは山に興味がない人にも、ぜひ登頂をおすすめしたい。

標高2964ｍ、山頂は寒いので服装に注意。真夏といえども水着にビーチサンダルは厳禁。セーターと運動靴ぐらいは用意しよう。あとはまっすぐ**ツークシュピッツェ登山鉄道駅**Zugspitze Bahnhof（☎7970　営8:15〜14:15　※1時間毎。季節、天候で変動あり）へ。ルートには2通りあって、アプト式鉄道で2600ｍのツークシュピッツプラット駅Zugspitzplattまで上り、そこからロープウェイに乗り換えて山頂駅を目指すか、麓のアイプ湖Eibseeまで行き、そこから一気にロープウェイで山頂駅まで行くかである。チケット（往復€45※冬季€36、レイルパス割引あり）はラウンドになっていてどちらのルートをとってもかまわない。登山の気分を味わいたいなら、上りで鉄道、下りでロープウェイだ。

どこまでも山頂が続く。まるでオリンポス神にでもなった気分だ

最初に電車に乗る時は、座席は進行方向、向かって右側がおすすめ。途中、山すそを行くとき、車窓から眺める草原の景色がすばらしいのだ。

混雑時は帰りの整理券を先に確保する

山を上るルートは中腹でトンネルに入る。これがけっこう長いのだが、途中、左側に「ベルリンの上2000ｍ」の表示があったりして笑える。

思わず十字架にしがみつく

こうして苦労の末？あっという間（所要約1時間20分）に山頂駅に到着（レストランもある）。そこから十字架の建つ頂上へは、ほんの40〜50ｍだ。ところが「ここからは安全の保障なし」の立て札があってドキッ。見下ろすとすぐ足下に数10万ｍ（そう感じる）もの谷底が…。しかし山頂の眺めは別世界、命をかける（笑）価値がある。夏でも残雪があるのでくれぐれも注意のこと。

一歩間違えると奈落の底が……

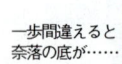

冬は白銀パラダイス！　ウィンタースポーツの名所

街が本領を発揮するのは冬。1936年の冬季オリンピック開催の実績が示すとおり、ここはウィンタースポーツのメッカなのだ。もっとも一般的なのはやはりスキー。ツークシュピッツェ頂上にあるスキー教室Ski-Schule Zugspitze（☎74505）ではスキー板、スノーボード、ウェアなどがレンタルできる。スキー教室の他、スノーボード教室もある。詳しくは現地ℹに問い合わせよう。

自分の技術に合ったゲレンデを選ぼう

Werdenfelser Hof
ヴェルデンフェルサーホーフ

フォークダンスと民族音楽。ちょっと騒がしいが楽しい店

毎夜７時からバイエルン地方の民族音楽を演奏。子供が踊るフォークダンスのシュープラッフラーも楽しい。ザウアーブラーテン€9.90など。

map p.239-A
●バスLudwigstr.《ルートヴィヒシュトラーセ》から徒歩２分
■住所　Ludwigstr.58
■TEL　3621
■FAX　79614
■営業　9:00～翌1:00
■休日　月曜
■カード　VISA、MC、AMEX、DC

Post-Hotel Partenkirchen ★★★
ポストホテル・パルテンキルヒェン

バロックアンティークの内装

1542年創業、ルートヴィヒ２世も泊まった由緒あるホテル。注目したいのはバロックアンティークでまとめられたゴージャスな内装。全室違うデザイン。

map p.239-A
●バス　Ludwigstr.《ルートヴィヒシュトラーセ》から徒歩２分
■住所　Ludwigstr.49
■TEL　93630
■FAX　93632222
■料金　S-€65～80、W-€96～120
（夕食付はプラス€18）
■部屋数　全59室
■カードVISA、MC、AMEX、DC
※11月２日～12月12日は休業

Hotel Alpina ★★★
ホテル・アルピーナ

室内プール、サウナも完備

新聞社社主が、プライベートロッジを造る予定だったのを変更してできたホテル。山小屋風の外観だが、中は意外に広く、フィットネス施設やプールも完備。

map p.239-B
●駅から徒歩10分
■住所　Alpspitzstr.12
■TEL　7830
■FAX　71374
■料金　S-€65.50～、W-€133～154
■部屋数　全65室
■カードVISA、MC、AMEX

Reindl's Partenkirchner Hof ★★★
ラインドルズ・パルテンキルヒェナーホーフ

家族経営のきめ細やかなサービス

木調で南ドイツ情緒を漂わせたインテリア。オーナーシェフはパリのマキシミリアンで修行した名コック。バルコニーからの山岳風景のよさと何拍子も揃う。

map p.239-A
●駅から徒歩５分
■住所　Bahnhofstr.15
■TEL　943870　■FAX　94387250
■料金　S-€63～80、W-€96～112
（10歳までの子供は無料）
■部屋数　全63室
■カードVISA、MC、AMEX、DC、JCB
■www.reindls.de
※11月11日～12月13日は休業

Eibsee Hotel ★★★
アイブゼー・ホテル

アイブ湖でボート遊び

アイブ湖側にテーブルを並べたレストランからはツークシュピッツェが眼前に迫る。山岳リゾートの条件を高レベルでクリア。市内からバスで約30分。

map p.239-B
●Eibsee《アイブゼー》ケーブルカー駅から徒歩２分
■住所　Am Eibsee 1-3
■TEL　98810
■FAX　82585
■料金　S-€90～130、W-€99～165
■部屋数　全124室
■カードVISA、MC、AMEX、DC

ガルミッシュ・パルテンキルヒェンの市外局番☎08821

● ～€15　●● €15～25　●●● €25～50　●●●● €50～
★エコノミー　★★カジュアル　★★★スタンダード　★★★★ラグジュアリー

LINDAU

リンダウ

p.9-K ■人口=2.5万人　■街の規模=徒歩で半日

南国っぽい明るさが魅力。ボーデン湖に浮かぶレトロなリゾートタウン

★★ 石畳の路地歩きなど

★★ マキシミリアン通り周辺のブランドショップなど

★★ ボーデン湖

Access

●鉄道：ミュンヘン→RE(約3時間)→リンダウ[1時間1～2本／€27.30]、フュッセン→RE(約1時間)他→カウフボイレンKaufbeuren(乗換)→RE(約1時間50分)→リンダウ[1時間1本／€23.90]

Information

ℹ観光案内所：＜駅正面＞住Ludwigstr.68 ☎260030 FAX260026 開9:00～18:00（土・日曜10:00～14:00 ※4/1～6/15、9/16～10/15は13:00～14:00休憩）、10/16～3月末は～17:00（12:00～14:00休憩） 休4月～6/15、9/16～10/15の日曜、10/16～3/31の土・日曜
HP www.lindau.de
●ユースホステル：住Herbergsweg11 ☎96710

街のしくみ　楽しみ方

湖でボート遊びか、街でショッピング。路地歩きも楽しい

オーストリア、スイスに国境をまたがるドイツ最大の湖、**ボーデン湖**Boden-See。街はその東端に、出島のように浮かんでいる。

駅を下りるとすぐ正面がℹ、右手が港だ。港の入口右側には、高さ33mの**灯台**Neuer Leuchtturm（開10:00～19:30 料€1.50）が建ち、左側にはマーライオンならぬ**バーバリアンライオン**Löwenmoleの像がある。

街の中心は**マキシミリアン通り**Maximilian-Str.だ。かつての貴族の館が並び、ブランドショップやカフェも多い。両側には石畳敷きの細い路地がいくつかのびている。アンティークショップなど個性的な店もあり、ちょっとレトロでいい雰囲気。探検してみよう。

灯台から見下ろした港の様子。夜もロマンチック

マキシミリアン通り

お楽しみはボート遊び（4～10月）。足こぎボートは1時間€11（5人乗り）、モーターボートは1時間€25（6人乗り）。貸しボート屋は島内2カ所、ℹで問い合わせよう。フェリーで花の島、**マイナウ**（p.266参照）への日帰り（1日2～3便、片道€9.80）もできるし、オーストリアのブレゲンツへの便（1時間毎、€4）などもある。

⬆島内の貸しボート屋

旧市庁舎 ★
Altes Rathaus

●駅から徒歩5分

1422年から1436年にかけて建てられたという歴史ある建物。壁面には街の歴史がフレスコ画で細密に描かれている。内部のホールは、豪奢なゴシック様式だが現在は公文書保管や図書館として使われている。ちなみに1496年、ここで帝国会議が開催された。

マキシミリアン通り裏側の壁面

★★★★ Hotel Bayerischer Hof

ホテル・バイエリッシャーホーフ

港に面したカフェがおしゃれ

駅を下りてすぐ。港に面した一等地に建つ最高級ホテル。手前の眺めのいいカフェが人気。また、プールからも湖を眺めることができる。

●駅から徒歩1分
■住所　Seepromenade
■TEL　9150
■FAX　915591
■料金　S-€74/99～、W-€116/152～（10歳までの子供は無料）
■部屋数　全100室
■カード VISA、MC、AMEX、DC

リンダウの市外局番☎08382

★エコノミー　★★カジュアル　★★★スタンダード　★★★★ラグジュアリー

テュービンゲンのマルクト広場と市庁舎

エリア 6

ファンタスティック街道 &黒い森

バーデン・バーデン
カルフ
シュトゥットガルト
テュービンゲン
メーアスブルク
コンスタンツ
ウルム
フライブルク

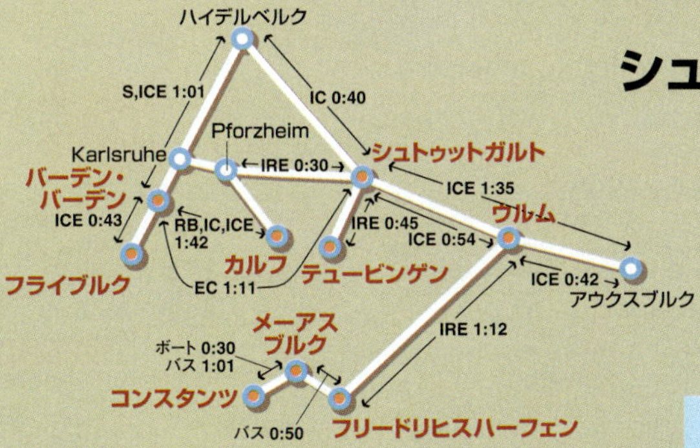

ファンタスティック街道&黒い森

バーデン・バーデンのカラカラ浴場

メーアスブルク

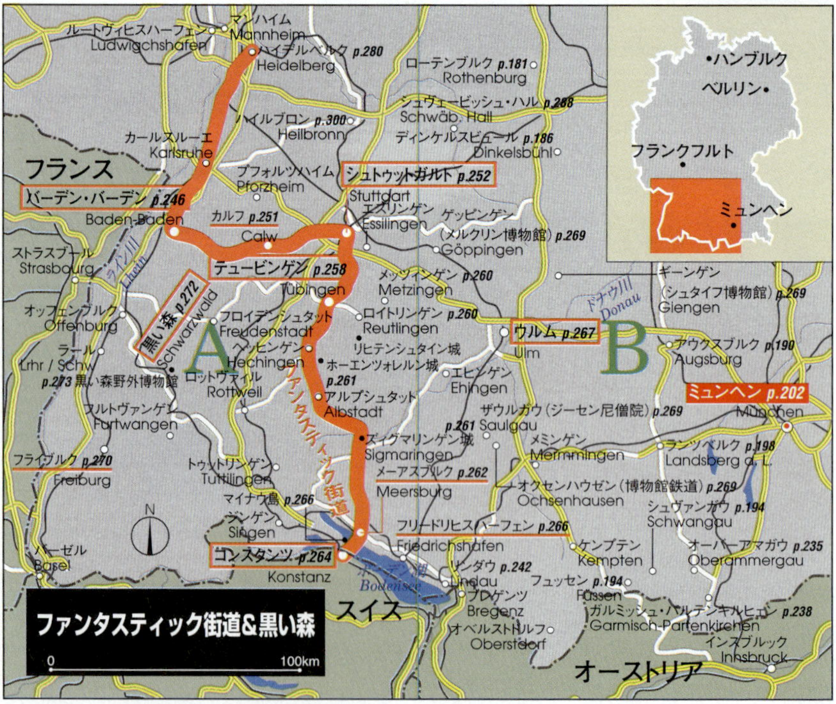
ルートヴィヒスハーフェン
Ludwigchshafen
マンハイム
Mannheim
ハイデルベルク p.280
Heidelberg
ローテンブルク p.181
Rothenburg
シュヴェービッシュ・ハル p.288
Schwäb. Hall
ハイルブロン p.300
Heilbronn
ディンケルスビュール p.186
Dinkelsbühl
カールスルーエ
Karlsruhe
フランス
プフォルツハイム
Pforzheim
シュトウットガルト p.252
Stuttgart
バーデン・バーデン p.246
Baden-Baden
カルフ p.251
Calw
エスリンゲン
Essilingen
ゲッピンゲン
（メルクリン博物館） p.269
Göppingen
ストラスブール
Strasbourg
ライン川
テュービンゲン p.258
Tübingen
メッツィンゲン p.260
Metzingen
黒い森 p.272
Schwarzwald
オッフェンブルク
Offenburg
フロイデンシュタット
Freudenstadt
ロイトリンゲン p.260
Reutlingen
リヒテンシュタイン城
ヘッヒンゲン
Hechingen
ホーエンツォレルン城
p.261
ラール
Lrhr / Schw
p.273 黒い森野外博物館
ロットヴァイル
Rottweil
アルプシュタット
Albstadt
ファンタスティック街道
A
B
ウルム p.267
Ulm
エヒンゲン
Ehingen
ドナウ川
Donau
ギーンゲン
（シュタイフ博物館） p.269
Giengen
アウクスブルク p.190
Augsburg
ミュンヘン p.202
München
フルトヴァンゲン
Furtwangen
ザウルガウ（ジーセン尼僧院） p.269
p.261 Saulgau
ズィグマリンゲン城
Sigmaringen
メミンゲン
Memmingen
ランツベルク p.198
Landsberg a. L.
フライブルク p.270
Freiburg
トゥットリンゲン
Tuttlingen
メーアスブルク p.262
Meersburg
オクセンハウゼン（博物館鉄道） p.269
Ochsenhausen
マイナウ島 p.266
ジンゲン
Singen
シュヴァンガウ p.194
Schwangau
N
フリードリヒスハーフェン p.266
Friedrichshafen
ケンプテン
Kempten
オーバーアマガウ p.235
Oberammergau
バーゼル
Basel
コンスタンツ p.264
Konstanz
Bodensee
リンダウ p.242
Lindau
フュッセン p.194
Füssen
ブレゲンツ
Bregenz
ガルミッシュ・パルテンキルヒェン p.238
Garmisch-Partenkirchen
スイス
オベルストドルフ
Oberstdorf
インスブルック
Innsbruck
オーストリア
ファンタスティック街道&黒い森
0
100km
ハンブルク
ベルリン
フランクフルト
ミュンヘン

ドイツ南西部を縦断するファンタスティック街道は、「古城」や「ゲーテ」など単一のテーマで構成された他の街道とは異なり、「ファンタスティックなドイツ」の要素をふんだんに盛り込んだ、夢あふれる街道。起点は永遠の大学街ハイデルベルク（本書では古城街道の一部としてp.280～で紹介）で、ボーデン湖畔のコンスタンツまで全長は約400km。

温泉街。文豪の故郷。いにしえの学生街。皇帝居城。木組みや、フレスコ画が描かれた家々が並ぶメルヘンチックな町並。キリスト教世界でも有数の大聖堂や美術品。自然もまた、黒い森（シュヴァルツヴァルト）、丘陵（シュヴァーベンアルプ）、川（ラインやドナウ）、湖（ボーデン湖）と、変化に富む。

ひとつの街道としてイメージをまとめるには多少の想像力が必要だが、この街道を旅すれば、日本人がドイツと聞いて思い浮かべるさまざまな風景や文化、町並など、そのほとんどに接することができるはずだ。

ADVICE アドバイス

アクセス　このエリアの鉄道の２大幹線は、**フランクフルト～マンハイム～シュトゥットガルト～ウルム～ミュンヘン**の路線と、**フランクフルト～フライブルク～バーゼル**を結ぶ路線。この両線は、１時間に１～２本ほどの割合でICE、EC、ICが走っているので、時刻表の必要もないほど。カルフ、テュービンゲンへはシュトゥットガルトを拠点に。

ボーデン湖周辺は、空路でも鉄道でも、フリードリヒスハーフェンか、スイスのチューリヒを拠点に行動すると便利だ。

気候・服装　北国のドイツにしては比較的温暖な地域。真夏には30℃を超える日も多いが、空気が乾燥しているため気温のわりに過ごしやすく、春～秋は快適な旅行が楽しめる。冬も、シュヴァルツヴァルト以外は積雪はほとんどなく、コートやセーターを用意しておけば充分。真冬の１、２月のより、11月～12月中旬の方が曇天の日が多く寒さを感じる。温泉やクア施設が多いので、水着やタオルを用意しておくと楽しみも広がる。

KEYWORD キーワード

ヘルマン・ヘッセ
[カルフ他]

ドイツを代表する文豪ヘルマン・ヘッセは、カルフ（p.251参照）で生まれ、シュトゥットガルト西のマウルブロン修道院（世界文化遺産指定）やテュービンゲン（p.258参照）で青春時代を送った。その当時の街の姿や思い出は、代表作の『車輪の下』などに郷愁を込めて描かれている。

温泉
[バーデン・バーデン他]

ヨーロッパ屈指の温泉保養地であるバーデン・バーデンをはじめ、この地方では各地に温泉が湧出している。シュヴァルツヴァルト周辺に多く見られる○○バート、バート××という名前の街は温泉の湧く街。その多くには、カラカラ浴場のような、観光客でも気軽に利用できるクア施設も充実している。また、各種スポーツや森林浴、エステなどと合わせた、美容と健康づくりも盛んに行なわれている。

シュヴァルツヴァルト
(黒い森)
[シュヴァルツヴァルト]

南北が200km、東西が40～80kmという広大な森のほとんどは山地で、最高点はフェルトベルクの標高1493m。山中を、ドナウ川や、ライン川の支流がいくつもの谷を刻み、それぞれの谷ごとに独特の言葉や民俗衣装が残る。

主要産業は当然林業だが、観光地としてもヨーロッパでは古くからよく知られていたところで、保養や避暑地として多くのリゾート客を集めてきた。森林浴発祥の森としても知られている。

シュヴァーベンの郷土料理

ドイツ料理というと豚肉、ポテト、ソーセージのイメージが強いが、フランスやイタリアに近いこの地方では独特のパスタや川魚料理が名物で、日本人には親しみやすい味。南ドイツ風パスタとでもいうべきシュペッツェレや、カネロニのようなマウルタッシェンなどがシュヴァーベン料理の代表格。珍味にはボーデン湖産のウグイのキャビアがあり、ワインによく合う。

イクラより少し小粒な
ウグイのキャビア

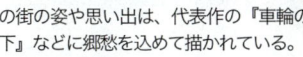

BADEN-BADEN

バーデン・バーデン

p.9-J ■人口＝5.2万人 ■街の規模＝徒歩で１日

ヨーロッパ屈指の高級保養地で王侯貴族の優雅な気分を味わう

- ★ バルトライト博物館、州立美術館など
- ★★ クアハウス、祝祭劇場など
- ★★ シュヴァルツヴァルト
- ★ 高級レストランが多い
- ★ 新宮殿、旧城
- ★★ 世界のブランド品
- ★★ ブラームス、ドストエフスキーなど多数
- ★★★ カラカラ浴場、フリードリヒ浴場

旧城から眺めたバーデン・バーデンの市街地

Access

＊ICE、ICがあるが、ここに停車するICEは少なく、カールスルーエでの乗り換えを。
●鉄道：フランクフルト→ICE（約１時間10分）→カールスルーエ（乗換）→RE（約20分）他→バーデン・バーデン［１時間２本／€37］

Information

❶観光案内所：Touristinformation
MAP p.246 住 Trinkhalle ☎275200
FAX 275202 開 10:00～17:00（日曜、祝日14:00～） 休 無休
HP www.baden-baden.de
●ユースホステル：MAP p.246
住 Hardbergstr.34 ☎52223

楽しみ方 温泉プールやショッピングぜいたくに過ごしたい

ここのような温泉保養地では、欧米の人々は２～３週間ほど滞在するのが普通。その間、半日は美術館見学やショッピング、またはハイキングやテニス、ゴルフ、乗馬などで汗を流す。半日は**カラカラ浴場**などの温泉施設で過ごし、夜にはドレスアップしてレストランやコンサート、カジノへ向かう。長期滞在が無理だとしても、２～３日は滞在して、その雰囲気を味わってみたい。

噴水のあるレオポルト広場

街のしくみ 温泉は市街の北東南には緑濃い公園

バーデン・バーデンの中心街は、駅から５kmほど。201番のバスで街の中心の**レオポルト広場**Leopoldsplatz付近まで行くとよい。旧城とブラームスハウス以外の主な見どころやホテルはこのレオポルト広場から徒歩10分の圏内にまとまっている。広場を中心に南北に伸びる**ランゲ通り**Lange Str.や**リヒテンターラー通り**Lichtentaler Str.、東西に走る**ソフィーエン通り**Sophien Str.が代表的なショッピングストリート。市街地の南には、オース川に沿って、緑豊かな並木道の**リヒテンターラー・アレー**が延びる。

バーデン・バーデンの市外局番☎07221

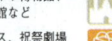

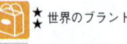

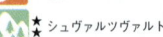

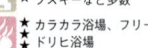

わがままレポート

バーデン・バーデンの温泉施設巡り ★★★

文字どおりの“温泉”の街

ドイツ語で「バーデン」とは入浴することを意味する。つまりこの街は、街の特徴がそのまま名前になった、なんともストレートでわかりやすい街なのだ。

この地で温泉が発見されたのはおよそ2000年前のローマ帝国時代。ヨーロッパを代表する温泉保養地となったのは、フリードリヒ浴場などの温泉施設やホテルなどが整った18世紀後半のこと。夏場には各国の王侯や政治家、著名な音楽家や文人たちが避暑を兼ねてこの街に集い、「ヨーロッパの夏の首都」とまで称えられるようになった。現在でもフリードリヒ源泉やハインリヒ源泉などから1日80万リットルものお湯が湧出し、四季を通じた温泉リゾートとして世界中から観光客を集めている。

カラカラ浴場
Caracalla-Therme

map p.246

●レオポルト広場から徒歩5分

900㎡以上もの広い敷地に立つ現代的な温泉センター。どちらかといえば療養を主としたフリードリヒ浴場に対し、よりレジャーやスポーツ感覚で楽しめる施設だ。館内には屋内外の温水プール、打たせ湯、ジェットバス、泡風呂、サウナなどの温泉施設に加え、カフェまで揃っている。なおここではサウナを除き水着着用が義務。入口脇のショップで、水着やタオル、キャップなどを購入できる。

開8:00～22:00 休12/24～25、イースターの金曜日 料2時間€12、3時間€14、4時間€16 ☎275940 FAX275980

屋内プールでは医師の指導によるリハビリも

カラカラ浴場屋外の流れるプール

フリードリヒ浴場
Friedrichsbad

map p.246

●レオポルト広場から徒歩4分

1877年に完成したルネサンス様式の宮殿を思わせる豪華な浴場。なかでも大天蓋のあるローマン・アイリッシュ浴場が見事。水着をつけず案内に従って各浴場を巡るシステム。火・水・金・土・日曜、祝日は終日混浴。

開9:00～22:00（日曜12:00～20:00）、入場は20:00まで（日曜は18:00まで） 休12/24～25 料3時間€21、マッサージ付3時間30分€29 ☎275920

外観はまさに宮殿のようだ

トリンクハレ
Trinkhalle

map p.246

●レオポルト広場から徒歩4分

トリンクハレとは飲泉場。ここの温泉水は多少塩っぱくて苦味もあり、それほどおいしくはない。豪華な建物は、1839～42年に建てられたギリシャの神殿風。ℹもある。

開10:00～17:00（日曜、祝日14:00～） 休無休

回廊にはこの地方の伝説を描いたフレスコ画も

クアハウス
Kurhaus ★

map p.246

●レオポルト広場から徒歩３分

このクアハウスは、レストラン、コンサートホール、カジノがある温泉宿泊客のための娯楽と社交用の施設。中でもカジノはドイツ最大、最古のもので、多くの王侯貴族や文化人たちも訪れている。入場にはパスポートとフォーマルな服装が必要。午前中には施設見学のガイドツアーもある。

開14:00～翌2:00（金・土曜14:00～翌3:00）休祝日（要☎確認）料€３（入場料）、賭け金€５～　＜ガイドツアー＞開9:30～12:00（10～３月10:00～）料€４　☎30240

ドストエフスキーの『賭博者』はここで執筆された

旧城
Altes Schloss ★

map p.246

●レオポルト広場からタクシーで15分

1102年に建てられ、16世紀には廃墟となっていたが、19世紀に地元の建築家によって廃墟を生かす形で補強され、橋がかけられたり内部にレストランが造られるなど、観光スポットとして人気を博するようになった。内部には世界最大のエオリアンハープ（風で鳴るハープ）がある。日曜のみアウグスタ広場からバスが運行（13:25、16:15発）、タクシーで約€10。

＜内部のレストラン＞開10:00～21:00（11～12月は～20:00）休１月中旬～２月中旬は休業、他は無休　☎26948　FAX391775

廃虚となった旧城

フリーダ・ブーダ現代美術コレクション
Sammlung Frieder Burda ★★

map p.246

●レオポルト広場から徒歩６分

ピカソの後期作品や、ロットルなどのドイツ表現主義の作品、あるいは60年代以降の現代絵画など、いわゆるクラシカルモダニズムからコンテンポラリーアートまで豊富にコレクション。建物もニューヨークの有名建築家の設計で、周囲の景観にとけ込むよう工夫がある。州立美術館に隣接する。

開11:00～18:00（水曜～20:00）休月曜　料€８、学生€６

■www.sammlung-frieder-burda.de

州立美術館
Staatliche Kunsthalle ★

map p.246

●レオポルト広場から徒歩６分

同時に２～３の企画展が催されることもある

リヒテンターラー・アレー入口の高級住宅街の一角に建つ美術館で、建物は1908年に建築家ヘルマン・ビーリングとヴィルヘルム・フィターリによって造られたもの。企画展が中心で、内容、料金はその都度異なる。古典的な宗教画や風景画から、現代作家の作品まで、展示は幅広く充実している。

開11:00～18:00（水曜～20:00）休月曜　料€5

ブラームスハウス
Brahmshaus ★★

map p.246

●レオポルト広場から徒歩15分またはバス１番でブラームス広場Brahms-Pl.下車徒歩３分

ドイツの偉大な作曲家ブラームスは、1865～1874年の10年間をこの家で暮らし、その間にドイツ・レクイエムや交響曲１番、２番などを完成させている。現在は記念館として、彼が使っていた家具やピアノ、直筆の楽譜、書簡集、写真などが展示されている。

開月・水・金曜15:00～17:00（日曜10:00～13:00）休火・木・土曜　料€２

クララ・シューマンとの親交を物語る資料や、デスマスクなど、貴重な展示物が多い

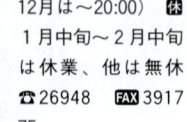

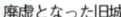

Medici
メディチ

各国VIP御用達のゴージャスレストラン

各国王室のVIPも訪れる名物レストラン。日本人板前が握るスシバー、120種以上のタバコが揃うシガーキャビネットなど。料理はインターナショナル。

map p.246
●レオポルト広場より徒歩５分
■住所　Augstapl.8
■TEL　2006
■営業　18:00～翌1:00（金・土曜～翌2:00）
■休日　無休
■カード　VISA、MC、AMEX、DC、JCB
■www.medici.de

Hirschs Brasserie
ヒルシュ・ブラッセリー

スポーツバーとしても人気のブリュワリー

アルザス料理のレストランで、店内はアールヌーボー調。午後はカフェ、夜はビアホールとしても使える。評判の石釜焼きフレームケーキは€7.30～。

map p.246
●レオポルト広場から徒歩８分
■住所　Kaiserallee 4
■TEL　281110
■FAX　281380
■営業　11:00～翌1:00
■休日　無休
■カード　VISA、MC

Stahlbad
シュタールバート

肩の凝らないアットホームなグルメレストラン

コンチネンタルな料理でグルメレストランとして高い評価を受けているが、女性経営者のアットホームな店づくりも好評。特に夏はテラス席で楽しみたい。

map p.246
●レオポルト広場から徒歩５分
■住所　Augustaplatz 2
■TEL　24569
■FAX　390222
■営業　12:00～14:00、18:00～22:00
■休日　月曜
■カード　VISA、MC、AMEX、DC

Namaskaar
ナマスカー

インド人のオーナーとシェフによる本格派インド料理

数種のカレーにナンやライスを組み合わせたセットがおすすめ。辛さはマイルドとスパイシーからセレクト。食後には自家製のマンゴ・ラッシーを。

map p.246
●レオポルト広場から徒歩１分
■住所　Kreuz Str.1
■TEL　24681
■FAX　290679
■営業　12:00～14:00、18:00～23:00
■休日　月曜
■カード　VISA、MC、AMEX
＊席数が少ないので予約をした方がよい

Der Kleine Prinz
デア・クライネ・プリンツ

★★★

愛らしい星の王子様でいっぱいのホテル

客室からレストラン、そのメニューにまでサン・テグジュペリの『星の王子様』が登場するロマンチックなホテル。『星の王子様』の部屋のほか、インテリアのすべてをローラ・アシュレイのデザインで揃えた部屋など、客室は全室異なる造り。天蓋付きのベッドやジャクジーバスのように設備にもさまざまな工夫が凝らされ、特に女性やハネムーナーに人気が高い。また、最上階には暖炉や書斎コーナー、サンデッキ、キッチンまで付いた広々としたペントハウスがあり、こちらは家族連れにおすすめだ。午後にはハイティーも楽しめるので、早めにチェックインしよう。

目印は外壁に描かれた『星の王子様』

インテリアも選び抜かれた物ばかりでセンスの良さがうかがえる

map p.246
●レオポルト広場から徒歩７分
■住所　Lichtentaler Str.36
■TEL　346600
■FAX　3466059
■料金　S-€115～、W-€185～
■部屋数　全33室
■カード　VISA、MC、AMEX、JCB

バーデン・バーデンの市外局番☎07221

●～€15　●●€15～25　●●●€25～50　●●●●€50～
★エコノミー　★★カジュアル　★★★スタンダード　★★★★ラグジュアリー

巨大な柱はなんと木でできている

★★★ Steigenberger Badischer Hof
バーディッシャーホーフ

街で唯一、今や貴重な内湯の部屋がある

温泉街バーデン・バーデン。ここには数多くの温泉付きホテルがあるが、個別の部屋のバスまで温泉が引かれている内湯があるのは、かつて僧院だったという歴史あるここの旧館だけ。巨大でゴージャスな吹き抜け空間も必見。パーク・レストランといったガストロノミーはもちろん、温泉プールやエステも完備。予約の際、内湯のある旧館希望なら、モナスタリー・ウィングの部屋と指定しよう。

旧館。人気があるので予約は早めに

温泉プール。水着を用意しておこう

map p.246
●レオポルト広場から徒歩 8 分
■住所　Lange Str. 47
■TEL　9340
■FAX　934470
■料金　S-€113～、W-€174～
■部屋数　139室
■カード　VISA、MC、AMEX、DC、JCB
■www.badischer-hof.steigenberger.de

★★★★ Brenner's Park-Hotel & Spa
ブレンナーズパークホテル&スパ

街を代表する最高級ホテル

ヨーロッパ有数の高級リゾート、バーデン・バーデンの中でも最高級のホテル。広々とした豪華な客室、ブレンナーズ・スパ、どこをとっても超一流の名にふさわしいホテルだ。ヨーロッパの温泉といえばエステが付きもの。ここのエステは、技術の高さやゴージャスな雰囲気で人気のサロン。宿泊客でなくても利用でき、料金は1時間30分のフェイシャルコースが€130。宿泊とパックになったコースもある（エステサロン☎900500／要予約）。

ホテル前はリヒテンターラー・アレー。エステ入口は正面右手から

専任のバトラー（執事）付きサービスも

map p.246
●レオポルト広場から徒歩 8 分
■住所　An der Lichtentaler Allee
■TEL　9000
■FAX　38772
■料金　S-€190～、W-€270～（朝食€22.50）
■部屋数　全100室
■カード　VISA、MC、AMEX、DC
■www.brenners.com

★★★★ Europäischer Hof
オイロペイッシャーホーフ

クアハウスの向こう岸に建つ150年の歴史を誇る高級ホテル。2002年に新しいスパがオープン。

map p.246
●レオポルト広場から徒歩 3 分
■住所　Kaiserallee 2　■TEL　9330　■FAX　28831
■料金　S-€134～、W-€194～
■部屋数　全128室　■カード　VISA、MC、AMEX、DC、JCB
■www.steigenberger.com

★★ Deutscher Kaiser
ドイチャー・カイザー

家族経営で80年以上、そのホスピタリティーで人気。中心からちょっと遠いが、バスで一本。設備のわりに安い。

map p.246
●バス201 EckerleStr.下車すぐ
■住所　Lichtentaler Hauptstrasse 35　■TEL　72152
■FAX　72154　■料金　S-€33～、W-€46～
■部屋数　35室　■カード　VISA、MC、AMEX、DC、JCB
■www.hoteldk.de

★★ Colmar
コルマー

街一番の繁華街ランゲ通りに面して建つ。便利なわりに閑静で、料金もそこそこ。

map p.246
●レオポルト広場から徒歩 6 分
■住所　Lange Str.34
■TEL　93890　■FAX　938950
■料金　S-€78～、W-€98～
■部屋数　全26室　■カード　VISA、MC、AMEX

★★★ Atlantic
アトランティック

街の中心、クアハウスの入口に建つホテル。オース川に面したレストランも人気。

map p.246
●レオポルト広場から徒歩 1 分
■住所　An der Lichtentaler Allee
■TEL　3610　■FAX　26260
■料金　S-€72～117、W-€128～190
■部屋数　全53室　■カード　VISA、MC

CALW

カルフ

p.9-K ■人口＝2.3万人 ■街の規模＝徒歩で半日

文豪ヘルマン・ヘッセの故郷で名作の舞台を巡る

★★ 木組みの家並
★★ シュヴァルツヴァルト
★★ ヘルマン・ヘッセ博物館
★★ ヘルマン・ヘッセの出身地でいくつもの作品の舞台

Access

●鉄道：フランクフルト→ICE（約1時間10分）→カールスルーエ（乗換）→RE、IRE（約25分）→プフォルツハイム（乗換）（ナーゴルト方面行き）→RB（約30分）→カルフ［1時間に1～2本／€39］、シュトゥットガルト→IRE（約30分）→プフォルツハイム（乗換）→RB（約30分）→カルフ［1時間1本／€9.10～］

Information

❶観光案内所：Stadtinformation（市庁舎内）
住Markbrücke 1 ☎968810 FAX968877
開9:00～12:30、14:00～17:00（4～10月の土曜9:30～12:30） 休日曜、11～3月の土曜
＊宿泊予約不可 HP www.calw.de

街のしくみ　シュヴァルツヴァルトに抱かれた、山間の小さな街

街の中心はマルクト広場で、広場の周囲に**ヘッセの生家**、**ヘッセ博物館**、**市教会**などがまとまってある。街そのものは小さく、徒歩で30分もあれば一巡できるほど。ヘッセの名作『車輪の下』にもたびたび登場する**ニコラウス橋**は、マルクト広場の南。その手前のヘッセ広場には、ヘッセのレリーフが刻まれた噴水がある。マウルブロン修道院を退学したあと、若き日のヘッセが働いていたペロー時計製作所は、ナーゴルト川の下流、郷土博物館の斜め向かいに往時とさほど変わらぬ姿で残っている。

ニコラウス橋上の礼拝堂は1400年ごろ建てられた

マルクト広場を取り巻く美しい木組みの家々

楽しみ方　小説の舞台を訪ねてみればヘッセ作品により愛着がわく

カルフ訪問の主要な目的は3つ。まずは文豪ヘルマン・ヘッセの足跡や作品の舞台巡り。次に、美しい木組み家屋が連なる町並の散策。3番目は、カルフを基点に、牧歌的な田園風景が広がるアルトブルクや、修道院と夏の演劇祭で有名なヒルザウなど、小さいながらも魅力的な周辺の村々を訪ね歩くこと。また、シュヴァルツヴァルトの観光やハイキングの拠点としても便利だ。

ヘッセ生家は広場の東側、南から2軒目

ヘルマン・ヘッセ博物館 ★★
Hermann Hesse-Museum

●カルフ駅から徒歩5分

マルクト広場の北側の建物の3階がヘルマン・ヘッセ博物館。館内にはヘッセ作品の初版本や直筆原稿、自作のスケッチや水彩画など、ヘッセ関係の貴重な資料が展示されている。また世界各地を旅したヘッセの姿や、昔のカルフの街の様子を伝える写真も数多く集められ、ファンならずとも見逃せない。

住Marktplatz 30 開4～10月11:00～17:00、11～3月14:00～17:00 休月曜 料€5、学生€3

展示品にはヘッセ愛用の眼鏡や万年筆などもある

カルフの市外局番☎07051

STUTTGART

シュトゥットガルト

p.9-K ■人口＝56万人　■街の規模＝Í、˝で2.5日

世界的な企業が集まる南西ドイツの中心地は、緑豊かな文化都市

★★★ 州立美術館、ベンツ博物館など
★★ カンシュタット・フォルクスフェスト、クリスマスマーケットなど
★★ ブランド品、ワイン、博物館グッズ
★ シュヴァーベン料理
★★ ルートヴィヒスブルク、ソリチュードなど
★★★ オペラ、バレエ、ミュージカル
★★ ビュルテンベルガー、バーデン
★ カンシュタット温泉、エステ

Access

●鉄道：フランクフルト→ICE(約１時間２～30分)→シュトゥットガルト[１時間１～２本／€49]、ミュンヘン→ICE(約２時間10分)→シュトゥットガルト[１時間１本／€46]※EC、ICは€39
●空路：フランクフルトから30分、ベルリンから50分、他ドイツ国内やヨーロッパの主要都市との間に路線がある。
●空港から市内へ：S2,3 で中央駅まで約30分。
●市内交通：U、S、市電、バスがある。料金は各交通機関共通のゾーン制、１回券は€1.60～。
＜３日券＞市内交通の共通乗車券で、ホテル宿泊者のみ利用可能。中心部用€8.40、広域用は€11.50など。購入はⓘや各ホテルで。ルートヴィヒスブルク、マールバッハ、エスリンゲンへは広域用が利用可能。

Information

ⓘ観光案内所：i-Punkt(中央駅前)
MAP p.254-B　住 Königstr.1A　☎2228240
FAX 2228253　開 月～金曜／9:00～20:00、土曜／9:00～18:00、日曜、祝日／11:00～18:00
休 無休
●シュトゥットカード：US乗り降り自由。市内の博物館、動物園、劇場などの入場料が無料もしくは割引に。観光バスが30%割引。購入はⓘで。３日券€17。
HP www.stuttgart.de
●ユースホステル：MAP p.254-B
住 Haussmannstr.27　☎241583

郊外の見どころへは、UとSを利用しよう

街のしくみ　楽しみ方

　ダイムラー・クライスラー（ベンツ）、ボッシュ、ドイツIBMなどの国際企業が本社を置き、産業都市のイメージが強い街だが、実

ケーニヒ通りのストリート・パフォーマー

新宮殿（現在は州政府）とカフェが並ぶ宮殿広場

は中央駅のすぐ近くにまでブドウ畑が広がる、街全体が公園のような趣のある都市でもある。そのシンボルが街中央のシュロスガルテンからヴィルヘルマ動植物公園、キルレスベルク公園まで５kmにもおよぶU字形の緑地帯で、グリューネ-U（緑のU）と呼ばれている。また中央駅前から南西に延びるこの街のメインストリート、**ケーニヒ通り**Königstr.は１kmもある歩行者天国。ドイツ自動車産業の中心とは思えないほど歩行者に対する配慮がなされた街で、屋台のプレッツェルでもかじりながらの、のんびり街歩きが楽しめる。

　世界でもトップレベルのシュトゥットガルト・バレエ団、バッハ・アカデミー、ヨーロッパ音楽フェスティバル、シュトゥットガルト交響楽団、『ヴァンパイア』などのミュージカルと、文化活動も盛ん。興味のある人はスケジュールのチェックをお忘れなく。

シュトゥットガルト州立絵画館★★★
Staatsgalerie Stuttgart

map p.254-B

● U1,2,4,9,11,14 Staatsgalerie《シュターツガレリー》駅から徒歩５分

　ドイツでも有数の充実したコレクションを誇る美術館。旧館（１～27室）には19世紀以前のドイツ、オランダ、イタリアの宗教画などが、アート感覚あふれる新館（28～42室）には、近代、現代美術の作品が展示されている。なかでも30～34室のドイツ表現主義を中心としたコレクションは秀逸。

開 10:00～18:00（木曜～21:00）　休 月曜　料 €4.50（水曜無料）　☎2124050

28室にはピカソ、マチス、セザンヌなどを展示

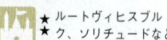

ベンツの1号車や昭和天皇御料車まで勢揃い

メルセデス・ベンツ博物館★★★
Mercedes-Benz Museum

map p.253

● S1 Neckarstadion《ネッカーシュターディオン》駅から徒歩8分、ゲート前から専用シャトルバス（無料）を利用

ダイムラー、ベンツそれぞれの1号車から最新のモデルまで展示。そのものが自動車の歴史ともいえるベンツの、歴代の乗用車から航空機のエンジンまでを見ることができる。

開9:00〜17:00　休月曜、祝日　料無料
☎1722578

現代アート美術館★★
Kunstmuseum Stuttgart

map p.254-B

● U5,6,7他 Schlossplatz《シュロスプラッツ》駅から徒歩2分

2005年オープンの現代美術館。全面ガラス張りのキューブ状の建物で、複雑な内部構造もユニークで必見。企画展がメインで、内容は時期により違う。眺めのいいルーフトップのレストラン、キューブも自慢。

開10:00〜18:00（水・金曜は〜21:00）　休月曜、祭日　料€5、学生€3.50　☎2162188

ポルシェ博物館★★
Porsche Museum

map p.253

● S6 Neuwirthaus《ノイヴィルトハウス》駅から徒歩5分

スポーツカーの代名詞ともいえるポルシェ。その本社内にある博物館はさほど広くはないが、マニア垂涎の名車や、ポルシェの歴史を伝える資料、模型が数多く展示されている。

開9:00〜16:00（土・日曜、祝日〜17:00）
休無休　料無料　☎9115685

ル・マンやF1で活躍した歴代の名車がずらり

シュトゥットガルトの市外局番☎0711

Check-Check! ミュンヘンに負けないもう一つのビール祭り

カンシュタット・フォルクスフェスト
Cannstatter Volksfest

ネッカー川の右岸、ベンツ博物館のある北西一帯がカンシュタット。ブダペストに次ぐ欧州2位の湧出量がある温泉や、ブンデスリーガのサッカー会場などレクリエーション施設が揃う。

ここでの名物が毎年9〜10月の2週間にわたって催される、表題のビール祭り。ミュンヘンのオクトーバーフェスト（p.217）に匹敵する盛大な民俗祭で、巨大なビアテントや遊園地が並び、ビア樽を積んだ馬車が行き来するなど、雰囲気もそっくりだ。日本での知名度はまだ低いが、観光客が少ないので、よりディープなドイツを堪能できる。

バンド演奏とともに大ジョッキがつぎつぎと空く

Route Advice

中央駅→シュロスガルテン→州立絵画館→新宮殿→シュロス広場→旧宮殿→マルクト広場→ケーニヒ通り→カルヴァー通り→［Stadtmitte→S1→Dimlerstadion］→メルセデス・ベンツ博物館
［全移動約1時間40分］

旧宮殿（州立博物館） ★★

Altes Schloss（Württembergisches Landesmuseum）

map p.254-B

● U4,5,6,7,15 Schlossplatz《シュロスプラッツ》駅から徒歩３分

新宮殿は一般に開放されていないが、旧宮殿は州立博物館として公開されている。建造は1562年。石造りの塔や石畳の中庭、それを囲む回廊など、城として見物するだけでも雰囲気はたっぷり。

館内には、先史時代の遺跡から、ケルトの装飾品、教会の聖遺物、宮殿の陶磁器類のコレクションなど、シュヴァーベンの歴史を語る多くの品が展示されている。

開10:00〜17:00　休月曜　料€3　☎2790

シラーの像が立つシラー広場に面した旧宮殿

シュトゥットガルトのショッピング

街の中心を貫くケーニヒ通りの南半分からマルクト広場周辺にかけてと、西側のカルワァー通りやカルヴァー・パッサージェが、この街一番のショッピング・エリア。多くのデパートやブランドショップが集中している。

シュトゥットガルトならではのおみやげといえば、ベンツ博物館やポルシェ博物館などの博物館グッズ。カー用品ばかりでなく、キャップやＴシャツ、アクセサリーなど、他では手に入らない物ばかりで、カーマニア以外の人にも喜ばれそう。

また、忘れてならないのはヴュルテンベルガーワイン。なかでもドイツでは珍しい赤ワイン、とくにトロリンガータイプなどは要チェックだ。

ミニコンサートも催されるブロイニンガー・デパート

木造のインテリアと壁の民芸品が温かみを醸し出す

Stuttgarter Stäffele
シュトゥットガルター・シュテッフェレ

シュヴァーベンの民芸風レストラン

ヴュルテンベルガーを中心としたワインと、シュヴァーベンの郷土料理が楽しめるレストラン。店内は趣向を凝らしたいくつもの部屋に分けられ、そのときどきの気分で選ぶことができる。本館1階のワインシュトゥーベン・レストランは、民芸品が飾られた昔の木造の民家風の造り。その地下のアンティケル・ワインケラーは、石組みの穴蔵。本館向かいのビストロは、かつての薬屋をレストランにしたもので、薬品棚がそのままカウンターとして使われている。2軒の建物の間は日当りのいいテラス席。ヴュルテンベルガーワインは、白のリースリング、赤のトロリンガーが0.25ℓで€4.50～。店内にはワインのコルク抜きが300も展示され、ミニ博物館のよう。

馬車の車輪が目印

map p.254-A
● S1-6 Feuersee《フォイアーゼー》から徒歩3分
■住所 Buschle Str.2a+b
■TEL 617276
■FAX 613535
■営業 11:00～翌1:00（土・日曜18:00～）
■休日 無休
■カード VISA、MC、AMEX

Weinstube Schellenturm
ワインシュトゥーベ・シェレントゥルム

1564年に建てられた塔の内部が、そのままワインレストランに

名物のケーゼ・シュペッツレ（チーズをのせたドイツ風パスタ）や、季節の野菜や魚を活かした郷土料理が、地ワインとともに味わえるレストラン。

map p.254-B
● U1,4/2 Rathaus《ラートハウス》から徒歩3分
■住所 Weber Str.72
■TEL 2364888
■FAX 2262699
■営業 17:00～24:00（土曜18:00～）
■休日 日曜、祝日
■カード 不可

Calwer Eck Bräu
カルヴァー・エック・ブロイ

ビール醸造所の直営レストランで、できたての生ビールを

街の中心にあり、手ごろな料金と相まって常に賑わいをみせているビアハウス。店の奥にある醸造所は見学可能。持ち帰り用のビールも販売している。

map p.254-A
● S1-6 U4,14/2 Stadtmitte《シュタットミッテ》から徒歩3分
■住所 Calwer Str.31
■TEL 22249220
■FAX 22494422
■営業 9:00～翌1:00（土・日曜10:00～、金・土曜～翌2:00、祭日17:00～）
■休日 無休
■カード VISA、MC、AMEX

China Haus Restaurant
美景妻

アジアン・テイストがなつかしくなったら、迷わずこの店へ

市内には数多くの中国料理店があるが、味付けや油分があっさりしていて、日本人の口に一番合うのがこの店。昼のランチは、量、値段ともに納得。

map p.254-B
● U1,4/2 Rathaus《ラートハウス》から徒歩2分
■住所 Esslinger Str.12
■TEL 2368988
■営業 11:30～14:30、17:30～23:30
■休日 無休
■カード VISA、MC

Fresko
フレスコ

美術鑑賞後に立ち寄るのに便利な、州立絵画館の新館内にあるカフェ・レストラン。

map p.254-B
● U9,14 Staatsgalerie《シュターツガレリー》から徒歩5分
■住所 Konrad-Adenauer Str.28
■TEL 233613
■営業 10:00～翌1:00 ■休日 月曜

Nodle 1
ヌードル1

おしゃれで気軽な軽食中華。メニューにはなぜかラーメンやチャーシューあり。しかし味は広東風。

map p.254-B
● U1,2,4 Rathaus《ラートハウス》駅から徒歩5分
■住所 Wilhelmsplatz 1 ■TEL 86020186
■営業 11:30（金～日13:00）～23:30（金・土翌～2:00）
■休日 無休 ■カード 不可

シュトゥットガルトの市外局番☎0711

●～€15 ●●€15～25 ●●●€25～50 ●●●●€50～

どこへ行くにも便利な、中央駅正面という ロケーションの良さも魅力

★★★★ Graf Zeppelin グラフ・ツェッペリン

各国のVIP御用達の高級ホテル

中央駅の正面に建つシュトゥットガルト一番の超高級ホテル。外見は地味だが、内部は高級感たっぷり。古き良き伝統や格式、洗練されたサービスはそのままに、最新の設備や機能を兼ね備えたホテル。クラシック・エレガンスを基調にした広々とした客室。シュヴァーベン地方の郷土料理とインターナショナルのレストラン「ツェッペリン・スチューブル」、今世紀初頭のパリを彷彿させる雰囲気のビストロ「ツェップ7」など、レストラン群も充実。華やかさと落ち着きとの調和がとれた、いかにもヨーロピアンの最高峰といった趣に満ちている。

スイミングプールや、サウナ、ソラリウムも完備

map p.254-B
●中央駅から徒歩1分
■住所　Arnulf-Klett Pl.7
■TEL　20480
■FAX　2048542
■料金　S-€195～、W-€220～
■部屋数　全195室
■カード　VISA、MC、AMEX、DC、JCB
■www.steigenberger.com

★★ Sautter ザウター

郷土料理のレストランも好評

中心部から少し離れた閑静な環境のアットホームな雰囲気のホテル。オーナーは市庁舎内のラーツケラーも経営し、レストランでは人気郷土料理も味わえる。

map p.254-A
● U4,9 Johannes str.《ヨハネスシュトラーセ》から徒歩1分
■住所　Johannes Str.28
■TEL　61430
■FAX　611639
■料金　S-€71～、W-€91～
■部屋数　全56室
■カード　VISA、MC、AMEX、DC

★★★ Millennium Hotel and Resort ミレニアム

市南郊の文化施設の中に建つ

市街と空港の間、ミュージカルシアターやカジノ、多くのバーやレストランなどが集まったSI-Centrum内の高層ホテル。さまざまな機能や施設が充実している。

map p.253
●SI-CentrumSalzacker《エスイーツェントルムザルツァッカー》から徒歩1分
■住所　Plieninger Str.100
■TEL　7210
■FAX　7212009
■料金　S-€115～、W-€135～
■部屋数　全454室
■カード　VISA、MC、AMEX、DC、JCB

★★ Rieker リーカー

駅前の便利で快適なホテル

中央駅の向かいにあり、シンプルで清潔感が漂う。ビジネスホテル風だが、スタッフの温かな対応が好ましい。防音対策も完璧で駅前ながら静かな夜が過ごせる。

map p.254-B
●中央駅から徒歩1分
■住所　Friedrich Str.3
■TEL　221311
■FAX　293894
■料金　S-€90～、W-€100～
■部屋数　全66室
■カード　VISA、MC、AMEX、JCB

★★ Unger ウンガー

街の中心に位置する機能的なホテル。一人旅やビジネスユースにも便利に使える。

map p.254-B　●中央駅から徒歩3分
■住所　Kronen Str.17
■TEL　20990　■FAX　2099～2100
■料金　S-€102～、W-€143～　■部屋数　全95室
■カード　VISA、MC、AMEX、DC、JCB

★ Royal ロイヤル

ショッピングや食事に便利な繁華街にあるホテル。1997年にリニューアルを行なった。

map p.254-A　● S1-6 U4,14/2 Stadtmitte《シュタットミッテ》から徒歩5分　■住所　Sophien Str.35
■TEL　625050　■FAX　628809
■料金　S-€96～、W-€128～　■部屋数　全100室
■カード　VISA、MC、AMEX、DC、JCB

★エコノミー　★★カジュアル　★★★スタンダード　★★★★ラグジュアリー

郊外の見どころ

ルートヴィヒスブルク

Ludwigsburg

MAP p.253

●シュトゥットガルト中央駅から S4,5 で約20分、城は駅から徒歩15分

ヴュルテンベルク大公家の離宮として建てられた豪華な宮殿。18の建物に452の部屋があり、「シュヴァービアン・ベルサイユ」の別名を持つ。城の周囲に広がる30haものバロック庭園はドイツ最大規模で、一角にはメルヘンの庭も。城内の工房で作られる磁器は、マイセンと並ぶ高い評価を得ており、独特のうろこ模様や網目模様が特徴的な逸品だ。

絵付けはすべて手描きで

シュトゥットガルト西郊の森に囲まれた丘に建つゾリトゥーデもヴュルテンベルク大公家の離宮。1767年に建てられた、ロココの華麗な宮殿だ。

毎年5～10月には宮殿音楽祭が催されている

●ルートヴィヒスブルク宮殿
開ガイドツアーは10:00～17:00（11月中旬～3月中旬は10:00～12:00、13:00～16:00）、庭園は7:30～20:30 休無休 料€5、1日券€7 ☎07141-186440

●ゾリトゥーデ（ソリチュード） 開4～10月9:00～12:00、13:30～17:00（11～3月10:00～12:00、13:30～16:00） 休月曜 料€3、学生€1.50 ☎0711-696699

ゾリトゥーデは中央駅から92番のバスで約30分

マールバッハ・アム・ネッカー

Marbach am Neckar

MAP p.253

●シュトゥットガルト中央駅から S4 で約30分

ネッカー川を見下ろす丘の上の小さな街で、ドイツの代表的作家シラーの生地。シラー生家は駅から徒歩約10分。街の南にはドイツ文学館とでもいうべきシラー国立博物館があり、大勢のドイツの作家たちの作品やオリジナル原稿、写真などが展示されている。

●シラー国立博物館
開10:00～18:00（水曜～20:00） 休月曜、12/25、26 料€5、学生€3 ☎07144-848601

シラーの生家（開9:00～17:00 休無休 料€2）

エスリンゲン・アム・ネッカー

Esslingen am Neckar

MAP p.253

●シュトゥットガルト中央駅から S1 で約15分

ネッカー川河畔のエスリンゲンは、中世の面影が色濃く残る街。街の周囲はブドウ畑が広がる丘陵だ。その上に、1314年から建造が始まった、珍しい木造の屋根付き城壁と塔が連なっている。旧市街にある1420年建造の旧市庁舎は、天文時計とカリオンの音で有名。8～13世紀の3つの教会や、マルクト広場を囲む木組みの家も美しい。

エスリンゲン駅から旧市街まで徒歩で約5分

TÜBINGEN

テュービンゲン

p.9-K ■人口＝8.7万人 ■街の規模＝徒歩で半日

数多くの詩人や哲学者　科学者がその青春時代を過ごした街

★★ 旧市街の石畳の路地と木組みの家並

★ ホーエンテュービンゲン城など

★★ ヘッセ、ヘーゲル、ヘルダーリン他多数

★★ シュティフト教会、ベーベンハウゼン修道院

★★★ ホーエンツォレルン城など

★★★ テュービンゲン大学、シュティフト神学校、学生街の雰囲気

Access

●鉄道：シュトゥットガルト→IRE、RE（約1時間）→テュービンゲン［1時間2～3本／€10］
●バス：シュトゥットガルト空港→市内€6

Information

❶観光案内所：Verkehrsverein MAP p.259
住 An der Neckarbrücke ☎91360 FAX 35070
開 9:00～19:00（土曜～17:00） 休 日曜
HP www.tuebingen-info.de
●ユースホステル：MAP p.259 住 Gartenstr. 22/2 ☎23002

街のしくみ　城に登って眺めを楽しむと同時に、街の構造も把握しよう

ネッカー川に臨む小山の上に築かれた**ホーエンテュービンゲン城**。その東から北の山麓に旧市街は広がっている。旧市街の中心は市庁舎のあるマルクト広場からシュティフト教会がある**ホルツマルクト**Holzmarktにかけて。教会の向かいには、若き日の文豪ヘッセが働いていたヘッケンハウアー書店が今も変わらず営業を続けている。

旧市街の道は、坂道やカーブが多く、やみくもに歩き回るとすぐに居場所がわからなくなってしまうが、それほど広い街ではないので迷うことはない。鉄道駅や❶、郵便局は川の南側にある。

学生街だけあって街の規模のわりにカフェが多い

黄色い壁のとんがり屋根がヘルダーリンの塔

楽しみ方　学生街の自由で活発な雰囲気を味わいながらの街歩き

人口の4割が学生や大学関係者で占められているこの街は、その全体が巨大な大学の構内といった趣。世界各国からの学生が集まるテュービンゲンは、気さくで開放的で安全、変化に富んだ町並が魅力的、と街歩きの楽しさが存分に味わえるところだ。

市庁舎には2面の天文時計が

さほどの戦災にあわずにすんだ旧市街には、ヘッセや大哲学者ヘーゲルも歩いたであろう小路が、往時とそれほど変わらぬ姿で残されている。石畳の路地に並ぶ木組みの家の中には、窓枠が歪んでいたり、建物全体が傾いているものも見受けられる。そのような建物内には、書店や文具店、レコード・CD店、陶器の工房、木製品、茶やワインの専門店など、ユニークでおしゃれな店がいっぱい。安くて居心地の良いカフェや学生酒場も随所にある。旧植物園やプラタナスの小径などの公園や緑地も多く、一服する場所にもこと欠かない。

街を見渡す丘に立つホーエンテュービンゲン城

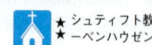

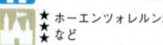

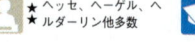

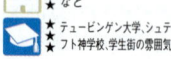

ホーエンテュービンゲン城（博物館） ★★
Schloss Hohentübingen（Museum）

map p.259

●マルクト広場から徒歩５分

街を見渡す高台に建つホーエンテュービンゲン城。そのもっとも古い部分の建造は11～12世紀までさかのぼり、現在のような形が整ったのは16世紀ごろ。城内は大学の研究室として使われてきたが、1997年からその一部が博物館として一般公開されるようになった。展示は古代ギリシャ、ローマの遺物が中心で、大学での最新の研究成果が反映されている。

開10:00～18:00（10～４月10:00～17:00）
休月・火曜　料€３　☎2977384

アルタミラの洞窟壁画を再現したコーナーも

プラタナスの小径 ★★
Platanenallee

map p.259

●マルクト広場から徒歩５分

ネッカー川の川中島に、延々１kmも続くプラタナスの並木道。川の対岸に建ち並ぶ大学や神学校を眺めながら、哲学的な思索にふけるには最高のシチュエーション。５～10月には、学生船頭が操るシュトッハーカーンという舟で周囲を一周できる。乗船場はヘルダーリンの塔の前。

春の新緑、秋の紅葉ともに美しい並木道

シュティフト教会 ★
Stiftskirche

map p.259

●マルクト広場から徒歩３分

大学の創始者、エーベルハルトにより建てられた後期ゴシックの塔のある教会。エーベルハルトや、街の名士、諸侯も眠る墓所がある。

開9:00～17:00　休無休
料€１（塔／夏期の金～日曜のみ）　☎27550

テュービンゲン大学など ★★★

map p.259

テュービンゲン大学の創設は1477年。当時の大学本館がシュティフト教会の斜め向かいにあるアルテ・アウラ（旧大学）だ。近くのミュンツ通り20番はドイツ最古の学生牢（見学はⓘへ）。南に下って川岸に出たところが、ツヴィンゲルという13世紀以来の市の城壁跡。その一部がヘルダーリンの塔で、精神錯乱に陥った詩人ヘルダーリンが、36年もの間ここで暮らしていた。その西側はブルゼという学生の寄宿舎兼教室。少し坂を上ったところが、プロテスタント系の神学校、エバンゲーリッシュ・シュティフト。1589年には後の自然科学者ケプラーが入学。1790年ごろには、ヘーゲル、ヘルダーリン、シェリングが同室に住んでいたという。

Route Advice

エーベルハルト橋→プラタナスの小径→ホーエンテュービンゲン城→エバンゲーリッシュ・シュティフト→ヘルダーリンの塔→シュティフト教会→マルクト広場／市庁舎［全移動約１時間］

最近人気のヒューゴ・ボスのショップ

とっておき情報

テュービンゲン近郊のアウトレットショップ

テュービンゲン東のロイトリンゲンReutlingenやメッツィンゲンMetzingenの街の郊外には、衣類や皮革製品の工場が数多く集まっている。その多くは在庫品やB級品を定価の半額前後まで値引きして販売するアウトレットショップを併設している。BossやESCA-DAなどの一流ブランドもあるので、興味のある人はのぞいてみては。

Neckarmüller
ネッカーミュラー

河畔のテラスで、店内の醸造釜直送のできたて生ビールを

エーベルハルト橋横のビア・レストラン。店内に置かれた巨大な醸造釜の周りや川岸に席が設けられている。午後の早い時間から学生たちで込み合う店。

map p.259
●マルクト広場から徒歩５分
■住所　Garten Str.4
■TEL　27848
■FAX　27620
■営業　10:00～翌1:00
■休日　無休

Rebstock
レープシュトック

シェフがグリルマイスターNo.1。インターナショナルな料理も

ワインとシュヴァーベン料理。2005年にシェフがドイツNo.1のグリルマイスターの人に変わり、名物マウルタッシュンのほかステーキ類も人気に。

map p.259
●マルクト広場から徒歩８分
■住所　Ammergasse 12
■TEL　52552
■営業　11:00～14:00、17:30～22:00
■休日　月曜
■カード　VISA、MC、AMEX

Landhotel Hirsch ★★
ラントホテル・ヒルシュ

おいしい料理と居心地の良さ

街の郊外、修道院で有名なベーベンハウゼンにある家庭的なホテル。シュヴァーベン料理のレストランも好評。食事のためだけに市内から通う人もいるほど。

map p.259
●中央駅からバス10分、Bebenhausen《ベーベンハウゼン》下車徒歩３分
■住所　Schonbuch Str.28
■TEL　60930
■FAX　609360
■料金　S-€72～、W-€128～
■部屋数　全12室
■カード　VISA、MC、AMEX

Krone ★★★
クローネ

伝統とアットホームな雰囲気

創業以来300年近く、現在のシュラーゲンハウフ家の経営になってから100年以上という伝統を誇る。シックな家具やフレンドリーな応対に、歴史を感じさせる。

map p.259
●マルクト広場から徒歩８分
■住所　Uhland Str.1
■TEL　13310
■FAX　133132
■料金　S-€86～、W-€125～
■部屋数　全47室
■カード　VISA、MC、AMEX、DC、JCB
■www.krone-tuebingen.de

Domizil ★★★
ドミツィル

モダン感覚のおしゃれなホテル

ネッカー河畔にある明るくポップなホテル。サウナやアスレチックも備え、雰囲気あるバーも好評。料金は€10ほど高いが、川側の部屋を予約したい。

map p.259
●マルクト広場から徒歩８分
■住所　Wöhrd Str.5-9
■TEL　1390
■FAX　139250
■料金　S-€93～、W-€116～
■部屋数　全80室
■カード　VISA、MC、AMEX

●～€15　●●€15～25　●●●€25～50　●●●●€50～
★エコノミー　★★カジュアル　★★★スタンダード　★★★★ラグジュアリー

テュービンゲンの市外局番☎07071

わがままレポート

ホーエンツォレルン城 ★★★

Burg Hohenzollern

map p.244-A

ドイツ皇帝の故郷

●テュービンゲン→IRE(約17分)→ヘッヒンゲン[1時間1～2本／€3.10]→タクシー(約15分／片道約€10.50)→城下駐車場→専用シャトルバス(約5分)、または徒歩(約20分)→城　※タクシー降車時に帰路の予約をしておいとよい。

シュヴァーベンの丘陵の頂に王冠を載せたような姿でそびえる城が、ドイツでももっとも美しい城のひとつといわれるホーエンツォレルン城。

この山上に初めて城が築かれたのは11世紀のこと。その後1423年に全壊したが、1867年にフリードリヒ・ヴィルヘルム4世によって現在のような姿に再建された。もともとはシュヴァーベン地方の領主であり、のちにプロイセン王からドイツ皇帝となったホーエンツォレルン家の居城で、現在でもドイツ最後の皇帝、ヴィルヘルム2世の子孫が所有している。

中庭には本物の大砲が展示

多くの王の頭上に戴かれたプロイセン皇帝の王冠

城内はドイツ語か英語のガイドツアーでのみ見学できる。

晴れた日には城からの眺望もすばらしい

スタートは、壁から天井まで一面にホーエンツォレルン家の系図が描かれた家系樹の部屋。図書室、書斎、王女の部屋、新旧2つの礼拝堂、宝物室などを順番に回っていくが、なかでも宝物室の品々とそれにまつわる逸話（フリードリヒ大王の命を救った煙草入れや、人間不信に陥り犬だけを愛したその晩年など）が興味深い。

城内にはシュヴァーベン料理のレストランがあり、日本人の結婚式も受け付けている。

開9:00～17:30（11/1～3/15は10:00～16:30）
休12/24　料€5　☎07471-2428

高い天井と磨き込まれた床の大広間

郊外の見どころ

ズィグマリンゲン城 ★★

Schloss Sigmaringen

●テュービンゲン→IRE(約1時間)→ズィグマリンゲン[1時間1本／€5]→徒歩(10分)→城

ドナウのほとりに建つホーエンツォレルン家のもうひとつの城で、12世紀から増改築を重ねてきた。ガイドツアーでのみ見学可。なかでもドイツ最大ともいわれる武具のコレクションは見逃せない。

赤い屋根が印象的な町並

MAP244-A　開9:00～16:45（2～4月、11月9:30～16:30）　休12～1月　料€6
☎07571-106223（ⓘ）

豪華な王の居室や寝室はため息が洩れるほど

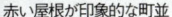

MEERSBURG

メーアスブルク

p.9-K ■人口＝1.6万人 ■街の規模＝徒歩で半日

メルヘンチックな湖畔の街で、ボーデン湖の魚料理と白ワインを

- ★★ 木組みの家並と石畳の道
- ★★ 旧城、新城
- ★★ ボーデン湖
- ★★ ボーデン湖の魚料理
- ★ ドロステ博物館、ツェッペリン博物館など
- ★★ メーアスブルガー
- ★ アネッテ・ドロステ・フュルスホフ、ツェッペリン

リゾート地なので、日曜でも店が開いている

Access

＊メーアスブルクには鉄道が通っていない。コンスタンツからのフェリーが便数も多く便利だ。

●フェリー：コンスタンツ→フェリー（約30分）→メーアスブルク[15～30分毎／€1.80]、マイナウ島→フェリー→メーアスブルク[15～30分毎／€4.60]

●バス：フリードリヒスハーフェン→バス（約30分）→メーアスブルク[１～２時間１本／€2.90]

Information

❶観光案内所：Gästeinformation

MAP p.262-B 住 Kirchstr.4 ☎440400 FAX 4404040 開 9:00～12:30、14:00～18:00（土曜9:00～13:00）、11～３月は9:00～12:00、14:00～16:30 休 日曜（11～３月は土・日曜）

HP www.meersburg.de

街のしくみ 楽しみ方 小さな街だが移動は大変 特産ワインを味わう時間も充分に

石畳の道の両側には、木組みの家やカラフルな外壁の家。まるでおもちゃの街に迷いこんだようなメーアスブルクは、ドイツでも女性に人気の高い湖畔のリゾートタウン。

街は城や市庁舎のある上町と、湖畔の下町とに分かれ、その間はかなり急な坂道や階段で結ばれている。上町の博物館などを見損ねると、あとで引き返すのが大変なので、スケジュールは慎重に考えよう。

昼間は上町の城や博物館の見学、夕方からはボーデン湖畔のカフェやワインバーでのんびりというのが、この街での基本的な過ごし方だ。

絵本に出てきそうな街並

湖畔のゼー・プロムナードにはカフェが多い

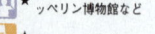

旧城（博物館） ★★★
Altes Schloss

map p.262-A

●マルクト広場から徒歩5分

城のもっとも古い部分の建造は7世紀にまでさかのぼる。現在でも人が暮らしている城としてはドイツ最古の城のひとつで、内部は博物館。重厚な門扉、ツタの絡まる石組みの壁、黒くすすけた太い木の梁、角が擦り減って丸みを帯びた床石、狭い階段下にある薄暗い地下牢。中世の騎士物語に登場するような城が、当時のそのままの姿で大切に残されている。城の一角には、ドイツロマン派の女流詩人、アネッテ・フォン・ドロステ・ヒュルスホフ（20DM札の人物）が住んでいた部屋も保存されている。

城内には非常に古いスタイルの武器も展示

開3～10月9:00～18:30、11～2月10:00～18:00 休無休 料€5.50 ☎80000

新城 ★★
Neues Schloss

map p.262-B

●マルクト広場から徒歩3分

18世紀建築のバロック宮殿。階段の間や大広間は必見。館内の一部は博物館。

開10:00～18:00 休11～3月 料€4 ☎4404900

城の庭園からは湖が一望

州立ワイナリー ★★
Staatsweingut Meersburg

map p.262-B

●マルクト広場から徒歩3分

温暖な気候と日当りに恵まれたこの地は、上質なワインの産地としても有名。ワインのテイスティングや購入はここで。日本への発送も可能。

ショップは左記の時間内営業、醸造所見学はⓘへ

開9:00～18:00（土曜～16:00） 休日曜 料無料 ☎446744

★★ Romantikhotel Residenz am See
レジデンツ・アム・ゼー

湖畔のシックなプチホテル

港の東、湖沿いの公園やプール施設の向かいに建つホテル。客室やテラスからは、湖やスイスアルプスまでもが見渡せる。豪華ではないが、上品で落ち着いた雰囲気。

map p.262-B
●マルクト広場から徒歩10分
■住所 Uferpromenade 11
■TEL 80040
■FAX 800470
■料金 S-€80～、W-€148～
■部屋数 全25室
■カード VISA、MC、AMEX

★★ Hotel-Weinstube Löwen
ホテル・ワインシュトゥーベ・レーヴェン

創業400年の歴史あるホテル

オレンジ色の壁を覆う緑のブドウの葉。鮮やかな色彩でマルクト広場に彩りを添えているレーヴェン。魚料理と地ワインが楽しめる居心地の良いレストランも好評。

map p.262-B
●マルクト広場前
■住所 Marktplatz 2
■TEL 43040
■FAX 430410
■料金 S-€52～、W-€80～
■部屋数 全21室
■カード VISA、MC、AMEX、DC、JCB

★★ Zum Bären
ツム・ベーレン

六角形のとんがり屋根の出窓がかわいい、400年の歴史を誇るホテル&レストラン。

map p.262-B
●マルクト広場前
■住所 Marktplatz 11 ■TEL 43220 ■FAX 432244
■料金 S-€46～、W-€76～
■部屋数 全20室 ■カード 不可

★★★ Wilder Mann
ヴィルダー・マン

湖に面した眺めのよい場所にある。シュロの木で囲まれたテラスレストランが人気。

map p.262-A
●マルクト広場から徒歩10分
■住所 Bismarckplatz ■TEL 9011 ■FAX 9014
■料金 S-€70～、W-€95～
■部屋数 全31室 ■カード VISA、MC、AMEX

メーアスブルクの市外局番☎07532

★エコノミー ★★カジュアル ★★★スタンダード ★★★★ラグジュアリー

KONSTANZ

コンスタンツ

p.9-K　■人口＝7.5万人　■街の規模＝徒歩で半日

宗教都市、大学都市、リゾート地 いくつもの顔を持つ国境の街

- ★★ 戦災を免れたフレスコ画の家並
- ★★ 大聖堂、宗教会議など
- ★ 市立博物館、ヤン・フス博物館など
- ★★ ボーデン湖
- ★ ツェッペリンほか
- ★ ボーデン湖の魚料理

Access

＊空路で直接コンスタンツに向かう場合は、スイスのチューリヒ空港利用が便利
●鉄道：フランクフルト→ICE、IRE(約4時間10分)→コンスタンツ[2時間1本／€66～]、チューリヒ→IC(約1時間15分)→コンスタンツ[1時間1本／€17.40]

Information

ⓘ観光案内所：Tourist Information Konstanz GmbH(中央駅北側)
MAP p.264　住 Bahnhofplatz.13　☎133030
FAX 133060　開 4～10月／9:30～18:30(土曜9:00～16:00、日曜10:00～13:00)、11～3月／9:30～12:30、14:00～18:00　休 祝日、11～3月の土・日曜
HP www.konstanz.de
●ユースホステル：MAP p.264　Zur Allmannshöhe 16　☎32260

街のしくみ

ショッピングは旧市街南部で 夜はニーダーブルクに行こう

北はライン川、東はボーデン湖、南はスイス国境、西は道の中央に公園があるラウベ通り。コンスタンツの旧市街は、極めて分かりやすい境界を持つ。南北が約1km、東西は500mほどで、旧市街内は徒歩で充分だ。

街のシンボル、**大聖堂**の周辺一帯は**ニーダーブルク**と呼ばれ、狭く曲がりくねった路地の間に多くの学生酒場や郷土料理レストランがあるなかなか楽しい地域。旧市街の南部は、大きなスーパーや個性的なショップが並ぶショッピングエリア。

旧市街の中心からスイスとの国境までは徒歩約10分。パスポートを持っていれば、散歩気分で気軽に訪問できる。

かつての旧市街南口がシュネッツ門

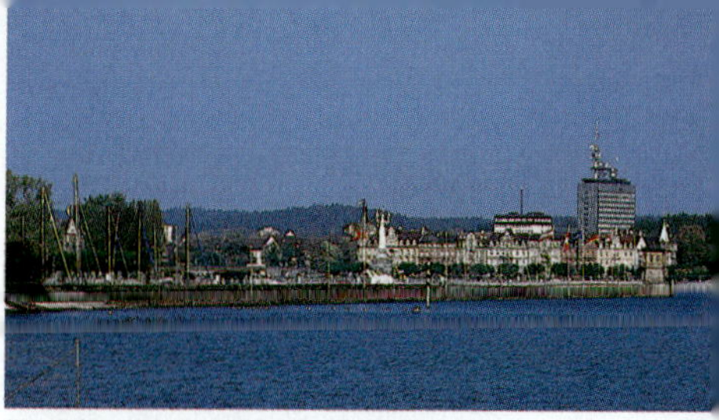

街の北部、新市街の湖畔は街一番の高級住宅地

楽しみ方

建物自体がキャンバス 旧市街全体がギャラリーの街

コンスタンツには、ボーデン湖遊覧や、大聖堂をはじめとする歴史的建造物の見学などいくつもの楽しみがあるが、最も面白いのは旧市街の散策と建物ウォッチング。

スイスとの国境に位置し、戦災を免れたコンスタンツには、14世紀頃からの建物が数多く残る。そのような建物には、カラフルなフレスコ画や、家の建造年、文字が読めない人のためにその家の商売を図案化したものなど、さまざまな絵や文字が描かれている。

ライン河口のラインの塔は街の防衛施設

ボーデン湖と港周辺 ★★
Bodensee & Gondelhafen

map p.264

●中央駅から徒歩 3 分

ボーデン湖畔最大の街コンスタンツは、湖航路の拠点。港には多くのフェリーや遊覧船、ヨットが行き交い、リゾート気分を高めてくれる。港の北の**公会議場**Konzilgebäudeは、1417年の教皇選挙が行なわれた建物。その正面には、飛行船の発明家の**ツェッペリン伯爵記念碑**Zeppelindenkmalが立っている。公会議場の北は**市民庭園**Stadtgarten。その先のインゼルホテルは、元々は1238年に建てられたドミニコ会修道院で、ツェッペリン伯爵は1838年にここで生まれた。ライン川を渡った北岸にも、湖に沿って美しい遊歩道が続いている。

公会議場は1388年に穀物倉庫として建てられた

大聖堂 ★
Münster

map p.264

●中央駅から徒歩10分

創建は1052〜89年で、その後何度も増改築され、さまざまな時代様式の入り混ざったスタイルになっている。主祭壇は1453年に、オルガンは1518年にルネサンス様式で作られた気品あるスタイル。大鐘は7750kgもあるもの。高さ76mの塔に上ると、旧市街や湖を一望できるが、2000年まで工事中だった。1414〜18年にはこの地で宗教史上に残る会議が催され、1416年には異端者として告発された宗教改革者ヤン・フスに、この教会で有罪の判決が下された。

荘厳で華麗な大聖堂の内陣

開8:00〜17:00　休無休　料無料　☎90620

Steigenberger Inselhotel ★★★★
シュタイゲンベルガー・インゼル

ボーデン湖のシンボル的存在

ライン河口の島にあるホテル。13世紀に修道院として建てられ、19世紀にはツェッペリン伯爵家の居城だった。歴史や格式など、すべてにおいて超一流。

map p.264
●中央駅から徒歩 5 分
■住所　Auf der Insel 1
■TEL　1250
■FAX　26402
■料金　S-€115〜、W-€180〜
■部屋数　全102室
■カードVISA、MC、AMEX、DC、JCB
■www.steigenberger.com

Mercure Hotel Halm ★★★★
メルキュール・ホテル・ハルム

伝統と格式ある高級ホテル

駅や港のすぐ傍で、旧市街の入口というロケーション。東側の部屋からは港や湖が一望できる。リラクゼーション施設も完備しており、優雅な気分を満喫したい。

map p.264
●中央駅から徒歩 3 分
■住所　Bahnhofplatz 6
■TEL　1210
■FAX　21803
■料金　S-€69〜134、W-€103〜168
■部屋数　全99室
■カードVISA、MC、AMEX、DC

Barbarossa ★★
バルバロッサ

旧市街の時計塔のあるホテル

オーベルマルクトに面した建物は1419年建造。フロントの木の梁などに往時の姿を残しつつ、ロビーや客室は清潔。バス付きの部屋でも比較的安い。

map p.264
●中央駅から徒歩 5 分
■住所　Obermarkt 8-12
■TEL　12899-0
■FAX　12899-700
■料金　S-€50〜68、W-€95〜125
■部屋数　全55室
■カードVISA、MC、AMEX、DC

シフ・アム・ゼー　Schiff am See ★★★　map p.264
●中央駅からタクシーで 5 分　住William-Graf-pl.2　☎31041
FAX31981　料S-€72〜、W-€110〜

シュタット・ホテル　Stadt Hotel ★★　map p.264
●中央駅から徒歩 8 分　住Bruderturmgasse 2　☎9046-0
FAX9046-46　料S-€65〜、W-€95〜

コンスタンツの市外局番☎07531

★エコノミー　★★カジュアル　★★★スタンダード　★★★★ラグジュアリー

郊外の見どころ

花と文化の島・マイナウ島 ★★★

Insel Mainau　MAP p.244-A

6月にはバラ、9月にはダリアのコンテストがある

●コンスタンツから4番のバスで約20分。コンスタンツ、メーアスブルクからフェリー、遊覧船で約20～45分

ドイツ、スイス、オーストリア3国にまたがるボーデン湖に浮かぶマイナウ島。中世には500年にわたりドイツ騎士団が所有し、1732年にはバロックの宮殿と付属のチャペルが建てられた。現在の所有者は、ドイツのバーデン大公とスウェーデン王の血を引くスウェーデンのレナート・ベルナドッテ伯爵。温暖な気候を利用して、世界中から珍しい花や樹木を移植。また、植物に関する知識や生育法の教室を開いたり、コンサートや展覧会、ノーベル賞受賞者の講演会を催すなど、花と文化の島作りを続けてきた。現在ではヨーロッパ有数の植物公園として、大勢の観光客を集めている。

宮殿の一部は島の歴史や様子を伝える博物館

45ヘクタールの島内には、400種9000本のバラが植えられたイタリア式庭園、バナナ、ゴムなど熱帯の植物を集めた熱帯園（冬は巨大ビニールハウス）、世界中の蝶を集めた昆虫館などの施設が設けられ、春のチューリップから晩秋の紅葉まで、四季を通じてさまざまな植物が島内を彩る。島内は起伏に富んでいるが、車椅子での見学コースや、木肌の触感と点字の解説で目の不自由な人たちが植物と触れ合えるコーナーが設けられるなど、きめ細かな配慮がなされている。

〈庭園施設〉開7:00～20:00（10月下旬～3月下旬9:00～17:00）休無休　料€11.90（10月下旬～3月下旬は€6）☎3030

美しいロココ調の教会では、結婚式も受付け中

フリードリヒスハーフェン ★

Friedrichshafen　MAP p.244-B

ボーデン湖北岸の街、フリードリヒスハーフェンは、ICE停車駅のウルムから急行で約1時間10分。フランクフルトやベルリンを結ぶ空港もあり、湖航路の拠点ともなっている、ボーデン湖周辺やアルペン街道の旅の基点の街だ。かつてツェッペリン伯爵がこの街で飛行船の製造を行なったことを記念して、港の隣にはツェッペリン博物館が設けられている。館内には1937年に事故で失われたヒンデンブルク号の実物大模型や、飛行船に関する資料、写真、実際の部品、現在開発中の未来型飛行船などが展示されている。

旧市街の中心アデナウアー広場

スイスやオーストリアへの船も出入りする港

〈ツェッペリン博物館〉住See str. 22　開9:00～17:00（11～4月10:00～17:00）休10～6月の月曜、12/24・25、12/31　料€7.50　HP www.zeppelin-museum.de

博物館の前には模型の飛行船が

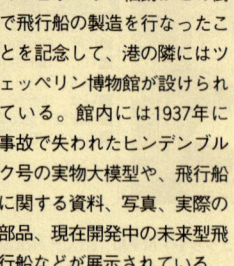

ULM

ウルム

p.9-K ■人口＝11万人 ■街の規模＝徒歩で１日

大河ドナウの水面に影を映す 世界一高い塔がある大聖堂の街

★★★ 旧市街、フィッシャーフィアテル、城壁と塔

★★★ ウルムの大聖堂、ヴィブリンゲン修道院など

★★ ウルム博物館、エドウィン・シャーフ美術館など

★★ ドナウ川祭「ナバダ」など

★★ ドナウの川魚料理、シュヴァーベン料理

★ ドナウ川、シュヴァーベンアルプ

★★ アインシュタイン、アルブレヒト・ベルブリンガーなど

★ ウルム大学ベンツ研究所、サイエンスパークなど

ウルムの市外局番☎0731

Access

●鉄道：フランクフルト→ICE(約２時間15分)→ウルム[１時間１本／€55]

Information

❶観光案内所：Ulm-Neu-Ulm Touristik GmbH MAP p.267-A 住Münsterplatz 50 ☎1612830 FAX 1611641 開9:00～18:00（土曜～16:00、日曜、祝日10:30～14:30） 休11～４月の日曜、祝日 HP www.ulm.de

●ユースホステル：MAP p.267-A 住Grimmelfinger Weg 45 ☎384455

街のしくみ ランドマークは大聖堂の塔、ノイウルムまでも徒歩圏内

ウルムの旧市街は、大聖堂のある大聖堂広場を中心に、東西が１km、南北は500mほど。ドナウ対岸のノイウルムを含めても南北が１kmくらいで、観光は徒歩で充分。大聖堂の塔を目印にすれば迷わない。

大聖堂の左はウルムの斜塔、メッガートゥルム

楽しみ方 体力自慢の人は塔に挑戦 水辺の散歩の時間も充分に

大聖堂や**市庁舎**の見学、博物館や美術館めぐりとともにウルムでの楽しみは、かつて街を囲んでいた城壁やドナウの岸辺、**フィッシャーフィアテル**（漁師の一角）と呼ばれる運河沿いの街並を散策すること。時間に余裕のある人なら、街の周りにいくつか残る要塞や、ノイウルムに足を延ばして、**エドウィン・シャーフ美術館**や**郷土博物館**、**給水塔**などを見学に行ってもいい。

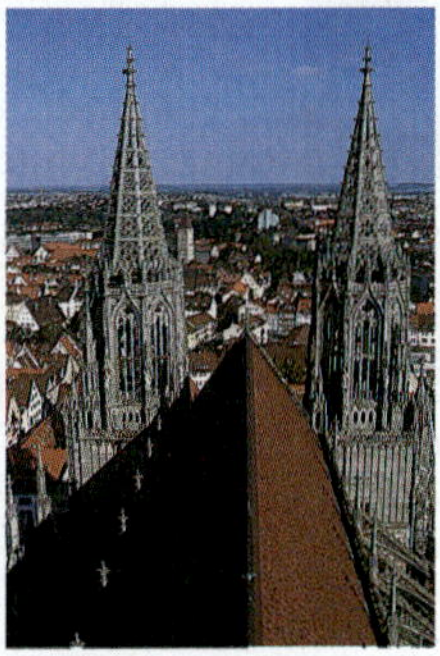

大聖堂の塔からの眺望

Route Advice

中央駅→パン文化博物館→大聖堂広場／大聖堂→市庁舎→ウルム博物館→肉屋の塔→城壁→フィッシャーフィアテル ［全移動約40分］

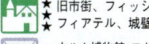

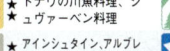

大聖堂 ★★★
Münster

map p.267-A

●大聖堂広場前

161.3mという世界一の高さを誇る塔と、ケルンに次いでドイツで2番目の大きさの大聖堂は、まさにウルムのシンボル。1377〜1890年まで、500年以上の時をかけて建てられた。143mの高さまで768段の階段を使って上ることができる。内陣のさまざまな美術工芸品や色鮮やかなステンドグラスも必見。オルガンのコンサートも催されている。

開9:00〜18:45（1・2・11・12月〜16:45、3・10月〜17:45、7・8月〜19:45） 休無休 料€3（塔入場料） ☎151139

晴れた日には塔の上からアルプスまで見える

市庁舎 ★
Rathaus

map p.267-A

●大聖堂広場から徒歩1分

建物は1370年の建造のゴシック様式。当初は商店で、1419年から市庁舎となった。壁には昔のドナウ船などの壁画が描かれ、館内にはベルブリンガー（右下コラム参照）の飛行機の模型が展示されている。

開8:00〜18:00 休土・日曜

建物の壁面には色鮮やかな壁画が

フィッシャーフィアテル(漁師の一角) ★★★
Fischerviertel

map p.267-A

●大聖堂広場から徒歩3分

旧市街南部の、いく筋もの川がドナウに注ぐ一帯。古い木組み家屋や水車が残るこの地域は、かつての川漁師や漁具職人の居住地で、昔の街の面影がもっともよく残されているところ。現在は川魚料理レストランやアンティークの店、工芸品の工房などが並び、街歩きの楽しさが満喫できる。

川沿いに下るとドナウ川にたどり着く

ウルム博物館 ★★
Ulmer Museum

map p.267-B

●大聖堂広場から徒歩2分

ウルムや近郊の発掘品や美術工芸品などが展示され、この地方の歴史や風土を知ることができる。クレーやカンディンスキーなど、ドイツ表現派を中心とした近現代美術も展示。

開11:00〜17:00（木曜〜20:00） 休月曜 料€3 ☎1614330

とくに先史時代の発掘品のコレクションが充実

パン文化博物館 ★★
Museum der Brotkultur

map p.267-A

●大聖堂広場から徒歩5分

パンと穀類専門の博物館で、建物は以前、食塩の保存倉庫だったもの。麦の栽培、収穫に始まって、パンができ上がるまでの製造工程や道具、歴史などについての楽しい展示が続く。見学しているうちにお腹が空いてくる博物館。

開10:00〜17:00（水曜〜20:30） 休無休 料€3 ☎669955

実物大のパン焼き窯などパン工場も再現

ウルム出身の著名人

ウルムは旧市街などの過去と、科学技術関係の研究所が集まった未来の2つの顔を持つ街。その先端科学技術の街ウルムを代表する偉人が、アインシュタインと、「ウルムの仕立て屋」ことアルブレヒト・ベルブリンガー。彼は1811年に人類初の飛行を試みた（ドナウに墜落）人物だ。

旧武器庫前の広場にはこんな噴水もある

Pflugmerzler
プフルクメルツラー

1468年創業という歴史ある名店で名物マウルタッシェンを

こじんまりとしているが有名店。名物はここだけの魚入りのマウルタッシェン（ザンダーフィッシュ入り：スズキ科の淡水魚）。白身でおいしい。

map p.267-B
●大聖堂広場から徒歩５分
■住所　Pfluggasse 6
■TEL　3980764
■営業　11:30〜14:30、17:30〜深夜
■休日　日曜、月曜のお昼
■カード　VISA、DC、MC、AMEX

Schiefes Haus ★★★
シーフェスハウス

ウルムの観光名所がホテルに

漁師の一角にある1443年建造の木組み家屋。外観はシーフェス（傾いた）の名前のとおり。館内も往時のままに保たれているが、バスルームなどは最新の設備が整う。

map p.267-A
●大聖堂広場から徒歩５分
■住所　Schworhausgasse 6
■TEL　967930
■FAX　9679333
■料金　S-€108〜、W-€140〜
■部屋数　全11室
■カードVISA、MC

シュテルン　Stern ★★ map p.267-A
●大聖堂広場から徒歩７分　住Stern-Gasse 17　☎15520　FAX155299　料S-€77〜、W-€93〜

ウルマー・ステューベン　Ulmer Stuben ★ map p.267-A
●中央駅から徒歩７分　住Zingler Str.11　☎962200　FAX 9622055　料S-€58〜、W-€78〜

ウルマー・シュパッツ　Ulmer Spatz ★ map p.267-A
●大聖堂広場から徒歩１分　住Münsterplatz 27　☎68081　FAX6021925　料S-€60〜、W-€84〜

ゴルデナー・ボック　Goldener Bock ★★ map p.267-B
●大聖堂広場から徒歩８分　住Bockgasse 25　☎920340　FAX9203430　料S-€60〜、W-€78〜
■www.hotel-goldener-bock.de

わがままレポート

ドイツおもちゃ街道 ★★

子供のころの夢を追って

ウルムの近郊には楽しいおもちゃゆかりの街がいっぱい。城や教会見物もいいけど、しばし童心に戻って、子供のころの夢をもう一度思い出してみてはいかが？

シュトゥットガルトへの途中の**ゲッピンゲン**Göppingenには、世界的に有名な鉄道模型製作所**メルクリン**Märklinの本社と、その作品やレイアウトを展示している楽しい博物館（開10:00〜17:00、土曜10:00〜14:00　休日曜　料無料）がある。

ウルムからRBで40分ほど北の**ギーンゲン**Giengen（Brenz）には、テディベアファンのメッカともいえるシュタイフがある。

SLからICEまでが走り回る夢の鉄道王国

5〜10月の土・日曜、祝日に運行。料€８

シュタイフ社の歴史とか希少ベアの展示もあるが、ぬいぐるみが仕掛けで動く体感型優勢の子供向け

2005年、この工場に隣接してシュタイフ・ワールドという体感型博物館ができた。内容はかなり子供向けだが１階にはショップもあり、限定のミュージアムベアも売っている。

おもちゃではないが、ウルム南の**オクセンハウゼン**Ochsenhausenの博物館鉄道は、復活した本物のSLが走る鉄道。その西の温泉町**ザウルガウ**Saulgau郊外のジーセン尼僧院St.Siessenは、フンメル人形の発祥の地。さらにその南の**ラーヴェンスブルク**Ravensburgはドイツおもちゃ産業の中心地でもある。

シュタイフ・ワールド Die Welt von Steif
MAPp.244-B　住Margarete-Steiff-Platz 1　☎07322-131500　開10:00〜20:00（11〜3月は〜18:00、入場は閉館１時間前）　休1/6　料€８、子供€５（身長125cm以下無料）　HPwww.steiff.de

FREIBURG IM BREISGAU

フライブルク

p.9-J ■人口＝20万人　■街の規模＝徒歩で半日

ハプスブルク家の文化を伝える
シュヴァルツヴァルトの南玄関

★★ 旧市街、城門など
★★★ 大聖堂など
★ 古代史博物館、アウグスティーナ博物館など
★★★ シュヴァルツヴァルト
★ マリー・アントワネットなど
★ フライブルク大学、関連施設

Access

●鉄道：フランクフルト→ICE（約2時間10分）→フライブルク［1時間1～2本／€54］

Information

ⓘ観光案内所：Freiburg Wirtschaft und Touristik GmbH & Co. KG
MAP p.270-A　住Rotteckring 14　☎3881880
FAX 37003　開9:30～20:00（土曜9:30～17:00、日曜、祝日10:00～12:00）、10～3月9:30～18:00（土曜9:30～14:00、日曜、祝日10:00～12:00）　休無休　HP www.freiburg.de
●ユースホステル：MAP p.270-B
住Kartäuserstr.151　☎67656

街のしくみ　ランドマークは大聖堂　旧市街の南西部は大学地域

旧市街はリンクという環状道路の内側で、500m四方ほど。市電も走っているが、旧市街だけなら徒歩でも充分。旧市街の中心は、**ベルトルト通りとカイザー・ヨーゼフ通り**の交差点付近で、銅像がある。レストランやショップもこの付近に集まっている。

市庁舎広場。右が大聖堂、左は聖マルティン教会

楽しみ方　旧市街の散策は、時が経つのも忘れてしまいそう

500年に渡ってハプスブルク家の支配下にあったフライブルクは、他のドイツの街とはひと味異なった明るい南方的な雰囲気が漂う街。大学街なので、散策中に一服するのに手ごろなカフェも多い。

市電が似合うのどかな街

街のシンボルの**大聖堂**見物。森から流れ下る清流が足元を流れる街路に沿って、カラフルな家や石造りの門塔などを眺めながらの旧市街の散策。忘れてならないのがシュヴァルツヴァルト観光。この3つがフライブルクの楽しみの基本形だ。

2つの塔が目印、ルネサンス様式の市庁舎

大聖堂／大聖堂広場／カウフハウス商館 ★
Münster/Münsterplatz/Kaufhaus

map p.270-B

●中央駅から徒歩10分

一面に繊細な彫刻が施され、ヨーロッパでもっとも美しいゴシック建築のひとつと讃えられているフライブルクの**大聖堂**。現在の**大聖堂広場**にマーケットが開かれたのは1120年。ここに教会の建築を命じたのはツァーリンゲン大公ベルトルド５世で、着工は1200年ころ。当初は後期ロマネスクで、のちにフレンチゴシックに変更、1513年に完成した。

堂内は中世美術の宝庫。美しいステンドグラスや彫像が多いが、なかでもハンス・バルトウンク・グリエンによって1516年に造られた大祭壇は見事。高さ116mの塔に上ると、旧市街やシュヴァルツヴァルトを一望できる。

大聖堂広場を挟んで大聖堂と向かい合う、２つのとんがり屋根の赤い建物が**カウフハウス**。1520～30年にかけて建てられたこの街を象徴する商館だ。

塔は10:00（日曜は13:00）～16:00　料€1.50

＜大聖堂＞開10:00～18:00（日曜12:30～）　休無休　料無料

郊外の見どころ
シャウインスラント
Schauinsland ★★

市内からもっとも気軽に行けるシュヴァルツヴァルトの展望台。市電４番の終点Dorfstr.からバス21番でロープウェイ乗場へ。山上駅から10分ほど歩けば標高1284mの山頂に到着する。周囲には美しい森が広がり、ハイキングコースもよく整備されている。

中央駅から山頂まで約１時間

博物館巡り ★★
Museum

map p.270

アウグスティーナ博物館（料無料）は、クラナッハなどの中世絵画や大聖堂の彫刻のオリジナル、民俗衣装、工芸品などを展示。**古代史博物館**（料無料）はライン流域のケルト人や古代ローマ人の発掘品を収蔵。この他、**現代美術館**、**アーデルハウザー博物館**、**人形博物館**、**市歴史博物館**（ヴェンツィンガーハウス）など、フライブルクには小さいながらも個性的で充実したコレクションを誇る博物館が多い。

開10:00～17:00（市立博物館共通）　休月曜

コロンビ公園にあるかつての宮殿が古代史博物館

★★★★ Colombi Hotel
コロンビ・ホテル

伝統と現代が調和したホテル

ⓘの隣にあるフライブルク一の高級ホテル。格式を感じさせる雰囲気とプールなどの諸施設も完備した機能性を併せ持つ。レストランはミシュランの星付き。

map p.270-A

●大聖堂広場から徒歩７分
■住所　Am Colombi Park
■TEL　21060
■FAX　31410
■料金　S-€185～、W-€240～（週末割引あり。朝食€18）
■部屋数　全114室
■カードVISA、MC、AMEX、DC、JCB

★★★ Zum Roten Bären
ツム・ローテン・ベーレン

ドイツ最古のホテルのひとつ

建物の建造は1120年、ホテルの営業は1311年からという700年近い伝統を誇る。郷土料理のレストランも好評で、創業以来の歴史を刻んだワイン倉が見事。

map p.270-B

●大聖堂広場から徒歩５分
■住所　Oberlinden 12
■TEL　387870
■FAX　3878717
■料金　S-€105～120、W-€136～145（スイート€185）
■部屋数　全25室
■カードVISA、MC、AMEX、DC

ラインゴルド　Rheingold ★★★ map p.270-A
●中央駅から徒歩５分　住Eisenbahn Str.47　☎28210
FAX2821111　料S-€98～、W-€129～

オーバーキルヒ　Oberkirch ★★ map p.270-B
●大聖堂広場から徒歩１分　住Münsterplatz 22　☎2026868
FAX2026869　料S-€92～、W-€141～

フライブルクの市外局番☎0761

★エコノミー　★★カジュアル　★★★スタンダード　★★★★ラグジュアリー

シュヴァルツヴァルト(黒い森)
バーデン・バーデン～フェルトベルク

ドライブガイド
(Schwarzwald Hochstrasse)
黒い森高原道路を行く

山上にある湿原に囲まれた氷河期の名残の湖。周辺一帯は自然保護地域に指定され、木道のハイキングコースが整備されている。山腹の駐車場からは、上りは徒歩約1時間30分。

マルクト広場を中心に水車の羽根状に造られた美しい街並のある、黒い森内部の中心都市。広大なクアパークでは、毎年7月にグルメの祭「ルクル」が開催される。

修道院の教会、古くから醸造されているビール、ガラス工芸で有名な町。町の中心近くにあるガラス工房は見学が可能、ショップも併設されている。

バーデン・バーデンから少し山に入ったところにある。道路からは、川に沿った森の中の道を30分ほど歩く。黒い森では珍しく落葉樹が多く、新緑や黄葉が美しい。

高原道路のすぐそばにある、森に抱かれた小さな湖。湖畔にはレストランや土産物店、広い駐車場（無料）のほか、ボートや遊歩道も整備されている。

黒い森高原道路の中でも、稜線上を走るこの付近の眺望が最もすばらしい。モミやトウヒなどの針葉樹林とその間に広がる草原を縫って、爽やかな高原ドライブを満喫できるところだ。

アクセス

●車：ここで紹介する黒い森高原道路は、黒い森パノラマ街道、バーデンのワイン街道、ドイツ時計街道などと交差しながら、黒い森のほぼ中央を南北に縦貫する道。バーデン・バーデンから入るのが一般的だが、黒い森の北側のBAB8、西側のBAB5、東側のBAB81の３本のアウトバーンからのアクセスルートもある。B500の大部分と、途中で交差するB28、B33、B31などの幹線道路は、山中の道とはいえ完全２車線で走りやすい。急坂や急カーブが連続して注意したいのは、バーデン・バーデンの町外れと、トリベルク、フロイデンシュタットの町の前後。冬季は雪が深く、チェーンが必要な場合もある。

●鉄道：フランクフルト方面からフロイデンシュタットへは、カールスヘーエ経由で約３時間。トリベルク～ドナウエッシンゲン～コンスタンツ方面へは、オッフェンブルクからREに乗り換えて直通で移動できる。ティティゼーへはフライブルクからREで35分。すべての町を電車とバスだけで移動するのは難しい。

Schwarzwalder Freilichtmuseum Vogtsbauernhofは、郊外の国道沿い（B33）にあり、この地方の古い民家など展示する野外博物館。レストラン、みやげ物屋も並ぶ。〔☎07831-93560 開9:00～18:00（入場は～17:00）休11月初旬～３月下旬　料€５（学生€3.50）〕 HP www.vogtsbauernhof.org

■シュヴァルツヴァルト（黒い森）

森林浴発祥の森として知られ、欧州ではリゾート地として人気が高く、スポーツを楽しむ人も多い。特産品として鳩時計や木工工芸品、郷土料理ではマスなどの川魚料理や生ハム、季節により野生の鳥獣肉（ヴィルト）を使ったジビエ料理が有名。サクランボから作ったキルシュヴァッサー（蒸留酒）や、シュヴァルツヴァルダー・キルシュトルテ（ケーキ）も美味。※この地区ではシュヴァルツヴァルト・カード［３日間有効　料€37］を利用するとお得。100以上の博物館などが無料になる。各町のℹで購入しよう。HP www.schwarzwaldserver.de

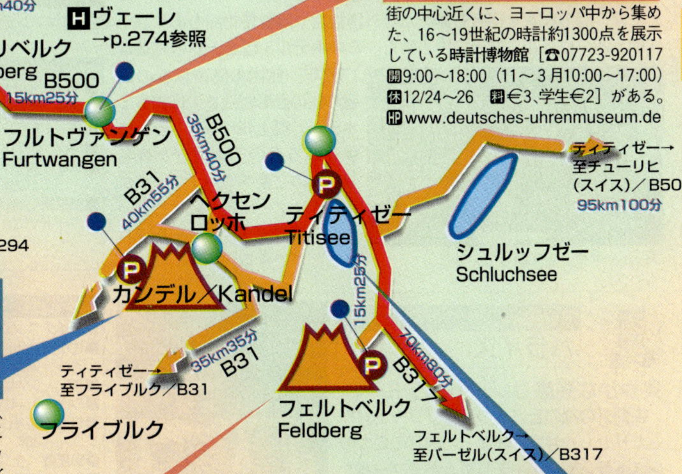

周辺に特産の時計工房やショップが多く、７段からなるドイツ最長の滝（163m）でも有名［●料金所から徒歩10分　開9:00～18:00、冬季は天候による　料€1.50、学生€1.20 HP www.triberg.de

黒い森から流れ下るブリガッハ川とブレーク川にドナウ源泉の水が合流して、悠久の大河ドナウはこの街から流れ始める。フュルステンベルク侯爵の宮殿（写真はドナウの泉）や市教会なども有名。

街の中心近くに、ヨーロッパ中から集めた、16～19世紀の時計約1300点を展示している時計博物館［☎07723-920117 開9:00～18:00（11～３月10:00～17:00）休12/24～26　料€3、学生€2］がある。HP www.deutsches-uhrenmuseum.de

標高1242mの展望台で、冬はゲレンデになるところ。途中のヘクセンロッホには、珍しい２連の水車が現役で働いている。西側からの上り坂は、急坂、急カーブが連続する。

黒い森の最高地点で、標高は1493m。広々とした眺望を満喫できる山頂までは、駐車場からリフトで約10分、徒歩で30分ほど。山頂からはハイキングコースが整備されている。

車でも鉄道でも容易に行け、黒い森南部観光の中心地となっている。湖面には遊覧船やボートが行き交い、北岸周辺には数多くのホテルや土産物店が集まり人気のカフェもある。

シュヴァルツヴァルトのホテル

ヨーロッパ有数のリゾート、シュヴァルツヴァルトは森林浴発祥の森で、随所に温泉も湧いている。森に抱かれた高原や温泉街では、快適なホテル探しに事欠かない。

各種施設も充実。ホテルのエステも有名

★★★★ Schlosshotel Bühlerhöhe シュロスホテル・ビューラーヘーエ

滞在中は王侯貴族の気分を満喫できる

ドイツ皇帝の離宮がホテルに

バーデン・バーデンからシュヴァルツヴァルト高原道路を14㎞。標高800m前後の山上の18ヘクタールもの広大な森に立つホテル。建物の完成は1914年。ドイツ最後の皇帝ヴィルヘルム２世に献上されるはずだった城を1989年からホテルにしたもの。そのロケーションのよさや豪華な設備などで、各国のVIPにとっても憧れの超高級ホテル。

map p.272
●バーデン・バーデンから車で20分
■住所　Schwarzwaldhoch Str.1
■TEL　07226-550
■FAX　07226-55777
■料金　S-€160～、W-€260～（朝食€20）
■部屋数　全90室
■カードVISA、MC、AMEX、DC
■www.buehlerhoehe.de

★★★ Parkhotel Wehrle パルクホテル・ヴェーレ

客室にはアンティークの家具が

文豪が好んだ料理を食すグルメ・ホテル

シュヴァルツヴァルトのほぼ中央に位置するトリベルクにある。近くには、森の民家を何軒も集めた野外博物館や時計博物館もあり、シュヴァルツヴァルト観光の中心地だ。このホテル・ヴェーレの建造は1707年。館内の随所に昔の田舎の館の面影が残る、伝統あるホテル。郷土料理レストランで供される森の川魚料理が有名で、かの文豪ヘミングウェイが毎日ディナーに食べ続けたというマスのコースメニューを味わうことができる。

プールやサウナを完備している

map p.273
●トリベルク駅から徒歩10分
■住所　Garten Str.24
■TEL　07722-86020
■FAX　07722-860290
■料金　S-€74～84、W-€109～129（12歳まで無料）
■部屋数　全50室
■カードVISA、MC、AMEX、DC、JCB

★★★★ Bareiss バライス

爽やかな高原リゾートホテル

街郊外の緑の丘に立つ高原リゾート。ゆったりとした客室。異なった内容の５つのレストランや一年中楽しめる温泉プールなど、各種施設が充実している。

map p.272
●バイアスブロン駅からバス15分
■住所　Hotel Bareiss im Schwarzwald
■TEL　07442-470
■FAX　07442-47320
■料金　S-€152～240、W-€316～386
■部屋数　全127室
■カード不可

★★★★ Badhotel バートホテル

森の温泉でリラクゼーション

バート・ヴィルトバートは森の中の閑静な温泉保養地。バートホテルは豪華な温泉施設のパレス・テルマルに通じている、この街一番の高級ホテル。

map p.272
●バート・ヴィルトバート駅から徒歩５分
■住所　Kurplatz 5
■TEL　07081-1760
■FAX　07081-176170
■料金　S-€70～74、W-€128～132
■部屋数　全80室
■カードVISA、MC、DC

★エコノミー　★★カジュアル　★★★スタンダード　★★★★ラグジュアリー

「哲学者の道」から望むハイデルベルク城と旧市街

エリア 7

古城街道

ハイデルベルク

シュヴェービッシュ・ハル

ニュルンベルク

バンベルク
バイロイト
クルムバッハ
ハイルブロン

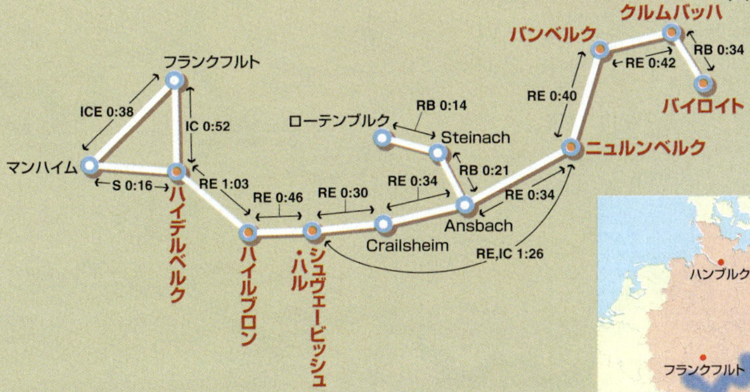

ホルンベルク

古城街道

ドイツにある古城は、総数約2万という驚くべき数。中でもこの古城街道、特にネッカー川の流域は数多くの古城が集まっている地域だ。跳ね橋が架かる深い濠やベルクフリートと呼ばれる高い塔がそびえる、中世の戦闘用の城。夜毎華麗な舞踏会が催された、優美な近世の王侯貴族の宮殿。騎士たちの夢の名残りを留める数多くの古城が、中世への旅人を待ち受けている。

マンハイムからチェコのプラハに至る約1000kmの古城街道の旅では、古城めぐりや武器や甲冑を展示した博物館見学はもちろんのこと、伝説を今に伝える劇や祭にも参加してみたい。ロマンチックな古城ホテルで過ごす一夜も、旅の思い出に忘れ難い印象を刻んでくれるはずだ。

ハイルブロンの聖マリア教会

ADVICE アドバイス

旅行シーズン 旅のベストシーズンは、気候も良く、ヨーロッパバスも運行される5月～9月。この時期には各地で演劇や音楽祭、ワインやビールの祭りも開催されるので、イベントに合わせて旅行スケジュールを組むのも旅の楽しみのひとつ（祭の日付は年によって変わることもあるので、事前に観光局などで確認を）。もっとも、冬にもクリスマス市などのイベントがあり、冬枯れの木立の中にたたずむ古城もなかなかの風情。ただし、一部の古城ホテルなどには冬季休業するところもあるので、注意が必要だ。

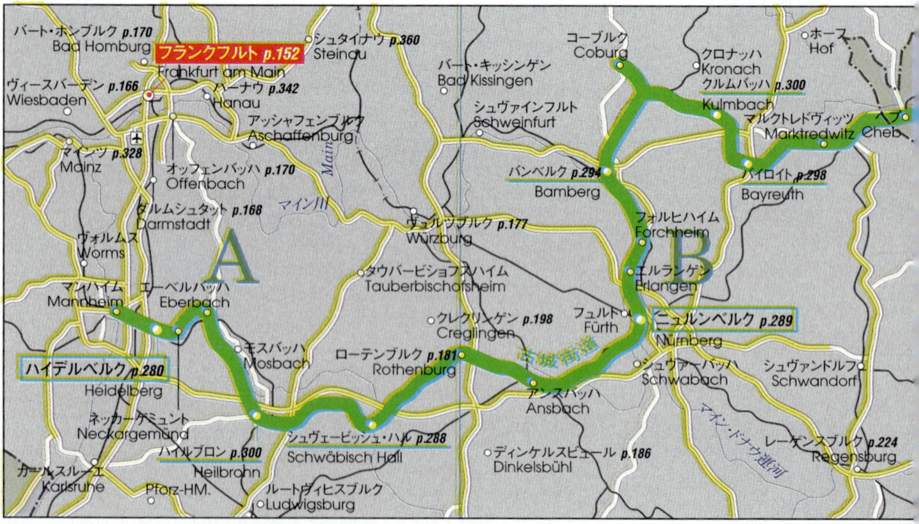

KEYWORD

鉄腕ゲッツ［ゲッツェンブルク、ホルンベルク］

戦いで失った右腕の代わりに鉄の義手を付けて戦闘に臨んだことから「鉄腕ゲッツ」と呼ばれた、ゲッツ・フォン・ベルリヒンゲン男爵。ゲーテの戯曲の主人公として描かれた、ドイツで最も高名な騎士。特に自由を求めつつも獄死するラストシーンは、多くの人々に感銘を与えた。実際の「鉄腕ゲッツ」は、1480年にゲッツェンブルクで生まれ、ホルンベルクで82歳の天寿を全うした。

ホルンベルクのゲッツ肖像

騎士や貴族の爵位

騎士達に与えられる爵位は、基本的に公爵、侯爵、伯爵、子爵、男爵の5種類で、この並び順に従ってランクが高い。さらに特別の身分や役職を加えて呼ばれることもある。例えば選帝侯とは、神聖ローマ帝国皇帝を選挙する権利を有する侯爵家のこと。ファミリーネームの前にフォン（VON）という称号が付く人々は、貴族の一員を意味している。

城の名称

ドイツ語でお城を意味する言葉は、ブルク（Burg）、シュロス（Schloss）、レジデンツ（Residenz）の3種類。このうちブルクは、おもに古い時代の戦闘時の防御用の城を指し、住居として建てられた城をシュロスと呼ぶことが多い。レジデンツは、17～18世紀以降に市街地に建てられた大宮殿のことをいう。

古城街道のワインとビール

古城街道の西半分、ハイルブロンを中心としたネッカー川流域や、ボックスボイテルと呼ばれる独特の丸っぽいボトルで有名なフランケン地方は、ドイツではライン、モーゼルに次ぐワインの産地。この地の主流は白のトロッケン(辛口)タイプ。

一方、古城街道の東側はビール文化圏。ドイツでも有数のビールの街、クルムバッハや、薫製ビールで知られるバンベルク、ピルスナータイプ発祥の地であるチェコのプルゼニュ（ピルゼン）など、世界的に有名なビールの産地が連なっている。

ヴュルテンベルガーの白ワイン

リヒャルト・ワーグナー

1813年ライプツィヒに誕生。同年父が亡くなり、翌年の母の再婚相手は俳優だった。彼は21歳で音楽監督になり、『タンホイザー』、『ローエングリン』、『ニュルンベルクのマイスタージンガー』など次々とオペラを発表。1835年に女優ミンナと結婚するが、指揮者で弟子にもあたる友人の妻コジマに恋をし、人妻の立場のまま3人の子供を生ませる。彼女らの名はエバ、イゾルテ、ジークフリートとそのまま劇中に登場する。1872年バイロイト音楽祭が始まった年に、二人は再婚。リストの娘のコジマは、166cmのワーグナーに対し大柄で、年も娘のように離れていたが、彼の最大の理解者だった。ワーグナーは1883年死亡。ルートヴィヒ2世は彼の作品に心酔し、バイロイトの博物館には彼がオペラに出演した写真まである。熱狂的ファンが多くバイロイト音楽祭の人気は高い。

ハイデルベルクのコルンマルクト

Burgen Strasse 古城街道

Germany

●アクセス

鉄道の便がいいのは、フランクフルト直行のICEやICで結ばれているマンハイム、ハイデルベルク、ニュルンベルク。他の街へはこの3都市を起点にローカル鉄道やバスを乗り継ぐことになる。ICE停車駅のシュトゥットガルトからハイルブロン、シュヴェービッシュ・ハルへ、同じくヴュルツブルクからローテンブルク、アンスバッハ、バンベルクなどに向かうルートもある。

5月中旬～9月下旬には、マンハイム～ローテンブルク間とニュルンベルク～プラハ間（15:00発～19:00着）にヨーロッパバスの便がある。ローテンブルク～ニュルンベルク間には、OVFフランケン社のバスがそれぞれ1日1往復運行している。ネッカー川には船便もある（詳細はp.286参照）。

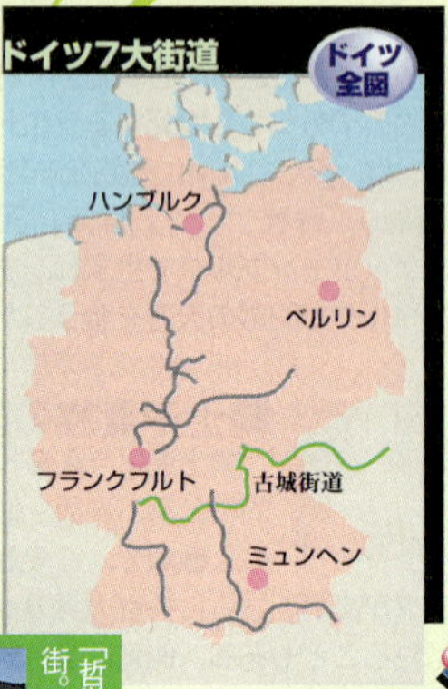

「哲学者の道」から眺めたハイデルベルクの旧市街。城は街の東端の丘の上に建っている。

ハイルブロンはこの地方最大の街で、ワインの集積地。毎年9月には盛大なワイン祭が催される。

ドイツの小ベニスとうたわれるバンベルク。橋上の旧市庁舎が有名。

街道のハイライト。クリスマス市、ソーセージ、おもちゃなどが有名。

チェコまで延びた古城街道

東西冷戦終結後の1994年、マンハイム～ニュルンベルク間の古城街道は、バンベルク、バイロイトを経てチェコの首都プラハまで延長された。神聖ローマ帝国に属していたという歴史を共有するドイツとチェコは、古城の構造も共通し、ニュルンベルク城もプラハ城も、ともにカイザーブルク（神聖ローマ皇帝居城）として知られている。

チェコ領に入って最初の街はヘプ。12世紀に建てられた城跡には黒塔と教会が残り、一部は博物館になっている。ヘプの東には、フランチシュコヴィ・ラーズニェ、カルロヴィ・ヴァリ、マリーアンスケ・ラーズニェの、3カ所の著名な温泉保養地がある。チェコの温泉は、レジャーよりも療養が目的。湯に浸ることは主に医療行為の一環でもある。プルゼニュは、いわずと知れたピルスナータイプのビールの生まれた街である。

「百塔の都」プラハは、そのほぼ全域が世界文化遺産の指定を受けている1000年の古都。チェコ最大の城、プラハ城は、古城街道の旅のフィナーレを飾るにふさわしい威厳をもって、ブルタヴァ川の上にそびえている。

古城街道のチェコ国内のアクセスは、フランクフルト～プラハを結ぶECが、ヘプ、マリーアンスケ・ラーズニェ、プルゼニュを通っているので比較的容易だ。

ワーグナーのファンであれば一度は訪れてみたい街。祝祭歌劇場は一見の価値がある。

[古城街道のイベントカレンダー]

2月 四旬節のカーニバル（各地）

3月 ゾンマーターク（ハイデルベルク）

4月 復活祭（各地）

5月 ヴァルハラ・ビール祭（エバーマンシュタット）、聖霊降臨祭のプロセッション（フランケン地方各地）、マイスタートゥルンク歴史祭（ローテンブルク）、菓子と泉の祭（シュヴェービッシュ・ハル）、騎士の夕べ（ニュルンベルク）

6月 城の花火大会（ハイデルベルクは7月、9月にも開催）、ネッカー川祭（ハイルブロン）、演劇祭（ゲッツェンブルク～8月）

7月 ロココ祭（アンスバッハ）、旧市街祭（クルムバッハ）、音楽祭（バイロイト～8月）、ビール祭（クルムバッハ～8月）

8月 シュロス・フェストシュピール（ハイデルベルク）、バッハ音楽祭（アンスバッハ隔年）、古城音楽祭（ツヴィンゲンベルク）、ザンクトキルヒヴァイ（バンベルク）、フォルクスフェスト（ニュルンベルク）、ツンフトマルクト（バート・ヴィンプフェン）、帝国自由都市祭（ローテンブルク）

9月 ワイン祭（ハイルブロン）、秋祭とワインビレッジ（ハイデルベルク）、旧市街祭（ニュルンベルク）、モーツァルト音楽祭（シュヴェッツィンゲン宮殿）

10月 収穫祭（各地）

11月下旬～12月下旬 クリスマス市（ハイデルベルク、ローテンブルク、ニュルンベルク、コーブルクなど各地）

HEIDELBERG

ハイデルベルク

p.0 G ■人口＝14万人 ■街の規模＝徒歩で２日

大勢の優れた学者を輩出し 多くの詩人に賞賛された街

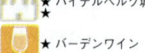

★★ 旧市街
★ 聖霊教会、イエズス教会など
★★ プファルツ選帝侯博物館など
★★★ ハイデルベルク城
★ ハウプト通り
★ バーデンワイン
★★ 多くの学者や文化人、ノーベル賞受賞者が７人
★★★ ハイデルベルク大学、旧校舎、学生牢、大学図書館など

Access

●鉄道：フランクフルト→IC（約55分）→ハイデルベルク［１時間１本／€17］
●バス：フランクフルト空港→エアポート・シャトルバス（約75分）→ハイデルベルク・クラウンプラザホテル［１日13便／１人片道€19、往復€35］

Information

❶観光案内所：Tourist Information
＜中央駅前＞MAP p.280-A 住 Willy-Brandt-Platz1 ☎19433 FAX 1388111 開 9:00～19:00（日曜、祝日10:00～18:00）、11～３月は9:00～18:00 休 11～３月の日曜、祝日／＜城＞MAP p.281-C 住 Neue Schlosss-tr.54 開 10:00～17:00 休 冬季／＜ネッカーミュンツ広場＞MAP p.281-C 住 Neckarmünzplatz 開 9:00～18:30 休 冬季
●ハイデルベルクカード：市内交通（市電、バス）が無料になる他、城、学生牢、博物館など市内の観光施設の入場料が無料あるいは割引となる。１～２日券（大人１名）€14、家族券（大人２名・子供２名まで）€26、３～４日券（大人１名）€21。購入は❶、市内の主なホテルで。 HP www.heidelberg.de
●ユースホステル：MAP p.280-A
住 Tiergartenstr.5 ☎651190

街のしくみ　旧市街だけなら徒歩で充分 中央駅からは市電かバスで

旧市街は中央駅から多少離れている。駅前から１、４番の市電でBismarckplatzへ、または５、４番のバスでUniversitätsplatzへ行くのが便利。直接城へ向かう際は、11、33番のバスのBergbahnで下車しケーブルカーで。

旧市街の家並とネッカー川の橋塔

哲学者の道から眺めた、城と川と旧市街

楽しみ方　「哲学者の道」で思索にふけり、学生酒場で盛り上がろう

世界的に有名な観光地としての熟成も進み、名所見物、郷土料理レストラン、ショッピングと、観光客のさまざまな要求に応えてくれる充実した内容を持つ街。城や博物館などの見どころも多いので充分な見学時間が必要。だがそれ以上に、学生街ならではの自由でフレンドリーな雰囲気を味わう時間（哲学者の道や大学街周辺の散策、学生酒場での宴会など）を充分に用意しておきたい。

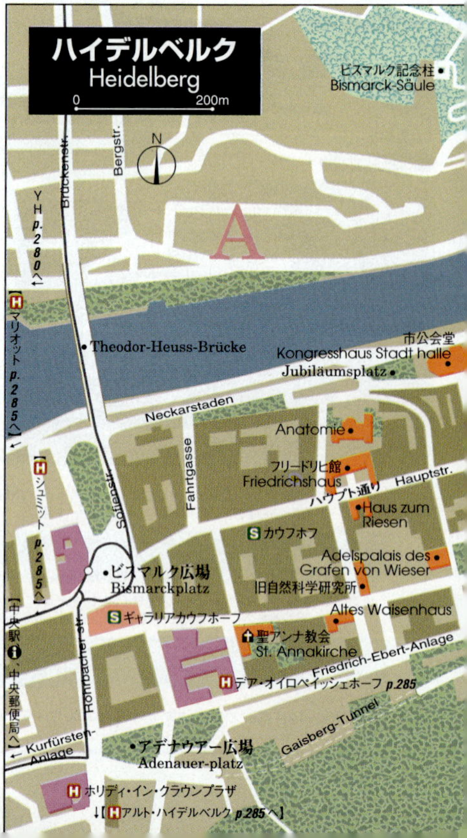

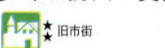

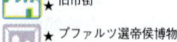

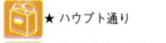

ハイデルベルク城 ★★★
Schloss Heidelberg

map p.281-C

●マルクト広場から徒歩とケーブルカーで15分

ここはひとつの城というより、城壁と塔と庭園、そして代々の選帝侯が中庭を囲むように建てた城館の集合体とでもいうべき城。なかでも重要な建物は中庭東側のオットー・ハインリヒ館や、北側の通称英国館と呼ばれるフリードリヒ館だ。城は30年戦争とプファルツ継承戦争、さらに落雷や火災によって破壊されたが、存続を望む声が高く、1934年にはゴシックの内装を持つ婦人館の王の間が再建された。

この門をくぐって城内へ

フリードリヒ館のチャペルで結婚式も挙げられる

一般入場券で見学できるのは、中庭と美しい城庭園、旧市街の眺めがすばらしいフリードリヒ館裏手のバルコニー、世界最大規模、22万リットルのワインの大樽、薬事博物館。他の城館の見学はガイドツアーで。ワインの大樽では、ワイン１杯３€（グラス付）、オリジナルワインラベルは１枚€９。中庭のチケット売場の上にはワイン酒場があり、夏季にはコンサートや戯曲『アルト・ハイデルベルク』を上演。

開8:00～17:30（12/24、31は～13:00） 休無休
料€３、ガイドツアー€４（ハイデルベルクカードで無料） ☎538431

ハイデルベルクの市外局番☎06221

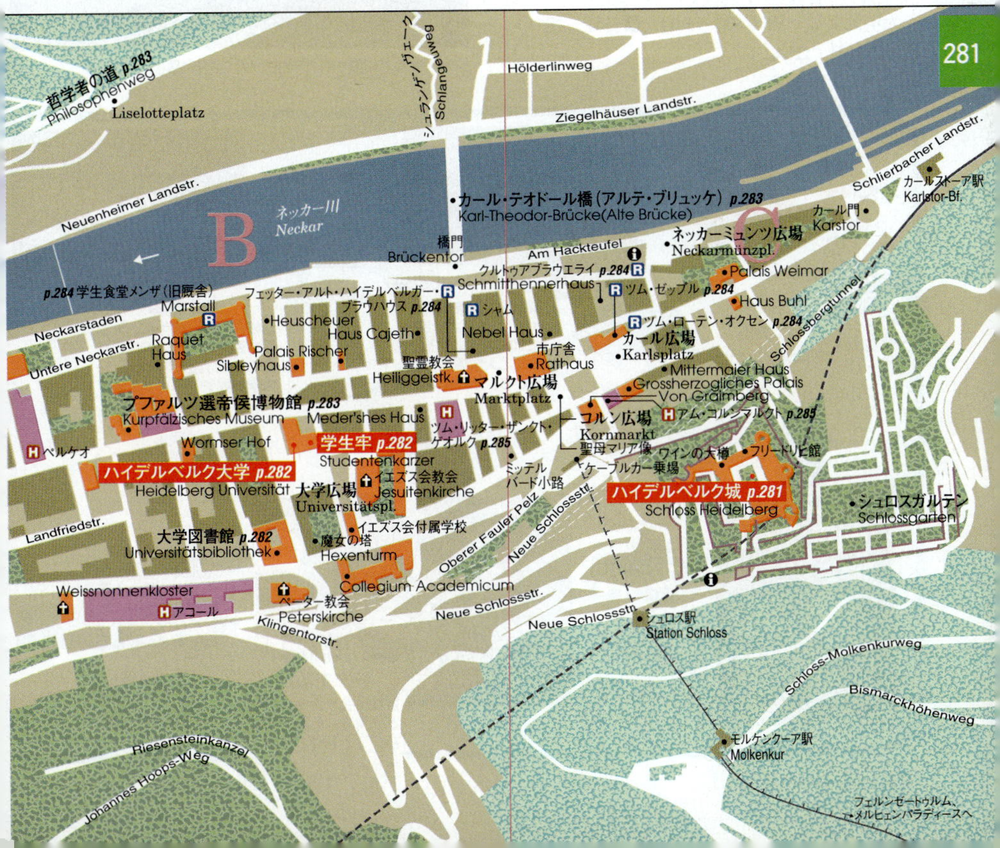

大講堂は1885年に創立500年を記念して建造

ハイデルベルク大学 ★★
Heidelberg Universität

map p.281-B

●マルクト広場から徒歩５分

1386年、プファルツ選帝侯ループレヒト１世により創立された、600年以上の歴史を誇るドイツ最古の大学。現在でも、物理、化学、医学など、とくに科学関係で高い評価を得ており、ノーベル賞の受賞者を７人も輩出している。

観光客でも見学可能な施設は、旧校舎Alte Universität、大学図書館Universitätsbibliothek、学生牢など。大学広場を挟んで、北側には1712～1728年に建てられた旧校舎、南側には1931年に建てられた新校舎がある。

＜大学図書館＞開10:00～18:00 休日曜、祝日 料無料 ☎542380

学生牢 ★★★
Studentenkarzer

map p.281-B

●マルクト広場から徒歩５分

かつてドイツの大学は独自の裁判権を有し学生牢が存在した。旧校舎の地下にあった牢が、1778年に裏手のアウグスティーナ小路に移転され、1914年まで使用されていた。昔の牢は悲惨だったらしいが、移転後は牢内でもかなり快適な生活を送っていたようで、入牢が一種のステイタスになっていたらしい。

開10:00～18:00（冬季は～16:00） 休日曜、祝日（冬季は土・日・月曜、祝日） 料€2.50、学生€２（講堂、大学博物館の入場も含む。ハイデルベルクカードで無料） ☎543593

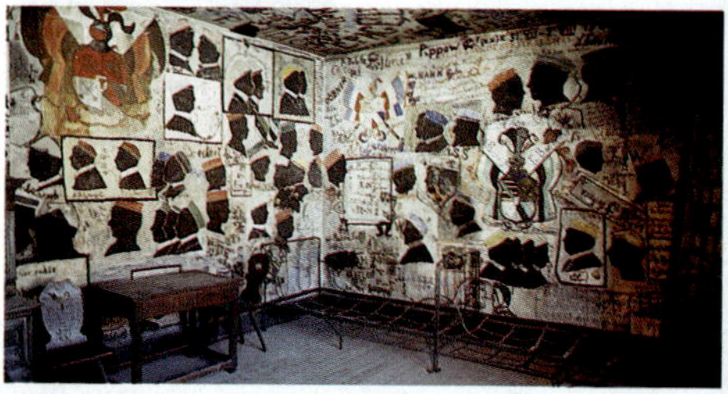

壁や天井などに描かれた学生たちの芸術作品(!?)

ウォーキング実況中継

Start

ホテル
朝食後ホテルを出発。
9:00ごろ

ケーブルカー乗場から城まで約５分。歩いて登ると15分ほど。

ハイデルベルク城
城見物と記念撮影。ガイドツアーは11:00～。城館内を見学する場合は先に大学周辺を回ってから、その時間に来るように。
9:15 所要１時間30分 10:45

城からの帰路は歩いて下ろう。
Walk
徒歩約10分

大学周辺
旧校舎講堂、学生牢、大学図書館など見学。学生街ならではの雰囲気を味わおう。大学広場やマルクト広場ではクリスマス市も開催。
11:00 所要１時間30分 12:30

徒歩１分
Walk
博物館前から本格的な旧市街散策にスタート。

15:00 所要１時間30分 16:30

旧市街散策
聖霊教会やカール門などを見物。その合間にハウプト通りでショッピングを。

徒歩約30分
Walk
カール・テオドール橋の橋門などを10分ほど見物後、「哲学者の道」へ。

プファルツ選帝侯博物館 ★★
Kurpfälzisches Museum

map p.281-B

●マルクト広場から徒歩10分

ハイデルベルク周辺で発掘された古代の収集品や、リーメンシュナイダー作『十二使徒祭壇』など、中世からロマン派にかけての美術品が展示されている。建物自体も1712年に建てられた当時の代表的な邸宅、パレ・モラスで、豪華な宴会場や応接間などはじつに見事。カフェのある入口は中庭を通り抜けた奥。

開10:00～16:00　休月曜　料€3、学生€1.80（ハイデルベルクカードで無料）　☎5834020

右手奥の絵は「十二使徒祭壇」リーメンシュナイダー作

ハウプト通り周辺にはカフェやレストランがたくさんあるので迷ってしまう。

Lunch

Walk

徒歩約10分

昼食
ハウプト通りのレストランで。

12:40　所要50分　13:30

腹ごなしに旧市街を少し散歩。

Walk

徒歩約15分

プファルツ選帝侯博物館
博物館見学。展示品ばかりでなく、建物や部屋の造りにも注目。

13:45　所要1時間15分　15:00

現在の橋は5代目で、初めて石で造られた橋

カール・テオドール橋～哲学者の道 ★★
Karl-Theodor-Brücke～Philosophenweg

map p.281-B

●マルクト広場から哲学者の道まで徒歩20分

旧市街から哲学者の道に向かう際に渡るのが、通称アルテ・ブリュッケ（古い橋）と呼ばれるカール・テオドール橋。橋と橋門が造られたのは1788年。対岸に渡り、細くて急なシュランゲンヴェークを登ったところが「哲学者の道」で、四季折々の花や樹木に彩られた気持ちの良い散歩道だ。ここからの城と旧市街の眺めは戯曲『アルト・ハイデルベルク』の世界そのものだ。

街角ワンショット
写真撮影とその穴場ポイント

左のウォーキング実況中継で、午前中に城へ行き、哲学者の道を夕方にしたのには理由がある。城のバルコニーから眺める旧市街、哲学者の道からの橋や城は、この時間帯が順光で、景色がもっとも美しく見える時なのだ。また、日本人旅行者があまり行かない穴場といえば、山上のテレビ塔と、聖霊教会の塔の上。ともに市街地を見渡す格好の展望台となっている。

テレビ塔はケーブルカーの終点から徒歩3分

チョコレートなどもスーパーで買おう

とっておき情報

ショッピングとレストラン／安く済ませるコツ

～大学生、留学生５、６人に飲み屋で聞きました～

フランクフルト空港に近いハイデルベルクは、ドイツ旅行の最初か最後に訪れる街。旅の最後に寄る際は、この街でおみやげを購入することになる。意外に喜ばれる物は、シンプルなデザインと機能性を兼ね備えたキッチン用品や日用雑貨、文房具。みやげ物屋にも置いてあるが、それよりビスマルク広場周辺に何軒かあるスーパーで購入すると安い。

納得の値段とボリューム、おまけに学生街の住人になったような気分にさせてくれるのが、大学の学生食堂、メンザMensa。セルフサービス形式で、新校舎の斜め向かいと、ネッカー川近くの旧厩舎にある。また上記のスーパー内（たいていは地下）には、手軽なファストフードのスタンドやテイクアウトの店がある。なかには寿司や中華の店もあって、ドイツ人の学生もお気に入りとか。

Zum Sepp'l
ツム・ゼップル

1634年建造の伝統ある学生酒場では、夜ごと宴会が

壁や天井を埋め尽くした愉快な看板や学生達の写真。学生御用達のこの店は、街を代表する学生酒場。飲んで、歌って、騒いで、夜は更けてゆく。

map p.281-C
●マルクト広場から徒歩３分
■住所　Haupt Str.213
■TEL　23085
■FAX　143366
■営業　12:00～22:00（金・土曜～24:00
■休日　無休
■カード　VISA、MC
■www.zum-seppl.de

Zum Roten Ochsen
ツム・ローテン・オクセン

戯曲『アルト・ハイデルベルク』に描かれた酒場

1703年創業の学生酒場兼郷土料理レストランで、大学コーラス部員の溜まり場だった店。日本語メニューもあるが、団体に占拠されることも多い。

map p.281-C
●マルクト広場から徒歩４分
■住所　Haupt Str.217
■TEL　20977
■FAX　164383
■営業　11:30～14:00、17:00～24:00（11～３月は夜のみ営業LO21:15）
■休日　日曜、祝日
■カード　不可
■www.roterochsen.de

Vetter Alt Heidelberger Brauhaus
フェッター･アルト･ハイデルベルガー･ブラウハウス

11.7%、世界有数のアルコール度数の高いビールに挑戦

店内に置かれた巨大な醸造釜からできたて生ビールが楽しめるビア・レストラン。料理は€3.90～で、ボリュームたっぷり。予約するのがおすすめ。

map p.281-B
●マルクト広場から徒歩１分
■住所　Steingasse 9
■TEL　165850
■FAX　165857
■営業　11:30～24:00（金・土曜～翌2:00）
■休日　無休
■カード　VISA、MC、AMEX、DC
■www.brauhaus-vetter.de

KulturBrauerei
クルトゥアブラウエライ

すぐとなりが醸造所。新鮮オリジナルビールを

料理は郷土料理。自家醸造所がすぐとなり。普通のピルス以外にも、ヤーレスツァイトを頼めば四季折々の新鮮ビールが楽しめる。ビン詰め持ち帰り可。

map p.281-C
●バス11 NeckarmünzgPi.《ネッカーミュンツプラッツ》から徒歩１分
■住所　Leyergasse 6
■TEL　502980
■営業　11:00～翌1:00
■休日　無休
■カード　不可
■www.heidelberger-kulturbrauerei.de

ハイデルベルクの市外局番☎06221

●～€15　●●€15～25　●●●€25～50　●●●●€50～

★★★ Romantikhotel Zum Ritter St.Georg
ツム・リッター・ザンクト・ゲオルク

観光名所がロマンチックホテルに

建物の創建は1592年。17世紀にたてつづけに起こった30年戦争とプファルツ継承戦争で街は壊滅的な被害を被ったが、その戦禍を免れた、ハイデルベルクに現存する最古の民家。ホテルとしての創業は1705年で、まもなく300周年を迎える。後期ルネサンス調の建物は、ユグノー派でフランスから亡命してきたシャルル・ベリエにより建てられたもので、フランスの雰囲気を伝える優雅な姿。北側の部屋からは目の前に聖霊教会が、南側の部屋からは城を間近に眺められる。建物の内部見学を兼ねて訪れる人も多い郷土料理のレストランでは、シュヴァルツヴァルトの伝統的なゲーム料理（野生の鹿や猪、兎などを使った料理）の人気が高い。

ひと部屋ごと異なるエレガントな客室

ツム・リッター（騎士の家）の名はファサード上部を飾る騎士像に由来

map p.281-B
●マルクト広場前
■住所 Haupt Str.178
■TEL 1350
■FAX 135230
■料金 S-€80〜130.50、W-€141〜201（朝食€9.50）
■部屋数 全39室
■カード VISA、MC、AMEX、DC、JCB
■www.ritter-heidelberg.de

★★★ Heidelberg Marriott Hotel
ハイデルベルク・マリオット・ホテル

ネッカー川に臨む高級ホテル

旧市街からは多少遠いが、中央駅に近く、評判の高いビール＆ワイン酒場もある。アクセスは便利。プールやフィットネスセンターなどの施設も充実している。

map p.280-A
●マルクト広場から徒歩と市電で約25分
■住所 Vangerow Str.16
■TEL 9080
■FAX 908660
■料金 S・W-€150〜
■部屋数 全248室
■カード VISA、MC、AMEX、DC、JCB

★★★★ Der Europäische Hof
デア・オイロペイッシェホーフ

街一番の豪華で優美なホテル

ハイデルベルク最高級のホテル。ホールから客室までヨーロピアンテイストのエレガンスが漂う。噴水のある中庭や、17世紀の様式で造られたレストランが好評。

map p.280-A
●マルクト広場から徒歩15分
■住所 Friedrich-Ebert-Anlage 1
■TEL 5150 ■FAX 515506
■料金 S-€253、W-€318（朝食€19）
■部屋数 全118室
■カード VISA、MC、AMEX、DC、JCB
■www.europaeischerhof.com

★★★ Alt Heidelberg
アルト・ハイデルベルク

伝統と現代が同居するホテル

アデナウアー広場の近くにある創業100年のホテル。客室はシックで落ち着いた雰囲気。スタッフは皆フレンドリーで、市内観光の相談など気軽に応じてくれる。

map p.280-A
●マルクト広場から徒歩20分
■住所 Rohrbacher Str.29
■TEL 9150
■FAX 164272
■料金 S-€76〜103、W-€87〜110（朝食込み）
■部屋数 全78室
■カード VISA、MC、AMEX、DC、JCB

★★ Hotel Garni am Kornmarkt
アム・コルンマルクト

市庁舎の南側、聖母像の立つコルン広場に面する。アパート的な小規模な建物だが内装のセンスはいい。

map p.281-C ●マルクト広場から徒歩１分
■住所 Kornmarkt 7
■TEL 905830 ■FAX 28218
■料金 S-€45〜75、W-€75〜125
■部屋数 全20室 ■カード VISA、MC

★ Schmitt
シュミット

アパートの一部を利用したホテルペンション形式の宿。中央駅から歩ける距離で安いのが魅力。

map p.280-A ●中央駅から徒歩６分
■住所 Blumenstr.54
■TEL 27296 ■FAX 29007
■料金 S-€60〜65、W-€70〜78
■部屋数 全19室 ■カード 不可

★エコノミー ★★カジュアル ★★★スタンダード ★★★★ラグジュアリー

ネッカー川古城巡り／ドライブガイド
マンハイム〜ハイルブロン

全長1000kmにおよぶ古城街道でも、ネッカー川沿いのマンハイム〜ハイルブロン間は、とくに古城が多く集まっている。城内を博物館にしている城や古城ホテルも多く、街道内でも人気の高い地域。

古城巡りには、移動の自由度が高くスケジュールも組みやすいレンタカーが便利。標識や路面もよく整備され、快適なドライブを堪能できる。また、この区間は鉄道が併走し船便もあるので、ヨーロッパバスと組み合わせた変化に富んだ旅行も楽しみだ。

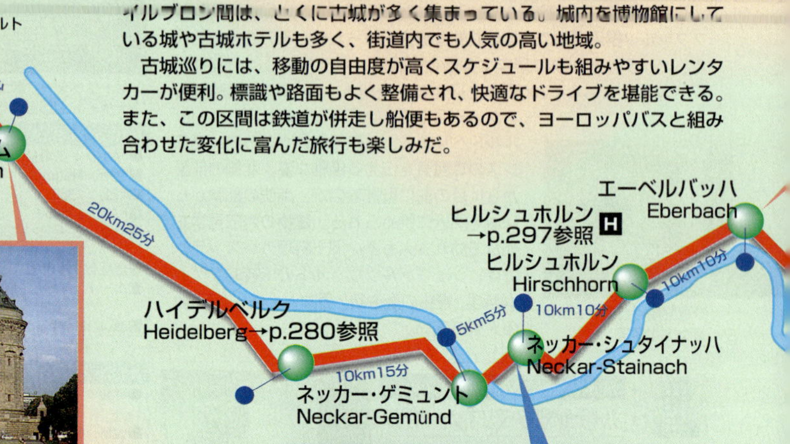

マンハイムは古城街道の起点の街。1720〜60年にかけて建造されたプファルツ選帝侯宮殿はバロック様式の宮殿としてはドイツ最大級の規模。写真は街のシンボルの給水塔。

街を見下ろす山腹に12〜13世紀にかけて建てられた４つの城がある。15世紀のゴシック様式の教会も有名。

ヨーロッパバス時刻表

7:50 発	マンハイム Mannheim	着 21:25
8:25 発	ハイデルベルク Heidelberg	発 21:05
8:40 発	ネッカー・ゲミュント* Neckar-Gemünd	発 20:35
8:50 発	ネッカー・シュタイナッハ* Neckar-Stainach	発 20:30
9:00 発	ヒルシュホルン* Hirschhorn	発 20:20
9:10 発	エーベルバッハ* Eberbach	発 20:10
9:20 発	リンダッハ* Lindach	発 20:05
9:30 発	モスバッハ* Mosbach	発 19:50
9:35 発	ネッカー・ツィメルン* Neckar-Zimmern	発 19:40
9:50 発	バート・ヴィンプフェン Bad Wimpfen	発 19:25
10:15 着 10:20 発	ハイルブロン Heilbronn	発 19:00 着 18:55
11:30 着 12:30 発	ローテンブルク Rothenburg	発 17:45 着 16:45
13:30 発	アンスバッハ Ansbach	発 15:50
14:30 着	ニュルンベルク Nürnberg	発 15:00

※マンハイム〜ローテンブルク間（片道€34.90、往復€48.80）を５月１日〜９月30日の間運行。スケジュールは毎年変わるので注意（一部省略あり）。予約先（ドイチェ・ツーリング社）はp.175参照。

＊リクエストストップのみ（出発前に電話連絡要）

☎0171-6200901　HP www.burgenstrasse.de

■アクセス

●道路：ハイデルベルク〜グンデルスハイム間はネッカー川沿いのB37〜27を行く。B37や27は全線２〜４車線で、急坂や急カーブもなく走りやすい道。

マンハイム、ハイデルベルクからネッカー川左岸（南側）の川岸の道を東へ。ネッカー・ゲミュントで橋を渡り、川の右岸（北側）へと移る。

ヒルシュホルン城へ行く際には標識に従って市街地方面へ。モスバッハへは、いったんネッカー川から離れ東へ約５分。他の街は道路沿いにあるので、城入口の案内標識に注意していれば楽に行ける。

グンデルスハイムでB27と別れ、橋を渡って再び左岸に移る。ここからハイルブロンまではカーブや分岐の多い田舎道をたどることになるので、「Burgen Strasse」の看板や方面標識、城入口の案内などを見落とさぬよう気を付けよう。グッテンベルクへ向かう道や、ハインスハイム、バート・ヴィンプフェンの市内は、一部に道幅の狭い箇所があるので注意したい。

●鉄道：ハイデルベルク〜ハイルブロン間は１時間に１〜２本の運行本数がある。

●船：ハイデルベルク〜エーベルバッハ間、ハイルブロン〜グンデルスハイム間などに街道の街に寄港する便がある。季節や曜日により変わるので事前にⓘなどで確認を。

エーベルバッハ城は現在は城址としてのみ残るが、市街には市壁や塔が残されている。街のシンボルは猪で、随所に像やグッズを売る店がある。

ウェーバーの『魔弾の射手』ゆかりの城。バーデン大公の私的な住居だが、8月の3週間はシュロスコンサートが催される。

ホルンベルク城

マルクト広場を中心に、パルムシェスハウスなど、木組み家屋が連なった美しい町並が広がる。白い塔が印象的な市庁舎は1559年の建造。

塔のある巨大な直方体のホルンネック城はドイツ騎士団の城で、建造は13世紀。現在城内は老人ホームと、騎士団ゆかりのルーマニアの工芸品などを集めた郷土博物館。

H ブルクホテル・ゲッツェンブルク
→p.297参照

12世紀に建造され、戦乱の破壊を受けずに現在まで残されている。ゲミンゲン男爵家の私的な城だが、一部は博物館として公開中。猛禽類の飼育と飛行訓練も見学できる。

「青の塔」など、いくつもの塔が美しいシルエットを描く街。神聖ローマ皇帝が滞在した皇帝都市で、12世紀以来の城址や街並が残る。

■古城博物館データ

●プファルツ選帝侯宮殿（マンハイム）
開10:00～17:00　休月曜　料€2.50　※改装のため2003年8月から2007年まで閉館

●郷土博物館（グンデルスハイム）
開11:00～17:00　休月曜　料€2

●鷹の飛行訓練（グッテンベルク）
開9:00～18:00（訓練11:00、15:00）、11～3月12:00～17:00（訓練15:00）　休無休
料€9

SCHWABISCH HALL

シュヴェービッシュ・ハル

p.9-H ■人口＝3.4万人 ■街の規模＝徒歩で半日

美しい中世都市の面影が残る
製塩と貨幣鋳造で栄えた街

★★★ 木組み家屋、石畳の路地や階段、木の橋など

★★★ 聖ミヒャエル教会、コンブルク(ベネディクト派修道院)

★★ ハレ・フランケン博物館、ホーエンローエ農村博物館

★★ 野外劇（6～8月）、ケーキと泉の祭

★ シュヴァーベンワイン

塔の完成は1156年。正面階段は54段で幅は70m

Access

●鉄道：ハイデルベルク→RE(約1時間)→ハイルブロン(乗換)→RE(約45分)→シュヴェービッシュ・ハル[1日約15本／€20]、シュトゥットガルト→RE(約1時間30分)他→シュヴェービッシュ・ハル[1時間1～2本／€13.40～]

Information

ℹ観光案内所：住Am Markt 9 ☎751246 FAX751397 開9:00～18:00(土・日曜10:00～15:00、10～4月は9:00～～17:00) 休祝日、10～4月の土・日曜

HP www.schwaebischhall.de ●ユースホステル：住Langenfelderweg 5 ☎41050

街のしくみ 駅から旧市街まで徒歩約10分 旧市街の南東には城壁も残る

ネッカー川支流のコッヒャー川の谷間に開けた街。川の斜面に造られた旧市街には細い坂道や石段が錯綜し、迷路のような趣があるが、狭い街なので迷うことはない。

街の中心は聖ミヒャエル教会と市庁舎の間のマルクト広場。南西に向かうと、石畳の坂道や木組みの家が織り成す町並を抜けて、木の橋が架かる川の中洲へ。北のゲルビンガー小路も塔や木組み家屋が残る美しい通り。

楽しみ方 小さな街だが見どころは多い 郊外も回るなら2日は必要

ゆっくり時間をかけて見物したいのは、12～16世紀に建てられた**聖ミヒャエル教会**St. Michaelkircheと、**ハレ・フランケン博物館**Hällisch-Fränkisches Museum。また、石段を上り下りしたり、路地から路地をたどってみたり、足の赴くままの旧市街の散策が楽しい。聖ミヒャエル教会前の階段で催される屋外演劇などを観劇するプランもある。

郊外では、12～16世紀にかけて造られた壮麗な僧院**コンブルク**Die Comburgや、15～19世紀の農家や旅館などを数十軒集めた巨大な博物館村**ホーエンローエ農村博物館**Hohenloher Freiland Museumへ行くのもおもしろい。

中洲にある木の橋とズルファー塔

バロック様式の市庁舎

農村博物館は市内から7番のバスで約15分

★★★ Der Adelshof

デア・アデルスホーフ

郷土料理レストランも好評

450年の歴史あるホテル。1990年にリニューアルされ、エントランスやロビーは現代的な明るい造りとなったが、廊下やレストランなどには風格が漂う。

●マルクト広場前
■住所 Am Markt 12-13
■TEL 75890
■FAX 6036
■料金 S-€75～100、W-€100～150
■部屋数 全47室
■カード VISA、MC、JCB

シュヴェービッシュ・ハルの市外局番☎0791

★エコノミー ★★カジュアル ★★★スタンダード ★★★★ラグジュアリー

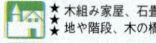

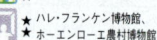

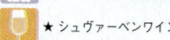

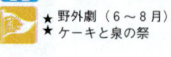

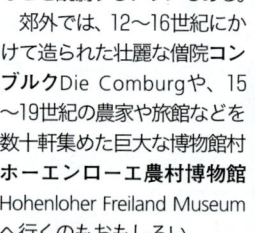

NÜRNBERG

ニュルンベルク

p.9-H　■人口＝50万人　■街の規模＝徒歩で１日

“神聖ローマ帝国の小さな宝石箱”と称されるバイエルン州第2の都市

- ★★ 城壁に囲まれた中世の街
- ★★ 聖ローレンツ教会、聖ゼバルドゥス教会
- ★★★ 膨大なコレクションのゲルマン国立博物館
- ★★★ 街のシンボル、カイザーブルク
- ★★★ ドイツでもっとも有名なクリスマス市
- ★★ 『ニュルンベルクのマイスタージンガー』の舞台
- ★★ ドイツの誇る大画家デューラー
- ★★★ 白くて小さなニュルンベルクソーセージ

Access

●鉄道：ミュンヘン→ICE（約１時間45分）→ニュルンベルク［１時間１～２本／€41］、フランクフルト→ICまたはICE（約２時間10分）→ニュルンベルク［２時間１本／€39～］

Information

❶観光案内所：＜中央駅前＞MAP p.290-D　住Königstr.93　☎2336132　開9:00～19:00　休日曜／＜中央広場＞MAP p.290-A　住Hauptmarkt18　☎2336135　開9:00～18:00（日曜10:00～16:00）、クリスマス市時期～19:00（日曜10:00～）　休11～４月の日曜

●ニュルンベルクカード：市内・近郊の交通機関、主な博物館が無料。２日間有効€18。

HP www.nuernberg.de

●ユースホステル：MAP p.290-A　住Burg 2　☎2309360

街のしくみ 楽しみ方　クリスマス市（マーケット）、玩具、ソーセージで有名な街

旧市街は城壁でぐるりと囲まれており、中世の街の規模としてはとても大きい。第二次世界大戦で大きな被害を受けたが、今は元通り修復され、中世の面影が強く残る、観光客が絶えない美しい街になった。ここはまたヒトラーに異常に愛された街でもあった。

ワーグナーのオペラ『ニュルンベルクのマイスタージンガー』はこの街が舞台。**冬のクリスマス市**はドイツ国内でももっとも有名。おもちゃの街としても知られている。

張出し窓が美しいヴァイスゲルバー小路

カイザーブルク前のティアゲルトナートア広場

駅を出ると、すぐに城壁が目に入る。高さ40m、幅18mもの丸い塔が建つ**ケーニヒ門**から旧市街に入ると、昔の職人の家々を再現した**職人広場**Handwerkerhof。ここからホテルや店が並ぶ**ケーニヒ通り**を行くと、ペグニッツ川につき当たる。**博物館橋**Museumsbrückeから右手を眺めると**聖養老院**Heilig Geist Spitalがある。この景色はニュルンベルク名物のお菓子レープクーヘンの化粧箱のデザインにも使われるほど美しい。マーケットが開かれている中央広場には、高さ19mの噴水、**美しの泉**Schöner Brunnenがある。鉄格子にはめ込まれている金の輪を、願いごとを唱えながら３回転し、他人に話さなければそれが叶うそうだ。その南側には芸術的な装飾が美しい**聖母教会**があり、毎日12時に仕掛け時計の人形が動く。

拷問房のすさまじさに驚かされる**旧市庁舎**を見たら、高台の古城カイザーブルクに行こう。城の前には、画家**デューラーの家**がある。そのまま**デューラー通り**を下がっていくと**ワイン広場**に出る。右斜めに広がる**ヴァイスゲルバー小路**Weissgerbergasseは、この街でもっとも情緒あふれる一角。**ワインハウス**などマックス橋周辺の景色も、忘れ難い美しさだ。

黄金に輝く40の像で成り立つ「美しの泉」

ニュルンベルクの市外局番☎0911

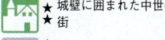

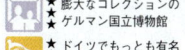

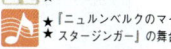

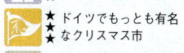

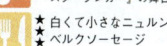

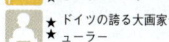

ゲルマン国立博物館、玩具博物館、交通博物館など、街の博物館はどれも非常に充実しており、一見の価値がある。

ドイツで一番ともいわれる**ニュルンベルガーソーセージ**もぜひ味わってほしい。見るにつけ、食べるにつけ、このロマンチックな都をきっと気に入るだろう。

Route Advice

職人広場→聖ローレンツ教会→中央広場（美しの泉と聖母教会）→旧市庁舎→カイザーブルク→デューラーの家→玩具博物館→ゲルマン国立博物館
［全移動約３時間］

聖母教会。仕掛け時計に出てくるのはカール４世と７人の選帝侯

東側の旧皇帝厩舎は現在ユースホステル

カイザーブルク ★★★
Kaiserburg

map p.290-A

●中央広場から徒歩10分

最初の城塞はなんと1050年に築かれた。以来、皇帝の居城として火災や増築を経て現在の姿に。城の内部には皇帝の間、騎士の間、ロマネスク様式の二重礼拝堂などがあり、ガイドツアーで見学できる。丸いジンベル塔に上れば、城壁に囲まれた赤茶色の街が一望できる。城内にカイザーブルク博物館も併設している。

開9:00～18:00（10～3月10:00～16:00） 休無休 料€6、学生€5（博物館共通）

デューラーの家 ★★
Dürerhaus

map p.290-A

●中央広場から徒歩9分

カイザーブルクの前に、1420年ごろ建てられた木組みの家がある。画家アルブレヒト・デューラーは1509年から亡くなる1528年までここに住み、創作活動をした。当時のままの台所や再現された居間など、彼の暮らしぶりがよくわかる。また美術館として、彼の作品の複製や、写真などを展示している。モダンな増築部分ではさまざまな展覧会が催されている。

住Albrecht Dürer Str.39 開10:00～17:00（木曜～20:00） 休月曜 料€5、学生€2.50 ☎2312568

中世の雰囲気を漂わす広場にマッチしたデューラーの家

聖ゼバルドゥス教会 ★★★
St.Sebaldus Kirche

map p.290-A

●中央広場から徒歩1分

1050年に僧ゼバルドゥスが礼拝堂を建立。のちにロマネスクおよびゴシック様式で現在の教会が建てられた。フィッシャー作の**ゼバルドゥスの墓碑**、梨の木でできた**後光と冠のマリア**が見もの。

開9:30～20:00（1～2月9:30～16:00／3～5月、10～12月9:30～18:00） 休無休 料無料

パイプオルガンも見事だ

ヘンカーシュテークとワインハウス ★★★
Henkersteg und Weinstadel

map p.290-A

●中央広場から徒歩10分

死刑執行人の小橋という意味の**ヘンカーシュテーク**は14世紀に造られた屋根付の美しい橋。大きな**ワインハウス**は、1448年にハンセン氏病患者収容の目的で建てられた。16世紀からはワイン蔵、貧民の収容所として使用され、現在は学生寮。隣の**貯水塔**も含めた絶妙のアンサンブルは必見。

ヘンカーシュテーク内もぜひ歩いてみよう

交通博物館 ★★★
Verkehrsmuseum

map p.290-C

●中央駅から徒歩10分

世界有数の鉄道博物館。ニュルンベルクはドイツで初めて鉄道が走った街。バイエルン王ルートヴィヒのサロン車、蒸気機関車第1号の復元も置かれている。新しくDB Museum（ドイツ鉄道博物館）が併設された。

住Lessingstr.6 開9:00～17:00 休月曜 料€3、学生€2 ☎01804-442233

とっておき情報

ドイツで最大、最美のクリスマス市

この街のクリスマス市は、ルターが17世紀に始めた。玩具の街ならではのおもちゃやツリー飾りが愛らしく、名物の桃人形はぜひ購入したい。温かく甘いグリューワイン、レープクーヘンなど胃袋も満足！　地元の人がとくに好きなのが、炒めてソースをかけた、シャンピニオンと呼ばれるマッシュルーム。他には焼きぐりからドイツ風あんまんまで多彩だ。市は混雑するので朝か晩が狙い目。クリスマス4週前の金曜からイブまでの毎日９～20時。

ゲルマン国立博物館 ★★★
Germanisches Nationalmuseum

map p.290-C

●中央駅から徒歩８分

芸術に関してはドイツでも最大規模の博物館。先史時代の出土品から中世の芸術品、近代の絵画など今日までの芸術様式変遷を網羅し、衣装、家具など市民の生活品から、世界一の収集数を誇るピアノまで展示。

50万冊の文化資料を誇る

住Kartäusergasse 1　開10:00～18:00（水曜～21:00）　休月曜　料€４、学生€３（水曜18:00以降は無料）

新美術館 ★★
Neues Musem

map p.290-D

●中央駅から徒歩５分

デザインとモダンアート。主に50年代以降の産業デザインをアートとして展示したり、メディアを駆使した実験的な作品を展示。

住Luitpoldstr.5　開10:00～20:00（土・日曜～18:00）　休月曜　料€3.50（日曜€１）
HP www.nmn.de

玩具博物館 ★★★
Spielzeugmuseum

map p.290-A

●中央広場から徒歩５分

玩具製造の街ならではの博物館。1300年頃のペルーの人形、$30m^2$の模型鉄道など古今東西のさまざまな玩具が見られる。人形はそれぞれの時代の流行を反映しており興味深い。人形の家にいたっては、もはや芸術の域。ガスや蒸気を取り入れた玩具もこの街で発明された。オリジナルグッズも買える。

住Karlstr.13-15　開10:00～17:00（土・日曜～18:00）　休月曜（市の開催中は無休）　料€５、学生€2.50

夢のある人形の家。驚くほどよくできている

ヒトラーが愛した街に残るナチズムの傷あと

旧市街から４kmほど南東のドゥッツェント湖畔に、ローマのコロセウムさながらの建物が突如現れる。これはヒトラーが建てた会議堂なのだ。さらにパレードのためのドイツスタジアムも。どちらも未完だが、会議堂内部にはDokumentationszentrum[開9:00～18:00（土・日曜10:00～）HP www.museen.nuernberg.de]があり、ナチと暴力の記録を展示。対岸には、ヒトラーが160万人を前に演説した巨大なツェッペリン広場の跡がある。彼はこの街で悪名高いニュルンベルク法を制定した。ほんの50数年前、党大会が開かれた場所は今や市民の憩いの場になっている。中央駅からSバーン２番で４つ目Dutzendteich駅下車。

今は市民の憩いの場になっている

Bratwursthäusle
ブラートヴルストホイスレ

常に客が絶えない、炭火焼きソーセージ（ヴルスト）が定番の店

ヴルストはザウアークラウト(酢漬けキャベツ)やカルトッフェルザラート(ジャガイモサラダ)などの付け合わせと本数を選ぶ。缶入りは10本€4.50〜。

map p.290-A
●聖ゼバルドゥス教会横
■住所　Rathausplatz 1
■TEL　227695
■営業　10:00〜22:30（L.O. 21:30）
■休日　日曜、祝日

Zum Golden Stern
ツム・ゴールデンシュテルン

地元では絶大な人気。世界一古い？というソーセージレストラン

わかりづらい場所にあるが、1419年創業の老舗中の老舗で、中世の雰囲気を漂わせた店内は見るだけでも価値あり。ソーセージ６本と付け合わせ€5.90〜。

map p.290-C
●中央駅から徒歩15分
■住所　Zirkelschmiedgsasse 26
■TEL　2059288
■営業　11:00〜21:00
■休日　無休
■カード　不可
■www.Bratwurstküche.de

Lebkuchen Schmidt
レープクーヘン・シュミット

600年前からの伝統のレシピ

ニュルンベルク名物レープクーヘンはナッツの粉を使ったクッキーとケーキの中間のような菓子でやみつきになる味。缶がおしゃれでみやげにいい。

map p.290-B
●中央広場から徒歩１分
■住所　Zollhausstr.30
■TEL　89660
■営業　9:00〜18:00（土曜〜13:00）、クリスマス期間中は8:00〜19:00（土曜〜18:00）
■休日　日曜

Töpferei Hempel
テップフェライ・ヘンペル

素朴で愛らしい手づくり陶器

カイザーブルク城前のこぢんまりとした店。伝統的手法により高温で焼き上げられたこの店の陶器はとても丈夫。ロウソク立てなど小物も充実。

map p.290-A
●カイザーブルク前
■住所　Neutormauer 25
■TEL　226585
■営業　10:00〜18:00（土曜〜14:00）
■休日　日曜、祝日

Burghotel Grosses Haus ★★★
ブルクホテル・グローセスハウス

旧市街の中心でも静かな立地

リーズナブルな料金で充実の内容のホテル。和やかな雰囲気で、プールやサウナもある。スイートは暖炉があったりロフト式であったり、それぞれ個性的。

map p.290-A
●中央広場から徒歩５分
■住所　Lammsgasse 3
■TEL　238890
■FAX　23889100
■料金　S-€77〜122、W-€95〜185
■部屋数　全57室
■カード　VISA、MC、AMEX、DC

Hotel Deutscher Kaiser ★★★
ドイチャー・カイザー

100年以上の歴史がありヒトラーの常宿でもあった。駅に近い抜群のロケーション。

map p.290-D
●中央駅から徒歩５分
■住所　Königstr.55
■TEL　203341　■FAX　2418982
■料金　S-€79〜125、W-€92〜175　■部屋数　全52室
■カード　VISA、MC、AMEX、DC、JCB

ヴィクトリア　Hotel Victoria　★★★　map p.290-D
●中央駅から３分　■住所　Königstr.80　☎24050
FAX 227432　料 S-€74〜、W-€78〜99

ユーゲントゲステハウス　Jugengästehaus Nürnberg　★　map p.290-A
●バス46/47 Maxtorから４分　■住所　Burg 2　☎2309360
料 ドミ-€18.90〜（古城ユース）

レッテン・スリープ　Lette'm Sleep　★　map p.290-C
●中央駅から10分　■住所　Frauentormauer 42
☎9928128　料 ドミ-€16〜　■www.backpackers.de

ニュルンベルクの市外局番☎0911

●〜€15　●●€15〜25　●●●€25〜50　●●●●€50〜
★エコノミー　★★カジュアル　★★★スタンダード　★★★★ラグジュアリー

BAMBERG

バンベルク

p.9-H ■人口＝7万人 ■街の規模＝徒歩で1日

川のせせらぎも優雅なドイツ一美しい街は、ユネスコ世界文化遺産

- ★★★ 絵に描いたような小ベニス地区
- ★★ 司教区博物館
- ★★★ バンベルク交響楽団
- ★ ロマン派作家ホフマン
- ★★★ 聖ミヒャエル教会
- ★★ 新宮殿
- ★★★ スモークビールのラオホビア
- ★★★ タマネギとひき肉が入ったバンベルガーツヴィーベル

Access

●鉄道：ニュルンベルク→RE(約40分)→バンベルク[1時間1～2本／€10]、ミュンヘン→ICE(約2時間25分)→バンベルク[2時間1本／€48]
●市内交通：駅から市中心部まで徒歩で15分。バス(€1)もある。

Information

ⓘ観光案内所：MAP p.295-B ☎2976200 住Geyerswörthstr.3 開9:30～18:00(土・日曜～14:30) 休1～3月の日曜
●バンベルクカード：市内の公共交通機関が乗り放題。各種割引あり。48時間有効€7.50。
HP www.stadt-bamberg.de
●ユースホステル：MAP p.295-B 住Obere Leinritt 70 ☎56002

街のしくみ 楽しみ方 ほろ酔い気分でカトリックの古都を歩く

夢を見ているような街並のバンベルク。美しい風景と、伝統芸術でもある砂岩でできた家に彫られている石像はぜひ鑑賞したい。

観光の起点は**レグニッツ川**の橋上の**旧市庁舎**。かつて川で街を市民地区と司教地区に分けていたためこの場所に建てられた。その前にそびえるのが**ガイヤースヴェルト城**Schloss Geyerswörth。地元民も知らない穴場の塔があるので抜群の眺めを楽しもう。隣にはⓘがある。そこからは川沿いに漁師の古い家々が並ぶ小ベニスと称される地区へ。

旧市庁舎のある橋からゆるやかな坂道を歩くと、広々とした**大聖堂広場**Domplatzに着く。中世ドイツ建築の傑作といわれる**大聖堂**では、**バンベルクの騎士**Bamberger Reiterという彫刻をお見逃しなく。隣には皇帝と司教の居城だった**旧宮殿**が建つ。木造回廊に囲まれたロマンチックな中庭があり、ここでは毎年7月に野外劇が催される。広場の向かいに建つ**新宮殿**では、皇帝の間での演奏会もある。新宮殿の庭から見える塔のある建物は**聖ミヒャエル教会**。ここから景色のよい**水城コンコルディア**の方面へ南下してみよう。情緒あふれるいくつかの小道が続いている。時間が許せば**古城アルテンブルク**まで足をのばしたい。

バンベルクにはなんと、30種ものオリジナルビールがあり、とくに**ラオホビア**は有名。当然ビアガーデンも多い。ボリュームたっぷりのフランケン料理もおいしい。また、バンベルクは交響楽団のレベルの高さでも有名。5～10月の毎土曜12時には大聖堂でオルガン演奏会がある。

ガイヤースヴェルト城から見たバンベルク市街

たいへん珍しい15世紀建造の橋上の旧市庁舎

色鮮やかな花が窓際を飾る小ベニス地区の家々

Route Advice

旧市庁舎→ガイヤースヴェルト城→小ベニス地区→大聖堂→旧宮殿→新宮殿→聖ミヒャエル教会→ホフマンの家→アルテンブルク［全移動約3時間］

バンベルクの市外局番☎0951

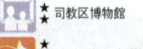

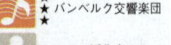

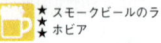

大聖堂 ★★★
Dom

map p.295-A

●旧市庁舎から徒歩５分

1012年に建立されたが火災のため1237年に再建。内部には彫刻芸術の名作が並び、なかでも「バンベルクの騎士」（1230年ごろ）は最高傑作。建立者皇帝ハインリヒ２世と妃の豪華な墓石もある。大聖堂の一部は司教区博物館Diözesanmuseumになっている。

開8:00～17:00　休無休

＜博物館＞開10:00～17:00　休月曜、12/24～26／31、1/1　料€２、学生€１

約千年前の華麗な皇妃クニグンデのマント

４本の塔を持つ壮麗な大聖堂は街のシンボル

新宮殿のテラス、背後には聖ミヒャエル教会

新宮殿 ★★★
Neue Residenz

map p.295-A

●旧市庁舎から徒歩５分

1703年に完成した司教の宮殿。幾千ものバラが咲き乱れる庭と周囲の景色は絶妙。

開9:00～18:00（冬季10:00～16:00）　休カーニバル中、11/1、12/24・25・31、1/1　料€４、学生€３

聖ミヒャエル教会 ★★★
St.Michaelkirche

map p.295-A

●大聖堂広場から徒歩10分

1015年に修道院として設立された教会。ファサードが見事。フランケン醸造博物館も併設。

＜博物館＞開13:00～17:00　休月・火曜、11～３月　料€２、学生€１

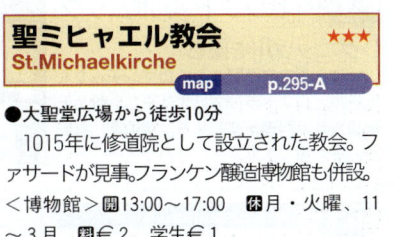

門のユーモラスな彫刻に注目

旧宮殿 ★★★
Alte Hofhaltung

map p.295-A

●旧市庁舎から徒歩６分

街を流れる２つの川を表す重厚な門をくぐると、ルネサンス様式の堂々とした旧宮殿が建つ。内部はフランケン地方の歴史博物館になっている。中世に迷い込んだかのような中庭が美しい。

住Domplatz 7＜博物館＞開9:00～17:00
休月曜、11～４月　料€2.10、学生€1.50

Schlenkerla
シュレンケルラ

バンベルク名物の薫製ビール・ラオホビアにいざ挑戦

バイエルン地方らしい木組みの内装で親しみやすい雰囲気。この店のビールは濃い色と味わい、独特な香りで有名。みやげ用５リットル樽入りビールも。

map p.295-A
●旧市庁舎から徒歩３分
■住所　Dominikanerstr.6
■TEL　56060
■営業　9:30～23:30
■休日　火曜
■www.schlenkerla.de

Sankt Nepomuk ★★
ザンクト・ネポムック

レグニッツ川を望む

せせらぎの音が聞こえるロマンチックなホテル。レストランではすばらしい眺めと洗練された料理が楽しめる。宿泊客に自転車の貸し出しあり。

map p.295-A
●旧市庁舎から５分
■住所　Obere Mühlbrücke 9
■TEL　98420
■FAX　9842100
■料金　S-x80、W-x110～
■部屋数　全47室
■カード　VISA、MC、DC、JCB
■www.hotel-nepomuk.de

Messerschmitt ★★★
メッサーシュミット

ロマンチックホテル連盟登録

飛行機王メッサーシュミットが所有していた15世紀建築の洋館。部屋ごとにインテリアが違うがどれも優雅。現代の快適さと古き良き時代の面影とが共存。

map p.295-B
●駅から徒歩８分
■住所　Langestr.41
■TEL　29780-0
■FAX　29780-29
■料金　S-€70～85、W-€120～160
■部屋数　全19室（2006年４月より増室の予定）
■カード　VISA、MC、AMEX、DC
■www.hotel-messerschmitt.de

Hotel Bamberger Hof Bellevue ★★★★
バンベルガーホーフ・ベレビュー

窓からは旧市街が一望

外観やロビーは欧州の高級ホテルらしくエレガント。各部屋はモダン、東洋、クラシカル風と個性があり、スイートの天蓋付きベッドが圧巻。ビストロもある。

map p.295-B
●駅から徒歩９分
■住所　Schönleinsplatz 4
■TEL　98550
■FAX　985562
■料金　S-€95、W-€145～165
■部屋数　全50室
■カード　VISA、MC、AMEX、DC
■www.bambergerhof.de

Hotel Alt Bamberg ★★★
アルト・バンベルク

便利な街の中心にありながら良心的な料金がうれしい。室内はシンプルだが清潔。

map p.295-B　●旧市庁舎から徒歩５分
■住所　Habergasse 11
■TEL　986150　■FAX　201007
■料金　S-€37～42、W-€60～68
■部屋数　全21室

Barockhotel am Dom ★★★
バロックホテル・アム・ドーム

大聖堂下手にある黄色のバロック調ホテル。落ち着いた雰囲気で年配のゲストにも人気。

map p.295-A　●大聖堂から徒歩２分
■住所　Vorderer Bach 4
■TEL　54031　■FAX　54021
■料金　S-€62～65、W-€83～88
■部屋数　全23室

古城ホテル

ネッカー川を見下ろす山上に、あるいは深い森の奥に、そこに暮らした多くの騎士の栄光と怨念をそのまま封じ込めて、中世以来の姿でひっそりとたたずむ古城。その内のいくつかが、古城ホテル＆レストランとして現代に蘇っている。アクセスの不便な城が多いが、古城街道の旅の思い出に、一度足を運んで、中世の夢とともに一夜を過ごしてみてほしい。

城の斜面は一面のブドウ畑

★★★ Burg Hornberg ブルク・ホルンベルク

鉄腕ゲッツが暮らした城

ゲーテの戯曲でも語られたドイツでもっとも高名な騎士「鉄腕ゲッツ」こと、ゲッツ・フォン・ベルリヒンゲン男爵が1517年から死亡した1562年まで住んでいた城。現存する主塔の建造は1084年にまでさかのぼる。現在の城主はゲミンゲン男爵で、当主は13代目。近世に建てられた館の部分を使って、1953年から古城ホテル＆レストランとして営業を始めた。また、中世の廃城の部分は博物館として公開されている。城ではワインの醸造と販売も行なわれ、ネッカーの渓谷を見渡すレストランで味わうことができる。

テラスレストランからはネッカー川を一望

城では結婚式も行なうことができる

シックで快適なゲストルーム

map p.287

- ●ネッカー・ツィンメルン駅から車10分（駅までの送迎あり）
- ■住所　Burg Hornberg
- ■TEL　06261-92460
- ■FAX　06261-924644
- ■料金　S-€78～、W-€100～140
- ■部屋数　全24室
- ■カード　VISA、MC
- ■www.castle-hotel-hornberg.com

★★★ Burghotel Götzenburg ブルクホテル・ゲッツェンブルク

鉄腕ゲッツの生まれた城

現在もなおゲッツ一族の子孫、ベルリヒンゲン男爵家所有の城で、城を囲む濠や跳ね橋など、往時の面影を伝えている。6～8月に催されるゲッツの演劇も有名。

map p.287

- ●ヤクーストハウゼン駅から車10分
- ■住所　Burghotel Götzenburg
- ■TEL　94360
- ■FAX　9436200
- ■料金　S-€60、W-€106～113
- ■部屋数　全28室
- ■カード　VISA、MC、AMEX、DC
- ■www.burghotel-goetzenburg.de
- ＊12～2月クローズ

★★★ Schlosshotel Auf Der Burg Hirschhorn シュロスホテル・アウフ・デア・ブルク・ヒルシュホルン

ネッカー川を見下す山上の古城

ヒルシュホルン一族滅亡の悲劇の伝説を伝える古城ホテル。新館の客室は新しく快適で料金も安いが、古城の雰囲気を満喫したいなら本館の部屋がよい。

map p.286

- ●ヒルシュホルン駅から車10分
- ■住所　Burg Hirschhorn
- ■TEL　06272-92090
- ■FAX　06272-3267
- ■料金　S-€63～75、W-€110（本館）、€98（新館）
- ■部屋数　全25室
- ■カード　VISA、MC、AMEX、JCB
- ＊12月15日～1月末日クローズ

★★★ Schloss Heinsheim シュロス・ハインスハイム

森に抱かれたバロックの城館

ラクニッツ男爵家の城館で、建造は1810年。上記3つの中世の城に比べ、明るくエレガントな雰囲気。18ホールのゴルフコースを持ち、結婚式もできる。

map p.287

- ●グンデルスハイム駅から車20分
- ■住所　Schloss Heinsheim
- ■TEL　07264-95030
- ■FAX　07264-4208
- ■料金　S-€75～90、W-€90～150
- ■部屋数　全40室
- ■カード　VISA、MC、AMEX、DC、JCB
- ■www.schloss-heinsheim.de

BAYREUTH

バイロイト

p.9-H ■人口＝7.4万人 ■街の規模＝徒歩で半日

オペラファン憧れの街で、天才音楽家ワーグナーの足跡をたどる

★★★ リヒャルト・ワーグナー祝祭歌劇場

★★★ バイロイト音楽祭

★★ 新宮殿、エレミタージュ宮殿

★★★ ワーグナー博物館

★★★ ワーグナー、リスト、ヴィルヘルミーネ

Access

●鉄道：ミュンヘン→ICE（約1時間45分）→ニュルンベルク（乗換）→RB（約1時間）→バイロイト［1時間1本／€46～］

Information

●観光案内所：MAP p.298 住 Luitpoldplatz9 ☎88588 FAX 88555 開 9:00～18:00（土曜9:30～13:00、日曜10:00～13:00、11～4月の土曜9:30～13:00） 休 日曜・祝日 HP www.bayreuth.de ●ユースホステル：MAP p.298 住 Universitätsstr.28 ☎764380

街のしくみ 楽しみ方
最高の劇場とともに本場のオペラを堪能する

18世紀、イギリスの王妃になる予定だったプロイセン王女でフリードリヒ大王の最愛の妹ヴィルヘルミーネは、この地を治める辺境伯に嫁ぐ。賢く芸術的才能にあふれた彼女は、バイロイトを芸術の都にするべくロココ様式の**新宮殿**Neues Schlossや**辺境伯歌劇場**などを建てた。まずは街の中心にあるこれらの名建築を鑑賞しよう。辺境伯歌劇場内部は驚くほどの美しさだ。

歩いても半日で回れるほど小さなこの街は、毎年開催される「バイロイト音楽祭」（7月下旬～8月下旬）で世界的に有名。リヒャルト・ワーグナーが1872年に始めたもので、現在は孫のヴォルフガングが総指揮を務めている。この音楽祭は超一流の公演として知られ、世界中からワーグナーファンが集まる。なんとチケットは最低8年間応募し続けなければ手に入らないといわれるほど人気があるが、一度は観てみたい。

ワーグナーが妻コジマと住んだ家は現在**ワーグナー博物館**になっている。ここでは彼の幻想的なオペラの世界に魅了される。東側にはコジマの父、天才ピアニストのリストが晩年を過ごした家、**フランツ・リスト博物館**Franz-Liszt-Museumがある。隣は作家**ジャン・パウル**の博物館。裏手には、**ホーフガルテン**という清々しい公園が広がっている。また、郊外の**エレミタージェ宮殿**と庭園も見逃せない。

「幻想と平和の家」と呼び、ワーグナーが住んだ館

ワーグナーと良妻コジマは屋敷の裏庭に眠る

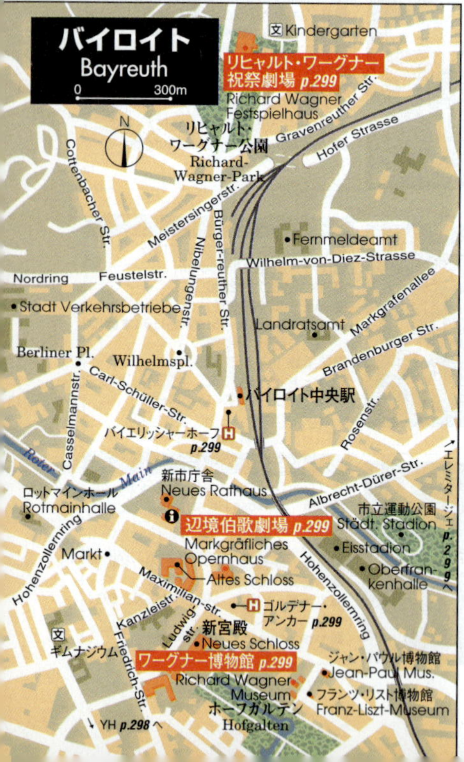

5週間の音楽祭のためだけの、ぜいたくな劇場

リヒャルト・ワーグナー祝祭劇場 ★★★
Richard Wagner Festspielhaus

map p.298

●駅から徒歩10分またはバスGartenstadt《ガルテンシュタット》下車

ワーグナーがルートヴィヒ2世の援助で建てた世界最高級の劇場。ガイドツアーで舞台裏やオケボックスなどを見学できる。

開ツアー　10:00、10:45、14:15、15:00　休月曜、11月、音楽祭中（7～8月）とそのリハーサル中（6～7月）　料€2.50

辺境伯歌劇場 ★★★
Markgräfliches Opernhaus

map p.298

●観光案内所から徒歩3分

ドイツに現存する唯一のバロック式劇場。黄金色に輝く場内の装飾はまさに豪華絢爛で圧倒される。1748年建造。

開9:00～18:00（10～3月10:00～16:00）　休無休　料€5、学生€4

ナポレオンも称賛した辺境伯歌劇場

壁には帯状に「ニーベルンゲンの歌」の絵画が並ぶ

ワーグナー博物館(ヴァーンフリート荘) ★★★
Richard Wagner Museum（Haus Wahnfried）

map p.298

●駅から徒歩10分

『タンホイザー』などのオペラ作品、ワーグナー一族が指揮するバイロイト音楽祭、ルートヴィヒ2世との関係を表す資料や、本人の愛用の品々は、ファンでなくとも興味深い。毎日11、15時にビデオ上映がある。

開9:00～17:00（火・木曜9:00～20:00、11～3月10:00～17:00、12/31　10:00～14:00、1/1　13:00～17:00）　休12/24　料€4（7・8月€4.50）、学生€2

噴水を抱くように建つエキゾチックな太陽の神殿

エレミタージェ ★★★
Eremitage

map p.298

●駅よりバス2番Eremitage《エレミタージェ》下車すぐ

街の5㎞東方にある壮大な庭園。1718年建造の旧宮殿と1753年建造の新宮殿が美しく映えている。太陽の神殿が見事。

開9:00～18:00　休10/16～3月　料€3、学生€2（18歳以下無料）

★★★ Hotel Goldener Anker
ホテル・ゴルデナー・アンカー

シックなレセプションが印象的な街最古のホテル。主な見どころに近く、観光に便利。

map p.298　●観光案内所から徒歩3分
■住所　Opernstr 6　■TEL　65051　■FAX　65500
■料金　S-€65～105、W-€95～175
■部屋数　全35室　■カード　VISA、MC、AMEX、DC
■www.anker-bayreuth.de

★★★ Hotel Bayerischer Hof
ホテル・バイエリッシャーホーフ

プールや中庭があり、くつろげる駅前のホテル。客室によって差があるので確認を。

map p.298　●中央駅から徒歩1分
■住所　Bahnhofstr.14　■TEL　78600　■FAX　7860560
■料金　S-€59～84、W-€92～116（朝食€10）
※週末には割引料金あり　■部屋数　全50室
■カード　VISA、MC、AMEX、DC

バイロイトの市外局番☎0921

★エコノミー　★★カジュアル　★★★スタンダード　★★★★ラグジュアリー

山上にそびえるプラッセンブルク城

KULMBACH クルムバッハ

p9-H ■人口＝2.9万人　■街の規模＝徒歩で半日

バイエルンの小都の自慢はビールと古城。城には30万の錫人形が眠る

　バイロイトの北23kmにある、ビール醸造で有名な街。毎年7、8月にはビール祭がある。駅を出て左に行くと見える大きなホール内にⓘがある。ホテルは24時間いつでも探せる。そこから南に下りマルクト広場へ行こう。18世紀の市庁舎があり、ロココ様式のファサードが美しい。北に進むとWehrturmという塔がある。かつて街を囲んだ城壁の一部なのだ。街には他にこのような塔が5つ残っている。近くには1691年建造の**ラングハイマー修道院**Langheimer Klosterhofがある。そのまま山道を登ると、1135年に建造され1562年に再建された**プラッセンブルク城**Plassenburg〈開9:00～18:00（木曜～20:00、11～3月10:00～16:00）休12/24、25、31、1/1〉に出る。ⓘから直通バスも出ている。

塔や怪物型の雨どいが印象的な聖キリアン教会

HEILBRONN AM NECKAR ハイルブロン

p.9-H ■人口＝12万人　■街の規模＝徒歩で半日

「聖なる泉」の湧く街はドイツ有数のワインの産地

　市街地の中央をネッカー川が流れ、中央駅は川の西側に、聖キリアン教会など主な見どころは東側にある。橋のたもとには、ネッカー川を下る遊覧船の乗場がある。

　市内で見逃せない建築物が**聖キリアン教会**と**市庁舎**。教会の裏手には、2000年前に発見されこの街の名前の由来ともなった**「聖なる泉**（ハイリゲン・ブルンネン）」がある。教会は13～15世紀の建造。市庁舎前のマルクト広場では、毎年9月中旬に盛大なワイン祭が催される。

市庁舎は15世紀のゴシック建築

Check-Check! 古城街道の東端、プラハへ

　古城街道はドイツ国内だけで完結していない街道。文化的、歴史的につながりの深いチェコのプラハがその終点だ。そのプラハは、とにかく町並みの美しさが欧州屈指。尖塔が立ち並ぶ様子から「百塔の都」と呼ばれることも。ビールはピルスナータイプ発祥の地、ドイツに劣らず美味しいし、肉料理にも定評がある。主な見どころは「プラハの春」で有名なヴァーツラフ広場、絶景で知られるカレル橋、天文時計（旧市庁舎）、プラハ城など。鉄道で行くときはベルリン～ドレスデン方面から行くのが便利だ。

プラハ城から旧市街を見下ろす

「プラハの春」で有名なヴァーツラフ広場（実際は通り）

MAP p.9-I

●ベルリン→EC　4時間45分（1日4～5本）／€53.80　ⓘ：☎＋420-12444（月～金曜8:00～19:00）HP www.pis.cz/a/　HP www.prague2001.com　※安宿 Traveller's Hostel　☎＋420-224826662　HP www.Travellers.cz

■クルムバッハ

●ニュルンベルク→バンベルクまたはLichtenfelsまたはバイロイト→RE他約1時間45分（1時間1～2本）／€19.10　ⓘ：住Sutte 2　☎09221-95880　開9:00～17:00（水曜～16:00、土曜10:00～12:00）休日曜・祝日、11～4月の土曜

■ハイルブロン

●ハイデルベルク→RE他1時間～1時間40分（1時間3～4本）／€11.70～、ハイデルベルク→ヨーロッパバス約2時間（1日1便※5～9月）／€13.70　ⓘ：住Kaiser-str.17　☎07131-562270　開開10:00～18:00（土曜～13:00）休日曜・祝日

対岸から望む大聖堂（ケルン）の夜景

エリア
8

ルール地方＆ライン川 モーゼル川流域

デュッセルドルフ
ケルン
ボン
アーヘン
ミュンスター
エッセン
マインツ
リューデスハイム
コブレンツ
トリアー
ザールブリュッケン
ベルンカステル／クース

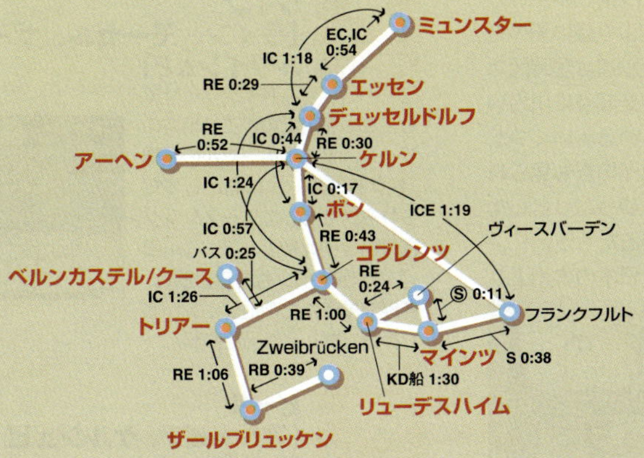

ルール地方&ライン川、モーゼル川流域

時に激しく、時にゆったりと、太古より流れるライン川。ヨーロッパでも有数の大河は、神話や伝説の舞台としても有名だ。ライン川の水底に沈む、3人の妖精に守られた金塊。これを手にした者は、神をも凌ぐ権力を握ることができるとされ、神々や人間、異形の者たちが争い、最後にラインの水にすべて飲み込まれてしまうのが、R・ワーグナーのオペラ『ニーベルングの指輪』4部作。また、船乗りを妖しい歌声で誘惑し、水中に引きずり込んでしまう『ローレライ伝説』も有名。そんな話を一笑にできないほど、ラインの流れと高台の古城はロマンを秘めている。

またこの地域は、古くから経済や商業の中心地として発展してきた。物流の輸送手段としての船舶、鉄鉱石に代表される豊富な地下資源。人や製品や農産物が川の水のように常に流れ、発展してきた。ドイツでも、一番古くから文明化された場所でもある。

ADVICE アドバイス

アクセス 川下りをのんびり楽しみたいのなら、船が一番。それも高速船より遅い船の方が、静かなうえ味わいもある。鉄道は短時間の移動には便利。フランクフルトを起点に川沿いに走っていくので、車窓も楽しめる。いくつかの古城をはじめ、あのローレライの岩も見られる。レンタカーを使えば、よりゆったりとした日程で、きめ細かな旅が楽しめるだろう。

気候・服装 年間を通じて日本の本州より少し寒い程度だが、昨今の異常気象により気温の変化が激しい。調節のきく服装の用意が必要だ。とくに船上は風が吹くととても寒い。強い川の照り返しを防ぐための、サングラスや帽子も必携。

KEYWORD キーワード

ワイン［ライン、モーゼル、ザールワインなど］

ドイツワインでもっとも有名なのがこの地方のワイン。とくにモーゼルの通称“ドクトール”は銘酒として知られる。主としてリースリング種の白ワインだが、アール川周辺では赤ワインもある。秋は、各地でできたての地ワインが楽しめる（詳しくはp.72参照）。

ビール［アルトビア、ケルシュビアなど］

デュッセルドルフなら赤褐色のアルトビア、ケルンでは黄色で淡色のケルシュビアというように、地元の人にこよなく愛されている

リューデスハイム。奥を流れるのがライン川

エーレンブライトシュタイン要塞からの眺め

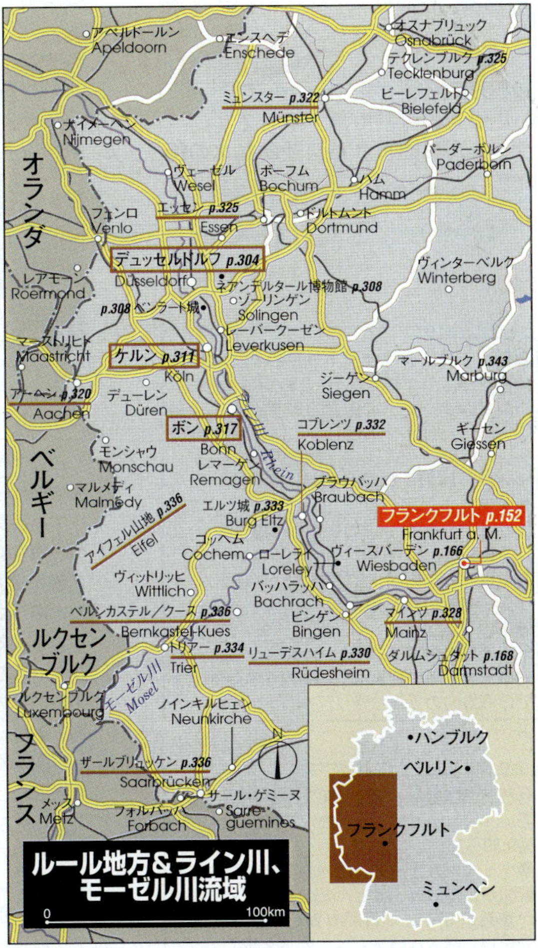

ビールが多い。また、ボンのボウンシュやミュンスターのピンクスミューラーなど、個性的な自家製造のビールを出す店もある。ワインばかりでなく、各地のローカルビールを味わうのも旅の楽しみのひとつといえる。

お祭
［ケルン、コブレンツ、リューデスハイム周辺など］

ケルンなどのカーニバル（2月ごろ）、ライン川周辺の花火（8月ごろ）、リューデスハイム周辺のワイン祭（8～9月ごろ）デュッセルドルフ周辺の聖マルティンの提灯行列（11月ごろ）などがある。

メインストリートではパフォーマンスをよく見かける

お城
［ミュンスター地方の水城、エルツ城など］

ライン川、モーゼル川周辺は古城が多いことでも有名。ミュンスターやボンの大学は、城をそのまま校舎に転用している。古城ホテルとして実際に宿泊が可能な城（p.336参照）も多く、一部をユースホステルとして人気を博している要塞などもある（p.333参照）。また、意外に知られていないが、ミュンスター周辺にはヨーロッパ屈指の美しさを誇る水城が点在する（p.325参照）。

水辺に浮かぶヒュルスホフ城（p.325参照）

DÜSSELDORF

デュッセルドルフ

p.8-D　■人口＝57万人　■街の規模＝Íで１日

いくつもの掘割や池、そして ライン川に囲まれた、豊かな水の街

- ★★ ライン河畔の散歩道
- ★★ ゲーテ博物館など
- ★★ ベンラート城
- ★★ 独特の演目のオペラ座
- ★★★ 流行の発信地
- ★★★ 独特のアルトビア

ライン河畔の遊歩道は市民の格好の憩いの場

Access

●鉄道：フランクフルト→ICE（約１時間40分）→デュッセルドルフ［１～２時間毎／€65］、ハンブルク→IC、ICE（約３時間40分～４時間）→デュッセルドルフ［１～２時間毎／€63～］、ケルン→IC、ICE、RE（約30分）→デュッセルドルフ［１時間に５本／約€７～16］
●空路：市の中心より10kmほど北に空港がある。パリ約80分、ロンドン約90分、ベルリン約45分。
●空港から市内へ：S7 で約15分（€２）、タクシーで約20分（€16程度）。
●市内交通：街の中心を U と S が網羅し、また市電やバスもある。最低料金は30分有効のチケットで€1.10。時間内なら目的地までの一方向のみ乗り降り可能。

Information

●観光案内所：MAP p.307-I（中央駅そば）
住 Immermannstr. 65b　☎1720222
開 9:30～18:30　休 日曜
●ウェルカムカード：市内中心部の公共交通機関が乗り放題、ほとんどの美術館・博物館が無料になる。１日間有効€９、２日間有効€14。購入はⓘまたは主要ホテルで。
HP www.duesseldorf.de
●ユースホステル：MAP p.306-D
住 Düsseldorferstr.1　☎557310　FAX 572513

街のしくみ 楽しみ方　買物はケーアレーで、食事やビールは旧市街で楽しもう！

この街の中心は**ケーニヒスアレー**Königs-allee（通称ケーアレー）という並木道。全長600mほどの掘割が残り、その両側にある道はナポレオンが整備したという。ここには世界を代表する一流ブランドショップが、競うように開店している。その街路樹と水面と建物の調和の美しさから、小パリともいわれ、地元の人も誇りにしている。他のドイツの都市とはかなりタイプが異なり、とくに新緑のころの美しさは格別だ。

このケーアレーから川側が**旧市街**。料理自慢や地ビール自慢の店が多い。とくに“ドイツで一番長いカウンター”と異名をとる**ボルカー通り**Bolker Str.には、両側にびっしりと名物の**アルトビア**を飲ませる店が連なる。この通りには詩人ハイネの住んでいた家がある。今は**文学カフェ**（MAP p.306-D）となり、ユダヤ系のハイネにちなんでヘブライ語表記の番地もある。最近、若者たちの間で人気もあるのが、アイリッシュ・パブとダーツ・バー。週末の夜は時間がたてばたつほど旧市街界隈は賑わう。治安も比較的いい。

少し込み入った道をぶらぶら歩いて、不意に視界が広がったらそこはライン川。河畔は遊歩道になっている。オープンテラスでひと休みする地元の人や観光客、パフォーマーやスケボーを楽しむ若者たちで賑わう。とくに

デュッセルドルフの市外局番☎0211

街角ワンショット

今も灯るガス灯のロマン

1826年にロンドンから伝わったドイツのガス灯。本場ロンドンにも900基しか残っていないといわれる中、この街では17000基ものガス灯が現役だ。旅行者が行きやすいのは、ツム・ユーリゲ（MAP p.306-D）周辺だろう。初夏の夕暮れ時などは、街灯を眺めながらアルトビアの杯を傾けるのも一興だ。

名物 pick up

この街でビールといえば……

郷土意識の強いこの街の人にとって一番の誇りがアルトビア。独特の濃い褐色は、長期間の低温熟成によってもたらされ、上面発酵独特のまろやかな味わいが特徴。樽から注ぐ時に、炭酸の圧力を使わないのもおもしろい。このビールを飲みながら地元サッカーチームを応援するのが、土地っ子の無上の喜びだとか（最近弱いが）。なお、そんな時には、永遠のライバル（？）ケルンのことは絶対に口にしないように。

ぜひ試してみたい地ビール

休日の晴れた午後は、とても楽しい雰囲気に包まれる。観光船も発着しているのでひと時の船遊びも一興。

この街でぜひおすすめしたいのが**オペラ座** Deutsche Oper Am Rhein（MAP p.306-E 住 Heinrich-Heine-Allee16a ☎8925211）をはじめとするエンターテインメント。市内にはバラエティ、ミュージカル、政治風刺劇などを上演するさまざまな劇場がある。人形劇のマリオネット劇場Marionetten Theater（MAP p.306-G 住 Bilkerstr.7 ☎328432）は大人も子供も楽しめる内容で評判が高い。デュッセルドルフ交響楽団の定期演奏会からロックコンサートまで幅広い内容を誇るトーンハレTonhalle（MAP p.306-A 住 Ehrenhof 1 ☎8996123）など音楽シーンも充実。なお市中心部の商業ビル、シャドーアルカーデンでは、年数回ジャズライブがある。

ユーリゲ・ビアホール前

人で賑わう旧市街

また、各業界のメッセで知られるデュッセルドルフには日系企業も多く、とくに中央駅から市街へと伸びる**イマーマン通り**周辺の地区はヨーロッパ随一の日本人街になっている。三越百貨店や日航ホテル他、日本食レストラン、東京三菱銀行、日本人向け商店、旅行代理店などが集まっているので、日本からの旅行者にはなにかと便利だ。日本総領事館もこの通りにある。

K20 州立美術館 ★★★

K20 Kunstsammlung Nordrhein-Westfalen am Grabbeplatz

map p.306-E

● U 70、74、75、76、77、78、79他 Heinrich Heine《ハインリッヒハイネ》 Allee《アレー》から徒歩５分

20世紀絵画を収集展示する美術館。とくに具象から抽象へと至る時代の代表作家の作品は見応えがある。クレーの『Black prince』やピカソの『アームチェアの女』、シャガールの『ヴァイオリン弾き』など、価値の高い作品も多い。なお、現代アートを扱ったK21州立美術館（MAP p.306-G）もある。

住 Grabbepl. 5 開 10:00〜18:00（第１水曜〜22:00、土・日曜11:00〜18:00） 休 月曜 料 €6.50（学生€4.50）、K21共通券€10 ☎8381130

ピカソの作品前で

とっておき情報

アポロ劇場でバラエティショーを楽しもう！

コミカルなショーやアクロバットショーなど、言葉がわからなくても充分楽しめるバラエティショー。併設のレストランでは、ライン川を眺めながらのムード満点の食事も。

<アポロ劇場> MAP p.306-G 住 Harold Str.1 営 ショータイム月〜金曜20:00（土曜17:00と21:00、日曜14:00と18:00） 休 無休 料 €19〜74 ☎828-9090

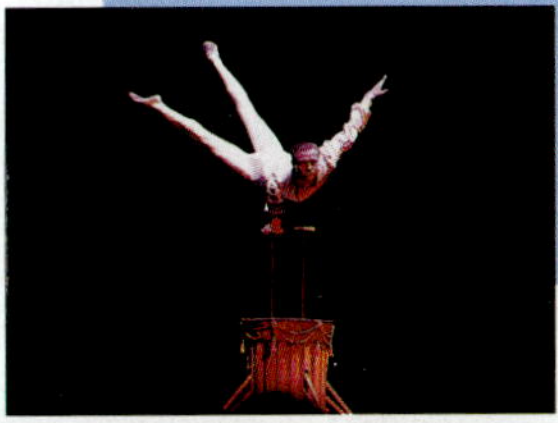

↑レベッケ博物館・水族館 p.307へ
ライン公園
Rheinpark
州庁舎
Bezirksregierung
墓地
Alter Friedhof
↑ラディソンSAS、ヒルトンへ
デュッセルドルフ空港へ↑
Fischerstr.
Nordstr.
Parkstr.
Venloer Str.
Duisburger Str.
市公会堂
Stadthalle
ライン・テラッセ
Rhein Terasse
マリーエン病院
Marien Hospital
エーレンホーフ
Ehrenhof
A
B
Hofgartenufer
クンスト・パラスト美術館 p.307
Museum Kunst Palast
Scheibenstr.
Nordstr.
エクセルシオール
Sternstr.
Rochusstr.
Inselstr.
民族経済州立美術館
Landesmuseum Volk und Wirtschaft
Kaiserstr.
Feldstr.
Rosenstr.
オーバーカッセラー橋
Oberkasseler Brücke
トーンハレ p.305
Tonhalle
ハイネ記念碑
ロイヤル
ペンペルフォルト
PEMPELFORT
Oederallee Rampe
Tonhalle
←ラインシュテルンYH p.304へ
州立芸術アカデミー
Kunstakademie
ホーフガルテン
Hofgarten
Max.-Weyhe-Jägerhofstr.
ホーフガルテン
Hofgarten
ライン川
Rhein
Schlossufer
クロイツヘーレン教会
Kreuzheren-K.
イム・フクスヒェン p.309
ピノキオ p.309
Ratinger Str.
裁判所
Amtsgericht
ランベルト教会
Lambertuskirche
タンテ・アンナ p.309
K20州立美術館 p.305
K20 Kunstsammlung NRW am Grabbeplatz
旧市街
ALTSTADT
城の塔(船舶博物館)
Schlossturm
観光船発着所
芸術ホール
Städtische Kunsthalle
市立劇場
Düsseldorfer Schauspielhaus
アンドレアス教会
Andreas-Kirche
D
E
オペラ座 p.305
Deutshe Oper am Rhein
Schadowstr.
C&A
ブルク広場
Burgplatz
ザンクト・ゲオルク
大都会
ポリス
Jan-Wellem-Platz
p.310
マクドナルド
シュタインゲンベルガー・パークホテル p.310
Liesegangstr.
アルト・デュッセルドルフ p.310
Goldener Kessel
ボグナー
ボルカー通り
Bolker Str.
Heinrich-Heine-Allee
市庁舎
Rathaus
Zum Schlüssel
文学カフェ(ハイネ生家) p.304
ギャラリー・カウフホフ
エルメス
大乃や
ウールワース
トリトンの噴水
証券取引所
IHK Börse
郵便局
ツム・ユーリゲ p.71, p.304
Flinger Str.
ヴェンペ
ルイ・ヴィトン
シャドウ・アルカーデン p.308
ノーマン・イッキング
Rathausufer
新羅 p.309
Wallstr.
ハイネマン p.310
ブルガリ
フィッシュハウス
ケーニヒスアレー
ケー・センター
Trinkaus-Königstr.
ANA
ヨハニス教会
Johannisk.
ルフトハンザ
シティーセンター
ツム・シフヒェン p.309
シュラスコ
バーンタイ
プラダ
ヴァイデンホーフ p.310
フィルムミュージアム
Film Museum
陶器美術館
Hetjens-Museum
フランツェン(陶器)
シュタットミッテ
STADTMITTE
銀行
カール広場(食品市)
Karlplatz
聖マキシミリアン教会
St. Maximilian Kirche
ドレスデン銀行
バーバリー
Steinstr./Königsallee
Kreuzstr.
シティ・バンク
Steinstr.
マリオネット劇場 p.305
Düsseldorfer Marionettentheater
キャラスト
コメルツ銀行
コメルツ銀行
カルチェ
セブンス p.308
銀行
Oststr.
カールシュタット
KARLSTADT
ドイツ銀行
アエロフロート航空
市立美術館
Stadt Museum
シューマンの家
ケー・ギャラリー p.308
銀行
マンネスマン・ビル
Mannesmann Haus
ハインリヒ・ハイネ研究所 p.308
H.-Heine-Institut
Königsallee
ペンション・ブラートマン p.310
シューマッハ
Bastionstr.
MCM
ルフトハンザ
Berliner Allee
Mannesmannufer
Berger Allee
G.アルマーニ
Stresemannstr.
Poststr.
ビルカー通り
Bilker Str.
Hohe Str.
Kasernenstr.
Breite Str.
ケーニヒスアレー(ケー・アレー)
エスカーダ
ヴィレロイ・ボッホ
ドイツ銀行
G
H
電話局
D. T.
バーンス・アートホテル p.310
ギャラリー・カウフホフ
Charlottenstr.
Haroldstr.
Graf-Adolf-Platz
Graf-Adolf-Str.
アポロ劇場 p.305
Apollo Theater
内務省
Innenmin
Schwannspiegel
白鳥池
グラーフ・アドルフ広場
Graf Adolf Pl.
ホリデイ・イン
ローゼンタール
アメックス
フリードリヒシュタット
FRIEDRICHSTADT
エルンスト・ロイター広場
Ernst-Reuter-Pl.
Kavalleriestr.
カイザー池
Kaiserteich
Elisabeth-Str.
Friedrich-Str.
Landes Versich Anst.
p.310 エデン・デュッセルドルフ・センター
Cornelius-Str.
Hüttenstr.
警察本部
Polizei Präs
K21州立美術館
K21 Kunstsammlung NRW im Ständehaus
↓ベンラート城へ

Route Advice

ケーニヒスアレー→（Bolkerstr.）→旧市街→ライン川遊歩道→（Mühlenstr.）→K20州立美術館→ホーフガルテン→ゲーテ博物館→（Jacobistr.）→中央駅→（S6 D.Benrath駅）→ベンラート城［全移動約２時間］

クンスト・パラスト美術館 ★★
Museum Kunst Palast

map p.306-A

●U78,79 Nordstr《ノルトシュトラーセ》から徒歩７分

デュッセルドルフやライン地方に縁の深かった作家の作品が中心。ルネサンスから現代美術に至るまで、幅広く展示されている。別館のガラスコレクションも見応えがある。

住Ehrenhof 4-5　開11:00～18:00　休月曜
料展示内容によって変更　☎8924242

レベッケ博物館・水族館 ★★
Löbbecke Museum und Aquazoo

map p.306-A

●U78,79 Nordpark/Aquazoo《ノルトパルク・アクアツォー》からすぐ

水族館と博物館が併設され、軟体動物とチョウの収集で有名。当地の薬剤師、民間学者のレベッケ氏の収集物からスタートした。館内中央の熱帯ホールのワニが大人気。

住Kaiserswertherstr.380　開10:00～18:00
休クリスマスなど一部の祝日　料€３（学生€1.50）　☎8996150

ゲーテ博物館（イェガーホーフ城） ★★
Goethe Museum (Schloss Jägerhof)

map p.307-C

●U78,79,他 Heinrich Heine Allee《ハインリッヒハイネ アレー》から徒歩12分　市電707 Schloss Jägerhof《シュロス・イェーガーホフ》から徒歩３分

ある書籍商が集めたゲーテに関する資料を展示。３万点以上の収集物と、わかりやすい展示内容は、フランクフルトのそれをも凌ぐ。ファウストの直筆原稿や、森鷗外の訳書も。

住Jacobistr.2　開11:00～17:00（土曜13:00～）
休月曜　料€３（学生€1.50）　☎8996262

ゲーテとこの城の直接の関係はないようだ

ハインリヒ・ハイネ研究所 ★
Heinrich Heine Institut

map p.306-G

● U 70,74,75,76,77,78,79他 Steinstr《シュタインシュトラーセ》／Königsallee《ケーニヒスアレー》から徒歩８分

自筆原稿や初版本などのハイネに関する資料が充実しており、ハイネファン必見。

開Bilkerstr.12-14　開11:00～17:00（土曜13:00～）　休月曜　料€２（学生€１）　☎8995574

モードの街でショッピングアーケード巡り

ここはドイツ最大のファッションメッセ、「IGEDO」や、シューズメッセ「GDS」が開かれるモードの街。街の規模の割には驚くほどアパレル関連のショップが多い。とくにショッピングアーケードは主なものでも５つあり、昔から有名なのは、AIGNER、GOLD PFEILが店舗を構えるケー・ギャラリー、旧西ドイツ有数の売り上げを誇るシャドウ・アルカーデンなどだ。最近では2000年にSWATCH、STEIFF、DKNYなどのショップが入ったセブンスというモダンなアーケードも出現。ここの地下レストランには回転寿司がある。また、ケーニヒスアレー沿いには独立店舗のショップが多くあるが、アーケードなら、大きな吹き抜け空間でイベントが開催されるので、旅行者にはより楽しいだろう。

シャドウ・アルカーデンの入口

<Kö-Galerie> MAP p.306-H　住Königsallee 58-60　開10:00～20:00（土～18:00）　休日曜　※営業時間は店舗による。他のアーケードもほぼ同じ　<Sevens> MAP p.306-H　住Königsallee 56　<Shadow Arkaden> MAP p.306-E　住Schadowstr.11

セブンス。休日もウインドーショッピングは可能

郊外の見どころ

美しいベンラート城と広い庭園で、ゆったりと過ごそう

ライン川流域でもっとも美しいと評判。1773年に選帝侯カール・テオドールの離宮として建てられた後期ロココ様式の代表的な建築物。内部の見学は30分毎のツアーのみ。

● MAP p.303　市電701 Schloss Benrath《ベンラート》から徒歩10分　開10:00～18:00（11/1～4/15は11:00～17:00）　休月曜　料€４

ピンクの外壁が印象的

人類の種の起源？ネアンデルタール博物館

ネアンデルタール人の頭骨は、デュッセルドルフ郊外の「ネアンデルタールの森」から1856年に発見された。本物の骨はボンの博物館に移されたが、ここには人類の進化がよくわかる博物館がある。

● MAP p.303　バス741,743,S28 Neandertal《ネアンデルタール》から徒歩５分　開10:00～18:00　休月曜　料€6.50

ワーナーブラザーズ・ムービーワールドで楽しく遊ぼう！

広い園内に、バットマンやスーパーマンなどをモチーフとしたアトラクションがいっぱい。子供も大人も楽しめる。

● S6 Feldhausen《フェルトハウゼン》から徒歩８分（デュッセルドルフから約45分）　住WarnerAllee 1 Bottrop Kirchhellen　開10:00～18:00（４月の第１土曜～10/31は～22:00）　休４、10月の月曜、11～３月　料€25（子供€21.50）　☎02045-8990

駐車場は意外に込むので、早めの行動を

Zum Schiffchen
ツム・シフヒェン
●●

創業370年の伝統を誇り、ナポレオンも舌鼓を打った店

伝統がありながらも、気さくな雰囲気の店。店名にちなんだ帆船が目印。白木のテーブルも清潔。ナポレオンが1811年に座った場所には、胸像が飾られている。昼定食は€10.90。

map p.306-D
●カール広場から徒歩3分
■住所　Hafenstr.5
■TEL　132421
■FAX　134596
■営業　11:30～24:00
■休日　日曜、祝日
■カード　VISA、MC、AMEX、DC、JCB

Tante Anna
タンテ・アンナ
●●●

旧市街で一番の格式と内容を誇る店。予約は必ず

アンナおばさんが170年前に始めた店。以来家族で経営している。16世紀の教会を、そのままレストランに改造。アンティーク調の家具やインテリア、銀の燭台が雰囲気をよりいっそう高める。ワインの品揃えも自慢。

map p.306-D
●K20州立美術館から徒歩5分
■住所　Andreasstr. 2
■TEL　131163
■FAX　132974
■営業　18:00～翌1:00
■休日　日曜、祝日
■カード　VISA、MC、AMEX、DC、JCB

Shilla
新羅（しいら）
●●

ウエイトレスもチマチョゴリ姿。ドイツ有数の本格韓国料理店

現地日本人の間で一、二を争う人気のアジア系レストランといえばここ。昼のメニューは、通常価格の約半額。夜は、鉄板焼きや石焼きのものを頼むと目の前で調理してくれる。メニューには日本語の表記もあるので安心。

map p.306-D
●U78,79 Heinrich-Heine-Allee《ハインリッヒ・ハイネ・アレー》から徒歩5分
■住所　Bergerstr.12
■TEL　84130　■FAX　3239605
■営業　12:00～15:00、18:00～23:30
■休日　12/24、25　1/1
■カード　VISA、MC、AMEX、DC、JCB

Im Füchschen
イム・フクスヒェン
●●

自慢のビールは、僅かに残る苦みと甘さが特徴のドライ

名物アルトビールの自家醸造の店。グラス1杯€1.50。店名にちなんだ赤いキツネの看板が名物。料理も有名でライン風ザワーブラーテンは€9.95。ビア樽をテーブル代わりの立ち飲みもよし。

map p.306-E
●K20州立美術館から徒歩6分
■住所　Ratingerstr.28
■TEL　137470
■FAX　1374747
■営業　9:00～24:00（金・土曜、祝前日～翌1:00）
■休日　月曜、12/25､26､31､1/1
■カード　VISA、MC、AMEX、DC、JCB

Pinocchio
ピノキオ
●●

揺らめくろうそくの炎のもとで、ムード満点のお食事を

ライン川にほど近い、ピッツェリア。扉を開けると、そこはまるで洞窟の中。陽気なイタリアのおじさんたちが出迎えてくれる。注目は薪窯で焼く種類豊富な本場のピザ。どれも絶品！ 夏は戸外にもテーブルを並べる。

map p.306-D
●U78,79 Heinrich-Heine-Allee《ハインリッヒ・ハイネ・アレー》から徒歩7分
■住所　Altestadt 14
■電話　131422
■営業　12:00～翌1:00
■休日　無休
■カード　VISA、MC、AMEX

●～€15　●●€15～25　●●●€25～50　●●●●€50～

Heinemann
ハイネマン

地元の人気No.1！ 高級菓子ならここ

２代目社長の斬新経営で、とにかくデザインがおしゃれ。かわいいハチの形のチョコなど、贈り物にもぴったり。２階はカフェになっていてケーキもおいしい。

map p.306-E
● U78,79 Heinrich-Heine-Allee《ハインリッヒ ハイネアレー》から徒歩５分
■住所　Kö-center
■TEL　132535
■営業　9:00～19:00（土曜～18:30、日曜10:00～18:00）
■休日　無休
■カードVISA、MC、AMEX、DC
■www.cafe-heinemann.com

★★★★ Steigenberger Park Hotel
シュタイゲンベルガー・パークホテル

ケーアレーが散歩道

ケーアレーの北端に位置する最高級ホテル。スタッフの気品あふれる温かなもてなしが気持ちいい。夏にはテラスレストランでの食事も可。

map p.306-E
● U70,74,75,76,77,78,79 Heinrich-Heine-Allee《ハインリッヒ ハイネ アレー》から徒歩２分
■住所　Konigsallee 1a
■TEL　13810
■FAX　1381592
■料金　S-€205～410、W-€265～510
■部屋数　全133室
■カードVISA、MC、AMEX

★★★ Hotel Eden Düsseldorf Center
ホテル・エデン・デュッセルドルフ・センター

ビジネスにも観光にも最適なホテル

旧市街にも、ケーアレーにも歩いて行ける距離にあり、便利。客室は広く、質も高い。全部屋にISDN回線が入っているので、パソコン通信に便利。

map p.306-H
● U78,79 Steinstr.Königsallee《シュタインシュトラーセケーニヒスアレー》から徒歩８分
■住所　Adersstr.29-31
■TEL　38970
■FAX　3897777
■料金　S-€73.60～310
W-€100～450
■部屋数　全120室
■カードVISA、MC、AMEX、DC、JCB

★★★ Burns Art Hotel Düseldorf
バーンス・アートホテル

モダンでアーティスティックな内装

モダンアートテイストのインテリアが魅力のホテル。中央駅から近く、接客はフレンドリー。プライベートな滞在を満喫できる。食堂（ケラー）もおしゃれ。

map p.306-H
● 中央駅から徒歩６分
■住所　Bahnstr. 76
■TEL　7792910
■FAX　77929177
■料金　S-€90～270、W-€100～300（週末割引あり）
■部屋数　全61室
■カードVISA、MC、AMEX、JCB
■www.hotel-burns.de

★★★ Hotel St.Georg
ザンクト・ゲオルク

小規模だが居心地のいいホテル

2001年４月にオープン。観光に至便な旧市街の一等地にあり、外観からは想像できないリッチな設備。さらに料金は控えめでサービスもいい。

map p.306-D
● U78,79 Heinrich-Heine-Allee《ハインリッヒ ハイネ アレー》から徒歩５分
■住所　Hunsrücken str. 22
■TEL　602230
■FAX　60223500
■料金　S-€70、W-€110
■部屋数　全24室
■カードVISA、MC、AMEX、JCB
■www.hotel-st-georg-duesseldorf.de

バーン・ホテル　Bahn-Hotel ★ map p.307-I
●中央駅から徒歩３分　■住所　Karlstr.74
☎360471　FAX364943　料S-€60～148、W-€80～210

ペンション・ブラートマン　Pension Bratmann ★ map p.306-H
●中央駅から徒歩６分　■住所　Grupellostr.4
☎362615　FAX353909　料S-€42～、W-€68～

ヴァイデンホーフ　Hotel Weidenhof ★ map p.306-E
●U78,79他 Oststr.《オストシュトラーセ》から徒歩３分　■住所　Oststr.87
☎1306460　FAX13064619　料S-€75～、W-€90～

日航ホテル　Hotel Nikko Düsseldorf ★★★★ map p.307-I
●U78,79他 Oststr.《オストシュトラーセ》から徒歩２分　■住所　Immermannstr.41　☎8340　FAX161216　料S-€145～485、W-€145～499

アルト・デュッセルドルフ　Alt Düsseldorf ★ map p.306-D
●U78,79 Heinrich-Heine-Allee《ハインリヒ ハイネ アレー》から徒歩５分　■住所Hunsrückenstr.11　☎133604　FAX133978　料S-€49～、W-€69～

ホテル・コメット　Hotel Komet ★ map p.307-I
●中央駅から徒歩３分　■住所　Bismarckstr.93　☎178790
FAX1787950　料S-€34～、W-€44～（朝食€6.50）

★エコノミー　★★カジュアル　★★★スタンダード　★★★★ラグジュアリー

デュッセルドルフの市外局番☎0211

KÖLN
ケルン

p.9-G ■人口＝102万人 ■街の規模＝゛で１日

ローマ時代から栄えた歴史の街。オーデコロン発祥の地でも有名

- ★★ フィッシュマルクト周辺の旧市街
- ★★★ 大聖堂
- ★★ 多彩な美術・博物館がある
- ★★ カーニバル
- ★★ 名物ケルシュビール

Access

●鉄道：フランクフルト→IC、ICE（約１時間15分）→ケルン［１時間２本／€55～］、デュッセルドルフ→IC、RE（約20～30分）→ケルン［約20分間隔／€8.50～16］、ボン→IC、RE、RB（約20～30分）→ケルン［約20分間隔／€９］、ハンブルク→IC、ICE（約４時間）→ケルン［１時間１～２本／€66～77］
●市内交通：旧市街の中心部だけの観光なら徒歩で充分。Ⓢ、Ⓤ、バスの最短区間料金€1.30（１日券€5.70）。

Information

ℹ観光案内所：＜大聖堂そば＞MAP p.312 住Unter Fettenhennen 19 ☎22130400 FAX 22130410 開9:00～22:00（日曜、祝日10:00～18:00）、10～６月9:00～21:00（日曜、祝日10:00～18:00）日本語地図あり。
●ウェルカムカード：市内公共交通機関が乗り放題の他、ローマ・ゲルマン博物館など多くの博物館が入場無料。ℹで購入可。24時間券€９、48時間券€14、72時間券€19。
HP www.koeln.de
●ユースホステル：MAP p.312 住Sieges-str.5a ☎814711

街のしくみ　見どころは大聖堂を中心にメッセ会場は対岸にある

ケルンといえば**大聖堂**。その大聖堂は、中央駅を出ると目の前にそびえ立っている。まさに街のシンボルだ。大聖堂前広場を横切った先、左手の歩行者天国の道が、ショッピングゾーンとして有名な**ホーエ通り**Hohestr.。カウフホーフなどのデパートが並ぶ道といくつも交差し、賑わいはより増してくる。

街で見かけた花屋

対岸から望む大聖堂の雄姿

ホーエ通りの人込みに疲れたら、適当な道を左折するといい。ビルの影からライン川と開けた空が見えるはずだ。**旧市庁舎**の前のローマ時代の遺跡発掘を見て、そのまま川に向かうと、**フィッシュマルクト**FischMarktという小さな広場に出る。周辺の建物がかわいらしく、絵になる広場だ。このあたりは旧市街でも一番の中心で、名物の地ビール、**ケルシュビール**を飲ませる店も多い。

メッセの会場があるのは、中央駅のある岸からライン川を挟んだ対岸側。とくに見どころがあるわけではないが大聖堂の写真（特に夜景）は、こちら岸からの方が撮りやすい。大規模ホテルも点在しYHもある。

また、ケルンは２年に１度フォトキナ（写真関連のメッセ）が行われる写真の街として有名。大聖堂周辺にはカメラ店も多い。

楽しみ方　大聖堂だけでも充分なのに、他にもまだある意外な楽しみ

豊富な美術館、ギャラリー巡りをはじめ、ホーエ通りでのショッピング、ケルシュビールと、楽しみは多い。

意外なところでは、この街には、専門誌でドイツ全土でNo.2に選ばれたことがあるというテルメ施設もある。鉄泉まで備えた本格

ホーエ通りの賑わい

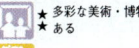

プール感覚のテルメ

的なもので、もちろんプール、サウナ、各種マッサージもある（Claudius Therme：● Deutz駅前からバス150番で7分　営9:00〜24:00　休12/24　料2時間€13〜　☎981440）。また、この施設のすぐ脇には対岸の動物園へのロープウェー（Kölner Seilbahn：営4〜10月10:00〜18:00　☎5474183）もあり、ライン川の眺めがいいのでカップル客に好評。

Route Advice

大聖堂→ヴァルラーフ・リヒャルツ美術館→ホーエ通り散策→Obenmarspf.→旧市庁舎と広場→聖マルティン教会→フィッシュマルクト→ライン河畔散策→シュニュットゲン美術館→Neumarkt、Krebsgasse→オペラ座［全移動約1時間］

名物pick up　オーデコロン4711とケルシュビール

ケルン人の郷土の誇りといえば、大聖堂と香水（オーデコロン）4711、サッカーのFCケルン、そしてケルシュビールだ。

4711は18世紀末、修道士が書いた調合法をもとに、銀行家が製品化したもので、柑橘系のさわやかな香りが特徴。その後ナポレオンの占領下、各住居に番地が与えられ、この本店についた番号が4711。ナポレオン軍が撤収する際、おみやげにこの香水を買い求め、それがパリッ子に大評判となった。ちなみにオーデコロンとは、フランス語で「ケルンの水」という意味。オペラ座広場前にある本店では、この香水が滝となって流れている。

ケルシュビールは、大麦に小麦を少し混ぜて上面発酵させたもので、淡い色と独特の苦みが特徴。それを細い小さなグラスで飲む。ケーベスと呼ばれるウェイターは、あらかじめ注いだグラスを持って客の間を泳ぐように回る。おかわりの声がかかると、渡すと同時にコースターに飲んだ杯数を記す。グラス片手に人気ロック歌手グィド・ホーンの話をすると、場がとても盛り上がる。なお、デュッセルドルフはこの街のライバルなのであまり誉めないよう注意。

おみやげに人気のオーデコロン4711

大聖堂 ★★★
Dom

map p.312

●中央駅から徒歩１分

塔に上るには気力と体力が必要だ

ドイツを代表する巨大な大聖堂。高さ157mの尖塔が２つ、一直線に空に伸びている。南塔に上れば展望が楽しめる。大聖堂の着工は1248年。以後戦争や資金不足などに悩まされ、300年もの中断期間を経て、完成したのが1880年。入口のポルタイユには聖ペテロと聖パウロが彫刻され、入ってすぐ左手奥に、キリストの生涯を描いた聖キアラの祭壇がある。右手のステンドグラスはバイエルン国王ルートヴィヒ１世が寄進した。祭壇左手奥の磔刑のキリスト像は、ゲロ大司教の十字架と呼ばれ、1000年以上昔のもの。

開6:00～19:30 ＜塔＞9:00～18:00（3・4・10月～17:00、11～2月～16:00） 休カーニバル期間中 料€2（学生€1）、宝物庫€4（学生€2）、塔と宝物庫€5 ☎92584730

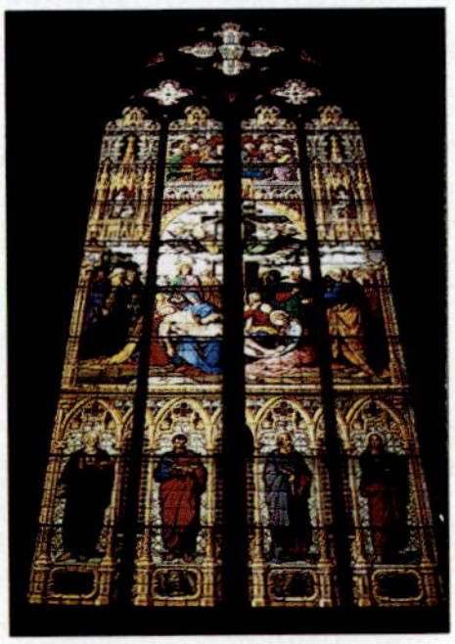

見事なステンドグラス

ローマ・ゲルマン博物館 ★★★
Römisch-Germanisches Museum

map p.312

●中央駅から徒歩３分

2000年の昔、ケルンがローマの植民地だったことを如実に物語る、古代遺跡から発掘された美術品などを展示する博物館。とくに、当時の商家の食堂の床に描かれた、ギリシャ神話の酒神ディオニソス（バッカス）のモザイクは必見。縦10m、横７mもあり巨大だ。当時の文化レベルの高さがうかがえる。この博物館自体、遺跡の上にその遺跡を保護する形で建てられている。

開10:00～17:00 休月曜、12/24・25・31、1/1、カーニバルの時期 料€4.30 ☎222124590

酒神ディオニソスのモザイク

ヴァルラーフ・リヒャルツ美術館 ★★★
Wallraf-Richartz Museum

map p.312

●中央駅から徒歩８分

中世に、ケルンを中心とするラインラント地方で活躍した画家の宗教画を主体に、現代美術までをも網羅する美術館。名もない画家の絵から、レンブラントやルーベンスなどといった巨匠の作品まで、中世の素朴な民衆たちの信仰心が感じられる作品が多い。他にセザンヌやドガ、モネ、ルノワールなどの印象派にも、秀逸な作品が見られる。ただしジャンルが混在しており雑多な印象は免れない。

開10:00～18:00（火曜10:00～20:00、土・日曜11:00～18:00） 休月曜、12/24・25・31、1/1、カーニバルの時期 料€７～ ☎22121119

➡ルートヴィヒ美術館に隣接

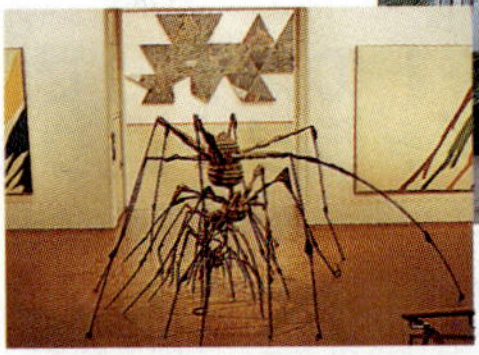

⬅さまざまなジャンルの作品がある

ルートヴィヒ美術館 ★★
Ludwig Museum

map p.312

●中央駅から徒歩３分

20世紀以降の、現代美術のみを展示する、専門色の強い美術館。キルヒナーをはじめとするドイツ表現主義、アンディ・ウォーホルやロイ・リキテンシュタインなどのアメリカン・ポップアートに秀逸な作品が多い。ピカソやカンディンスキーもある。

開10:00～18:00（毎月第１金曜10:00～22:00、土・日曜10:00～18:00） 休月曜、12/24・25・31、1/1、カーニバルの時期 料€7.50 ☎22126165

シュニュットゲン美術館 ★★
Schnütgen Museum

map p.312

●U1他 Neumarkt《ノイマルクト》から徒歩5分

キリスト教に関する作品を収集し、教会を改造して造られた宗教美術館。無名作家ではあるが、庶民のあつい信仰心を反映したかのような作品が多い。とくに木彫彩色天使像の優美な表情は、見る者の感動を誘う。

開10:00〜17:00（土・日曜11:00〜17:00）
休月曜　料€3.20　☎22123620

チョコレート博物館 ★★
Schokoladen Museum

map p.312

●U1他 Heumarkt《ホイマルクト》から徒歩5分

世界的でもまれな、チョコレートの製造過程を見せる博物館。ライン川にせり出した、まるでガラスの軍艦のような建物が印象的だ。

生のカカオの実から、どのようにしてチョコレートができるかは、意外に興味深い。入場券にはチョコがひと切れオマケについてくる。また、できたてのチョコを食べさせてもらえるコーナーには、子供はもちろん、大人も大喜び。チョコの歴史の展示もある。

開10:00〜18:00（土・日曜、祝日11:00〜19:00）

できたての生チョコが食べられる

休12/24・25・31、1/1、カーニバルの時期
料€6　☎9318880

アグファ写真博物館 ★
Agfa Photo-Historama

map p.312

●中央駅から徒歩3分

ドイツを代表するフィルムメーカー、「アグファ」の写真に関するコレクションを展示。その収集活動は1906年よりつづけられており、カメラ、映写機などの機材と豊富な写真作品で、約150年間の写真の歴史をたどることができる。ヴァルラーフ・リヒャルツ美術館、ルートヴィヒ美術館（p.313参照）と同じ施設内にある。

開10:00〜18:00（毎月第1金曜〜22:00）　休月曜、12/24・25・31、1/1、カーニバルの時期
料€7.50　☎22122411

現代アートのメッカで アートギャラリー巡りを

年に一度、現代アートのエキスポであるArt-Cologne（67年に始まり、世界中から70万人以上の来場者を記録する）が開かれる現代アートのメッカ、ケルン。この街には無数のギャラリーが店舗を構えているので、ギャラリー巡りをおすすめしたい。気に入った作品をその場で購入することもでき、旅のおみやげとしても個性的でいいかも知れない。中央駅から近くて入りやすいのはGalerie Boisserée。1950年以降の作品を多く取り扱っていて、自慢の版画はかなり広範囲。若いアーティストの作品展なども頻繁に行なわれる。Galerie Seippelも展示スペースが広くてアヴァンギャルドなインスタレーションものなど、

展示の仕方もアート。NY在住ケレメンスヴァイス氏の作品

ピカソ展をしていたGalerie Boisserée

おもしろい展覧会をよくやっている。もちろん他にも、全部で軽く100を超えるギャラリーが点在しているので、詳しいマップや展覧会スケジュールは❶で問い合わせよう。

●Galerie Boisserée　MAP p.312　住Drusus gasse 7-11（中央駅から徒歩5分）　☎2578519　開10:00〜14:00、15:00〜18:00（土曜11:00〜15:00）　休月・日曜、祝日　●Galerie Seippel　MAP p.312　住Zeughausstr.26（中央駅から徒歩10分）　☎255834　開12:00〜18:00　休月・日曜、祝日　HP www.galerie-seippel.de

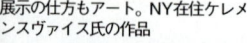

Weiss Bräu
ヴァイス・ブロイ

店内の釜で作られた、できたてのヴァイツェンビールをどうぞ

醸造設備を備えた店。人気のヴァイツェンビールは柔らかい口あたりで黒ビールは麦の強い独特の味。料理も自慢。部屋によってかなり雰囲気が違う。

map p.312
●U12他 Barbarossapl.から徒歩5分
■住所　am Weidenbach 24
■TEL　231823
■営業　11:00～翌1:00
■休日　12/24・31
■カード　MC、AMEX

Brauhaus Sion
ブラウハウス・ジオン

ケルシュビール醸造所の直営店。名物は50cmのソーセージ！

創業1511年のジオンビール直営店。ビール1杯€1.50。大人気のソーセージ“ブラートヴルスト”(1人前€8.60、野菜付)の長さにびっくり。

map p.312
●大聖堂から徒歩5分
■住所　Unter　Tashenmacher 5-7
■TEL　2578540
■営業　10:30～翌0:30（12/24・31は～15:00）
■休日　無休
■カード　VISA、MC

Bagutta
バグッタ

ジャーマンフレンチの代表格の店

店名はイタリア語ながら、ドイツ人シェフの手によるヌーベルキュイジーヌの店。週替わりメニューは大人気。店は小さいので予約した方がいい。

map p.312
●U12他 Barbarossapl.から徒歩7分
■住所　Heinsbergstr.20a
■TEL　212694
■営業　12:00～14:30、19:00～24:00（L.O.23:00）、土・日曜、祝日は夜のみ
■休日　無休
■カード　不可

Hallmackenreuther
ハルマッケンロイター

昼はカフェ、夜はおしゃれなバーで若者に人気

芸術関係者の多いブリュッセル通り界隈にある店。小さな広場に面し雰囲気もいい。昼夜ともに客が多く、70年代を意識した内装のキッチュさが評判。

map p.312
●U6他 Rudorfpl.から徒歩7分
■住所　Brüsseler Platz. 9
■TEL　517970
■営業　11:00～翌1:00（金・土曜～翌3:00）
■休日　無休
■カード　不可

Sweetheart Four Seasons
スィートハート・フォーシーズンズ

エルツ山地方の木彫り人形が勢揃い

ビル・クリントンも訪れたというクリスマス関連用品や、おみやげに人気のエルツ山地方の木彫り人形が豊富に揃う店。クルミ割人形やイースターエッグも。

map p.312
●大聖堂から徒歩2分
■住所　Am Hot 34-36
■TEL　2571410
■営業　11:00～19:00
■休日　無休
■カード　VISA、MC、AMEX、DC、JCB

Egino Weinert
イギノ・ヴァイナート

マイスターの手による十字架

素朴でありながら力強い絵柄の十字架の数々。ブロンズ製のもの、エナメル加工のカラフルなものなど、アートとしても1級品。ポストカード€0.45～もある。

map p.312
●大聖堂から徒歩5分
■住所　Marzellenstr.42
■TEL　135469
■営業　9:30～12:30、13:00～18:00（土曜9:30～13:00）
■休日　日曜
■カード　不可

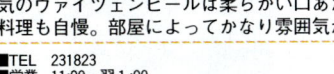

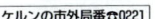

Postkartenladen
ポストカルテンラーデン

カードのことならお任せ！

ポストカードやポスターの専門店。ドイツのみならず、世界中のセンスのいいギフトカードを扱う。イスラエルの若手作家の、金のネコのカードが一番人気。

map p.312
- ●オペラ座から徒歩 3 分
- ■住所　Breitestr.93
- ■TEL　2576636
- ■営業　11:00～19:30（土曜～18:30）
- ■休日　日曜、祝日
- ■カード　VISA、MC、AMEX、DC

Hotel Chelsea ★★★
ホテル・チェルシー

芸術家のたまり場

芸術家は、滞在費を自分の作品で払えるという、ニューヨークの同名ホテルと同じシステム。地上階のカフェ“セントラル”では、哲学や文学の講演も開かれる。

map p.312
- ●U6他 Rudorfpl.《ルードルフプラッツ》から徒歩 6 分
- ■住所　Jülicherstr. 1
- ■TEL　207150
- ■FAX　239137
- ■料金　S-€69～、W-€89～（朝食€9）
- ■部屋数　全38室
- ■カード　VISA、MC、AMEX、DC
- ■www.hotel-chelsea.de

Hotel im Wasserturm ★★★★
ホテル・イン・ヴァッサートゥルム

レストラン自慢の高級ホテル

100年前に造られた給水塔を、モダンなホテルに蘇らせた。内装はフランス人デザイナーのプートマンが担当。料金は高めだが（これでも下げた）、その価値はある。

map p.312
- ●U3他 Poststr.《ポストシュトラーセ》から徒歩 2 分
- ■住所　Kaygasse 2
- ■TEL　20080
- ■FAX　2008888
- ■料金　S-€180～265、W-€210～335
- ■部屋数　全88室
- ■カード　VISA、MC、AMEX、DC、JCB
- ■www.hotel-im-wasserturm.de

Dom Hotel ★★★★
ドーム・ホテル

大聖堂に隣接したホテル

大聖堂を囲む広場に面した、由緒あるホテル。淡い黄色を基調とした内外装が、落ち着いた印象を与える。メインダイニングルームの豪華さに130年の伝統を感じる。

map p.312
- ●中央駅から徒歩 2 分
- ■住所　Domkloster. 2a
- ■TEL　2024282
- ■FAX　20240
- ■料金　S-€295～、W-€360～
- ■部屋数　全124室
- ■カード　VISA、MC、AMEX、DC、JCB
- ■www.koeln.lemeridien.de

Excelsior Hotel Ernst ★★★★
エクセルシオール・ホテル・エルンスト

中央駅すぐそばの高級ホテル

中央駅と大聖堂の間にある、交通の便がとてもいい高級ホテル。100年を超える伝統を誇り、サービスも申し分ない。外の騒音もまったく気にならない。

map p.312
- ●中央駅から徒歩 1 分
- ■住所　Domplatz
- ■TEL　2703333
- ■FAX　135150
- ■料金　S-€220～295、W-€295～410
- ■部屋数　全152室
- ■カード　VISA、MC、AMEX、DC、JCB
- ■www.excelsiorhotelernst.de

マリティム　Maritim Hotel Köln ★★★★　map p.312
●市電1他 Heumarkt《ホイマルクト》から徒歩 1 分　■住所　Heumarkt20
☎20270　FAX2027826　料S-€139～、W-€165～

ケーニヒスホーフ　Königshof ★★★　map p.312
●大聖堂から徒歩 3 分　■住所　Richatzstr.14-16
☎2578771　FAX2578762　料S-€89.50～198、W-€110～225

ホテル・ロスナー　Hotel Rossner ★　map p.312
●中央駅から徒歩 3 分　■住所　Jakordenstr.19
☎122703　FAX122700　料S-€33～、W-€46～

ステーション・ホステル　Station Hostel for Backpackers ★　map p.312
●中央駅から徒歩 5 分　■住所　Marzellenstr.40-48
☎9125301　FAX9125303　料S-€35～、ドミトリー€16～

ベルク　Berg ★　map p.312
●中央駅から徒歩 4 分　■住所　Brandenburgerstr.6
☎9129162　FAX1390011　料S-€28.50～、W-€45～

ブランデンブルガーホーフ　Brandenburger Hof ★　map p.312
●中央駅から徒歩 4 分　■住所　Brandenburgerstr.2-4
☎122889　FAX135304　料S-€26～、W-€46～

★エコノミー　★★カジュアル　★★★スタンダード　★★★★ラグジュアリー

ケルンの市外局番☎0221

BONN

ボン

p.9-G ■人口＝31万人 ■街の規模＝とバスで１日

旧西ドイツの首都から、欧州統合後の総合情報発信基地を目指して脱皮中

★★ ライン河畔の美術館、博物館群
★★ ハイネも学んだ大学校舎
★ ベートーベンホールで優雅なひと時を
★★★ 楽聖ベートーベンの生地

Access

●鉄道：フランクフルト→ICE(約１時間40分)→ボン[１時間に１～２本／€31～]、デュッセルドルフ→IC、RE(約45分)→ボン[１時間に１～２本／€12.20～]、ケルン→IC、EC(20分)→ボン[１時間に２～３本／€8.60～]
※ライン川の対岸を走るローカル線もある。
●市内交通：Uバーンやバスが走り、美術館巡りや「シューマン記念館」に行く時には重宝する。１日券(€5.70～)やボン・ウェルカムカードが便利。

Information

❶観光案内所：MAP p.318-A 住Windeckstr.1/Am Münsterplatz ☎775000 開9:00～18:30(土曜～16:00、日曜・祝日10:00～14:00)
●ホームページ：www.bonn.de
●観光局(電話受付のみ)：住Adenauerallee 131 ☎910410 FAX 9104111
HP www.bonn_regio.de
●ボン・ウェルカムカード：24時間有効€9(大人３名まで€18)。❶の他、バス・Uバーンのチケット売場やホテル、博物館等で購入可。市内の公共交通機関や、主要な博物館・美術館が無料。
●ユースホステル：MAP p.318-C 住Haager Weg42 ☎289970 FAX 2899714

街のしくみ 楽しみ方 ライン川に沿って開けた古都。のんびり１日かけて歩きたい

ボンの中央駅を降りると、意外に小さな駅前広場と右手にバスターミナルがある。そこを渡った正面の、商店が建ち並ぶ**ポスト通り**Poststr.がこの街のメインストリート。通りの両側の活気ある商店を眺めながら歩くと、やがて通りの名のとおり中央郵便局に着く。その郵便局前が**ミュンスター広場**Münsterplatzで、ベートーベンの立像とミュンスター寺院がある。❶はミュンスター広場に臨んで左側に入る道を進み、右手２軒目にある茶色のレンガ造りの建物の中。

ミュンスター寺院前からRemigiusstr.を北

ボンといえばやはりこの人、ベートーベン

に行くと、花市が立つ小さな広場Remigiuspl.に出る。その先には食品市の立つ大きな広場があり、これが**マルクト広場**Markt。いわばボン市民の台所だ。この広場右に面したかわいらしい建物が旧市庁舎。

マルクト広場から左奥の**ボン小路**Bonnga.を行った左に、**ベートーベンの生家**がある。また近くには、彼が洗礼を受け、子供のころにはオルガンを弾いていた、**レミギウス教会**St. Remigius Kircheもある。

シューマンがいた元サナトリウム。今は記念館

散策に飽きたら、**ボン大学**そばにある小高い展望公園に上るといい。昔の大砲がそのまま置かれ、近景のラインの悠久の流れと、遠景の美しい山々（通称７つの山）が、旅の疲れをゆっくりとほぐしてくれるだろう。

ポッペルスドルフ宮殿（MAP p.318-C 住Meckenheimer Allee 171 ☎732259）や、**シューマン記念館**Schumann Haus（MAP p.318-C 住Sebastian-Str.182 ☎773656 開11:00～13:30、15:00～18:00 休火・土・日曜 料無料）へはバスを利用すると便利。

Route Advice

ミュンスター寺院→（Bonnga.）→ベートーベンの生家→（U16,63,66）→ボン大学、展望台→（U16,63,66）→国立絵画館→（U16,63,66）→中央駅→（バス622他→Alfred-Bucher-str.）→シューマン記念館［全移動約１時間］

ボンの市外局番☎0228

ベートーベンの生家 ★★★
Beethovenhaus

map p.318-A

●マルクト広場から徒歩4分

1770年に屋根裏で生まれ、22歳まで暮らした。愛用のピアノや楽譜などを展示。隣にできた新館では、彼の唯一のオペラ作品を約20分、3Dでヴァーチャル上演する「フィデリオ21世紀」や、全ての作品のデジタルアーカイブを端末で自由に視聴できるコーナーもある。

開10:00～18:00、日曜・祝日11:00～18:00（11～3月10:00～17:00、日曜・祝日11:00～17:00）
休元旦、12月24日・25日・26日、他　料€4
HP www.beethoven-haus-bonn.de

ミュンスター寺院 ★★★
Münster

map p.318-A

●中央駅から徒歩7分

ロマネスク建築様式からゴシックに移る過渡期の、最高傑作といわれる教会。11世紀にその礎が築かれ、以降続々と増築されていった。特に12世紀中葉に建てられた八角形の尖塔は、アルプス以北では随一の美しさといわれる。1314年には、フリードリヒ“ハンサム”王、1346年にはカール4世の神聖ローマ帝国皇帝の戴冠式が行なわれた。

開7:00～19:00（尖塔9:00～17:00）　休無休
料無料　☎985880

わがままレポート

ボンの美術館巡り ★★★

map p.318-D

歴史と美術を同時に勉強！

ライン川沿いに並んでいる美術館群。一番奥が**国立絵画館**（料€7.50）。屋上の３つの三角錐の塔が印象的だ。ここでは絵画のみならず、建築や技術、インテリアの分野まで、広く企画展示している。

建物自体がすでに芸術

隣の**市立美術館**（料€８、以上２館共通券€13.50、特別展等により料金の変動あり）も、斬新なデザイン。マックス・エルンストやキルヒナーなど、20世紀絵画の収集で有名だ。

近、現代史が勉強できる国立歴史博物館

その先が**国立歴史博物館**（料無料）。近・現代ドイツの歴史を豊富な映像と資料で解説。ヒトラーや東西冷戦下のベルリンでのケネディ米大統領の演説、さらにベルリンの壁崩壊と東西ドイツの統合など。まさに激動の歴史が、負の遺産も含め展示されている。また、実物の初期型VWビートル、BMWの昔のバイクや乗用車などは、マニア垂涎。なお、各美術館とも月曜および大晦日等は休館。

ボン大学 ★
Universität

map p.318-B

●U16,63,66 Universität/Markt《ウニヴェルズィテート・マルクト》下車すぐ

ケルン選帝侯の居館として、1705年に建てられた壮麗な宮殿。現在はボン大学の校舎として使われている。濃い黄色の外壁がとても美しく、印象的。1777年に火災、1944年に戦災でと２度焼失したが、そのつど再建されてきた。宮殿の正門にあたる、コトブッサー門の天使像もすばらしい。

ライン州立博物館 ★★
Rheinishes Landes Museum Bonn

map p.318-A

●中央駅から徒歩5分

ライン地方の石器時代から現代に至る歴史を、9つのテーマ別に紹介。単に漠然と遺跡を並べるのではなく、生活様式の変遷、絵画など美術関連の展示などテーマ別に分かれている。目玉はネアンデルタール人の遺跡。

開10:00～18:00（水曜～21:00） 休月曜
料€5、学生€3.50 HP www.rlmb.lvr.de

Brauhaus Bönnsch
ブラウハウス・ボンシュ

ここでしか飲めない自家醸造ビールをお試しあれ

ボン唯一の、自家醸造のビアレストラン。店奥のタンクで作るビールの味は端麗ですっきり。指の形にくぼんだ独特のグラスでいただく（１杯€1.40）。

map p.318-A
●ミュンスター広場から徒歩10分
■住所　Sterntorbrücke 4
■TEL　650610
■営業　11:00～翌1:00（金・土曜～翌3:00、日曜・祝日12:00～24:00）
■休日　無休
■カード　不可
■www.boennsch.de

★★★★ Gästehaus Petersberg
ゲステハウス・ペータースベルク

連邦政府がVIPのために建てた迎賓館ホテルだが、一般の利用も可。「７つの山」の中にある。最高級。

map p.318-B
●中央駅から車で約30分
■住所　53639 Königswinter　■TEL　02223-740
■FAX　02223-74443　■料金　S-€185～、W-€255～
■部屋数　全99室　■カード　VISA、MC、AMEX、DC、JCB
■www.gaestehaus-petersberg.com

★★★ Stern Hotel
シュテルンホテル

マルクト広場に面して建つ、美しい外観の由緒あるホテル。週末割引でシングル€69、ダブル€89。

map p.318-B
●中央駅から徒歩10分
■住所　Markt 8　■TEL　72670　■FAX　7267125
■料金　S-€95～、W-€135～
■部屋数　全80室　■カード　VISA、MC、AMEX、DC
■www.sternhotel-bonn.de

ボンの市外局番☎0228

●～€15　●●€15～25　●●●€25～50　●●●●€50～
★エコノミー　★★カジュアル　★★★スタンダード　★★★★ラグジュアリー

ACHEN

ーヘン

25万人 ■街の規模＝徒歩で半日

**オランダ、ベルギーとの国境の街へ
はカップとタオル、水着を持参**

★★★ 世界文化遺産の大聖堂　★ クーヴェン博物館など

★★★ カール大帝も大好きだった温泉

Access

●鉄道：デュッセルドルフ→RE（1時間20～30分）→アーヘン［1時間に2本／€15.50］、ケルン→RE（約50～1時間5分）→アーヘン［1時間に2本／€12.50］
●市内交通：市バス€1.20。中央駅と旧市街が少し離れている（徒歩20分程度）ので、上りになる帰りはフリードリヒ・ヴィルヘルム広場から駅行きのバスに乗ろう。

Information

ⓘ観光案内所：＜フリードリヒ・ヴィルヘルム広場＞MAP p.320　住 Friedrich-Wilhelm-pl.　☎1802960　FAX 1802930　開 9:00～18:00（土曜～14:00）　休 日曜（夏季は日曜、祝日も営業）
HP www.aachen.de
●ユースホステル：MAP p.320　住 Maria-Theresia-Allee 260　☎711010　FAX 7110120

320

街のしくみ　楽しみ方　温泉とカジノを心ゆくまで楽しむ

　この街の歴史は古く、紀元前3世紀には早くも北征してきたローマ人が温泉を見つけ、入植した。その後8世紀後半にはゲルマン系フランク族の国王カール大帝がこの地を都と定め、現在に至る繁栄の基礎を築いた。そんなアーヘンの観光の中心は旧市街に集中している。中央駅からバスもあるが、徒歩でもゆっくりと下って20分弱（旧市街から戻る時は上りになるのでバス利用が楽）。

　旧市街の入口**フリードリヒ・ヴィルヘルム広場**Friedrich-WilhelmplatzにⓘがあるⓂここは旧市街と新市街を結ぶバスの発着ポイントでもある。

　このⓘに隣接する形でギリシャ神殿風の円形の建物があるが、これが温泉噴出口。壁の中央にポツンと吐水口が付いているので、お見逃しなく。持参したカップで温泉をくむと、季節にもよるがわりと強い硫黄臭がする。このような噴出口は旧市街にいくつかあり、

アーヘンの市外局番☎0241

この街のシンボルの大聖堂

市民が日常的に飲用しているのが見られる。

　このⓘの裏手を少し行くと大聖堂広場Münsterplatzに出る。観光名所の**大聖堂**や宝物殿、ゴシック様式の立派な建物でカール大帝の肖像画などが見られる**市庁舎**（開10:00～13:00、14:00～17:00　料€2）や大富豪の邸宅を再現した**クーヴェン博物館**などがある。ⓘを東にまっすぐ行くと**ジュールモント・ルートヴィヒ美術館**Suer-mondt Ludwig Museum〈開12:00～18:00（水曜～21:00、土・日曜～18:00）休月曜　料€3〉。重厚な外観からすれば驚くほど、外光をふんだんに取り入れた内装が印象的。収蔵品も多岐に渡る。美術館から環状線を南下、ガードの手前右折で中央駅。

大聖堂 ★★★
Dom

map p.320

●中央駅から徒歩20分

ユネスコの世界文化遺産にも選ばれた壮麗な大寺院。尖塔と司教の丸帽子と呼ばれるキューポラ、本堂の切妻風の屋根が、見る者に鮮烈な印象を与える。ローマ風呂だったここにカール大帝が9世紀初めに礼拝堂を建設。以後数世紀をかけてさまざまな建築様式の建物を加え現在に至る。

開7:00～19:00（冬季～18:00、見学は11:00～、土曜は13:00～） 休無休 料無料

宝物殿もすばらしい

クーヴェン博物館 ★
Couven Museum

map p.320

●中央駅から徒歩20分

この街が生んだ大富豪、クーヴェン兄弟が収集したロココ調の家具を展示した小博物館。家具以外にもタイルや当時の壁飾りなど調度品もすばらしい。18～20世紀初めごろまでの、古き良き時代の富豪の豊かな暮らしがかいま見られる。インテリアに興味がある人は必見。

開10:00～17:00（毎月第1土曜13:00～） 休月曜 料€3

☎4324421 HP www.conven-museum.de

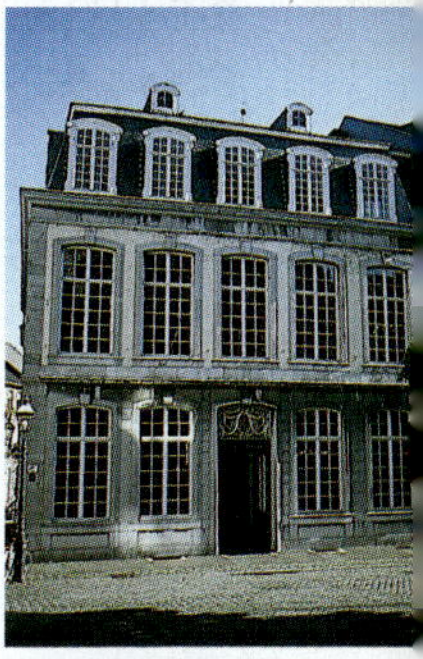

小さな博物館なので見逃さぬよう

Hotel Brulls am Dom ★★★
ホテル・ブルルス

大聖堂のそばのかわいいホテル

大聖堂からクーヴェン博物館に行く坂道の左手にあるレストラン兼ホテル。客室は10室と少なめだが、その分オーナーの心温まるサービスが受けられる。

map p.320

●大聖堂から徒歩2分
■住所　Hühnermarkt
■TEL　31704
■FAX　404326
■料金　S-€70～83、W-€102～120
■部屋数　全10室
■カード不可

温泉とカジノの楽しみ方

ドイツで温泉とカジノは切っても切れない親密な関係。ここアーヘンでももちろん温泉療養に、そして一攫千金狙い（？）にと連日連夜クアハウスもカジノも大賑わい。ただ、この街が他の都市と大きく違う点は、ベルギーやオランダと国境を接している点。アーヘンはドイツ最西端の街なのだ。ヨーロッパ統合に伴い、EU市民にとって国境はないに等しい存在。それゆえこの街には他国からカジノや温泉目当ての観光客や流れ者（？）も多い。とはいっても街の雰囲気は健全なのでご安心を。パスポートは必携だ。

そんなアーヘンで、温泉といえば誰もが思い浮かべるのがカジノに隣接した温泉療養センター。ここでは医師の指導や処方箋に基づいた、治療としての温泉療法が行なわれている。一方、日本の銭湯の感覚に近いのが、旧市街のElisabethstr 10にあるエリザベート温泉Elisabethhalle（☎4325216）。いわば庶民派の温泉だ。

庶民派のエリザベス温泉

威風堂々たるクアハウス

庭園の中に宮殿のごとくそびえているのがカジノ・アーヘンCASINO Aachen〈Monheimsallee 44（Stadtpark Aachen） ☎18080 開15:00～翌3:00 休祝祭日 料€5 ※要パスポート〉。男性はネクタイ着用など、場をわきまえた服装を。

★エコノミー　★★カジュアル　★★★スタンダード　★★★★ラグジュアリー

MÜNSTER

ミュンスター

p.8-D ■人口＝28万人 ■街の規模＝バスで１日

歴史と文化が育んだ学生の街。
美しい自然と郊外の水城も魅力

- ★★ 旧市街
- ★★★ 大聖堂など
- ★ 司教の居城や水城
- ★★ 自家醸造の店
- ★ ミュンスター大学

Access

●鉄道：ケルン→ICE（１時間45分）他→ミュンスター［１時間２本／€28～］、ハンブルク→IC（２時間15分）→ミュンスター［1時間毎／€46］、フランクフルト→IC、ICE（約３時間10分～４時間10分）→ミュンスター［１日２～３本／€58～］

●市内交通：市バスが発達。中央駅から旧市街や郊外に行く時に便利。１日券€4.60、4回券€6.50

Information

ℹ観光案内所：MAP p.322 住 Heinrich Brüning Str.9 ☎4922710 FAX 4927743 開9:30～18:00（土曜9:30～13:00） 休日曜、祝日 HP www.muenster.de

●ユースホステル：MAP p.322 住 Bismarck-allee 31 ☎530280 FAX 5302850

街のしくみ 楽しみ方 世界史の舞台となった街を地元っ子気分でそぞろ歩き

ミュンスターの歴史は古く、８世紀後半に時のカール大帝がザクセン人をキリスト教化すべく、宣教師リュートガーを派遣。805年に彼が修道院を建立、これがこの街の発展の礎となった。以後、修道院を中心とした神学系の研究と、オランダとの国境が近いせいもあり、商取引が盛んなことから、順調に発展をつづけてきた。

1648年、全ドイツを荒廃させた30年戦争を終結させたウェストファリア（ヴェストファーレン）条約がこの地で結ばれた。現在、**市庁舎**にその平和協定が締結されたホールが残されている。1780年にはミュンスター大学が創立、現在ではとくに先端医療の分野で有名になった。

ミュンスターの市外局番☎0251

落ち着いた旧市街の小広場

この街は中央駅を中心とした新市街と、**大聖堂**を中心とした旧市街、大学地区、そして郊外のアー湖Aaseeに代表される田園地帯の４つに分けられる。各地域は市バスで結ばれ気軽に移動できる。旧市街には大聖堂や市庁舎、州立美術館などがあり、徒歩で充分に回れる広さだ。さらに駅寄りのザルツ通りSalzstr.に面した周辺は、18世紀にこの地で活躍した建築家ヨハン・コンラート・シュランの設計したクレメンス教会など優れたバロック建築が多いことから、「バロックの島」と呼ばれる。

旧市街の次は、郊外の**ミューレンホーフ野外博物館**や動物園に足を延ばそう。夏ならアー湖のGoldenen橋から船（４～10月の10～18時の毎時０分・往復€５）で行くのもいい。

学生が住民の２割を占めるミュンスターだが、麻薬などでハメを外しすぎる者もいる。夏の夜のアー湖畔には要注意。また中央駅前の地下通路、エレベーター前に浮浪者がいることがあるので、こちらにも注意。

大聖堂 ★★★
Dom

map p.322

●中央駅から徒歩20分

古くは805年、カール大帝の時代に起源を発するが、現在見られる聖堂は13世紀に約40年の歳月をかけて造られた。その後何度も増改築されたが、ドイツ・ゴシック建築の中でも代表作と評される。内部には巨大な聖クリストフォロスの像や、毎日12時に人形たちが挨拶をする天文時計がある。

死神がひもを引き人形の登場

開6:30～18:00（日曜・祝日6:30～19:00） 休無休 料無料

＜宝物殿＞開11:00～16:00 休月曜、祝日 料€1、学生€0.50 ☎495333

堂々たる大聖堂

聖ランベルティ教会 ★
St. Lambertikirche

map p.322

●大聖堂から徒歩４分

この街一番の繁華街、中央市場通りPrinzipalmarktに面して建つ、14世紀後半から75年の歳月を費やして建てられた教会。黒い塔の時計の上に、よく見ると大きなオリが３つぶら下がっているが、これは16世紀、新教徒に対して残酷な仕打ちをした３人の権力者たちを倒しこのオリに入れてさらし者にしたもの。この塔は以前、物見やぐらとしても使われていたことがあり、その名残で今でも夕方になると鐘楼守が塔の上からホルンを鳴らす。

開8:30～18:30（ミサ中は不可）

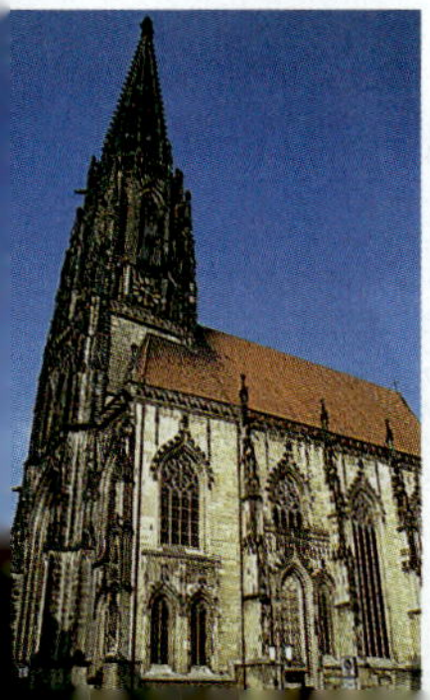
75年かけて造られた

条約を締結した「平和の間」

市庁舎 ★★
Rathaus

map p.322

●大聖堂から徒歩５分

1648年にこの場所で、ウェストファリア条約がオランダとスペインの間に結ばれ、30年戦争は終結した。14世紀に造られた建物自体は第二次世界大戦で崩壊したが、戦後忠実に復元された。現在、条約締結に使われたホールは平和の間Friedenssaalとして公開されている。

＜平和の間＞開10:00～17:00（日曜、祝日～16:00） 休月曜 料€1.50、学生€１（日本語テープのガイドツアーがある） ☎4922724

ミューレンホーフ野外博物館 ★
Mühlenhof-Freilichtmuseum

map p.322

●バス14 Bockwindmühle《ボックヴィントミューレ》から徒歩10分

17～18世紀の農村の生活を、当時の風車や農家を移築して再現した博物館。展示品はすべて当時の物なので、往時の農民や工民たちの生活が偲ばれる。園内にはクジャクも放し飼いになっている。バスでBockwindmühle下車、進行方向しばらく直進し、左折。動物園などはさらにバス停ひとつ先にある。

開10:00～18:00（入館は～17:00）、11月～３月15日は13:00～16:30（入館は～15:30、日曜11:00～） 料€３ ☎981200

のどかな時間が流れる

城館 ★★
Residenzschloss
map p.322

●大聖堂から徒歩15分

かつて神聖ローマ帝国の領主司教が住んだバロック様式の壮麗な城。正面の横の長さはなんと100mにも及ぶ。中央、鐘楼上にひときわ高く金色に輝くのは、天使の像。設計はヨハン・コンラート・シュランで、1767年から6年の歳月を経て完成した。彼の最高傑作といわれる。

現在この城は、ミュンスター大学ヴィルヘルム校舎として使われていて、裏庭の植物園のみ公開。

<植物園>開8:00〜19:00（11〜3月は〜16:00）

ピカソ美術館 ★★
Graphikmuseum Pablo Picasso Münster
map p.322

●大聖堂から徒歩5分

ドイツで初めてのピカソ専門美術館。もっとも、作品はリトグラフがほとんどで、習作など800点以上の作品を収蔵。常設の他に、世界各地のピカソ作品を集めた企画展もあるのでファンは要注目。

住 Königsstr.5 開 11:00〜18:00（土・日曜10:00〜） 休 月曜 料 €6、学生€4 HP www.graphikmuseum.de

Brauerei Pinkus Müller
ブラウエライ・ピンクス・ミューラー
200年近く地元の人に愛されている味どころ

1816年創業の歴史あるビール醸造所兼レストラン。一貫してミューラー家が味と経営を管理。現在は若きミューラー家6代目当主と古参の番頭が取り仕切る。一番のおすすめは、小麦と大麦をブレンドさせたアルトビール。上面発酵特有の小麦味を、6カ月も熟成させることにより、洗練させた苦みとキレのいい後味に変えている。他にバイオビールや白ビールもあり、料理のメニューも豊富だ。ウエイトレスの民族衣装風エプロンや手作りのテーブルクロスなどの工夫もいい。大通り側の棟が特に雰囲気がいい。

別名「牛街」と呼ばれる増設されたレストラン

グラスビール€1.80、定食€8〜15

map p.322
●市庁舎から徒歩15分またはバス停Rosenpl.から徒歩2分
■住所　Kreuzstr.4-10
■TEL　45151
■FAX　57136
■営業　11:30〜24:00
■休日　日曜・祝日
■カード　不可
■www.pinkus.de

Park Hotel Schloss Hohenfeld Münster ★★★★
パークホテル・シュロス・ホーエンフェルド
豊かな緑の中の長期滞在型ホテル

郊外の動物園裏手の広大な緑地内にある。貴族の館を改築したホテルでコンドミニアムもある。プールやソラリウム、近くにはゴルフ場もある。

map p.322
●中央駅からバス19番でホテル前下車
■住所　Dingbänger Weg 400
■TEL　02534-8080
■FAX　02534-7114
■料金　S-€80〜、W-€112〜
■部屋数　全100室
■カード　VISA、DC、AMEX、MC
■www.parkhotel-hohenfeld.de

Hotel Horstmann ★
ホテル・ホルストマン

駅から至近で安さが魅力の宿。西口を出てホテル・コンティの裏手にある。1階は薬局。

map p.322 ●中央駅から徒歩2分
■住所　Windhorststr. 12　■TEL　417040
■FAX　4170415　■料金　S-€62、W-€82
■部屋数　全25室　■カード　VISA、MC
■www.hotel-horstmann.de

SLEEP-STATION ★
スリープ・ステーション

2004年オープン。マンションの一角を改造したホステル系安宿。チェックインできる時間に注意。

map p.322 ●中央駅から徒歩5分
■住所　Wolbecker Str. 1　■TEL　4828155　■FAX　01212-570925726　■料金　S-€28、ドミ-€14　■部屋数　全30ベッド　■カード　不可　■www.sleep-station.de
※チェックイン17:00〜20:00

ミュンスターの市外局番☎0251

●〜€15　●●€15〜25　●●●€25〜50　●●●●€50〜
★エコノミー　★★カジュアル　★★★スタンダード　★★★★ラグジュアリー

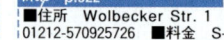

Check-Check! 中世貴族の華麗な水城を訪ねて

ミュンスター地方には多数の「水城」Wasserburgがあることで有名。城の周囲に水をめぐらせた城のことだが、戦国時代、平野部の多いこの地方では、敵の侵略を防ぐための要塞として必然的に生み出されたものだった。かつては3000もの城や館があったといわれる。現在では保存状態のいい城が100ほど残り、"ミュンスターの真珠"と呼ばれている。観光局では見学ツアーを組んだり（夏季20人以上）、サイクリングを推奨したりと旅行者の便宜をはかっている。

建築家ヨハン・コンラート・シュランが自身の夏の別荘として建てたルーシュハウスRüschhausは、市内より7km、５番のバスで行ける。ここは後に女流詩人アンネッテ・ドロステ・ヒュルスホフ（20DM紙幣の女性）が住んだことでも有名。現在、館内には彼女の小さな展示室がある。庭には自由に出入り出来るのでぜひ美しい庭園と館を鑑賞したい。

ルーシュハウス

ヒュルスホフ城全景

前述のアンネッテが1797年に生まれたのが、ヒュルスホーフ城Burg Hülshof。市の西郊外に位置し、バス564番が通る。池側から見るその姿は本当に美しい。ここにもアンネッテの記念室がある。

他にもノルトキルヒェンNordkirchen、フィッシェリンクVischeringなどの城が有名。ただ、バスの便が悪いのが残念だ。

■ルーシュハウス
開10:00～17:00、11～４月は～15:00※毎正時のガイドツアーでのみ見学可。昼休みあり　休月曜　料€３　☎02533-1317
■ヒュルスホフ城
開9:30～18:00　休12月中旬～１月　料€３、学生€２　☎02534-1052

郊外の見どころ

ドイツでもっとも北にある山地は、伝説に彩られた高原休養地

ミュンスターから、北東に電車とバスを乗り継いで約１時間、ドイツで一番北にある山地にテクレンブルクという小さな町がある。日本の感覚だと、ちょっと大きめの丘、という感じだが、ここから北にはこれより高い場所がない。クナイプ療法がある保養地としても知られ、周辺の斜面には葡萄畑も点在する。木組みの民家のある広場の周辺には、緑豊かな散策路もある。見どころとしてはその周囲の景観や街並み、古城ハウス・マルクなど。

■テクレンブルク
MAP p.303　●ミュンスター→RB（20分）Lengerich→バス（20分）※鉄道駅はない　ℹ:住Markt7　☎93890
HP www.tecklen-burg-touristik.de

p.8-D　■人口＝58万人　■街の規模＝Sで半日

ESSEN エッセン

ドイツ重工業の屋台骨の街。クルップ家の栄光の足跡を見よう

観光地としてなじみは薄いが、ドイツ重工業を担う主要都市の一つ。見どころとしては、鉄鋼王クルップ家の邸宅、ヴィラ・ヒューゲルVilla Hügel（開10:00～18:00　休月曜　料€１　☎0201-616290※内部は美術館として公開）や、2001年に世界遺産に登録された関税同盟鉱山跡Zeche Zollverein（●市電107で15分　HP www.zollverein.de）など。後者は貴重な産業跡地だが、そのままアミューズメント的博物館にもなっている。

■エッセン　MAP p.303
●デュッセルドルフ→IC他約30分（１時間５～６本）／€９～　ℹ：住Am Hauptbahnhof 2　☎0201-19433
開9:00～17:30（土曜10:00～13:00）　休日曜

S6 Hügel駅下車、左の坂をひたすら登ると10分弱で着く

ライン川下りハイライト

ロマンチック・ライン（マインツ〜コブレンツ）を行く

スイス山中に水源を発し、オランダで北海に注ぐライン川は、全長1320kmにおよぶヨーロッパ最長級の川。紀元前、ゲルマン民族はこの川を挟んでローマ軍と戦ったといわれる。ドイツ人にとっては“父なる川”。川沿いには伝説に彩られた古城や岩山が並び、周辺は白ワインの主要生産地としても知られるブドウ畑が広がる。

⬆13世紀初頭建造。難攻不落だったため中世の建築当初の雰囲気を残す
⬆14世紀築城。名前の由来は隣のネコ城の家臣が軽蔑の意を込めてネズミ城と呼んだため

⬇もともとは通行税徴収のためのお城。一部、古城ホテルになっている

⬅通過するときは耳を澄ましてみよう。妖精の美しい歌声が聞こえるはず、はないか

➡通行税徴収のため14世紀築城。川の中州に立つ

⬆バッハラッハの丘の上に立つ。オリジナルは12世紀建造。現在は一部ユースホステルとして利用
⬇13世紀に築城。トリアー大司教の持ち城だった。狭い崖の上に立つ

➡ロマンチック・ラインで一番の賑わいをみせる街。ここではとにかくワインを楽しみたい

●川下りルート

ライン川下りは通常マインツを出発してケルンが終点（約185km）。しかし本当にライン川らしい景色が見られるのは“ロマンチック・ライン”と呼ばれるリューデスハイムからコブレンツまでの約70kmの区間。それ以外の区間は工場地帯的なところもあるので、時間を節約したければリューデスハイムから乗船してコブレンツ、あるいはその手前のザンクト・ゴアスハウゼンで下船すればよい。実際、旅行会社が企画する大半のツアーもそのスケジュールになっている。

●定期観光船の定番はKD社

ライン川下りを楽しむ観光船を運行する会社は数社あるが、中でも定番として知られているのがKD社によるものだ。

船内ではワインなどの飲み物や、サンドイッチなどの軽食の販売があり、デッキにテーブルとイスを並べて、次々と現れる左右の古城やブドウ畑の景観などを楽しみながらリラックスできる。音声ガイド（英語、ドイツ語など）による古城の解説もあり、『ローレライ』の岩を通り過ぎる際には音楽を流して盛り上げるなど、細やかな演出もうれしい。

運航は基本的に4月から10月下旬。時期と曜日によって便数は増減する。マインツ～コブレンツ間は基本的に1日1便、増便する7～8月でも、途中で乗換えをする便と合わせて2便程度。最も見どころの多いリューデスハイム～ボッパルト間は1日3～5便ある。冬季は一部のみ運航。要予約。

料金はリューデスハイム～コブレンツ片道€24.70、往復€26.40など。誕生日は無料になる。

データ

KD社（Köln-Düsseldorfer Deutsche Rheinschiffahrt AG）：住 Frankenwerft 35,50667 Köln ☎0221-2088318 FAX 0221-2088345 HP www.k-d.com

アドバイス

ジャーマンレイルパス、ユーレイルパスが使えるが、乗船前にあらかじめ駅で使用開始日を入れてもらうこと。乗船場では受け付けてくれない。船の時刻表はフランクフルトの駅や川沿いの街のℹ、乗船場で手に入る。

⬆カッツェンエルンボーゲン伯が築城。「カッツ」がネコを意味するためネコ城と呼ばれる

●KD社ライン川観光船・時刻表（2006年4月29日～10月3日の例）

※一部省略。時刻と本数は季節により変動するので、現地にて最新情報を要チェック
※表中の★印の便は、1913年建造の蒸気船「ゲーテ号」利用

	09:00	11:00		14:00	Koblenz（コブレンツ）	13:10	14:10		18:10	20:10
	10:05	12:05		15:05	Braubach（ブラウバッハ）	12:20	13:20		17:20	19:20
09:00	11:00	13:00	14:00	16:00	Boppard（ボッパルト）	11:50	12:50	13:50	16:50	18:50
10:10	12:10	14:10	15:10	17:10	St.Goarshausen（ザンクト・ゴアルスハウゼン）	11:05	12:05	13:05	16:05	18:05
10:20	12:20	14:20	15:20	17:20	St.Goar（ザンクト・ゴアール）	10:55	11:55	12:55	15:55	17:55
10:50	12:50	14:50	15:50	17:50	Oberwesel（オーバーヴェーゼル）	10:35	11:35	12:35	15:35	17:35
11:05	13:05	15:05	16:05	18:05	Kaub（カウプ）	10:25	11:25	12:25	15:25	17:25
11:30	13:30	15:30	16:30	18:30	Bacharach（バッハラッハ）	10:15	11:15	12:15	15:15	17:15
12:30	14:30	16:30	17:30	19:30	Assmannshausen（アスマンスハウゼン）	09:45	10:45	11:45	14:45	16:45
13:00	15:00	17:00	18:00	20:00	Bingen（ビンゲン）	09:30	10:30	11:30	14:30	16:30
13:15	15:15	17:00	18:15	20:15	Rüdesheim（リューデスハイム）	09:15	10:15	11:15	14:15	16:15
	★	18:50			Wiesbaden-Bieb.（ヴィースバーデン）		09:05			★
		19:20			Mainz（マインツ）		08:45			

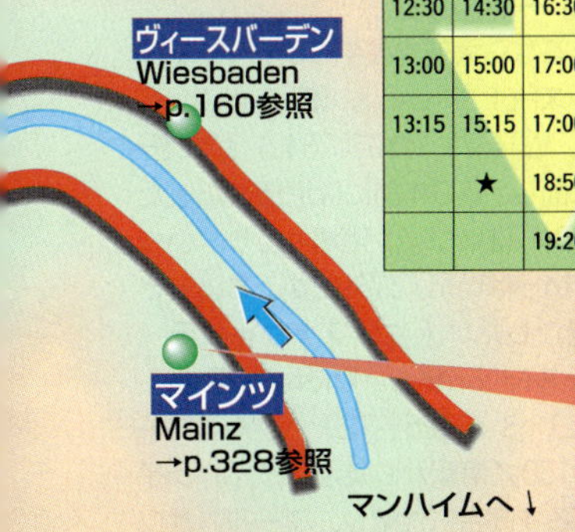

⬅ライン川下り起点の街。出発は朝早いので、街を観光するには1泊以上したい

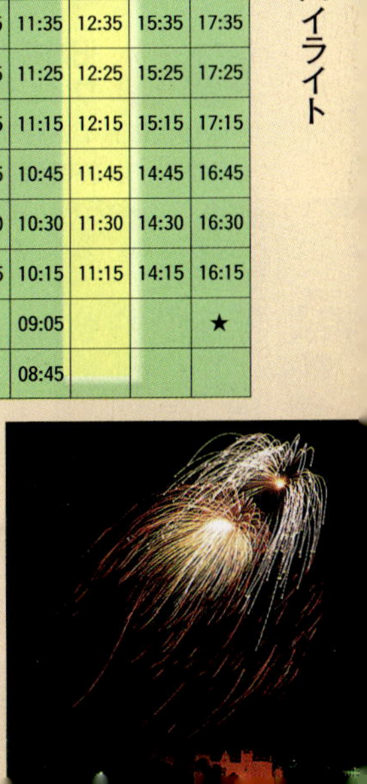

MAINZ

マインツ

p.9-G　■人口＝19万人　■街の規模＝バスと徒歩で１日

大司教の威光を今に残す歴史ある街。ライン川下りの起点としても有名

★ 木組みの家が残るキルシュガルテン一角	★★ ドイツ三指に入る大聖堂や聖シュテファン教会など
★★ ファスナハト（カーニバル）、ワイン祭	★★ ワイン交易の中心地
★ 活版印刷の父、グーテンベルク	★ ヨハネス・グーテンベルク大学

Access

●鉄道：フランクフルト→ S8 （約40分）他→マインツ［１時間５～６本／€６］、コブレンツ→IC、EC（約55分）他→マインツ［１時間２本／€18］
●KD社ライン観光船：コブレンツ→（約８時間）→マインツ［１日１便／€42.90］、リューデスハイム→（約２時間20分）→マインツ［１日２便／€17.50］　※季節・天候により変動あり、レイルパス類使用可
●市内交通：バス、市電があり最短区間€2.10。１日券€4.90（ユースホステルなど郊外に泊まるなら便利）

Information

❶観光案内所：<市庁舎広場向かい>　MAP p.329　住 Im Brückenturm am Rathaus　☎286210　FAX 2862155　開 9:00～18:00（土曜10:00～15:00）　休 日曜、祝日　HP www.mainz.de
●ユースホステル：MAP p.329　住 Otto-Brunfels-Schneise 4　☎85332

街のしくみ 楽しみ方　旧市街だけなら歩きで充分。ワイン酒場も魅力

この街にドイツ初の大司教座が置かれたのは742年。以来帝国領の中心として発展。ドイツ最大のワイン集散地としても知られる。

駅から観光の中心となる**大聖堂**Dom周辺までは、バス（Höfchen下車）利用が無難。❶やライン川下りの乗船場（Rheingoldhalle/Rathaus下車）、ユースホステルまで共通のバス路線は１、37番だ。

↑ファヴォリテ・パークホテル

➡エーレンフェルスのワイン酒場は人気

威厳に満ちた大聖堂の外観。入口横のカフェも老舗

歴史のある街だけに教会、博物館が多く、**ローマ・ゲルマン博物館**（住 Kurfürstliches Schloss　開 10:00～18:00　休 月曜　料 無料）など以外は大聖堂から近い。

デパートなど大型店で賑わっているのは**ルートヴィヒ通り**Ludwigs-Str.。個性的なショップ、カフェなどを楽しむなら**キルシュガルテン**Kirschgarten、**アウグスティーナ通り**Augustiner-Str.周辺がおすすめだ。木組みの家が残る古い町並も見られる。

旧市街の木組みの家

祭では、毎年８月末と９月上旬の週末に開催される**ワイン市**がライン川周辺では最大規模のワイン祭。**ばらの月曜日**Rosenmontag（2007年は２月27日予定）に行われるカーニバルパレードも有名。

街に泊まるなら大聖堂裏手の**ホーフ・エーレンフェルス**Hof Ehrenfels（住 Grebestr.5-7　S-€55、W-€78　☎9712340）が穴場。細い路地に面し、600年前には尼僧院だったという。下町っぽいワイン酒場もあり、いつも地元客でいっぱいだ。郊外だが、ちょっとリッチに過ごしたい人には**ファヴォリテ・パークホテル**Favorite Parkhotel（住 Karl-Weiser-Str.1　S-€125～129、W-€149～185　☎80150／南駅から徒歩10分）。ライン川を見下ろす高台に位置し、プール、サウナ完備、植物園もある。

マインツの市外局番☎06131

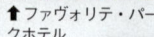

各国の印刷機や印刷の歴史がわかる展示

グーテンベルク博物館 ★★
Gutenberg Museum

map p.329

●大聖堂から徒歩1分

活版印刷を発明(1440年)したグーテンベルクは当地出身。館内には彼が印刷した世界最古の活版印刷本や、当時彼が使っていた物と同タイプの機械で印刷して見せる実演コーナーもある。

気分はグーテンベルク？

住Liebfrauenpl.5　開9:00〜17:00（日曜11:00〜15:00）　休月曜、祝日　料€5、学生€3、子ども€2　☎122640

大聖堂 ★★★
Dom

map p.329

●バス60〜62番ほか　Höfchen《ヘーフヒェン》から徒歩3分

ドイツ三大聖堂のひとつ。975年に起工、1000年以上の歴史を誇る。堂内の支柱を飾るのは、歴代大司教達の貴重な墓碑彫刻。奥の回廊は博物館（開10:00〜16:00　休日曜、祝日）。

住Markt　10　開9:00〜 18:30（10〜3月は9:00〜17:00）、土曜9:00〜16:00、日曜12:45〜15:00・16:00〜17:00

大聖堂は200年以上をかけて完成

聖シュテファン教会 ★★
St. Stephanskirche

map p.329

●トラム50〜52番Am Gautor《アム　ガウトア》から徒歩3分

14世紀建立のゴシック様式教会。戦災にあったが修復された。1978年にはシャガールが、ユダヤーキリスト教協調のシンボルとして、青を基調とした美しいステンドグラスをデザインした。

住Kleine　Weissgasse12　開10:00〜12:00、14:00〜17:00（12〜1月10:00〜16:30）　休日曜の午前　※見学自由

教会内部が青い光に包まれる

街角ワンショット
大聖堂前の広場は朝市の舞台、生のドイツに触れるチャンス

大聖堂前の広場に出かけてみよう。毎週火・金・土曜には朝市（7:00〜14:00）が立つ。デパートなどではあまりお目にかかれない自家製品がいっぱい！　ハチの巣から作ったロウソクなどもある。

花売り。広場にはロコが集う

RÜDESHEIM

リューデスハイム

p.9-G ■人口＝1万人 ■街の規模＝徒歩で半日

「ロマンチック・ライン」起点の街。フルーティーな白ワイン生産で有名

- ★ ワイン祭、ラインの火祭り（花火）など
- ★★★ ラインガウ地方の主要ワイン生産地
- ★★ ブドウ畑とニーダーヴァルト
- ★ ラインガウ地方の郷土料理

つぐみ横丁の賑わい。かなり狭い路地だ

Access

●鉄道：フランクフルト→RE（約1時間10分）他→リューデスハイム［1～2時間1本／€6］、コブレンツ→RE（約1時間）他→リューデスハイム［1時間1～2本／€10］
●KD社ライン観光船：マインツ→（約1時間30分）→リューデスハイム［1日2便／€17（往復€19）］

Information

❶観光案内所：＜ガイゼンハイマー通り＞
MAP p.330-B 住Geisenheimerstr.22 ☎19433
FAX 3485 開9:00～18:30（土・日曜・11～4月の平日・ヴァイナハツマルクトの期間11:00～17:00） 休日曜、祝日、11～4月の土曜
HP www.ruedesheim.de
●ユースホステル：MAP p.330-B
住Am Kreuzberg ☎2711

街のしくみ 楽しみ方 ブドウ畑の景観とワイン酒場が集まるつぐみ横丁

ライン川下りのハイライト、「ロマンチック・ライン」は、この街から**コブレンツ**（p.332）までの区間だ。フルーティーな味わいの白ワイン（リースリング種）の生産でも名高く、街にはワインシュトゥーベ（酒場）やワインケラーなどがたくさんある。

通称、**つぐみ横丁**Drosselgasseと呼ばれる、144mの路地がこの街の名物。狭い道の両脇には多くの酒場が密集し、夜になると生バンドの演奏をバックに、客はダンスやゲームで盛り上がる。騒がしいのが苦手なら、周辺のワインケラーでじっくりワインを。**ヤコブ・クリスト**Jakob Christ（住Grabenstr.17 営16:00～23:00 休木・金曜および9月～6月・収穫時期により変動あり ☎2572）

ヤコブ・クリスト。ピノノワール種の赤ワインもある

ツア・リンデナウ。中庭席もある。ホテルも経営

上までの距離約1.4km、所要約10分

ゴンドラに乗ってニーダーヴァルトへ！ ブドウ畑とライン川の景観を楽しもう

ライン川の眺めもいい

街の後背のなだらかな丘の斜面には、緑の絨毯のようなブドウ畑が広がっている。その丘の頂上には展望台があって、その向こうはニーダーヴァルト（森）。ゴンドラリフトSeilbahn（片道€４、往復€６）に乗って行くことができる。

途中、畑の上を行く時の眺めは最高！　頂上にはドイツ帝国再建（1871年）を祝したゲルマニアの女神像も立っている。西側のヤークト城Jagdschloss前からチェアリフトで**アスマンスハウゼンAssmannshausen**（隣街）側に下りることもできる。

喧噪を離れて名もない路地を歩くのも楽しい

のように自家製ワイン（グラス１杯€1.80～）と軽食が楽しめるワイングートもある。郷土料理なら、**ツア・リンデナウ**Zur Lindenau（住Löhrstr. 9-10　営8:00～22:00　休12/20～3/15　☎3327）へ。フライパンに目玉焼きなどを盛り付けたWinzerpfanne（€6.50）が人気だ。

また、築1000年になる古城、**ブレムザー城**Brömserburgは内部が**ワイン博物館**〈住Rheinstr.2　開9:00～18:00（入館～17:15）　休11月～３月中旬　料€３、学生€２〉になっている。

自動演奏楽器博物館（ブレムザー館）★★
Siegfried's Mechanisches Musikkabinett

map p.330-A

●駅から徒歩７分

かつての貴族の館、Brömserhofの内部は、18世紀以降の珍しい自動演奏楽器が350機以上も揃う博物館。ドイツ最大のコレクションを誇り、1908年製のフェルグントオルガンなど貴重なものも。実際に音が出、専門知識がなくても楽しい。日本語のテキストあり。

住Oberstr.29
開10:00～19:00
休１～２月
料€5.50、学生€３

ガイドの案内付

★★★ Rüdesheimer Schloss リューデスハイマー・シュロス

ワイン醸造所、レストランも有名

全室違うデザインだが華美を廃したモダンなセンスで統一。レストランはつぐみ横丁に面し、300種ものワインを用意。オーナーが親日的。日本語メニューあり。

map p.330-A
●駅から徒歩７分
■住所　Steingasse 10
■TEL　90500
■FAX　47960
■料金　S-€95～、W-€115～
■部屋数　全23室
■カード　VISA、MC、AMEX、DC、JCB
■www.ruedesheimer-schloss.de
※12/20～1/6は休業

★★ Hotel Post ホテル・ポスト

おみやげ屋さんも併設。当家に嫁いだメグミさんが観光の相談に。ペンション形式で事前に要予約。

map p.330-A　●駅から徒歩５分
■住所　Rheinstr. 12　■TEL　40600（18:00まで）
■FAX　4060100　■料金　S-€52～、W-€63～95
■部屋数　全26室　■カード　VISA、MC、AMEX、JCB
■www.hotel-ruedesheim-rhein.de

★★ Hotel Lindenwirt ホテル・リンデンヴィルト

つぐみ横丁に面し、レストラン併設。名物は大きなワイン樽で作ったツイン部屋（６部屋のみ）。

map p.330-A　●駅から徒歩５分
■住所　Drosselgasse/Amselstr.4　■TEL　9130
■FAX　47585　■料金　S-€50～、W-€70～
■部屋数　全99室　■カード　VISA、MC、AMEX、DC、JCB
■www.lindenwirt.com

リューデスハイムの市外局番☎06722

★エコノミー　★★カジュアル　★★★スタンダード　★★★★ラグジュアリー

KOBLENZ
コブレンツ

p.9-G　■人口＝11万人　■街の規模＝徒歩で１日

ローマ時代から要塞都市として発展。
「父なるラインと母なるモーゼル」が合流

★ミュンツ広場周辺の旧市街やラインアンラーゲン
★★エーレンブライトシュタイン要塞、エルツ城など
★★ライン川沿いに並ぶワインシュトゥーベ
★ラインの火祭り

Access

●鉄道：フランクフルト→IC（約１時間30分）他→コブレンツ［1時間３～４本／€23］、ケルン→IC（約１時間）他→コブレンツ［１時間３～４本／€18］、トリアー→RE（約１時間25分）他→コブレンツ［１時間１～２本／€17］
●KD社ライン観光船：マインツ→（約５時間20分）→コブレンツ［１日１本／€41.60］※季節、天候などで変動。レイルパス可

Information

ℹ観光案内所：＜中央駅前＞
MAP p.333　住 Bahnhofplatz 17　☎31304　FAX 1004388　開 9:00～19:00（４、10月～18:00）、11～３月は9:00～18:00（土曜～14:00）　休 11～３月の日曜、祝日
HP www.koblenz.de
●ユースホステル：MAP p.333　住 Festung Ehrenbreitstein　☎972870

街のしくみ 楽しみ方　対岸から街並を鑑賞。夜は“ワインドルフ”へ

ライン川沿いの主な見どころはこの街で終わる。そのためクルーズの終点（起点）として利用されることが多い。

名物レストラン“ワインドルフ”

乗船場あたりの河畔にはワインシュトゥーベ（酒場）が何軒も並んでいる。ラインの流れを横目に、ここで旅の疲れをいやすのも一興。乗船場からは、**ドイチェス・エック**Deutsches Eckへも歩いて２～３分、そのまま旧市街まで歩いても10分程度だ。ただし、中央駅に出るならバス（１番、€1.30）を利用したい。歩くと30分かかる。

中央駅から旧市街に抜ける**レーア通り**Löhrstr.は、途中から歩行者天国で、ロコが集うショッピングストリート。突き当たりの**プラン広場**Am Planや**ミュンツ広場**Münzpl.周辺は古代ローマ人の居住地があったところ。２本の尖塔が印象的なロマネスク様式の**聖母教会**Liebfrauenkircheなどがある。

新装したホーエンシュタウフェン

エーレンブライトシュタイン要塞からの眺望

乗船場前の通りを南に下ると、５分ほどで緑が美しい並木道、**ラインアンラーゲン**Rheinanlagenにつながる。この辺は**選帝侯の城**Kurfürstl. Schlossの裏庭にあたり、カップル向けのロマンチックな遊歩道だ。

夕方16:00以降、毎晩のようにダンスを見て楽しく食事ができるのが**ワインドルフ**Weindorf（住 Julius-Wegler-Str.2-4　☎1337190　営 11:00～翌2:00　休 １～２月の月曜）。1926年のワインショーのための会場で、現在はレストラン。ワインが１杯€2.90～。ホテルは**ホーエンシュタウフェン**Hohenstaufen（住 Emil-Schüller-Str.41-43　☎30140　料 S-€64～、W-€85～）など、駅前周辺に多くある。

市内の美術館、博物館、要塞などには共通券（€5.10）がある。４日間有効で、ℹやそれぞれの施設で購入できる。

旧市街。かつてフランス領だったこともある

コブレンツの市外局番☎0261

丘の上の要塞。対岸まで渡し船もある

エーレンブライトシュタイン要塞 ★★
Festung Ehrenbreitstein

map p.333

●バス7〜9番 Charlottenstr.《シャルロッテンシュトラーセ》から徒歩15分またはチェアリフト（11〜3月運休）5分

小高い丘に立つ要塞。10世紀末ごろ築城、現在残っているのは19世紀に修復されたもの。市街が一望のもとに見渡せる。建物の一部はユースホステルと州立博物館に。

開9:30〜17:00　休無休　料€3.10、学生€1.10

ドイチェス・エック ★★
Deutsches Eck

map p.333

●KDライン乗船場から徒歩3分

ライン川とモーゼル川の合流地点。ビルの4階ほどの高さ（23m）の台座（107段）に、ヴィルヘルム1世の巨大な騎馬像が立つ。騎馬像は第二次大戦で破壊され、近年再建された。

近くで見ると迫力がある

ドイチェス・エックとは「ドイツの角」という意味

郊外の見どころ

質実剛健なエルツ城Burg Eltz。いかにもドイツ的な名城

ドイツを代表する名城のひとつ。といっても華美な装飾はなく、実用に徹した本物の中世の城。12世紀ごろ本格的に築城され、その後、16世紀末まで何度も増築されている。難攻不落だったため当時のままの内装が残り、増築の年代に合わせて違う様式の部屋が見られる。見学の際はガイド（英語）が付く。

内部にレストランやショップも併設

Moselkern駅（コブレンツからRBで約30分）から右手に川沿いを徒歩約1時間。MAP p.303

開9:30〜17:30　休11〜3月　料€6、学生€4.50（宝物庫は別途€2.50、学生€1.50）
☎02672-950500
HP www.burg-eltz.de

周囲の景観もすばらしい

TRIER

トリアー

p.9-G ■人口＝10万人　■街の規模＝徒歩で１日

「第二のローマ」とも呼ばれる2000年以上の歴史を誇るドイツ最古の街

★★ 街角に残るローマ時代の遺跡群、中央市場など

★★ 大聖堂、聖母教会など

★★ 州立ライン博物館、マルクスの生家など

★★ モーゼルワイン、ドイツ最古のワインケラーなど

Access

●鉄道：ケルン→IC（約２時間30分）他→トリアー［１時間１本／€30～］、コブレンツ→RE（約１時間25分）他→トリアー［１時間２本／€17］
※フランクフルトからは€40～

Information

ℹ観光案内所：＜ポルタ・ニグラ横＞ MAP p.334 住 An Der Porta Nigra ☎ 978080 FAX 9780876 開 9:00～19:00（日曜、祝日～17:00）、11～12月9:00～18:00（日曜、祝日～17:00）、１～２月9:00～17:00（日曜、祝日～13:00） 休 １～２月の日曜、12/25、12/26、1/1 HP www.trier.de
●ユースホステル：MAP p.334 住 An Der Jugendherberge 4 ☎ 146620

街のしくみ 楽しみ方 街歩きは中央広場周辺、効率よく回る観光バスも

夜はライトアップされるポルタ・ニグラ

紀元前16年にローマ皇帝アウグストゥスが建都。ローマ帝国西域の中心として“ローマ・セクンダ（第二のローマ）”といわれるほど繁栄した。街には当時の遺跡や、その後の歴史的建造物が多く残っている。

街に散在するローマ時代の遺跡をすべて徒歩で回るのはきつい。途中、**カイザー浴場**あたりで休憩しよう。**選帝侯の宮殿**Kurfurstl. Palaisが近くにあり、その手前が美しい庭園になっている。効率よく市内観光するなら**ローマエクスプレス**〈営 10:00～18:00（11・12・３月～17:00、１・２月は土・日曜のみで11:00～17:00） 料 €６、所要35分〉というバスもあり、**ポルタ・ニグラ**前から約25分毎に出ている。

街の中心は**中央市場**Hauptmarkt。ドイツ最古の広場のひとつだ。その中央の**マルクトクロイツ（十字架）**Marktkreuzは958年に市場開設権授与を記念して建てられたもの（18世紀修復、オリジナルは市立博物館に保存）。広場を囲むように木組みの家屋や、カフェやショップなどがある。歴史ある教会も多く、**大聖堂**Domは主にロマネスク様式（11

選帝侯の宮殿手前にある庭園

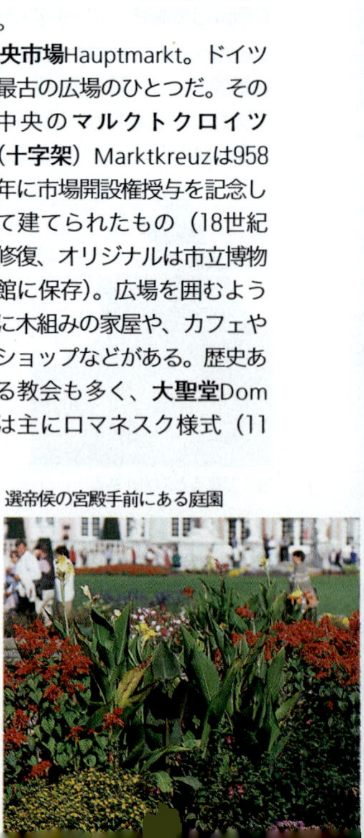

世紀以降）で、隣の**聖母教会**Liebfrauen-kirche（開8:00～12:00、14:00～18:00）はドイツ最初のゴシック様式（13世紀）。この場所には４世紀（ローマ時代）にはすでに教会が存在していたという。大聖堂には**宝物庫**Domschatz〈開6:30～18:00（11～3月は～17:30）料€３、学生€0.50〉もあり、聖なる釘のケースなど、貴重な礼拝祭器を展示。

街は経済学者マルクスの故郷でもあり、**マルクスの生家**Museum Karl-Marx-Haus〈MAP p.334 住Brückenstr.10 開10:00～13:00、14:00～17:00（月曜14:00～17:00）休12/24～26、31、1/1 料€３、学生€1.50〉には彼の書簡などの展示がある。

ローマ時代の遺跡群 ★★★
Römische Ruinen

map p.334

ポルタ・ニグラ Porta Nigraは周囲6.4kmものローマ市壁の北門として２世紀後半に建てられた。黒い門を意味し、砂岩のブロックを鉄のかすがいで留めただけの構造。上にも上がれる。**カイザー浴場**Kaiserthermenは４世紀後半、コンスタンティヌス帝が造らせた大浴場の跡。250m×145mの広さは同種の施設では最大規模。**円形劇場**Amphitheaterは１世紀後半に造られた２万座席の劇場。

開9:00～18:00（季節により変動） 休無休（冬季閉鎖あり） 料各€2.10、学生€1.60（上記他４カ所共通券€6.20、学生€3.10）

実際は一度も使われなかったというカイザー浴場

ドイツワイン発祥の地？ドイツ最古のワインケラーも

モーゼル川のほど近くに建つ**トリアー慈善協会**Vereinigte Hospitien〈MAP p.334 住Krahnenufer 19 開8:00～12:30、13:30～17:00（金曜～16:00） 休土・日曜 ☎9451210〉にはドイツ最古のワインケラーがある。330年ごろ、コンスタンティヌス帝が造ったワイン貯蔵庫がそのルーツ。自慢のワインは巡礼僧（聖ヤコブ）のラベルが目印。その味わいはナポレオンも気に入って保護したという。個人で内部を訪れるのは難しいが、試飲と販売はOK。ぜひ立ち寄ってみよう。

円形劇場。強者どもが夢のあと……

ライン州立博物館 ★★
Rheinisches Landesmuseum

map p.334

●中央広場から徒歩15分

ドイツ最重要考古学博物館のひとつ。古代ローマ部門が充実。モザイク作りの床、ディアトレトグラス、ワイン運搬船の石像などがある。2007年まで一部改装中。

住Weimarer Allee 1 開9:30～17:00（土・日曜、祝日10:30～） 休11～４月の月曜 料€2.50、学生・子ども€0.50 ☎97740

★★ Altstadt Hotel アルトシュタットホテル

ポルタ・ニグラすぐ近く。貴族の館風の外観が目を引く。隣のRömischer Kaiser(☎9770100)と同経営。

map p.334 ●中央広場から徒歩５分
■住所 Rindertanzstr.1
■TEL 9770200 ■FAX 97702999
■料金 S-€67～100、W-€98～150
■部屋数 全56室 ■カード VISA、MC、AMEX、DC

★ Warsberger Hof ヴァルスベルガーホーフ

もともとコールピングハウスという巡礼者のための宿泊施設だが、一般客も利用が可能。

map p.334 ●中央広場から徒歩２分
■住所 Dietrichstr.42
■TEL 975250 ■FAX 9752540
■料金 S-€25、W-€42
■部屋数 全120ベッド ■カード VISA、MC、DC

トリアーの市外局番☎0651

★エコノミー ★★カジュアル ★★★スタンダード ★★★★ラグジュアリー

フランスまでは車で10分程度。トラムもある

SAARBRÜCKEN

ザールブリュッケン

p.9-G　■人口＝18万人　■街の規模＝徒歩で半日

ここまで来ればフランスはすぐそこ。陽気な地元民とカフェで語ろう

　ザールラント州の州都。第二次大戦後フランス保護領となっていたが、1957年にドイツに復帰。文化的には今でもフランスの影響が強く、町の中心である聖ヨハン・マルクトSt.Johanner Markt周辺には、開放的な雰囲気のカフェやビストロが多い。ザール川右岸はショッピングエリアとしても充実。ドイツで最も美しいバロック建築といわれるルートヴィヒ教会Ludwigskircheがある左岸は落ち着いた雰囲気だ。他の見どころとしてはドイツ印象派などを収蔵した近代美術館Moderne Galerieなど。また、近郊線で15分ほどのVölklingenには、ユネスコ世界遺産に登録されている製鉄所Völklinger Hütte（開10:00～19:00、冬季～18:00　料€9）もある。

マルクト広場

Bernkastel-Kues

ベルンカステル/クース

p.9-G　■人口＝7900人　■街の規模＝徒歩で半日

流域屈指のワイン生産地。美しい景観と街並みも人気

　モーゼル川中腹、大きく川が蛇行する地点にあり、川を挟んで東がベルンカステル、西がクースだ。古くから良質な葡萄畑のあるワイン生産地として知られ、その中世的街並みと景観の美しさから観光地としても人気。バスはクース側に停まるが、ⓘは川を渡って対岸にある。見どころとしてはクース側に聖ニコラウス施療院があり、この敷地内にワイン博物館とVino Thekという、130銘柄におよぶモーゼルワインを一同に集めた試飲所（開10:00～17:00、冬季は14:00～　料試飲は€12）がある。また、マルクト広場から南側、丘の上にある古城はランツフリート城。かつてはトリアー大司教の夏の別荘だったが、現在はワインレストラン。

Check-Check! ライン川沿い古城ホテル

　ライン川流域を旅するなら、古城ホテルに宿をとりたい。なかでもブルクホテル・アウフ・シェーンブルクは、アンティークな内装とテラスから見下ろすライン川の景観で、シュロスホテル・ラインフェルスも、そのサービス、ロケーションで評価が高い。リューデスハイム隣町のホテルクローネ・アスマンスハウゼンも博物館のような内装でおすすめ。

一部博物館になっているHotel Krone Assmannshausen

■Schlosshotel Rheinfels
（St.Goar駅からタクシーで5分）　MAP p.326　☎06741-8020　料S-€90～、W-€135～

■Burghotel Auf Schönburg
（Oberwesel駅からタクシーで10分）　MAP p.326　☎06744-93930　料S-€105～158、W-€150～　休1～3月

■Hotel Krone Assnmannshausen
（駅から徒歩5分）　☎06722-4030　MAP p.326　料S-€100～、W-€160～
※ライン全体の古城ホテル　HP www.rhinecastles.com

Check-Check! アイフェル山地

　モーゼル川北側一体はアイフェルEifel（MAP p.303）という地域。一番高いところでも747mしかないが、小火山が散在する起伏に富んだ地形が特徴。噴火口に水がたまったマールMaarという火口湖の景観が素晴らしい。ダウンDaun（ⓘ：☎06592-95130　HP www.daun.de）や、モンシャウMonschau（ⓘ：☎02472-3300　HP www.monschau.de）などの町がある。

ザールブリュッケンの市外局番☎0681

ランツフリート城

■ザールブリュッケン
●フランクフルト→ICE他約2時間20分（1時間1～2本）/€41　ⓘ：住Reichsstr.1　☎01805-722727　開9:00～18:00（土曜10:00～16:30）　休日曜、祝日　HP www.saar-bruecken.de

■ベルンカステル/クース
●フランクフルト→ICでKoblenz 1時間30分→REでWittlich 1時間→バス25分/€39～　※鉄道駅はない。ⓘ：住Mozel-Gäste-Zentrum　☎06531-4023　開8:30～17:00（12:30～13:00休憩）、土曜10:00～17:00、日曜10:00～13:00　休冬季土・日曜

「いばら姫」の舞台とされるザバブルク

エリア 9

メルヘン街道

ハーナウ
シュタイナウ
アルスフェルト
マールブルク
カッセル
ゲッティンゲン
ハン・ミュンデン
ボーデン・ヴェルダー
ハーメルン
ブレーメン
ゴスラー
ヴェルニゲローデ
クヴェートリンブルク

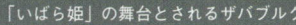

メルヘン街道

グリム兄弟が生まれたハーナウを起点に、音楽隊で有名なブレーメンまでの約600km。メルヘン街道は、グリム兄弟の足跡をたどりつつ、さまざまなメルヘンの舞台を訪ねる街道。

グリム兄弟が少年時代を過ごしたシュタイナウ、大学生活を送ったマールブルク、メルヘン収集を行なったカッセル、大学教授として招かれたゲッティンゲン。また、「いばら姫」のザバブルクや、「ネズミ捕り男」のハーメルンなど、伝説や民話を伝える街が、物語が成立した当時とさほど変わらぬ姿で迎えてくれる。

ハルツ山地は、数年前までは東西の国境地帯で、近づくことが難しかった地域。美しい木組みの家並や「ヴァルプルギス」などの伝説の舞台がよく保存されている。

KEY WORD

ヴァルプルギスの夜［ハルツ山地］

4月30日の深夜、ほうきに乗った魔女がブロッケン山に集まって悪魔と宴会を開くという「ヴァルプルギスの夜」。ゲーテの『ファウスト』にも描かれた魔女の集会場とされる巨石遺跡が、ブロッケン山頂やターレの山上に残る。ゴスラーなど山麓の街で、4月30日にヨーロッパ中の魔女（!?）が集まって催される祭りも人気。他にもハルツ山地には多くの伝説が残る。伝説的な英雄、赤ひげ王フリードリヒ1世・バルバロッサはハルツ山中で永遠の生命を保ちながらドイツを見守るという話や、ターレの山上に伝わる白馬伝説『ロストラッペ』など。なお、霧の日に巨大な人影が虹の輪の中に現われる「ブロッケンの妖怪」は、自分の姿が霧に映るという自然界の光学現象だ。

ブロッケン山頂

木組み家屋

この地域は、数多くの美しい木組み家屋（ファッハヴェルクFachwerk）が見られる。とくに、メルヘン街道のアールスフェルト、ハン・ミュンデン、ゲッティンゲン、ハルツ山麓のヴェルニゲローデなどの町並が有名。ゴスラーやクヴェートリンブルクのように、ユネスコの文化遺産に指定されている街もある。ハーメルンやヘクスター周辺には、梁などに美しい彫刻や銘文が施されたヴェーザー・ルネサンス様式の木組み家屋が残る。

ドイツロマン派の人々［マールブルクなど］

19世紀初頭は、ドイツ全土がナポレオンの支配下に置かれていた時代。マールブルク大学教授のサヴィニーや、その友人である詩人のブレンターノ、小説家のアルニムといったロマン派の人々は、ドイツ的なるもの

ハーナウ市庁舎前
のグリム兄弟像

『ブレーメン音楽隊』像

を模索しつづけ、ドイツ語を話す人々の統一と独立国家を求めていた。サヴィニーの教え子でもあるグリム兄弟のメルヘン収集と出版も、そのような活動の一環として進められたものだった。

聖女エリザベート［マールブルク］

ハンガリーの王女として1207年に生まれ、1231年にマールブルクで24歳の若さで亡くなったエリザベート。その短い生涯の最期の数年を、貧しい者や病める者のために尽くし、死後は聖女として祭られた。エリザベート教会は彼女の墓の上に建てられ、内陣にはエリザベートの黄金の棺や像が安置されている。

マールブルク城から眺めた
エリザベート教会

アドバイス

アクセス　メルヘン街道でアクセスに便利な街は、フランクフルトやハンブルク、ハノーファーなどの大都市と直通のICEやICで結ばれている、ハーナウ、マールブルク、カッセル、ゲッティンゲン、ブレーメンの各街。他の街へは、上記の街を起点に、ローカル鉄道やバスに乗り継ぐことになる。

長らく国境地帯だったハルツ山地は、いまだ東西を結ぶアクセスがよくない。ゴスラー、ヴェルニゲローデ、クヴェートリンブルクへはハノーファーから行くと早い。ベルリンから向かう場合はマクデブルク経由が便利。両地域間はローカル線で乗り換えなど時間がかかるが、本数は約1時間毎にある。

左のグリム兄弟像
足元のプレート

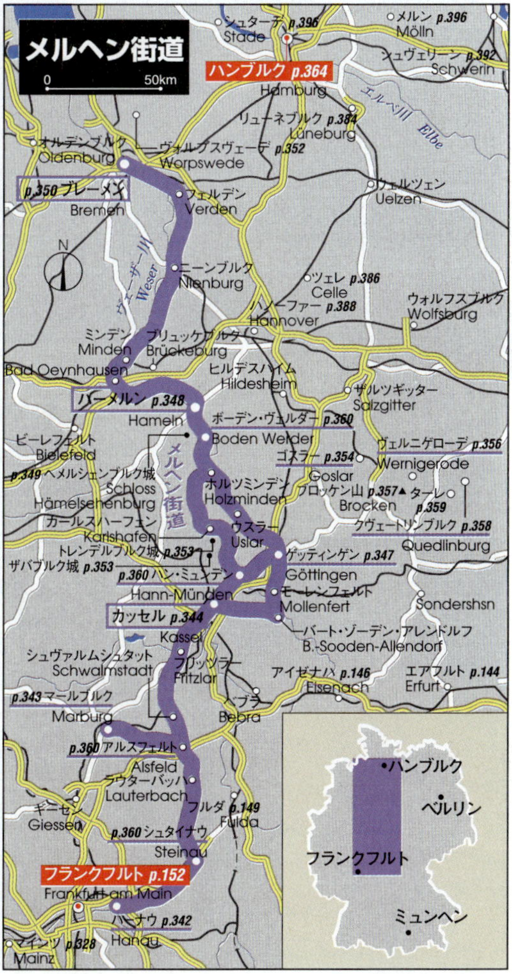

Märchen Strasse

Germany

メルヘン街道

●メルヘンの舞台●

童話『ヘンゼルとグレーテル』などに描かれた、昼なお暗い深い「森」は、周辺の開発が進み、残念ながらあまり残されてはいない。それでもザバブルク周辺のティアガルテンやラインハルツの森、カッセルのヴィルヘルムスヘーエ公園の奥、あるいは『ホレおばさん』の物語の舞台とされているカッセル東のマイシュナー山地周辺には、樹齢数百年を経たカシやナラなどの巨木がそびえ、「メルヘンの森」を彷彿とさせる。

『星の銀貨』などに登場するイバラの茂る「荒野」も現在は見ることはできない。イメージにもっとも近い存在はニーンブルク東方の、リューネブルク（p.384参照）などのハイデと呼ばれる原野だろう。

『赤ずきん』の故郷といわれるシュヴァルムシュタットの近くには、昔ながらの村の共同パン焼き窯や水車を使った粉挽き小屋が、またミンデン周辺の運河沿いには数多くの風車が残されている。

●旅行シーズン●

ドイツでは５～９月が旅行のベストシーズンとされている。とくにメルヘン街道では、この期間中に限り「鉄ひげ博士」「ネズミ捕り男」「ブレーメンの音楽隊」などの野外劇が催されるので、なるべくこの時期に訪れたい。また、劇のほとんどは日曜のお昼前後に上演されるので、その時刻に合わせた移動や、込み合う週末の宿の確保など、旅行プランは慎重に立てよう。

ユネスコ世界遺産に！

ブレーメンの市庁舎と、その前に立つローラント像がユネスコ世界遺産に！　この街ではベトヒャー通りやシュノーア地区など、叙情性豊かな街並にも出合える。

ドイツ7大街道

グリム兄弟が大学生活を送ったマールブルクは、現在でもドイツ有数の大学都市として有名。

ブレーメンは「音楽隊」の物語ができたころから旅人の憧れの大都会だった。

ネズミ捕り男の衣装を着た男性。この物語は街の象徴といえる。

マルクト広場の手前に立つのはガチョウ番娘リーゼルのブロンズ像。

「鉄ヒゲ博士」ゆかりのハン・ミュンデンには700軒近い木組家屋が軒を連ねる。

模型の街のモデルともなっている美しい木組みの市庁舎。

少年時代のグリム兄弟も遊んだであろうシュタイナウを流れるキンツィヒ川。

HANAU

ハーナウ

p.9-H　■人口＝9.1万人　■街の規模＝徒歩で半日

グリム兄弟像に見送られて メルヘン街道の旅に出よう

★ ハーナウ博物館、ゴルトシュミーデハウスなど
★★ ハーナウ伯のフィリップスルーエ宮殿
★ グリム兄弟の生誕地

左が兄のヤーコプで右が弟のヴィルヘルム・グリム

Access

●鉄道：フランクフルト→S8、RE、RBなど（約20分）→ハーナウ中央駅→バス２、７番（約10分）→市街中心［頻発／約€６～］、フランクフルト→RE（約25分）→ハーナウ西駅→徒歩（約15分）市街中心［１時間２本／€６］

Information

❶観光案内所：Tourist-Information
㊟AmMarkt 14-18　☎06181-295950　FAX06181-295959　開9:30～18:00（金曜8:30～13:00、土曜9:00～12:00）　休日曜
HP www.hanau.de

市街中心は徒歩で充分 郊外へはバスや鉄道で

街の中心は**マルクト広場**。広場北側は市庁舎で、その前には1896年に造られたグリム兄弟像がたたずみ、市庁舎北側のランク通りには、グリム一家の家の跡にプレートが残る。その北はバスターミナルのあるフライハイト広場で、さらに北の旧マルクトにはゴルトシュミーデハウスがある。

ゴルトシュミーデハウスの北には城跡と庭園も

グリム兄弟の足跡を訪ね 個性的な博物館を巡る

850年の歴史があり、1303年から帝国自由都市として発展してきたハーナウ。かつての町並は戦災で失われたが、市庁舎のように再建された建物もある。そのひとつ、美しい木組みのゴルトシュミーデハウスは、内部は金銀細工や現代工芸作家の作品を集めた美術館。街の北西には温泉クア施設があり、その中に日本人形も展示された人形博物館がある。ヴィルヘルムスバード駅下車、徒歩約10分。

フィリップスルーエ宮殿 ★★
Schloss Philippsruhe

●マルクト広場から１番のバスで10分

市街地の南西にあるバロック様式の宮殿。館内はハーナウ博物館として公開され、かつてのハーナウ伯の宮廷生活や、ハーナウ周辺の歴史を知ることができる。グリム兄弟関連の展示や優雅なカフェもあり、６～７月にはメルヘン・フェスティバルも催される。

開11:00～18:00　休月曜、12/24・31
料€2.50、学生・子ども€1.50　☎06181-20209

城の南にはマイン川が流れ、西側には庭園が広がる

★★★ Zum Riesen ツム・リーゼン

日本びいきの夫婦が経営する宿

かつてナポレオンも泊まったことがある由緒あるホテル。オーナーのクノフ夫妻は日本への留学経験があり、片言の日本語で市内観光案内などもしてくれる。

●マルクト広場から徒歩３分
■住所　Heumarkt 8
■TEL　06181-250250
■FAX　06181-250259
■料金　S-€70～、W-€90～
■部屋数　全56室
■カード　VISA、MC、AMEX、JCB
■www.hanauhotel.de

★エコノミー　★★カジュアル　★★★スタンダード　★★★★ラグジュアリー

MARBURG

マールブルク

p.9-G ■人口＝８万人　■街の規模＝徒歩で１日

多くの学者や文化人を輩出した ドイツ屈指の大学街は坂道の街

★★ 旧市街の木組み家屋、石畳の坂道や路地

★★ エリザベート教会、聖母マリア教会など

★ 大学文化史博物館（城内）など

★★ ヘッセン方伯の城

★★ グリム兄弟、サヴィニー、ハイデッガーなど多数

★★ マールブルク大学と学生街

Access

●鉄道：フランクフルト→IC、RE(約１時間)→マールブルク[１時間１～２本／€18]

Information

●観光案内所：Tourismus und Marketing GmbH
住Pilgrimstein　26　☎99120　FAX991212
開9:00～18:00(土曜10:00～14:00)　休日曜、祝日
HP www.marburg.de
●ユースホステル：住Jahnstr.1　☎23461

街のしくみ　駅から、教会経由なら徒歩 旧市街へ直行するならバスで

ラーン川西岸の山上に方伯の城があり、その山裾を巻くように旧市街が広がっている。駅は川の対岸。Bahnhofstr.を直進し、突き当たりを左折すると**エリザベート教会**で、ここまで約10分。旧市街まではさらに10分ほど。旧市街に直行するなら、６番のバスでラーンセンターまで行き、エレベーターを使うとよい。❶もエレベーター乗場の隣にある。

エリザベートの霊廟やステンドグラスは必見

川岸から眺める旧市街の町並と方伯の城

楽しみ方　石段だらけの街に疲れたら 学生酒場やカフェで休憩

城や、ドイツ最古のゴシック様式のエリザベート教会の見物が終わったら、学生街の面影を色濃く残す旧市街の散策へ。その中心は市も立つ市庁舎前の**マルクト広場**。ここから西に延びるBarfusserstr.や、東に向かうMarktgasseとその突き当たりから北に向かうWettergasse周辺にはさまざまなショップやおしゃれなカフェ、陽気な学生酒場が点在。しているので、のぞいて見るのも面白い。

方伯城(大学文化歴史博物館) ★★
Landgrafenschloss (Universitätsmuseum für Kulturgeschichte)

●マルクト広場から徒歩約10分

13～16世紀にかけて建てられた城で、ルターらが宗教問答を行なったことでも有名。城内は先史時代から近代までの発掘品や美術工芸品を展示する美術館＆歴史博物館。

開10:00～18:00（11～３月～16:00）　休月曜
料€３、子ども€１（共通）　☎2825871

テラスからは北、東、南、３方向の町並が一望

★★★★ Sorat ゾラート

市街中心の街一番のホテル

旧市街へのエレベーターの正面に立つ高級ホテル。ホテルのある建物にはショッピングアーケードがあり、中には中国料理店やインターネット・カフェあり。

●中央駅から徒歩15分
■住所　Pilgrimstein 29
■TEL　9180
■FAX　918444
■料金　S-€98～、W-€118～
■部屋数　全146室
■カード　VISA、MC、AMEX、DC、JCB
■www.sorat-hotels.com

マールブルクの市外局番☎06421

★エコノミー　★★カジュアル　★★★スタンダード　★★★★ラグジュアリー

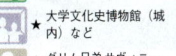

KASSEL

カッセル

p.8-E　■人口＝19万人　■街の規模＝徒歩、市電で２日

交通やグリム兄弟の事跡、全てにおけるメルヘン街道の中心都市

★★★ フリデリチアヌム、グリム兄弟博物館など多数

★★★ ヴィルヘルムスヘーエ宮殿、レーヴェンブルク

★ ヘッセン州北部の中核都市で、各種ショップが多い

★★ グリム兄弟など

★ クーアヘッセン浴場

カッセルの市外局番☎0561

Access

●鉄道：フランクフルト→ICE（約１時間25分）→カッセル・ヴィルヘルムスヘーエ駅［１時間２～３本／€43］、ハンブルク→ICE（約２時間15分）→カッセル・ヴィルヘルムスヘーエ駅［１時間２本／€61］
＊カッセル・ヴィルヘルムスヘーエ駅から市内へは、市電で約20分

Information

ℹ観光案内所：Gesellschaft für Tourismus und Marketing GmbH＜カッセル・ヴィルヘルムスヘーエ駅構内＞MAP p.344-A　住 Bahnhof Wilhelmshöhe　☎34054　FAX 315216　開9:00～18:00（土曜9:00～13:00）　休日曜、祝日／＜市内、市庁舎内＞住 Obere Königsstr.8　☎707707　FAX 7077200　開9:30～18:00（土曜9:00～14:00）　休土・日曜、祝日
HP www.kassel.de
●カッセルカード：市内交通（市電、バス）乗り放題、博物館などの入場料割引。24時間€７、72時間€10。ℹで購入
●ユースホステル：MAP p.344-B
住 Schenkendorfstr.18　☎776455

街のしくみ　ヘッセン州北部の中心都市　市内の移動は市電を利用

市街の中心部と、市街西の丘陵にあるヴィルヘルムスヘーエ宮殿公園の２カ所が、カッセル観光の中核。その間にあるアクセスの拠点がヴィルヘルムスヘーエ駅で、ℹもこの構内にある。ヴィルヘルムスヘーエ駅から宮殿は１番、市街へは１、３、７番の市電を利用。市街中心部は徒歩で充分。

ヴィルヘルムスヘーエ宮殿とクーアヘッセン浴場

楽しみ方　博物館見学は時間をたっぷり　温泉や買物の楽しみも

国際美術展ドクメンタの開催地として知られるカッセルには、p.345で紹介する博物館以外にも、近現代美術を展示している**新絵画館**や、**自然科学博物館**、**市立博物館**など、充実したコレクションを持つ博物館が数多い。これらの博物館巡りに丸１日、広大な**ヴィルヘルムスヘーエ宮殿公園**周辺の観光にも１日は必要。最低でも２日は滞在したい。

街の中心はケーニヒ広場

カッセル中央駅は現在総合文化施設として整備中

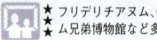

ヴィルヘルムスヘーエ宮殿公園 ★★★
Schlosspark Wilhelmshöhe

map p.344-A

●ヴィルヘルムスヘーエ駅から宮殿（Schloss《シュロス》バス停）までバス23番か市電１番で約10分

ヘラクレス像まで上るとヘッセン州の北部が一望

ヨーロッパ有数の規模を誇る公園内には、古典美術館のあるヴィルヘルムスヘーエ宮殿やレーヴェンブルクの他、多くの滝や噴水が点在。毎年、キリスト昇天祭～９月の水・日曜、祝日の14:30～15:30には、山上から水が流れる“水の芸術”が披露される。

なお、宮殿内の美術＆博物館はレンブラントの「ヤコブの祝福」をはじめ、ルーベンス、ヴァンダイクといった巨匠たちの作品、15～18世紀のオランダ絵画を280点以上収蔵する。

開10:00～17:00、11～２月～16:00　休月曜、5/1、12/24、25、31、1/1、一部の祝日　料€3.50　☎31680111

改装になった館内には古典の傑作が目白押し

ヘッセン州立博物館 ★★
Hessisches Landesmuseum

map p.345

●ケーニヒ広場から徒歩10分

１階は先史～古代の遺跡や発掘品の展示。２階はヨーロッパを中心に中国やイスラム文化圏など、世界中の壁紙を集めた珍しい壁紙博物館。３階には民芸品や手工芸品を展示。

開10:00～17:00
休月曜、5/1、12/24、25、31、一部の祝日
料€3.50
☎31680300

チケットは新絵画館など６カ所の施設と共通。１日有効

グリム兄弟博物館 ★★★
Brüder-Grimm Museum

map p.345

●ケーニヒ広場から徒歩10分

メルヘン街道の各都市にはグリム兄弟関係の博物館がいくつもあるが、ここが規模、内容とももっとも充実。各巻の初版本や直筆原稿、世界各国で翻訳されている童話集などグリム兄弟に関する貴重な資料が展示されている。

開10:00～17:00　休12/24、31　料€3.50
☎7872033

カッセルに住んでいた当時の兄弟の書斎も再現

フリデリチアヌム美術館 ★★
Museum Fridericianum

map p.345

●ケーニヒ広場から徒歩５分

ヨーロッパ最古の美術館で、５年に１度開催されるドクメンタなど、国際美術展の主会場となる。次回のドクメンタは2007年６月16日～９月23日の予定。

開11:00～18:00
休月・火曜、12/24・25・31
料€４

フリデリチアヌム美術館

わがままレポート

グリム兄弟の足跡 ★★★

その生涯と、緑の街

バウナタールのフィーマンおばさん像

グリム兄弟の兄ヤーコプは1785年1月4日に、弟ヴィルヘルムは1786年2月24日に、ハーナウ（p.342）で生まれ、1791年に父の仕事の関係で父の生まれ故郷でもあったシュタイナウ（p.360）に引っ越した。キンツィヒ川のほとりののどかな田舎町での暮らしは、彼らにとって生涯忘れられぬ思い出となった。

しかし1796年、父が急死すると一家は経済的な苦境に陥った。兄弟はカッセル（p.344）で宮廷の女官長をしていた伯母に引き取られ、ここで中高等学校に進む。

1802年、ヤーコプはマールブルク大学（p.343）に入学、弟も翌年入学する。当初は2人とも法学を専攻していたが、歴史法学教授のサヴィニーやロマン派の詩人ブレンターノ、小説家のアルニムといった人々との出会いが、のちのメルヘンの収集から出版への契機となった。

大学卒業後カッセルに戻った2人は、ヴィルヘルムスヘーエ宮殿の図書館に勤める傍ら、メルヘンの収集を始める。1812年のクリスマスに『グリム童話集』の第1巻を発行。その後何度も改訂の作業を繰り返し、最終形は第7版にあたる。

ヘッセン州立博物館前のグリム兄弟像

1830年にはゲッティンゲン（p.347）大学に教授として赴任。1841年にはベルリン（p.88）に大学教授並びに王立学士院会員として招かれる。1861年フランクフルト（p.152）で開催された第1回ドイツ文学者会議で、ヤーコプは会議の議長を務め、進歩派の文学者として尊敬を集めるとともに、その地位を確立した。

1859年にヴィルヘルムが死去。ヤーコプは1863年に78歳でその生涯を終えた。

ヴィルヘルムスヘーエ宮殿とカッセル市街地

★★★ Kurfürst Wilhelm I.
クアフュルスト・ヴィルヘルムI

各種施設が揃ったホテル

便利なヴィルヘルムスヘーエ駅前のホテル。宿泊客の特典として、市内公共交通網のフリー・チケットがもらえる。ホテル滞在期間中有効。

map p.344-B
- ●ヴィルヘルムスヘーエ駅前
- ■住所　Wilhelmshöher Allee 257
- ■TEL　31870
- ■FAX　318777
- ■料金　S-€67～、W-€85～
- ■部屋数　全44室
- ■カード　VISA、MC、AMEX、DC
- ■www.bestwestern.com/best.html

★★ Im Rosengarten
イム・ローゼンガルテン

緑と静けさに包まれた環境

ヴィルヘルムスヘーエ宮殿公園近くの高級住宅地にある、一見ちょっとおしゃれな民家風プチホテル。料金も手ごろで家庭的な雰囲気。長期滞在にもよい。

map p.344-A
- ●市電3番Wigandstr.から徒歩5分
- ■住所　Burgfeldstr.16
- ■TEL　36094
- ■FAX　313128
- ■料金　S-€40～、W-€69～
- ■部屋数　全16室
- ■カード　不可

メーヴェンピック・ホテル Mövenpick Hotel ★★★★ map p.345
●ケーニヒ広場から徒歩3分　㊟Spohrstr.4　☎72850
㊒S-€89～、W-€94～（朝食€14）

ヴィルヘルムスヘーエ Schlosshotel Wilhelmshöhe ★★★ map p.344-A
●市電1番Wilhelmshöheから徒歩5分　㊟Schlosspark 8
☎30880　㊒S-€60～、W-€90～　■客室数　全106室

カッセルの市外局番☎0561

★エコノミー　★★カジュアル　★★★スタンダード　★★★★ラグジュアリー

GÖTTINGEN

ゲッティンゲン

p.8-E ■人口＝13.5万人 ■街の規模＝徒歩で半日

グリム兄弟も教鞭をとった ドイツ四大大学都市のひとつ

★★ 旧市庁舎、マルクト広場、木組み家屋

★ ヘンデル音楽祭、国際オルガン祭など

★★ ゲッティンゲン大学、学生牢

★★ ノーベル賞受賞者30人以上、グリム兄弟など

★★ 楽器博物館、市立博物館など

★ ガチョウ番娘リーゼル

★ 詩人ハイネも語ったソーセージ

Access

●鉄道：フランクフルト→ICE(約1時間45分)→ゲッティンゲン[1時間2本／€51]、ハンブルク→ICE(約1時間50分)→ゲッティンゲン[1時間2本／€54]

Information

❶観光案内所：＜旧市庁舎内＞住Markt 9
☎0551-499800 開9:30～18:00(土・日曜、祝日10:00～16:00)、11～3月9:30～18:00(土曜10:00～13:00) 休11～3月の日曜、祝日
HP www.goettingen.de
●ユースホステル：住Habichtsweg 2
☎0551-57622

街のしくみ 見どころはマルクト広場から半径300～400mに集まる

ICE停車駅のゲッティンゲンは、メルヘン街道では、カッセル、ブレーメンと並んでアクセスに恵まれた街。

市街地の中心は旧市庁舎前の**マルクト広場**で、中央駅から徒歩約6～7分。市内の主な見どころもすべて徒歩圏内で、その道の多くは歩行者天国という、街歩きの好きな人にとっては魅力的な街といえる。

大講堂内にはグリム兄弟の胸像も飾られている

街の中心マルクト広場。旧市庁舎内の壁画も見事

楽しみ方 充実した大学関連の博物館 酒場では名物のソーセージを

ハイデルベルク、テュービンゲン、マールブルクとともに、ドイツの四大大学都市のひとつ。マルクト広場に立つのは学生たちの永遠のアイドル、ガチョウ番娘リーゼル像。街には大学関連の見どころや学生のたまり場となっているカフェや学生酒場、本屋やCD、ステイショナリーグッズのショップなども多く、学生街ならではの楽しみが詰まっている。

市立博物館Stadtisches Museum以外の、ブリューゲルの作品もある**大学美術コレクション**Kunstsammlung der Universität Göttingen、大講堂内にある**学生牢**Studentenkarzer、古楽器1200点あまりを展示している**楽器博物館**Instrumenten Sammlung des Musik-Wissenschaftlichenなどの見学は❶での申し込みが必要。

市内には、現在はレストランの**ユンケルンスシェンケ**Junkernschänkeなど、15～16世紀の美しい木組みの家も多く残る。また建物の壁面には、グリム兄弟をはじめ、かつてその家に下宿していた著名人の名を刻んだプレートが掲げられているので、知っている名前を探して歩こう。

世界一キスを受けたという娘リーゼル

学生牢の落書きはハイデルベルクよりアートフル

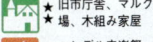

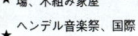

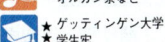

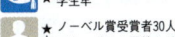

HAMELN

ハーメルン

p.8-E　■人口＝5.9万人　■街の規模＝徒歩で１日

ネズミ捕り男の伝説で有名な街は美しい館と中世の香りに満ちた街

★★ ヴェーザー・ルネサンス風の木組み家屋

★ 大聖堂、聖ニコライ教会

★★ ライストハウス、シュティフツヘレンハウス

★★ ヘメルシェンブルク

★★★ ネズミ捕り男（笛吹き男）

★ ネズミのしっぽ、ネズミパン

Access

●鉄道：ハノーファー→ S4,5 （約45分）→ハーメルン［１時間２本／€9.10］

Information

ⓘ観光案内所：Touristinformation Hameln
MAP p.348　住 Deisterallee 1　☎0180-5515150
FAX 957840　開 9:00～18:30（土曜9:30～16:00、日曜9:30～13:00）、10～４月9:00～18:00（日曜9:30～13:00）　休 11月と１～３月の日曜、祝日
HP www.hameln.de
●ユースホステル：MAP p.348
住 Fischbeckerstr. 33　☎3425

街のしくみ　楕円形の旧市街は徒歩で回るのに手ごろな大きさ

旧市街は直径500mほどの楕円形。中心は結婚式の家前の**マルクト広場**で、ここで交差するOsterstr.とBäckerstr.がこの街のメインストリート。この通りの両側やヴェーザー川との間、旧市街の東南の一角は、中世以来の街の雰囲気が色濃く残されているエリア。ヴェーザー川の河畔は、中世以来の古めかしい製粉所も残る気持ちのいい散歩道。

楽しみ方　木組みの街並を歩きながら伝説とロマンの世界に遊ぶ

ネズミ退治の報酬の約束を守らなかったハーメルン市民に対して街の子供たち130人を連れ去ったという、**ネズミ捕り男**（笛吹き男）の伝説で有名なハーメルン。この街での楽しみのひとつは、野外劇や博物館などで、伝説の世界とその裏に潜む歴史的な事実に触れること。もうひとつは、ヴェーザー・ルネサンス様式と呼ばれる、たくさんの紋様や文字で飾られた木の梁や出窓のある、14～17世紀に建てられた美しい家並の見物だ。５月中旬～９月中旬の日曜正午から上演される約30分の野外劇（無料）は人気が高いので、週末の宿の予約は早めに。

八角形の塔が珍しい大聖堂は、12世紀の建造

マルクト広場の結婚式の家(右)とニコライ教会

名物 pick up　ハーメルンのネズミグッズ

中世のハーメルンは製粉所が多く、ネズミの被害も甚大なものがあった。そのようなところからもネズミ捕り男の伝説が生まれたようだ。かつては街に災厄をもたらしたネズミも、今はさまざまな愛らしいグッズに変身し、ハーメルン名物として活躍中。ぬいぐるみやネズミ形の堅パンは、みやげ物屋やⓘの売店で。

名物のネズミの堅パン。食べることもできるが!?

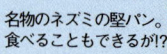

結婚式の家／ネズミ捕り男の野外劇 ★★★
Hochzeitshaus/Rattenfänger-Festspiele

map p.348

●マルクト広場前

一角に ℹ もある1610～17年に建てられた館。マルクト広場に面した舞台では、市民によるネズミ捕り男の野外劇が上演される。壁面には鐘とネズミ捕り男の仕掛け時計があり、美しい音色を響かせている。

野外劇でのよい席の確保は早めに

＜仕掛け時計＞13:05、15:35、17:35（音楽のみ9:35、11:35）＜野外劇＞５月中旬～９月中旬の毎日曜12:00～

ライストハウス／シュティフツヘレンハウス ★★
Leisthaus/Stiftsherrenhaus

map p.348

●マルクト広場から徒歩３分

ライストハウスは1589年築の豪商の館で、ヴェーザー・ルネサンスの傑作とされている。内部はネズミ捕り男に関する資料や絵を集めた博物館。シュティフツヘレンハウスは1558年建造の木組みの館で１階はカフェ。梁に刻まれた、市の紋章でもある水車模様の彫刻も美しい。

＜博物館＞開10:00～16:30 休月曜 料€３ ☎202215

シュティフツヘレンハウス２階は資料館

ネズミ捕り男の家 ★
Rattenfängerhaus

map p.348

●マルクト広場から徒歩5分

1603年に建てられたルネサンス様式の家で、現在はレストラン。細切りの豚肉を尻尾に見立てた「ネズミの尻尾」が名物料理。建物脇の舞楽禁制通りBungelosen-Str.は、伝説の中で子供たちが連れ去られた通りで、今でも音楽や舞踏が禁止されている。

営11:00～15:00、18:00～23:00 休12/24、31 ☎3888

郊外の見どころ

ヘメルシェンブルク城
Schloss Hämelschenburg

●駅からバス40番で30分Hämelschenburg下車

1437年建造のヴェーザー・ルネサンス様式の城。豪華な暖炉や図書室は必見。

MAP p.339 開ガイドツアー10:00～17:00（13:00を除く毎時） 休11～３月。４～10月は月曜のみ休み 料€５ ☎951690

濠に囲まれた城。水車が回る庭園も美しい

★★★ Hotel Zur Krone
ホテル・ツア・クローネ

木組みの外観も美しいホテル

旧市街の中心近くに建ち、建造は1645年。ホテルとしての営業は１世紀を超える。木組みの太い梁をそのままインテリアとして活かした、ペントハウスが好評。

map p.348

●マルクト広場から徒歩３分
■住所 Osterstr. 30
■TEL 9070 ■FAX 907217
■料金 S-€62.50～、W-€94.50～（野外劇のシーズンは料金アップ）
■部屋数 全32室
■カード VISA、MC、AMEX、DC
■www.hotelzurkrone.de

★★ Zur Börse
ツア・ボーゼ

オスター通りから少し奥まったところに建つ。市街中心に近いわりに部屋は閑静。

map p.348 ●マルクト広場から徒歩３分
■住所 Osterstr. 41a ■TEL 7080 ■FAX 25485
■料金 S-€62～、W-€84～
■部屋数 全31室 ■カード VISA、MC、AMEX、DC
■www.hotel-zur-boerse.de

★★ Christinenhof
クリスチネンホーフ

旧市街に建つ木組み建築。館内は現代的で明るく、プールやサウナなどの施設も揃う。

map p.348 ●マルクト広場から徒歩４分
■住所 Alte Marktstr. 18
■TEL 95080 ■FAX 43611
■料金 S-€77～、W-€95～
■部屋数 全30室 ■カード VISA、MC

ハーメルンの市外局番☎05151

★エコノミー ★★カジュアル ★★★スタンダード ★★★★ラグジュアリー

BREMEN

ブレーメン

p.8-E　■人口＝54万人　■街の規模＝徒歩で１日

音楽隊が目指したように、昔も今もドイツ北部の憧れの都

★★★ マルクト広場、ベトヒャー通り、シュノーア地区など

★★ 聖ペトリ大聖堂、聖母教会など

★★ 海外博物館、ロゼリウスハウスなど

★ ヴェーザー川、北海、シャクナゲ庭園など

★ シュノーア地区などの手工芸品、アクセサリーなど

★★ ブレーメンの音楽隊、野外劇

Access

●空路：フランクフルト→（約30分）→ブレーメン、ベルリン→（約30分）→ブレーメン
＊空港→市電６番（約10分）→市内
●鉄道：ハンブルク→IC、RE（約１時間）→ブレーメン［１時間２本／IC€21］、ハノーファー→ICE、RE（約１時間）→ブレーメン［１時間２本／€17.80］※ICEは€26

Information

ⓘ観光案内所：Tourist-Information＜駅前広場＞MAP p.350　住In Bahnhofplatz　☎01805-101030　FAX 3080036　開9:00～19:00（土・日曜9:30～18:00）＜市庁舎前＞MAP p.350　住Obernstr.1　開10:00～18:30（土・日曜～16:00）　休12/24、31
HP www.bremen-tourism.de
●ツーリストカード：市内交通無料、博物館などの入場料割引。１日券／大人１名＋子供２名€6.50、５名まで€13.50。購入はⓘで
●ユースホステル：MAP p.350　住Kalkstr. 6　☎171369

街のしくみ　市街地区域は広大だが見どころは旧市街に集中

観光の中心となる**旧市街**は、ヴェーザー川と堀に囲まれた地域。中央駅から市電も走っているが、徒歩でも10分ほど。旧市街内の観光も徒歩で充分だ。その中心はローラント像のある**マルクト広場**で、**市庁舎**や**聖ペトリ大聖堂**などの歴史的建造物に囲まれている。

旧市街入口のゼーゲ通り

広場の南西が**ベットヒャー通り**。**シュノーア地区**は旧市街南部。広場から北西に伸びる**オーバー通り**Obernstr.や、その北側の**アーケード街**Lloydpassage周辺がショッピング街。

ブレーメンのシンボル、市庁舎と聖ペトリ大聖堂

楽しみ方　博物館見物と旧市街の散策 カフェやビアホールも随所に

ベルリン、ハンブルクと並んで、１都市で州と同じ機能と権限を持つ特別市のブレーメンは、さまざまな文化施設が整い、1200年の歴史を伝える街並もよく保存されている。マルクト広場～ベトヒャー通り～シュノーア地区と続く街並を散策しながら、途中の博物館を見学したり、ショッピングをしたりというのがブレーメンの基本的な楽しみ方。

市庁舎北西の「音楽隊」。ロバの足にさわると幸運があるという

時間に余裕があれば、船舶博物館や海岸動物園のあるブレーマーハーフェンや、北海のビーチリゾートのクックスハーフェン、古い港街の面影を残すフェーゲサック港などを訪ねてみるのもよいだろう。

Route Advice

中央駅→ゼーゲ通り→市庁舎／マルクト広場→ベトヒャー通り→シュノーア地区　［全移動約30分］

市庁舎内部の見学は独、英語のガイドツアーで

マルクト広場 ★★★
Marktplatz

map p.350

●中央駅から徒歩10分

　市長前に立つローラント像（p.340）は、自由と市民権の象徴。市庁舎の建造は1410年。1612年の改装で、ルネサンス風の華麗なファサードが設けられた。現在世界遺産になっている。地下のラーツケラーはドイツ各地のワインを600種も揃えてあるレストランだ。2本の尖塔が天を衝く聖ペトリ大聖堂は、789年に基礎が築かれ、1042年に着工。内部には中世の文化財や彫刻を収めたドーム博物館があり、塔に上れば街を一望できる。広場南のシュッティングは1537年建造のかつてのギルドハウス。

海外博物館 ★★
Übersee Museum

map p.350

●中央駅から徒歩1分

　中央駅の西側にある巨大な博物館。かつて大海原を駆け巡ったブレーメンの船乗りや商人が世界各地から持ち帰った品々をベースに、世界の自然、文化、美術工芸品などを展示している。1階はアジアとオセアニア、2階は南北アメリカやアフリカのコーナー。3階には20世紀前半のブレーメンの港や倉庫、商店の姿が再現され、興味深い。

1階の中央には日本の茶室や庭園も造られている

開9:00～18:00（土・日曜10:00～）休月曜、12/24、31　料€6

Check-Check! 街並自体がメルヘン！

ベットヒャー通りとシュノーア地区 ★★★
Böttcherstrasse / Schnoorviertel

　コーヒー貿易で財を成した商人、ロゼリウスが、1902～34年に私財を投じて造らせたベットヒャー通り。100mほどの短い通りだが、大きめの特注レンガを使って中世の街並を再現した美しい一角だ。マルクト広場方向からの入り口には、上部に金のレリーフがあり、入ると左手にガラス細工など手工芸品を扱うエリアとヴォルプスヴェーデ派の女流画家、パウラ・ベッカー・モーダーゾーンPaula Becker Modersohnの作品を集めた美術館がある。右にはブレーメンの音楽隊グッズなど扱うおみやげ屋さんがあり、ロゼリウスの美術コレクションを展示するロゼリウスハウスRoselius-Hausは、通りの中ほどの東側だ。その隣には、マイセン製グロッケンシュピール（鐘）もある。鐘は屋根と屋根の間にあり、正午以降（毎正時18時まで。冬季は12、15、18時）に鳴るとき、左下の仕掛け時計にツェッペリンやリンドバークなどの肖像が現れる。他に映画館、レストラン、カジノなどもあり、まるでアミューズメントパーク。

上はロゼリウスハウスのファサード。右手に仕掛け時計。➡石畳が敷かれたシュノーア地区の通り。⬆ベットヒャー通りのガラス工房。体験工作もできる

　街の南東に広がる、石畳の入り組んだ細い路地裏散策が楽しいシュノーア地区は、旧市街では珍しく戦災を免れた地区。15～16世紀に建てられた中世の街並が残っている。おしゃれなカフェ、レストラン、アンティークやアクセサリーショップなどが点在し、非日常的空間を演出してくれる。

ベットヒャー通りの入り口、右はアクセサリー工房

MAP p.350

■Roselius-Haus / Paula Becker Modersohn-Haus　●マルクト広場から徒歩約2分　開11:00～18:00　休月曜、12/24、31　料€5（両館共通）
■Schnoorviertel　●マルクト広場から徒歩6分

郊外の見どころ

ヴォルプスヴェーデ ★★

Worpswede　MAP p.339

●中央駅からバス670番で約50分（片道€3.10）

ヴォルプスヴェーデは、ブレーメンの北のトイフェル湿原にある、森に抱かれた閑静な芸術家の村。

森に抱かれたハウス・イム・シュルー

ドイツの村といえば、広場を中心に家が寄り集まってできた集村が一般的だが、ここでは家と家との間に森や畑、湿原が広がり、全体が自然公園のような趣がある。

この緑豊かな環境を求めて、19世紀の末ごろから、フリッツ・マッケンゼン、ハインリヒ・フォーゲラー、パウラ・ベッカー・モーダーゾーンといった画家や彫刻家、詩人、工芸作家たちがこの村に集まり創作活動を行なった。

現在でも何人もの作家が暮らし、多くの美術館や工房、工芸品のショップなどが集まっている。

フォーゲラーのアトリエ、バルケンホーフ

街角ワンショット

ブレーメンの音楽隊・野外劇

観光シーズン中は「ブレーメンの音楽隊」の野外劇が、市庁舎北の聖母教会前広場で上演され、訪れた人の人気を集めている。ミュージカル仕立ての演出で、ドイツ語がわからなくても楽しめる。

5～10月上旬の日曜12:00の１回上演

Schüttinger
シュッティンガー

1990年にできたばかりのオリジナル自家醸造所兼レストラン

店内に銅タンクがある自家醸造所兼レストラン。デュンケルとヘレス€1.70～がある。17:00～20:00はビール割安時間。オーソドックスなドイツ料理。

map p.350
●マルクト広場から徒歩３分
■住所　Hinter dem Schutting 12-13
■TEL　3376633
■営業　12:00～24:00、土・日 11:00～翌2:00
■休日　無休
■カード　不可
■www.schuettinger.de

Park Hotel Bremen ★★★★
パルク・ホテル・ブレーメン

白亜の宮殿のような豪華ホテル

中央駅北口から徒歩５分。公園内の池に面した街一番のホテル。客室はクラシカルからモダンまでさまざまに趣向を凝らし、日本風インテリアの部屋もある。

map p.350
●中央駅から徒歩５分
■住所　Im Bürgerpark
■TEL　3408611　■FAX　3408602
■料金　S-€180～、W-€230～
■部屋数　全150室
■カード　VISA、MC、AMEX、DC、JCB
■www.park-hotel-bremen.de
■日本　0120-086230（リーディング・ホテルズ）

GastHaus Bremer Backpacker Hostel ★
ガストハウス

ホステルながら部屋が清潔で設備も充実。なによりオーナーが親切に観光の相談に乗ってくれる。

map p.350　●駅から徒歩７分
■住所　Emil-Waldmann-Strasse 5-6　■TEL　2238057
■FAX 2238102　■料金　S-€27～、ドミ-€16～（夏季割り増し）　■部屋数　18室　■カード VISA、MC、JCB
■www.bremer-backpacker-hostel.de

メルキュール・コロンブス・ブレーメン Hotel Mercure Columbus Bremen ★★★ map p.350
●中央駅から徒歩１分　■住所Bahnhofsplatz 5-7
☎30120　FAX 15369　料S-€62～、W-€62～

ユーバーゼーホテル Ramada Treff Uberseehotel ★★★ map p.350
●マルクト広場から徒歩２分　■住所Am Markt/Wachtstr. 27-29　☎36010　FAX 3601555　料S-€110～、W-€110～

シャーバー・ズィーデンブルク・ブレーメン Schaper-Siedenburg in Bremen ★★ map p.350
●中央駅から徒歩５分　■住所Bahnhofstr. 8　☎30870
FAX　料S-€70～、W-€90～

●～€15　●●€15～25　●●●€25～50　●●●●€50～
★エコノミー　★★カジュアル　★★★スタンダード　★★★★ラグジュアリー

ブレーメンの市外局番☎0421

メルヘン街道の古城ホテル

グリム童話に収録されたメルヘンは、最終的に200話（改訂第７版）を数える。その中でも比較的よく知られている『いばら姫』と『ラプンツェル』ゆかりの城が、古城ホテルとして営業中。

憧れのメルヘンのお城の天蓋付のベッドで眠れば、一夜だけでも気分はすっかりお姫様。

外壁はイバラならぬツタに覆われている

Dörnröschenschloss Sababurg
ザバブルク城

動物の名が付いた客室は
１室ごとに異なった造り

ロマンチックな城内のレストランも評判が高い

カッセルの北に広がるラインハルツの森。樹齢数100年を超えるカシの巨木がそびえる森に抱かれた古城ホテルが、『いばら姫』の物語の舞台といわれるザバブルク。

建造は1334年で、ヘッセン公の狩猟の城館として使われていたが、19世紀には廃城となっていたこともあった。ホテル＆レストランとして営業を始めたのは1959年で、城内ではコンサートも催される。ドイツに数ある古城ホテルの中でも、もっとも人気の高いホテルなので、週末は常に込んでいる。また、夏休みにはかなり早めに予約をした方がいい。城を取り囲むティアガルテンは、1571年に造られたヨーロッパ最古の自然動物園。

map p.339

●カッセルからREで約20分のホーフガイスマー、またはハン・ミュンデンから、バスまたはタクシー約20分
■住所　D 34369 Hofgeismar (Sababurg)
■TEL　05671-8080
■FAX　05671-808200
■料金　S-€90～、W-€120～
■部屋数　全18室
■カード　VISA、MC、AMEX、DC
■www.sababurg.de

ティアガルテンから眺めたザバブルク

周囲は緑豊かなラインハルツの森林地帯

Burg Trendelburg
トレンデルブルク城

城の麓は木組み家屋が並ぶ
トレンデルブルク村

ディーメル川に臨む小高い丘にそびえる円塔のある城。トレンデルブルクは、グリム童話の『ラプンツェル』の挿絵のモデルとして描かれたところから、メルヘンのお城として人気が高い古城ホテル。城の建造は13世紀にまでさかのぼり、太い木の梁がはしる客室やアンティークの家具など、物語の世界がそのままに残されている。

ラプンツェルの塔は高さ約38m

map p.339

●カッセルからREで約20分のホーフガイスマーから、バスまたはタクシー約20分
■住所　Steinweg 1. 34388 Trendelburg　■TEL　05675-9090　■FAX　05675-9362　■料金　S-€95～、W-€120～　■部屋数　全22室　■カード　VISA、MC

GOSLAR

ゴスラー

p.8-F ■人口＝4.3万人 ■街の規模＝徒歩で半日

木組みの家並が美しい皇帝都市
鉱山、木工、魔女伝説のハルツ山

- ★★ 中世以来の木組み家屋の家並、城壁や塔
- ★★ 皇帝居城
- ★★ 鉱山博物館、ゴスラー博物館、ツヴィンガー博物館など
- ★★ ヴァルプルギスの夜・魔女の集会（毎年4/30夜）
- ★ 木彫り工芸品、魔女人形など
- ★★ ハルツ山地

Access

●鉄道：ハノーファー→RE（約1時間10分）→ゴスラー［1時間1本／€13.40］

Information

❶観光案内所：Tourist-Information
MAP p.354 住Marktplatz 7 ☎78060
FAX 780644 開9:15～18:00（土曜9:30～16:00、日曜～14:00）、11～4月9:15～17:00（土曜9:30～14:00） 休11～4月の日曜、祝日
HP www.goslarinfo.de
●ユースホステル：MAP p.354
住Rammelsbergerstr. 25 ☎22240

街のしくみ マルクト広場とゴーゼ川周辺は、古い建物が多く残る地域

中央駅から旧市街の**マルクト広場**まで、賑やかな商店街のRosentorstr.を通って10分ほど。主な見どころは、マルクト広場を中心に、徒歩で10～15分圏内に収まっている。

1000年以上の歴史を誇るゴスラーでは、旧市街に残る建物のうち、3分の2は19世紀半ば以前、170軒は16世紀半ば以前に建てられたもの。こうした建物は、マルクト広場の南側、皇帝居城から聖アンネ礼拝堂にかけての一帯に数多く残っているので、梁に刻まれた建築年を確認しながら、この周辺の路地を探索してみるとおもしろい。

駅から旧市街の外周に沿って、Mauerstr.～Breite Str.～Kornstr.～Glockengiesserstr.と回ると、随所でかつての城壁跡や城門、塔などを目にすることができる。

皇帝居城の駐車場で出会った、衛兵姿のおじさん

渋くてシック、グレーな色をしたゴスラーの町並

楽しみ方 中世の街並の散策とユニークな博物館巡り

石畳の路地をたどりながら、14～15世紀の年代が刻まれた建物ウォッチングが観光の最大のポイント。小さいながらも見応えのある博物館巡りもおもしろい。**ハルツ山地**の自然や昔の街の様子を展示した**ゴスラー博物館**。城塔内にある**ツヴィンガー博物館**。**楽器と人形の博物館**。**メンヒェハウス**（近代美術館）は1528年建造の木組み家屋内にある。

名物 pick up ハルツ山地の木彫りグッズと魔女人形

楽器と人形の博物館の南に建つ旧修道院病院の中庭に、ガラスや陶磁器など工芸品の工房とショップが並んでいる。なかでもハルツ山地の木材を使った木工はゴスラーの伝統工芸のひとつ。玩具やアクセサリーはおみやげにも喜ばれそう。

もうひとつの名物は、ヴァルプルギスにちなんだ魔女人形。市内のみやげ物店ならどこでも置いている。

木工のHolz Studio。月～土曜の10:00～17:00（土曜～16:00）営業

皇帝居城 ★★
Kaiserpfalz

map p.354

●中央駅から徒歩15分

11世紀にハインリヒ３世が築いた城を模して1879年に再建。壮麗な帝国の間や、地下礼拝堂は必見。

城の手前のドーム入口の間は11世紀の建築物

開10:00～17:00（11～3月～16:00）、12/25・26・31日11:00～15:00　休12/24、1/1　料€4.50

マルクト広場 ★★
Marktplatz

map p.354

●中央駅から徒歩10分

中央にある噴水は1230年ごろの建造で、上の金の鷲はゴスラーのシンボル。広場西の市庁舎は端正なゴシック建築。２階の宣誓の間に描かれた壁画が見事。市庁舎の向かいには、坑夫の人形が行進する仕掛け時計がある。

火・金曜の午前中には市が立つ

郊外の見どころ

ラメルスベルガー鉱山博物館
Rammelsberger Bergbaumuseum

MAP p.354

●中央駅よりバスC番で約10分

この街の中世の繁栄は、970年に発見され、銀、銅、錫などを産出したこの鉱山によるもの。現在は廃鉱となっているが、ヨーロッパ最古の鉱山としてユネスコの世界遺産にも登録されている。一部の坑道を博物館として公開。ガイドツアーには徒歩とトロッコの２つのコースがある。

<ガイドツアー>開9:00～18:00　休12/24、31　料€10　☎7500

坑内見学はヘルメットを装備して約１時間ほど

巨大な水車が地の底で回っている

★★★★ Kaiserworth
カイザーヴォルト

街の名物建築がホテルに

マルクト広場に面したゴシック建築で市内の美しい建物のひとつ。最近改装し４つ星に。ツインベッドとバスタブを配した日本フロアがある。

map p.354
●中央駅から徒歩10分
■住所　Markt 3
■TEL　7090
■FAX　709345
■料金　S-€66～、W-€117～
■部屋数　全66室
■カード　VISA、MC、AMEX、DC
■www.kaiserworth.de

★★ Goldene Krone
ゴルデネ・クローネ

城門塔近くの木組み家屋

街の中心からは多少遠いが、その分静かで落ち着いた環境。建物は1733年建造の木組み家屋。昔の居酒屋風の壁画が描かれた郷土料理レストランも好評。

map p.354
●中央駅から徒歩12分
■住所　Breitestr. 46
■TEL　34490
■FAX　344950
■料金　S-€50～、W-€80～
■部屋数　全17室
■カード　VISA、MC

★★★★ Der Achtermann
デア・アハターマン

駅に近く諸設備が整った高級ホテル。建物の一部にはかつての城壁を利用している。

map p.354　●中央駅から徒歩２分
■住所　Rosentorstr. 20
■TEL　70000　■FAX　7000999
■料金　S-€81～、W-€125～
■部屋数　全152室　■カード　VISA、MC、AMEX、DC

★★ Zur Börse
ツア・ボーゼ

建造は1573年。彫刻や銘文にルネサンス期の特徴がよく表われた、木組みの家。

map p.354　●中央駅から徒歩10分
■住所　Bergstr. 53
■TEL　34510　■FAX　18437
■料金　S-€30～、W-€50～
■部屋数　全12室　■カード　VISA、MC

WERNIGERODE

ヴェルニゲローデ

p.0C ■人口＝3.4万人 ■街の規模＝徒歩で半日

木組みの家並が美しい城下町 ブロッケン山行きSLはこの街から

★★ 木組み家屋の家並、市庁舎

★★ ヴェルニゲローデ城

★★ ハルツ山地(ブロッケン山)、ブロッケン現象

★★ ブロッケン山の魔女伝説とバルバロッサ

街のシンボル、市庁舎は木組み建築の最高傑作

Access

●鉄道：ベルリン→ICE(約1時間20分)→Brauschweig（乗換）→RB(約35分)→Vienenburg（乗換）→RE(約20分)→ヴェルニゲローデ[1時間1本／€54]、ハノーファー→RE(約2時間)→ヴェルニゲローデ[2時間1本／€20.20]

Information

ⓘ観光案内所：Wernigerode Tourismus GmbH MAP p.356 住 Nicolaiplatz 1 ☎633035 FAX 632040 開 9:00～19:00(11～3月9:00～18:00)、土曜10:00～16:00、日曜10:00～15:00 休 12/24、25 HP www.wernigerode-tourismus.de

街のしくみ 駅は街外れ。見どころやホテルはマルクト広場周辺に集中

街の中心は、市庁舎前のマルクト広場。旧市街の見どころは、広場を中心にして徒歩で10分圏内にある。ヴェルニゲローデ駅は街の北にあり、Rudolf Breitscheidstr.～Breitestr.と歩いて、約15分。城は街の南東の山上。広場から徒歩で20分くらいだが、市内観光ガイド付きのビンメルバーンとシュロスバーンというSL型のバスもある（€2.50)。ハルツ鉄道に乗車する際は、旧市街からだとヴェステルントーアWesterntor駅利用が便利だ。

楽しみ方 城と市内の観光に1日 ブロッケン山観光にもう1日

旧市街を一望できる城へは午前中に上った方がいいだろう。下りはバスでもいいが、森の中を歩いても10分ほど。カフェやレストランで昼食、休憩後、午後は旧市街の木組み家屋の街並や博物館の見学。これがヴェルニゲローデ観光1日コースの基本パターンだ。

城へはSL型バスに乗って行こう

ヴェルニゲローデ城 ★★
Schloss Wernigerode

map p.356

●マルクト広場からバス10分、または徒歩20分

ハルツの山並を見渡す、標高350mのアグネスベルクの山上にそびえる城。12世紀初頭にゴシック様式で建造され、1671～76年にはバロックの、19世紀にはネオゴシックの改築がなされ、現在の姿になった。城内は封建博物館で、壮麗なホールや礼拝堂、豪華な家具や暖炉など、ヴェルニゲローデ伯爵家が居城として使用していた19世紀のままに保存されている。

開 10:00～18:00（11～4月10:00～16:00、土・日曜～18:00） 休 11～4月の月曜 料 €4.50 ☎553040

建物外部の梁の彫刻もじっくり鑑賞したい

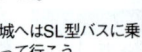

木組み家屋巡り ★★★
Fachwerkhäuser

map p.356

●マルクト広場から徒歩10分

市庁舎裏の花時計の隣は、1680年に建てられた元・水車小屋の**シーフェスハウス**Schiefes Haus（傾いた家）。Kochstr.の**クラインステスハウス**Kleinstes Hausは、間口1.7mという街一番の小さな家。Breitestr.の4番地は装飾が美しい1529年建造の**カフェ・ウィーン**。95番地は馬の頭が飾られた**クレルッシェ・シュミーデ**Krellsche Schmiedeで、中は博物館。街で一番古い家はHeinterstr.48番地で、1400年ごろの建造。

クラインステスハウス

★★★★ Ringhotel Weisser Hirsch ヴァイサーヒルシュ

マルクト広場の木組みホテル

1539〜44年に建てられた木組み家屋。洗練されたインテリアとフレンドリーなスタッフが好評。新館にはおしゃれなスイートルームもある。

map p.356

●マルクト広場前
■住所　Marktplatz 5
■TEL　602020
■FAX　633139
■料金　S-€77〜、W-€115〜
■部屋数　全53室
■カード　VISA、MC、AMEX
■www.hotel-weisser-hirsch.de

★★★ Am Anger アム・アンガー

ほうきに乗った魔女が目印。1996年に開業した、清潔感あふれる木組み家屋のホテル。

map p.356　●マルクト広場から徒歩15分
■住所　Breitestr. 92-94
■TEL　92320　■FAX　923250
■料金　S-€50〜、W-€80〜
■部屋数　全40室　■カード　VISA、MC

★★★ Travelcharme Hotel Gothisches Haus ゴーティシェス・ハウス

木組みの外観と、アトリウム風の明るい館内。各種の施設も充実した高級ホテル。2003年春に新装。

map p.356　●マルクト広場より徒歩1分
■住所　Am Markt 2
■TEL　6750　■FAX　675555
■料金　S-€94〜、W-€136〜
■部屋数　全116室　■カード　VISA、MC、AMEX、DC

★エコノミー　★★カジュアル　★★★スタンダード　★★★★ラグジュアリー

わがままレポート

ブロッケン山 ★★★
Brocken

map p.339

SL列車で伝説の山へ

ブロッケン山はハルツ山地の最高峰。といっても標高は1142mだが、ここから北の海との間にこれ以上高い山はなく、山頂からの眺望はすばらしい。

昔から「ブロッケンの妖怪」と呼ばれる光学現象や、ゲーテの『ファウスト』に描かれたヴァルプルギスの魔女の祭でもよく知られている山だ。山頂には、ブロッケン博物館や高山植物園などの施設がある。

ビュッフェ付きの列車も運行

このブロッケン山へ、ヴェルニゲローデからSL列車が運行されていて、観光客に人気。所要時間は片道1時間40分〜2時間。料金は片道が€16、往復は€24。森や渓谷を眺めながらのんびりとハルツ山中を行くSLの旅は、マニアでなくとも楽しみだ（HP www.hsb-wr.de）。

途中駅のDrei Annen Hohneから、ハルツ山地を縦断してNordhausen Nordまで行くと、カッセルやライプツィヒ方面に向かうこともできる。

ブロッケン博物館は開9:30〜17:00　休無休　料€4

山頂周遊のハイキングコース

ヴェルニゲローデの市外局番☎03943

QUEDLINBURG

クヴェートリンブルク

p.8-E　■人口＝2.3万人　■街の規模＝徒歩で半日

ユネスコ世界文化遺産指定の見事な木組み家屋が残る街並

★★★ 木組み家屋の家並
★★ 城博物館、木組み家屋博物館など
★ クヴェートリンブルク城
★★ 魔女伝説、ロストラッペ

マルクト広場北の市庁舎（左側）は1310年の建造

Access

●鉄道：ベルリン→RE(約１時間30分)→マグデブルク(乗換)→HEX(約１時間10分)→クヴェートリンブルク［１～２時間１本／€29.40］ハノーファー→IC他(約１時間25分)→マクデブルク(乗換）→RE（約１時間10分)→クヴェートリンブルク［１時間１本/€36］

Information

ℹ観光案内所：Quedlinburg-Information
住Markt 2　☎905624　FAX905629　開9:00～19:00(土曜10:00～16:00、日曜10:00～15:00、祝日10:00～14:00)、10月中旬～３月9:30～18:00（土曜10:00～14:00)
休10～３月の日曜
HP www.quedlinburg.de

街のしくみ 楽しみ方　城壁と緑地帯に囲まれた旧市街はすべて徒歩圏内

1000年以上の歴史を誇る古都クヴェートリンブルク。ほとんど戦災にあわなかった**旧市街**には、バロック、ルネサンスから、ユーゲントシュティールにいたるまでの各時代の建物が見事に保存され、1994年にはユネスコの世界文化遺産の指定を受けている。

まず、旧市街の中心を目指そう。駅を出てすぐ正面の小川を渡ればBahnhofstr.だ。そのまま駅を背にまっすぐ行くと、５分ほどでTurnstr.にぶつかる。これを斜め右に曲がると、ほんのすぐ先にHeiligegeiststr.があり、この道を左折して道なりに行く。途中、小川を渡り10分ほどで、扇状に奥が広くなっているマルクト広場に出るだろう。その奥、ツタの絡まる建物が市庁舎だ。正面左手には自由を象徴するローラント像が立っている。ブレーメンのものより素朴な造りでかわいい。ℹは向かって右手にある。

高台の城からは、ハルツ山塊の眺望もすばらしい

広場の北東は、特に古い街並が保存されている地域。町全体では1200軒もの木組み家屋が残っていると言われ、周囲の道も石畳になっている。なかでも、広場南のWordgasseには、14世紀初頭に建てられたドイツ最古の木組み家屋、Standerbauが残っており、内部は木組み家屋博物館Fachwerk Museum（開10:00～17:00、冬季～16:00　休木曜　料€2.50）になっている。

最大の見どころは、南西の丘の上に立つ城Schloss（開10:00～18:00、冬季～16:00　料€2.50）と、隣の聖ゼルヴァティウス教会Stifskirche St.Servstius〈開10:00～18:00(11～３月～16:00)日曜12:00～　休月曜　料€４〉だろう。前者はザクセン朝初代国王ハインリヒ１世の居城として919年に建てられ、後者はその王の死後、女子修道院として使われていた城に、後から付属する形で増設されたもの。ロマネスク建築の傑作として知られ、内部にハインリヒ１世とその妻の墓や宝物館もある(城と教会のコンビチケット€６)。

レストランでおすすめは、マルクト広場から城に向かう途中の、Blasiistr.14にあるリュッデ（Lüdde　開11:00～24:00、日曜～22:00　☎705206）というビアハウス。店内に大きなタンクがあり、郷土料理と自家醸造のビールが楽しめる。

店内のタンク。ブラウンビールはかなり甘口

ロマンチックホテル・アム・ブリュール　Romantik Hotel am Brühl　★★★
●駅からタクシーで５分　住Billungstr.11　☎96180　料S-€85、W-€100～　■www.hotelambruehl.de

ロマンチックホテル・テオファノ　Romantik Hotel Theophano　★★★
●マルクト広場１分　住Markt 13-14　☎96300　料S-€67、W-€98～　■www.hoteltheophano.de

クヴェートリンブルクの市外局番☎03946

★エコノミー　★★カジュアル　★★★スタンダード　★★★★ラグジュアリー

Check-Check! 「ヴァルプルギスの夜」は魔女の祭りで盛り上がろう！

毎年４月30日、ハルツ山地方では、各地で「ヴァルプルギスの夜（※１）」という魔女の祭りが行われる（※２）。この祭りは、魔女や悪魔がパレードを行い、焚き火を囲んで酒宴を開いた後、ほうきにまたがりブロッケン山を目指して飛んでいく、というもの（※３）。ターレではヘクセンタンツプラッツ（※４）が会場になる。もちろん本物の魔女が現れる訳ではないが、ハリー・ポッターは出てくる（かもしれない）。

というのも、このお祭り、期間中は、ⓘの職員まで魔女の衣装に身を包み、参加する地元住民たちも、それぞれ独自の魔女や悪魔の仮装をして会場に現れるのだ。町やその年毎にイベントの内容は変わるが、だいたい共通しているのは、魔女や悪魔の姿に仮装すること、夜に焚き火を行い、その周りでダンスすることなど。ソーセージなどの出店があったり、パレードがあることも多い。場所によっては、なぜか魔女コンテストやら、ミュージシャンを招いてのステージコンサートなどがある場合もある。もともとは古代からの伝承で、ブロッケン山で春を迎える儀式として行われていた祭りが原型なのだとか。夜遅く（というより明け方）まで騒ぐ祭りなので、交通手段の確保など帰路には充分注意しよう。

こんなかわいい女の子も、将来立派な魔女になるのだろうか…

観光客もびっくりの職員

それぞれの魔女スタイルで

ターレのⓘ：住Bahnhofstr.3　☎03947-2597　開9:00～17:00（土・日曜～15:00）　休11～４月の土・日曜

※１　ヴァルプルギスというのは、779年に亡くなり後に聖人となった修道女の名前。魔女の魔法や疫病に対する守護聖人で、５月１日は彼女の記念日。

※２　ターレの他、ゴスラー、シールケSchierkeなど、全部で20カ所以上で行われるという。

※３　ゲーテの「ファウスト」で紹介された。

※４　ヘクセ＝魔女、タンツ＝踊り。

郊外の見どころ

魔女伝説の山へ ターレ　Thale　MAP p.339

クヴェートリンブルクからのローカル線がハルツ山塊にぶつかり行き止まったところにできた小さな町がターレ。

謎めいた雰囲気が漂うハルツ地方でも、とりわけ多くの伝説に彩られた町だ。ボーデ川の渓谷を挟んで、町の南の山上には魔女伝説、西の山にはロストラッペの伝説が残る。

ターレ駅から徒歩で10分ほど行くと、町外れの森の中に、南の山へ向かうゴンドラリフト乗場と、西の山に登るチェアリフト乗場が並ぶ場所に出る。ゴンドラリフトを降り右に進むと、森が開けたところに環状列石が並ぶ魔女の集会場、ヘクセンタンツプラッツに出る。左手に進むと、魔女の儀式、集会の様子を展示した博物館、ヴァルプルギスホールと、野外劇やコンサートが催されるベルクシアターがある。

山上からはターレやクヴェートリンブルクを一望

チェアリフトを降り20分ほど山上を歩くと、姫を救うため断崖を飛び越えた馬の蹄の跡が残る、ロストラッペの舞台へ行くことができる。

みやげ物屋の店頭には魔女人形が

不気味な雰囲気の博物館

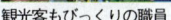

八角形の出窓の塔が愛らしい市庁舎

ALSFELD

アルスフェルト

p.9-H ■人口＝1.8万人 ■街の規模＝徒歩で半日

まるでおもちゃの町のような
美しい木組み家屋が並ぶ旧市街

1512年に建てられた市庁舎をはじめ、木組み家屋が並ぶ旧市街は、欧州文化財保護都市の指定を受け、鉄道模型やおもちゃのモデルにされるほど。駅から東向きにMainzergasseを左折後５分ほどで旧市街。マルクト広場周辺には、市庁舎、ワインハウス、結婚式の家、おもちゃ博物館などの見どころが集中。広場南西Rittergasseには郷土博物館とⓘがある。

赤ずきん風の民俗衣装の女の子の像

STEINAU AN DER STRASSE

シュタイナウ

p.9-H ■人口＝1.2万人 ■街の規模＝徒歩で半日

グリム兄弟の子供時代と
さほど変わらぬ小さな街

駅から東に約15分でグリム兄弟通りに。細くて曲がりくねったこの道の左端にグリム兄弟記念館（開14:00〜17:00 休12/23〜1/30 料€２）があり、その右手、噴水のある広場を挟んで東側に市庁舎とⓘ、西側に週末にメルヘン劇が上演されるマリオネット劇場、広場奥にルネサンス様式の城がある。

メルヘン「カエルの王子」像

フルダ川西岸の展望台から見た美しい市街地

HANN-MÜNDEN

ハン・ミュンデン

p.8-E ■人口＝2.5万人 ■街の規模＝徒歩で半日

木組み家屋と鉄ひげ博士の街
ヴェーザー川船旅の出発点

フルダ川とヴェラ川の合流点、ヴェーザー川の起点にある、緑豊富な木組み家屋の町。その歴史は12世紀に遡り、旧市街には700軒近くの木組み家屋が軒を連ね、城壁や塔も残っている。駅から北西に向かって10分ほどで市庁舎、ⓘのあるマルクト広場。夏季はここで鉄ひげ博士（Dr.アイゼンバート：やぶ医者の代名詞だが実際はまじめで新しい治療法を試みたという）の野外劇がある。ヴェーザー川の遊覧船も名物。

街中には鉄ひげ博士の
名を冠した薬局もある

BODEN-WERDER

ボーデン・ヴェルダー

p.8-E ■人口＝1.3万人 ■街の規模＝徒歩で半日

ホラ吹き男爵の故郷は
ヴェーザー川に沿った美しい街並

ヴェーザー河畔の小さな街の中心に、市庁舎や博物館などがまとまってある。Grossestr.には木組み家屋や男爵の噴水、記念碑も。

この街の周辺の、ヘクスターHöxter、ホルツミンデンHolzminden、ウスラーUslarerなどの街にも、ヴェーザー・ルネサンスの華麗な装飾が施された木組み家屋が数多く残る。

■シュタイナウ
●フランクフルト→RE55分（毎時）／€11.40 ⓘ：住Brüder-Grimm-Str.70 ☎0663-963131 開8:30〜12:00、13:30〜16:00（金・土曜13:30〜15:30、10〜３月は金曜8:30〜13:00） 休日曜、祝日、冬季土曜）

■アールスフェルト
●フランクフルト→ICE約55分→フルダ→RE45分（２時間毎）／€33 ⓘ：住Markt13 ☎06631-9110243 開9:00〜18:00（土曜10:00〜14:00） 休日曜

■ハン・ミュンデン
●カッセル・ヴィルヘルムスヘーエ→RE17分（１時間１〜３本）／€5 ⓘ：住Lotzestr. 2 ☎05541-75313 開8:00〜17:00（土曜10:00〜15:00、日曜11:00〜15:00）10〜４月9:00〜16:00（金曜9:00〜13:00） 休冬季土・日曜

■ボーデン・ヴェルダー
●ハノーファー→S5 45分→ハーメルン→バス40分（１時間１〜２本）／約€11 ⓘ：住Münchhausen-platz 3 ☎05533-40541 開9:00〜12:30、14:00〜16:00、冬季9:00〜12:00 休土曜午後、日曜、祝日

リューベックのシンボル的存在、ホルステン門

エリア 10

ハンブルク＆北ドイツ

ハンブルク

リューベック

リューネブルク

ツェレ

ハノーファー

シュターデ

メルン

シュヴェリーン

ロストック

シュトラールズント

アウトシュタット

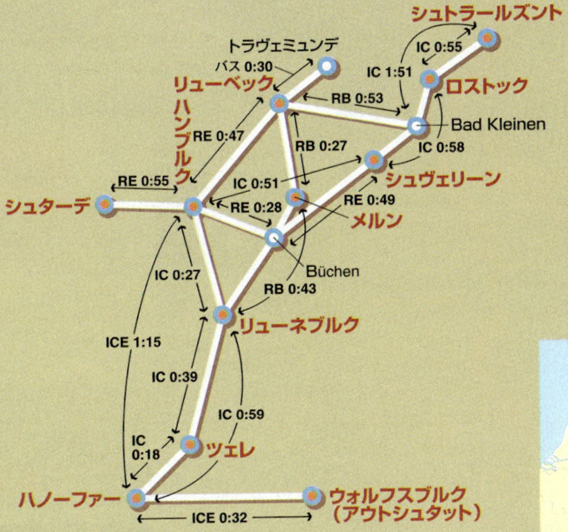

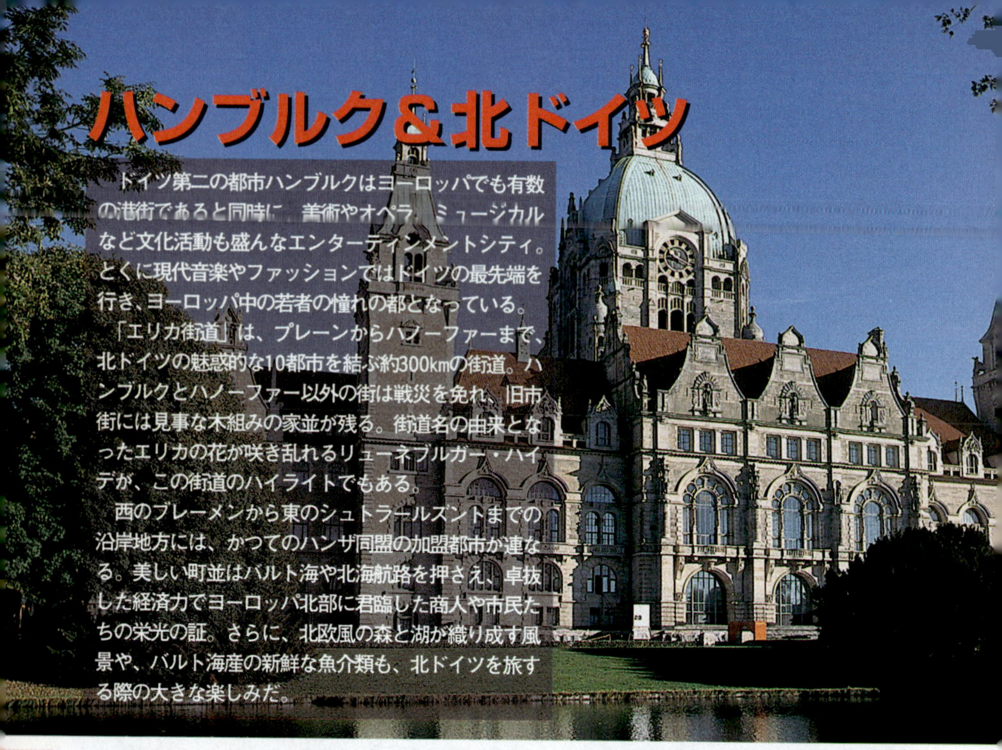

ハンブルク＆北ドイツ

　ドイツ第二の都市ハンブルクはヨーロッパでも有数の港街であると同時に、美術やオペラ、ミュージカルなど文化活動も盛んなエンターテインメントシティ。とくに現代音楽やファッションではドイツの最先端を行き、ヨーロッパ中の若者の憧れの都となっている。

「エリカ街道」は、ブレーンからハノーファーまで、北ドイツの魅惑的な10都市を結ぶ約300kmの街道。ハンブルクとハノーファー以外の街は戦災を免れ、旧市街には見事な木組みの家並が残る。街道名の由来となったエリカの花が咲き乱れるリューネブルガー・ハイデが、この街道のハイライトでもある。

　西のブレーメンから東のシュトラールズントまでの沿岸地方には、かつてのハンザ同盟の加盟都市が連なる。美しい町並はバルト海や北海航路を押さえ、卓抜した経済力でヨーロッパ北部に君臨した商人や市民たちの栄光の証。さらに、北欧風の森と湖が織り成す風景や、バルト海産の新鮮な魚介類も、北ドイツを旅する際の大きな楽しみだ。

川に囲まれたリューベック旧市街地

ハノーファー市庁舎。ドームの上は展望台になっている

ADVICE アドバイス

アクセス ハンブルクを中心とした鉄道網が発達し、エリカ街道や北ドイツのほとんどの街までスムーズに到達できる。シュターデやメルンなどローカル線沿線の街でも、1時間あたり1～2本と比較的運行本数が多く、鉄道旅行者にとってはうれしい地域。東部のシュベリーンやロストック、シュトラールズント、リューゲン島へは、ベルリンからも直行列車が運転されている。

全体に平坦な地形なので、冬季を除き、レンタカードライブも楽しめるが、旧東ドイツ圏では今でも道路の改良工事が多く、思わぬところで渋滞に巻き込まれることがある。

気候・服装 夏季は、空気も乾燥し、爽やかな晴天がつづいて旅行には最適の季節。日中はかなり気温も上がるが、日没後は冷え込むこともあるので、真夏でも長袖のシャツや薄手の上着を用意しておいた方がいいだろう。

冬季はさぞかし寒いだろうと思われがちだが、北海に流れ込む暖流（メキシコ湾流）の影響で、意外にもアルプス山麓の南ドイツより暖かい日が多い。ハンブルクの1月の日中の平均気温は2℃、夜間でも－3℃ほど。とはいってもやはりそれなりの防寒対策は必要。とくに足元は、積雪や路面の凍結に備えて、滑りにくい靴を選ぼう。

KEYWORD キーワード

ハンザ都市同盟

ハンザとはもともと「商人仲間」の意味。通商、交易上の利益保護を目的として結成されたもので、王侯貴族の支配を受けない皇帝直属の自由都市の連合体。その最盛期は13世紀後半から15世紀にかけてで、ドイツ北部を中心に100以上の加盟都市があった。車のナンバープレートの頭に「H」の文字を持つ都市（ハンブルク＝HH、リューベック＝HLなど）の多くは、かつてのハンザ都市。

建物の尖塔はハンザ都市の特徴

シーフード［各地］

北海とバルト海に面したこの地方では、当然、新鮮なシーフードが食卓を飾ることが多い。ウナギスープAalsuppe、酢漬けニシンMatjesfilet、カレイ、舌ビラメ、サーモンなどのグリルやムニエルがその代表格。シーフード専門のレストランも多く、ヴァルネミュンデなど、港街の漁港近くには、魚のフライやソテーのサンドイッチの屋台もある。

小ウナギのブツ切りを煮込んだアールズッペ

ハイデとエリカ［リューネブルガー・ハイデなど］

ハイデは氷河によってもたらされた、膨大な量の砂や砂利が風雨にさらされて生まれた地形で、地味は痩せ、背の低い灌木とエリカだけが生育する原野。この荒々しい原野を、夏の一時期だけ赤紫の絨毯に変えてしまうエリカ（英語名はヒース）は、8～9月にピンク、赤、紫などの可憐な花を結び、最近では鑑賞用としての人気も高まっている。

シュレスヴィヒ・ホルシュタイン音楽祭

毎年6月末から約2カ月に渡って、ハンブルクやリューベックなど北ドイツの各地で催される大音楽祭で、世界中から一流のオーケストラやピアニスト、シンガーが参加する。期間中に100回以上を超えるといわれるコンサートは、古城や教会、野外劇場をはじめ、農家の牛舎や納屋などで開催されることもある。内容も幅広く、クラシックから現代音楽まで、あらゆるジャンルをカバーしている。日程など詳細は各❶へ。

HAMBURG

ハンブルク

p.8-B　■人口＝173万人　■街の規模＝徒歩、S、Uで3日

近代的な大都会というイメージのハンブルク。だが街の創立は8～9世紀ごろまでさかのぼり、中世にはハンザ都市として繁栄した、華やかな歴史に彩られている。

★★ 旧市街、港や倉庫街

★★ 聖ミヒャエル教会、聖ニコライ教会、聖ペテロ教会など

★★★ ハンブルク市立美術館、美術工芸博物館、アルトナ博物館など

★ アーレンスブルク

★★★ ミュージカル、オペラ、ライブハウス、ビートルズなど

★★★ ハンブルクブランド（ジル・サンダー、ヨープ）など、

★ ハンブルク大学（とくに日本学科）

★★ アールズッペなどバルト海のシーフード、ラプスカウスなどの郷土料理

ハンブルクの駅

市内の中央駅Hauptbahnhof、ダムトーア駅Dammtor、アルトナ駅Altonaと、郊外のハールブルク駅Harburgの4駅。各駅ともSやUと接続。ほとんどのICEやICはアルトナ駅が終点なので、中央駅で下車するときは乗り過ごさないように注意しよう。

●市内交通
HP www.hvv.de

時計塔がそびえる中央駅。構内にある多くのレストランやショップは、日曜でも営業している

アルスター運河越しの市庁舎

ハンブルク・フュールスビュッテル空港

ドイツ、ヨーロッパの主要都市と結ばれている。日本からはフランクフルト空港乗り継ぎが便利で、乗り継ぎ時間を含め所要は約13時間。ベルリンからは約50分。ルフトハンザなど主要航空会社はターミナル4に発着する。

空港から市内へ

■**シャトルバス**：中央駅東口まで直行、約25分。5:45～24:00の間に5分おき。片道€5、往復€7。

■**エアポート・エクスプレス**(110番バス)：S1,11、U1のオールスドルフ駅Ohlsdorfとの間を往復。所要約10分。駅から市内まで約20分。片道€2.40。ハンブルクカード可。

■**タクシー**：市の中心部まで約30分、約€20。

鉄道によるアクセス

ドイツ各都市とICEなど、ヨーロッパの主要都市とECなどで結ばれる。フランクフルト→ICE（約3時間40分）→ハンブルク[1時間1本／€93]、ベルリン→IC、ICE、EC（約1時間35分～2時間）→ハンブルク[1時間1本／€48～]

市内交通

市内交通は、**Uバーン**、**Sバーン**、**Aバーン**（郊外鉄道）、**バス**、**定期運航船**など、ハンブルク交通連盟（HVV）加盟のすべての交通機関が共通料金で、相互の乗り換えが可能。チケットはゾーン制で、€1.50、€2.40、€3.85、€4.95、€6.25の5種

ハンブルクの市外局番☎040

POINT ハンブルクの危険地帯 総じて治安状態はよいが、注意したいエリアは夜間の中央駅構内や東口ホテル街の裏道一帯と、レーパーバーンの裏通り。凶悪犯罪は少ないが、ジャンキーや浮浪者、酔っ払いが多く、不快な目に合うこともある。

類。1日乗車券もある。購入は駅の自動販売機で。ハンブルクカードがあれば、すべてのHVVが乗り放題。改札はないがときどき車内検札があるので、切符やカードは常時携帯を。路線図はℹや中央駅構内のHVVインフォメーション、各ホテルなどで。

U/S/A 市内の鉄道には、Uが1、2、3の3路線、Sが1、2、3、4、5、11、21、31の8路線、Aが1、2、3の3路線あって、S5を除くSとUの全路線は中央駅で接続している。運行時間は5:00～24:00前後。

バス バスターミナルZOBは中央駅の南東。路線数や便数は多いが、経路が複雑なので、まず路線図を入手しよう。U、S、一般バス便が終了した深夜から早朝の間は、市庁舎前広場から600番台の深夜バスが各方面へ運行。

タクシー タクシースタンドの利用が基本だが、路上で手を上げてつかまえられる。基本料金は€2.10で、以後11kmまで1km毎に€1.60、12km以降は1km毎に€1.28ずつ加算される。

●ハンブルクカード

市内交通（HVV）乗り放題、11カ所の市立の美術館、博物館の入場料、市内観光、港巡りなどが割引になる特典がある。購入はホテルか市内3カ所のℹで。

1日券：大人€7.30（子供3人同行可）、グループ用€13.50（5人）

3日券：大人€15（子供3人同行可）、グループ用€23.90（5人）

u2
↑テレビ塔へ
プランテン・ウン・ブローメン公園 p.370
Planten un Blomen
日本庭園
Japan-Garten
Jungiusstr.
ハンブルク見本市会場
Hamburg-Messehallen
Marseiller Str.
Botan. Institut
旧植物園
Alter Botanischer Garten
Ⓢ ダムトーア駅
Dammtor
u1
Karolinen Str.
メッセハーレン駅
Messehallen
A
Jungiusstr.
シュテファンスプラッツ駅
Stephans Platz
B
Theodor-Heuss-Pl.
Holsten Glacis
Untersuchungsgefängnis
ザンクト・パウリ
SANKT-PAULI
ゴルヒ・フォック・ヴァル
Gorch Fock Wall
アルスターホーフ
まつみ
Caffamacher-Reihe
Dammtorwall
p.379 アラメーダ
Strafjustizgebäude
クライネヴァル公園
Kleine Wallanlagen
Landesjustizuerw.
Dammtorstr.
p.373
ハンブルク国立歌劇場
Hamburg Staatsoper
Feldstrasse
Sievekingpl.
Hygien. Inst.
Drehbahn
Colonnaden
ゲンゼマルクト P.375
p.373 ムジークハレ
ゲンゼマルクト駅
Gänsemarkt
Büschstr.
Karl-Muck-Pl.
Drag Valentinskamp
ゲンゼマルクト・パッサージェ
Gänsemarkt
Passage
裁判所
Ziviljustizgeb.
ゲンゼマルクト p.375
Gänsemarkt
カイザー・ヴィルヘルム通り
ノイシュタット
NEU-STADT
マリオット
ノイアーゲンゼマルクト
Neuer Gänsemarkt
グローセヴァル公園
Grosse Wallanlagen
ABC Str.
ハンブルガーホーフ
Hamburger Hof
Glacischaussee
Holstenwall
国立公文書館
Staatsarchiv
Fuhlentwiete
Hohe Bleichen
ハンザ・フィアテル
Hansa Viertel
Bleichen
Neustädter Str.
Kaiser-Wilhelm-Str.
ギャレーリア
Galleria
Gr.
Poststr.
366
ホルステンヴァル
Pilatuspool
Kohlhöfen
Hummel
Denkmal
Kornträgergang
E
F
ルネサンス
アルテポスト
Alte Post
Hütten
Rademachergang
Axel-Springer-Pl.
カウフマンハウス
Kaufmannhaus
ブライヒェンホーフ
Bleichenhof
ハンブルク歴史博物館 p.372
Museum für Hamburgische Geschichte
Thielbek
Beh. f. Ernährung
Bleichen fleet
Neuer Wall
ブラームス記念館 p.372
Johannes-Brahms Gedenkstätte
Wex str.
Vermessungsamt
Stadthausbr.
Bleichen
Adolphs
経済省
Wirtschaftsbehörde
Grossneumarkt
Neander-str.
Alter Steinweg
建設省
Baubehörde
Neuer Wall
Neuer Steinweg
シュタットハウスブリュッケ駅
Stadthausbr.
郵便局
Alter Wall
←レーパーバーンへ
ルートヴィヒ・エアハルト通り
Ludwig Erhard Str.
シュタイゲンベルガー
ビスマルク像
Bismarckdenkmal
p.370 聖ミヒャエル教会
St. Michaelis-Kirche
Ob-Finanzdir.
Herrengrab.-Brücke
Gr. Burstah
レーディングスマルクト駅
Rödingsmarkt
オールド・コマーシャル・ルーム p.376
旧商工組合
福祉住宅
p.368
Böhmkenstr.
クライエカンプ通り
krayenkampstr.
M. Luther Str.
Herrengraben
聖ニコライ教会廃墟
St.Nikolai Kirche
Alsterfleet
アルスターフリート
Admiralität
Rödingsmarkt
旧市街（アルトハンブルク）
AITSTADT
YH p.368
Venusberg
ラントゥングスブリュッケン駅
St. Pauli Landungsbr.
Schaarsteinweg
Deichstr.
ダイヒグラフ p.376
I
J
ラントゥングスブリュッケン駅
Landungsbrücken
Schaarmarkt
Mattentwiete
ダイヒ通り
ニコライフリート
Ditmar-Koel-Str.
u3
Karpfangerstr.
カイエン
Kajen
←ザンクト・パウリ桟橋へ
Stubbenhuk
O.-Sill.-Br.
バウムヴァル駅
Baumwall
リックマー・リックマース（船の博物館）p.371
Rickmer Rickmers
p.373 ミニチュア・ワンダーランド
Miniatur Wunderland
ハンブルク港 p.371
Hamburg Hafen
Jahannis-Vorsetzen
Baumwall
Binnenhafen
Kehrwieder Brook
エルベ川
Erbe
キャプ・サンディエゴ p.371
Cap San Diego
ハンブルク・ダンジョン p.373
Hamburg Dungeon

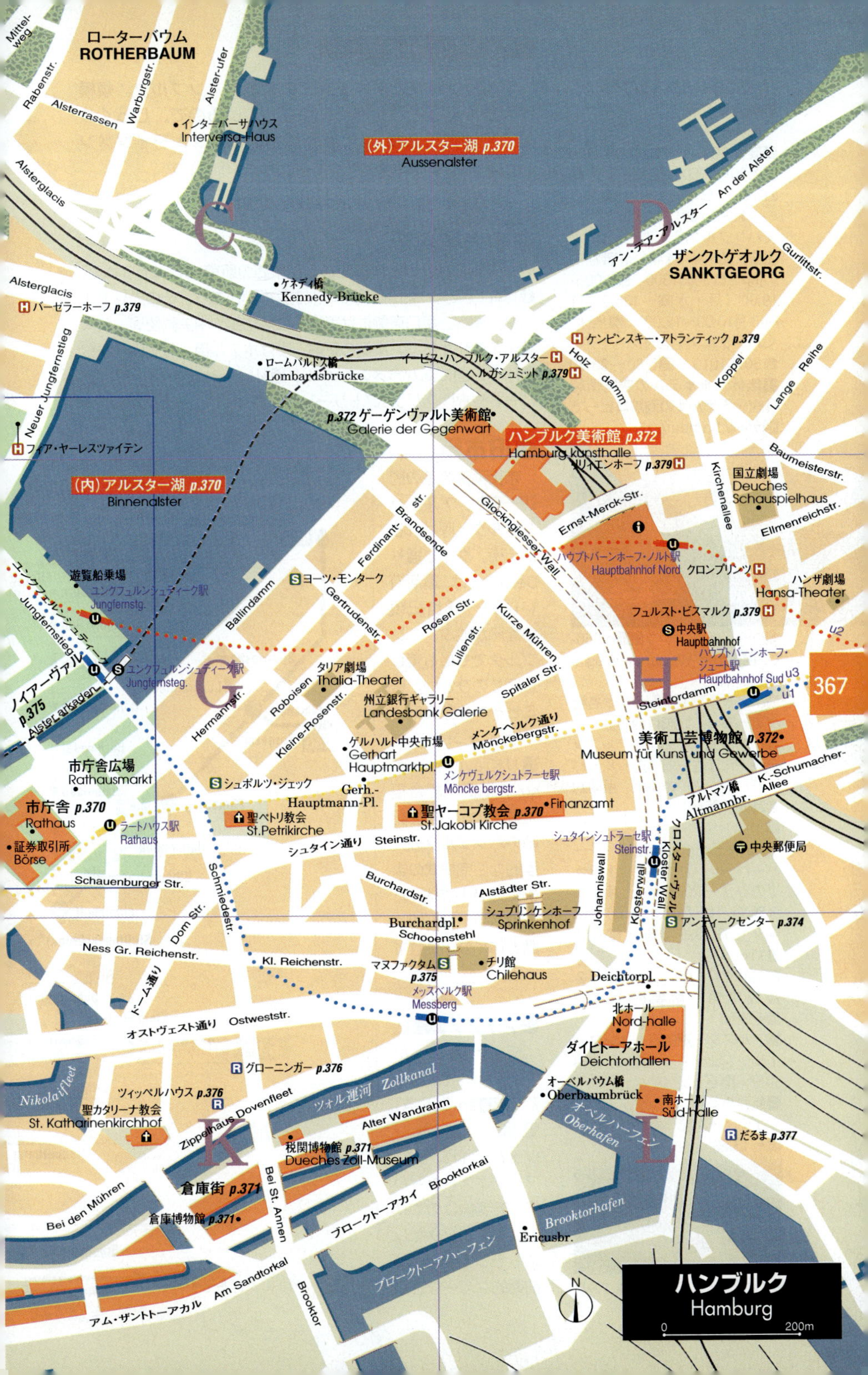

ローターバウム
ROTHERBAUM
Mittel-weg
Rabenstr.
Alsterrassen
Warburgstr.
Alster-ufer
インターバーサハウス
Interversa-Haus
(外)アルスター湖 p.370
Aussenalster
Alsterglacis
C
D
アン・デア・アルスター
An der Alster
ザンクトゲオルク
SANKTGEORG
Gurlittstr.
Alsterglacis
ケネディ橋
Kennedy-Brücke
バーゼラーホーフ p.379
ケンピンスキー・アトランティック p.379
イービス・ハンブルク・アルスター
ヘルガシュミット p.379
Holz damm
Koppel
Lange Reihe
ロームバルドス橋
Lombardsbrücke
Neuer Jungfernstieg
p.372 ゲーゲンヴァルト美術館
Galerie der Gegenwart
ハンブルク美術館 p.372
Hamburg kunsthalle
ソリィエンホーフ p.379
Baumeisterstr.
フィア・ヤーレスツァイテン
(内)アルスター湖 p.370
Binnenalster
Kirchenallee
国立劇場
Deuches Schauspielhaus
Ellmenreichstr.
Ernst-Merck-Str.
Glockngiesser Wall
Brandsende
Ferdinand-str.
ハウプトバーンホーフ・ノルト駅
Hauptbahnhof Nord
クロンプリンツ
ハンザ劇場
Hansa-Theater
遊覧船乗場
ユンクフェルンシュティーク駅
Jungfernstg.
ヨーツ・モンターク
Gertrudenstr.
Ballindamm
Rosen Str.
Kurze Mühren
Lilienstr.
フュルスト・ビスマルク p.379
中央駅
Hauptbahnhof
ハウプトバーンホーフ・ジュート駅
Hauptbahnhof Sud
u2
u3
u1
367
Jungfernstieg
ユンクフェルンシュティーク
ユンクフェルンシュティーク駅
Jungfernsteg.
ノイアーヴァル p.375
Alster arkaden
G
H
タリア劇場
Thalia-Theater
Spitaler Str.
Steintordamm
州立銀行ギャラリー
Landesbank Galerie
Hermannstr.
Roboisen
Kleine-Rosenstr.
メンケベルク通り
Mönckebergstr.
美術工芸博物館 p.372
Museum für Kunst und Gewerbe
ゲルハルト中央市場
Gerhart Hauptmarktpl.
市庁舎広場
Rathausmarkt
シュポルツ・ジェック
メンケヴェルクシュトラーセ駅
Möncke bergstr.
Gerh.-Hauptmann-Pl.
アルトマン橋
Altmannbr.
K.-Schumacher-Allee
市庁舎 p.370
Rathaus
聖ペトリ教会
St.Petrikirche
聖ヤーコプ教会 p.370
St.Jakobi Kirche
Finanzamt
ラートハウス駅
Rathaus
証券取引所
Börse
シュタイン通り
Steinstr.
シュタインシュトラーセ駅
Steinstr.
クロスター・ヴァル
Kloster Wall
中央郵便局
Schauenburger Str.
Schmiedestr.
Burchardstr.
Alstädter Str.
Johanniswall
Klosterwall
シュプリンケンホーフ
Sprinkenhof
Burchardpl.
Schooenstehl
アンティークセンター p.374
Dom Str.
Ness Gr. Reichenstr.
Kl. Reichenstr.
マヌファクタム p.375
チリ館
Chilehaus
Deichtorpl.
ドーム通り
メッスベルク駅
Messberg
北ホール
Nord-halle
オストヴェスト通り
Ostweststr.
ダイヒトーアホール
Deichtorhallen
グローニンガー p.376
ツォル運河 Zollkanal
オーベルバウム橋
Oberbaumbrück
南ホール
Süd-halle
Nikolaifleet
ツィッペルハウス p.376
聖カタリーナ教会
St. Katharinenkirchhof
Zippelhaus
Dovenfleet
Alter Wandrahm
オベルハーフェン
Oberhafen
だるま p.377
K
L
税関博物館 p.371
Dueches Zoll-Museum
倉庫街 p.371
Bei St. Annen
Bei den Mühren
倉庫博物館 p.371
ブロークトーアカイ
Brooktorkai
Brooktorhafen
Ericusbr.
ブロークトーアハーフェン
Am Sandtorkai
アム・ザントトーアカル
Brooktor
N
ハンブルク
Hamburg
0
200m

INFORMATION

❶観光案内所
＜中央駅構内＞
MAP p.367-H　☎30051300
開7.00～22:00（11～3月～21:00）、日曜9:00～21:00（11～3月～20:00）　休無休
＜ハンブルク港＞
MAP p.365-A（4番、5番桟橋の間）　☎30051300　開8:00～19:00（月・水曜～18:00、11～3月10:00～18:00）　休無休
＜ハンブルク空港内＞
☎50751010　開5:30～23:30　休無休　＊ホテルの空室情報はターミナル4の到着ロビーで
HP www.hamburg.de

●ユースホステル：MAP p.366-I　住Alfred Wegener Weg 5　☎313488
●ツアー情報（下記のほか各種ツアーあり。詳細は❶で。）
■市内観光：中央駅～アルスター湖～市庁舎～旧市街～レーパーバーン～港～倉庫街　所要約2時間　料€13
■ナイトツアー（徒歩）：中央駅～TV塔上から夜景見物～レーパーバーン（パブ～ナイトクラブのショー）20:00から　所要約3時間（終了は23:00頃）　※金・土曜のみ実施／料€30　休11～3月
■港めぐり：ザンクトパウリ2番桟橋発　所要約1時間　料€8.50
■アルスター湖遊覧：ユンクフェルンシュティーク発　所要約50分　料€9.50
■運河めぐり：ユンクフェルンシュティーク発　所要約2時間　料€13.50

港を中心に発達してきたハンブルク

ハンブルクの市外局番☎040

ベルリンに次ぐドイツ第二の大都会ハンブルク。規模が大きく見どころも各所に点在しているので、じっくり見るには数日必要。また欧州屈指のエンターテインメント・シティでもある。

街のしくみ 楽しみ方 ヨーロッパ有数の港町！

●中央駅周辺

中央駅には北口と南口があり、東西の駅前広場に出られる。❶は北口東側。北口西側には市立美術館があり、その先はアルスター湖畔。南口東側には美術工芸博物館や中央郵便局、バスターミナルがある。東側の駅前一帯はホテル街。西側広場から市庁舎方面に向かう**メンケベルク通り**Mönckebergstr.は、デパートや専門店が並ぶストリート。

●旧市街

市街南部の港の周辺一帯が、**アルトハンブルク**と呼ばれる旧市街。**ダイヒ通り**Deichstr.は、運河沿いに17～18世紀頃の倉庫が並ぶ、ハンブルクでも最も美しい通りのひとつ。聖ミヒャエル教会東の**クライェンカンプ通り**Krayenkamp-str.の旧商工組合福祉住宅は、17世紀頃のハンブルクの典型的な住宅様式のままに残されており、その内の1軒が博物館として公開されている。

●シャンツェ地区

シュテルンシャンツェSternschanze駅（MAP p.365-A）周辺は、通称シャンツェと呼ばれ、学生、アーティストたちが集う若者向けのエリア。エスニックなレストランや雑貨屋、前衛的なバーなどが

多くあり、ちょっと猥雑な雰囲気だが、新しい文化の発信地として知られる。シャンツェンシュテルン（p.379）のような安宿も何軒かある。

●ザンクト・パウリ

レーパーバーン

「世界で最も罪深い1マイル」と呼ばれる**レーパーバーン**Reeperbahn（MAP p.365-A）を中心とした歓楽街。きらびやかなネオンに彩られたレストランやナイトクラブ、セックスショップなどが軒を連ね、一晩中人通りが絶えない。健全な店も多いが、路地奥や客引きのいる店は避けたほうが無難。表通りの「OKマーク」のある店なら一応安全。「飾り窓」で有名な**ヘルベルト通り**Herbertstr.は、女性と未成年者は立ち入り禁止。

●郊外の見どころ

郊外にあるアーレンスブルク城（S4 Ahrensburg下車徒歩15分）は1595年に建てられたルネサンス様式の華麗な城。エリカ街道のシュターデ（p.396）やメルン（p.396）は、宿泊施設が少ないので、ハンブルクを基点に往復すると便利。リューネブルガー・ハイデ（p.385）へも、ハンブルク発着のバス＆馬車ツアーがある。

市庁舎 ★★
Rathaus

map p.375-G

● U3 Rathaus《ラートハウス》から徒歩1分

1886～97年建造のネオ・ルネサンス様式の建物で、高さ112mの塔を持つハンブルクのシンボル。豪壮な階段ホールや、華麗な壁画で彩られた大広間など647室もある館内の一部は、ガイドツアー（30分毎）で見学できる。

開10:00～15:00（金～日曜10:00～13:00） 休無休 料€2 ☎42831-2064

地下にはレストラン、ラーツワインケラーも

聖ヤーコプ教会 ★★
St. Jakobi Kirche

map p.367-H

● U3 Mönckebergstr.《メンケベルガーシュトラーセ》から徒歩1分

14世紀創建の市教会。聖ルカ（1499）や聖ペーター（1508）の祭壇、大理石の説教壇（1610）など見どころが多い。なかでもバッハも演奏したアルプ・シュニットガー作のパイプオルガン（1693）は必見。

開10:00～19:00（日曜は10:00～12:00のみミセを実施） 休無休 料無料

モダンな塔の外装は戦後の再建

聖ミヒャエル教会 ★★
St. Michaelis Kirche

map p.366-I

● S,1,2,3 Stadthausbrücke《シュタットハウスブリュッケ》から徒歩8分

旧市街に立つ1762年創建のバロックの教会。塔の高さは132m。82mのところに、市内やアルスター湖、エルベ川、ハンブルク港を一望できる展望台がある。

〈塔〉開9:00～18:00（日曜11:30～17:30、11～4月10:30～16:30） 休無休 料€2.50 ☎37678100

12:00にパイプオルガンの演奏がある

西岸のアルスター公園には日本の桜も見られる

アルスター湖 ★★
Alster See

map p.367-D・G

ハンブルクは市街面積の10%が水面という水の都で、橋の数はベネチアよりも多くヨーロッパー。アルスター湖は、13世紀初頭に造られた184ヘクタールの人造湖。大都会の風景に潤いを与え、夏はヨットなどのマリンスポーツ、冬は巨大スケートリンクとして、市民のレジャーの場になっている。

湖と運河巡りの遊覧船はJungfernstieg乗場から

プランテン・ウン・ブローメン公園 ★★
Planten un Blomen

map p.366-A

● S11,21,31 Dammtor《ダムトーア》から徒歩1分

緑の丘と池のある美しい公園。ヨーロッパ最大級の日本庭園がある他、夜には噴水と光が織りなすイルミネーションショー（5～8月の22:00、9月は21:00）が催される。植物園やメッセ会場、高さ約280mのテレビ塔なども隣接。

開7:00～23:00（10月～3月～20:00、4月～22:00） 休無休 料無料

園内には茶室と日本庭園も設けられている

ハーゲンベック動物園 ★★
Hagenbeck Tierpark

map p.365-A

● U2 Hagenbecks《ハーゲンベックス》 Tierpark《ティアパーク》から徒歩7分

檻や柵を使わない飼育をしているということで世界的に有名な動物園。約370種、2100匹の動物が、人間用の通路とは深い堀や薮で隔てられただけで、放し飼いにされている。

開9:00～17:00（10～3月9:00～16:30） 休無休 料€14.50

もっとも身近に動物と接することができる動物園

わがままレポート

ハンブルク港 ★★★

Hamburg Hafen

map p.366-I・J、p.367-K

港めぐりと倉庫街

ハンブルク港は毎月1000隻以上の船が出入りし、年間の貨物の取扱量は6500万トンを超える、ドイツ最大、河川港としては世界最大規模の港。北海から100km以上もさかのぼった内陸を1万トンクラスの大型船が行き来するエルベ川は、日本の河川では見ることのできない、大陸の大河の貫禄に満ちている。

港観光の中心は、ⓘや港巡りの遊覧船乗場のあるザンクト・パウリ桟橋（S1～3 U3 Landungsbrückenから徒歩3分）。ここから西へ徒歩6～7分のフィッシュマルクトでは、日曜の5:00～9:30（11/1～3/31は7:00～9:30）の間、1703年以来の伝統ある市が開かれる。魚から花、果物、衣類、雑貨、ペットまで、何でもありの巨大マーケット。建物内はビアホール兼ライブハウスで、早朝とは思えない盛り上がりを見せている。

昼前には叩き売りが始まる

旧エルベトンネルは車も人もエレベーターで地下に下る

ザンクト・パウリ桟橋の東、緑色も鮮やかな3本マストの帆船が**船の博物館「リックマー・リックマース」**（MAP p.366-I S1～3 U3 Landungsbrücken《ランドゥングスブリュッケン》から徒歩5分 開10:00～18:00 休無休 料€3 ☎3195959）。1983年に建造当時の姿に復元され、博物館としてオープン。船内には海鮮レストランも。隣の桟橋の「キャプ・サンディエゴ」（MAP p.366-I 開10:00～18:00 休無休 料€6 ☎364209）は、南米航路の貨客船を使った博物館。

1893年の処女航海では、香港まで行った

総面積は87㎢もある広大な港

旧市街のエルベ川沿いは、いくつもの運河に面してレンガ造りの倉庫が並ぶ一角。**倉庫博物館**（MAP p.367-K U1 Messbergから徒歩7分 開10:00～17:00 休月曜 料€2.80 ☎321191）、**税関博物館**（MAP p.367-K U1 Messberg《メスベルク》から徒歩5分 開10:00～17:00 休月曜 料無料 ☎30087611）は、ともに港や貿易の歴史などを知る格好のミニ博物館。

市街西郊のウェルカムポイントは、日の出から日没の間（夏季は8:00～20:00）、港に出入りする船に対し、それぞれの国旗と国歌で挨拶を送るシップ・グリーティング施設。建物の地下には**ボトルシップ博物館**（MAP p.365-A S1 Wedelからバス189番 開10:00～18:00 休11～2月の月～金曜 料€1.50 ☎04103-92000）を併設する。

密輸の道具や偽ブランド品など、ユニークな展示が興味深い税関博物館

港の倉庫街

2階奥のムンクやクレーの展示は秀逸

ハンブルク美術館/ゲーゲンヴァルト美術館 ★★★
Hamburg Kunsthalle/Galerie der Gegenwart

map p.367-D

●中央駅から徒歩1分

ゴシックから現代美術までの膨大なコレクションを有する美術館。なかでも19世紀からドイツ表現主義に至る作品群や、エッチングが充実。中世絵画では、マイスター・ベトラム作の『グラボーの祭壇』が見逃せない。

北隣には1997年に開館したゲーゲンヴァルト美術館があり、ウォーホールなど60年代以降の現代美術を展示している。

＜両館共通＞開10:00～18:00（木曜～21:00）休月曜　料€8.50（ハンブルクカード有効）

☎428131200

両美術館は地下でつながり、料金は共通

美術工芸博物館 ★★
Museum für Kunst und Gewerbe

map p.367-H

●中央駅から徒歩2分

古代から現代に至る彫刻、陶磁器、家具などの工芸品の充実したコレクションを誇る。コンサートや日本茶室での茶会なども開催。AVによる作品や製作工程の紹介も行なう。

開10:00～18:00（木曜～21:00）休月曜

料€8.20（ハンブルクカード有効）

☎4281342732

ユーゲントシュティール関係の展示は世界有数

1650年から現代に至る精密な街の模型は必見

ハンブルク歴史博物館 ★★
Museum für Hamburgische Geschichte

map p.366-E

●U3 St.Pauli《ザンクトパウリ》から徒歩5分

昔の町並を再現した模型など、ハンブルクの歴史や文化を知るためには格好の博物館。とくに、帆船から豪華客船までの船や、港の発達の様子を展示した航海関係室が充実。

開10:00～17:00（日曜10:00～18:00）休月曜

料€7.50（ハンブルクカード有効）

☎4281322380

アルトナ博物館 ★★
Altonaer Museum

map p.365-A

●アルトナ駅から徒歩5分

かつてはハンブルク郊外の港街だったアルトナ。貿易港のハンブルクとは少し異なった、漁村としての一面もあった昔の姿をさまざまな形で再現した博物館。街や船の模型をはじめ、漁師の道具や民家、19世紀末ごろの商店などの展示が興味深い。膨大な船首像のコレクション、18～19世紀の村を描いた絵画などの展示も充実。

開11:00～18:00　休月曜　料€6（ハンブルクカード有効）

藁葺きの居酒屋をレストランとして再現

ブラームス記念館 ★★
Brahms-Gedenkstätte

map p.366-E

●U3 St.Pauli《ザンクトパウリ》から徒歩7分

ハンブルク出身の作曲家ブラームスが使用した机やピアノ、関連資料を展示する博物館。生家は空襲で消失し、記念碑だけが残る。

開火・木曜10:00～13:00（第1日曜10:00～14:00）

休金～月・水曜　料€3

☎452158

記念館のあるPeterstr.は18世紀の町並を再現

イェーニッシュ公園 ★★
Jenisch-Park

map p.365-A

● S1,11 Klein Flottbek《クライン フローベック》から徒歩10分

ハンブルクでも有数の高級住宅地、エルブシャウスゼーの一角にある公園。エルベ川を望む段丘上の、多くの樹木と一面の芝生に彩られた緑豊かな環境にある。園内の**イェーニッシュハウス**は18世紀ごろの白亜の貴族の住居で、館内を公開。家具や調度品など、往時の貴族の暮らしぶりを知ることができる。**バーラッハハウス**では、郷土の作家、エルンスト・バーラッハの100点あまりの彫刻と、版画やデッサンを展示。視力障害者が作品に直接触れて鑑賞することもできる。

イェーニッシュハウスの見学はスリッパで

［イェーニッシュハウス］ 開11:00〜18:00 休月曜 料€4.50（ハンブルクカード有効）／［バーラッハハウス］ 開11:00〜18:00 休月曜 料€4

Check-Check! ハンブルクのエンターテインメント

ブラームスが生まれ、ビートルズがデビューした街ハンブルクは、ヨーロッパでも有数のエンターテイメント・シティー。クラシックはもちろん、オペラ、バレエ、ミュージカル、ライブなど、あらゆる楽しみが集まっている。1678年創立のハンブルク国立歌劇場（MAPp.366-B）では、毎年８月末〜６月末にオペラとバレエの公演が行われる。オペラは毎シーズン、新演出の作品を発表。来日公演でお馴染みの天才振り付け師ジョン・ノイマイヤー率いるハンブルクバレエの人気も高い。ハンブルク交響楽団、北ドイツ放送交響楽団、ハンブルク国立フィルハーモニーなどの演奏は、ムジークハレ（MAPp.366-A）で聴くことができる。

ヨーロッパ大陸で初めてミュージカルが上陸したハンブルク。港内劇場（MAPp.365-A）では『ライオン・キング』が、オペレッタハウス（MAPp.365-A）はABBAの歌曲が楽しめる『マンマ・ミーア！』が、ノイエ・フローラ（MAPp.365-A）では『ダーティー・ダンシング』などが上演されている。

マニアじゃないから、もっとお気軽なエンターテイメントを、という人にはフィッシュマルクト（MAPp.365-A）の日曜午前のライブもおすすめ。地元バンドの懐かしのロックで盛り上がる。

ジョン・ノイマイヤーの『白鳥の湖』

朝から踊るフィッシュマルクト

倉庫街、人気のアミューズメント施設！

倉庫街には人気のアミューズメント施設がいくつかある。ハンブルク・ダンジョンというスリラー館は、街の大火やバイキングの来襲などの暗黒史を、お化け屋敷形式（？）で紹介したユニークな施設。言葉の問題はあるが充分楽しめるだろう。また同じ建物にあるミニチュア・ワンダーランドは、世界最大の鉄道ジオラマが自慢。なんと約3500㎡の広さに、レールだけで約９㎞！という圧倒的なスケール。未だに増築中という。精巧なつくりと15分毎に昼夜が入れ替わる演出など、普段は鉄道模型に興味のない大人もきっと大満足！

●Hamburg Dungeon MAPp.366-J U3 Baurmwallから徒歩８分 住Kehrwieder2 開11:00〜18:00（７〜８月は10:00〜） 休無休 料€13.95
●Miniatur Wunderland MAPp.366-J 開9:30〜18:00（火曜〜21:00、土・日・祝日8:45〜20:00） 休無休 料€９、子供€４
HP www.miniatur-wunderland.de
●エンターテインメント関連
●国立歌劇場 HP www.hamburgische-staatsoper.de
●ハンブルクバレエ HP www.hamburgballett.de
●ムジークハレ HP www.laeiszhalle.de
●ミュージカル関連 HP www.stage-entertainment.de

線路だけで9千メートルあるという

ハンブルクの ショップ レストラン ホテル

ショッピングなら市庁舎からゲンゼマルクト周辺にブランドショップが集中していて便利。旧市街や港付近には郷土料理レストランが多い。ナイトライフを過ごすならザンクトパウリで。ホテルが集中しているのは、中央駅周辺やアルスター湖畔。

Jil Sander
ジル・サンダー

ドイツ・トップデザイナーの新ショップ

ドイツを代表する女性デザイナー、ジル・サンダーのショップは、ハンブルク一番のショッピングストリートであるノイエヴァルNeuer Wallの北寄りにある。ファッションセンスと機能性を兼ね備え、素材や仕立ての確かさにも定評のあるジル・サンダーのデザインは、日本でもOLを中心に熱烈なファンも多く、その人気は年々高まっている。

また市街北郊のエレラウEllerau（S3, 21 のEidelstedtから郊外鉄道の A1 に乗り換え）の工場の敷地内には、アウトレットショップも営業中。ここではB級品や、半年から1年落ちのウェアやバッグを、3～7割引きで販売。マニアならわざわざ足を運ぶ価値はあるはず。

エレラウのアウトレットショップは市内から約40分

作品と同じく、シンプルで機能的な新ショップ

map ＜本店＞p.375
●市庁舎から徒歩3分 ■住所 Neuer Wall43 ■TEL 3741290 ■営業 10:00～19:00（土曜～18:00） ■休日 日曜 ■カード VISA、MC、AMEX、DC、JCB

＜アウトレットショップ＞
● A1 Ellerauから徒歩5分 ■住所 Berliner Damm5-11 ■営業 10:00～19:00（土曜～16:00） ■休日 日曜 ■カード VISA、MC、AMEX、JCB

JOOP! STORE
ヨープ

JOOPの人気商品がすべて揃う

ニューヨークでも人気が高いハンブルク出身のデザイナー、ヨープの本店。レディース、メンズの新作、定番物の他、小物や子供服まで充実した品揃え。

map p.375
●市庁舎から徒歩2分
■住所 Neuer Wall 9
■TEL 3576610
■FAX 35766130
■営業 10:00～19:00（土曜～18:00）
■休日 日曜
■カード VISA、MC、AMEX、DC、JCB

Antik Center
アンティークセンター

お宝との巡り合いは運次第！？

39店のアンティークショップと、カフェもある、巨大骨董品市場。絵画や工芸、食器類はもちろん、衣類や古書、時計、楽器、玩具などの専門店まで揃っている。

map p.367-L
●中央駅から徒歩3分
■住所 Klosterwall 9-21
■営業 12:00～18:00（土曜10:00～16:00）
■休日 日・月曜

M. Frey Wien
ミヒャエラ・フライ・ウィーン

手作りのアートジュエリー

24金とエナメルを用いたアート感覚あふれる作品で有名な、ウィーンのジュエリー工房のショップ。「エージャンブルー」などの人気シリーズが揃う。

map p.375
●市庁舎から徒歩3分
■住所 Neuer Wall 7
■TEL 35712413
■FAX 35712415
■営業 10:00～19:00（土曜～18:00）
■休日 日曜
■カード VISA、MC、AMEX、DC、JCB

ハンブルクの市外局番☎040

Manüfactum Warenhaus
マヌファクタム

消えつつある良品を守る

古き良き時代のクラフトマンシップを伝えるべく、市場から消えつつある手工芸品の復刻版などを扱う。クオリティーの高いキッチン用品や雑貨が豊富に揃う。

map p.367-K

- ●U1 Messberg《メスベルク》から徒歩2分
- ■住所　Fischertwiete2(im Chilehaus)
- ■TEL　30087743
- ■営業　10:00～19:00（土曜～18:00）
- ■休日　日曜
- ■カード　VISA、MC、AMEX
- ■www.manufactum.de

ゲンゼマルクト周辺のショッピングアーケード

ジル・サンダー、ヨープ、ラガーフェルトなど、そうそうたるデザイナーを輩出してきたハンブルク。店の種類やその内容、オリジナルブランドなど、ショッピングの楽しみに関しては文句なくドイツで一番。ヨーロッパ全体でも、パリ、ミラノ、ロンドンに次ぐ位置を占めている。

アイグナーは市内に2軒

なかでもブランドショップが集中しているのはアルスター運河北側のノイアーヴァルNeuer Wallを中心とした一角。アイグナー、MCM、ゴルトプファイルなどバッグや靴など皮革製品をはじめ、カルチェ、ロイヤルコペンハーゲン、モン・ブランなど、ファッション、宝飾、陶磁器から文具にいたるさまざまなショップが集中しているので、どの店からのぞこうか困ってしまうほど。

ハンブルクのショッピングのもうひとつの楽しみは、ヨーロッパ最大、9カ所もあるショッピングアーケード巡り。このうち、ノイアーヴァルとゲンゼマルクトの間には、ハンザ・フィアテルなど7カ所のアーケードがある。雨の日でも寒い冬でも楽に買物ができるアーケードの充実ぶりは、さすが北国ならでは。ブランドショップや各種専門店、カフェなどが軒を連ねる中に、ギャラリーや書店、ミュージックショップなど、文化関係のショップも数多い。また、ブライヒェンホーフ内には欧州内でも珍しいヴィトンのアンティークを専門に扱うショップも店舗を構える。

ヘンケルのショップはゲンゼマルクトの北側にある

雨の日でも心配いらない

明るいガラス張りのハンザ・フィアテル

Zippelhaus
ツィッペルハウス ●●●●

ワインが自慢、各国グルメ誌から高い評価

スタイルだけではない本格グルメならここ。とくにワインが自慢で、ドイツのみならず世界各国のワインが豊富に揃う。港の倉庫街に面し、建物は1890年に建てられた。野菜などの貯蔵用倉庫として使われていたという。1995年に内部を改築して現在の姿に。店内は広く、ピアノもあり、落ち着いた雰囲気。壁に絵画が飾られてちょっとしたギャラリーにもなっている。料理はインターナショナルで、とくに海の幸を使ったものがおすすめ。ワイン2種が付く4品コースが€50。6品コースが€69など。

中央に自慢のワインが並ぶ。英語メニューもある

map p.367-K
● U1 Messberg《メスベルク》から徒歩10分
■住所　Zippelhaus 3
■TEL　30380280
■営業　12:00～14:30、18:00～23:00（土曜は夜のみ）
■休日　日曜
■カード　VISA、MC、AMEX
■www.zippelhaus.com

Deichgraf
ダイヒグラフ ●●●●

1769年の火災で唯一焼け残った建物内の魚介レストラン

旧市街の面影がもっともよく残るダイヒ通りの運河沿い。店内にはアンティークの家具や船具が飾られ、港街情緒たっぷり。週末や窓際の席は予約を。

map p.366-J
● U3 Rodingsmarkt《ローディングスマルクト》から徒歩5分
■住所　Deich Str.23
■TEL　364208　■FAX　364268
■営業　11:00～15:00、17:30～22:00（土曜17:00～22:00）
■休日　日曜
■カード　VISA、MC、AMEX、DC

Fischerhaus
フィッシャーハウス ●●

フィッシュマルクトの一角、地元でも人気の魚料理

港に面した庶民派レストランで、味もボリュームも納得の価格。人気のアールズッペは€3.80。野菜もたっぷりの魚料理は€13前後。

map p.365-A
● S1,2,3　U3 Landungs《ランドゥングス》brücken《ブリュッケン》から徒歩15分
■住所　St.Pauli Fischmarkt 14
■TEL　314053
■営業　11:00～23:00
■休日　無休
■カード　VISA、MC
■www.restaurant-fischerhaus.de
※港の眺めが楽しめる側のホールは高め設定の別メニュー

Old Commercial Room
オールド・コマーシャル・ルーム ●●

創業は1795年。ハンブルクの伝統の味を伝え続けるレストラン

聖ミヒャエル教会の正面にあるレストラン。インテリアに船具を用いた港街らしい店内。名物のラプスカウスは€13。日本語メニューあり。

map p.366-I
● S1,2,3 U3 Landungs《ランドゥングス》brücken《ブリュッケン》から徒歩10分
■住所　Englische Planke 10
■TEL　366319
■FAX　366814
■営業　11:00～翌1:00
■休日　無休
■カード　VISA、MC、AMEX、DC、JCB
■www.oldcommercialroom.de

Gröninger
グローニンガー ●●

自家醸造のビールは、街で一番のうまさと評判！

レンガ壁の店内には醸造用の巨大タンクが並び、でき立てのビールが楽しめる。料理は格安のセルフサービス方式。「Brauhaus Hanseat」も同系列店。

map p.367-K
● U1 Messberg《メスベルク》から徒歩7分
■住所　Ost-West-Str.47
■TEL　331381
■営業　11:00～深夜（土曜は17:00～）
■休日　日曜、祝日
■カード　VISA、MC、AMEX、DC
■www.groeninger-hamburg.de

●～€15　●●€15～25　●●●€25～50　●●●●€50～

Check-Check! ハンブルクのカフェ

市庁舎からゲンゼマルクトにかけてのショッピングエリアには、おしゃれなカフェも多くある。ゴディバGodivaはベルギーの有名チョコレート店直営。ここのテラス（夏季のみ）から運河越しの市庁舎の眺めは定番。チョコ付きのドリンクセットを。アルスターパヴィリオン内のアレックスAlexも、内アルスター湖に面した眺めのいいカフェ、休憩にぴったり。

シャンツェ地区探検のすすめ

Sバーンのシュテルンシャンツェ Sternschanze駅を降りた西側、シャンツェン通りSchanzenstr.とシュルターブラット通りSchulterblattに囲まれたあたりは、とくに雑貨店やバーなどが多く集まるアングラっぽい雰囲気のシャンツェ地区（p.368）。おすすめは、小さいけど、とってもおしゃれなフレンチビストロ、ラ・ファミーユLa Famille。クレープやクロックがおいしい。飲み物には地元ハンブルクのコーラ、fritzを。

La Famille。映画のワンシーンのよう

◆ゴディバ　MAP p.375
住 Alsterarkaden12
☎343709　営10:00～19:00（土曜～16:00）休日曜

◆アレックス　MAP p.375
住 Jungfernstieg54
☎3501870　営8:00～翌1:00（金・土曜～翌3:00）休無休

◆ラ・ファミーユ　MAP p.365-A
住 Schulterblatt 62　☎435384
営11:30～24:00（日・祝日は12:00～）休無休

コーラは地元産のfritz

Anna
アンナ

運河のほとりの、本格派トスカーナ料理レストラン

料理はもちろん、スタッフもインテリアも、すべて本格的なイタリアン。ワインコレクションも豊富。日没前後の窓際の席は、ことのほかロマンチック。

map p.375
●市庁舎から徒歩２分
■住所　Bleichenbrücke 2
■TEL　367014
■営業　12:00～14:30、18:00～24:30（料理は22:30まで）
■休日　日曜
■カード　VISA、MC、AMEX、DC

IndoChine
インドシン

仏像とシャンデリアで飾られたおしゃれなウォーターフロント

港の光景もロマンチックな人気No.1のバー＆レストラン。１階は仏像を照らす巨大シャンデリアが印象的なバー。２階は東南アジア各国のエスニック料理。

map p.365-A
● S1,3他 Altona《アルトナ》駅からタクシーで５分
■住所　Neumühlen 11
■TEL　39807880
■営業　12:00～24:00（バーは～深夜、日曜11:00～15:00）
■休日　無休
■カード　VISA、MC、AMEX、JCB
■www.IndoChine.de

Daruma
だるま

日本料理店というより、家庭的な雰囲気の居酒屋

ハンブルク在住日本人や日本通ドイツ人のたまり場的居酒屋。メニューも、焼鳥、餃子、鍋物、麺類などからつまみや惣菜まで、€10～15で揃う。

map p.367-L
● U1 Steinstrasse《シュタインシュトラーセ》から徒歩７分
■住所　Stadtdeich 1
■TEL　326632
■営業　18:00～24:00
■休日　日曜
■カード　VISA、MC、DC

Hindukusch
ヒンドゥークシ

学生街で人気のエスニックは、ちょっと珍しいアフガニスタン料理

比較的珍しいアフガニスタン料理。肉まんに似たマントゥ€10.50や、ボリュームのあるナーレンパーラウ€11などがおすすめ。大学に近く学生が多い。

map p.365-A
● S21,31 Dammtor《ダムトーア》から徒歩10分
■住所　Grindelhof 15
■TEL　418164
■営業　12:00～24:00
■休日　無休
■カード　不可

庭もよく手入れされた、高級住宅地内のお屋敷のような建物

Hotel Abtei
ホテル・アプタイ

★★★

趣味の良さが光るおしゃれなホテル

外アルスター湖北岸近くの閑静な住宅地に建つ、高級プチホテル。上品で洗練された中にもきめ細やかな心配りが感じられるサービスは、貴族の屋敷にプライベートゲストとして招かれたような気分。客室は、中世のイギリススタイル、ユーゲントシュティール様式、モダンアート風など、それぞれに趣向を凝らした一部屋ずつ異なった造り。家具も選び抜かれた物ばかりを使用している。

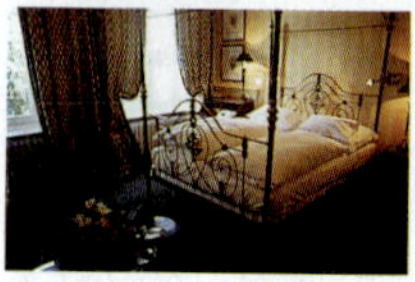

ベッドや机など、家具だけ見ていても楽しい

リピーターの多いこのホテルでは、チェックアウトの際に、次回の宿泊予約をする客もいるとか。レストランはミシュランの星付きで、味はもちろん、食器やインテリアにもこだわりを感じさせる。春〜秋には、中庭での朝食も楽しみのひとつ。宿泊予約は早めに。

map p.365-B

- ●U1 Klosterstern《クロスターシュテルン》から徒歩５分
- ■住所　Abtei Str.14
- ■TEL　442905
- ■FAX　449820
- ■料金　S-€135〜180、W-€185〜240
- ■部屋数　全11室
- ■カード　VISA、MC、AMEX
- ■www.abtei-hotel.de

Hotel Residenz Hafen Hamburg/Hotel Hafen Hamburg
レジデンツ・ハーフェン・ハンブルク/ハーフェン・ハンブルク

★★★

港に臨むロマンチックなホテル

眼下にザンクト・パウリ桟橋を見下ろすエルベ川の段丘上に建つ、ハーフェン・ハンブルク（ハンブルク港）という名のホテル。４つ星のレジデンツと３つ星のハーフェンの同系列の２軒のホテルが隣接し、レストランやバーなどの施設は共通して利用できる。

レジデンツは外観も客室も、最新型の豪華客船を思わせる

ガラスや金属を多用した現代的な外観と、明るく広々とした客室のレジデンツ。対照的にハーフェンは、船具やボトルシップが飾られた港街情緒が漂うクラシカルな雰囲気。予算や好みもあるが、ハーフェンの港側の部屋がおすすめ。レジデンツは最上階のバーからの眺めがすばらしい。

港や旧市街を一望できるバー。日没前後はことにロマンチック

map p.365-B

- ●S1〜3　U3 Landungsbrücken《ランドゥングスブリュッケン》から徒歩３分
- ■住所　Seewarten Str.9
- ■TEL　311130　■FAX　3111370601
- ■料金　S-€100〜200、W-€100〜200（朝食€13）
- ■部屋数　全125、ハーフェン230室
- ■カード　VISA、MC、AMEX、DC、JCB
- ■www.hotel-hafen-hamburg.de

Raffles Hotel Vier Jahreszeiten Hamburg
フィア・ヤーレスツァイテン・ハンブルク

★★★★

ハンブルクを代表するホテル

1997年に創業100周年を迎えた、内アルスター湖畔の最高級ホテル。サービスから施設まで、すべてに渡り超一流の質とエレガンスに包まれている。

map p.375

- ●市庁舎から徒歩６分
- ■住所　Neuer Jungfernstieg 9-14
- ■TEL　34940
- ■FAX　34942606
- ■料金　S-€220〜298、W-€270〜345（朝食€16〜）
- ■部屋数　全156室
- ■カード　VISA、MC、AMEX、DC、JCB
- ■www.hvi.de

Louis C. Jacob
ルイ・ツェー・ヤーコプ

★★★★

眺望も雰囲気も超一流

1791年創業の老舗ホテルが、リニューアルオープン。市街西郊の高級住宅地、ブランケネーゼに、エルベ川に面して建つプライベート感覚あふれる高級ホテル。

map p.365-A

- ●S1,11 Blankenese《ブランケネーゼ》からバス36番Sieberling Str.下車徒歩１分
- ■住所　Elbchaussee401-403
- ■TEL　822550　■FAX　82255555
- ■料金　S-€185〜、W-€235〜（朝食€22）
- ■部屋数　全85室
- ■カード　VISA、MC、AMEX、DC、JCB
- ■www.hotel-jacob.de

Hotel Prem ★★★
ホテル・プレム

上品で落ち着いたたたずまい

アンティークの家具や天蓋付きベッドが貴族の館のような雰囲気を漂わせる、アルスター湖畔のホテル。中庭の庭園や、そこに面したレストランも好評。

map p.365-B
●中央駅から徒歩８分
■住所　An der Alster 9
■TEL　24834040　■FAX　2803851
■料金　S-€105～、W-€115～（朝食€15）
■部屋数　全54室
■カード　VISA、MC、AMEX、DC、JCB
■www.hotel-prem.de

Novotel Hamburg City-Süd ★★★
ノヴォテル・ハンブルク・シティズュート

機能性と居住性を兼備

運河のほとりに建つ、レストランやサウナ、フィットネスなど各種施設が充実したホテル。市の中心部まで約600mと、車でのアクセスがとても便利。

map p.365-B
●S3,31 Hammerbrook《ハマーブルーク》から徒歩５分
■住所　Amsinck Str.53
■TEL　236380
■FAX　234230
■料金　S-€79～、W-€94～（朝食€15）
■部屋数　全185室
■カード　VISA、MC、AMEX、DC、JCB

Baseler Hof ★★
バーゼラーホーフ

湖にも公園にも近い環境

アルスター湖近くに建つ、料金、雰囲気、ロケーションとも手ごろな中級ホテル。明るくシンプルなロビーや客室は、清潔感が漂い、居心地の良さを感じる。

map p.367-C
●U1 Stephansplatz《シュテファンスプラッツ》から徒歩３分
■住所　Esplanade 11
■TEL　359060
■FAX　35906918
■料金　S-€85～105、W-€115～135
■部屋数　全167室
■カード　VISA、MC、AMEX、DC、JCB
■www.baselerhof.de

City Partner Hotel Fürst Bismarck ★★
ホテル・フュルスト・ビスマルク

手軽に利用できる駅前ホテル

中央駅東口正面という便利なロケーション。建物は奥に長く、駅前にしては閑静。スタッフもフレンドリー。豪華ではないが落ち着いた雰囲気でくつろげる。

map p.367-H
●中央駅から徒歩１分
■住所　Kirchenallee 49
■TEL　2801091　■FAX　2801096
■料金　S-€69～、W-€86～（朝食€10）
■部屋数　全101室
■カード　VISA、MC、AMEX、DC、JCB
■www.fuerstbismarck.de

Aussen Alster ★★★
アウセン・アルスター

アルスター湖近くのおしゃれなプチホテル。中庭の創作料理のレストランも好評。

map p.365-B　●U1 Lohmühlenstrasse《ローミューレンシュトラーセ》から徒歩５分　■住所　Schmilinsky Str.11
■TEL　241557　■FAX　2803231
■料金　S-€89～105、W-€129～155　■部屋数　全27室
■カード　VISA、MC、AMEX、DC、JCB

Kempinski Hotel Atlantic Hamburg ★★★★
ケンピンスキー・アトランティック・ハンブルク

創業は1909年。アルスター湖畔に立つ、各国のVIPの利用も多い白亜の高級ホテル。

map p.367-D　●中央駅から徒歩５分
■住所　An der Alster 72-79
■TEL　28880　■FAX　247129
■料金　S-€230～、W-€365～（朝食€22）　■部屋数　全252室■カード　VISA、MC、AMEX、DC、JCB

ホテル・アラメーダ　Hotel Alameda ★★　map p.366-B
●U1 Stephansplatz《シュテファンスプラッツ》から徒歩３分　■住所　Colonnaden 45　☎344000　FAX 343439　料 S-€38～、W-€68～

ホテル・ベルビュー　Relaxa Hotel Bellevue ★★★　map p.365-B
●U1 Lohmühlenstr.《ローミューレンシュトラーセ》から徒歩7分　■住所　An Der Alster 14　☎284440　FAX 28444222　料 S-€80～、W-€100～

リリィエンホーフ　Hotel Lilienhof ★　map p.367-H
●中央駅から徒歩３分　■住所　Ernst-Merck-Str.4　☎241087　FAX 2801815　料 S-€31～、W-€56～

ヘルガシュミット　Pension Helga Schmidt ★　map p.367-D
●中央駅から徒歩６分　■住所　Holzdamm 14　☎2802119　FAX 243705　料 S-€41～、W-€68～

シャンツェンシュテルン　Schanzenstern Gasthaus ★　map p.365-A
●U3 Sternschanze《シュテルンシャンツェ》から徒歩４分　■住所　Bartelsstr.12　☎4398441　FAX 4393413　料 S-€36～、ドミトリー€18～

インスタントスリープ　Instant Sleep ★　map p.365-A
●U3 Sternschanze《シュテルンシャンツェ》から徒歩８分　■住所　Max. Brauer. Allee 277　☎43182310　FAX 43182311　料 ドミトリー€17～

★エコノミー　★★カジュアル　★★★スタンダード　★★★★ラグジュアリー

LÜBECK

リューベック

p.8-B ■人口＝21万人 ■街の規模＝徒歩で２日

「ハンザ同盟の女王」と賛えられた世界文化遺産指定の美しい街並

★★★ ユネスコ世界文化遺産に指定された街並

★★ 聖母マリア教会、大聖堂、カタリーナ教会など

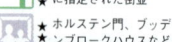

★★ ホルステン門、ブッデンブローク ハウスなど

★★ 聖母マリア教会のパイプオルガンコンサート

★ ロートシュポン

★★ バルト海、トラヴェミュンデ

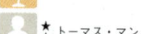

★★ トーマス・マン

★★ バルト海の魚介料理、マルチパン

Access

●鉄道：ハンブルク→RE(約45分) →リューベック［1時間1～2本／€10.30］

Information

❶観光案内所：Lübeck Tourist Board MAP p.381 ＜ホルステン門脇Welcome Center＞ 住Holstentorplatz 1 開9:30～18:00（7～9月～19:00） 休10～5月の日・祝日（12月は除く） ☎1228109、ホットライン☎01805-882233
HP www.luebeck-tourismus.de

●リューベックカード：リューベックの市内交通と、トラベミュンデへのバス、DBが乗り降り自由、市内の博物館、市内や運河などのツアーが割引となる。24時間券€5、72時間券€10、購入は❶で。

●ユースホステル：MAP p.381 住Mengstr.33 ☎7020399／MAP p.381 住Gertrudenkirchhof 4 ☎33433

街のしくみ 街を一望できる聖ペトリ教会に登れば、概要を把握できる

リューベックの旧市街は、トラヴェ川とトラヴェ運河に挟まれた川中島。南北は約2km、東西は1kmほどで、その中心はマルクト広場。南北に走る市庁舎前のブライテ通りと、その東に並行するケーニヒ通りが、街のメインストリートになっている。中央駅から**マルクト広場**までは、東に向かい、リンデン広場、ホルステン門を通って、徒歩約10分。駅前からも旧市街内にもバス便があるが、歩くのが楽しい街なので、ほとんど必要は感じない。

マルクト教会は13～14世紀に市民の手で建てられた

旧市街の外側から、川面越しの風景もいいもの

楽しみ方 見どころが集中している旧市街は時間をかけてゆっくり歩こう

さほど広くない旧市街だが、市庁舎をはじめ、教会や博物館などのさまざまな見どころが数多く集まっている。p.383で紹介しているレストランも食事をするだけという以上に、その建物自体が歴史的建造物で見応えのあるものばかり。**聖ペトリ教会**西のGr. Petersgrube Str.など、街並自体も美しい。名所だけを走り回れば半日で観光を終わらせることもできるが、それではあまりにもったいない。2日ほどは滞在して、料理から路地裏まで**「ハンザの女王」**の街を充分に楽しみたい。

旧市街の北の入口は、写真右のブルク塔

聖ペトリ教会の塔は3～9月の9:00～19:00

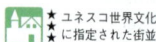

ホルステン門(歴史博物館) ★★★
Holstentor (Museum)

map p.381

●マルクト広場から徒歩5分

リューベックのシンボルとなっている、2本の優美な塔を持つ市城門。1464〜78年に建てられた石組みの堅固な門で、現在内部は市の**歴史博物館**として利用されている。門の先の南側に立つ倉庫群は、中世には「白い金」と呼ばれ、リューベックに繁栄をもたらしたリューネブルク産の塩を貯蔵したもので、1579〜1745年の建造。

開10:00〜17:00(10〜3月10:00〜16:00)
休月曜　料€4　☎1224129

昔の市の模型や、バルト海交易の資料を展示

自らの重みで傾いているのがわかるホルステン門

市庁舎 ★★★
Rathaus

map p.381

●マルクト広場前

ハンザ都市同盟の盟主としてバルト海一円に君臨したリューベックの、富と権威の象徴。建造開始は1226年。16世紀にはルネサンス様式で増改築がなされた。2つの大きな風穴が開いた北壁が、13世紀から残る最も古い部分。世界最大級のパイプオルガンがある市庁舎北の聖母マリア教会には、空襲で破壊された鐘が残されている。

開ガイドツアー/11:00、12:00、15:00〜　休土・日曜　料€2.60

Route Advice

ホルステン門→聖ペトリ教会→市庁舎→聖母マリア教会→ブッデンブロークハウス→カタリーナ教会→聖アンナ博物館→大聖堂
[全移動1時間30分]

リューベックの市外局番☎0451

名物 pick up ロートシュポンとマルチパン

北の街、リューベックの名物はロートシュポンという赤ワイン。もちろんこの近辺でブドウが作れるわけもなく、元となるワインはフランス産の物。だが、この地の気候がワインの熟成に最適で、本国よりおいしくなっていると好評なのである。またアーモンドの粉で作られたマルチパン(マジパン)はリューベック生まれのお菓子ということはご存知？　購入は市庁舎向かいの老舗ニーダーエッガーなどで。

ロートシュポンは市内の主なレストランで

ロートシュポンのソフトクリームも販売中

市庁舎のブライト通り側にはルネサンス様式の美しい階段がある

ブッデンブロークハウス(マン兄弟記念館) ★★★
Buddenbrookhaus (Heinrich und Thomas Mann-Zentrum)

map p.381

●マルクト広場から徒歩１分

『魔の山』などの作品で知られるノーベル賞作家、トーマス・マン。兄のハインリッヒも、日本に紹介された作品は少ないが、多くの文学作品を残している。このマン兄弟が生まれ育った街がリューベック。ブッデンブロークハウスは近世の豪商だったマン一族の館で、この家を舞台に一族の盛衰を描いた名作が『ブッデンブローク家の人々』。現在はマン兄弟記念館として、その生涯や作品を展示。

開10:00～18:00（11～３月は～17:00） 休無休

料€５ ☎1224192

HP www.buddenbrookhaus.de

戦争中亡命していたアメリカ関連の資料も豊富

聖母マリア教会北の建物は白いルネサンス様式

アーチが美しい旧修道院のホール

博物館めぐり ★★★
Museums

map p.381

●マルクト広場から徒歩３～10分

リューベックには城門や教会、かつての貴族の館などを利用した博物館が数多くある。ブルク門西隣の**ブルククロスター**は修道院の各部屋や付属病院の様子と現代美術を展示。19世紀のワイン商人が建てた宮殿風の館、**ベーンハウス／ドレーガーハウス**ではムンクなどの絵画を鑑賞できる。**カタリーナ教会**は宗教美術の博物館で、バーラッハの彫刻やティントレットの壁画が残る。聖ペテロ教会西には**人形博物館**と**人形劇劇場**が。旧市街南部の**聖アンナ博物館**では13～19世紀の芸術や文化に関する展示を、**旧武器庫**では民俗関連の展示を行なっている。

共通：開10:00～17:00（10～３月は～16:00）、人形博物館のみ通年10:00～18:00 休月曜（カタリーナ教会は10～３月休館）

郊外の見どころ

バルト海のクアリゾート トラヴェミュンデ Travemünde

かつての大交易都市リューベックの外港、トラヴェミュンデ（MAP p.362-A）は、バルト海のビーチリゾートで、北欧へのフェリーやバルト海クルーズのベースとなっているドイツの北のゲートウェイ。リューベック市内からは、鉄道で約15分、または30・40番の２階建てバスで約30分。トラヴェ川の船便もあり、１時間ほど。

波のプールやスライダーもあるアクアトップ

川沿いはバルト海航路の船や遊覧船乗場

バルト海沿いには延長2.5kmの美しいビーチが続き、市内にはリゾート客目当てのシーフードレストランも多い。

❶もあるアクアトップは年間を通して室内温度が28℃に保たれた総合クア施設。フェリーで渡った対岸には、４本マストのバーク型帆船、「パサート」号が係留されている。

夏季には船内見学が可能

Historischer Weinkeller
ヒストリッシャー・ヴァインケラー

聖霊養老院内の３軒のレストラン。メニュー、料金を見比べて

13世紀建造の救貧院の地下にあり、他にホスピッツ・ショッペン・ワインシュトゥーベと、ポテト料理のカルトフェル・ケラーがある。

map p.381
●マルクト広場から徒歩７分
■住所　Koberg 8-9
■TEL　76234
■FAX　75344
■営業　12:00～24:00（ワインケラーと食事は17:00～23:00）
■休日　無休
■カード　VISA､MC､DC､AMEX
■www.historischer-weinkeller-hl.de

Haus der Schiffergesellschaft
船員組合の家

1535年に建てられた船員ギルドハウスがそのままレストランに

中世以来の家具や船板で作ったテーブルに、帆船の模型や船具が飾られた、海の香りがあふれる店内。料理は、当時の船員や市民の食事や魚料理が中心。

map p.381
●マルクト広場から徒歩５分
■住所　Breitestr.2
■TEL　76776
■FAX　73279
■営業　10:00～24:00
■休日　無休
■カード　不可
■www.schiffergesellschaft.de

Schabbelhaus zu Lübeck
シャッベルハウス・ツー・リューベック

バルト海交易で財を成した豪商の館を利用したレストラン

豪壮な邸宅の広間や中庭を使い、当時の家具もそのままにレストランとして営業。料理は本格イタリアンで、パスタ類や新鮮なシーフード料理が好評。

map p.381
●マルクト広場から徒歩３分
■住所　Mengstr.48-52
■TEL　72011
■FAX　75051
■営業　12:00～14:30、18:00～23:00
■休日　日曜
■カード　VISA、MC、AMEX、DC

Radisson SAS Senator Hotel ★★★★
ラディソン･サス･セナトーア

リューベックーの高級ホテル

ホルステン門北側のトラヴェ川に面したホテル。ゆったりとした客室。プールなどの設備も整う。川越しにマルクト教会や旧市街が望める、明るいカフェも人気。

map p.381
●マルクト広場から徒歩５分
■住所　Willy-Brandt-Allee 6
■TEL　1420
■FAX　1422222
■料金　S-€130～、W-€155～（朝食€15）
■部屋数　全224室
■カード　VISA､MC､AMEX､DC､JCB
■www.senatorhotel.de

Hotel Jensen am Holstentor ★★
イェンセン･アム･ホルステントーア

旧市街の一角、トラヴェ川を挟んで塩倉庫と向かいあう。魚料理レストランを併設。

map p.381
●マルクト広場から徒歩５分
■住所　An der Obertrave 4-5　■TEL　702490　■FAX　73386
■料金　S-€65～、W-€85～　■部屋数　全42室
■カード　VISA､MC､DC､AMEX､JCB
■www.hotel-jensen.de

City Partner Hotel Alter Speicher ★★
アルター・シュパイヒャー

旧市街のたたずまいによく似合うホテル。市内観光に便利なロケーションにある。

map p.381
●マルクト広場から徒歩５分
■住所　Beckergrube 91-93　■TEL　71045　■FAX　704804
■料金　S-€61.50～、W-€72～　■部屋数　全45室
■カード　VISA、MC、DC、AMEX、JCB
■www.hotel-alter-speicher.de

Hotel Excelsior ★★
エクセルシオール

中央駅近くに建つ中級ホテル。豪華さはないが、シックな雰囲気で落ち着ける。

map p.381
●マルクト広場から徒歩10分
■住所　Hanse Str.3　■TEL　88090　■FAX　880999
■料金　S-€65～、W-€85～　■部屋数　全60室
■カード　VISA、MC、DC、AMEX、JCB
■www.hotel-excelsior-luebeck.de

Hotel zur Alten Stadtmauer ★
アルテン･シュタットマウア

旧市街南部の聖アンナ博物館近くに建つ。白い外観が印象的で、家庭的なプチホテル。

map p.381
●マルクト広場から徒歩10分
■住所　An der Mauer 57
■TEL　73702　■FAX　73239
■料金　S-€39～、W-€64～
■部屋数　全26室　■カード　VISA、MC、DC、AMEX、JCB

●～€15　●●€15～25　●●●€25～50　●●●●€50～
★エコノミー　★★カジュアル　★★★スタンダード　★★★★ラグジュアリー

LÜNEBURG

リューネブルク

p.8-B ■人口＝７万人　■街の規模＝徒歩で半日

塩がもたらした富と栄光　当時の繁栄を偲ばせる旧市街や博物館

★★ 旧市街、マルクト広場、川沿いの風景
★ 聖ヨハネス教会など
★★ ドイツ塩博物館、ビール醸造博物館など
★★★ リューネブルガー・ハイデ

壁画が見事な市庁舎内の見学はガイドツアーで

Access

●鉄道：ハンブルク→IC（約30分）、ME（約30分）→リューネブルク東駅［１時間１～２本／€11～］

Information

❶観光案内所：Tourist-Information
MAP p.384　住 Am Markt　☎2076620
FAX 2076644　開 9:00～18:00（土・日曜～16:00）、11～４月9:00～18:00（土曜～14:00）
休 11～４月の日曜
HP www.lueneburg.de
●ユースホステル：MAP p.384
住 Soltauerstr.133　☎41864105　FAX 41864

街のしくみ　細く曲がった旧市街の通り　攻略にはまず地図をゲット

旧市街は直径600mほどの範囲。街歩きの起点となるのは、❶のある市庁舎前の**マルクト広場**。リューネブルク東駅（西駅の裏側）からは、西に向かって川を２本渡り、徒歩約10分。マルクト広場は街の中心ではなく、北に片寄ったところにある。市内の主な見どころは、**ハイネの家**もあるこのマルクト広場周辺、古いクレーンなどがあるイルメナウ川付近、市街南東の**聖ヨハネス教会**がある**アム・ザンデ広場**、市街南西の**ドイツ塩博物館**など、四方に分散している。移動は徒歩で充分だが、まず❶で市内観光の順路が記入された地図と日本語のしおりを手に入れよう。

川沿いには倉庫や水道塔、水車が建ち並ぶ

楽しみ方　街並散策と博物館見学後はエリカの花咲くハイデ観光へ

中世から近世にかけてリューネブルクに富と栄光をもたらした製塩業。工場自体は1980年に閉鎖されたが、その遺産はこの街の観光に今でも大いに貢献している。最盛期には、ハンブルクを凌ぐ繁栄を見せたという塩商人たちの館。その商人の財力の証ともいえる豪華な市庁舎や聖ヨハネス教会とその収蔵品。珍しい塩の博物館。旧市街の街並見物がこの街の楽しみのひとつ。

もうひとつの目玉は、エリカが咲き乱れるハイデ（原野）訪問。バスと馬車を組み合わせたツアー（申し込みは❶）が便利。市庁舎前発着で、出発は８～９月の水・土曜の昼ごろ。所要約５時間30分。料金は€20～。

さまざまな様式の建物が並ぶアム・ザンデ広場

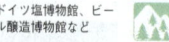

ドイツ塩博物館 ★★
Deutsches Salzmuseum

map p.384

●マルクト広場から徒歩10分

かつての製塩工場の一部を利用し、リューネブルクの「塩」に関するさまざまな事柄を網羅した珍しい博物館。中世の塩抗やその製塩、道具類、当時の街の姿に始まり、1980年まで使われていた現代の製塩機械やその製品などを展示。

巨大スーパー左手の塩運搬用の貨車が博物館の入口

住Sülfmeisterstr.1 開9:00〜17:00（土・日曜10:00〜、10〜4月10:00〜） 休無休 料€4 ☎45065

ビール醸造博物館 ★★
Brauerei Museum

map p.384

●マルクト広場から徒歩７分

水質に恵まれたリューネブルクはビール造りも盛ん。17世紀には84もの醸造業者があった。ここは1485年以来ビール造りを続けてきたクローネン醸造所Kronen-Brauhaus内にある博物館で、ビール造りの技術や道具を展示。

ドイツ人のビールに対する愛情と執念がうかがえる

住Heiligengeiststr.39-41 開13:00〜16:30 休月曜 料無料 ☎41021

★★★ Hotel Bargenturm ホテル・バルゲントゥルム

ドイツ塩博物館近くのホテル。外観もインテリアもモダンアートの美術館のような造り。

map p.384 ●マルクト広場から徒歩７分
■住所 Am Lambertiplatz ■TEL 7290
■FAX 729499 ■料金 S-€85〜95、W-€105〜115
■部屋数 全40室 ■カード VISA、MC、DC、AMEX
■www.hotel-bargenturm.de

★★★ Hotel Bergström ホテル・ベルクシュトレーム

イルメナウ川に面した高級ホテル。西駅と旧市街の中間という便利なロケーション。

map p.384 ●マルクト広場から徒歩６分
■住所 Bei der Lüner Mühle ■TEL 3080
■FAX 308499 ■料金 S-€111〜、W-€131〜(朝食€14)
■部屋数 全123室 ■カード VISA、MC、AMEX、DC、JCB
■www.bergstroem.de

リューネブルクの市外局番☎04131

★エコノミー ★★カジュアル ★★★スタンダード ★★★★ラグジュアリー

本音でガイド

花の季節だけではない！ハイデは一年中観光シーズン

エリカの花で一面紫に染まったハイデを馬車に揺られてのんびりと、というのがリューネブルガー・ハイデ観光の基本。「だが、ハイデのすばらしさはそれだけではわかりませんよ」と語るのは、地元のペンションのオーナー氏。

ハイデをじっくり探索したいなら、やはり自分の足で歩いて回るのが一番。自転車や馬のレンタルもあり、コースの決まっている馬車より、移動の自由度が高い。

見ごろは８月中旬〜９月

また花の季節以外の、冬の雪景色、春の新緑の時期もそれなりに美しい。なかでも秋の、花が終わったあとの一面茶褐色の原野は、ヨーロッパのファンタジー（たとえばグリム童話の『星の金貨』などに描かれた荒野）のイメージそのもの。残念ながら交通の便は悪く、リューネブルク、ハンブルクからのツアーも夏季のみだが、ウンデローUndelohなどハイデ内の村まで行けば馬車などの営業は一年中行なっている。

馬車ツアーは乗り合いと貸し切りの２種類がある

自然保護地域のハイデは、自動車の乗り入れは禁止

花が終わった後のハイデも美しい

CELLE

ツェレ

p.8-E　■人口＝７万人　■街の規模＝徒歩で半日

色鮮やかな木組み家屋が連なる絵本から抜け出たような街並

★★★ 木組みの家が連なる旧市街

★ ボーマン博物館

★★ ツェレ城

★ ゾフィ・ドロテーアなど公爵家の人々、バッハなど

Access

●鉄道：ハンブルク→IC（約１時間10分）→ツェレ［１時間１本／€25］、ハノーファー→IC（約20分）または、RE、RB（約40分）→ツェレ［１時間２～４本／€7.60～］

Information

●観光案内所：Tourismus Region Celle MAP p.386 住 Markt 14-16 ☎1212 開 9:00～19:00（土曜～16:00、日曜11:00～14:00）、10月中旬～５月中旬9:00～17:00（土曜10:00～13:00） 休 10月中旬～５月中旬の日曜 HP www.celle.de

●ユースホステル：MAP p.386 住 Weg-hausstr.2 ☎53208

街のしくみ 楽しみ方　川に囲まれた旧市街の道はほとんどが歩行者天国

アラー川とその支流に囲まれた300m四方ほどの旧市街。しかし、この中に500軒以上の木組み家屋が軒を連ねている。そのどれもが、赤や緑、ピンクなど鮮やかなカラーリングが施され、梁には彫刻や、その家の主の信条などが彫り込まれている。ドイツには木組み家屋の町並を誇るところは多いが、その密集度や美しさで１、２を競う街であるのは間違いない。この旧市街まで、駅からはBahnhof Str.を東へ。バスも走っているが、歩いても15分ほど。街の中心に市庁舎、ℹ、市教会がまとまってあり、旧市街の西に**ツェレ城**、南にはフランス庭園が広がっている。

左はボーマン博物館。市教会の塔は72.5m

城から東へ延びるシュテッヒバーンの町並

ツェレ城（ヘルツォーク城）★★
Herzogschloss

map p.386

●マルクト広場から徒歩３分

この地に最初の城が築かれたのは、アラー川の上流３kmのところにあった古ツェレから街が今の位置に移ってきた1292年。現在の城は、17世紀に、領主だったツェレ公爵によりルネサンス様式で建てられたもので、のちにバロック様式に改装。再び原形に戻す工事が始められたが中断したままなので、現在は両方の様式が入り混ざった形態。城内に残る代々の公爵やその夫人たちの居室、陶磁器のコレクションなどはガイドツアーで見学できる。

開 11:00～16:30　休 月曜　料 €3.50　☎12373

右の塔はルネサンス、左の塔はバロック様式

旧市街と木組み家屋 ★★★
Altstadt und Fachwerk

map p.386

ツェレ城の向かいの建物の2階は**ボーマン博物館**Bomann Museum。農業をはじめ、手工業、軍事から玩具に至るまで、ニーダーザクセン周辺の文化を幅広く展示している。その東隣は**市教会**Stadtkirche。創建は1308年で、塔の上からは城や町並を一望できる。博物館と教会の間の通りが**カーラント小路**Kalandgasseで、ツェレの旧市街でも古い町並がもっともよく保存されている一角。教会横のシュテッヒバーンStechbahnには、1471年に落馬して死んだオットー公爵の追悼の蹄

市庁舎の向かいにはℹがある

旧市街はどこを歩いてもこのような家並がつづく

鉄が埋め込まれている。

市庁舎地下のラーツケラーは600年以上の歴史がある、この地方でもっとも古い居酒屋。市庁舎南側の**ホッペナーハウス**Hoppenerhausは1532年の建造で、ツェレでもっとも大きく美しい木組み家屋とされている。旧市街東のAm Heiligen Kreuz 26の建物は1526年の刻字がある市内最古の木組み家屋。

＜ボーマン博物館＞
開10:00～17:00　休月曜　料€3　☎12372
＜市教会塔＞開15:00～19:00（金曜9:00～11:00、土曜11:00～13:00）
休日・月曜、11～3月
料無料

ホッペナーハウス前には獅子の噴水がある

Tiroler Stub'n
チロラー・シュトゥーベン

南ドイツ出身のシェフとツェレ出身の奥さん

南・北ドイツ出身のオーナー夫妻が切り盛りする、木彫インテリアのアットホームな店。南ドイツ料理だけでなく、季節の新鮮素材にこだわりがある。

map p.386
●マルクト広場から徒歩6分
■住所　Altes Cellertor str.9
■TEL　6793　■FAX　909927
■営業　11:30～14:30、17:30～22:00（7～8月中旬は11:30～22:00、冬期は夕方のみ）
■休日　火曜
■カード　VISA、MC、AMEX、DC
■www.tiroler-stubn.de

Fürstenhof Celle ★★★★
フュルステンホーフ・ツェレ

王侯貴族の暮らしを満喫

ツェレ公爵ヴィルヘルムによって1670年に建造されたバロック様式の宮殿がホテルに。繊細な彫刻や壁画に彩られた館内は、貴族の賓客になった気分にさせる。レストランはミシュランの星付き。

map p.386
●マルクト広場から徒歩7分
■住所　Hannoversche Str.55/56
■TEL　201140
■FAX　201120
■料金　S-€145～、W-€195～
■部屋数　全73室
■カード VISA、MC、AMEX、DC、JCB
■www.fuerstenhof.de

Altstadt Hotel ★★
アルトシュタット・ホテル

元ノルトヴァル。比較的低料金だが、改装によりモダンな設備に変わったばかりなのでお得。

map p.386
●マルクト広場から徒歩5分
■住所　Nordwall 4　■TEL　8888390　■FAX　88569013
■料金　S-€50～、W-€75～　■部屋数　全20室
■カード　VISA、MC、AMEX、DC
■www.altstadthotel-celle.de

Hotel Borchers ★★
ホテル・ボルヒャーズ

旧市街中心のℹのすぐ裏手。1572年に木組みとレンガで建てられたシックなホテル。

map p.386
●マルクト広場より徒歩1分
■住所　Schuhstr.52　■TEL　911920　■FAX　201120
■料金　S-€70～、W-€100～　■部屋数 全19室
■カード　VISA、MC、AMEX、DC
■www.residenzhotels.de

ツェレの市外局番☎05141

●～€15　●●€15～25　●●●€25～50　●●●●€50～
★エコノミー　★★カジュアル　★★★スタンダード　★★★★ラグジュアリー

HANNOVER

ハノーファー

p.8-E　■人口=51.7万人　■街の規模=徒歩と市電で２日

ハノーファー王朝栄光の証、ヘレンハウゼン王宮庭園とメッセの街

★ 復元された旧市街

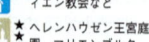

★ マルクト教会、エギディエン教会など

★★★ 歴史博物館、ヴィルヘルム・ブッシュ博物館など

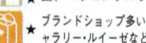

★★★ ヘレンハウゼン王宮庭園、マリエンブルク

★ オペラ座、ジャズなどのライブハウス

★ ブランドショップ多い、ギャラリー・ルイーゼなど

Access

●鉄道：ハンブルク→ICE（約１時間15分）→ハノーファー［１時間２本／€36］、フランクフルト→ICE（約２時間20分）→ハノーファー［１時間１〜２本／€71］

●空路：ハノーファー・ランゲンハーゲン国際空港へフランクフルトから約40分、ベルリンから約30分。

●空港から市内へ：S5 で約15分［30分毎／€2.40］

街のしくみ　楽しみ方

昼は庭園や博物館巡り
夜は食事やオペラ観劇へ

ニーダーザクセン州の州都で、北ドイツの経済や文化の中心地。第二次世界大戦で市街地のほとんどが消失したが、市街中心部にはかつての旧市街も一部復元され、周辺はドイツでも屈指の近代都市として再生した。ドイツの**10大メッセ**（見本市）のうち、５つが開かれるメッセの街でもある。

ゲオルゲンガルテン

市域も広く、博物館なども多いので、市内電車とハノーファーカードが有効。ショッピングやオペラ観劇などの楽しみもある。

市庁舎のドームから眺める復元された市街中心部

Information

ⓘ観光案内所：Hannover Tourismus Service
MAP p.389　住 Ernst-August-Platz 2　☎112345-111　FAX 12345-112　開 9:00〜18:00（土曜〜14:00）　休 日曜
HP www.hannover-tourism.de

●ハノーファーカード：市電とバス乗り放題で博物館・美術館等が割引になる。１日券€8、３日券€12。購入はⓘで。

●ユースホステル：MAP p.388-B　住 Ferdinand-Wilhelm-Frickweg 1　☎1317674

●市内交通：市内電車は、中央駅周辺では地下を走り（入口表示はU）、郊外は路面電車（停留所表示はH）となる。

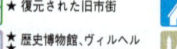

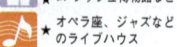

ヘレンハウゼン王宮庭園 ★★★
Herrenhäuser Gärten

map p.388-A

● U4,5 Herrenhäuser《ヘレンホイザー》 Gärten《ゲルテン》から徒歩１分

1666年から1714年にかけて造られた「バロックの宝石」、グローサーガルテンを中心に、ロマンチックな並木や池が配されたゲオルゲンガルテン、2500種のランのコレクションがあるベルクガルテン、大学北のヴェルフェンガルテンの４つからなる庭園。なかでも木立や花壇が幾何学的に配されたグローサーガルテンが美しい。

開２月～17:30、3・10月～18:00、4・9月～19:00、5～8月20:00、11～1月～16:30 休無休 料€4

園内には絵画館やオランジェリーの施設も

グローサーガルテンの庭園劇場では野外劇も上演

ヴィルヘルム・ブッシュ博物館 ★★
Wilhelm-Busch-Museum

map p.388-A

● U4,5 Schneiderberg《シュナイダーベルク》/W.Busch Museum《ブッシュ・ムゼウム》から徒歩５分

『マックスとモーリッツ』の作者として知られる19世紀の絵本画家、ヴィルヘルム・ブッシュの作品を展示。他にもコミック作家やイラストレーターの企画展を随時開催している。

開11:00～17:00（日曜～18:00）、11～3月～16:00（日曜～18:00） 休月曜 料€4.50

ゲオルゲンガルテンの宮殿を使った博物館

2002年にリニューアルした

ハノーファの市外局番☎0511

動物園 ★★
Erlebnis-Zoo Hannover

map p.388-B

● 市電11 Zoo《ツォー》から徒歩５分

年間100万人以上の入場者を記録する人気の動物園。実際にサバンナ風の環境にガゼルを飼ったりしている。

開9:00～18:00（入場～17:30）、11～3月中旬～16:00（入場～15:00） 休無休 料€10.50 ☎28074163

市庁舎 ★★
Rathaus

map p.389

● U3,7,9 Markthalle《マルクトハレ》-Landtag《ラントターク》から徒歩５分

1913年に完成したハノーファーのシンボル。ドーム上から市街やマッシュ湖が一望できる。

＜ドーム展望台＞開9:30～18:30（土・日曜10:00～18:30、11～12月11:00～16:00） 休10～3月 料€3（ガイド付） ☎16845333

ルネサンスの壮麗なホールでは市の模型を展示

歴史博物館 ★★
Historisches Museum

map p.389

●U3,7,9 Markthalle《マルクトハレ》-Landtag《ラントターク》から徒歩５分

400年に渡るハノーファーの歴史や民俗を中心に、現代史までの幅広い展示を見学できる。とくにイギリスを支配していた、18世紀ごろの選帝侯の宮廷生活の展示が秀逸。

開10:00～17:00（火・木曜～19:00） 休月曜
料€４（金曜は無料） ☎16843052

１階には王が使用した豪華な金の馬車を展示

エギディエン教会 ★
Aegidienkirche

map p.389

●U3,7,9 Markthalle《マルクトハレ》-Landtag《ラントターク》から徒歩５分

12世紀ごろに創建され、ハノーファーにおける宗教改革の中心となった歴史ある教会だったが、1943年の空襲で破壊された。犠牲者の慰霊と、戦争の悲惨さを後世に伝えるために、壊されたままの外壁と、再建された塔という姿で保存されている。

塔の下には広島から贈られた「平和の鐘」が

マッシュ湖北東岸の大きな建物で、見応えは十分

シュプレンゲル博物館 ★★
Sprengel Museum

map p.388-B

●U1,2,8 Schlägerstr.《シュレーガーシュトラーセ》から徒歩５分

ドイツ表現主義からシュールリアリズムを中心とした20世紀美術の充実したコレクションを持つ博物館。１階にはピカソ、エルンスト、ココシュカなど、地下ではクレー、ミロ、ムンクなどの作品を展示。写真やフィルム、VTRなどの企画展も催される。

開10:00～18:00（火曜～20:00） ガイドツアー／日曜11:15、火曜18:30、木曜12:00 休月曜
料€７ ☎16843875 ※祝日の開館は要確認

ケストナー博物館 ★
Kestner Museum

map p.389

●U3,7,9 Markthalle《マルクトハレ》-Landtag《ラントターク》から徒歩５分

古代エジプトから現代ヨーロッパに至る、5000年に渡る文化財、美術品を展示している博物館。とくにファラオ・エクナトンの頭像などのエジプト・コレクションや、ギリシャ、ローマの陶器や彫刻、コインなどが充実。

開11:00～18:00（水曜11:00～20:00） 休月曜、祝日 料€４
☎16842120

外交官ケストナーの蒐集品を中心に展示

街角ワンショット

市内観光は運命の？赤い線に導かれ……

観光局の向かいの歩道には、赤い線が引いてある。じつはこの線、これに沿って歩いていくと、市内の主な見どころが無理なく見て回れるようになっているのだ。観光局で日本語のブックレット（有料）を手に入れよう。全長4.2km、１周約２時間くらいかかるが、博物館や市庁舎といった見どころだけでなく、

ショッピングアーケードや旧市街の市場、普通に歩けば見逃してしまうようなモニュメントまでカバーしている。

郊外の見どころ

世界遺産の街、ヒルデスハイムと王家の離宮、マリエンブルク

ヒルデスハイム（MAP p.362-A）はハノーファーの南、REかRBで30分ほどの街。ドームや聖ミヒャエル教会など多くの教会建築と宗教美術が世界文化遺産に指定。マリエンブルク（MAP p.362-A）はハノーファー王家の夏の離宮で、ヒルデスハイムの西10kmほど。山上に建つネオ・ゴシックの美しい城館で、その一部は博物館。

王家の家具や武器を展示

Broyhan Haus
ブロイハン・ハウス

中世の有名ビールマイスターの民家がレストランに

1537年建造で民家としては街でも最古級、有名なビールマイスターの家だったという。料理は典型的ドイツ料理。２階がレストラン、地下がケラー。

map p.389
● U3,7,9 Markthalle-Landtag《マルクトハレ ラントターク》から徒歩５分
■住所　Kramerstr.24
■TEL　323919
■営業　11:00～翌1:00（金・土曜～翌2:00）
■休日　無休
■カード　VISA、MC、AMEX、DC
■www.broyhanhaus.de

★★★ Romantik Hotel Georgenhof und Stern's Restaurant
ゲオルゲンホーフ・ウント・シュテルンズ・レストラン

中庭のテラスがロマンチック

王宮庭園の東、閑静な住宅地にある邸宅を使ったオーベルジュ。ドイツでも最高峰のひとつと評価されるレストランには700種のワインコレクションが揃う。

map p.388-A
● U4,5 Parkhaus《パルクハウス》から徒歩５分
■住所　Herrenhäuser Kirchweg 20
■TEL　702244
■FAX　708559
■営業　12:00～14:00、18:00～22:00
■休日　無休
■料金　S-€57～、W-€123～
■部屋数　全14室
■カード　VISA、MC、AMEX、DC

★★★ Landhaus Amman
ラントハウス・アマン

マッシュ湖東のオーベルジュ

ヘルムート・アマンが経営、調理をする、豊かな緑に包まれたレストラン＆ホテル。市街とメッセの中間にあり、各国の政財界人や著名人の利用も多い有名店。

map p.388-B
● U1,2,8 Dohrener Turm《ドーレナー・トゥルム》から徒歩３分
■住所　Hildesheimerstr.185
■TEL　830818　■FAX　8437749
■営業　12:00～14:00、19:00～22:00
■休日　無休
■料金　S-€128～175、W-€155～198
■部屋数　全15室
■カード　VISA、MC、AMEX、DC、JCB
■www.landhaus-ammann.de

★★★★ Arabella-Sheraton Pelikan Hotel
アラベラ・シェラトン・ペリカンホテル

レンガ造りの工場をホテルに

万年筆メーカー、ペリカンの歴史ある工場を改装したホテル。前近代的な外観とモダンな客室が、不思議な空間を造り出す。街唯一の日本料理店も備える。

map p.388-B
● U3,7,9 Pelikanstr.《ペリカンシュトラッセ》から徒歩１分
■住所　Pelikanplatz 31
■TEL　90930　■FAX　9093555
■料金　S-€122～、W-€142～（朝食€16）
■部屋数　全131室
■カード　VISA、MC、AMEX、DC、JCB
■www.arabellasheraton.com

★★★ Kastens Hotel Luisenhof
カステンス・ホテル・ルイゼンホーフ

オペラ座の隣、街一番の繁華街のクレプケにある、創業130年以上の伝統ある高級ホテル。

map p.389
● U1,2 などKröpcke《クレプケ》から徒歩４分　■住所　Luisen Str.1-3　■TEL　30440　■FAX　3044807　■料金　S-€149～、W-€178～　■部屋数　全145室　■カード　VISA、MC、AMEX、DC、JCB　■www.kastens-luisenhof.de

とっておき情報　宿探しの奥の手

市街には多くのホテルがあるが、メッセのときには常に満室状態。そんな時、頼りになるのが一般家庭の空き部屋を利用したプライベートルーム。紹介はツーリズムセンター／Theodor-Heuss-Platz 1-3（hotline☎8113500）へ。

●～€15　●●€15～25　●●●€25～50　●●●●€50～
★エコノミー　★★カジュアル　★★★スタンダード　★★★★ラグジュアリー

SCHWERIN

シュヴェリーン

p.8-B ■人口＝10万人 ■街の規模＝徒歩で半日

メクレンブルクの文化の中心地 ハンザの古都は7つの湖を持つ

★ 旧市街

★ 大聖堂など

★★ 州立博物館、歴史博物館、野外博物館など

★★★ シュヴェリーン城

★★ シュヴェリーン湖など多くの湖と森

マルクト広場の大聖堂の塔からは街を一望できる

Access

●鉄道：ハンブルク→IC（約50分）、RE（約1時間30分）→シュヴェリーン［1時間1本／€19.10～］

Information

❶観光案内所：Schwerin-Information
住Am Markt 14 ☎5925212 FAX555094
開9:00～19:00（土・日曜10:00～18:00）、10～4月9:00～18:00（土・日曜10:00～16:00） 休無休
HP www.schwerin.de
●ユースホステル：住Waldschulweg 3 ☎3260006

街のしくみ 旧市街と城の観光は徒歩 城庭園や野外博物館はバスで

たくさんの湖に囲まれた旧市街の中心は、市庁舎、大聖堂、❶がある**マルクト広場**。城は広場の南東、徒歩6～7分。手前に**州立博物館**Staatliches Museumと**州立劇場**Staatstheater、遊覧船乗場がある。

17世紀ごろの農家が並ぶ野外博物館は6番のバスで

楽しみ方 充実した城内展示や博物館 古都の散策、湖の自然探勝も

11～12世紀ごろの建物も残る**旧市街**の散策と、**城**や**大聖堂**、**博物館**の見学が観光の基本コース。ただし、東西統一後に始められた旧市街の修復の完成には、もう数年かかりそう。時間があれば、湖上巡りの遊覧船に乗って、豊かな自然が残された**カニンヒェンヴェルダー島**Kaninchenwerderまで行ってみよう。

シュヴェリーン城 ★★★
Schlossmuseum Schwerin

●マルクト広場から徒歩7分

2つの湖の間に浮かぶ島に建つ城が現在の姿になったのは19世紀中ごろ。ネオ・ルネサンスを基調に、さまざまな様式が入り混ざり、独特の美しさと調和を保っている。城内は博物館として公開され、メクレンブルク大公の玉座の間やギャラリーを見学できる。

開10:00～18:00（10月中旬～4月中旬10:00～17:00） 休月曜 料€4 ☎5252920

バロック様式の城庭園はヨーゼフ・ペーターの作

★★★★ Crown Plaza クラウン・プラザ

湖畔の新しい高級ホテル

オストルファー湖に面した街一番の高級ホテル。フィットネスルームなどの施設も整い、レストラン「マルコ・ポーロ」も好評。マルクト広場まで徒歩約10分。

●中央駅からバス5番、51番
■住所 Bleicher Ufer 23
■TEL 57550
■FAX 575577
■料金 S-€110～、W-€130～（朝食€12）
■部屋数 全100室
■カード VISA、MC、AMEX、JCB
■www.crowne-plaza.m-vp.de

シュヴェリーンの市外局番☎0385

★エコノミー ★★カジュアル ★★★スタンダード ★★★★ラグジュアリー

ROSTOCK

ロストック

p.8-B ■人口＝19万人 ■街の規模＝徒歩で１日

バルト海交易で栄えたハンザ都市 800年の歴史が刻まれた旧市街

★★ 旧市街の町並、城壁、塔など
★★ 聖母マリア教会、ペトリ教会、ニコライ教会など
★★ 海運博物館、文化歴史博物館、クレーペリン門など
★★ バルト海、フィッシュラント～ツィングストなど
★ ヴィルヘルム・ピーク（ロストック）大学
★ バルト海のシーフード

Access

●鉄道：ハンブルク→IC（約１時間50分）、RE（約２時間30分）→ロストック［１時間１本／€28～］、ベルリン→RE（２時間55分）→ロストック［２時間１本／€31.90］

Information

ℹ観光案内所：Information-Rostock
MAP p.393 住 Neuer Markt 3 ☎3812222
FAX 3812601 開 10:00～18:00（７～８月10:00～19:00、土・日曜～16:00）休 10～４月の日曜
HP www.rostock.de
●ロストックカード：市電乗り放題、各種入場割引。48時間有効€８。

街のしくみ 旧市街の中心はノイアーマルクトとクレーペリン通り

旧市街は東西が約1.5km、南北は１km弱の楕円形。かつてその外周を囲んでいた**城壁**の３分の１ほどと、**城門**や**塔**が随所に残る。北側はヴァルノウの河港。旧市街南西の城壁外には緑濃い公園が広がる。

中央駅から旧市街までは、歩くと15分ほどで、**市電**も使える。旧市街内は徒歩で充分。ヴァルネミュンデへはSバーンで約30分の他、船でも行ける。

ハンザ都市特有の７本の塔を持つ市庁舎は1250年ごろの建造

三角形の大学広場と、1419年創立の大学

楽しみ方 教会や博物館、旧市街散策に疲れたら、魚介レストランへ

豊富でユニークな内容を持つ、いくつもの教会と博物館巡り。特徴ある破風や色彩など、北欧の香りを漂わせる町並と、港や倉庫街、城壁沿いの散策。この２つを通して、800年に渡るハンザ都市の歴史に触れたい。

またここは、その規模に比べて飲食店が多い街。バルト海産の魚介類も存分に味わおう。

聖十字架修道院内は現在、文化歴史博物館

Route Advice

シュタイン門→市庁舎→聖母マリア教会→クレーペリン通り→大学広場→クレーペリン門→港→ペトリ教会→ニコライ教会→クー門→城壁
［全移動約１時間］

クレーペリン通り ★★★
Kröpeliner Strasse

map p.393

ノイアーマルクトとクレーペリン門を結ぶロストックのメインストリート。終日歩行者天国で、ノイアーマルクト～大学広場の間には、祭日などにはいくつもの屋台が並ぶ。通りに面して各時代の特色ある破風を持った建物が並んでいるが、五段破風屋根の家や旧牧師館が美しい。大学広場の東南には大公宮殿のバロックのホールがあり、その横手には新しいショッピングアーケードも造られている。かつての城門で武器庫のクレーペリン門は、現在は文化歴史博物館分館。

階段状や三角型など、色も形もさまざまな破風

ロストックの教会 ★★
Kirchen

聖母マリア教会Marienkircheは、14世紀末に建てられた十字形のバジリカ様式。1472年製の天文時計をはじめ、ブロンズの洗礼盤やバロックのオルガンなど見どころも多い。この街最古の**ニコライ教会**Nikolaikircheには、祭壇下に抜け穴が、屋根裏には住居がある。**ペトリ教会**Petrikircheの巨大な尖塔は、市民の寄付によって1994年に取り付けられた。

ペトリ教会の塔から市街地が一望できる

ロストックの博物館 ★★
Museums

交易、海運で栄えたロストックには、海に関する博物館が多い。これまでSchmarlにあった船の博物館が、海運博物館と合併して新たに、造船・海運博物館Schiffibau-und museum（開10:00～16:00　休月曜　料€3　☎12831364）として生まれ変わった。航海や造船、ハンザ同盟の歴史を展示。**郷土博物館**Heimat Museum（開10:00～18:00〈11～3月～17:00〉　休月曜　料€3　☎52667）では、漁業や漁師の生活などの展示が見られる。**聖十字架修道院**内の**文化歴史博物館**Kultur-Historisches Museum（開10:00～18:00　休月曜　料€3　☎203590）には16～19世紀のオランダ絵画が、**クレーペリン門**Kröpeliner Tor（開9:00～17:00　休月曜　料€3　☎454177）では市の歴史を紹介。

海運博物館では珍しい海運貨幣などの展示も

郊外の見どころ

ヴァルネミュンデ　Warnemünde

ビーチリゾートで北欧航路の拠点。港沿いのアルター・シュトローム通りは、古い漁師の家々と魚介類のレストランや船員居酒屋などが並び港街情緒たっぷり。先端には1898年建造の灯台と、500mの防波堤がつづく。MAP p.362-B

港沿いには魚屋の屋台が並び、賑わう

★★★★ Courtyard by Marriott
コートヤード・バイ・マリオット

旧市街中心に建つ高級ホテル

クレーペリン通りの中ほどという抜群の立地。1、2階はショッピングアーケード。レストラン「フィッシャーズ・フリッツェ」ではバルト海の新鮮な魚介類を。

map p.393
●ノイアーマルクトから徒歩２分
■住所　Kröpeliner/Schwansche Str.6
■TEL　49700
■FAX　4970700
■料金　S-€60～、W-€85～
■部屋数　全150室
■カード　VISA、MC、AMEX、DC、JCB
■www.courtyard.com

シュタイゲンベルガー・ホテル・ゾンネ Steigenberger Hotel Sonne ★★★ map p.393
●ノイアーマルクトから徒歩１分　住Neuer Markt 2　☎49730　料S-€110～、W-€132～

インターシティ・ホテル Intercity Hotel ★★ map p.393
●中央駅から徒歩１分　住Herweghstr.51　☎49500　料S-€71～、W-€87～　■カード　VISA、MC、AMEX、DC、JCB

ロストックの市外局番☎0381

★エコノミー　★★カジュアル　★★★スタンダード　★★★★ラグジュアリー

STRALSUND

シュトラールズント

p.8-C ■人口＝5.9万人 ■街の規模＝徒歩で半日

古い港町の面影を残すハンザ都市 バルト海、リューゲン島観光の拠点

★★ 古い港町のたたずまい、市庁舎など
★ ニコライ教会、聖マリア教会など
★ 海洋博物館、文化歴史博物館など
★★ バルト海、リューゲン島

Access

●鉄道：ハンブルク→IC(約３時間)→シュトラールズント[１時間１本／€44]、ベルリン→IC(約２時間45分)、RE(約３時間25分)→シュトラールズント[１時間１本／€32.30～]

Information

ℹ観光案内所：Stralsund-Information
住Alter Markt 9　☎24690　FAX246922
開9:00～19:00（土曜9:00～14:00、日曜10:00～14:00）、10～４月9:00～17:00（土曜～14:00）　休10～４月の日曜
HP www.stralsund.de

ハンザ都市特有の７本の尖塔がそびえる市庁舎

街のしくみ 楽しみ方 港町情緒を味わいながら旧市街や教会を巡る

旧市街は、海と運河といくつかの池に囲まれた島のようなところ。**中央駅**からTribseer Damm～Tribseer Str.を東に７～８分歩くと、**聖マリア教会**Marien Kirche前のノイアーマルクトNeuer Marktに出る。旧市街の中心はこの広場と、**市庁舎**、**ニコライ教会**Nikolaikirche前の**アルターマルクト**Alter Markt。双方を結ぶオッセンレイヤー通りOssenreyer Str.は街一番のショッピング街。**メンヒ通り**Mönch Str.には、**文化歴史博物館**Kulturhistorisches Museumと**海洋博物館**Meereskunde-Museumがある。

城壁や城門も残る旧市街には、石畳の通りの両側にかつての豪商の館や漁師の家が並び、古い港町の面影が色濃く漂う。

海洋博物館には航海や造船などの展示と水族館がある

街の東は港で、遊覧船乗場や魚市場、倉庫などが並ぶ活気ある一角。

郊外の見どころ

豊かな自然とビーチリゾート 国内最大の島、リューゲン島

リューゲン島（MAPp.362-B）はバルト海に浮かぶドイツ最大の島。複雑に入り組んだ海岸には豊かな自然が残され、その多くが国立公園に指定されている。内陸部にはゆるやかにうねる丘陵の間に森や牧草地や花畑に囲まれた小さな村が点在し、牧歌的な風景だ。

ドイツ人にとってのリューゲン島は、貴重なビーチリゾートとしての意味が大きいが、沖縄など美しいビーチに恵まれた日本人にとっては、海水浴より、北辺の島の荒々しくも美しい自然鑑賞や、バルト海の古い港町の散策の方が楽しみは大きいはず。島内観光のポイントは、北端のアルコナ岬Kap.Arkonaや、東海岸の白い岸壁が連なる「王の座」Königstuhl周辺、南部の城や狩猟の館など。

断崖絶壁など変化に富んだ海岸線

リューゲン島観光の際は、バルト海航路の港町サースニッツSassnitzや、クア施設も整ったビーチリゾートのビンツBinzを拠点にすると便利。どちらの街もベルリンなどと直通のICで結ばれ、ホテルなどの宿泊施設も整っている。

ビーチには新しいホテルも多数できている

シュトラールズントの市外局番☎03831

旧港の周辺には魚料理のレストランも多い

マルクト広場の市庁舎内には郷土博物館もある

STADE

シュターデ

p.8-B ■人口＝19万人 ■街の規模＝徒歩で半日

エルベ川の古い港街は、かつてはハンブルクより栄えたハンザ都市

かつては塩の交易港としてハンブルクをもしのいだという栄光の歴史をもつ。戦災を免れたため、旧市街や旧港周辺にはルネサンス様式の市庁舎やレンガ造りの家並が盛時を偲ばせるように残されている。旧市街自体は徒歩で２時間程度の大きさ。中心は小高い丘の上のアム・ザンデ広場で、鉄道駅は南に10分ほど。一番北側が旧港だ。ⓘも旧市街の北側にある。アム・ザンデ広場と旧港の間が、古く美しい家並が残る一角だ。

Hoker Str.などに残る古い街並

アルテスラントはフルーツの産地

MÖLLN

メルン

p.8-B ■人口＝1.8万人 ■街の規模＝徒歩で半日

湖と森に抱かれた自然公園内の、オイレンシュピーゲルゆかりの街

メルンはラウエンブルク湖沼自然公園内の、湖の青と、森の緑に、赤い屋根の家並が映える美しい保養地。駅から北へHaupt Str.を５分ほど歩くと、木組みの家並が続く旧市街。ⓘは、バウホーフ広場から右手の坂を登ったKurpark内。北よりの少し小高いマルクト広場が旧市街の中心地。伝説的ないたずら者、ティル・オイレンシュピーゲルの町としても有名で、マルクト広場の聖ニコライ教会には彼の墓標が、広場の向かいにはオイレンシュピーゲル博物館がある。

ティルは、1350年にこの街で死んだと伝えられる

Check-Check!

自動車の町！アウトシュタット

フォルクスワーゲンが、その工場に隣接する形で自社グループの車や経営理念などを紹介したユニークな施設。傘下のランボルギーニやアウディなど、ブランドごとの体感パビリオンやカスタマーセンター、リッツカールトンホテルなどからなる。観光客でも楽しめるZeithausツァイトハウスという博物館には、歴史的名車、希少車が展示されている。

MAP p.362-A

Autostadt（Wolfsburg市内）
●ハノーファー→IC他　約35分（毎時）/€15〜 住Stadt Brücke（Wolfsburg駅から５分） 開9:00〜18:00（夏季〜20:00） 休無休 料€14、学生€11 ☎0800-2886 78238 HP www.autostadt.de

■シュターデ
●ハンブルク→S,RE約55分（１時間２本）/€6.25 ⓘ：住Hansestr. 16 ☎04141-409170 開10:00〜18:00（土・日曜１〜15:00） 休10〜３月の日曜 HP www.stade.de

■メルン
●リューベック→RB約30分（毎時）/€6.10 ⓘ：住Hindenburgstr. ☎04542-7090 開7:00〜22:00（月・火曜〜21:00、土曜10:00〜18:00、日曜9:00〜13:00） 休無休 HP www.moelln.de

隣国へ鉄道で出るルート

ドイツはヨーロッパの中心だ！

ドイツはオランダ、ベルギー、ルクセンブルク、フランス、スイス、オーストリア、チェコ、ポーランド、デンマークと陸続きの国。EU統合の進展に伴って国境の通過も簡素化している。せっかくヨーロッパまで来たのだからちょっと隣国へも足をのばしてみよう。中にはガルミッシュ・パルテンキルヒェン～インスブルック間のように、ヨーロッパ屈指の景観を誇る鉄道路線もある。

ICE。国際移動にも便利

高速列車を利用する

最近は各国の最新鋭の国際列車が活躍しており、快適に国境を越えて旅することができるようになった。DB（ドイツ鉄道）のICEはウィーン、チューリッヒ、インターラーケンなど周辺各国の主要都市にネットワークを広げている。DB自慢の最新型ICE 3はアムステルダム、ブリュッセルに乗り入れており、さらに2007年からはパリまで直通する予定である。パリからブリュッセル経由で乗り入れるのはタリスTHALYS。イタリア自慢のチザルピーノはミラノから直通。デンマークのIC 3もコペンハーゲンからECユーロシティーとして乗り入れている。

いずれの列車も快適な車内設備を誇るが、デザインにはお国柄も現れ、乗り比べも楽しい。なお高速列車の一部は特別運賃が必要。またタリスなどは予約が必須なので注意したい。

EC（ユーロシティ）を利用する

高速列車に押されがちであるが、ECもまだまだ活躍している。ECの大半は昔ながらの客車列車。客車には各国の車両が使われており、国際色豊かだ。食堂車や、窓の大きなパノラマ客車など個性的な車両が連結されている列車もあり、また国境駅での機関車の付替えなどが見られることもある。スピードでは高速列車にかなわないが、ヨーロッパ鉄道ならではの旅情が味わえる。ECは追加料金が必要。車内で精算すると料金が高くなる。予約は必須ではないが、混雑することもあるので予約を済ませておいた方が無難であろう。

夜行列車を利用する

長距離の移動には国際夜行列車も便利だ。

国際夜行列車は大きく分けて3種ある。最も一般的なのがユーロナイトEN。寝台車や座席車の他、食堂車やビュッフェなどを連結した列車もあり、快適な夜汽車の旅を楽しめる。シティナイトラインCNLはホテルトレインとも呼ばれる豪華な車内設備が自慢。シャワー付き個室車も連結されている。朝食が提供されるなど、サービスの質も高い。これらは予約が必要な場合が多い。ユーレイルパスを使う場合には、午前0:00から有効期間が始まることにも注意が必要だ。

なおパスポートなどは車掌が預かるので、税関審査や入国審査で夜中に起こされることはない。

食堂車などもある

中欧～東欧情報

チェコ、ポーランド、ハンガリー、スロバキアとも、日本国籍を持つ旅行者が観光で入国するならばならば、ビザは必要ない。ただし、パスポート残存有効期間が一定日数あることが条件。国によって必要残存期間が違うので注意(p.398参照)。

なお、ポーランドとスロバキアは、外国人に対して滞在時に必要な最低金額の所持を義務づけている。

チェコHP www.embassy-avenue.jp/czech/
ポーランドHP www.poland.or.jp
ハンガリーHP www.hungary.or.jp
スロバキアHP www.embassy-avenue.jp/slovakia/

鉄道ルート①～⑲

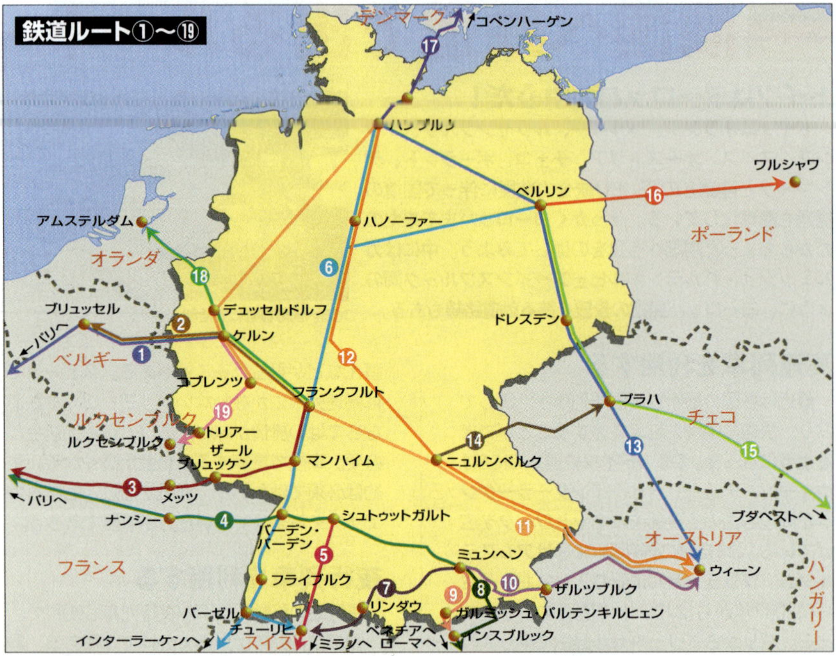

◆フランス・ベルギーに行く

ルート①　ケルン→ブリュッセル→パリ北駅〔タリス：全所要約３時間55分〕

ルート②　フランクフルト→ケルン→ブリュッセル〔ICE：全所要約３時間40分〕

ルート③　フランクフルト→マンハイム→ザールブリュッケン→メッツ→パリ〔EC：全所要約６時間20分〕

ルート④　ミュンヘン→シュトゥットガルト→バーデン・バーデン→ナンシー→パリ〔EC：全所要約８時間30分〕

◆スイス・イタリアに行く

ルート⑤　シュトゥットガルト→チューリヒ→ミラノ〔チザルピーノCISALPINO、ICE：チューリヒまで約３時間10分、ミラノまで約６時間40分〕

ルート⑥　ハンブルクまたはベルリン→フランクフルト→バーゼル→チューリヒ〔ICE：ハンブルクから約７時間30分、ベルリンから約８時間20分〕またはインターラーケン〔ICE：全所要約９時間〕

ルート⑦　ミュンヘン→リンダウ→チューリヒ〔EC：全所要約３時間20分〕

◆オーストリア・イタリア・チェコに行く

ルート⑧　ミュンヘン→イエンバッハ→インスブルック→ベネチア〔EC：全所要約７時間〕またはローマ〔EC：全所要約10時間30分〕

ルート⑨　ミュンヘン→ガルミッシュ・パルテンキルヒェン→ミッテンヴァルト→インスブルック〔RE：約２時間40分／RB：約３時間〕

ルート⑩　ミュンヘン→ザルツブルク→リンツ→ウィーン〔EC：ザルツブルクまで約１時間45分、ウィーンまで約４時間40分〕

ルート⑪　ハンブルク→ケルン→フランクフルト→ニュルンベルク→ウィーン〔ICEまたはEC：ハンブルクから約14時間40分、フランクフルトから約７時間20分〕

ルート⑫　ハンブルク→ニュルンベルク→ウィーン〔ICE：全所要約11時間20分〕

ルート⑬　ハンブルク→ベルリン→プラハ→ウィーン〔EC：ハンブルクから約13時間、ベルリンから約10時間〕

◆チェコ・ハンガリーに行く

ルート⑭　ニュルンベルク→プラハ〔IC：全所要約５時間〕

ルート⑮　ベルリン→プラハ→ブダペスト〔EC：プラハまで約５時間、ブダペストまで約12時間〕

◆ポーランドに行く

ルート⑯　ベルリン→ワルシャワ〔EC：約６時間〕

◆デンマークに行く

ルート⑰　ハンブルク→コペンハーゲン〔EC：約４時間20分〕

◆オランダに行く

ルート⑱　フランクフルト→ケルン→アムステルダム〔ICE：全所要約４時間〕

◆ルクセンブルクに行く

ルート⑲　デュッセルドルフ→ケルン→コブレンツ→ルクセンブルク〔EC：全所要約３時間40分〕

入国に必要なパスポート残存有効期間

国名	パスポート残存有効期間	ビザの要・不要
フランス	３カ月以上	観光なら３カ月まで不要
スイス	３カ月程度	観光なら３カ月まで不要
オーストリア	滞在日数分	観光なら６カ月まで不要
チェコ	15カ月以上	観光なら３カ月まで不要
ハンガリー	６カ月以上	観光なら90日まで不要
ポーランド	91日以上	観光なら３カ月まで不要
デンマーク	日数＋３カ月以上	観光なら３カ月まで不要
オランダ	日数＋３カ月以上	観光なら３カ月まで不要
ベルギー	日数＋３カ月以上	観光なら90日まで不要
ルクセンブルク	日数＋３カ月以上	観光なら３カ月まで不要

※注意！　複数国を長期間旅する場合は、シェンゲン条約に加盟する国の滞在期間が合計３カ月以内でなければならない（p.32参照）

Germany

帰国と各種情報

- 日本への帰国
- 税金の還付
- トラブル対策
- ドイツの歴史と文化
- 旅行会話

日本への帰国

旅も終わりに近づきいよいよ帰国の途へ。楽しかった旅をスムーズに終えるために、さて、最後にすべきことは？

リコンファーム

リコンファームとは、帰国の3日前（72時間前）までに航空会社に連絡し、帰国便の再確認をすること。これを怠ると、帰国便の予約が取り消されてしまうことも。ただし、リコンファームが必要な航空会社はチャイナエアラインなどごく一部だけ。自分の氏名、フライト日時、行き先などを伝えればよい。

荷物をパッキングする

エコノミークラスでは、受託手荷物の総重量は20kg以内、個数は2個まで。機内持込手荷物は5kgまでとされている（航空会社により多少の違いはある）。受託手荷物は手荒に扱われることもあるので、隙間のないようしっかり詰めよう。カメラなどの貴重品、撮影済フィルムや壊れやすい物は機内持込手荷物の方へ入れ、機内へ持ち込む。また、税関で免税申告する場合、買ったものは機内持ち込みの手荷物へ入れておくのが原則。

チェックインと出国手続き

近年はテロ対策などセキュリティチェックに時間がかかることが多いので、空港にはゆとりを持って着くようにしたい。チェックインはフライトの2時間前からOK。

入国のプロセス

1 チェックイン Check In
利用する航空会社のチェックインカウンターでパスポートと航空券を提示し、受託手荷物を渡す。搭乗券とバゲージクレームタグ（荷物預かり証明）を受け取る。

2 出国審査を受ける Passport Control
パスポートと搭乗券を見せる。国際線専用ターミナルでは、「EU諸国のパスポート所持者」と「それ以外の国（Non-EU Nationals）」にカウンターが分かれている。

3 セキュリティチェック Security Check
X線のゲートで、機内持込手荷物のチェックを受ける。

4 出発 Departure
出発ラウンジのあるフロアへ向かい、搭乗時刻まで待機。

各航空会社の連絡先

●日本航空　☎0180-2228747
●全日空　☎0180-3000309
●ルフトハンザ ドイツ航空
☎0180-58384267
●チャイナエアライン
☎069-290217～9

ひとことドイツ語・英会話

リコンファーム

●リコンファームをしたいのですが
英 May《メイ》 I《アイ》 reconfirm《リコンファーム》 (my《マイ》 flight《フライト》)?
独 Können《ケネン》 Sie《ズィ》 meinen《マイネン》 Flug《フルーク》 bestätigen《ベシュテーティゲン》?

ミュンヘンの自動チェックイン機

日本円への両替

手元に残ってしまったユーロ紙幣は、日本へ帰ってから両替するよりもドイツ国内で両替しておいた方がいい。だが、コインは両替できないので、うまく使いきってしまおう。

日本の免税の範囲		
酒類	760ml程度	3本
タバコ（右記のいずれか）	紙巻き	200本
	葉巻き	50本
	その他のタバコ	250g
香水	2オンス	約50g
その他	海外市価の合計が20万円以内の品物	

税金の還付

ドイツの付加価値税

ドイツ国内でのショッピングには、免税店でないかぎり、普通は16%の付加価値税（Mehrwertsteuer）が課せられている。EU諸国以外の外国人旅行者は、規定の手続きをして、その払い戻しを受けることが可能だ。ただし、実際には免税協会の会社が間に入って手数料をとるので、還付は最高12%になる。

還付の手続き

現地でも日本でも換金はできるが、税関での承認スタンプを押してもらうなどの諸手続きは現地で済ませる必要がある。

還付のプロセス

1　店頭でのチェックを作成する

免税協会加盟店Tax Free Shopで、支払い時にパスポートを提示し、タックスフリーショッピングチェックTax Free Shopping Checkを作成する。ただし店によって購入金額の下限は€25、50、100と違うので注意。また刃物は免税の対象にならない。免税手続きの書類は店によって、

1）免税仲介会社のチェックを作ってくれる場合
2）購入店に直接請求する書類を作ってくれる場合

がある。いずれの場合もEUを出国する際に、空港の税関で、実際に購入した品物を見せ、書類に免税承認のスタンプを押してもらう必要がある。品物を開封したり使用していたら無効になるので注意。またスーツケースに荷物を入れた場合は手続きがややこしいので、できるだけ手荷物扱いにしたほうが楽だ。

2　免税仲介会社の書類の場合

スタンプを押してもらった後で、空港内の払い戻しカウンターTax Cash Refundにチェックを持って行き換金してもらう（通常は現地通貨）。ただどこの空港でもできるとは限らないので（フランクフルト、ミュンヘンはOK）、その場合はチェックを作成してもらった際にもらった封筒に入れて、空港内にある専用ポストに投函するか、切手を貼り郵便ポストに投函するとよい。帰国してから出してもかまわない。クレジットカードの引き落とし口座に送金してもらえる（銀行小切手での郵送も可能だが、その場合割引手数料が2000円ほどかかる）。また、免税仲介会社によっては帰国後に円で払い戻しが可能。

3　店に直接請求する書類の場合

スタンプを押してもらった後、書類を購入した店に返送し、そこで手続きをしてもらうことになる。返金はカードの引き落とし口座に振り込んでもらう。還付率は約10%。帰国してから出してもかまわないが、いずれにしろかなり時間がかかる。

ひとことドイツ語・英会話

免税

●免税書類をもらえますか？
英 Can I《キャンナイ》 have a《ハヴァ》 form《フォーム》 for《フォー》 duty-free《デューティフリ》 ?
独 Kann《カン》 ich《イッヒ》 einen《アイネン》 Ausfuhr-《アウスフール》kassenzettel《カッセンツェッテル》 haben《ハーベン》 ?

付加価値税とは

英語でValue-added Tax（VAT）。日本でいうところの消費税に相当する税。ドイツでは通常16%（食品、書籍、花などは7%）かけられており、国によっては20%以上の高率の国もある。旅行者は本来払わなくていい税なので積極的に免税してもらおう。

帰国後、円で払い戻しが可能な免税仲介会社

●グローバル・リファンド・ジャパン社（Global Refund Japan KK）　住104-0033 中央区新川2-13-11内田ビル4F
☎03-5541-6718　FAX03-5541-6719
HP www.globalrefund.com
※払い戻しカウンターは、成田国際空港、関西国際空港の2カ所

Q&A

●免税してもらう品物を（スーツケースに詰めて）機内にチェックインしたい場合は？
最初の出発地で、航空会社のカウンターにチェックインする前に税関に行き、先にスタンプをもらうようにする。

●品物を自分で郵送した場合は？
輸出規制が別システムなので通常の免税手続きは不可。

●有効期限は？
通常は購入後3カ月間。

トラブル対策

事前に用意しておこう！

●番号や発行日の類は控えておく。コピーをとって別途保管しておくのが理想。

●写真（4.5×3.5㎝）2枚…パスポートの再発行の際などに。

●南京錠…ユースホステルに泊まる場合、ロッカーを使うのに必需品。バッグによってはファスナー部分を閉められる。

カード付帯の保険を活用する

クレジットカードによっては旅行傷害保険（傷害死亡・後遺障害～携行品損害など）を付帯したものがあり、日本出発日から1～3カ月（カードにより異なる）の補償が付く。掛け金も安く手軽に利用できる。

空港でロスト・バゲージに遭ったら？

空港で機内預けにした荷物が出てこない時は、空港内のLost &Found（苦情処理係）で、チェックイン時にもらったクレーム・タグを提示する。荷物が見つからない場合は航空会社から損害賠償を受けられる。ただし、金額は安い。

ひとことドイツ語・英会話

●日本語ができる人はいませんか

英 Is《イズ》 there《ゼア》 anybody《エニバディ》 here《ヒア》 who《フー》 can《キャン》 speak《スピーク》 Japanese《ジャパニーズ》?

独 Sprecht《シュプレヒト》 hier《ヒイア》 jemand《イェーマント》 Japanisch《ヤパーニッシュ》?

●バッグをとられました

英 My《マイ》 bag《バッグ》 has《ハズ》 been《ビン》 stolen《ストゥルン》.

独 Meine《マイネ》 Tasche《タッシェ》 würde《ヴュアデ》 gestolen《ゲシュトーレン》.

●サイフをタクシーに置き忘れました

英 I《アイ》 have《ハブ》 left《レフト》 my《マイ》 wallet《ウォレット》 in《イン》 the《ザ》 taxi《タクスィ》.

独 Ich habe《イッヒハーベ》 meinen《マイネン》 Geldbeutel《ゲルトボイテル》 im Taxi《イムタクスィ》 vergessen《フェアゲッセン》.

もしも盗難・紛失に遭ったら・・・

パスポート

1 警察へ届ける
警察署で紛失・盗難届け出証明書を発行してもらう。

2 再発行の申請
日本大使館・領事館で再発行の申請を行なう。警察の紛失・盗難届出証明書、写真（4.5cm×3.5cm）2枚、一般旅券再発給申請書（大使館で記入）、紛失届（大使館で記入）、手数料（10年間有効の場合€88.23）、パスポート番号と発行年月日の控え（コピーなど）が必要。再発行には2～3日かかる。急ぎの場合は「帰国のための渡航書」を発行（上記同様の書類と航空券の予約確認書、手数料€18.38。所要1～2日）。

3 帰国後再発行
「帰国のための渡航書」は帰国と同時に失効し、紛失したパスポートも無効なので、改めて再発行の手続きが必要。

航空券

1 警察・航空会社へ届ける
航空会社の現地オフィスへ連絡し、航空券の無効を依頼。さらに警察で紛失・盗難届出証明書を発行してもらう。

2 再発行
紛失・盗難届出証明書を持って航空会社の現地オフィスへ出向く。手数料が必要。格安航空券の再発行は難しい。

クレジットカード

1 警察・発行会社へ届ける
発行会社の緊急連絡先に連絡し、無効手続きをとる。さらに警察で紛失・盗難届け出証明書を発行してもらう。

2 再発行
紛失・盗難届け出証明書を持って発行会社の現地オフィスへ出向き、カード番号を伝えて再発行してもらう。即日発行されることも。手続き方法はカード会社によって異なる。

トラベラーズチェック

1 発行会社へ届ける
発行会社に連絡し、無効手続きをとる。必要であれば警察にて紛失・盗難届け出証明書を発行してもらう。

2 再発行
発行した際のナンバーの控えとパスポートがあれば2～3日で再発行もしくは払い戻しに応じてくれる。

ドイツ歴史年表

西暦	出来事（色文字は文化関連）
ローマ帝国	
B.C.1世紀～	ローマ人ライン河流域に進出
16	トリアー建都
15	アウクスブルク建都
A.D.100ごろ	バーデン・バーデンで温泉発見、ローマ式浴場建設
1～2世紀	トリアーにローマ式円形劇場、ポルタ・ニグラなど建設
376	西ゴート族ローマ帝国内に侵入、ゲルマン民族大移動開始
フランク王国～東フランク王国	
481	メロヴィング朝起こる
7世紀	メーアスブルク旧城建設（現存するドイツ最古の城）
800	カール大帝西ローマ皇帝即位
843	ヴェルダン条約、フランク王国3分割
870	メルセン条約、再分割
10世紀	マジャール族侵入、ハンガリーに定着
955	レヒフェルトの戦い、マジャール族撃退
神聖ローマ帝国／ザクセン朝～フランケン朝～ホーエンシュタウフェン朝	
962	神聖ローマ帝国成立、オットー1世戴冠
1054	東西教会分離
1075～1122	叙任権闘争
1077	カノッサの屈辱
1096～99	第1回十字軍
1147～49	第2回十字軍
1152	バルバロッサ・フリードリヒ1世即位
1189～92	第3回十字軍
1199	ドイツ騎士団成立
1200ごろ	「ニーベルンゲンの歌」成立
13世紀初頭	ヴァルトブルクでミンネゼンガーによる歌合戦
1202～04	第4回十字軍
1230～83	ドイツ騎士団プロイセン征服
1241	ハンザ同盟成立
1248	ケルン大聖堂起工
1254	ライン都市同盟成立
神聖ローマ帝国／大空位、諸王朝時代	
1256～73	大空位時代、皇帝権衰退
1291	スイス独立の初め
神聖ローマ帝国／ルクセンブルク朝～ハプスブルク朝	
1347～49	ペスト流行
1356	金印勅書、7選帝侯成立
1386	ハイデルベルク大学創立
1414～18	コンスタンツ公会議、ヤン・フス処刑（1415）
1415	ホーエンツォレルン家、ブランデンブルク辺境伯となる
1438	ハプスブルク朝起こる
1456	グーテンベルク活版印刷術発明
1517	ルター「95カ条の論題」、宗教改革始まる
1522～23	騎士戦争
1524～25	ドイツ農民戦争
15～16世紀	フッガー家繁栄
1555	アウクスブルク宗教和議
1618	ブランデンブルク＝プロイセン同君連合成立
1618～48	30年戦争
ブランデンブルク＝プロイセン～プロイセン／ホーエンツォレルン朝	
1648	ヴェストファリア条約締結
1687	フリードリヒ・ヴィルヘルム大選帝侯ユグノーを誘致
1701	プロイセン王国成立
1714	ハノーファー選帝侯ゲオルク1世イギリス国王に（ハノーファー朝～1901）
1729	J.Sバッハ「マタイ受難曲」

神聖ローマ帝国

マジャール族の侵入を撃退した東フランクのオットー1世は、962年に神聖ローマ帝国（第1帝国）皇帝として戴冠。ゲルマン王とローマ王を兼ねた世俗の最高権力者となった。その最盛期にはベネルクス、イベリア半島、イタリア北部にまで広がる大帝国を築いたが、1806年にナポレオンの征服により消滅した。

皇帝都市と皇帝居城

初期の神聖ローマ帝国は決まった首都をもたず各地に皇帝居城を築き、皇帝は帝国管理のために各城を転々と移動した。皇帝居城が置かれた都市が皇帝都市で、帝国のシンボルである鷲の紋章が用いられた。帝国内には貴族や騎士が所有する領地が数多くあったが、皇帝に直属して自治権や収税権を有した都市が帝国自由都市だ。

ニュルンベルクの皇帝居城

ドイツ騎士団とハンザ同盟

12世紀に入ると、ドイツ騎士団はポーランドからバルト3国に至るスラブ人居住地に軍事的に侵攻。また、帝国自由都市のリューベックの市民も、バルト海に沿って次々とロストックなどの植民都市を建設した。こうして生まれた各都市を母体に、通商上の権益保護のために1241年にハンザ同盟が結ばれた。最盛期にはバルト海から地中海に至る大陸を包む通商ルートを確立した。

リューベックの市庁舎

宗教改革から30年戦争へ

ルターの宗教改革はキリスト教社会を激動の時代へと導いた。ドイツでは新旧両教を信奉する領主間の領地争いが深刻化し、1618年には周辺諸国をも巻き込んでの30年戦争が勃発。この戦争でドイツは人口の1/3を失い、都市も田園も荒廃の極みに至る。1648年にウェストファリア条約が結ばれ終息を迎えるが、ドイツは300あまりの小国家に分かれて統治されるようになった。

プロイセン王国とフリードリヒ大王

30年戦争後の小国家乱立状態の中から台頭してきたのは、ホーエンツォレルン家のフリードリヒ＝ヴィルヘルム。彼は1640年に大選帝侯となり、その子のフリードリヒ１世は1701年に成立したプロイセン王国の王座についた。その後18世紀を代表する啓蒙絶対君主であったフリードリヒ大王の時代には、オーストリア継承戦争、７年戦争を戦いぬき、周辺強大国と肩を並べるまでに成長した。

ポツダムのサンスーシ宮殿

ウィーン会議とドイツ統一

19世紀初頭のナポレオン軍の侵攻、それに続くヨーロッパの新秩序を模索したウィーン会議を機に、ドイツ統一への機運が高まる。1862年、プロイセンの首相に“鉄血宰相”ビスマルクが就任してからは、その手腕と軍事力によってドイツ国内の統一を進めるとともに、普襖、普仏戦争に勝利。普仏戦争でフランスに進駐したヴィルヘルム１世は、1871年にベルサイユ宮殿鏡の間でドイツ皇帝としての戴冠式を行ない、ドイツ帝国（第２帝国）が成立した。

ワイマール共和国

1914年、オーストリア皇太子の暗殺を機に第一次世界大戦が勃発した。戦争は４年におよぶ長期戦となり、次第にドイツの国力は疲弊し国内には厭戦ムードが充溢してゆく。1918年には皇帝ヴィルヘルム２世がオランダに亡命しドイツは降伏した。1919年のベルサイユ条約を経て、ワイマール共和国が誕生。当時最も民主的といわれたワイマール憲法のもとで、映画や演劇などの大衆文化が花開き、バウハウスを中心に新しい芸術活動も盛んになる。

ナチズムの台頭

膨大な額の戦争賠償金、1929年に始まる世界大恐慌により悪化する一方の経済状況の中で、不安に怯える大衆の気持ちを巧みに操作してナチズムが勢力を伸ばしてきた。1933年に首相の座に就いたヒトラーはゲルマン民族の優位性を唱え、政権を独裁化するとともにユダヤ人への迫害や周辺諸国への侵略を行ない、第二次世界大戦へと突入していった。

東西ドイツの分断と統一

1945年、ヒトラーが自殺し、ドイツは無条件降伏した。英米仏ソの４カ国によって統治されたが、1949年に東西分断。1961年には首都ベルリンに亡命を防ぐための「壁」が築かれた。しかしソ連邦解体や東西冷戦の雪解けを迎え、1989年に壁が崩壊。翌1990年に東西ドイツが統一した。

1740～48	オーストリア継承戦争
1740	フリードリヒ大王即位（～86）
1745	サンスーシ宮殿建設開始
1749	フリードリヒ法典
1772	第一次ポーランド分割
1775	ゲーテ、ヴァイマール公国宰相就任
1778～79	バイエルン継承戦争
1795	第三次ポーランド分割、ポーランド滅亡
1797～1840	農奴解放
1805	第３回対仏大同盟
1806	対仏戦争、ナポレオン大陸封鎖令、ライン同盟成立、神聖ローマ帝国滅亡
1809	フンボルト大学創立
1812	「グリム童話」初版刊行
1814～15	ウィーン会議
1815	４国同盟、ドイツ連邦成立、神聖同盟
1824	ベートーヴェン「第９交響曲」
1835	ニュルンベルク～フュルト間にドイツ初の鉄道開通
1848	マルクス・エンゲルス「共産党宣言」、ベルリン３月革命
1848～49	フランクフルト国民議会
1850	欽定憲法制定
1862～90	ビスマルク執政
1864	対デンマーク戦争
1866	普襖戦争、プラハ和約
1867	北ドイツ連邦成立、オーストリア＝ハンガリー二重帝国成立
1870～71	普仏戦争

ドイツ帝国／ホーエンツォレルン朝

1871	ドイツ帝国成立、ヴィルヘルム１世皇帝に、ビスマルク宰相就任
1876	バイロイト祝祭劇場完成、ワーグナー「ニーベルンゲンの歌」初演
19世紀末	南太平洋の諸島占拠
1889	ダイムラー、ベンツ自動車発明
1895	レントゲンX線発見
1905	第一次モロッコ事件、アインシュタイン「特殊相対性理論」発表
1906	ヘルマン・ヘッセ「車輪の下」
1910	フロイト「精神分析学入門」成立
1911	第二次モロッコ事件
1914～18	第一次世界大戦
1918	皇帝退位亡命、ドイツ降伏

ドイツ共和国

1919	パリ講和会議、ベルサイユ条約成立、ワイマール憲法制定、バウハウス設立
1924	トーマス・マン「魔の山」
1926	国際連盟加盟
1929	世界経済恐慌、飛行船ツェッペリン号世界一周
1933	ヒトラー首相就任、国際連盟脱退
1935	再軍備宣言
1939	独ソ不可侵条約、ドイツポーランドに侵攻、第二次世界大戦始まる
1940	日独伊三国同盟締結
1945	ドイツ無条件降伏、４カ国による分割統治、ポツダム会談

ドイツ連邦共和国／ドイツ民主共和国

1946	ニュルンベルク軍事裁判
1949	ドイツ連邦共和国（西ドイツ）、ドイツ民主共和国（東ドイツ）成立
1954	西ドイツNATO加盟
1955	ワルシャワ条約機構調印
1957	ヨーロッパ経済共同体（EEC）
1961	東西ベルリンの境界に壁築かれる
1967	ヨーロッパ共同体（EC）発足
1973	東西ドイツ国連加盟
1989	ベルリンの壁崩壊

ドイツ連邦共和国

1990	東西ドイツ統一
1992	マーストリヒト条約調印
1997	EU首脳会議、新欧州連合条約調印
1999	ベルリンに新生ライヒスターク完成。連邦議会がボンより移転
2002	通貨としてユーロを導入

ドイツ文化用語解説

Architecture & Art 建築／美術

●ロマネスク

11～12世紀にフランスやドイツを中心に発達した様式で、主に教会建築に用いられた。特徴は半円柱のアーチや3廊式二重内陣で、重厚な印象を与える。ヒルデスハイム、マインツ、バンベルクなどの大聖堂が典型例として知られている。

ヒルデスハイムの

●ゴシック

12世紀にフランス北部でロマネスク様式から発展して生まれた様式。教会建築を中心に、その装飾となる彫刻でも一時代を築いた。その特徴は、高く上昇感の強い穹りゅう天井、石組みの尖頭アーチ、飛梁の採用にあり、この様式の誕生により巨大聖堂の建設が可能となった。また建物が大型化されるにつれ、色彩豊かなステンドグラスがはめられるようになった。代表例はケルン、ウルムの2大聖堂や、トリアーの聖母教会、マールブルクのエリザベート教会など。

●ルネサンス

ハイデルベルク城

古代ギリシア、ローマ文化の再発見と世俗の人間社会に対する強い感心を特色とし、建築や美術の様式ばかりでなく、思想や哲学にも大きな影響をおよぼした。15世紀にイタリアのフィレンツェで起こりヨーロッパ全域に広まったが、ドイツでは宗教改革～30年戦争の時期にあたり、さほどの発展は見られなかった。建築ではハイデルベルク城、アウクスブルクの市庁舎などが、絵画、版画ではデューラー、クラナッハ、ホルバイン、グリューネヴァルトが代表的な存在として知られている。

●各様式の融合

古代～中世の巨大建築では完成までに長い歳月を要したものもあった。そのため、ひとつの建物にいくつかの様式が混在していることも多い。バンベルクやフライブルクの大聖堂は、基本部分はロマネスクだが塔はゴシック。また、ブレーメンやリューベックの市庁舎は、ゴシックの本体にルネサンスのファサードや階段が設けられている。

バンベルクの大聖堂

●フランドル派

ルネサンス～バロック時代に、ネーデルランド（現在のオランダ、ベルギー）を中心に活躍した画家たちの総称。ゴシック以来の写実性をより深め完成させたファン・アイク兄弟、農民やその生活を愛情と風刺を込めて克明に描いたブリューゲル、ルネサンス風の躍動感あふれる人物をバロック調の雄大な構図にまとめたルーベンスなどが代表的な作家としてあげられる。

●バロック

17世紀初頭にイタリアで起こり、18世紀の中ごろまでの建築・美術などの様式を指すと同時に、時代の概念をも示す。ルネサンス時代の端正な姿を意図的に逸脱させ、派手な形や色彩に加え装飾性も豊かで、劇的な空間を演出することが好まれた。ドイツでは17世紀後半から王宮建築を中心に盛んになり、曲線や歪みを多用した形態にスタッコ装飾やフレスコ画を併用した、壮麗で幻想的な姿に特徴がある。時代を代表する人物として、ドレスデンのツヴィンガー宮殿を設計したペッペルマン、ヴュルツブルクのレジデンツを設計したバルタザール・ノイマンをはじめ、彫刻のペルモーザー、画家のエルスハイマーなどが知られている。

ヴュルツブルクのレジデンツ

●ロココ

淡彩と金を基調とした色彩、複雑な渦巻きや唐草紋様、花飾りなどを用いた華麗で繊細な装飾が特徴。ポツダムのサンスーシ宮殿など、バロックと融合した例も多く見られる。代表建築としてはツィンマーマン兄弟によって造られたヴィース教会やマイナウ教会などが知られ、またマイセン磁器もこのロココの時代の花といえる。

ヴィース教会

●新古典主義
18世紀後半～19世紀前半の建築、美術様式。バロックやロココの過剰な装飾に対する批判、古代ギリシアやローマ建築の研究の進展、啓蒙思想の普及に伴う合理的な思潮を背景に、古代建築が持つ簡素な美を至高のものとして捉えなおした。王立劇場や旧博物館を設計し、ベルリンの風景を変えたといわれるシンケルは、当時の最高の建築家として評価が高い。他に、ベルリンのブランデンブルク門やレーゲンスブルク郊外のヴァルハラ神殿などが代表的な建築物だ。

●印象派
19世紀中ごろ～後半にかけてのフランスの画家たちに代表される。自然と光の綿密な観察に基づいて、明るく澄んだ色彩、断続的なタッチ、不透明な厚塗りなどが作風の特徴としてあげられ、自然主義の一面を成していた。代表的な画家として、マネ、クールベ、モネ、ルノアール、セザンヌなど。

●ユーゲントシュティール（青春様式）
19世紀末～20世紀初頭にかけてベルギーやフランスを中心に起こったアール・ヌーヴォーと同系列の様式。植物の形態を模したうねるような曲線や豊かな装飾性、鉄、ガラス、タイルといった新しい素材の使用が特徴で、当時ヨーロッパで流行していたジャポニスム（日本の浮世絵や工芸品）の影響も受けていた。作家としては、ベルギーの建築家ヴィクトール・オルタや、ウィーンの画家クリムトを中心とする分離派などが名高い。

●表現主義
20世紀初頭からナチスが権力を握る時代までの、ドイツ、オーストリアを中心とした芸術活動。印象派に反発する形で始まり、最終的には画家個人の精神や信念の絵画的表現に到達した。作品の特徴は、荒削りな仕上げ、シンプルな線と面の構成などにある。1905年にドレスデンでキルヒナーやヘッケルなどによって結成されたブリュッケ、1911年にミュンヘンでマルク、クレーなどで結成された青騎士＝ブラウエ・ライターが中心となった。なかでもカンディンスキーは1912年に世界初の抽象画を描いた画家として知られる。

●バウハウス
1919年にグロピウスがワイマールに設立した美術学校。急進的な建築家を中心に、画家、工芸作家、写真家なども加え、革新的な理論を展開。教授陣にはカンディンスキー、クレー、モホリ・ナギ、ファイニンガー等、アヴァンギャルドのそうそうたる作家が参加した。1925年にデッサウへ、1932年にはベルリンに移ったが、1933年ナチスにより解散させられた。その後グロピウスはハーヴァード大学の建築学教授になり、モホリ・ナギはシカゴに新しいバウハウスを設立。その影響力は現代の建築、美術、工芸の各分野におよびつづけている。

Music 音楽

●ミンネゼンガー
12～15世紀に、各地の宮廷を主な舞台として活躍した恋愛歌人。すべて男性で、彼らは詩人、作曲家、演奏家も兼ねていた。フォーゲルヴァイデは、ゲーテ以前の最大の詩人と賛えられている代表的な歌人だ。13世紀初頭にはアイゼナハのヴァルトブルク城で伝説的な歌合戦がくり広げられた（p.147参照）。

ヴァルトブルク城の歌合戦の大広間

●マイスタージンガー
ミンネゼンガーを継承し、15～16世紀の音楽、文芸活動を担った歌人。庶民が中心となって展開され、その内容は恋愛、聖書、社会風刺など幅広い。基本的に無伴奏で歌われ、単旋律、自由なリズムが特徴。

●バロック音楽
イタリアから始まった17～18世紀中ごろの音楽様式。器楽と声楽が分離し、ソナタ、組曲、協奏曲などの新しい器楽ジャンルが生まれ、J.S.バッハによってカンタータが完成された。教会、宮廷、劇場のものだった音楽が市民階級にまで普及したのもバロックの時代の特色。代表的な作曲家は、バッハの他、ヘンデルやヴィヴァルディ。

●古典派音楽
バロックに続く時代の音楽様式。絶対音楽としての器楽が優越するとされ、一貫性のある楽章配置を特徴とする交響曲が確立した。この様式の完成は、イタリア、フランス、ドイツなど各国の音楽をウィーンにおいて集大成させたハイドン、モーツァルト、ベートーヴェンの3人によってなされ、彼らをとくにウィーン古典派と呼ぶ場合もある。

●ロマン派
19世紀初頭に始まり、ヨーロッパ社会の発展とともに音楽の可能性を広めた。古典派の形式感を否定し、個人的な感情をより強く表現。幻想曲、即興曲、夜想曲といった器楽小品に優れた作品が多い。前期ロマン派では、ヴェーバー、シューベルト、メンデルスゾーン、ショパン、シューマンなどがよく知られている。後期ロマン派には、標題交響曲を完成させたベルリオーズ、交響詩の様式を生みだしたリスト、総合芸術としての楽劇を創造したワーグナーがあげられる。

ドイツ人物事典

ヘルゴット教会の見事な祭壇

●リーメンシュナイダー
Tilman Riemenschneider
（1460？～1531）
フランケン地方を中心に活躍した彫刻家。農民戦争に荷担したために拷問を受け、以後作品を生み出すことはできなくなった。代表作はヘルゴット教会の「マリア祭壇」。（p.181、198参照）

●アルプレヒト・デューラー
Albrecht Dürer（1471～1528）
ニュルンベルク出身のドイツ・ルネサンス最大の画家。代表作は「４人の使徒」。芸術論にも優れ、版画を芸術の領域にまで高めた。（p.291参照）

●ツィンマーマン兄弟
Brüder Zimmermann、
Johann Baptist （1680～1758）、
Dominikus（1685～1766）
画家兼スタッコ職人の兄ヨハンと、石工の弟ドミニクスの兄弟。バロック～ロココ期に、華麗なスタッコ装飾を施した教会建築の分野で活躍した。代表作はヴィース教会。（p.198参照）

●バルタザール・ノイマン
Barthasar Neumann（1687～1753）
バロック後期を代表し、天才と賛えられた建築家。ダイナミズムと優美さを合わせ持った作品で知られる。代表作はヴュルツブルクのレジデンツ「階段の間」など。（p.179参照）

●グーテンベルク
Johannes Gutenberg（1397～1468）
ルネサンスの三大発明のひとつとされる活字の鋳造と活版印刷の発明者。これ以降聖書など印刷物の大量生産が可能となり、宗教改革や科学革命に多大な貢献を果たした。（p.329参照）

●アインシュタイン
Albert Einstein（1879～1955）
ウルム出身の理論物理学者。1905年に「特殊相対性理論」を発表し、1921年にはノーベル物理学賞受賞。（p.268参照）

ウルムにはこんな形の噴水が

●ツェッペリン伯爵
Ferdinand Graf Von Zeppelin
（1838～1917）
1929年に飛行船で世界一周に成功した。（p.265参照）

●ハインリヒ３世
Heinrich III（在位1028～1056）
ザリエル朝最盛期のドイツ国王。黒王とも呼ばれる。ゴスラーに王宮を建てた（p.355参照）

●ティル・オイレンシュピーゲル
Till Eulenspiegel（？～1350？）
1511年に出版された民衆本の主人公。権力者を困らせるトリックスター（いたずら者）。（p.396参照）

ドイツの音楽家

●J.S.バッハ
Johann Sebastian Bach（1685～1750）
バロック期の大作曲家。（p.138、148参照）

●ベートーベン
Ludwig van Beethoven（1770～1827）
ウィーン古典派の巨匠で「楽聖」と称される作曲家。（p.318参照）

●メンデルスゾーン
Felix Mendelssohn（1809～1847）
ドイツロマン派の音楽家でゲヴァントハウス指揮者。（p.136参照）

●ワーグナー
Richard Wagner（1813～1883）
ロマン派後期を代表する作曲家。（p.197、277参照）

●ブラームス
Johannes Brahms（1833～1897）
バッハ、ベートーベンとともにドイツの3Bと称される作曲家。（p.248、372参照）

ドイツの文学者

●ゲーテ
Johann Wolfgang Goethe（1749～1833）
ドイツを代表する文豪、詩人であると同時に、ワイマール公国の政治家。（p.123、140、160参照）

●シラー
Johann Friedrich Schiller（1765～1805）
小説「群盗」、戯曲「ヴィルヘルム・テル」等多くの名作を発表し、ゲーテとともにドイツ古典派文学を完成させた文学者。（p.142、257参照）

⬇ワイマールにあるゲーテとシラーの像

●グリム兄弟
Brüder Grimm Jacob（1785～1863）、
Wilhelm（1786～1859）
ロマン派の時代を代表する文学者兄弟。（p.346参照）

●トーマス・マン
Thomas Mann（1875～1955）
「ブッデンブローク家の人々」でノーベル賞を受賞。第二次大戦中はアメリカに亡命。反ナチズムの主張を貫き、ドイツの知的規範と賛えられた。（p.382参照）

●ヘルマン・ヘッセ
Hermann Hesse（1877～1962）
代々の牧師の息子としてカルフに生まれた作家・詩人。1946年にノーベル賞受賞。（p.245、251参照）

ルートヴィヒ２世
Ludwig II（1845～1886）
バイエルン王国の第４代国王。早くから文学（特にシラーの作品）や音楽に興味を示し、オペラ「ローエングリン」を観劇してからはワーグナーの熱狂的なファンになった。18歳の若さで王位につくが、プロイセン王国との戦争や、貴族諸侯との対立は荷が重すぎたのか、次第に人を避け夢の世界に逃避するようになってしまう。それを具現化したのがノイシュヴァンシュタイン城（p.197参照）、リンダーホーフ城（p.237参照）、ヘレンキームゼー城（p.232参照）だ。しかし、その建築費用が膨大だったため、国家財政は破綻してしまい、ついには側近達からも見放され、精神鑑定の末、郊外の城に幽閉されてしまう。そして最期は、近くのシュタルンベルク湖で溺死することに。事故とも自殺とも他殺ともいわれているが、真相は謎のままだ。

英語・ドイツ語

旅行会話

旧東ドイツではそうでもないが、ドイツはヨーロッパの中では比較的英語が通じる国。だが、ドイツまで来たからにはドイツ語に挑戦してみよう。読み方はだいたいローマ字読みでいい。親日家の多いこの国で、明るく「Guten Tag!」といえば、人々は笑顔で迎えてくれる。

〈スーパーベーシック〉

	英	独		英	独
おはよう	Good《グッド》 morning《モーニング》	Guten《グーテン》 Morgen《モルゲン》	すみません	Excuse《エクスキューズ》 me《ミー》	Entschuldigung《エントシュルディグング》
こんにちは	Hello《ヘロウ》	Guten Tag《グーテンターク》	ごめんなさい	I’m《アイム》 sorry《ソウリィ》	Verzeihung《フェアツァイウング》
こんばんは	Good《グッド》 evening《イーヴニング》	Guten《グーテン》 Abend《アーベント》	私（私たち）	I《アイ》 (we《ウィ》)	ich《イッヒ》 (wir《ヴィア》)
さようなら	Good《グッド》 bye《バイ》	Auf Wiedersehen《アウフヴィダーゼーエン》	あなた（あなたたち）	you《ユー》 (you《ユー》)	Sie《ズィー》 (Sie《ズィー》)
はい	Yes《イエス》	Ja《ヤー》	彼（彼たち）	he《ヒー》 (they《ゼイ》)	er《エア》 (sie《ズィー》)
いいえ	No《ノウ》	Nein《ナイン》	彼女（彼女たち）	she《シー》 (they《ゼイ》)	sie《ズィー》 (sie《ズィー》)
ありがとう	Thank you《サンキュウ》	Danke《ダンケ》	男性（男性たち）	man《マン》 (men《メン》)	Mann《マン》 (Männer《メナー》)
どういたしまして	You’re《ユア》 welcome《ウェルカム》	Bitte《ビッテ》 schön《シェーン》	女性（女性たち）	woman《ウーマン》 (women《ウィメン》)	Frau《フラウ》 (Frauen《フラウエン》)

〈旅行基本単語〉

	英	独		英	独
押す	push《プッシュ》	drücken《ドリュッケン》	指定席	reserved《リザーブド》 (seat《シート》)	ein《アイン》 reservierter《レザビアター》 Platz《プラッツ》
引く	pull《プル》	ziehen《ツィーエン》	故障中	out《アウト》 of《オブ》 order《オーダー》	defekt《デフェクト》
閉店（閉館）	closed《クロウズド》	geschlossen《ゲシュロッセン》	トイレ	rest《レスト》 room《ルーム》 (toilet《トイレット》)	Toilette《トアレッテ》
開店（開館）	open《オウプン》	geöffnet《ゲエフネット》	使用中	occupied《オキュパイド》	besetzt《ベゼッツト》
出口	exit《エグズィット》	Ausgang《アウスガング》	空き	vacant《ヴェイカント》	frei《フライ》
入口	entrance《エントランス》	Eingang《アインガング》	予約	reservation《レザヴェイション》	Reservierung《レザヴィールング》
立ち入り禁止	no《ノウ》 entry《エントリィ》	Eintritt《アイントリット》 verboten《フェアボーテン》	お金を払う	pay《ペイ》	zahlen《ツァーレン》
空室	vacancies《ヴェイカンスィーズ》	Zimmer《ツィマー》 Frei《フライ》	良い	good《グッド》	gut《グート》
空室なし	no《ノウ》 vacancies《ヴェイカンスィーズ》	kein《カイン》 Zimmer《ツィマー》 Frei《フライ》	悪い	bad《バッド》	schlecht《シュレヒト》

〈基本数字〉

英	zero《ゼロ》	one《ワン》	two《トゥー》	three《スリー》	four《フォー》	five《ファイブ》	six《シックス》	seven《セブン》	eight《エイト》	nine《ナイン》	ten《テン》
	0	1	2	3	4	5	6	7	8	9	10
独	null《ヌル》	ein《アイン》 (s)	zwei《ツヴァイ》	drei《ドライ》	vier《フィーア》	fünf《フュンフ》	sechs《ゼクス》	sieben《ズィーベン》	acht《アハト》	neun《ノイン》	zehn《ツェーン》

〈旅行基本会話〉

いくらですか

英 How much《ハウマッチ》 is《イズ》 it《イット》?
独 Wieviel《ヴィーフィール》 kostet《コステット》 das《ダス》?

助けて!

英 Help《ヘルプ》!
独 Hilfe《ヒルフェ》!

私は日本人です

英 I am《アイアム》 a《ア》 Japanese《ジャパニーズ》.
独 Ich《イッヒ》 bin《ビン》 Japaner《ヤパーナー》 (Japanerin《ヤパーナリン》).

わかりません

英 I《アイ》 don't《ドント》 understand《アンダスタンド》.
独 Ich《イッヒ》 habe《ハーベ》 Sie《ズィー》 nicht《ニヒト》 verstanden《フェアシュタンデン》.

私の名前は～です

英 My《マイ》 name《ネイム》 is《イズ》 ～.
独 Mein《マイン》 Name《ナーメ》 ist《イスト》 ～.

～の仕方を教えてください

英 Please《プリーズ》 tell《テル》 me《ミー》 how《ハウ》 to《トゥ》 ～.
独 Bitte《ビッテ》 sagen《ザーゲン》 Sie《ズィー》 mir《ミア》, wie《ヴィー》 ～.

あなたのお名前は?

英 What's《ワァッツ》 your《ユア》 name《ネイム》?
独 Wie《ヴィー》 heissen《ハイセン》 Sie《ズィー》?

～していただけませんか

英 Would you《ウッジュー》 ～.
独 Würden《ヴュルデン》 Sie《ズィー》 bitte《ビッテ》 ～.

〈曜日〉

英	Sunday《サンディ》	Monday《マンディ》	Tuesday《チューズディ》	Wednesday《ウェンズディ》	Thursday《サーズディ》	Friday《フライディ》	Saturday《サタディ》
	日曜	月曜	火曜	水曜	木曜	金曜	土曜
独	Sonntag《ゾンターク》	Montag《モンターク》	Dienstag《ディーンスターク》	Mittwoch《ミットヴォッホ》	Donnerstag《ドナスターク》	Freitag《フライターク》	Samstag/Sonnabend《ザムスターク/ゾンアーベント》

ドイツ語を喋ってみよう!

〈ドイツ語の発音〉

ドイツ語は文法の難しさで有名な言葉。だが、発音はローマ字式で音読すればよく、比較的簡単だ。ドイツ語の表記は、アルファベット26文字と**ä**、**ö**、**ü**という３種類のウムラウト、そしてエスツェット“ß”からなる。

A《アー》	B《ベー》	C《ツェー》	D《デー》	E《エー》	F《エフ》
G《ゲー》	H《ハー》	I《イー》	J《ヨット》	K《カー》	L《エル》
M《エム》	N《エン》	O《オー》	P《ペー》	Q《クー》	R《エア》
S《エス》	T《テー》	U《ウー》	V《ファウ》	W《ヴェー》	X《エクス》
Y《イプシィロン》	Z《ツェト》				

ä：アーウムラウト(口の形はアー、発音はエー)
ö：オーウムラウト(口の形はオー、発音はエー)
ü：ウーウムラウト(口の形はユー、発音はイー)

また“ß”は子音を強調し、“ss”とsを２つ並べても表記できる。

〈元気よく話すのがコツ!〉

旅行会話に文法はいらない。細かなことにとらわれず、元気よく言いたい単語を並べれば、きっと気持ちは通じるはず。

それでも不安なら旅行会話集を持って行くのもいい。旅の各場面を想定して、必要になるフレーズや単語を詳しくのせている会話集があれば安心だ。わがまま歩きからもドイツ語と英語をコンパクトにまとめた、オールカラーの会話集が発売されている。

基礎会話

〈機内で〉

ライトが壊れています

英 My《マイ》 light《ライト》 isn't《イズント》 working《ワーキング》.

独 Das《ダス》 Licht《リヒト》 ist《イスト》 kaputt《カプート》.

毛布を貸してください

英 Please《プリーズ》 lend《レンド》 me《ミー》 a《ア》 blanket《ブランケット》.

独 Leihen《ライエン》 Sie《ズィー》 mir《ミア》 bitte《ビッテ》 eine《アイネ》 Wolldecke《ヴォールデッケ》.

座席を倒してもいいですか

英 May《メイ》 I《アイ》 put《プット》 my《マイ》 seat《スィート》 back《バック》?

独 Kann《カン》 ich《イッヒ》 meinen《マイネン》 Sitz《ズィッツ》 zurückstellen《ツリュックシュテレン》?

お魚とビーフはどちらがいいですか

英 Which《ウィッチ》 would you《ウジュー》 like《ライク》, fish《フィッシュ》 or《オア》 beef《ビーフ》?

独 Was《ヴァス》 möchten《メヒテン》 Sie《ズィー》, Fisch《フィッシュ》 oder《オーダー》 Rindfleisch《リントフライシュ》?

何かお飲み物はいかがですか

英 Would you like《ウジューライク》 anything《エニィスィング》 to《トゥ》 drink《ドリンク》?

独 Möchten《メヒテン》 Sie《ズィー》 etwas《エトヴァス》 zum《ツム》 Trinken?《トリンケン？》

→

コーヒーをください

英 Yes《イエス》, coffee《コフィ》 please《プリーズ》.

独 Ja《ヤー》, eine《アイネ》 Tasse《タッセ》 Kaffee《カフェ》 bitte《ビッテ》.

〈空港で〉

旅行の目的は何ですか

英 What《ウァット》 is《イズ》 the《ザ》 purpose《パーパス》 of《オブ》 your《ユア》 trip《トリップ》?

独 Was《ヴァス》 ist《イスト》 der《デア》 Zweck《ツヴェック》 Ihrer《イーラー》 Reise《ライゼ》?

→

観光です

英 Sightseeing《サイトスィーイング》.

独 Sightseeing《サイトスィーイング》.

スーツケースが見当たりません

英 I《アイ》 can't《キャント》 find《ファインド》 my《マイ》 luggage《ラギジ》.

独 Ich《イッヒ》 kann《カン》 mein《マイン》 Gepäck《ゲペック》 nicht《ニヒト》 finden《フィンデン》.

両替したいのですが

英 I《アイ》 would《ウド》 like《ライク》 to《トゥ》 change《チェンジ》 some《サム》 money《マニィ》.

独 Ich《イッヒ》 möchte《メヒテ》 Geld《ゲルト》 wechseln《ヴェクセルン》.

リコンファームをしたいのですが

英 May《メイ》 I《アイ》 reconfirm《リコンファーム》 my《マイ》 flight《フライト》?

独 ich《イッヒ》 möchte《メヒテ》 meinen《マイネン》 Flug《フルーク》 rückbestätigen《リュックベシュテーティゲン》.

タクシー乗場はどこですか

英 Could you《クジュー》 tell me《テルミー》 where《ウェア》 the《ザ》 taxi stand《タクスィスタンド》 is《イズ》?

独 Wo《ヴォー》 ist《イスト》 der《デア》 Taxistand《タクスィシュタンド》, bitte《ビッテ》?

〈タクシーで〉

○○ホテルまで行ってください

英 Please《プリーズ》 take me《テイクミー》 to《トゥ》 the《ザ》 ○○《○○》 hotel《ホウテル》.

独 Fahren《ファーレン》 Sie《ズィー》 bitte《ビッテ》 zum《ツム》 ○○《○○》 Hotel《ホテル》.

ここで止まってください

英 Stop《ストップ》 here《ヒア》, please《プリーズ》.

独 Halten《ハルテン》 Sie《ズィー》 hier《ヒア》 bitte《ビッテ》.

〈ホテルで〉

予約している山田です

英 I《アイ》 have《ハヴ》 a《ア》 reservation《リザヴェイション》 for《フォー》 Yamada《ヤマダ》.

独 Ich《イッヒ》 habe《ハーベ》 auf《アウフ》 den《デン》 Namen《ナーメ》 Yamada《ヤマダ》 reserviert《レザヴィアト》.

チェックインをお願いします

英 Can I《キャナイ》 check《チェック》 in《イン》?

独 Kann《カン》 ich《イッヒ》 einchecken《アインチェッケン》?

私に伝言はありませんか

英 Do《ドゥ》 you《ユー》 have《ハヴ》 any《エニィ》 messages《メセズィズ》 for《フォー》 me《ミー》?

独 Haben《ハーベン》 Sie《ズィー》 irgendeine《イルゲントアイネ》 Nachricht《ナーハリヒト》 für《フュア》 mich《ミッヒ》?

貸し金庫を開けたいのですが

英 Could you《クジュー》 open《オウブン》 the《ザ》 safety《セイフティ》 box《ボックス》?

独 Können《ケネン》 Sie《ズィー》 das《ダス》 Wertschliessfach《ヴェアトシュリースファハ》 öffnen《エフネン》?

［電話で］123号室の山田です

英 This《ディス》 is《イズ》 Yamada《ヤマダ》 speaking《スピーキング》 in《イン》 room《ルーム》 123《ワントゥスリー》.

独 Hier《ヒア》 ist《イスト》 Yamada《ヤマダ》, ich《イッヒ》 wohne《ヴォーネ》 im《イム》 Zimmer《ツィマー》 123《アインツヴァイドライ》.

コーヒーとトーストを持ってきてください

英 Please《プリーズ》 bring《ブリング》 me《ミー》 coffee《コフィ》, and《アンド》 toast《トースト》.

独 Bitte《ビッテ》 bringen《ブリンゲン》 Sie《ズィー》 mir《ミア》 Kaffee《カフェー》 und《ウント》 Toast《トースト》.

部屋に鍵を置き忘れました

英 I《アイ》 have《ハヴ》 left《レフト》 my《マイ》 key《キー》 in《イン》 my《マイ》 room《ルーム》.

独 Ich《イッヒ》 habe《ハーベ》 meinen《マイネン》 Schlüssel《シュルッセル》 im《イム》 Zimmer《ツィマー》 vergessen《フェアゲッセン》.

テレビがつきません

英 The《ザ》 TV《ティーヴィー》 doesn’t《ダズント》 work《ワーク》.

独 Der《デア》 Fernseher《フェルンゼーヤー》 funktioniert《フンクツィオニアート》 nicht《ニヒト》.

トラベラーズチェックは使えますか

英 Do《ドゥ》 you《ユー》 accept《アクセプト》 (take)《(テイク)》 traveller’s《トラベラーズ》 checks《チェックス》?

独 Nehmen《ネーメン》 Sie《ズィー》 Reiseschecks《ライゼシェックス》 an《アン》?

［計算書を見て］これは何の金額ですか

英 What《ウァット》 is《イズ》 this《ディス》 charge《チャージ》 for《フォー》?

独 Für《フュア》 was《ヴァス》 sind《ズィント》 diese《ディーゼ》 Kosten《コステン》?

貸し金庫を使いたいのですが

英 Could you《クジュー》 put《プット》 this《ディス》 in《イン》 the《ザ》 safety《セイフティ》 deposit《ディポズィット》 box《ボックス》?

独 Können《ケネン》 Sie《ズィー》 das《ダス》 für《フュア》 mich《ミッヒ》 im《イム》 Safe《ザフェ》 aufbewahren?《アウフベヴァーレン?》

クリーニングを頼みたいのですが

英 I《アイ》 would《ウッド》 like《ライク》 to《トゥ》 use《ユーズ》 your《ユア》 laundry《ローンドリィ》 service《サーヴィス》.

独 Ich《イッヒ》 würde《ヴュルデ》 gerne《ゲルネ》 etwas《エトヴァス》 reinigen《ライニゲン》 lassen《ラッセン》.

100号室の鍵をください

英 Can I《キャナイ》 have《ハヴ》 the《ザ》 key《キー》 to《トゥ》 room《ルーム》 100《ワンゼロゼロ》?

独 Geben《ゲーベン》 Sie《ズィー》 mir《ミア》 bitte《ビッテ》 die《ディー》 Schlüssel《シュルッセル》 zum《ツム》 Zimmer《ツィマー》 100《アインヌルヌル》.

タクシーを呼んでください

英 Please《プリーズ》 call《コール》 a《ア》 taxi《タクスィ》 for me《フォーミー》.

独 Rufen《ルーフェン》 Sie《ズィー》 bitte《ビッテ》 ein《アイン》 Taxi《タクスィ》.

荷物をとりに来て下さい

英 Please《プリーズ》 take《テイク》 down《ダウン》 my《マイ》 luggage《ラギジ》.

独 Bringen《ブリンゲン》 Sie《ズィー》 bitte《ビッテ》 mein《マイン》 Gepäck《ゲベック》 nach《ナーハ》 unten《ウンテン》.

バスルームでお湯があふれました

英 My《マイ》 bathroom《バースルーム》 has《ハズ》 flooded《フラディド》.

独 Mein《マイン》 Badezimmer《バーデツィマー》 ist《イスト》 überschwemmt《ユーバーシュヴェムト》.

チェックアウトをお願いします

英 I《アイ》 would《ウッド》 like《ライク》 to《トゥ》 check《チェック》 out《アウト》, please《プリーズ》.

独 Ich《イッヒ》 möchte《メヒテ》 abreisen《アップライゼン》.

ミニバーは使っていません

英 I《アイ》 didnt《ディドゥント》 use《ユーズ》 the《ザ》 mini-bar《ミニバー》.

独 Ich《イッヒ》 habe《ハーベ》 die《ディー》 Minibar《ミニバー》 nicht《ニヒト》 benutzt《ベヌッツト》.

〈街歩き〉

観光案内所はどこですか

英 Where《ウェア》 is《イズ》 the《ザ》 tourist《トゥーリスト》 information《インフォメイション》 office《オフィス》?

独 Wo《ヴォー》 ist《イスト》 das《ダス》 Touristinformation《トゥーリストインフォルマツィオーン》?

このバスは○○行きのバスですか

英 Is《イズ》 this《ディス》 bus《バス》 going《ゴウイング》 to《トゥ》 ○○《○○》?

独 Fährt《フェアト》 der《デア》 Bus《ブス》 nach《ナーハ》 ○○《○○》?

ここで降ろしてください

英 I’ll《アイル》 get《ゲット》 off《オフ》 here《ヒア》.

独 Ich《イッヒ》 steige《シュタイゲ》 hier《ヒーア》 aus《アウス》.

このツアーに参加したいのですが

英 I《アイ》 would《ウッド》 like《ライク》 to《トゥ》 take《テイク》 part《パート》 in《イン》 this《ディス》 tour《トゥアー》.

独 Ich《イッヒ》 möchte《メヒテ》 an《アン》 dieser《ディーザー》 Tour《トゥアー》 teilnehmen《タイルネーメン》.

日本語のガイドツアーはありますか

英 Do《ドゥ》 you《ユー》 have《ハヴ》 a《ア》 tour《トゥアー》 with《ウィズ》 a《ア》 Japanese《ジャパニーズ》 guide《ガイド》?

独 Gibt es《ギーブテス》 eine《アイネ》 Tour《トゥアー》 mit《ミット》 japanischer《ヤパーニッシャ》 Führung《フュルング》?

日本まで手紙を送りたいのですが

英 I《アイ》 would《ウッド》 like《ライク》 to《トゥ》 mail《メイル》 this《ディス》 letter《レター》 to《トゥ》 Japan《ジャパン》.

独 Ich《イッヒ》 möchte《メヒテ》 einen《アイネン》 Brief《ブリーフ》 nach《ナーハ》 Japan《ヤーパン》 schicken《シッケン》.

写真を撮ってもいいですか

英 Can I《キャナイ》 take《テイク》 a《ア》 picture《ピクチュア》?

独 Darf《ダーフ》 ich《イッヒ》 fotografieren《フォトグラフィーレン》?

シャッターを押していただけますか

英 Can《キャン》 you《ユー》 take《テイク》 a《ア》 picture《ピクチュア》?

独 Können《ケネン》 Sie《ズィー》 mich《ミッヒ》 fotografieren《フォトグラフィーレン》?

〈ショッピングで〉

何かお探しですか

英 May《メイ》 I《アイ》 help《ヘルプ》 you《ユー》?

独 Kann《カン》 ich《イッヒ》 Ihnen《イーネン》 helfen《ヘルフェン》?

見ているだけです

英 No《ノウ》, thanks《サンクス》. Just《ジャスト》 looking《ルッキング》.

独 Ich《イッヒ》 möchte《メヒテ》 mich《ミッヒ》 nur《ヌア》 ein《アイン》 bisschen《ビスヒェン》 umschauen《ウムシャウエン》.

もっと安くなりませんか

英 Can《キャン》 you《ユー》 give《ギブ》 me《ミー》 a《ア》 discount《ディスカウント》?

独 Könnte《コンテ》 ich《イッヒ》 es《エス》 noch《ノッホ》 etwas《エトヴァス》 billiger《ビリガー》 bekommen《ベコメン》?

試着してもいいですか

英 Can I《キャナイ》 try《トライ》 this《ディス》 one《ワン》 on《オン》?

独 Darf《ダブ》 ich《イッヒ》 es《エス》 einmal《アインマル》 anprobieren《アンプロビィーレン》?

あの腕時計を見せてください

英 Could you《クジュー》 show《ショウ》 me《ミー》 that《ザット》 watch《ウォッチ》?

独 Können《ケネン》 Sie《ズィー》 mir《ミア》 diese《ディーゼ》 Armbanduhr《アームバンドウーア》 zeigen《ツァイゲン》?

ちょっと小さい（大きい）のですが

英 It's《イッツ》 little《リル》 small《スモール》 (big《ビッグ》).

独 Das《ダス》 ist《イスト》 ein《アイン》 bisschen《ビスヒェン》 klein《クライン》 (gross《グロース》).

これをください

英 This《ディス》 one《ワン》 please《プリーズ》.

独 Ich《イッヒ》 nehme《ネーメ》 das《ダス》.

このクレジットカードは使えますか

英 Can I《キャナイ》 use《ユーズ》 this《ディス》 credit《クレディット》 card《カード》?

独 Kann《カン》 ich《イッヒ》 mit《ミット》 dieser《ディーザー》 Kreditkarte《クレディートカルテ》 bezahlen《ベツァーレン》?

税金の払い戻しは受けられますか

英 Can I《キャナイ》 get《ゲット》 tax《タックス》 refund《リファンド》?

独 Kann《カン》 ich《イッヒ》 die《ディー》 Steuer《シュトイアー》 zurückbekommen《ツーリュックベコメン》?

ホテルまで届けてもらえますか

英 Can《キャン》 you《ユー》 deliver《デリヴァー》 it《イット》 to《トゥ》 my《マイ》 hotel《ホウテル》?

独 Können《ケネン》 Sie《ズィー》 es《エス》 zum《ツム》 Hotel《ホテル》 bringen《ブリンゲン》?

〈レストランで〉

予約をしたいのですが

英 Would you《ウッジュー》 make《メイク》 a《ア》 reservation《リザヴェイション》 for《フォー》 me《ミー》.

独 Ich《イッヒ》 möchte《メヒテ》 einen《アイネン》 Tisch《ティッシュ》 reservieren《レザヴィーレン》.

今夜の午後８時に２名です

英 For《フォー》 two《トゥー》 people《ピープル》 at《アット》 8p.m.《エイトピィエム》 tonight《トゥナイト》.

独 Für《フュア》 zwei《ツヴァイ》 Personen《ペルゾーネン》 um《ウム》 acht《アハト》 Uhr《ウーア》 heute《ホイテ》 Abend《アーベント》.

何がおすすめですか

英 What《ウァット》 dish《ディッシュ》 do《ドゥ》 you《ユー》 recommend《レコメンド》?

独 Was《ヴァス》 empfehlen《エムプフェーレン》 Sie《ズィー》?

あの人が食べているものと同じものをください

英 I《アイ》 would《ウッド》 like《ライク》 the《ザ》 same《セイム》 dish《ディッシュ》 as《アズ》 those《ゾーズ》 people《ピープル》.

独 Ich《イッヒ》 möchte《メヒテ》 das《ダス》 gleiche《グライヘ》 wie《ヴィー》 die《ディ》 Leute《ロイテ》 dort《ドルト》.

この料理に合うワインを選んでください

英 Please《プリーズ》 select《セレクト》 a《ア》 good《グッド》 wine《ワイン》 for《フォー》 this《ディス》 meal《ミール》?

独 Bitte《ビッテ》 empfehlen《エムプフェーレン》 Sie《ズィー》 einen《アイネン》 guten《グーテン》 Wein《ヴァイン》 für《フュア》 dieses《ディーゼス》 Gericht《ゲリヒト》.

これは注文したものと違います

英 This《ディス》 is《イズ》 not《ノット》 what《ワット》 I《アイ》 ordered《オーダード》.

独 Das《ダス》 habe《ハーベ》 ich《イッヒ》 nicht《ニヒト》 bestellt《ベシュテルト》.

とてもおいしいです

英 It《イット》 was《ワズ》 very《ヴェリー》 delicious《デリシャス》.

独 Es《エス》 war《ヴァー》 ausgezeichnet《アウスゲツァイヒネット》.

会計をしてください

英 Check《チェック》, please《プリーズ》.

独 Zahlen《ツァーレン》, bitte《ビッテ》.

〈エンターテインメント〉

今晩は何をやっていますか

英 What《ウァット》 is《イズ》 showing《ショウイング》 tonight《トゥナイト》?

独 Was《ヴァス》 gibt es《ギーブテス》 heute《ホイテ》 abend《アーベント》.

入場料はいくらですか

英 How《ハウ》 much《マッチ》 is《イズ》 the《ザ》 ticket《ティケット》?

独 Was《ヴァス》 kostet《コステット》 der《デア》 Eintritt《アイントリット》?

〈トラブル〉

日本語ができる人はいませんか

英 Is《イズ》 there《ゼア》 anybody《エニバディ》 here《ヒア》 who《フー》 can《キャン》 speak《スピーク》 Japanese《ジャパニーズ》?

独 Sprecht《シュプレヒト》 hier《ヒィア》 jemand《イェーマント》 Japanisch《ヤパーニッシュ》?

カバンを盗まれました

英 My《マイ》 bag《バッグ》 has《ハズ》 been《ビン》 stolen《ストゥルン》.

独 Meine《マイネ》 Tasche《タッシェ》 würde《ヴュルデ》 gestolen《ゲシュトーレン》.

サイフをタクシーに置き忘れました

英 I《アイ》 have《ハヴ》 left《レフト》 my《マイ》 wallet《ウォレット》 in《イン》 the《ザ》 taxi《タクスィ》.

独 Ich《イッヒ》 habe《ハーベ》 meine《マイネ》 Geldbörse《ゲルトベルゼ》 im《イム》 Taxi《タクスィ》 vergessen《フェアゲッセン》.

カードを無効にしてください

英 Please《プリーズ》 cancel《キャンセル》 my《マイ》 credit《クレディット》 card《カード》.

独 Ich《イッヒ》 möchte《メヒテ》 meine《マイネ》 Kreditkarte《クレディートカルテ》 stornieren《シュトアニーレン》.

新しいカードを発行してください

英 Please《プリーズ》 issue《イッシュー》 a《ア》 new《ニュー》 card《カード》.

独 Können《ケネン》 Sie《ズィー》 mir《ミア》 eine《アイネ》 neue《ノイエ》 Karte《カルテ》 ausstellen《アウスシュテレン》?

東京行きの便に乗り遅れました

英 I《アイ》 have《ハヴ》 missed《ミスト》 the《ザ》 flight《フライト》 to《トゥ》 Tokyo《トウキョウ》.

独 Ich《イッヒ》 habe《ハーベ》 den《デン》 Flug《フルーク》 nach《ナーハ》 Tokio《トキオ》 verpasst《フェアパスト》.

別の東京行きの便に乗れませんか

英 Can I《キャナイ》 take《テイク》 another《アナザ》 Tokyo《トウキョウ》 flight《フライト》.

独 Kann《カン》 ich《イッヒ》 einen《アイネン》 anderen《アンデレン》 Flug《フルーク》 nach《ナーハ》 Tokio《トキオ》 nehmen《ネーメン》?

旅行傷害保険に入っています

英 I《アイ》 have《ハヴ》 a《ア》 travel《トラベル》 insurance《インシュアランス》.

独 Ich《イッヒ》 habe《ハーベ》 eine《アイネ》 Reiseversicherung《ライゼフェアジッヒャルング》.

救急車を呼んでください

英 Please《プリーズ》 call《コール》 an《アン》 ambulance《アンビュランス》.

独 Rufen《ルーフェン》 Sie《ズィー》 bitte《ビッテ》 einen《アイネン》 Krankenwagen《クランケンヴァーゲン》.

医者にかかりたいのですが

英 I《アイ》 would《ウッド》 like《ライク》 to《トゥ》 see《スィー》 a《ア》 doctor《ドクター》.

独 Ich《イッヒ》 möchte《メヒテ》 zum《ツム》 Arzt《アーツト》 gehen《ゲーエン》.

熱があります

英 I《アイ》 have《ハヴ》 a《ア》 fever《フィーヴァー》.

独 Ich《イッヒ》 habe《ハーベ》 Fieber《フィーバー》.

お腹が痛いです

英 I《アイ》 have《ハヴ》 a《ア》 pain《ペイン》 in《イン》 my《マイ》 stomach《ストマック》.

独 Ich《イッヒ》 habe《ハーベ》 Bauchschmerzen《バウフシュメルツェン》.

オーダーメイドもおまかせ
ショッピング用語

せっかく海外で買物をするのだから、細かなところまで好みに合ったものをみつけたい。言葉が使えないからと、気のりしない物を買うよりも、このページを片手に、指をさしてでもコミュニケーションして、一生モノを手に入れよう。

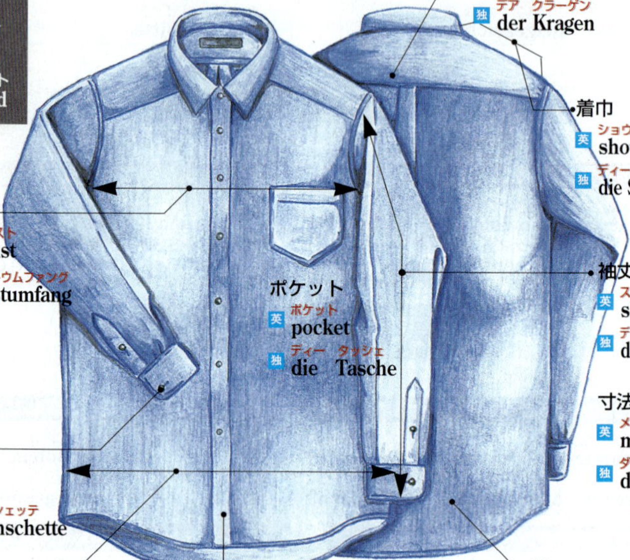

シャツ
シャツ
shirt《シャツ》
das《ダス》 Hemd《ヘムト》

えり
英 collar《カラー》
独 der《デア》 Kragen《クラーゲン》

着巾
英 shoulder《ショウルダ》 length《レングス》
独 die《ディー》 Schulterlänge《シュルターレンゲ》

胸囲
英 chest/bust《チェスト／バスト》
独 der《デア》 Brustumfang《ブルストゥムファング》

ポケット
英 pocket《ポケット》
独 die《ディー》 Tasche《タッシェ》

袖丈
英 sleeve《スリーブ》 length《レングス》
独 die《ディー》 Ärmellänge《エーメルレンゲ》

寸法
英 measurement《メジャアーメント》
独 das《ダス》 Mass《マス》

カフス
英 cuff《カフ》
独 die《ディー》 Manschette《マンシェッテ》

胴囲
英 waist《ウェィスト》
独 die《ディー》 Taille《タイレ》

前立
英 front《フロント》
独 vorn《フォアン》

後
英 back《バック》
独 hinten《ヒンタン》

素材
英 material《マテリアル》
独 das《ダス》 Material《マテリアル》

綿
英 cotton《コトン》
独 die《ディー》 Baumwolle《バウムヴォレ》

麻
英 linen《リネン》
独 der《デア》 Hanf《ハンフ》

ボタン
英 button《バトゥン》
独 der《デア》 Knopf《クノップフ》

カーディガン
英 cardigan《カーディガン》/sweater《スウェーター》
独 Strickjacke《シュトリックヤッケ》 / Pullover《プルオーバー》

絹
英 silk《スィルク》
独 die《ディー》 Seide《ザイデ》

毛
英 wool《ウール》
独 die《ディー》 Wolle《ヴォレ》

縫目
英 seam《スィーム》
独 die《ディー》 Naht《ナート》

人工繊維
英 man《マン》-made《メイド》 fabric《ファブリック》
独 die《ディー》 Kunstfaser《クンストファザー》

色名

だいだい
英 orange《オーリンジ》
独 orange《オランジェ》

水色
英 light《ライト》 blue《ブルー》
独 hellblau《ヘルブラウ》

ピンク
英 pink《ピンク》
独 rosa《ローザ》

白
英 white《ホワイト》
独 weiss《ヴァイス》

きみどり
英 yellow green《イェローグリーン》
独 gelbgrün《ゲルプグリューン》

青
英 blue《ブルー》
独 blau《ブラウ》

赤
英 red《レッド》
独 rot《ロート》

黄
英 yellow《イェロー》
独 gelb《ゲルプ》

みどり
英 green《グリーン》
独 grün《グリューン》

紫
英 purple《パープル》
独 violett《ヴィオレット》

茶
英 brown《ブラウン》
独 braun《ブラウン》

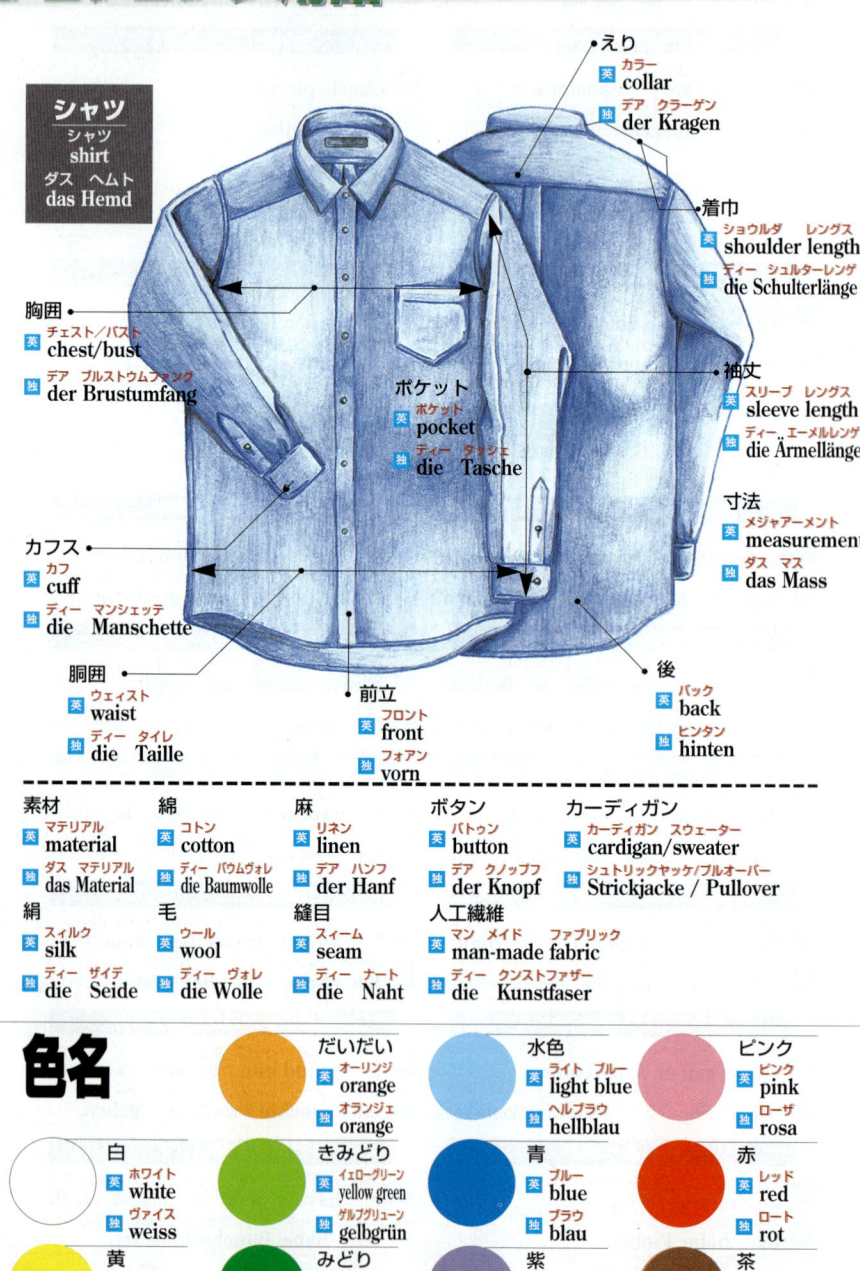

くつ
shoes《シューズ》
die《ディー》 Schuhe《シューエ》

エナメル
英 patent-leather《ペイテント レザー》
独 das《ダス》 Lackleder《ラックレーダー》

スウェード
英 suede《スウェイド》
独 das《ダス》 Wildleder《ヴィルドレーダー》

皮
英 leather《レザー》
独 das《ダス》 Leder《レーダー》

甲皮
英 instep《インステップ》
独 der《デア》 Fussrücken《フスリュッケン》

かかと
英 heel《ヒール》
独 der《デア》 Absatz《アップザッツ》

靴底
英 sole《ソウル》
独 die《ディー》 Schuhsohle《シューゾーレ》

つま先
英 tip《ティップ》
独 die《ディー》 Zehenspitze《ツェーエンシュピッツ》

横幅
英 width《ウィドス》
独 die《ディー》 Breite《ブライテ》

かばん
bag《バッグ》
die《ディー》 Tasche《タッシェ》

とって
英 handle《ハンドル》
独 der《デア》 Griff《グリフ》

高さ
英 height《ハイト》
独 die《ディー》 Höhe《ヘーエ》

ふた
英 cover《カバー》
独 der《デア》 Deckel《デッケル》

留め金
英 clasp《クラスプ》
独 die《ディー》 Schnalle《シュナレ》

まち
英 depth《デプス》
独 die《ディー》 Tiefe《ティーフェ》

横幅
英 width《ウィドス》
独 die《ディー》 Breite《ブライテ》

肩ひも
英 strap《ストラップ》
独 der《デア》 Schulterriemen《シュルターリーメン》

ファスナー
英 fastener / zipper《ファスナー／ズィパァ》
独 der《デア》 Reissverschluss《ライスフェアシュルス》

ポケット
英 pocket《ポキト》
独 die《ディー》 Tasche《タッシェ》

さいふ
英 wallet《ウォレット》
独 die《ディー》 Geldbörse《ゲルトベルゼ》

皮
英 leather《レザー》
独 das《ダス》 Leder《レーダー》

子牛皮
英 calf《カーフ》 leather《レザー》
独 das《ダス》 Kalbsleder《カルプスレーダー》

ワニ皮
英 crocodile《クロコダイル》 skin《スキン》
独 Krokodilleder《クロコディールレーダー》

ヤギ皮
英 goat《コート》 skin《スキン》
独 das《ダス》 Ziegenleder《ジーゲンレーダー》

ヘビ皮
英 snake《スネイク》 skin《スキン》
独 das《ダス》 Schlangenleder《シュランゲンレーダー》

人工皮革
英 artificial《アーティフィシャル》 leather《レザー》
独 Kunstleder《クンストレーダー》

ベージュ
英 beige《ベイジュ》
独 beige《ベイジュ》

黒
英 black《ブラック》
独 schwarz《シュヴァルツ》

灰色
英 grey《グレィ》
独 grau《グラウ》

色のトーンを表わす

さえた
英 vivid《ヴィヴィッド》
独 leuchtend《ロイヒテント》

明るい
英 bright《ブライト》
独 hell《ヘル》

浅い
英 light《ライト》
独 hell《ヘル》

薄い
英 pale《ペイル》
独 hell《ヘル》

濃い
英 deep《ディープ》
独 dunkel《ドゥンケル》

暗い
英 dark《ダーク》
独 dunkel《ドゥンケル》

道を尋ねる

知らない街で道に迷った。1人さまようのも旅の楽しみだけれど、ロコとコミュニケーションをとる絶好のチャンスでもある。道を教えてもらうのに必要なフレーズを覚えて、目的地を目指そう。

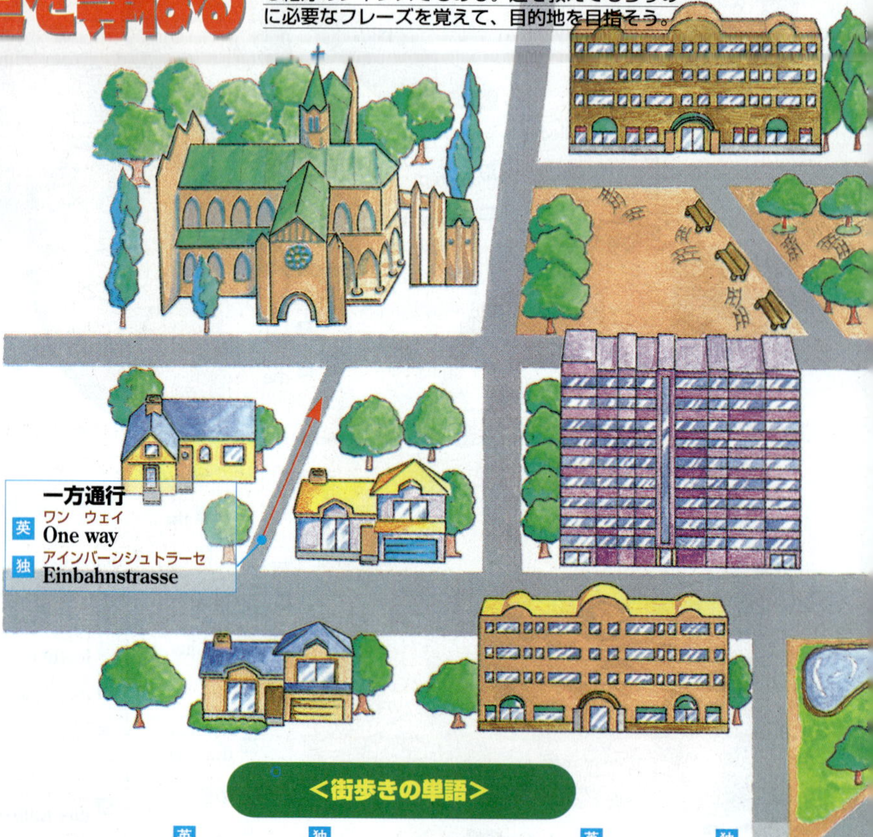

＜街歩きの単語＞

	英	独		英	独
立入禁止	No　entry《ノウ　エントリィ》	Eintritt verboten《アイントリット　フェアボーテン》	観光案内所	Tourist Information《トゥーリスト　インフォメイション》	Touristinformation《トゥーリストインフォルマツィオーン》
左側通行	Keep (to the) left《キープ（トゥ　ザ）レフト》	Linksverkehr《リンクスフェアケア》	博物館	Museum《ミューズィアム》	Museum《ムゼウム》
駐車禁止	No parking《ノウ　パーキング》	Parken verboten《パーケン　フェアボーテン》	城	Castle《カースル》	Schloss《シュロス》
徐行せよ	Slow (down)《スロウ（ダウン）》	Langsam fahren《ラングサム　ファーレン》	広場	Square《スクエア》	Platz《プラッツ》
左折禁止	No　left　turn《ノウ　レフト　ターン》	Links abbiegen verboten《リンクス　アップビーゲン　フェアボーテン》	通り	Street《ストリート》	Strasse《シュトラーセ》
高速道路	Highway《ハイウェイ》	Autobahn《アウトバーン》	駅	Station《ステイション》	Bahnhof《バーンホーフ》
観光名所	Sightseeing spot《サイトスィーイング　スポット》	Sehenswürdigkeit《ゼーエンスヴュルディッヒカイト》	中央駅	Central Station《セントラル　ステイション》	Hauptbahnhof《ハウプトバーンホーフ》

東　East《イースト》 Osten《オステン》	西　West《ウェスト》 Westen《ヴェステン》	南　South《サウス》 Süden《ズューデン》	北　North《ノース》 Norden《ノルデン》

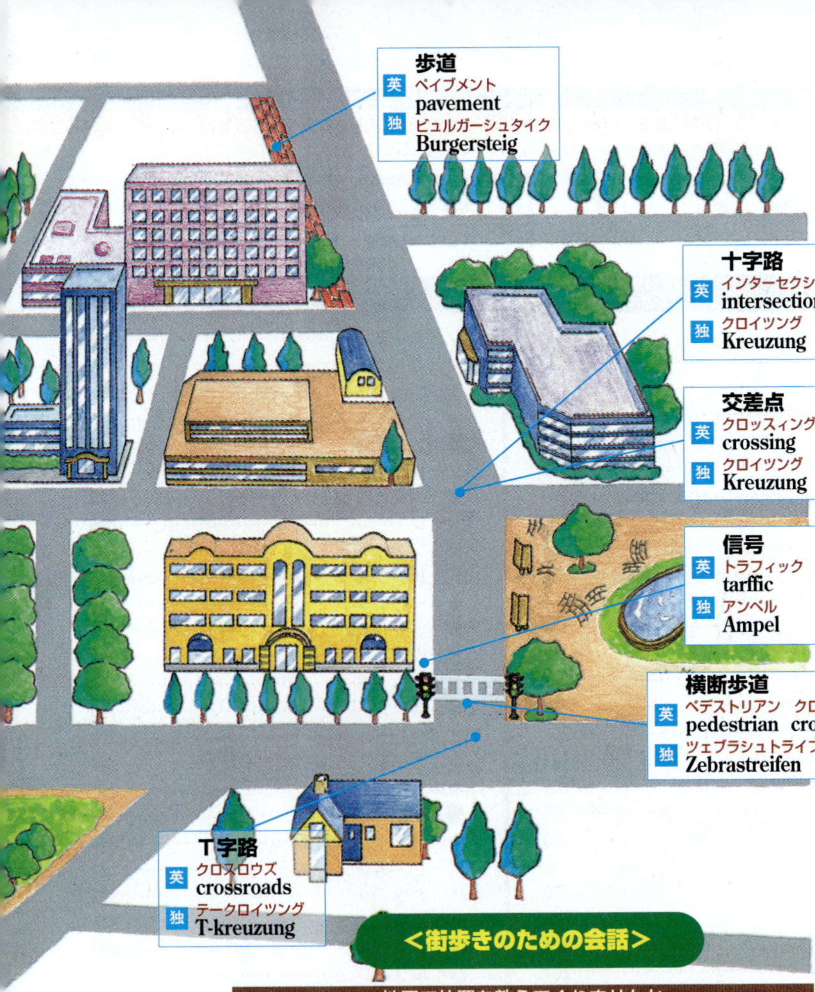

＜街歩きのための会話＞

地図で位置を教えてくれませんか

英 Could you《クジュー》 show《ショウ》 me《ミー》 the《ザ》 location《ロケイション》 on《オン》 the《ザ》 map《マップ》?

独 Können《ケネン》 Sie《ズィー》 mir《ミア》 die《ディー》 Lage《ラーゲ》 auf《アウフ》 dem《デム》 Stadtplan《シュタットプラン》 zeigen《ツァイゲン》?

道に迷ってしまいました

英 I'm《アイム》 lost《ロスト》.

独 Ich《イッヒ》 habe《ハーベ》 mich《ミッヒ》 verlaufen《フェアラウフェン》.

ここはどこですか

英 Where《ウェア》 am《アム》 I《アイ》 now《ナウ》?

独 Wo《ヴォー》 bin《ビン》 ich《イッヒ》 jetzt《イェッツト》.

この地図上で示してください

英 Please《プリーズ》 show me《ショウミー》 on《オン》 this《ディス》 map《マップ》?

独 Zeigen《ツァイゲン》 Sie《ズィー》 mir《ミア》 das《ダス》 bitte《ビッテ》 auf《アウフ》 diesem《ディーゼム》 Stadtplan《シュタットプラン》?

～の側に何か目印はありませんか

英 Are《アー》 there《ゼア》 any《エニィ》 landmarks《ランドマーク》 near～《ニア～》?

独 Gibt es《ギーブテス》 irgendeinen《イルゲントアイネン》 Orientierungspunkt《オリエンティールングスプンクト》 in《イン》 der《デア》 Nähe~《ネーエ~》?

ここから徒歩で約15分かかります

英 It《イト》 takes《テイクス》 about《アバウト》 15 minutes《フィフティーンミニッツ》 on《オン》 foot《フット》.

独 Es《エス》 dauert《ダウエルト》 etwa《エトヴァ》 15 Minuten《フュンフツェーンミヌーテン》 zu《ツー》 Fuss《フス》.

ドイツ INDEX

地名

To Do Index一覧

個人旅行で一番困るのが、とっさの時の行動の指針。「こういう時はどうすれば？　前にどこかで読んだ記憶があるんだけど……」という時はここから情報を探してほしい。

困ったときの便利帳

日本&ドイツの主要連絡先を網羅

イエローページ

日本にて

在日ドイツ機関	
ドイツ連邦共和国大使館	☎03-5791-7700
大阪神戸ドイツ連邦共和国総領事館	☎06-6440-5070
ドイツ観光局	☎03-3586-5046
各種公共機関	
外務省	☎03-3580-3311
東京税関	☎03-3529-0700
大阪税関	☎06-6576-3001
空港&航空会社	
成田フライトインフォメーション	☎0476-34-5000
関西国際空港情報案内センター	☎0724-55-2500
中部国際空港テレフォンセンター	☎0569-381-195
全日本空輸（ANA）	☏0120-029-333
ルフトハンザドイツ航空	☏0120-051-844
日本航空（JAL）	☏0120-255-931
各種交通機関	
JR東日本テレフォンセンター	☎050-2016-1600
京成上野案内所	☎03-3831-0131
京浜急行羽田空港駅	☎03-3747-0275
リムジンバス予約・案内センター	☎03-3665-7220
道路交通情報センター	☎0570-01-1011
東京シティエアターミナル総合案内	☎03-3665-7111
横浜シティエアターミナル総合案内	☎045-459-4800
JR西日本お客様センター	☎0570-002486
南海テレフォンセンター	☎06-6643-1005
関西空港交通（リムジンバス）	☎0724-61-1374
OCAT総合案内	☎06-6635-3000
国際電話会社	
NTTコミュニケーションズ	☏0120-54-0033
KDDI	☎0057
日本テレコム	☎0088-41
日本テレコム（旧IDC）	☎0066-11
クレジットカード会社	
三井住友VISAカード	☏0120-816-437
アメリカン・エキスプレス	☏0120-020-222
UCカード	☏0120-888-860
ダイナースクラブ	☏0120-074-024
JCB	☏0120-015-870
旅行代理店	
アイ・ティ・エス東京	☎03-3562-4525
大阪	☎06-6209-8686
H.I.S.新宿本社	☎03-5360-4881
トラベルワンダーランド関西	☎06-6131-1504

ドイツにて

大使館&領事館	
ベルリン大使館	☎030-210940
フランクフルト総領事館	☎069-2385730
ミュンヘン総領事館	☎089-4176040
ハンブルク総領事館	☎040-3330170
デュッセルドルフ総領事館	☎0211-164820
シュトゥットガルト名誉総領事館	☎0711-1277799
緊急	
警察	☎110
消防・救急	☎112
ベルリン救急医	☎030-310031
フランクフルト救急医（ウニ・クリニック大学院病院）	☎069-63011
ミュンヘン救急医	☎089-12789790
空港&航空会社	
フランクフルト国際空港	☎01805-3724636
フランツ・ヨーゼフ・シュトラウス(ミュンヘン)国際空港	☎089-97500
テーゲル国際空港	☎018-5000186
ハンブルク国際空港	☎040-50750
全日本空輸	☎0180-3000309
ルフトハンザドイツ航空	☎0180-5838426
日本航空	☎0180-2228747
各種交通機関	
ドイツ鉄道列車案内・予約	☎11861
ベルリン市交通局コールセンター	☎030-19449
ライン・マイン運輸連合	☎01805-7684636
ミュンヘン交通企業体連合	☎089-41424344
ハンブルク交通企業体連合	☎040-3257750
ベルリン国際バスターミナル	☎030-3025361
ドイチェ・ツーリング社(ミュンヘン)	☎089-5458700
ドイチェ・ツーリング社（フランクフルト）	☎069-790350
クレジットカード会社	
三井住友VISAカード	☎00-800-12121212
マスターカード	☎0800-819-1040
アメリカン・エキスプレス	☎0800-181-0778
ダイナースクラブカード（フランクフルト）	☎069-2998-7893
JCB	☎069-292059
保険会社	
東京海上日動	☎0800-1-81-1391
AIU保険会社	☎0800-181-3690
三井住友海上火災保険	☎00-800-33119119
ジェイアイ障害火災保険（フランクフルト）	☎069-2998-7892
エース損害保険	☎0800-181-6785

追っかけ最新情報

ドレスデンが建都800周年！

悠久の時の流れを感じさせる古都、ドレスデン

最初に文献に記された年から800年、ドレスデンは2006年に建都800周年を祝う。具体的には、汽船パレードや音楽祭など、年間を通じて400以上の記念イベントが予定され、ザクセン王家の宝飾品コレクションも、この9月に「歴史的緑の丸天井」として、ドレスデン城の広間に復活する。7月8日の美術館ナイトや、8月19日の船パレードと花火、8月27日の「君主の行列」を忠実に再現したパレード、11月10日のドレスデンナイトなどが興味深い。特に7月のシティ・フェスティバルは、毎年通常3日間のところ、今年は10日間に延長され、屋台や特設ステージで町中が縁日になるのでおすすめ（7月14～23日）。最後に、ドイツではまだ珍しい、日本語のウォーキングツアーがクリスマス前後に行われる予定。

DATA

◆ドレスデン市　HP www.dresden.de/800
◆ドレスデン・ウォーキングツアー：期間11月下旬から12月31日、所要約90分　主催サンベルク・トラベル　☎035205-71497　HP www.samberg.de（近郊への日帰りツアーなどもある）

モーツァルト生誕250周年

2006年はクラシック音楽の天才、モーツァルトの生誕250周年。出身はザルツブルクだが、父の実家がアウクスブルク。ドイツと縁が深く、クラシック音楽の本場であることから、各地でモーツァルト関連の音楽イベントが企画されている。主なものはヴュルツブルクのレジデンツで毎年行われる「モーツァルト音楽祭」、今回はより盛大に6月2日～7月1日の期間開催。アウクスブルクでは「ドイツ・モーツァルト祭」として5月12日から28日まで。さらにライプツィヒでも5月27日～6月5日のバッハ音楽祭でモーツァルトの曲目の演奏がある。

DATA

◆ヴュルツブルク　HP www.mozartfest-wuerzburg.de
◆アウクスブルク　HP www.regio-augsburg.de/www-mozart/wwwjap
◆ライプツィヒ　HP www.bach-leipzig.de

ドイツ各地の博物館新情報

■ドイツ博物館・交通館（ミュンヘン）

世界最大規模の科学博物館、ドイツ博物館。2006年中に、さらに交通館がオープン予定（一部はすでにオープン）。この分館だけで1万2千㎡の広さ。場所はオクトーバーフェスト会場近く。またBMW博物館も、ユニークな新社屋、BMW-Weltの一部として5千㎡の広さに拡張され2007年の半ばにオープン予定。

■新ベンツ博物館（シュトゥットガルト）

ダイムラークライスラー社が、6万㎡の敷地内にオープンする新ベンツ博物館。展示スペース1万6500㎡の広さで、メルセデス車種175台などを展示。イベント会場や販売センターも隣接する総合施設となる。W杯開幕直前オープン予定で隣の旧館はそのあと閉館。

DATA

◆ドイツ博物館-交通館　Deutsches Museum Verkehrszentrum　MAP p.204-F　住 Theresienhohe 14a　開 9:00～17:00（木曜～20:00）　休 祝日　☎089-500806140　◆BMW博物館　HP www.bmw-welt.com
◆ベンツ博物館（p.254）5月20日オープン

世界最古の商業蒸気機関車（ドイツ博物館-交通館）

さらにまた新たに３件が登録！ドイツのユネスコ世界遺産

2004年にドレスデンのエルベの谷、バート・ムスカウのピュックラー伯爵庭園、ブレーメンの市庁舎とローラント像が、2005年にリメス（ローマ帝国の国境壁跡）がユネスコの世界遺産に登録され、ドイツ国内の世界遺産は31件（32カ所）となった。

■ユネスコのホームページ：
whc.unesco.org

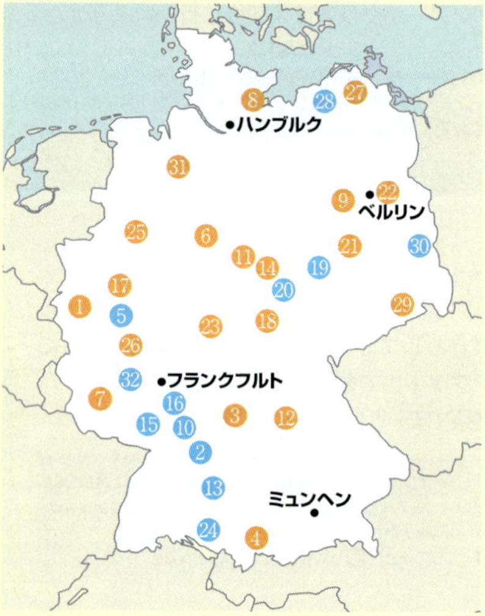

※赤番号は本書で紹介している街

1	アーヘン	大聖堂(1978)
2	シュパイヤー	大聖堂(1981)
3	ヴュルツブルク	レジデンス(1982)
4	プファッフェンウィンケル(フュッセン近郊)	ヴィース教会(1983)
5	ブリューリュ	アウグストゥスブルク宮殿他(1984)
6	ヒルデスハイム	聖マリア大聖堂他(1985)
7	トリアー	ローマ遺跡群他(1986)
8	リューベック	旧市街(1987)
9	ポツダム	サンスーシ宮殿他(1990)
10	ロルシュ	帝国僧院遺跡他(1991)
11	ゴスラー	ラメルスベルガー鉱山他(1992)
12	バンベルク	旧市街(1993)
13	マウルブロン	シトー派修道院(1993)
14	クヴェートリンブルク	旧市街他(1994)
15	フェルクリンゲン	製鉄所(1994)
16	メッセル	メッセルピット化石地域(1995)
17	ケルン	大聖堂(1996)
18	ワイマール	バウハウス博物館(1996)、旧市街他(1998)
19	デッサウ	バウハウス他(1996)、(2000)
20	アイスレーベン	ルターメモリアル(1996)
21	ヴィッテンベルク	ルターメモリアル(1996)
22	ベルリン	博物館島(1999)
23	アイゼナハ	ヴァルトブルク城(1999)
24	ライヒェナウ	修道院島(2000)
25	エッセン	関税同盟鉱山(2001)
26	ライン川上流中部地域	ロマンチック・ライン(2002)
27	シュトラールズント	ハンザ同盟都市(2002)
28	ヴィスマール	ハンザ同盟都市(2002)
29	ドレスデン	エルベの谷(2004)
30	バート・ムスカウ	ピュックラー伯爵庭園(2004)
31	ブレーメン	市庁舎、ローラント像(2004)
32	リメス	ローマ時代の国境壁跡(2005)

ドイツ国内をオトクにまわれるルフトハンザの期間限定周遊券「グローバル エアパス」

ルフトハンザでは、2006年６月１日から７月16日のあいだ、ドイツ国内を格安に旅行できる周遊券「グローバル エアパス」を発売中。料金は３区間（３フライト）で€180（€180の座席が満席の場合は€330）。ルフトハンザのドイツ国内便がほとんど利用可能で、ルフトハンザをはじめとするスターアライアンス加盟航空会社の航空券でドイツに行く人だけが購入できる。ルフトハンザのオンライン限定割引運賃「WEB得」や「ユーロマンティック」などとセットで購入しよう。これらの割引運賃は早く購入するほど割安で、マイレージも100%加算。Miles & More（p.19参照）メンバーには１区間あたり500マイルの加算も。詳細はwww.lufthansa.co.jpまたは☎0120-051-844（7:00-20:00 無休）にて。

おみやげチェックリスト

名前	予算	購入額	購入したもの
☐			
☐			
☐			
☐			
☐			
☐			
☐			
☐			
☐			
☐			
☐			
☐			
☐			
☐			
☐			
☐			
☐			
☐			
☐			
☐			
☐			

Staff

Editor

吉原信成　Nobushige YOSHIHARA
フリーエディター。本書の編集、実用ガイドページなどの執筆を担当。
(有)クレパ　CREPA

Photographer

久保田耕司　Kouji KUBOTA
CREPA代表。ベルリン、ロマンチック街道、アルペン街道、ライン＆モーゼル川流域、および企画・構成を担当。

Photographers&Writers

森　アキラ　Akira MORI
フリーカメラマン＆ライター。ファンタスティック街道＆黒い森、古城街道、メルヘン街道、ハンブルク＆北ドイツなどを担当。
佐藤文彦　Fumihiko SATO
フリーカメラマン＆ライター。フランクフルト、ミュンヘン（p.216～219は写真・文とも久保田）、ルール地方などを担当。
矢部志保　Shiho YABE
フリーカメラマン＆ライター。ドイツ東部＆ゲーテ街道、古城街道のバイエルン地区、レーゲンスブルク、パッサウなどを担当。

Writers

池田一郎　Ichiro IKEDA
渡辺ゆき　Yuki WATANABE

Designers

(有)イグシナッツ　IGUSINAT'S
谷杉精一　Seiichi TANISUGI
林　哲也　Tetsuya HAYASHI
相澤寿男　Hisao　AIZAWA
オムデザイン　OMU
道信勝彦　Katsuhiko MICHINOBU
目次、出発日検討カレンダーほか、シリーズ共通ページのデザインを担当。
(株)メディア・ミル　MEDIA MILL

Illustrator

根津修一　Shuuichi NEZU

Cover Designer

鳥居満智栄　Machie TORII

Cover Pattern (Ribbon)　MOKUBA

Map Production

(株)千秋社　Sensyu-sya
辰口容子　Yoko TATSUGUCHI
(有)ジェオ　GEO
内藤恵満　Emi NAITO

Map Design,Graphic Map & Airport Guide

(株)チューブグラフィックス　TUBE
木村博之　Hiroyuki KIMURA
平野　愛　Megumi HIRANO
地図デザインと主要鉄道路線図（p.10-11）、グラフィック・マップ（p.74-75、p.94-95）、空港に行く（p.36-46）の制作を担当。

Desktop Publishing

(株)千秋社　Sensyu-sya
竹村　靖　Yasushi TAKEMURA

Editorial Cooperation

(有)ハイフォン　HYFONG
髙砂雄吾　Yugo TAKASAGO
岡田弘一　Hirokazu OKADA
小川睦子　Tokiko OGAWA
森高由美　Yumi MORITAKA
林　弥太郎　Yataro HAYASHI
Michael NENDICK
中元寺智信　Tomonobu CHUGANJI
伝農浩子　Hiroko DENNOU
井上みゆき　Miyuki INOUE
杉本弓子　Yumiko SUGIMOTO
土肥正弘　Masahiro DOI

Special thanks to

ギャード・シュヌラー　Gerd Schnürer／ドイツ観光局／ミュンヘン観光局／ハンブルク観光局／フルダ観光局／レーゲンスブルク観光局／バイエルン州観光局／バーデンヴュルテンベルク州観光局／ペーター・エンダーライン／平陽子／奈良真潮／勝山修行／白川純／Hito／藤島淳一／サンベルクトラベル／イズミ・サマー／メグミ・ラウター

わがまま歩き…⑭「ドイツ」　ブルーガイド

2006年5月10日　第6版第1刷発行

編　集……ブルーガイド海外版編集部
発行者……増田義和
ＤＴＰ……(株)千秋社
印刷所……大日本印刷(株)
製本所……(株)ブックアート

発行所……実業之日本社　http://www.j-n.co.jp/
〒104-8233　東京都中央区銀座1-3-9　振替・00110-6-326
電話 販売☎03-3535-4441　広告☎03-5540-6916　編集☎03-5540-6912

ISBN4-408-01279-3　Printed in Japan